上德檢察

上海检察文库

未成年人检察理论研究

A STUDY ON JUVENILE PROCURATORIAL THEORY

吴 燕 主编

法律出版社
LAW PRESS · CHINA

《上海检察文库》
上海未成年人检察工作三十周年系列丛书
总　序

上海检察机关未成年人检察工作自 1986 年创建至今,已历经三十年。三十年的砥砺前行,上海未检人栉风沐雨,披荆斩棘,推动着未检工作从无到有,从小到大,从弱到强,发展成为上海检察工作的亮点,位居全国未检工作的前列。三十年的厚积薄发,上海未检人点滴用心,聚沙成塔,构建起一整套专业化的未检工作体制机制,打造出一支专业化的未检干部队伍,形成了一系列规范的工作模式和操作规程,教育挽救和保护救助了一大批的涉案未成年人,积累了大量的成功案(事)例和成熟的经验做法,收获了丰硕的理论和制度创新成果。

特别是近年来,上海未检工作在最高人民检察院的正确领导、市检察院党组的高度重视以及社会各界的大力支持下,立足中国国情和上海实际,借鉴国际先进经验,遵循未成年人身心特点和检察工作规律,不断推进专业化和规范化建设,积极构建司法配套和社会支持体系,最大限度地教育挽救涉罪未成年人,最大限度地保护涉案未成年人合法权益,最大限度地预防未成年人犯罪,取得显著工作成效。

在新一轮司法体制改革背景下,未检工作的发展面临着新的机遇和挑战。上海检察机关直面挑战,抓住机遇,以司法体制改革为契机,保持和巩固专业化的体制机制，探索符合未成年人司法保护需要的检察官办案责任制和权力清单，深化“捕诉监防一体化”的工作模式，丰富未检工作的内涵和外延，受案范围由未成年人刑事案件扩展到侵害未成年人犯罪案件，业务范围由刑事诉讼监督扩展到刑事执行检察、民事行政检察等，围绕以司法保护能力为核心的未检岗位素能标准推进队伍建设，推动着上海未检工作“百尺竿头，更进一步”。

“上海未成年人检察工作三十年系列丛书”饱含着上海未检人的智慧和心血，既是对三十年来上海未检工作发展成果的回顾总结，也是对上海未检工作继往开来、再铸辉煌的期许展望。当前，未成年人司法保护工作受到前所未有的重视和关注，全国未检工作发展势头强劲，上海检察机关要牢牢把握未检工作重新出发、二次创业的重要机遇，夯实基础、乘势而上，大力加强专业化、规范化建设，努力营造上海未检工作持续发展的良好环境，为推动未成年人保护事业的发展不断作出新的贡献。

上海市人民检察院党组书记、检察长

编写说明

创新是未成年人检察工作的灵魂。理论创新,是实践创新和制度创新的基础和先导。上海未检工作创建30年以来,始终重视基础理论和前沿理论研究,鼓励未检干部开展相关课题调研、论文撰写等活动,并坚持每年组织召开相关理论与实务研讨会,搭建研究和交流平台,形成了一大批的理论研究成果,为上海未检工作的探索创新提供了重要的支持和保障,较好地实现了成果转化。为了继续发挥理论研究成果对未检工作可持续发展的支撑作用,我们对2012年以来上海未检工作中形成的理论研究成果进行了征集和筛选,并按照论文、课题和综述三种形式进行编纂,形成了本书。这其中既有对司法改革大背景下未检体制机制巩固和发展的前沿思考,也有对羁押必要性审查、附条件不起诉等少捕慎诉制度的实务研究,还有对收容教养、合适保证人等特殊制度的立法构想,涵盖了当前未检工作面临的各种亟待解决的重要问题,对于开展未检理论研究和实务探索,均具有一定的参考作用。由于编写时间仓促,作者和编者的水平有限,观点难免偏颇,错漏在所难免,还请批评指正。

编　者

2016年2月

目 录

论 文 篇

未成年人检察制度发展研究

未检机构独立设置的必要性和可行性*

本轮司法改革提出了“大部制”的改革思路，对检察机关内设业务部门进行精简归并，按照业务性质分别设立公诉部、诉讼监督部等“大部”。在这一背景下，未检机构的独立性问题凸显出来。我们认为，在“大部制”改革背景下，未检机构独立设置仍然具有必要性和可行性。

一、未检机构独立设置是未检专业化的必然要求和根本保障

相对于成年人刑事检察工作而言，未检工作具有明显的特殊性，体现在：第一，工作对象特殊，未成年人具有与成年人完全不同的身心特质，不能将其简单视为缩小版的成年人，特别需要强调工作的针对性。第二，司法理念特殊，坚持“教育、感化、挽救”方针和“教育为主，惩罚为辅”原则，强调对涉罪未成年人的司法保护和犯罪预防。第三，司法政策特殊，采取“两减少，两扩大”和“少捕慎诉少监禁”政策，注重刑罚个别化和行刑社会化。第四，法律规定特殊，涉罪未成年人的定罪量刑标准及刑罚执行方式与成年人存在较大差异，并设立了专门的特别诉讼程序。

上述特殊性，决定了未检工作必须走专业化发展的道路。具体而言，包括：第一，工作人员的专业化，确保由专门人员来办理未成年人刑事案

---

* 吴燕，上海市人民检察院。

件,并提高专门人员的专业化水平。第二,工作模式的专业化,确保涉及未成年人的侦监、公诉、监所、社区检察甚至民检、控申等业务归口办理,即“捕诉监防”一体化模式。第三,工作机制的专业化,采取社会调查、心理测评、法定代理人或合适成年人到场、附条件不起诉、分案起诉、犯罪记录封存等一系列特殊工作机制。第四,工作管理的专业化,设置未检案件专用法律文书和办案软件特殊流程,开展未检业务培训和竞赛,对未检工作单列考核,采用特殊考核机制和指标等。

要实现上述专业化要素,未检机构的独立设置是必要条件,也是根本保障。唯此,才能确保未成年人刑事案件承办人员的专业性和稳定性,保证集中精力做好未检工作;才能为“捕诉监防”一体化模式的运行提供载体,实现未成年人检察业务的归口办理;才能确保针对未成年人的特殊工作机制落到实处,并得以完善;才能实现未检工作专业化管理和未检干部队伍素质的不断提高。

二、未检机构独立设置是未检工作多年发展的重要经验

上海未检工作近 30 年的发展,摸索出未检工作发展的一条重要经验,就是未检机构的独立化,对未检工作的发展具有极大的促进作用。上海市未检工作创立的标志,是 1986 年长宁区检察院设立独立的少年起诉组,并初步形成了一支专业化未检队伍。虹口区检察院于 1992 年设立独立建制的未检科,捕诉一体的专业化工作模式得以建立和推广。上海市检察院于 1997 年建立了独立建制的未检科,全市未检工作逐步实现了专业化管理。2009 年,上海市检察院及两个分院先后设立未检处,全市未检工作的专业化水平随着未检工作体系的完善而更上一层楼。可以说,上海未检机构独立化程度的每一次提升,都带来了上海未检工作的跨越式发展。

近年来,在最高人民检察院的领导和推动下,全国未检工作蓬勃发展。通过与兄弟省市检察机关的交流发现,凡是未检机构独立化程度高的地方,未检工作发展水平也相应较高。因此,最高人民检察院制定了《关于进一步加强未成年人刑事检察工作的决定》,明确将推进未检机构建设作为

加强未检工作的首要措施加以强调,为未检机构的独立设置提供了重要的政策依据。可见,未检机构的独立化水平,已经成为衡量未检工作发展程度的一个重要指标。今后未检工作的继续发展,同样离不开独立未检机构的组织保障。

三、未检机构独立设置是未检工作继续发展的客观需要

未检机构的独立设置,有利于完善我国的未成年人司法保护制度。近年来出台的一些司法解释。例如,《关于依法惩治性侵害未成年人犯罪的意见》(以下简称《性侵意见》)《关于依法处理监护人侵害未成年人权益行为若干问题的意见》等,都规定了侵害未成年人的犯罪案件以及民事督促起诉案件,应当由检察机关的专门机构办理,实际上就是指未检机构。独立的未检机构,对于健全和完善我国未成年人司法保护制度,切实维护未成年人合法权益,具有重要意义。

未检机构的独立设置,是建立健全办理未成年人刑事案件配套工作体系的基础。2014 年,最高人民法院专门在上海市召开了上海少年审判三十周年暨全国少年审判工作座谈会,院长周强提出要确保未成年人综合审判庭工作在司法改革中只能加强,不能削弱。而最高人民检察院曹建明检察长对未检工作也作出批示,强调检察机关在未成年人司法保护工作中的任务更重。从上海市实践来看,检察机关在未成年人刑事司法体系中扮演了承前启后的重要角色,既要积极应对少年审判的专业化发展形势,又要大力推动公安机关和司法行政机关的专业化建设。这其中,独立设置的未检机构对于构建配套工作体系发挥了重要的支撑作用。

未检机构的独立设置,可以为未检制度乃至检察制度的改革完善提供重要的平台。少年司法领域,历来都是司法创新和进步的探路者和试验田,缓刑制度就脱胎于少年司法,我国刑事诉讼法在建立附条件不起诉制度时也选择了未成年人作为首选适用对象。独立的未检机构,保证了有专门的力量集中精力进行专业化研究和探索,不断丰富和完善我国的检察制度,为未检工作的可持续发展提供支持,为检察改革工作提供保障。

四、"大部制"改革背景下未检机构独立设置具有可行性

"大部制"改革是原则性的要求,不能理解为完全按照业务种类搞"一刀切",需要充分考虑到一些检察工作的特殊性。未检工作涵盖了侦监、公诉、监所、社区检察甚至民检、控申等业务,无论将其归并到哪一个"大部",都将削弱甚至抹杀未检工作的完整性和专业性,并造成其中某部分业务工作的弱化,最终导致未检工作的倒退。在大部制改革背景下,保持未检机构的独立设置,可以有以下三种选择:

方案一:设置独立的"未成年人检察部",与公诉部、监督部等"大部"并列,实现未检工作机构完全的独立化。该方案对"未检部"的工作量有较高要求,适合于未检业务量较大的单位,而且需要将各种涉及未成年人的案件或业务全部划入"未检部"。

方案二:设置独立的"特殊检察部",与其他"大部"并列,将所有适用"捕诉监防一体化"工作模式的特殊案件检察官专办组划入该部,可以包括未检、金融、知识产权等,可以实现未检机构相对的独立化。该方案对主任检察官办案组的专业化分类要求较高,适合于设有多个特殊案件主任检察官办案组的单位。

方案三:在"大部制"的基本格局下,适度"扁平化",即在其他"大部"之外,设立独立的未检主任检察官办案组,直接受检察长领导。该方案适合于未检业务量适中,且主任检察官办案组的专业化分类相对单一的单位。

笔者认为,当前所谓的"大部制"改革,仍然是一个过渡性的方案,在检察官办案组与检察长之间增加了一个"部"的层级,与检察机关业务组织形式"扁平化"的最终目标仍然存在一定距离,而方案三则绕开了"大部",率先探索检察长直接领导检察官办案的"扁平化"模式,恰恰是未检工作在司法改革中探路者作用的集中体现。

司法改革背景下的未检机构与职权配置*

引言

自1986年6月上海市长宁区人民检察院成立“少年起诉组”，开启中国未成年人检察制度探索改革进程至今，已经走过了30年。30年的不懈探索和努力实践，我国未检制度不仅初具雏形，而且有力推动着我国检察体制改革的不断深入。但必须承认的是，我国未检制度的发轫不仅缘于未成年人审判制度改革的促动，其发展演进路径乃至于机构设立带有一定程度的外发促动型制度建设的被动追赶特征，而且较之于成年人检察业务及其检察程序，并没有本质性的显著差异。在司法改革背景下的今天，一些地方检察机关把刚刚建立起来的未成年人检察部门撤销并入其他刑事检察部门，或在部门内仅设未检办案组。未检职能一体化建设面临被阉割已不是空穴来风，未检工作30年的探索是不是要走回头路？如何回望过去，面向未来？我们拟通过对未检职能定位、机构设立、职权配置等未检机制变革等核心问题的研讨，以期对我国未检工作的持续科学发展有所裨益。

一、正本清源：未检机构应保持独立性、专业性

（一）未检理念的特殊性

少年司法理念是关于少年司法的观念和思想，它既是少年司法制度建

---

* 季冬梅、康相鹏，上海市徐汇区人民检察院。

立的理论基石,也指导着少年司法制度的理论运作。未成年人刑事诉讼程序要突破以成年人为适用对象的刑事诉讼理论框架与观念,离不开先进司法理念和科学理论的指导。

1. 理念之一:"国家亲权"与"儿童最佳利益"

在欧美诸多未成年人保护及少年司法学说中,"国家亲权"(parens patriae)无疑是最重要的理论之一。"parens patriae"直译为"国家父母",也常被翻译为"国亲""国家监护权""政府监护权""父母代位权""祖国之父"及"君主父权"等。该词源自拉丁语,最初系古罗马时期向在维护国家安全与领土完整等方面作出杰出贡献的统治者表示敬意的头衔。依美国《布莱克法律词典》(*Black's Law Dictionary*)解释,国家亲权主要有两方面的含义:其一,作为主权行使者,国家应竭尽所能向无法照顾自身之公民提供保护;其二,作为法则,政府有责任代表公民特别是那些处于法律弱势的公民提起有关诉讼。《布莱克法律词典》特别强调,一般情形下国家不得为其公民代行检控,除非国家可从该案件中获得利益。① 尽管"国家亲权"并非专为未成年人保护及少年司法所独创,但这并不妨碍其成为美国少年司法最基本的指导原则。虽然这一理念在后世历经冲击与质疑,但不失为美国未成年人保护的金科玉律,备受推崇并影响至今。"国家亲权"理念核心含义在于当未成年人的父母或监护人不能保护未成年人合法利益时,国家有义务代位保护未成年人,其精髓在于以"保护"优于"刑罚"的立场来处理问题少年之犯罪与偏差问题。

由"国家亲权"延伸出去,维护"儿童最佳利益"(best interest of child)为美国少年司法与未成年人检察制度的具体指导方针,是家庭法及少年法中有关少年、儿童议题的核心原则。"儿童最佳利益"系指鉴于未成年人年幼无知的现实,国家应提供有效的抚育、教导及矫正等措施对其进行纠偏的保护原则。为此,1985 年 11 月 29 日的联合国大会不仅明确指出少年幸

① Garner, Bryan A. (editor), (2004), *Black's Law Dictionary* (8th edition), St. Paul, MN: West Publishing Company, p. 1144. 转引自张鸿巍:《美国未成年人检察制度》,载《国家检察官学院学报》2011 年第 6 期。

福的增进乃是少年司法制度的核心使命,而且明确规定,罪错少年的父母或监护人虽然有权参加罪错少年的诉讼程序,但主管当局可以要求他们必须是为了少年的利益而参加诉讼,如果父母或监护人的出席起了反作用,例如,如果他们对少年表现出仇视的态度,那么这种父母亲权的关怀就会受挫,主管当局有权为了保护少年的利益而排除他们参加诉讼。

2. 理念之二:"双向保护"

对未成年人的双向保护是我国少年司法的一项基本原则,它是指国家在对有犯罪行为的未成年人所进行的司法活动中,既要注重保护社会秩序、维护社会的稳定和社会公众的利益,对犯罪的未成年人依法惩处,又要注重保护犯罪未成年人的教育和挽救,[①]从而在整个少年司法活动中将二者有机结合起来,以实现秩序和公正的目的,达到最佳的社会效果。此项原则的提出,起源于20世纪80年代,联合国第六次预防犯罪和罪犯待遇大会决定制定"少年司法最低限度标准规则"时,即有我国和其他国家的专家学者提出,并历经多次的研讨、修改。1984年在中国北京召开了联合国第七次预防犯罪和罪犯待遇大会国际专家"青年、犯罪与司法"预备会议,通过了体现该项原则的最后草案文本,同时将该文本命名为《北京规则》并于1985年在米兰召开的联合国第七次预防犯罪和罪犯待遇正式大会上讨论通过。引入双向保护原则的《北京规则》经联合国大会批准后,在我国得到了认真的实施和发展。20世纪90年代,我国又先后颁布了《未成年人保护法》和《预防未成年人犯罪法》。与此同时,我国的少年司法制度也逐步完善。这些从我国国情出发的措施,其原则精神和具体措施,均与"北京规则"和双向保护是一致的。

(二)法律与制度依据

2012年颁布的《刑事诉讼法》设置"未成年人刑事案件诉讼程序",对于少年司法体制机制改革具有里程碑式的重要意义,必将推动涉及未成年

① 何斐明:"北京规则与修订刑法的完善",参见《检察应用理论与实务研究文丛(一)》,研究出版社2002年版。

人相关法律法规、司法解释的制定与完善，从而切实保障未成年人的权益。中央政法委《关于深化司法体制和工作机制改革若干问题的意见》《“十二五”时期检察工作发展规划纲要》已将改革和完善未成年人司法制度、未成年人刑事检察制度作为司法体制和工作机制改革的一项重要内容。针对检察机关未检专门机构建设问题，《人民检察院办理未成年人刑事案件的规定》已有提及。中央六部委〔2010〕1号文件的出台也为未检机构建设提供了更为具体的政策支持：最高人民检察院和省级人民检察院应当设立指导办理未成年人刑事案件的专门机构。地市级人民检察院和区县级人民检察院一般应当设立办理未成年人刑事案件的专门机构或者专门小组，条件不具备的应当指定专人办理。

（三）符合国际未成年人司法制度的发展理念

建立专业化、专门化机构早已被《联合国儿童权利公约》等国际性法律文件所认可。《联合国儿童权利公约》规定，缔约国应致力于促进规定或建立专门适用于被指控或确认为触犯刑法的儿童的法律、程序、当局和机构。综观发达国家，无不建立了较为完善的少年司法制度。目前，美国50个州和哥伦比亚特区都颁布了少年法院组织法，确认全国2700个法院可以受理少年案件。日本建立了以家庭裁判所为中心的完备的少年司法系统，包括少年警察、少年检察、家庭裁判所等机构，少年鉴别所、少年院、少年刑务所等矫治机构，地方更生委员会、保护观察所等保护机构，以及儿童商谈所、养护设施、教养院等儿童福利机构，形成了处理少年案件的审理、矫治、保护、福利一体化机制。

《北京规则》第16条规定：“所有案件除涉及轻微违法行为的案件外，在主管当局作出判决的最后处理之前，应对少年生活的背景和环境或犯罪的条件进行适当的调查，以便主管当局对案件作出明智的判决。”此即少年司法制度的社会调查原则，即在办理未成年人刑事案件中，通过走访家庭、学校、单位、居委会、派出所等有关部门，对未成年犯罪嫌疑人、被告人在作案以前的一贯表现、作案原因和家庭生活环境作一个全面的了解。其主要内容是反映未成年犯罪嫌疑人或被告人的成长经历和接受帮教的条件，而不是直接反映案件本身的犯罪事实。

（四）我国良好国际形象的需要

十八届四中全会提出，加强人权司法保障，国家尊重和保障人权。未成年人司法保护是人权保障的重要内容，也是国际上某些国家用来攻击中国人权问题的借口之一。2009 年 4 月我国首次颁布人权行动计划（《国家人权行动计划（2009 - 2010 年》），要求强化司法中未成年人权利保护。2014 年 5 月，国务院新闻办发表《2013 年中国人权事业的进展》白皮书，在人身权利保障部分强调：妇女儿童的人身权利得到有效保障。制定依法惩治性侵害未成年人犯罪的意见，严厉打击性侵幼女、校园性侵等犯罪行为，起诉拐卖妇女儿童犯罪嫌疑人 2395 人。近年来，我国未成年人司法保护法律体系逐步完备，体制机制逐步健全，新《刑事诉讼法》特别程序的规定，《未成年人保护法》即将修改，检察机关、人民法院未成年人案件的专人、专门办理等，都体现了我国未成年人人权司法保障的重大进步。而这其中 30 年少年司法制度的发展，未成年人案件审判庭法官、未成年人检察官对涉案未成年人的司法保护工作，展示了中国少年司法对涉案未成年人的人文关怀，功不可没。这些既是对国际社会的有力回应，又树立了我国人权保障的良好国际形象。

二、司法改革背景下未检机构的职权配置

（一）巩固"未检一体化"建设前期成果

1. 审查批捕权

审查批捕时，根据法律规定审查如下内容：未成年人的年龄；是否存在被胁迫情节、成年人教唆犯罪、传授犯罪方法或者利用未成年人实施犯罪的情况；应当讯问未成年犯罪嫌疑人；未成年犯罪嫌疑人的监护情况；综合因素，慎用逮捕措施，可捕可不捕的不捕。对教唆、胁迫、引诱未成年人犯罪的相关人员，通过追捕的方式进行严厉打击。

2. 审查起诉权

在审查起诉时，据法律规定进行如下活动：履行对未成年犯罪嫌疑人的相关告知义务；应当听取其父母或者其他法定代理人、辩护人、未成年被

害人及其法定代理人的意见，同时参考社会调查；讯问未成年犯罪嫌疑人；查清犯罪事实；审查相关证据；做出处理决定——起诉或不起诉；根据《人民检察院办理未成年人刑事案件的规定》第 51 条的规定，针对未成年人与成年人共同犯罪的刑事案件，一般实行分案起诉。对可能判处一年以下有期徒刑符合附条件不起诉的，及时作出附条件不起诉处理。

3. 法律监督权

对办理未成年人刑事案件进行法律监督：对公安机关侦查活动监督、对法院审判活动监督。具体监督如下：对公安机关侦查活动包括立案活动是否合法进行监督，发现违法行为，应当提出纠正意见；构成犯罪的，依法追究刑事责任；对依法不应当公开审理的未成年人刑事案件而公开审理的，应当在开庭前提出纠正意见。

4. 帮教与回访

在案件办理过程中，检察官应就案件的具体情况，并结合社会调查的相关内容，有针对性地提出教育挽救方案，为预防工作打下良好的基础；真正做到办案与教育相融合，将“防”的工作纳入整个检察工作环节，以期最大限度地教育和保护未成年人。①

5. 其他方面的工作职权

（1）法治教育。与辖区的学校、居委会建立定期走访制度，进行互动的法制教育宣传，加强学生的法制意识和犯罪预防。应继续针对未成年人犯罪的特点，定期到学校、社区等地进行法制宣传教育。同时，开创进行多种形式的法制宣传活动，以求达到普法与预防未成年人犯罪的效果。②

（2）综合治理。检察院作为综合治理工程中的重要一环，应当发挥其应有的作用。在办理好未成年人刑事案件的同时，要与社区的共青团、妇联、工会、公安机关、法院、少管所、监管所等与未成年人相关的部门相互配

① 兰郝秀：《未成年人检察运行机制初探——兼论未成年人专职检察官制度的确立》，载《中国检察官》2013 年第 6 期。

② 甘红梅、陈立毅：《未成年人检察工作一体化机制的构想》，载《广西大学学报（哲学社会科学版）》2009 年第 4 期。

合，整合社区的全部力量，为未成年人的健康成长创建良好的环境。

(3)总结调研。建立未成年人刑事案件档案管理，在日常的工作中做好数据的整理、归纳、总结，为完善未成年人刑事案件办案机制而开展的调研活动提供便利的条件，在对其他检察院较好的做法充分调研的基础上，结合本院未成年人刑事案件的实际情况形成调研报告，并进行相关的探索，建立科学的总结调研机制。

(4)未成年人权利的维护。立足未检职能，积极推进优秀"青少年维权岗"建设活动，强化岗位维权意识，不断探索未成年人维权工作的新途径，有效开展对未成年人的特殊司法保护工作。

(二)探索司法改革背景下的未检新职权建设

1. 未成年人民行检察职权

"未检"职能一体化，理论上包括批捕、起诉、预防、执行(监所检察)以及民事行政检察、被害人为未成年人的案件办理等多项职能。但实践中，民行检察却往往流于书面，并没有具体内容和操作规程。

十八届四中全会中共中央《关于全面推进依法治国若干重大问题的决定》提出：强化对行政权力的制约和监督，加强党内监督、司法监督；优化司法职权配置健全公安机关、检察机关、审判机关、司法行政机关各司其职，侦查权、检察权、审判权、执行权相互配合相互制约的体制机制；实行办案质量终身负责制和错案责任倒查问责制，完善检察机关行使监督权的法律制度，加强对刑事诉讼、民事诉讼、行政诉讼的法律监督。人民检察院作为法律监督机关，对人民法院的审判活动负有法律监督职责。全国法院现有少年法庭2300余个，少年法庭法官7200余人，2006年8月，17个中级人民法院开展设立独立建制未成年人案件综合审判庭试点，推动未成年人民事权益司法保护审判制度建立和发展。目前未成年人综合审判试点中级人民法院扩展至49家。全国法院少年综合审判庭589个。[①] 建立少年综合审判

---

① 《为了孩子幸福为了国家未来——人民法院少年法庭工作辉煌30年回顾》，载《人民法院报》2014年11月25日版。

庭是少年审判制度发展趋势。要建立中国特色的少年司法制度，检法建立配套衔接的少年司法组织体系十分必要。检察机关作为法律监督机关，为切实维护涉案未成年人合法权益，保障涉及未成年人权益保护法律规定的贯彻实施，从对应诉讼、对应监督的角度出发，应当将涉未民、行诉讼法律监督工作职能统一纳入未成年人检察类别。建立专门针对涉及未成年人的民事和行政诉讼监督机制，切实履行对未成年人的民事和行政诉讼活动法律监督职责，注重保护未成年人的合法权益，实现检调有效对接（检察和调解、和解工作相衔接）及时化解涉及未成年人的社会矛盾。

2. 未成年人监所检察职权

"捕诉监防"一体化中的"监"本来已包含监所检察职权，但实践中，监所检察和民行检察一样往往流于书面，没有具体内容和操作规程。以未成年人社区矫正为例，检察机关在未成年人社区矫正工作中往往"重配合轻制约"，把自身定位于司法行政机关的帮手，忽略了自身作为法律监督者的独立地位，而并没有形成切实有效的针对未成年人社区矫正对象的监督机制。[①]

对未成年人刑事执行活动实行法律监督的职能包括：对未成年犯管教所、看守所、拘留所等未成年人在押、执行刑罚和监管活动是否合法的法律监督；对未成年人被判处非监禁刑的社区矫正工作的法律监督；对未成年犯人的刑罚执行活动包括服刑、减刑、假释、暂予监外执行等刑罚变更活动及漏管、脱管等活动进行监督，若发现有违反规定的，提出纠正意见。对被判处非监禁刑的失足未成年人，和本院社区检察室、当地的居委会、村委会、派出所、司法所建立联系制度，跟踪刑罚执行情况，参与社区矫正，通过面对面的工作为其落实帮教人员、措施和目标，有效预防其重新犯罪。[②]

3. 未成年人公益诉讼职权

十八届四中全会《关于全面推进依法治国若干重大问题的决定》提出

---

① 黄瑞：《社区矫正中的检察机关的角色定位与程序设计》，载《人民检察》2009 年第 19 期。

② 马迪、李小倩、郭鑫：《未成年人检察工作一体化模式的探索与完善》，载《预防青少年犯罪研究》2012 年第 10 期。

探索人民检察院提起公益诉讼制度。探索建立跨行政区划的检察院。公益诉讼(public interest litigation)起源于罗马法,发展于20世纪70、80年代的美国,最初其包含基于种族歧视、妇女权益、未成年人权益保护而提起的诉讼,这在西方既有法律规定也有相关判例。2001年6月,中国青少年犯罪研究会青少年法律援助与研究中心主任、北京市致诚律师事务所主任佟丽华和张雪梅律师代理中学生鄢卓洵,在原北京市宣武区法院提起对国家烟草专卖局及龙岩卷烟厂等24家烟草公司的一场公益诉讼,要求25名被告在网站主页上注明:"吸烟有害健康""禁止任何经营场所向未成年人出售香烟""禁止中小学生吸烟"等字样,并要求被告应当以不少于10%的内容向社会宣传吸烟有害健康及未成年人吸烟的危害。2001年7月,原北京市宣武区法院对烟草诉讼案作出了不予受理的裁定,随后向北京市第一中级人民法院的上诉也被驳回。[①] 四中全会检察机关提起公益诉讼的要求,为未检在少年司法保护领域提起公益诉讼提供了探索空间。再如,针对校园周边娱乐场所管理者的行政执法不作为、针对教育主管部门违反义务教育法没有保障适龄儿童接受义务教育等提起的公益诉讼。

综上,未检部履行"捕诉监防"四项职能,其职能范围将涵盖人民检察院原内设机构侦监、公诉、监所、控申、民行部门,并涉及未成年人诉讼和执行的所有职能,此外还有对未成年人犯罪预防和法治教育职能。具体说来,其中"捕诉"职能包含:未成年人刑事案件的审查逮捕、审查起诉,以及对未成年人犯罪预防和法治教育。"监"的职能主要包括:承办对人民法院已经发生法律效力的涉未成年人刑事、民事、行政判决及裁定,发现确有错误的,依法提出抗诉或再审检察建议;对涉未成年人民事、行政诉讼活动是否合法,诉讼活动有无违法情形等依法进行调查;代表国家提起涉未成年人权益保护的公益诉讼等。对未成年人刑事执行活动实行法律监督的职能包括:对未成年犯管教所、看守所、拘留所等未成年人在押、执行刑罚和监管活动是否合法的法律监督;对未成年人被判处非监禁刑的社区矫正工

---

① 郝海红:《公益诉讼 勇者之歌》,载《天津律师》2006年第6期。

作的法律监督；对未成年人暂予监外执行、减刑、假释等刑罚变更活动实行法律监督。在未检部的构架下，可以更好地贯彻四中全会精神，探索检察机关提起涉未成年人权益保护领域的公益诉讼机制，并继续探索在一些案件量较少的地区设立跨行政区域检察院，推行未成年人案件的集中管辖等。

三、未检机构与职权配置改革中应防止的两个错误倾向

（一）未检一体化模式带来的监督缺位

“未检一体化”模式中，将批捕、起诉、预防、执行（监所检察）以及民事行政检察、被害人为未成年人的案件办理等职能，统归未检机构后，就很有可能带来监督缺位的问题。

“权力必须在阳光下运行。”没有制约的权力必将导致腐败和不公。检察机关办案质量问题，历来检察机关自身都非常重视。针对未检职能一体化，特别是捕诉统归一个部门可能导致腐败的问题，我们认为，一方面，可以建立人大、社会各界等相关的外部监督机制；另一方面，可通过完善检察机关内部案件质量考核体系、案件督察制度以及纪检监察部门监督力度等方式，进行有效的内部监督。既可以达到保护未成年人权益的目的，又能够确保权力的阳光运行。

（二）未检一体化模式带来的对未成年人的保护过度

“未检一体化”模式这种“最专业的机构和最全面的保护”，会不会轻纵未成年犯，造成更大的社会危害或隐患？对未成年人的保护是否过度，有没有轻纵嫌疑人的情形？这些问题都时隐时现。如何充分发挥社会正义，不损害刑法的权威，又使未成年人的特殊利益保护恰如其分，都需要慎重思考。

对此，我们认为应在宽严相济视野下寻求社会秩序和未成年人双向保护的平衡。从未成年人犯罪形势政策的总体价值来看，总体上应当侧重“宽”的一面，只有对极少数十恶不赦的未成年罪犯才会体现出“严”的一面。注重社会秩序和未成年人双向保护的衡平，是建立并发展“未检”一体

化过程中需要时时考虑的，体现在办理的每一起案件、挽救的每一个未成年人之中。一方面，在保护社会利益方面，要有效发挥预防犯罪的功能，通过贯彻“教育、感化、挽救”的方针，使未成年人充分认识到其犯罪行为的危害性，从而避免其以后再犯罪。另一方面，在保护少年利益方面，要充分发挥其保障人权的独特作用，赋予犯罪未成年人特殊诉讼权利并加以有效保障，从而确保其不因国家刑事司法的追究而受到不必要的伤害。宋英辉教授在论述教育感化挽救三者关系时曾说过，“当教育感化无法起到挽救作用时，应依法追究其刑事责任，依法惩罚也是实现挽救目标的手段”。[①] 言简意赅。在处理未检一体化模式带来的对未成年人的保护过度问题时，亦应综合把握好宽严相济的刑事政策，勿忘“惩罚也是一种挽救”。

① 张建升：《未成年人检察工作深化发展的路径选择》，载《人民检察》2011年第23期。

健全"捕诉监防"一体化工作模式的现实思考*

新《刑事诉讼法》中增设了"未成年人刑事案件诉讼程序",凸显了未成年人在刑事法律体系中的地位,成为我国少年司法制度发展的里程碑。检察机关是我国的法律监督机关,除了履行审查批捕、审查起诉、提起公诉职能外,肩负依法对刑事诉讼进行监督,维护法律统一正确实施和公正司法的任务。因此,未成年人刑事案件特别诉讼程序的设定,对检察机关和未成年人刑事检察制度必将产生深远的影响。在新《刑事诉讼法》实施的大背景下,检察机关应当进一步更新工作理念,健全未成年人案件"捕诉监防"一体化工作模式,完善未成年人检察制度。

一、新《刑事诉讼法》适用下如何正确认识未成年人犯罪刑事诉讼的目的和价值

全国人大常委会在对《刑事诉讼法》的修订作说明时强调,"修改刑事诉讼法是加强和创新社会管理,维护社会和谐稳定的需要"。其中增设关于未成年人犯罪的特别程序,是当前加强对特殊群体管理的重要内容,必须充分认识未成年人犯罪刑事诉讼特殊目的和价值。

(一)未成年人刑事诉讼目的具有多重性

刑事诉讼目的是指立法者预先设定的、进行刑事诉讼所要达到的目标。[①] 从新《刑事诉讼法》第 2 条的规定来看,虽然内容有调整,但是"正确

---

* 顾文,上海市静安区人民检察院。

① 龙宗智、杨建广主编:《刑事诉讼法》,高等教育出版社 2007 年版,第 65 页。

应用法律，惩罚犯罪分子”历来是我国的刑事诉讼的主要任务，而“尊重和保障人权”也首次被写入刑事诉讼法。未成年人刑事诉讼特别程序中，出于保护未成年人的需要，还赋予其特殊的权益。这表明相对于成年人犯罪而言，未成年人刑事诉讼具有多重目的：

一是传统诉讼目的：惩罚犯罪、维护社会稳定。犯罪是对国家统治秩序的破坏。对未成年人实施的严重刑事犯罪，运用刑罚进行惩戒，是维护国家的统治秩序和民主政治制度的必然要求。同时，对案件中发现的教唆、引诱、胁迫、组织未成年人犯罪的幕后成年人，更应进行严厉打击，以维护社会和谐稳定。

二是特殊的诉讼目的：教育、感化、挽救涉罪未成年人。根据新《刑事诉讼法》的要求，在保证未成年人特殊的诉讼权利外，还要针对其身心特点、成长背景和犯罪原因等个性化因素，开展“教育、感化、挽救”，落实“教育为主、惩罚为辅”的要求。

（二）未成年人刑事诉讼具有多重价值

刑事诉讼价值，是指“刑事诉讼立法及其实施能够满足国家、社会及其一般成员的需要而具有的功能和属性”。[①] 刑事诉讼价值是以刑事诉讼法律为基础的，当刑事诉讼法律体系发生变化时，相应的刑事诉讼价值也会变化。随着新《刑事诉讼法》的实施，未成年人刑事诉讼的价值取向必然发生变化：

一是惩罚犯罪与保障未成年人权益，保障未成年人权益优先。为了打击犯罪，司法机关被赋予侦查、起诉、审判权，上述刑事诉讼活动的开展，在一定程度上限制犯罪嫌疑人、被告人的权利。而保障人权价值的实现，又必然要求犯罪嫌疑人、被告人拥有一定权利从而对抗国家公权力。未成年人刑事诉讼中，司法机关既要考虑到其犯罪行为的严重程度和给社会造成的危害，又要采取措施保证其合法权益不受侵害，这也是“儿童最佳利益”的体现。

---

① 叶青：《刑事诉讼法学》，上海人民出版社 2004 年版。

二是实现公平正义与促进未成年人回归社会，促进未成年人回归社会优先。在办理未成年人刑事案件中，既要注重通过办理案件维护被害人的权益，实现社会对公正的期待，更要注重采取轻缓的刑事政策、多样化的处置方式和个性化的矫正方案，教育和改造未成年犯罪嫌疑人，为未成年人的改造和回归创造有利的环境。

（三）未成年人刑事诉讼目的和诉讼价值对检察工作的要求

未成年人刑事诉讼目的和诉讼价值的多样性，要求检察机关积极构建符合未成年人特点的办案模式。我国近年来未成年人刑事领域的检察实践也证明了上述观点。2006 年，最高人民检察院于通过了《人民检察院办理未成年人刑事案件的规定》（2013 年修订），以司法解释的形式确立了对未成年人犯罪特殊的办案制度。2011 年 7 月，最高人民检察院《关于进一步加强未成年人刑事检察工作的决定》中明确要求设立未成年人刑事检察独立机构的检察院，一般应实行“捕诉监防”一体化的工作模式，由同一承办人负责同一案件的批捕、起诉、诉讼监督和预防帮教工作，确立了完全不同于成年人刑事案件办理的模式。随着新《刑事诉讼法》第 266 条明确要求，“人民法院、人民检察院和公安机关办理未成年人刑事案件，应当保障未成年人行使其诉讼权利，保障未成年人得到法律帮助，并由熟悉未成年人身心特点的审判人员、检察人员、侦查人员承办”。检察机关更应积极完善未成年人办案模式，保证法律监督权的全面履行，保证未成年人的合法权益，落实教育、感化、挽救的要求。

二、“捕诉监防”一体化工作模式实施中需要关注的问题

一般认为，未成年人刑事案件诉讼程序的最主要的特点就是区别对待。[①] 从未成年人案件办理的模式来看，我国北京、上海等地区未成年刑事检察工作相对起步早、规模大，而颇具代表性。结合最高人民检察院的规

---

① 孙谦主编：《人民检察院刑事诉讼规则（试行）理解与适用》，中国检察出版社 2012 年版，第 324 页。

定，和各地在未成年人刑事检察工作中已经开展的相关司法实践看，有以下需要关注的问题：

（一）“捕诉监防”一体化案件的适用范围

最高人民检察院《关于进一步加强未成年人刑事检察工作的决定》中规定，“未成年人或者以未成年人为主的共同犯罪案件，由未成年人刑事检察部门受理”，“不以未成年人为主的共同犯罪案件、被害人是未成年人的案件以及在校成年学生的案件，可根据具体情况，确定是否由未成年人检察部门或者专人办理”。实践中，北京市海淀区等将“25 周岁以下在校学生犯罪案件和被害人为未成年人的性侵、人身权利侵害案件”交由未成年人刑事检察专门机构办理，[①]上海部分基层检察机关实现未成年被害人案件由未检部门办理。而对于上述案件是否均实行一体化办理，实践中存在争议。例如，有观点认为，“鉴于对成年犯罪嫌疑人所适用的逮捕标准、刑事司法政策等与未成年犯罪嫌疑人不同，因此，涉及未成年被害人的案件不应列为捕诉合一的案件范围”。[②] 而在上海地区的实践中，实行未成年被害人案件专业化办理的机构，对此类案件均列为捕诉合一的范围。

（二）对未成年人刑事案件“批捕”“起诉”环节刑事政策的把握

近年来，未成年人刑事案件中“可捕可不捕的不捕”“可诉可不诉的不诉”的观念已经深入人心，从各地统计数据来看，未成年人不捕、不诉率明显高于成年人。但是，与此同时，还存在审前羁押率偏高、羁押变更率较小、羁押时间较长、羁押替代措施适用比例较少，[③]以及未成年人再犯、重犯比例明显高于成年人等情况。因此，必须把握未成年人批捕、起诉的条件，在落实对未成年犯罪嫌疑人、被告人特殊保护措施，又避免因“不教而宽”以及相关配套监督教育措施的缺乏，引发新的违法犯罪。

---

① 王振峰、席小华主编：《4+1+N：社会管理创新语境下的少年检察工作》，中国检察出版社 2011 年版，第 149 页。

② 王振峰、席小华主编：《4+1+N：社会管理创新语境下的少年检察工作》，中国检察出版社 2011 年版，第 167 页。

③ 吴燕：“未成年人审前羁押制度的构建”，载上海检察院内网。

（三）“监”的内涵及其实现方式

关于“监”的理解，主要存在将其认定为“法律监督”“诉讼监督”还是“监所监督”的区别。例如，天津市《检察机关办理未成年人刑事案件若干问题的规定》中要求，“各基层人民检察院应当设立办理未成年人刑事案件的专门机构，负责未成年人刑事案件的审查批捕、审查起诉、法律监督和犯罪预防，构建捕、诉、监、防一体化工作模式”，北京市海淀区曾提出“4＋1＋N”的模式并将“侦监、公诉、监所、预防”作为核心职能。[①] 同时，就监所监督的重点也存在“监内监督”还是“监外监督”的区别。例如，上海市各基层院的实践中，有的注重从未成年人刑拘阶段就开展看守所检察监督，有的则以接受社区矫正的未成年人为开展监督工作的重点。其中部分区检察院借鉴法院少年综合审判改革的经验，开始逐步打破检察机关内设机构分割办理未成年人案件的壁垒，将未成年人监所检察与社区矫正监督职能统归未检机构。例如，上海市长宁区检察院、浦东新区检察院先后出台“未成年人检察一体化”的相关规定，将未成年人监所检察作为未成年人刑事检察部门的工作范围，以未成年人社区矫正和刑罚执行变更为重点，逐步建立有别于成年人的刑罚执行监督工作机制，以体现对未成年人的特殊保护。

（四）“防”的重点。未成年人犯罪和犯罪预防一直是社会关注的热点

从检察机关的实践来看，一定程度上存在过于全面、过于泛化的情况如担任校外辅导员、法制校长。虽然扩大了影响，但是难以体现检察职能。如何结合检察机关的职能，立足办理的审查批捕、审查起诉案件，在有效开展特殊预防工作的基础上，依托社会机构和力量，开展一般预防工作，则是需要关注的重点。

三、“捕诉监防”一体化工作模式的实现途径

根据新《刑事诉讼法》对充分保障未成年人诉权、严格限制逮捕措施、

---

① 王振峰、席小华主编：《4＋1＋N：社会管理创新语境下的少年检察工作》，中国检察出版社2011年版，第171页。

附条件不起诉、犯罪记录封存等制度的规定,其对检察机关未成年人案件办理的各个环节——捕、诉、监、防均有所涉及,笔者就实践中"捕诉监防"一体化工作模式需要关注的问题,以及如何落实新《刑事诉讼法》的要求做以下探讨。

(一)适用范围

笔者认为未检部门办理的刑事案件,均应当按照"捕诉监防"一体化的模式办理。主要理由是:(1)从各地实践来看,未检部门受理的在校学生犯罪案件、涉及未成年被害人的案件,占承办检察机关受案数的总体比例不高。如果实施捕诉分离或者其他方式,不利于保证案件的效率和未检总体工作格局的统一。(2)对包括25岁以下成年在校生犯罪,实施特殊的办理模式,符合国际法和相关刑事政策的要求。例如,《国内法与国际法下的未成年人刑事责任决议》中指出,"人的青年状态可以延续到年轻的成年时期(二十五岁)","故立法也可以适用于未成年人的某种类似方式适用于年轻的成人"。[①] 而德国等国家和我国部分地区也有类似实践,并取得良好的效果。(3)对涉及未成年被害人的案件,坚持一体化办案模式,对了解、掌握被害人情况,保护被害人隐私,以及全程维护被害人合法权益,预防被害人逆变为"被告人"有重要作用。

同时,笔者认为,根据未成年犯罪嫌疑人、被告人刑事案件诉讼的要求,对于从维护未成年人权益角度设置的规定如法定代理人到场、合适成年人参与、法律援助。上述案件中的犯罪嫌疑人、被告人系成年人,推定其能够完全理解法律行为及其后果,可以不必执行此类特殊的维权规定。

(二)未成年人审查批捕、审查起诉工作的重点

1. 如何把握未成年人羁押措施的适用

新《刑事诉讼法》第269条第1款规定,"对于未成年犯罪嫌疑人、被告人,应当严格限制适用逮捕措施",要求检察机关审查逮捕未成年人时一定

① 张鸿巍:《少年司法通论》,人民出版社2011年版,第110页。

要区分情况，坚持严肃认真、谨慎处置的态度。从上海市检察机关来看，2005 年制定《关于未成年人犯罪嫌疑人适用非羁押措施可行性评估办法》，推动在审查逮捕阶段建立未成年人羁押审查制度，2010 年与公安机关会签相关制度。新《刑事诉讼法》实施后，应当严格掌握“社会危险性”条件，要求公安机关在报捕时提交逮捕必要性相关证据，在侦查机关没有提交羁押必要性证据或者证据不足的情况下，作为羁押审查机关的检察机关应当作出不予羁押的决定。同时，落实审查逮捕当面听取侦查人员（控方）和未成年犯罪嫌疑人及其法定代理人、辩护人（辩方）意见制度，使审查更具司法属性。

2. 如何开展未成年人羁押必要性评估工作

新《刑事诉讼法》第 93 条规定，“犯罪嫌疑人、被告人被逮捕后，人民检察院仍应当对羁押的必要性进行审查”，对未成年人被适用逮捕措施的，检察机关要从人权保障出发，开展继续羁押必要性审查。具体模式可以考虑：第一种依照职权开展审查。在批准逮捕或提起公诉后，检察机关主动对在押未成年人的羁押必要性进行跟踪审查。发现可能无继续羁押必要的，应当在发现之日起七日内作出审查决定。对于确属无羁押必要的，应当及时建议有关办案机关对其予以释放或者变更强制措施，并说明理由和依据。审查起诉阶段收案之日起七日内，应当对在押未成年人进行一次羁押必要性审查。审查起诉期间，可以继续开展羁押必要性审查。发现可能无继续羁押必要的，及时作出是否变更强制措施的决定，最大限度地减少不必要羁押对未成年犯罪嫌疑人带来的不利后果。第二种依照申请开展审查。被申请羁押或申请变更羁押措施的犯罪嫌疑人一方提出自己不符合羁押法定条件或无羁押必要的意见或理由后，检察机关可以采取进行非羁押措施可行性评估、社会调查、心理测试、向羁押场所了解其在押期间的表现、不公开听证等方式，在收到申请之日起七日内作出审查决定。认为无继续羁押必要的，应当及时向有关办案机关制发释放或者变更强制措施的书面建议。认为有继续羁押必要的，应当在作出决定之日起三日内书面答复申请人，并说明理由和依据。

3. 如何落实附条件不起诉要求

新《刑事诉讼法》第271～273条对未成年人犯罪案件开展附条件不起诉工作的适用对象、适用条件、适用程序和处置结果等进行了明确规定，要求检察机关对于符合条件的未成年人可以作出附条件不起诉决定，并开展相关工作，对于推进未成年人犯罪处置的多样化具有重要意义。但是，从新增条款来看，附条件不起诉适用范围相对较小，仅为“可能判处一年有期徒刑以下刑罚”的人员；适用结果相对单一，除了实施新的犯罪等情节严重的以外，在考察期限届满后，“人民检察院应当作出不起诉决定”。而从上海等地近年来的实践来看，对符合初犯、偶犯、宣告刑可能在三年以下有期徒刑并具备有效监护条件的未成年人适用“诉前考察教育”，并根据考察情况分别作出提起公诉、相对不诉的决定。因此，根据新《刑事诉讼法》的规定，在适用附条件不起诉中需要注意：一是适用范围上，罪名限定在侵犯公民人身权利、民主权利，侵犯财产以及妨害社会管理秩序的犯罪案件；犯罪严重程度限定在犯罪嫌疑人可能被判处一年有期徒刑以下刑罚；同时，要求犯罪嫌疑人有悔罪表现。二是适用程序上，检察机关应当听取犯罪嫌疑人及其法定代理人、公安机关、被害人意见。其中犯罪嫌疑人及其法定代理人对附条件不起诉有异议的，检察机关应当作出起诉的决定；而公安机关、被害人有异议的，可以申请复议、复核或者申诉。三是适用结果上，除实施新的犯罪等严重情况，考验期限届满应当作出不起诉的决定。四是适用决定权上，由于适用结果的相对单一，检察机关在确定具体适用附条件不起诉的对象时，要坚持承办人、部门负责人、分管检察长三级审批制度，保证最终处理的不枉不纵。五是适用保障上，要通过不起诉达到对未成年犯罪嫌疑人法律教育的目的，需要附条件不起诉的适用选择、适用过程和结果宣布严肃、规范，对犯罪嫌疑人产生震撼，达到教育目的。

（三）开展未成年人诉讼监督工作的重点

新《刑事诉讼法》的实施为未检部门全面开展未成年人法律监督工作，提供了新的契机。因此，对“监”的理解可以界定为诉讼监督，其重点：一是针对公安机关、审判机关、刑罚执行机关落实未成年人特殊刑事司法政策开展监督。主要包括对公安机关、审判机关、刑罚执行机关是否落实未成年人“教育为主、惩罚为辅”的原则和“非犯罪化、非刑罚化、非监禁化”的要求进行监督,及时纠正对未成年人不当的刑事追究、不必要的羁押和过重的量刑,以及刑罚执行中存在的疏漏。二是保障涉案未成年人的诉讼权利和合法权益。对未成年犯罪嫌疑人、被告人实行强制辩护,实行社会调查,讯问和审判时的合适成年人在场,以及犯罪记录封存等诉讼权利和合法权益的保护等进行监督。同时,未检部门可以从依托办案开展立案、侦查和审判监督,向未成年人刑罚执行阶段监督拓展;工作职能也可以从单一履行刑事检察职能,向“刑民一体化”拓展,将涉及未成年人的民事、行政申诉案件,纳入未成年人检察部门诉讼监督范围,综合保护未成年人合法权益。

根据新《刑事诉讼法》第 269 条第 2 款规定,“对被拘留、逮捕和执行刑罚的未成年人与成年人应当分别关押、分别管理、分别教育”,进一步强调了对未成年人的监管要求。由于看守所检察、社区矫正监督等职能,是由检察机关内部的监所检察、社区检察等部门承担,如何既能发挥未成年人刑事检察部门的专业化优势,又有效形成部门之间的合力,成为需要研究的问题。笔者认为,基于未检部门的专业化优势,和办案中对未成年涉罪人员以及家属的等的接触和了解,未检部门可以开展未成年人监所检察工作,逐步覆盖看守所检察、监狱检察、劳教检察和社区矫正监督工作,维护未成年人合法权益。现阶段可以采取分布推进、共同开展的方式,以未成年人适用刑拘措施监督、未成年人社区矫正等工作为切入点,探索未成年人监所检察工作的有效途径。

(四)未成年人检察犯罪预防的重点

未成年人检察预防工作既立足办案,贯穿于捕诉等工作的全过程,又需要依托其他社会力量,体现综合治理的效果。结合新《刑事诉讼法》的规定,注意把握:一是预防对象的重点。既要注意未成年涉罪人员的人身危险性以预防再犯,还要从未成年被害人的角度出发,预防其“逆变”为被告人。同时,对一些未达到刑事责任年龄的未成年人,通过通知学校、家长共同开展训诫等方式,避免其实施犯罪。二是预防体系的健全。未成年人刑事诉讼总体发展趋势，应定位在以预防为主，尽量减少司法干预，要确立预防为主、保护优先、重在教育的司法理念。因此，需要聚集国家力量（民政、教育、文化、工商、妇联、共青团等）和社会力量（专业社工、志愿者、非政府组织、社区等），建立健全少年司法的社会支持体系。检察机关在处理好检察职能与适当延伸社会职能的前提下，适当承担一些社会化工作，发挥保护者、教育者的角色。三是开展轻罪记录封存对预防再犯的意义。未成年人犯罪记录封存对减少“标签效应”，预防再次犯罪、促进未成年人顺利回归社会发挥重要作用。新《刑事诉讼法》第 275 条规定了未成年人犯罪记录封存制度，但是，犯罪记录封存受到立法、司法、社会环境以及公众认知等诸多因素的制约，[①]需要建立相关配套制度，可以通过依职权封存、建立严格的刑事记录查询程序等途径，落实犯罪记录封存的相关要求。

---

① 于志刚：《关于构建犯罪记录终止查询制度的思考》，载《法学家》2011 年第 5 期。

从刑事诉讼法的修改看我国少年司法制度的发展和完善*

少年司法制度是整个司法制度的重要组成部分,也是衡量一个国家法治文明程度的重要标志。一直以来,我国非常重视未成年人的教育和保护工作,但少年司法制度建设起步较晚。因此,在结合我国实际情况的基础上,有必要借鉴国外一些先进的制度,以对我国少年司法制度的完善、创新提供经验。修改后的《刑事诉讼法》,对全国各地少年司法实践中的改革创新予以了肯定。例如,全面调查制度、合适成年人参与制度、附条件不起诉制度、轻罪记录封存制度。这些创新规定无不体现我国少年司法"教育、挽救犯罪少年""刑罚的轻缓化"和"刑法的谦抑性"等价值取向。

一、我国少年司法制度的产生及立法现状

(一)世界范围内少年司法制度的产生

随着西方工业革命的发展,人类社会的生存环境和生活方式发生了剧变,由此引发的少年犯罪问题也越来越严重,这种状况在工业化程度较高的美国表现得尤为明显。19 世纪后期,伴随着大量欧洲移民的涌入,美国人口迅速增加。在美国南部,奴隶制的废除,使大批失去依靠的儿童流落街头,这些穷困儿童难以通过合法途径解决自己的生存问题,教育和有效管控的缺失,极易使其走上违法犯罪的道路。当这一问题日趋严重,不得

* 张宇,上海市浦东新区人民检察院;张强,华东政法大学 2011 级刑法学专业硕士研究生。

不引起人们关注时,社会各界为改善青少年的不良环境,以期有效遏制少年犯罪而努力,在美国乃至大西洋彼岸的欧洲诸国展开了一场少年拯救运动。以此为契机,美国伊利诺伊州于1899年通过了世界上第一部《少年法庭法》,并于同年在芝加哥市设立了世界上第一个少年法庭。该法及少年法庭的设立标志着少年司法制度的诞生。伊利诺伊州少年司法制度,对美国乃至全世界的少年司法制度产生了重要影响。

与英美德日等发达国家相比,我国的少年司法制度起步较晚。出于治理日益严重的青少年犯罪问题的需要,1984年我国第一个少年法庭在上海市长宁区法院率先试点建立,宣告了少年司法制度在我国的诞生。此后,1987年上海市人大常委会通过的《上海市青少年保护条例》被认为是"我国第一个青少年保护法规,也是我国第一部少年法"。[①] 1991年颁布实施的《未成年人保护法》及1999年第九届全国人大第十次会议通过的《预防未成年人犯罪法》,对于保护未成年人合法权益,遏止青少年违法犯罪,以及完善我国的少年司法制度发挥了重要作用。至此,我国已基本形成以宪法为核心,以未成年人保护法和预防未成年人犯罪法为主体,以《刑法》《刑事诉讼法》《民法通则》《民事诉讼法》等其他法律法规为补充的未成年人法律法规体系。[②]

(二)我国少年司法制度的发展现状

经过近30年的探索,我国少年司法的制度建设取得了重大成就,具体表现为:在方针政策上,始终坚持"教育、感化、挽救"的方针和贯彻落实"以教育为主、以惩罚为辅"的刑事政策;在法律规定上,《刑法》和《刑事诉讼法》对未成年人实体、程序权利的保障,《未成年人保护法》和《预防未成年人犯罪法》对预防和治理青少年犯罪问题的有益贡献,这些都是对我国少年司法制度的完善;在实践效果上,全面调查制度、合适成年人参与制度、附条件不起诉制度和轻罪记录封存制度等大量创新性工作机制的实际应

---

① 姚建龙:《长大成人:少年司法制度的建构》,中国人民公安大学出版社2003年版,第295页。

② 沈德咏:"努力走出一条中国特色的少年司法之路",载 http://epaper.legaldaily.com.cn/fzrb/20120831/Articel01005GN.htm。

用,有效地预防、减少和矫治了青少年的违法犯罪行为。

修改后的《刑事诉讼法》在“特别程序”一编中专章规定“未成年人刑事案件诉讼程序”,改变了我国在刑事法典中以附属条文的形式规定少年司法制度的传统。在此之前,我国有关未成年人刑事案件诉讼程序的法律规范主要有三种:一是相关法律如原《刑事诉讼法》第 14 条、第 34 条第 2 款、第 152 条第 2 款等的规定,《未成年人保护法》《预防未成年人犯罪法》;二是相关司法解释、规定如最高人民检察院《人民检察院办理未成年人刑事案件的规定》、公安部《公安机关办理未成年人违法犯罪案件的规定》;三是有关国际规则,主要有《联合国少年司法最低限度标准规则》(《北京规则》)、《联合国预防少年犯罪准则》(《利雅得准则》)、《儿童权利公约》、《联合国保护被剥夺自由少年规则》等。

涉罪未成年人在刑事诉讼法中享有许多不同于成年犯罪人的诉讼权利,具有特殊的诉讼当事人地位。现有的法律、司法解释、规定等对涉罪未成年人的刑事实体权利和诉讼权利都有规定,但这些规定在很多地方不能与现阶段我国成人刑事司法的模式相匹配。此次《刑事诉讼法》的修改,将未成年人刑事案件诉讼程序作为刑事诉讼中的一种特别程序,针对未成年人的特点,对办理未成年人刑事案件的方针、原则、权利保障以及各个诉讼环节的特别程序都作出了具体规定,对发展、完善我国少年司法制度有重要作用。

二、从修改后的《刑事诉讼法》看少年司法制度价值取向的新变化

少年是国家的未来,少年强则国强,保护少年是全社会的共同责任。少年司法最为重要的任务不是惩罚、预防犯罪,而是教育、矫治少年,促使其顺利完成再社会化的过程,使其成为一名合格的公民,进而成为一名优秀的社会主义事业建设者。我国涉罪未成年人适用与成人刑事司法制度相差无几的强制机制,这虽然在一定程度上能够有效地预防、打击犯罪,维护社会公共安全,可是从长远来看,其负面影响也不容忽视:缺少对涉罪未成年人的教育、保护,刑罚的轻缓化趋势和刑法的谦抑性原则并没有在少

年司法制度中予以体现,甚至桎梏了涉罪未成年人的全面发展,使其难以重返社会。

修改后的《刑事诉讼法》对未成年人刑事案件诉讼程序的特别规定,既有效地追诉未成年人犯罪,又注重在诉讼过程中对涉罪未成年人合法权益和诉讼权利的保护,充分体现了"教育、感化、挽救"涉罪未成年人的刑事政策。

(一)少年司法制度在价值取向上的变化

传统以成人为模式的刑事司法制度"重打击""重刑罚"的倾向明显,而少年司法制度有其特殊性和独立性:基于"保护、教育儿童"的理念,其更注重对涉罪未成年人的教育、改造,以图挽救失足少年,帮助其顺利回归社会。从修改后的《刑事诉讼法》一系列新的制度、原则(对涉罪未成年人严格限制适用逮捕措施,附条件不起诉,犯罪记录封存)可以看出,对涉罪未成年人适用刑罚轻缓化的趋势和刑法的谦抑性原则,体现出少年司法制度在价值取向上的变化。

刑罚的轻缓化,是指刑罚在其历史的发展进程中凸显的由严刑峻法向轻缓人道转变的一种走向、一种趋势。刑罚轻缓化并不是严格意义上的法律概念,而是刑事立法在刑罚方面的一种价值取向和发展趋向,是一个动态的过程。因此,只有把刑罚轻缓化置于其历史的发展进程来考察,才会显示出这一动态的规律。[①] 我国未成年人刑事司法制度也有这样一个逐渐发展的趋势。这种发展变化和我国刑法以及国际条约的精神、主旨相一致,体现出对涉罪未成年人的人道主义关怀。对于适用轻缓刑事政策,新闻媒体在宣传时也应有正确导向,不能给未成年人有种"失之过宽"的感受。当宽则宽、当严则严,体现"宽严相济"原则,对累犯,社会影响大、性质恶劣的主犯,应严厉打击,而不应"失之过宽"。这也是对社会负责、对遵守法律的未成年人负责。[②]

---

① "刑罚轻缓化在我国刑法中的体现",载 http://www.chinalawedu.com/new/16900a173a2011/2011713caoxin103528.shtml。

② "保护未成年人 我们该做些什么",载 http://roll.sohu.com/20120618/n345859647.Shtm。

刑罚轻缓化的精神与刑法谦抑性的思想有相通之处:在刑事立法上对涉罪未成年人严格限制适用逮捕措施、附条件不起诉等人性化的制度都是刑法谦抑性原则的体现;在刑事司法中,对已经进行刑罚处罚的涉罪未成年人的前科记录予以封存,打消其被贴上不良标签的顾虑,认真接受教育、改造,避免刑满释放的涉罪未成年人在升学、就业中遭受歧视,帮助其顺利回归社会。少年司法制度在修改后的《刑事诉讼法》中的完善只是刑罚轻缓化趋势的代表而已,这需要宽和的立法和轻缓的司法保障,更需要社会大众的共通理念和积极配合。

(二)少年司法制度的功能性价值取向

未成年人是祖国的未来,对未成年人的关心、爱护,特别是司法保护,是全社会普遍关注的事情,帮助他们健康成长更是全社会的共同任务。我国少年司法制度在"教育为主、惩罚为辅"的刑事政策的指导下,对涉罪未成年人施以刑罚,在这过程中对其予以充分的尊重和保护,使其接受并配合司法机关的教育、改造,为他们顺利回归社会打下良好的基础。

涉罪未成年人的生理、心理尚不健全,容易受外界的影响,这也决定了其易于改造、可塑性强等特点。因此,对他们采用"教育、保护"的刑罚措施是可行的,这样也能促进未成年人健康成长。"教育、保护"涉罪未成年人的价值理念在《刑事诉讼法》的修改中也有所体现。例如,讯问和审判时合适成年人在场制度的贯彻执行,是对涉罪未成年人法定代理人的一种补充,合适成年人对涉罪未成年人进行"沟通、抚慰、教育"能给涉罪未成年人以莫大的心理支持,同时也监督了刑事诉讼程序的合法进行。

《刑事诉讼法》修改后一系列人性化的制度设计使涉罪未成年人的再社会化成为可能。在接受教育、改造的过程中,涉罪未成年人能够学会一定的劳动技能,改变以往的恶习和生活方式,树立一定的法制观念,增强社会责任感,由原来的"无法无天"、被迫接受改造向自我约束、自我教育的状态过渡。犯罪记录封存制度使未成年人撕掉了罪犯的标签,安心进行教育、改造,最终真正融入社会,实现再社会化。对涉罪未成年人的全面调查不仅能查明犯罪事实、准确定罪量刑,同时也是对其进行帮教改造的重要参考依据。科学、合理的改造计划能削减涉罪未成年人对改造工作的抵触情绪,使其认识到自身的缺陷以及对被害人造成的伤害,真正悔过自新,为其再社会化创造条件。

三、修改后《刑事诉讼法》对我国少年司法制度的完善

2012年《刑事诉讼法》的修改涉及第5编第1章“未成年人刑事案件诉讼程序”的法律条文共计11条,其中第一次写进《刑事诉讼法》的制度,我们称其为“创新型工作机制”,在相关法律规定基础上新修改的我们称其为“完善型工作机制”。[①] 这些制度体现出我国少年司法制度“教育、保护犯罪少年”“宽严相济”的价值理念,符合当今世界范围内少年司法制度的发展潮流,也是对我国少年司法制度的有益完善。

(一)创新型工作机制

在少年司法制度的实施过程中,各地司法机关的改革创新方兴未艾,探索出了大量的工作机制如全面调查制度、合适成年人参与制度、附条件不起诉制度和犯罪记录封存制度。这些创新的工作机制对我国少年司法制度都是有益的补充。此次《刑事诉讼法》的修改,将这些大胆的尝试予以肯定,使其成为未成年人刑事案件诉讼程序的有机组成部分。

1. 全面调查制度

对涉罪未成年人进行全面调查是未成年人刑事案件审理的基础,这一制度也为《北京规则》所确认。所谓全面调查是指“办案机关在处理未成年人案件时,不仅要查明案件本身的情况,还应对未成年犯罪嫌疑人、被告人的家庭背景、生活环境、教育经历、个人性格、心理特征等与犯罪和案件处理有关的信息做全面、细致的调查;必要时还应进行医学、心理学、精神病

---

① 我们认为创新型工作机制有全面调查制度、合适成年人参与制度、附条件不起诉制度和犯罪记录封存制度;完善型工作机制有“教育、感化、挽救”方针和“以教育为主、以惩罚为辅”原则的集中规定、强制指定辩护制度、分案处理原则、不公开审理制度。

学等方面的鉴定,并根据调查的结果选择最恰当的处理方法”。[①] 也有学者将这一制度称为“社会调查”。社会调查中的“社会”,强调的是要调查未成年人犯罪事实以外的有关信息,而全面调查中的“全面”,指的则是犯罪事实本身以及犯罪事实以外的信息。[②] 从这种意义上来说,全面调查包括对犯罪事实的调查以及社会调查,社会调查是全面调查的一部分。我们正是从“全面”的角度来谈这一制度的。

在司法实践中全面调查制度已被应用于未成年人案件的诉讼程序中。《人民检察院刑事诉讼规则(试行)》(以下简称《刑事诉讼规则》第486条规定:“人民检察院根据情况可以对未成年犯罪嫌疑人的成长经历、犯罪原因、监护教育等情况进行调查,并制作社会调查报告,作为办案和教育的参考。人民检察院开展社会调查,可以委托有关组织和机构进行。”最高人民法院《关于适用〈中华人民共和国刑事诉讼法〉的解释》(以下简称《刑诉法解释》)第476条规定:“对于人民检察院移送的关于未成年被告人性格特点、家庭情况、社会交往、成长经历、犯罪原因、犯罪前后的表现、监护教育等情况的调查报告,以及辩护人提交的反映未成年被告人上述情况的书面材料,法庭应当接受。必要时,人民法院可以委托未成年被告人居住地的县级司法行政机关、共青团组织以及其他社会团体组织对未成年被告人的上述情况进行调查,或者自行调查。”

修改后的《刑事诉讼法》第268条规定:“公安机关、人民检察院、人民法院办理未成年人刑事案件,根据情况可以对未成年犯罪嫌疑人、被告人的成长经历、犯罪原因、监护教育等情况进行调查。”根据上述规定,全面调查的实施主体是公安机关、人民检察院及人民法院,确有必要时人民检察院和人民法院也可以委托有关社会团体、组织进行调查。

我们认为,社会调查报告的格式、内容必须统一,以准确反映社会调查对象的性格特征、家庭学校教育等情况。同时也有必要进行适度的公开,

---

① 樊崇义:《刑事诉讼法实施问题与对策研究》,中国人民公安大学出版社2001年版,第632页。

② 赵国玲:《未成年人司法制度改革研究》,北京大学出版社2011年版,第157~158页。

一来保证调查报告的透明性,二来增强说服力。调查报告的制作应由两人以上进行,并形成书面记载,控、辩双方都可以依法出具相关证明材料。既然已经进行了全面调查并形成了书面的报告,就要充分利用其价值,因此可以考虑将调查报告作为证据在法庭事实调查阶段接受质证,并将报告作为量刑情节予以考虑。① 全面调查报告的制作主体、制作程序、内容必须依法进行严格的规范,在作为证据材料使用时也应区别于法定的证据种类,并经法庭调查、质证等才赋予其证明效力。

通过对涉罪未成年人的家庭、学校或者所在社区的走访,对涉罪未成年人的一贯表现、犯罪的原因和生活、学习环境作一个全面的了解。最终形成的调查报告在性质上是一种"品格证据",也是对涉罪未成年人进行定罪量刑的依据,同时还是一份帮教改造计划。对涉罪未成年人的家庭环境、学校教育的经历、个人性格特点等状况的调查,有助于选择恰当的帮教方式,获得更好的帮教效果;同时也有助于司法工作人员选择最合适的量刑,达到最终"教育、感化、挽救"涉罪未成年人的目的。全面调查报告是对涉罪未成年人进行定罪量刑时重要的参考依据,不仅有利于对涉罪未成年人的准确量刑,也有助于对他们进行教育、感化。

2. 合适成年人参与制度

我国法律中没有"合适成年人"的用语,"合适成年人"一词取自英国《警察与刑事证据法》,是指警察在讯问未成年犯罪嫌疑人时,必须有合适成年人到场,以维护未成年人的合法权益。"合适成年人"不仅仅是作为旁观者的身份出现,他们充当更为积极主动的角色,主要起到缓解压力、协助沟通、同步监督、配合教育等作用。

1996 年《刑事诉讼法》第 14 条第 2 款规定,对于不满 18 周岁的未成年人犯罪的案件,在讯问和审判时,可以通知犯罪嫌疑人、被告人的法定代理人到场。公安部 1998 年 5 月 14 日颁布实施的《公安规定》(以下简称《公

---

① 田相夏:《未成年人刑事案件诉讼程序若干疑难问题研讨会综述》,载《青少年犯罪问题》2012 年第 5 期。

安规定》)第182条(已修订)规定:讯问未成年的犯罪嫌疑人,应当针对未成年人的身心特点,采取不同于成年人的方式;除有碍侦查或者无法通知的情形外,应当通知其家长、监护人或者教师到场。最高人民检察院《人民检察院办理未成年人刑事案件的规定》第17条第4款规定,讯问未成年犯罪嫌疑人,应当通知法定代理人到场,告知法定代理人依法享有的诉讼权利和应当履行的义务。《未成年人保护法》第56条规定:公安机关、人民检察院讯问未成年犯罪嫌疑人,询问未成年证人、被害人,应当通知监护人到场。

修改后的《刑事诉讼法》第270条对原第14条第2款进行了补充,规定:“对于未成年人刑事案件,在讯问和审判的时候,应当通知未成年犯罪嫌疑人、被告人的法定代理人到场。”在讯问和审判涉罪未成年人时,司法机关履行通知的义务,这无疑是对未成年人的法定代理人参与诉讼的强有力保障,也是对我国少年司法制度的完善。

但是,上述规定原则性较强,在司法实践中可操作性不足,主要表现在:(1)能参与讯问的成年人范围过于狭窄,实践中对于很多外来未成年人犯罪案件,司法机关往往无法通知其法定代理人或老师,通知法定代理人的规定势必成为一纸空文;(2)对通知的成年人不强调适当性,当未成年人的法定代理人是同案嫌疑人、被害人、证人时,或者父母本身是限制行为能力人或者无行为能力人时,通知这类法定代理人并不具有保障未成年人权益的作用;(3)在公安机关不通知未成年人的法定代理人、老师的情况下也缺乏相应的法律后果,虽然法律规定“应当”通知,但由于没有强制性的规定,某种程度上使“应当”退回到了“可以”。

例如,上海市浦东新区人民检察院通过多年的探索实践,建立了一支由具有法律专业知识,富有责任心、爱心的专业社工和大学生志愿者组成的合适成年人队伍,在司法实践中,建立了一整套合适成年人参与刑事诉讼的制度,包括参与的程序、合适成年人的权利义务等;合适成年人在公安机关的侦查、人民检察院审查阶段参与讯问,并参与人民法院的庭审,进行社会调查,参与诉前考察,进行不捕、不诉帮教等,发挥了积极的作用。

3. 附条件不起诉制度

根据修改后《刑事诉讼法》的规定，检察机关对未成年人刑事案件在审查起诉时可以在起诉与不起诉之间作出"附条件不起诉决定"。所谓附条件不起诉，是指检察机关对于具备起诉条件的未成年犯罪嫌疑人，认为没有必要立即追究其刑事责任而依法作出的附条件暂时不予提起公诉的制度。在规定的考察期内，如果该涉罪未成年人遵守考察要求，接受教育和矫治，检察机关就作出不起诉的决定，该刑事诉讼程序即告终结；如果该涉罪未成年人在考察期内表现不好或者发现还有其他犯罪需要追诉的，那么检察机关应当撤销附条件不起诉决定，依法提起公诉。

修改后的《刑事诉讼法》第 271 条第 1 款关于附条件不起诉构成要件的规定和第 272 条第 2 款关于附条件不起诉考察期的规定，[①]要求检察机关在适用该制度时必须严谨、慎重，只有同时满足罪名、刑期条件，符合起诉条件，具有悔罪表现的涉罪未成年人才可适用附条件不起诉；同时也赋予检察机关一定的起诉裁量权，涉嫌《刑法》分则第 4 ~ 6 章规定的犯罪，可能判处一年有期徒刑以下刑罚的罪名有很多，检察机关在决定对涉罪未成年人是否适用附条件不起诉制度时，除了严格遵守法定要件外，还须综合考虑犯罪的性质，公安机关、被害人的意见，对缺乏监管条件的涉罪未成年人应依法提起公诉，这有利于实现刑事追诉的目的。

对涉罪未成年人适用附条件不起诉的监督机制和涉罪未成年人及其法定代理人对附条件不起诉决定不服的救济途径，修改后的《刑事诉讼法》

---

① 修改后的《刑事诉讼法》第 271 条第 1 款规定："对于未成年人涉嫌刑法分则第四章、第五章、第六章规定的犯罪，可能判处一年有期徒刑以下刑罚，符合起诉条件，但有悔罪表现的，人民检察院可以作出附条件不起诉的决定。人民检察院在作出附条件不起诉的决定以前，应当听取公安机关、被害人的意见。"修改后的《刑事诉讼法》第 272 条规定："附条件不起诉的考验期为六个月以上一年以下，从人民检察院作出附条件不起诉的决定之日起计算。"

也作出了明确规定。[①] 检察机关对涉罪未成年人作出附条件不起诉决定时，必须履行提前告知的义务，听取公安机关、被告人的意见；公安机关要求复议、复核或者被害人申诉的，检察机关应当依法处理。检察机关作出附条件不起诉决定前，应当充分告知涉罪未成年人及其法定代理人附加的条件、考察期限和可能产生的后果。如果该涉罪未成年人及其法定代理人有异议的，检察机关应当依法提起公诉。

4. 犯罪记录封存制度

失足的涉罪未成年人不能很好地接受教育、改造的一个主要原因是一旦被判刑，将终生被贴上不良记录的标签，这使不少原本罪行不重、有较好改造条件的涉罪未成年人对自己的未来失去信心，以致无法安心配合司法机关的教育、改造工作，这无疑会对判刑的未成年人在就业、就学、生活等方面带来负面影响。

修改后的《刑事诉讼法》对符合条件的涉罪未成年人实行前科封存制度，这不仅是对教育、改造涉罪未成年人成果的巩固，也是社会对他们改造效果的信赖。这一制度为涉罪未成年人积极配合司法机关的教育、改造提供了足够的动力，也为他们重返社会带来了更多的希望。犯罪记录封存制度是指在对轻微犯罪的涉罪未成年人处罚完毕后，依照法定的条件和程序，将其犯罪记录予以封存，在其就学、就业以及从事法律没有明确限定的职业时，免除前科报告义务。此次《刑事诉讼法》的修改，增加涉罪未成年人前科封存制度是对《刑法》第100条的回应，[②]为其顺利回归社会扫清障碍，体现出我国少年司法制度的人文关怀。

“前科消灭制度的推行不仅涉及司法部门的认可，更涉及社会相关部

---

① 修改后的《刑事诉讼法》第271条第1款后半段及第2款、3款规定：“人民检察院在作出附条件不起诉的决定以前，应当听取公安机关、被害人的意见。对附条件不起诉的决定，公安机关要求复议、提请复核或者被害人申诉的，适用本法第一百七十五条、第一百七十六条的规定。未成年犯罪嫌疑人及其法定代理人对人民检察院决定附条件不起诉有异议的，人民检察院应当作出起诉的决定。”

② 我国《刑法》第100条规定：“依法受过刑事处罚的人，在入伍、就业的时候，应当如实向有关单位报告自己曾受过刑事处罚，不得隐瞒。犯罪的时候不满十八周岁被判处五年有期徒刑以下刑罚的人，免除前款规定的报告义务。”

门的配合与支持,因此在某种程度上说,前科消灭制度更是一项社会课题。”①因此,修改后的《刑事诉讼法》第275条第2款规定:“犯罪记录被封存的,不得向任何单位和个人提供,但司法机关为办案需要或者有关单位根据国家规定进行查询的除外。依法进行查询的单位,应当对被封存的犯罪记录的情况予以保密。”这是对犯罪记录封存制度的例外规定,其他单位和个人应当积极配合这一制度的贯彻实施,以此实现国家对犯罪少年的全面保护。

(二)完善型工作机制

修改后的《刑事诉讼法》第266条②第1款规定了对犯罪少年追究法律责任时应当遵守的方针和原则。对犯罪的未成年人适用刑罚是对其所犯罪行的惩罚,但惩罚只是手段,更重要的是通过对未成年人犯罪行为的追究,达到教育、感化、挽救的目的;本条第2款是对涉罪未成年人的诉讼权利和获得法律帮助权利的保障。未成年人受年龄、智力、社会经验等方面的限制,缺乏准确判断是非、罪与非罪界限的能力,容易误入歧途,走上违法犯罪的道路。在刑事诉讼中,他们同样也不能很好地维护自己的合法权益、保障自己的诉讼权利。如果“由熟悉未成年人身心特点的审判人员、检察人员、侦查人员承办”,给这些涉罪未成年人以帮助,那么对于他们正确地行使自己的诉讼权利无疑是一种保障。

1. 强制指定辩护制度

原《刑事诉讼法》第34条第2款规定,“被告人民法院应当指定承担法律援助义务的律师为其提供辩护”。这是涉罪未成年人的强制指定辩护制度。在审判阶段才能获得法律援助,涉罪未成年人辩护权的行使受限,其不利影响是显而易见的。

---

① 朱磊:“中国多举措试水少年司法改革　帮失足孩子找归路”,载 http://www.china.com.cn/policy/zhuanti/11fzgg/2011-02/16/content_21931711.htm。

② 修改后的《刑事诉讼法》第266条规定:“对犯罪的未成年人实行教育、感化、挽救的方针,坚持教育为主、惩罚为辅的原则。人民法院、人民检察院和公安机关办理未成年人刑事案件,应当保障未成年人行使其诉讼权利,保障未成年人得到法律帮助,并由熟悉未成年人身心特点的审判人员、检察人员、侦查人员承办。”

修改后的《刑事诉讼法》第267条规定:“未成年犯罪嫌疑人、被告人没有委托辩护人的,人民法院、人民检察院、公安机关应当通知法律援助机构指派律师为其提供辩护。”这是在原《刑事诉讼法》第34条第2款的基础上进行的修改,明确了未成年人刑事诉讼的强制指定辩护制度和贯穿于刑事诉讼活动全过程的法律援助制度。有权为涉罪未成年人强制指定辩护的主体进一步扩大,公安机关和人民检察院也可根据案件情况为符合条件的涉罪未成年人指派法律援助的律师;法律援助不再限于审判阶段,而是要贯穿于整个刑事诉讼活动。

修改后的《刑事诉讼法》对涉罪未成年人的强制指定辩护制度作了较大调整,将强制指定辩护的主体扩大到公、检、法三机关,时间拓展到侦查、起诉、审判的刑事诉讼活动的全过程。对符合条件的涉罪未成年人,“人民法院、人民检察院、公安机关应当通知法律援助机构指派律师为其提供辩护”,这对于弥补涉罪未成年人在刑事诉讼活动中诉讼能力不足、全面保护其合法权益具有重要意义。

2. 严格限制适用逮捕措施与分案处理制度

我国成人模式的刑事司法制度,除有特别规定以外,有关未成年人的刑事案件,都按基本规定处理。例如,临时性强制措施的规定。修改后的《刑事诉讼法》第269条第1款对涉罪未成年人适用逮捕措施进行了严格的程序限制,“对未成年犯罪嫌疑人、被告人应当严格限制适用逮捕措施。人民检察院审查批准逮捕和人民法院决定逮捕,应当讯问未成年犯罪嫌疑人、被告人,听取辩护律师的意见”。

未成年犯容易接受教育改造,可塑性强,同时也易受到外界的不良影响。如果将其与成年犯同案处理、一并关押,则不利于对其进行教育和改造。修改后的《刑事诉讼法》第269条第2款规定:“对被拘留、逮捕和执行刑罚的未成年人与成年人应当分别关押、分别管理、分别教育。”这是对我国少年司法实践中分案处理原则的集中规定。

对审前羁押的未成年犯罪嫌疑人一般放在看守所进行教育、管理,虽然看守所也有其他成年犯罪嫌疑人,但一般是将其与成年犯罪嫌疑人分开管理、分室关押。涉罪未成年人执行刑罚的场所是未成年犯管教所，习惯上称其为“少管所”，这是一个完全独立于成年犯的羁押场所，在改造、教育、监督、管理等方面区别于成年犯罪人。按照涉罪未成年人的共同特点，将其与成年犯罪人分别关押、分别管理，有利于对这一群体进行有针对性的教育，也能防止罪犯之间的“交叉感染”。

3. 涉少案件不公开审理的制度

不公开审理是指人民法院在审理未成年人案件时，不向社会公开，也不允许旁听和记者采访。该制度设计的初衷是保护未成年人的隐私，避免其以罪犯的身份示众，防止其承受过多的社会责难和压力，以有利于其接受教育、改造，顺利回归社会。

根据最高人民法院《关于审理未成年人刑事案件的若干规定》（已废止）第 11 条规定，对 16 岁以上不满 18 岁未成年人刑事案件“一般也不公开审理，但如果有必要公开审理的，必须经过本院院长批准，并且应当限制旁听人数和范围”，这说明这类涉罪未成年人还是会受到公开审理的。

此次《刑事诉讼法》的修改对未成年人犯罪案件不公开审理制度作了较大完善：不再以开庭审理时“14 岁以上不满 16 岁”“16 岁以上不满 18 岁”来决定是否公开审理，所有涉少案件一律不公开审理，这有利于全面地对涉罪未成年人进行法律保护。相比于之前“16 岁以上不满 18 岁的未成年人犯罪的案件一般也不公开审理”的相对不公开审理规定而言，这无疑是巨大的进步。

审判中心背景下性侵未成年人案件工作机制的完善*

审判中心主义的实质是审判的实质化，为了达到这一目的，强化和保障犯罪嫌疑人、刑事被告人人权和辩护权，扭转侦查、起诉机关的单方强势地位，使控辩双方在整个刑事司法体系的角力中趋向平衡是必然趋势。但由此也引发这样的疑虑：目前许多刑事工作机制都是建立在侦查中心模式之上，对刑事被害人的保护还不尽完善，突出强调犯罪嫌疑人（被告人）一方的权利强化，是否会进一步凸显被害人保护的不足？因此，在审判中心主义背景下更需要强调对被害人的全面保护，特别是一些特殊刑事案件中的被害人。本文即以未成年被害人保护为视角，结合当前审判中心主义的背景，探索性侵未成年人案件特殊工作机制的完善。

一、审判中心主义提出的背景及内涵、要求

近年来，多起重大冤假错案的披露，暴露了当前刑事司法程序中存在"公安做饭""检察院端饭""法院吃饭"的流水线弊端。因此，改良刑事司法模式，根除冤假错案易发的土壤，形成符合中国法治发展进程的控辩审的三角结构，已经成为各方期待。党的十八届四中全会中共中央《关于全面推进依法治国若干重大问题的决定》明确提出，要"推进以审判为中心的诉讼制度改革，确保侦查、起诉的案件事实证据经得起法律的检验。全面

---

* 谷莺，上海市黄浦区人民检察院。

贯彻证据裁判规则，严格依法收集、固定、保存、审查、运用证据，完善证人、鉴定人出庭制度，保证庭审在查明事实、认定证据、保护诉权、公正裁判中发挥决定性作用”。

结合学界观点和司法实践，笔者认为，审判中心主义应包含以下两方面的内涵和要求：一是在刑事诉讼各阶段之间的关系问题上，刑事审判阶段是整个刑事诉讼程序的中心。公、检、法三机关围绕审判中事实认定、证据标准、法律适用要求各司其职，未经审判，任何人不得被认为是犯罪，不能被迫承受犯罪的待遇。二是在全部审判程序中，开庭审理（主要是一审程序）是中心。控、辩方平等对抗，审方居中裁判，通过法庭举证、质证和辩论说理，使案件得到公正的裁判。

二、审判中心主义影响下的司法发展趋势

审判中心主义要求事实证据调查在法庭、定罪量刑辩论在法庭、裁判结果形成于法庭。

（一）探索直接言词原则成为诉讼改革的方向之一

严格的直接言词原则包括四层含义：一是法庭审判时，各诉讼主体必须亲自出席法庭，始终参与案件的全部审判活动。为此，直接原则又被称为“在场原则”。[①] 二是裁判法官必须亲自参与案件的审理，否则无权制作裁判。三是法庭审判应尽可能接触原始证据材料，而不是接触第二手或者传闻的材料。例如，物证应尽量采用原件，人证应尽量询问亲自感知案件情况的人。四是只有法官在直接审理过程中直接调查所得的证据才能作为定案的根据。物证必须经过当庭辨认和质证，人证必须经过询问或讯问。直接言词原则，使法官通过耳闻目睹形成真实的心证，使相关的证据都能经过询问或交叉询问而排除虚假，确保其真实性和可信性，防止出现冤假错案。

---

① 林山田：《论刑事程序原则》，载《台大法学论丛》第28卷第2期。

(二)犯罪嫌疑人(被告人)的主体性权利得到进一步确认和尊重

主体性权利是指主体权利中充分地体现作为主体的人格尊严,意志自由,平等和人身等权利不容侵犯的特质。[①] 审判中心主义贯彻无罪推定原则,犯罪嫌疑人(被告人)在未经审判之前其主体性权利应受正当保护。2015 年 2 月最高人民法院在审判中心主义确立后颁布的首个重要文件《关于全面深化人民法院改革的意见》中规定"禁止让刑事在押被告人或上诉人穿着识别服、马甲、囚服等具有监管机构标志的服装出庭受审",就彰显了法院在被告人人权保障方面的与时俱进。不限于此,两大法系基于审判中心主义,都承认犯罪嫌疑人在侦查程序中一定程度的主体性,为此赋予其沉默权或者不受强制自证其罪的权利。[②] 虽然我国目前没有明确建立沉默权制度,但是新《刑事诉讼法》第 50 条规定:"审判人员、检察人员、侦查人员必须依照法定程序……不得强迫任何人证实自己有罪……"其价值内涵已经无限接近沉默权。另外,新《刑事诉讼法》将"尊重和保护人权"纳入总则第 2 条,第一次明确犯罪嫌疑人在侦查阶段可以委托辩护人,从这一趋势来看,沉默权的建立,将成为审判中心主义对我国侦查程序预期影响中不可回避的方面。

(三)辩护制度将进一步完善

辩护职能是现代刑事诉讼三大职能之一,是防范冤假错案的重要手段。2012 年新《刑事诉讼法》在辩护制度上作了重大修改,不仅扩大了被诉人的辩护权,而且积极遵循了宪法中"尊重和保障人权"的原则,维护了犯罪嫌疑人的合法权益。但是,当前我国刑事辩护工作与司法发展进程仍有相当差距,表现在:刑辩不到位,尚有 50% ~70% 的刑事审判辩护律师缺位;辩护律师到位的情况下,实体辩护和程序辩护方面仍有所欠缺;法律援助质量不高,被告人难以获得有效辩护。审判中心主义确立后,必然要求这些不足得到相应完善,刑事辩护工作进一步加强,庭审控辩双方的提出证据权、发问权、质证权进一步实质化。可以预见,控辩双方围绕案件事

① 林林:《被追诉人的主体性权利论》,中国政法大学 2006 年博士学位论文。

② 孙长永:《审判中心主义及其对刑事程序的影响》,载《现代法学》1999 年第 8 期。

实、证据的质证过程将在庭审过程中得到最大化体现,双方在庭上的交锋将更加激烈。

三、性侵未成年人案件查办现状和审判中心主义之间的冲突

审判中心主义对应的贯彻直接言词原则、强化保障人权、完善辩护制度等要求,必定会对依赖原有思维习惯、工作机制的刑事办案模式带来冲击,而这一点在性侵未成年人案件查办中尤为明显。

(一)直接言词原则与现行司法实践之间的冲突

1. 司法人员亲历性不足

审判中心主义和直接言词原则,强调司法人员的亲历性,并且定案证据只有通过各方直接参与法庭质证才能得到确认。但是我国刑事诉讼实践一直以来采取的是以卷宗为核心,围绕卷宗推动各阶段诉讼活动进行的诉讼模式。在高度重视卷宗、充分信任侦查的前提下,诉、判阶段的办案人员甚至可以在不接触证人、被害人、未亲眼见到赃物的情况下,作出对犯罪嫌疑人(被告人)的司法处理,这与直接言词原则在本质上是对立的。除此以外,性犯罪案件的办理还特别受到家长、受害人本人意愿的影响,被害人隐私保护和一次询问原则的规制。因此,实践中完全复制直接言词原则的要求也并不适合。

2. 证人出庭率低

证人出庭作证是现代刑事诉讼制度的普遍要求,也是直接言词原则的具体落实。1996 年《刑事诉讼法》修正后,庭审方式由讯问式向控辩式转变,证人出庭的重要性有所提升。但多年司法实践表明,证人上庭接受质证依然是制约我国庭审制度改革乃至司法改革的瓶颈问题。据调查我国刑事案件的证人出庭率,高的只有 8%,低的则不足 1%。证人出庭率低一方面受经济状况、社会文化状况、传统文化影响,另一方面法治发展和立法现状①也制约了这项制度。因此,在党的十八届四中全会中《关于全面推进依

① 《刑事诉讼法》第 187 条和第 188 条规定,表明对证人出庭法律只有原则性规定,同时承认了未到庭证人的证言笔录具有证据能力。

法治国若干问题的决定》明确提出了“完善证人、鉴定人出庭制度”的要求。对性侵案件来说，证人出庭还需要突破更多困境。主要是因为性侵未成年人案件往往是熟人作案，犯罪嫌疑人、被害人、证人之间都是相熟关系，再加上对性隐私的难以启齿，进一步降低了证人的出庭意愿。在审判中心主义背景下，如何扭转这一困境成为需要考虑的问题。

3. 被告人对质权和被害未成年人的保护

直接言词原则要求各诉讼主体亲自出席法庭，始终参与案件的全部审判活动。既保障被害人对刑事案件的参与权，又保障被告人“面对面”对质的权利。但对性犯罪中的未成年被害人来说，在法庭上与直接的加害者面对面，并且作为质证对象接受对方意图摧毁其可信性的反对询问，这不仅不符合未成年人的身心承受能力，也极易对该类特殊被害人造成“二次伤害”。因此，在这类特殊案件中，保障被告人的对质权和保护未成年被害人特殊利益，似乎是一对悖论。《人民检察院办理未成年人刑事案件的规定》第 57 条规定，“公诉人一般不提请未成年证人、被害人出庭作证”，体现了“儿童利益最大化”。但也有人提出，一些重大案件或者被告人有可能被判处无期徒刑、死刑的案件，未成年被害人出庭作证有利于查明案情。同时，出于对其法律地位的保护，也应该赋予其自愿选择是否出庭作证的机会。对此，笔者认为即使在受审判中心主义严格规制的英美法系国家，也承认不出庭之儿童被害人陈述的可采性，作为传闻证据排除的例外。[①] 因此，当前审理性侵未成年人案件建议还是以不出庭作证为原则，以出庭作证为例外。但是，为顺应审判中心主义趋势及解决个案出庭问题，必须尽早设计未成年被害人询问程序和出庭规则，以加强对其保护。

（二）对口供的依赖和预期沉默权之间的冲突

传统的侦查模式以口供为中心，刑法上过多的“主观性规定”，也直接导致侦查人员以获取口供为核心开展侦查。性侵未成年人犯罪案件多是

---

① 欧卫安：《特殊被害人的法庭调查及其程序保护——以比较法为起点》，载《学术论坛》2009 年第 8 期。

“一对一”行为，缺少目击证人；发现晚、意识差，导致一些性侵未成年人案件直接证据、实物证据未及时保存；部分主观过错决定了罪与非罪的认定如对未成年人年龄、身份的认识；被害未成年人受年龄、心智发育限制，陈述能力有限，都导致性侵案件对犯罪嫌疑人口供的依赖程度较高。但是，在审判中心主义背景下，沉默权制度很可能成为我国司法制度改革的催化剂。一旦如是，它将从根本上改变口供在定罪中的作用，减弱对口供的依赖心理，改变将言词证据作为侦查的出发点和主要突破口的侦查模式，促使侦查机关把侦查工作的重心放到收集证明犯罪嫌疑人有罪的其他证据方面。

（三）对犯罪嫌疑人（被告人）权益的关注和被害人权利保障缺失之间的冲突

审判中心主义从平衡控辩结构的要求出发，被告人的主体地位进一步彰显，以辩护权为代表的各项权利将得到进一步保障，防止其合法权益易受不当限制和侵害，甚至造成冤假错案。与此形成对比的是，我国刑事诉讼中被害人权利保障的不足。表现在被害人应当享有的权利未作规定，而有的规定又不够全面、缺乏可操作性。例如，法律没有赋予被害人与被告人同等的独立上诉权，只能行使抗诉请求权；刑事诉讼法对辩护律师的权利、义务、责任都有深入、具体的规定，反之对被害人委托的诉讼代理人的规定则寥寥无几，诉讼代理人与辩护人在权限范围上不对等；被害人的诉讼参与权、知情权规定都不够明确等。对性侵案件中的未成年被害人来说，另一部分制度的缺失更值得关注：一是缺乏对被害人的救济措施。现行法律对精神损害赔偿请求不予支持，也没有对被害人进行国家补偿的立法，在罪犯无力赔偿的情况下，未成年被害人只能流血又流泪。二是在防止被害人受到二次伤害方面缺乏操作细则。性侵案件极易因为刑事司法过程中司法工作人员的不当行为，给被害人带来二次伤害。由于相关保护性规定还很不完善，办案人员只能凭经验、责任心去处理而非遵守明确规则或特殊要求。三是未成年被害人法律援助未有具体规定。我国关于未成年人法律援助的制度规定分散于《刑事诉讼法》《未成年人保护法》《法律援助条例》等诸多法律规定中，在落实中又偏重于为涉罪未成年人提供法律援助,忽视了未成年被害人。缺乏高位法的依据使被害未成年人法律援助在各地发展不平衡。现实中,因为审核手续的繁复和严格,使部分未成年被害人失去了获得援助的机会。

四、以未成年被害人保护为重点,完善性侵未成年人案件工作机制

当前性侵未成年人案件呈现犯罪易发、多发的新态势,司法机关应积极发挥刑事职能,依法从严惩治。但是,实践中办案理念、办案流程、法律政策把握的不统一,制约了未成年被害人的司法保护工作。因此,亟须修改完善相关法律法规,建立长效机制。

(一)建立未成年被害人影响陈述制度

20 世纪 80 年代,英美法系国家推出了“被害人影响陈述”制度,赋予被害人在量刑阶段陈述犯罪影响甚至量刑意见的权利。这使被害人走出了类同于“证人”身份的不合理待遇,诉讼参与权得到进一步保障。被害人影响陈述就是从被害人的观点描述犯罪及结果,促使人们(尤其是法官)能够注意到被害人所遭受的经济、社会、肉体和精神的伤害。例如,澳大利亚南澳州制定的《被害人权利法》第 14 条规定,被害人有权利使法庭知晓犯罪对她所形成的全部影响,或通过检察官或通过包含在一份在判决前的报告中的信息,包括对被害人施加的或被害人承受的任何经济、社会和生活的损害。其他任何有助于法庭作出判决,包括赔偿或补偿要求的信息,被害人也应当通过检察官移交给法庭。

这一制度的价值在于,赋予被害人自述犯罪后果的权利,彰显国家对“被害人”这一个体的尊重和关爱,促使犯罪人全面了解、体察自己犯罪给他人造成的危害,有利于法官科学、全面地评估罪质和罪量,使判决更趋于公正。一般的人身伤害犯罪,危害结果有具体衡量标准并直接与定罪量刑挂钩,但性侵犯罪对被害人的影响是内化的、持续的、无形的,除非已经发生实际后果,否则实践中很难明确评判并直接影响量刑。因此,更加需要赋予性侵案件被害人以陈述影响的权利,帮助司法人员直接感受被害人的状态,全面评判犯罪危害性。鉴于我国目前尚缺乏这项专门制度,在司法

资源较为紧张、司法人员亲历性不足的情况下,建议先行探索未成年被害人影响陈述制度。

(二)建立未成年人性侵案件特殊办理程序

为加强对被害未成年人的保护,应特别设计专门的办案程序。

1. 专人专办

公、检、法都应设立专门机构或办案组受理性侵未成年人案件,办案人员应具有处理性犯罪案件的经验,了解和掌握未成年人的身心特点,有良好的沟通能力、人文素养和细致作风。未成年被害人系女性的,应确保至少一名女性工作人员在场,最好由女性办案人员负责询问。

2. 开展被害人处境调查

建议公安机关在接案后同步收集反映未成年被害人基本情况的重要材料,如被害人家庭是否和睦、与父母的关系是否融洽,是否具备基本生理健康常识,向被害人父母、老师了解其遭受性侵害后的反应,父母案发后对被害人的反应。帮助办案人员客观了解犯罪危害后果,并针对不同个体制定心理疏导或其他救助方案。

3. 建立未成年被害人一站式调查取证制度

借鉴我国香港地区的成熟经验,笔者认为"一站式调查取证"主要包含以下内容:(1)对未成年被害人的谈话、取证工作尽量集中在同一时间、合适场所完成,直接接触未成年被害人的人员应控制在必要的最小范围。(2)以一次询问为原则并同步录音录像,避免就相同事项反复询问,防止一人多次、多人多次询问未成年被害人。(3)由专业法医在专门的检查室为未成年人检查,收集相关证据,尽量减少检查取证次数。(4)公、检、法应当吸收医疗、心理等专业机构和儿童保护机构的专业人员参与,发挥其专业优势,降低性侵案件给被害人带来的负面影响。场所的选择上也可以借鉴香港的"家居录影室":选用地址保密的民用住房,以适合未成年人心理特点的色彩、装饰,从外环境上设置更轻松、融洽的氛围,缓解被害未成年人的精神压力。总之,以保护未成年人为核心,强调尊重、理解和人文关怀的"一站式调查取证制度"应当在我们的办案实践中予以落实和推广。

4. 建立性侵未成年人案件信息共享平台,加强案件信息通报和个案联动

公、检、法、司应加强相关信息的通报,以便于在各自阶段有针对性地制定未成年被害人保护措施或预案。

（三）完善性侵未成年人案件证人、被害人出庭作证制度

出于保护证人,提高其出庭积极性,以及保护被害未成年人隐私权、名誉权,防止他们在作证过程中与被告人进行面对面接触,对性侵未成年人案件探索隐蔽作证制度十分必要。隐蔽作证的方式有:在法庭上使用物理的遮蔽措施,如屏风、单向玻璃、布帘;在前者基础上,再通过技术手段对证人、被害人声音加以改变,进一步保护其身份;在特定案件中经法庭许可通过电视网线或其他装置,不在法庭上直接露面,而在其他地方同时作证并结合变像、变声技术的使用。目前,《性侵意见》第 18 条已经对未成年被害人、证人隐蔽作证有了明确规定。此外,除了隐蔽作证制度外,为进一步减少未成年被害人因被动回忆、叙述遭遇所带来的二次伤害,法庭应当根据实际情况,以更为灵活的方式核实、对质被害未成年人的陈述。例如,尽量利用播放录像或其他影音储存记录方式代替出庭作证;限制交叉询问的范围;在被害人显著不安或紧张时,应及时由专业人士评估其状况,并允许法定代理人或专业人士陪同。

（四）完善证据意识应对无供证明模式

庭审的实质化,使庭审成为重要的“证据战”,也让侦查取证变得更为关键。随着审判中心主义的确立,过于依赖口供将难以有效应对犯罪嫌疑人翻供和庭审中的严苛质询。因此,在办理性侵未成年人案件时,必须进一步转变观念,通过及时勘查犯罪现场,对未成年被害人、犯罪嫌疑人进行人身检查,提取体液、毛发、被害人和犯罪嫌疑人指甲内的残留物等生物样本,指纹、足迹、鞋印等痕迹,衣物、纽扣等物品以及现场及周边监控录像等视听资料等,寻找证据之间的印证关系,作为犯罪嫌疑人口供的突破口。对性侵未成年人案件还应当注意收集反映案发过程为自然状态的现场证据,证据的形式和反映的内容应与被害人年龄、心智相当,以帮助办案人员形成内心确信。总之,只有尽可能全面地调取各项证据,寻找各证据之间

的关联性，而非仅仅关注言词证据，才能更主动地指控犯罪，使被害人从心理上感到安慰和受保护。

（五）构建综合保护体系

“受害者应从政府、自愿机构、社区方面及地方途径获得必要的物质、医疗、心理及社会援助。”①未成年人作为需要特殊保护的群体，国家更应当构建配套机制，加强综合保护。（1）完善未成年人法律援助制度。出于“双向保护”原则，应建立独立的未成年人法律援助制度，将未成年被害人作为当然的援助对象，破除援助门槛，完善申请程序。即只要未成年被害人申请就可获得法律援助。（2）探索建立性侵案件未成年被害人优先获得国家补偿（救助）的制度。在目前的司法实践中，国家补偿的最有效途径是申请司法救助金。但因缺乏专门法律规定，在制度定位、机构设定、救助范围和金额、救助程序等方面的区域性差异影响了该制度的实施效果。鉴于国家在公民权利保护上不可推卸的责任和被害人损害赔偿请求权制度的不完善，应当进一步加强被害人国家补偿制度的立法及制度设计，尤其需要将性犯罪中的未成年被害人纳入优先享受国家补偿的特定被害人范围，充分体现国家对受害儿童权益的特殊关爱。（3）多专业合作的支持服务及后续跟踪。考虑到性侵害行为的潜在影响，除了在诉讼过程中聘请专业的心理、医疗专业人员开展辅导和治疗外，还应建立后续跟踪服务体系。例如，我国香港地区警方在未成年人遭受性侵害案件调查同时，会组成一个由警方的侦查员、社会福利署社工、临床心理学家、专职医生、教师或精神病专家等组成专业小组，对未成年人进行适当的辅导及治疗，以减低事件带来的负面影响。其后续还会对未成年被害人的危险进行分析评估，提供专业建议和福利计划。建议可以由儿童保护组织或妇联等机关牵头成立此类综合服务团队，建立一整套介入、跟踪、评估、转介流程，持续关注和服务未成年被害人及受到严重影响的家庭成员，直至他们走出困境。

---

① 引自《联合国为罪行和滥用权力行为受害者取得公理的基本原则宣言》。

刑事未成年被害人救助体系初探*

近年来,我国开展的一系列司法救助工作引人注目,如中央政法委、最高人民法院、最高人民检察院等单位均制定了有关刑事被害人救助的指导性文件。但是,就如何对未成年被害人开展救助还没有形成成熟的经验,缺少一套行之有效的专门针对未成年被害人的救助体系。未成年被害人是弱势群体中最无辜、最需要救助的对象之一,同时,少年司法常常发挥了引领刑事司法进步的先驱者作用,从这个角度来看,我们研究未成年被害人救助,探索如何建立和健全整个刑事未成年被害人救助体系对于完善我国的刑事被害人救助制度具有引领和促进作用。

一、刑事未成年被害人救助的概念和特点

刑事未成年被害人作为一个专门的刑事司法概念来研究是由刑事被害人这一概念引申而来的。联合国于 1985 年通过《为罪行和滥用权力行为受害者取得公理的基本原则宣言》,定义受害者(被害人)为:个人或整体受到伤害包括身心损伤、感情痛苦、经济损失或基本权利的重大损害的人,这种伤害是由于触犯会员国现行刑事法律,包括那些禁止非法滥用权力的法律的作为或不作为所造成的。本文所讨论的被害人限定为刑事未成年被害人,指遭受犯罪行为侵害的未满 18 周岁的自然人。这里的被犯罪行为所侵害的人,《刑事法学大辞典》将其定义为"人身权利和财产权利等受

* 顾颐蕾,上海市浦东新区人民检察院。

到犯罪行为直接侵害的人”。[①] 所以本文中所指的未成年被害人不包括因犯罪行为间接侵害的未满18周岁的自然人。“救助”一词,最基本的含义是拯救和援助,“救”即帮助、援助使脱离灾难和危险。刑事未成年被害人救助是指国家和社会对遭受犯罪行为侵害的未成年被害人提供的经济补偿、医疗救助、法律援助、精神救助等各种救助服务,从而使刑事未成年被害人摆脱因犯罪行为所造成的身体、精神上的困境,得到基本生活保障,最终重新融入社会。

刑事未成年被害人救助有以下几个特点:一是实施主体的特定性,即国家和社会是承担救助义务的实施主体。二是救助对象的特定性,刑事未成年被害人救助的对象特指遭受犯罪直接侵害而陷入困境的未满18周岁的未成年人。三是救助的补充性,刑事未成年被害人国家救助是一种事后救助,救助程序启动于遭受犯罪行为侵害而陷入困境后,并不是对所有未成年被害人进行救助,而是对那些损害比较严重且无法从犯罪人处得到赔偿的未成年被害人,给予一定数额的经济补偿,或者在紧急情况下给予医疗救助以及需要给予精神安抚的被害人进行心理救助等。四是救助的及时性,及时救助是实现正义的重要要求。因此,刑事未成年被害人救助不需繁琐的程序,只要符合紧急救助条件,都应当尽快得到救助。五是救助方式的多样性,刑事未成年被害人救助的范围比较宽泛,即包括身体健康,也包括精神方面的损害。所以,在对刑事未成年被害人救助的方式上,也是多种多样的,既有直接的经济补偿,又包括医疗救助、法律援助、精神救助等多种方式。

二、构建未成年被害人救助体系的必要性

(一)保障儿童最大利益,实现“特殊、优先、全面”保护的必然要求

对处于弱势地位的未成年人群体进行特殊保护,是国际社会公认的一项现代国家的重要公共义务。1959年《儿童权利宣言》最早提出“应以儿

---

① 康树华:《犯罪学——历史·现状·未来》,群众出版社1998年版,第105~106页。

童的最大利益为优先考虑”的国际性指导原则，1989年《儿童权利公约》作出“儿童最大利益原则”的倡导性规定。最大利益作为保护儿童的一项基本原则，已经列入了很多国家和地区的立法之中。儿童利益最大化原则就是国家在制定各项政策、处理实际儿童事务中，均应以儿童的利益作为优先考虑。我国作为缔约国，应积极履行优先保护少年儿童利益的义务。我国《未成年人保护法》已规定了对未成年人应进行“特殊、优先、全面”保护。由此，从保护未成年被害人身体、精神、心智、道德发展的最大利益出发，根据未成年被害人的生长发育情况的特殊性，在通过惩罚犯罪嫌疑人、寻求公正的同时，尽快构建未成年被害人专门的救助体系，符合保护儿童最大利益的价值内涵，也是实现“特殊、优先、全面”保护的必然要求。

（二）恢复未成年被害人正常生活、修复社会关系的重要途径

个体的社会化程度是与人的需求满足层次成正比。当生存受到威胁，安全和尊严缺少保障时，个体便很难从环境中找到爱和被爱的归属感以及实现自我价值的可能性。从而极易在受挫折和无助感的压迫下丧失对社会的信心，失去形成正确社会价值观的机会。未成年被害人在遭受重大人身和精神利益的侵害后，往往被直接剥夺了健康、安全的生活权利，这对心智尚未发育健全，承受打击能力较差的未成年人来说，影响是灾难性的。若此时未成年被害人得不到及时救助，往往不仅造成该未成年人身体残疾，精神失常，人格分裂，还极易使其产生报复社会的心理，从而走向犯罪的道路，增加社会保护与管理的成本，为未来社会安全埋下隐患。因而，及时为未成年被害人提供充分的权利保障和满足其安全需求，对恢复其正常的生活，消除其对施害人或社会的对立情绪，修复社会关系，具有无法估量的社会价值。

（三）有效控制犯罪的重要手段

控制犯罪不仅仅关注对犯罪者进行直接惩罚和矫治的效果，还应努力改善被害人的处境，通过对被害人保护力量最大限度地孤立犯罪者，压缩犯罪的生存空间。一方面，这种在提供必要帮助基础上的保护，为消除未成年被害人在经济上的贫困性，精神上的低落性和心理上的脆弱性起到了

积极作用,从而有效地控制和预防犯罪。另一方面,如果社会缺乏积极的、能动的未成年被害人保护机制,漠视未成年人的权利,那么罪犯就会心存侥幸并利用社会的冷漠,对未成年被害人进行恐吓而使其忍气吞声,从而自己逍遥法外,进而变本加厉地实施新的犯罪。因此,加强并完善刑事未成年被害人的救助,为未成年被害人提供帮助,无疑有利于建立未成年被害人对法律和社会的信任与合理期待,避免其因被害后的孤立无助而产生绝望甚至报复心理,从而避免新的犯罪的发生。

(四)有利于实现司法公正和人本主义观念

从本质上说,司法公正实际上表现的是一种利益分配上的合理性,是在社会利益"一次分配"受阻时,恢复社会秩序和平衡利益格局而实施的一种"二次分配"。这种"二次分配"只有在涉入司法过程的当事人均感到合理的情况下,才是真正的公平,其不但要求刑事司法机关在追究犯罪和保障人权之间取得相对平衡,而且要求司法机关本着公平合理和人道主义精神,对刑事被害人特别是未成年被害人给予必要的、充分的法律关怀。通过为未成年被害人提供最低权利保障和救助,树立法律权威,体现司法公正,实现"以人为本"的刑事法律价值观。

三、构建未成年被害人救助体系的可行性

(一)具备一定的物质基础

目前,随着改革开放不断深入,社会法治进程正逐步推进,我国的经济正朝着又好又快的方向稳步发展,综合国力日渐增强。2007 年财政收入达到 5.13 万亿元,比上年增长 1.71 倍。2008 年财政收入超过 6 万亿元,比上年增长超过 19%。2009 年财政收入 6.85 万亿元,比上年增 11.7%。2010 年财政收入 8.3 亿元,比 2010 年增长 21.8%,2011 年财政收入 10.3 亿元,增长幅度高达 24.8%,我国的财力呈逐年增长的趋势。财力的增强为刑事被害人救助机制的建立提供了强有力的经济支撑,政府完全有能力从财政收入中拿出一部分建立专项救助基金,来帮助困境中的刑事未成年被害人。所以,在我国从财政上而言有足够的能力构建刑事未成年被害人

救助制体系。

(二)具备一定的实践基础

刑事被害人救助制度作为我国司法改革的一项重要内容,虽然我国尚未形成完备的刑事未成年被害人救助体系,但中央和地方都进行了一系列尝试。中央政法委等八部委联合下发了《关于开展刑事被害人救助工作的若干意见》,全国半数省份也相继出台了省一级的刑事被害人救助文件、各地公安、检察、法院等部门也制定了相应办法,被害人救助工作在全国积极、稳妥、有序开展。一些地方政府及司法机关对最终难以获得赔偿的刑事未成年被害人给予一定的补偿的尝试,为建立完备的刑事未成年被害人救助体系打下了良好的基础。救助方式包括物质补偿和就业、上学等机会的倾斜。例如,民政部、教育部下发《关于进一步做好城乡特殊困难未成年人教育救助工作的通知》;2009 年 3 月由中国人权发展基金会与北京市高级人民法院共同设立了"涉诉未成年人救助基金";江苏省如皋市检察院出台的《未成年被害人司法救助实施意见》,不少未成年被害人得到救助,社会矛盾得以化解,取得了良好的效果。事实表明,我国在未成年被害人救助的实际操作中已经积累了一定的经验,已经具备了构建刑事未成年人被害人救助体系的社会基础。

四、刑事未成年被害人救助体系构建的初步设想

(一)救助的对象和范围

现阶段,我国设立未成年被害人救助制度不是一种社会福利,不可能对每个被害人进行救助。它作为一种社会救助方式,目的是对因犯罪侵害而生活陷入困境的未成年被害人给予帮助等的一种制度。因而未成年被害人救助的对象实质标准——遭受犯罪侵害后不能从被告人(犯罪人)处获得或足额获得赔偿,而导致生活陷入严重困境的未成年被害人。以下几种情况可以视为"生活陷入严重困境":(1)受到重大人身伤害的未成年人。犯罪侵害造成严重身体伤害,其家庭无力支付医疗费用的未成年被害人这类被害人遭遇突然困境,此类是急需救助的对象。(2)受到性侵害而

急需救治、并急需心理治疗的未成年人。目前这类案件呈上升趋势，未成年女性在生理和心理上均未成熟，对于性行为，尤其是暴利性行为缺乏相应的承受能力，其身心健康极易遭到严重摧残。此外救助对象应当同时满足下列条件：(1)未满18周岁的自然人；(2)权利受到犯罪的侵害，致身心健康受损，严重影响其健康成长；(3)家庭经济困难，急需经济资助以恢复身心健康；(4)因判决未能执行或权益未得到有效保护。

（二）救助的方式

《联合国为罪行和滥用权力行为受害者取得公理的基本原则宣言》规定的被害人救助方式为金钱救助。毫无疑问，直接以给予金钱的方式对未成年被害人进行救助是最重要同时也必然是使用最多的形式，但这个方式有时无法根本解决被害人生活所面临的诸多问题。因此，对未成年被害人的救助方式应多样化，结合个案特点，给予其适当的帮助。其形式，除了经济救助外，还应包括以下几种：

1. 加强对未成年被害人进行医疗救助

对被害人进行医疗救助是未成年被害人救助的一个重要的方面，它直接关系到刑事被害人的生命与健康。按照医院的制度，一般情况下对危重急诊患者在就医前首先得交纳就医押金。然而，在很多暴力犯罪刑事案件中，被害人的人身健康遭受威胁，延误一分钟都可能会致其残废，甚至丧命。有关部门可会同卫生部门制定未成年被害人救助的专门制度，为经济困难、病情危重的未成年被害人开辟及时治疗的绿色通道。该医疗救助的启动程序，应尽量简化，以便及时实施紧急医疗救助。具体来看，应以接受报案的机关的救助通知作为启动紧急医疗救助的条件，这种通知可以是书面的，也可以是口头的。至于未成年被害人医疗救助所产生的费用，可从专门设立的刑事未成年被害人救助基金中予以先行支付。一旦犯罪人支付了赔偿费用，则可以从中扣除。如果犯罪人未被抓获或犯罪人无力赔偿医疗费的，最终从救助金中支付。

2. 为诉讼中的未成年被害人提供法律援助

法律援助制度是国家以法律化、制度化的形式，为某些经济困难或特殊案件的当事人提供免费或减费的法律帮助,以保障其权益得以实现的一项法律制度。法律援助在本质上是一种权利救济机制。权利意识法制观念的有无强弱,直接影响法律援助的程度。我国尽管2003年7月国务院已经颁布《法律援助条例》,将被害人纳入了法律援助的范围,但是刚修订完成的《刑事诉讼法》对法律援助的规定,还是仅停留在对被告人提供法律援助上,未成年被害人的法律援助还未得到应有的重视,这对被害人权益的保护极为不利,对未成年被害人尤其如此。由于大多数未成年被害人不懂法或者很少知道该如何行使法律赋予自己的诉讼权利来维护自身利益,因此对被害人提供法律援助就显得十分重要。对刑事未成年被害人的法律援助应包括法律服务机构对确有困难的被害人提供无偿的法律帮助,也应包括法律援助机构和社会救助机构的法律服务。承担法律援助的律师的职责是接受未成年被害人的咨询、担任未成年被害人的诉讼代理人、为确有生活困难的未成年被害人提供无偿法律援助、陪护未成年被害人作证,等等。

3. 对未成年被害人进行精神救助

对未成年被害人精神救助主要是为被害人提供心理咨询、精神治疗和情感支持。犯罪带给未成年被害人的,不仅是身体和财物的损害,还有心理上和精神上的伤害。肉体的伤害可能通过治疗而在一定时期内得到恢复,但心理的损伤可能更持久,它对未成年人的负面影响也最大,可能会影响到今后的生活、学习,甚至健康人格的构建。因此,单纯的经济救助可能无法达到恢复未成年人正常生活的效果,唯有将经济救助与心理救助相结合,才能真正发挥应有的作用。

对未成年被害人进行精神救助需要一些专门的机构和人员提供,但目前我国公益性心理咨询和救助机构很少,司法机关具有提供专门心理帮助的有经验的办案人员也不多。笔者认为,在专门机构的建设方面,我国应先建立国家主导的心理救助机构,在此基础上发展民间团体,对未成年被害人的心理救助可作为我国司法救助的一个重要试点。在专门人员的培养方面,国家应该有针对性地加强相关司法工作人员的培训,在办理未成年被害人案件时，应指定具有专门经验的人员，询问未成年被害人时要注意观察、了解其心理状态，当发现未成年被害人的精神创伤严重，无法应对正常的生活或出现严重的心理危机，应立即采取相应的挽救措施。另外，要做好有关未成年被害人隐私的保密工作，并限制新闻媒体公开报道。总之，通过专门机构和司法机关办案人员的共同努力给心理创伤严重又经济困难的未成年被害人提供援助，使被害人尽快摆脱犯罪造成的心理痛苦，尽快融入社会，恢复身心健康的正常生活。

4. 对生活无着、失学辍学的未成年被害人进行安康救助

长时间以来，我们关注涉罪未成年人在取保候审、缓刑考验期或者刑满释放回归社会后的就学、就业问题，并专门建立了基金会、学校、爱心企业等收纳其就学、就业。而那些由于受犯罪行为侵害导致无法正常生活、学习的未成年人却被忽略和边缘化。笔者认为，对于生活无着、失学辍学的未成年被害人，可联系社区、教育、青保、劳动和社会保障、民政等部门，帮助解决基本就学、就业培训、临时居住等问题，从根本上提高其自我救助能力；对无监护人或近亲属的也可联系基层群众组织等指定监护人。

（三）救助的决定机关和程序

1. 救助的决定机关

在日本，国家救助的决定机关是都、道、府、县的公安委员会。德国规定，被害人先向所属各区的补偿局申请，之上还有各邦（州）政府劳工福利部及其补偿局、联邦政府劳工福利部等部门负责。[①] 还有一些国家的救助是由专门的被害人补偿局决定和实施的。[②] 根据目前我国的法治体制，检察院可以作为救助的决定机关，检察机关在案件的办理过程中具有承上启下的监督、审查作用，对于提供未成年被害人救助的各个单位的联系比较紧密，便于组织和协调。决定机关可以协调、组建由公安、检察、法院、司法、民政等部门组成的专门委员会，专门负责未成年被害人救助事项。由

① 许永强：《刑事法治视野中的被害人》，中国检察出版社 2003 年版，第 178 页。

② 张智辉、徐名涓编译：《刑事被害人学》，群众出版社 1989 年版，第 198 页。

检察机关组建未成年被害人救助委员会有下列优势：一是效率性，决定机关必须能够迅速有效地作出决定，以解被害人燃眉之急，以节约经济成本；二是专业性，决定机关必须具备相应的法律专业知识，否则无法审核；三是合法性，刑事案件移送审判机关之前属于国家秘密范畴，决定机关在具体施行刑事被害人救助制度时必然接触到属于国家秘密的案件信息，这就需要决定机关享有接触此种国家秘密的法定权力。

2. 救助的程序

(1)申请。

首先必须提出申请，符合救助规定条件的未成年被害人近亲属可以在法定期限内可向案件管辖地的决定机关提出书面申请，如果未成年被害人近亲属不能亲自申请，未成年被害人的代理人、未成年被害人所在的居村民委员会或者未成年人保护组织可以代为申请。救助申请应当在法定申请期限内提出，超过申请期限且无正当理由的，丧失救助申请权。申请人提交申请书应当附有相应的证明材料如个人身份证明、家庭情况、抚养近亲属情况、医疗诊断证明、村民委员会出具的家庭经济情况证明。另外，公安、检察、法院等司法机关的办案人员对于符合救助条件的未成年被害人负有告知此项权利的义务。

(2)审查。

符合救助条件的未成年被害人递交申请之后，由决定机关尽快组成审查小组，由审查小组负责审查工作。审查应包括书面审查和实质性审查两个方面，具体应包括如下内容：第一，审查救助申请书，重点查明未成年被害人家庭经济情况、加害人家庭经济情况以及被害人配合司法机关情况等；第二，审查医疗情况和财产损失情况，包括伤害的部位及程度、实际支出的医疗费用、后续治疗维护费用等；第三，调查被害人是否从保险机构以及其他社会救助机构获得经济援助等；第四，调查该案件的刑事和附带民事审判的结果以及执行情况。审查小组应当在七日内完成以上工作。

(3)决定。

决定机关应当在审查结束后尽快作出是否对未成年被害人进行救助

的书面决定。决定救助工作应当在规定期间内开展,救助金的第一次发放应当在决定作出的两日内支付到位。

(4)救济复议。

申请人不服救助决定机关作出的决定或者接受申请的决定机关在法定的期限内未作出任何决定的,申请人可以在决定作出后或法定期限到达后七日内向上一级决定机关申请复议。

(四)完善专项司法救助基金建设

加强我国刑事未成年被害人救助制度建设一方面应进一步促进刑事被害人救助制度相关法规的构建,另一方面还应加快未成年被害人专项司法救助基金的建立,这是体制能否成功构建的关键。目前,全国很多地方都进行了有效的尝试,①效果显著,其模式值得借鉴。

1. 救助资金的来源

未成年被害人救助制度首先是一种经济补偿,建立未成年被害人救助体系并使之长久运行,必须首先解决好资金来源问题。从我国现有的未成年被害人救助情况来看,被害人救助的资金来源各不相同。一类是以全国律协保护未成年人专业委员会、北京青少年法律援助与研究中心共同创立的"新起点未成年被害人小额爱心基金"为代表,资金主要通过多个机构筹集,成立基金进行运作。另一类是没有稳定的资金来源,靠发动司法干警捐赠,向社会募捐、单位领导向财政、民政部门游说,争取一笔经费,以解决个案中被害人的救济问题。例如,江苏徐州泉山区检察院"特困未成年被害人救助专项基金",由干警捐款、热心公益事业的企业捐助组成。以上两类资金来源都较为单一,资金量得不到充分保证,同时在资金管理上也不够完善。

从建立专项救助基金的目的上考虑,首先要保证资金的及时到位,使被救助人能够得到及时有效地帮助。因此,专项救助资金来源渠道应当遵守多元化原则。即应包括国家税收、犯罪人缴纳及社会捐助,也要同时考

---

① [日]大谷实:《刑事政策学》,黎宏译,法律出版社2000年版,第311页。

虑一些其他来源来充实补偿基金，具体包括：被告人罚金的一部分、监管服刑人员的劳动收入一部分、没收的被告人犯罪所得或其财产、要求判处管制或拘役的被告人及罪犯假释时缴纳一定钱款入专门基金、收取的诉讼法的一部分以及社会捐助。专项司法救助资金应当列入中央和省级财政预算，并由专门的监督机构和审查机构监督、审查并及时公布资金的使用情况。

2. 救助资金的管理

救助资金由未成年被害人救助委员会统一管理，在救助资金的管理方面，对专项基金应开立专用账户，同时应坚持专项资金的使用决定机关与发放、使用机关相分离原则，以保证专款专用，并进行独立核算，禁止任何形式的挪用，并且每年要接受国家审计部门的审计监督。另外，专项救助基金的管理应当坚持易于实施、及时见效的原则。即专项司法救助基金的来源途径和发放应当具有可操作性，且不需要另行制定烦琐复杂的规章，能够在较短的时间内迅速筹集较多资金并及时发放，使未成年被害人的救助得以顺利实施。

完善未成年人社区矫正工作的构想[*][**]

一、社区矫正的概念及国外未成年人社区矫正的实践经验

社区矫正(英文为 Community Correction),是与监禁矫正相对的行刑方式,是指将符合社区矫正条件的罪犯置于社区内,由专门的国家机关在相关社会团体和民间组织以及社会志愿者的协助下,在判决、裁定或决定确定的期限内,矫正其犯罪心理和行为恶习,并促进其顺利回归社会的非监禁刑罚执行活动。国外社区矫正较常见的方式包括缓刑、假释、社区服务、暂时释放、中途之家、工作释放、学习释放等。由于未成年人特殊的生理、心理特征,其实施犯罪大多具有偶然性,也具有易矫正性。未成年人社区矫正是通过将触法的未成年人置于社区内,使其改变原有的不良思想和行为,接受正确的道德规范和行为准则,同时从生活、学习、心理等方面给予帮助,促使罪错未成年人尽快回归社会,是预防未成年人犯罪的一种有效的行刑社会化的方式。

社区矫正于 20 世纪 70 年代在欧美国家产生,许多国家均采取了专门适用于未成年人的社区矫正的系统管理制度和模式,有专门的管理机构和不同于成年人的专业化管理人员进行矫正。美国关于未成年人犯罪的社区矫正项目有:对犯罪青少年的缓刑、对犯罪青少年的释放安置、对犯罪青少年的居中制裁等(具体包括赔偿和社会服务、家中监禁、电子监控、转换

* 本文发表于《山西省政法管理干部学院学报》2013 年第 3 期。

** 董利、谭尘,上海市闵行区人民检察院。

项目)。[1] 澳大利亚关于未成年人犯罪的社区矫正项目有:(1)缓刑监督,法官可以在缓刑监督令中附加特定的条件。例如,对于18岁以下涉罪未成年人,由少年社区司法管理局给予监督;(2)社区服务令,法官对符合条件的犯罪人发出的要求其在社区中无偿提供劳动、服务或参加相关活动的命令;(3)少年犯管教中心令,是指要求涉罪未成年人每星期在特定时间到少年管教中心参加一定时间活动的命令。[2] 南非社区少年犯罪预防和矫正项目有:(1)发展孩子的生活技能;(2)同伴或青年指导项目;(3)野外探险训练;(4)回归司法项目。[3]

事实上,国外未成年人社区矫正的实践也经历了从没有特别的司法程序、没有专门的执法机构,到逐渐摸索形成一整套区别与成年人的社区矫正制度的过程。

二、我国未成年人犯罪社区矫正存在的问题

我国于2003年开始社区矫正试点工作,2009年在全国全面试行,社区矫正工作发展迅速,覆盖面稳步扩大。截至2010年12月底,全国31个省、市、自治区已开展社区矫正工作,覆盖全国91%的地(市、州)、72%的县(市、区)和65%的乡镇(街道)。各地累计接收社区矫正人员59.8万人,现有社区矫正人员27.8万人。[4] 2011年2月25日,十一届全国人大常委会第十九次会议审议通过《刑法修正案(八)》,明确规定对判处管制、缓刑以及假释的罪犯依法实行社区矫正,标志着我国社区矫正法律制度的确立,为改革完善我国刑罚执行制度奠定了坚实基础。但毋庸讳言,未成年人犯罪的社区矫正工作目前尚存在一些问题。

---

① 刘乐:《美国队犯罪青少年的社区矫正项目》,载《北京大学学报》2003年第1期。

② 访澳考察团:《澳大利亚社区矫正制度介绍》,载《法律适用》2005年第10期。

③ 席小华:《国外社区预防和矫正少年犯罪的实践与启迪》,载《中国青年研究》2004年第11期。

④ 郝赤勇:《认真学习贯彻〈刑法修正案(八)〉进一步加强社区矫正工作》,载《法制日报》2011年3月16日版。

(一)未成年人犯罪社区矫正比例较低

未成年人社区矫正的适用比例过低,已是学界的共识。一方面,对未成年罪犯采用监外执行五种情形(判处管制、剥夺政治权利、缓刑、裁定假释、暂予监外执行)的适用率尚不高。结合笔者长期从事的基层检察实践来看,管制刑适用于成年罪犯和未成年罪犯均寥若晨星,外来罪错未成年人常常不具备观护帮教条件故采用非羁押措施、适用缓刑可操作性不强。而剥夺政治权利作为一种附加刑种,其单独适用或附加适用均有特定条件限制,暂予监外执行则限于疾病、怀孕、生活不能自理三种特殊情形,对未成年人的适用客观上较少。

另一方面,被判处管制、剥夺政治权利、缓刑、被裁定假释、暂予监外执行的未成年罪犯能否进入社区矫正体系接受矫正,也存在障碍。非监禁刑罪犯由于不采取关押措施,多要求罪犯自行前往居住地公安机关报到。由于缺乏监督和相应的制约机制,产生了监外执行罪犯不报到或报到不及时的问题。例如,一些缓刑、假释罪犯在被宣告缓刑或假释后,认为诉讼程序已经完毕,往往不到辖区派出所报到,那些不愿意回家、无固定住所的监外执行罪犯更是缺乏报到的自觉性和主动性。对于流动性外来人口而言,公安机关更加难以做到积极寻找、及时找回。有的未成年缓刑罪犯在被宣告缓刑释放后,认为不用"蹲监坐牢"就不用人管了。由于缺少关于监外执行罪犯报到时限方面的强制性法律规定和惩罚性措施,未明确不准时报到所应承担的法律责任,使监外执行罪犯是否报到、及时报到全依靠罪犯的自觉性,无法保证未成年罪犯进入社区矫正体系。

(二)外来未成年罪犯社区矫正的列管地难以确定

随着社会经济的发展,生产、生活方式的变革,人口流动成为全国各地非常普遍的问题,在上海实施犯罪的未成年罪犯中较高比例为外来人口(以闵行区人民检察院2010年承办的未成年人刑事案件为例,88%的罪错未成年人为外来人口),这些非沪籍罪犯普遍存在"人户分离"的情况。当未成年监外执行罪犯的经常居住地与实际居住地不一致,或者实际居住地经常变换时,应当由何处的监管机关对未成年罪犯进行监管,何处的矫正机关负责对未成年罪犯进行矫正帮教,不同机关之间如何衔接,是实践中较疑难复杂的问题。例如,某刑事判决书列明的缓刑未成年罪犯李某(安徽颍上人)的暂住地为闵行区航西路临房,后相关部门经核查此地临房已拆除,李某不知去向。实践中,非本地户籍未成年罪犯经常居住地与实际居住地不一致或由于变换居住地导致不能接受社区矫正的情况比较普遍。

(三)尚未统一设置专门的矫正机构、未配备专业的矫正人员、矫正手段尚欠缺针对性、多样性

我国社区矫正项目起步较晚,即便是在未成年人社区矫正发展比较成熟的地区,也尚未完全实现未成年人矫正机构的专门化,各机构之间权责尚不明确,关系未完全理顺。由于未成年人社区矫正的人数、比例较低,未成年人的社区矫正和成年人的社区矫正在工作部门、工作人员上并无区分,亦导致未成年人矫正和成年人矫正的混同,矫正项目类似,缺少能针对未成年人身心特点的矫正项目。

由于未成年人的生理、心理特点特殊,倘若矫正工作者教育方法简单粗糙、缺乏人性化的举措,将难以有效促使未成年人回归社会。对未成年罪犯开展有针对性的、社会化的社区矫正活动,有赖于专业人士如心理医生、教育工作者或具备相关知识、能力的社工,而从目前矫正社工的组成来看,还远未达上述要求。

(四)尚未形成系统的法律规范

社区矫正的内容散见于我国刑法、刑事诉讼法、监狱法以及关于管制、缓刑、假释的司法解释、专门规定等各种法律规范中,2003 年 7 月,最高人民法院、最高人民检察院、国家公安部、司法部联合下发了《关于开展社区矫正试点工作的通知》,2011 年《刑法修正案(八)》对社区矫正加以明确,但系统的社区矫正法尚未制定,具体执行过程中司法机关的权利、矫正机关的合法身份未予明确,如何确保对矫正对象的监督、奖惩(前文所述,被判处缓刑的未成年罪犯是否报到、及时报到的问题)均无明确规定,尤其缺乏专门针对未成年人社区矫正的特殊性规定。

三、完善未成年人犯罪社区矫正体系的建议

(一)将审前帮教考察与判后矫正相结合,确保社区矫正的必要性和合理性

如前文所析,未成年人社区矫正人数少、比例低的两大主要原因:一是监外执行适用率低,二是部分流动外来未成年人未进入社区矫正体系。要解决上述问题,一方面,要积极对罪错未成年人适用非羁押措施、非监禁刑,创造社区矫正条件;另一方面,需要从公安、检察环节加强调查评估,确保社区矫正对象具备应有条件、能得到针对性的教育矫正,从而在诉讼全程推动社区矫正。

1. 诉前全面考察帮教,奠定社区分类矫正基础

一是建立未成年人非羁押措施可行性评估与羁押听证制度,充分评估非羁押条件,切实降低未成年人审前羁押率。一方面,对罪错未成年人采用动态评估的方式,将非羁押措施的可行性评估向前推进至公安侦查阶段,深化审查逮捕阶段非羁押措施可行性评估,并在审查起诉阶段对继续羁押必要性进行评估。对采取非羁押措施的罪错未成年人,司法机关与预防办、社工站等部门密切配合,进行跟踪评估、考察。另一方面,落实逮捕必要性多方听取意见、说理机制,确保充分、准确评估未成年人社区矫正的条件。

二是全面开展分类帮教,为社区分类矫正工作奠定基础。对非羁押涉罪未成年人,有监护条件的来沪未成年人,根据其居住地,就近安排社区观护点进行帮教;对来沪在校未成年人,由联校社工及学校青保老师共同开展帮教;对无监护条件、无固定住所、无生活来源的未成年人,则可安排至由热心企业组成的社团组织进行帮教,由社工以此基地为观护对象提供免费食宿以及技能培训和上岗实习的机会。

2. 诉中全程推动矫正,实现来沪未成年犯全面覆盖的差异管理

一是建立开展社会调查的配套制度,健全使用调查报告的办案机制。可吸纳矫正社工进入合适成年人队伍参与诉讼,与涉罪未成年人调查谈话

时做好司法机关委托社会调查前准备工作，对于经过社会调查认为可以对罪错未成年人判处非监禁刑的，执行社区矫正征询意见制度，在评估后落实矫正帮教措施。例如，区检察院在办理李某开设赌场一案时，即由矫正社工作为合适成年人参与诉讼，矫正社工经过社会调查结合案情分析认为可对其适用缓刑、禁止令，在征询司法所、派出所、所在社区意见后，区检察院以《量刑建议书》明确提出监外执行社区矫正的建议，区法院采纳后，由于经事先细致调查、充分评估，与社区矫正部门充分沟通，提出了禁止令等针对性的意见，对李某的矫正得到了所在社区的理解和大力支持，取得较好效果。

二是拓展观护基地职能，实行社区矫正全面覆盖下的差异管理。创设以实际居住地社区矫正为主导，以留用观护基地及返回原籍进行社区矫正为补充的三种模式：对于在沪有实际居住地或就学就业等条件的涉罪未成年人，判决后安排在居住的社区内进行矫正；对于在观护基地内进行观护帮教的涉罪未成年人，经征求基地及观护对象双方意见，判决后可通过签订等于或者长于非监禁刑或考验期的用工合同的方式安排在基地内进行社区矫正；对自愿返回原籍且原籍社区具有接纳、监管帮教能力的，可返回原籍进行社区矫正。

3. 判后跟踪监督执行，规范社区分类矫正的有效执行

建立矫正帮教衔接制度，确保判处非监禁刑与社区矫正的无缝衔接。在司法衔接方面，通过公、检、法委托或核实司法局社区矫正部门对涉罪未成年人进行社会调查，对社区矫正可行性进行动态评估；通过宣判时通知罪犯列管地派出所、司法所到庭当场办理相关交接手续，保证非监禁刑与社区矫正在司法环节实现有效衔接。在帮教衔接方面，通过矫正社工担任合适成年人参与诉讼并开展社会调查，以青少年事务社工担任帮教老师、矫正社工担任陪审员的方式，促使观护帮教与矫正帮教在审判阶段实现全面衔接，从而有效解决观护对象被判处非监禁后帮教脱节问题。

（二）设立未成年人社区矫正法，明确社区矫正部门权责、矫正细则

综观世界各国对未成年人社区矫正的立法表现，对未成年人社区矫正的立法都具有相对的独立性如日本的《少年法》《缓期执行者保护法》，德国的《德意志联邦共和国少年法院法》。笔者认为，确有必要或以特别法的形式，或以社区矫正法专门章节的形式，针对未成年矫正对象的特点，突出未成年人社区矫正的特殊性。

目前，我国法律体系中关于监外执行的规定存在缺陷，刑法、刑事诉讼法规定过于笼统，而相关部门发布的政策性文件分散，关于交付、监管、监督等细节规定尚不能应对当前复杂形势，更何况对罪错未成年人进行社区矫正尚属摸索阶段，有待立法对执行细节的明确。例如，理顺司法行政机关、矫正工作办公室、社区服务站以及志愿者协会的关系和职责；明确各相关部门的执法权限，赋予执行机构和执法人员必要的职权和相应的处罚权，确立故意逃避监管所应负法律责任等方面的条款。又如，针对社区矫正对象的流动性问题，明确社区矫正的管辖问题，可采用以经常居住地管辖为主、户籍地为辅的原则，对于更换实际居住地的矫正对象，应当加以约束、限制，避免以变换住所躲避监管的现象。再如，借鉴刑事诉讼程序中取保候审的保证人、保证金制度，建立未成年监外执行罪犯保证人、保证金制度，以有效约束未成年监外执行罪犯接受公安机关的监管考察、矫正机关的教育矫正，具体做法是：在司法机关对未成年罪犯作出监外执行决定前，由该罪犯提出保证人或先行交纳一定数量的保证金，监外执行决定生效后则自动转为执行罪犯保证人、保证金。

（三）规范社区矫正机构配备专业人员，科学置符合未成年人特点的社区矫正项目

一是建立专业的执法人员、社会工作者和志愿者组成的矫正工作人员队伍。从事社区矫正的工作人员的素质必须得到切实保证，志愿者队伍也要求稳定、合格，可聘请心理学、社会学和教育学方面的专家学者，从事矫正的兼职工作，建立合理的薪酬机制。二是整合资源建立青少年社区矫正中心，规范社区分类矫正的有效执行。利用街道青少年服务中心和社区事

务受理中心资源，建立青少年社区矫正中心，建立并规范对未成年社区服刑人员档案的有效管理。三是针对未成年人的犯罪原因及特点进行矫正教育。坚持以教育矫正为主，为未成年罪犯提供心理健康教育、心理咨询和辅导，对缺乏就业技能的未成年人尤其是“三无人员”，要区别年龄段开展技能培训、就业指导和推荐就业。

论未成年人社区矫正的检察监督*

随着全国人大常委会于2011年2月25日通过《刑法修正案(八)》,"社区矫正"这一原本由司法机关在实践中试运行的"西方概念"正式进入了我国的法律文本。有评论认为,"社区矫正首次出现在国家的基本刑事法律中,由此确定了一项新的刑罚制度,在我国的刑事法律史上具有里程碑意义"。① 在此之前,最高人民法院、最高人民检察院、公安部、司法部曾于2003年7月、2009年9月先后以"联合发文"的形式发布了《关于开展社区矫正试点工作的通知》《关于在全国试行社区矫正工作的意见》两个文件,在各个地方推行社区矫正。截至目前,各地在教育矫正、监督管理、帮困扶助等方面初步形成了一些做法和经验。

社区矫正提法源于西方,是刑罚社会化浪潮下的产物。它是一种不使罪犯与社会隔离并利用社区资源教育改造罪犯的方法,常见的措施包括缓刑、假释、社区服务、暂时释放、中途之家、工作释放、学习释放等。被引入我国后,社区矫正被作为与监禁矫正相对的行刑方式,上述四部门将其定义为"指将符合社区矫正条件的罪犯置于社区内,由专门的国家机关在相关社会团体和民间组织以及社会志愿者的协助下,在判决、裁定或决定确定的期限内,矫正其犯罪心理和行为恶习,并促进其顺利回归社会的非监禁刑罚执行活动。"被纳入社区矫正的人员主要集中在被判处管制、缓刑、暂予监外执行、裁定假释、被剥夺政治权利并在社会上服刑的五类犯罪

---

* 沈勇忠、樊华中,上海市奉贤区人民检察院。

① 《齐心协力实现"社区矫正上"新跨越》,载《法制日报》2011年3月8日第8版。

人员。

一、成年人的社区矫正与未成年人的社区矫正

按适用对象的年龄结构区分，社区矫正可以分为针对成年人的社区矫正和针对未成年人的社区矫正。此种分类的意义在于：(1)根据成年人、未成年人的人身、成长、工作特点实行有区别化的矫正措施；(2)在不同的诉讼阶段，因法律对于成年人、未成年人的不同立法精神，社区矫正的方式、内容也应当有所不同。

实践中，对于未成年人适用的社区矫正在实践中有两种理解：(1)对于被判处剥夺政治权利、管制、缓刑、假释、暂予监外执行的未成年人，实行社区帮教，促使其成为身心健康、生活态度积极、人际关系良好、具有一定文化和就业技能的社会化行刑措施。通常这种理解方式也最容易被想到，也最容易被重视。(2)对于进入刑事诉讼程序的未成年人采取取保候审、监视居住等非羁押性强制措施，同时让其进入社区接受教育学习，进行公益劳动(简称社会帮教活动)，对于此期间段内的表现作为决定对其是否起诉的参照。如果此期间段内表现良好，检察机关一般会对其作出相对不诉，甚至作出绝对不诉的决定。此种意义上的社区矫正，与传统对社区矫正的理解并不完全一致。主要区别是决定机关不同，作出决定的诉讼阶段也不同：前一种在判决或刑罚执行阶段，由审判机关判决；后一种则是在审判阶段之前，可以由检察机关决定。对于第二种社区矫正的理解，更精确指称应当是"对符合不起诉条件的未成年人的一种附条件不起诉"。也可以说，这一层次的社区矫正是未成年人社区矫正与成年人社区矫正的区别所在，其中也体现了社区矫正的检察监督在成年人社区矫正与成年人社区矫正中的共性与特性。

二、社区矫正检察监督中存在的问题

无论是针对成年人社区矫正的检察监督与未成年人社区矫正的检察监督，自社区矫正工作开展以来，检察机关在履行监督职责时，均遇到了一

些难解的问题。主要表现在以下几方面：

（一）社区矫正的实施主体不明，致使责任承担难以明确，监督工作难以开展

从《刑法》和《刑事诉讼法》条文规定来看，非监禁刑刑罚的执行主体为公安机关。依法律精神，作为新兴的行刑方式，社区矫正当然属于非监禁刑，其执行主体也应当为公安机关。但自社区矫正工作开展以来，执行的主体并非公安机关，真正担负起日常社区矫正工作的是政府下属的司法局。司法局或其派出的街道、村镇司法所对其辖区内的非监禁刑罪犯进行管理、教育。所以作为新兴的刑罚执行方式，社区矫正的实践做法与法律文本存在明显冲突。这种冲突反映在检察机关法律监督工作中，主要表现为社区矫正中易出现的脱管、漏管等刑罚执行责任承担主体不明，检察监督针对性难以明确，虽然实践中出现检察机关向两个机关同时提出建议或纠正意见，但监督效果难以保证。

（二）社区矫正缺少程序性规定

社区矫正作为社会化的行刑方式，不同于监禁性的特点就在于其社会性与综合性。社会性的工作应当由社会法进行规范。但从我国现有的刑罚执行体系来看，大多法律条文均以规范监禁刑执行为主旨。对于社会化程度较高的行刑方式，刑罚法律文本出现了“空白地带”。在中央层面，最高人民法院、最高人民检察院、公安、司法四部门联合发布的《关于开展社区矫正试点工作的通知》《关于在全国试行社区矫正工作的意见》中，对于检察机关在监督中拥有何种权力、如何行使权力、应尽哪些义务、监督的对象、矫正对象申诉如何处理均未细化。在地方层面，对于上述问题往往是由检察机关、司法局、公安局中的某一机关通过单位或系统内的规定，或三个机关之间通过联席会议达成某些工作流程上的原则性条款。这种浅层次的规范，在被矫正人遵守法律法规中的禁止性、命令性规定时倒也无妨，一旦出现被矫正人违规违纪，相关的行刑机关在责任分担时往往互相推诿。

（三）监督手段刚性不足，弱化检察监督效果

现阶段检察机关对社区矫正的法律监督明显缺少相当程度的制裁性，监督手段刚性不足，影响了监督效果。对于监督过程中发现的违法违规问题，检察机关主要通过制发检察建议或者发出纠正违法通知书等书面意见。由于目前这些书面意见的效力均是由检察机关一家制定，缺少一般规范的对外效力，被监督者一般采取打太极的方式，经常出现被都督者既不提出异议，也不执行付诸实施的僵局。

（四）执行空档期，由“监禁”走向“非监禁”的过程出现盲点

同前所述，目前的社区矫正在执行措施上缺少细化规定，另一重要表现形式就是社区矫正人员由“监禁”走向“非监禁”的过程中，衔接不畅致使人员脱管。例如，在交付执行阶段，监狱机关或看守所将罪犯交付社区时，会向社区发出通知，但一般都是罪犯自行到社区报到。但罪犯出狱或出所后，会利用“空档期”进行其他活动，在此期间，从实质意义上说，已经脱离了监管：监狱机关或看守所认为罪犯应当到社区了，但社区往往认为监狱内的程序尚未走完因而矫正人员未到。检察机关在这种情况下，要么由于未接到监狱通报，不知道罪犯的基本情况，因而没有监督；要么由于罪犯已经流入社会，而难以开展监督。

三、未成年人社区矫正检察监督中存在的问题

对于未成年人适用社区矫正措施有着与成年人适用社区矫正具有一样的法律适用困境，但也有着因未成年身份带来的特殊监督困境。

（一）检察监督资源分散，对未成年人社区矫正检察监督缺少程序上的衔接

虽然经过几年的经验摸索，由于制度外及制度内的原因，针对社区矫正的规范始终停留在一些原则性规定的层面。即便在检察机关内部也面临着制度内的问题致使对未成年人社区矫正监督工作难以开展。以上海为例，对于未成年人的审查批捕、审查起诉均属于未成年人检察科职责，但对于刑罚的执行监督则属于监所检察科的职责。两科室在人员组成、工作

衔接上存在一些问题亟待解决。例如，人力资源匮乏，监所检察科由于任务繁重，一般会将工作重心放置于监狱内行刑工作的监督上；未成年人检察科由于案件繁多，一般会将工作重心放置在如何做好审查批捕、审查起诉工作上，对于法院判决后的执行并不太注重。两科室工作重心的厚此薄彼，出现了一旦法院对未成年人判处非监禁刑，未成年人行刑过程就无检察监督的尴尬局面。

（二）针对未成年人矫正队伍水平总体不足

未成年人适用社区矫正，必须充分考虑未成年人在生活、学业、谋生技能、社会认知等多方面特性，采用不同于成年人的矫正措施。现实中，矫治机关对矫治对象并不区别对待，而是让所有矫正人员无论成年或未成年均参加一些职业技能培训、一定时段的社区服务以及街道组织的思想理论教育，致使被矫治者大多数时段内处于无所事事的状况。究其原因，主要在于矫治人员在素质上参差不齐，缺乏必要的未成年人心理知识、社会动向、未来职业乃至人生规划等心理学、管理学、社会学知识。对于未成年人的刑罚处遇的特性，从立法、司法上的刑事政策便可以看出，但在实践的行刑方式上因执行主体的素质致使法律上的区别精神并未落到实处。

（三）缺乏适当的矫正项目

未成年人的社区矫正是一项复杂的综合工程，必须充分考虑未成年人的特点。但是，由于我国的未成年人社区矫正尚处于起步阶段，矫正项目单一，除参加一些职业技能培训、一定的社区服务以及街道组织的一般性的思想理论教育外，大多数未成年犯经常处于“无所事事”的状况，没有机会参加更多的适合其特点的矫正项目，导致矫正工作效果大打折扣。

四、检察机关强化未成年人社区矫正检察监督的工作建议

由于在未成年人社区矫正的检察监督上，检察机关面临着与成年人社区矫正一些共性下的特殊性难题，自然，在如何强化其监督上，也有着相比于成年人社区矫正的共性与特殊性对策。

（一）共性层面的建议

1. 完善关于检察机关参与社区矫正的立法，提高相关规范层次

“检察机关参与社区矫正，行使监督权符合宪法及法律精神”，[①]但正式法律规定的有待完善也是事实。虽然《刑法》将“社区矫正”正式文本化，但在程序法上，如何开展社区矫正工作，可以说，目前全国仍然是停留在各执法机关联合发文的层面。随着社区矫正法治化程度提升，这种低层次规范，无统一立法的局面必然打破，一部统率和调整社区矫正活动的专门法律，将《刑法》《刑事诉讼法》《刑事诉讼规则》等相关法律中刑罚执行权归属的问题明晰化，是将社区矫正作为一项刑罚落到实处的必然要求，也是检察机关监督权能更具可操作性的基本法律保障。

2. 加强对矫正职务活动的法律监督，实现与职务犯罪案件查办工作衔接

行政权的检察监督历来是检察监督的难点与重点，检察机关对社区矫正的监督必须与查办职务犯罪有机结合。确保适用社区矫正对象、矫正过程的实体内容符合法律规定的条件。密切关注行政权的不作为与滥作为，防止社区矫正被行政机关、矫治工作者作为权力寻租的工具，防止社区矫正过程中发生腐败现象。对于诸如社区矫正工作人员因不履行监管职责，造成社区矫正对象脱离监控，玩忽职守导致社区矫正对象重新犯罪，监所部门或未检部门要将信息及时反馈给自侦部门，争取追究矫治者的刑事法律责任，对于未达到刑事犯罪程度的，应当及时向有关部门制发检察建议追究相关人的行政责任；对社区矫正工作程中不尊重甚至侵犯矫正对象合法权益的人员，检察机关要启动责任追究制度，以“责任的不可避免性”来增强矫正人员的责任心。

3. 加强信息网络建设，实现本地矫正与异地矫正检察监督的信息沟通

从现行社区矫正工作来看，社区矫正都是由户籍地执行机关进行管

① 吴蓓、张平：《论我国社区矫正检察监督的问题与对策》，载《法制日报》2010年5月19日第12版。

辖,但随着社会流动性的增强,“矫正对象可能因外出务工或其他原因而远离户籍所在地居住,执行机关将无法对远离户籍地的被矫正人进行矫正,同样,户籍地的人民检察院也将无法对执行机关的矫正措施进行监督”。[①]未来社区矫正的走向必然与社会的流动性相适应。检察机关要加强对社区矫正的监督,就必须实现异域的矫正联网与通报等工作衔接机制。通过诸如专门的社区矫正网,查阅全部矫正对象的资料和管理档案,查询和跟踪矫正对象的选中,随时与矫正对象进行联系和沟通,实现矫正管理的信息化。

4. 建立工作联系机制,密切衔接“监禁”走向“非监禁”

在目前无统一立法的情况下,各地检察机关可通过地方性的联合会议,密切与看守所、监狱等机关之间的工作流程,建立流程跟踪程序,争取做到流程上的无缝衔接。建立派驻监狱、看守所检察室“监外执行罪犯出狱、出所和列管后的‘双告之’制度”[②]对于被羁押的未成年人,由“监禁”走向“非监禁”的过程中,检察机关在收到告之后,要及时、严格审核非监禁刑适用条件、及时启动流程跟踪程序,将法律监督职责落到实处。从刑事案件的流程来看,检察机关要加强与人民法院、公安、司法局的联系,掌握判决裁定、交会执行、教育管理、矫治解除的基本情况,做到流程不留死角。目前,上海市人民法院、人民检察院、公安局与司法局四机关已于 2008 年以联合发文的形式制定了《上海市非监禁刑罚执行衔接工作规定(试行)》,取得了较好的规范效果。

(二)未成年人社区矫正特殊性方面的建议

1. 优化检察资源配置,改变监督工作方式

要加强对社区矫正的法律监督,对未成年人刑罚执行监督由未检部门统一行使。一方面,符合检察一体化的要求,根据检察一体化的要求,检察权的行使必须保持整体的统一,检察机关未检部门是为适应未成年人司法工作特殊需要而设置的部门,建立由未检部门统一办理未成年人案件批

---

① 程林、魏巍:《论检察机关在社区矫正中的法律监督》,载《河南科技大学学报》2009 年第 2 期。

② 王峰、孙振江:《试论社区矫正检察监督的缺陷与完善》,载《中国司法》2010 年第 3 期。

捕、起诉、预防、刑罚执行一体化未检工作模式，有利于对罪错未成年人的教育、感化、挽救。另一方面，也符合少年恢复性司法模式的理念，将涉罪未成年人的批捕、起诉、预防与刑罚执行等各个环节有效结合，有助于涉罪未成年人的“创伤恢复”。

2. 注重对矫治人员的关键知识、素质开展针对性培训

在实际工作中，检察机关要对发现的一些矫正工作者专业素养缺乏的问题，有针对性地向他们讲解有关法律法规及矫正工作的方法措施，讲授一些社会学、管理学的知识，帮助建立一支高素质、专业化的矫正工作队伍。针对未成年人的特殊情况，检察机关监所或未检部门要选派人员参加公检法司联席会议、交接会、培训班等一些多部门的活动，讲解监外执行工作流程的内容，阐明各机关工作与职责内容，“以例说法”指出一些社区矫正工作中的经验教训，明确矫正工作者在矫正流程中的具体工作，以此来提高社区矫正工作质量。

3. 矫正项目层面

社区矫正机构应当针对未成年犯的基本特点选择合适的矫正方式及项目对其进行矫正。除了正常的职业技能培训和一般性的思想理论教育外，社区矫正工作应当把心理矫正作为矫正方式的重中之重，做到既矫正其行为，又矫正其心理。在矫正过程中，矫正人员应当根据未成年人心理特征，针对被矫正对象特点，尊重他们的感情，多进行思想开导，对症下药，进行和风细语式的耐心帮教。对他们的优点、进步要及时表扬、鼓励，让他们重拾信心；对缺点和错误要善意提醒，使未成年人不断反思自己的行为，重新认识自己。在安排公益劳动时，充分考虑社区服刑人员的心理承受力，他们绝大多数不愿意让人们知道他们的情况，不愿意接受记者采访，也不愿意引起亲属和邻居的关注。本着细致入微、重在实效的原则，矫正机关应尽量帮助他们逐步度过心理关，在安排劳动内容和方式时尽量满足他们的意愿。此外，社区矫正工作还应致力于加强矫正对象与社区民众的联系，使矫正对象走进一般民众，让矫正对象与社区民众在日常的生活中有更多的接触，增加彼此的认识，打消彼此的顾虑和猜忌。

检察机关未检部门对未成年人民事权益专业化保护的实践与探索*

虽然世界各国的司法制度存在诸多差异,但对未成年人进行特殊保护是当今国际社会普遍遵循的司法准则。我国的检察机关多年来在办理未成年人刑事案件中坚持贯彻“教育、感化、挽救”原则,在未成年人刑事司法实践中取得了丰富的经验和成效。与此相比,检察机关对于未成年人民事权益的专业化保护显得相当滞后。近年来,随着法院少年综合庭的成立,一些地区的检察机关开始探索将未成年人民事权益保护的职能纳入未检部门,试点进行专业化保护。笔者所在的上海市长宁区人民检察院未检科就在上海市检察院的指导下,自 2007 年开始这方面工作的试点。虽然探索的时间不长,存在不少局限,也面对一些质疑,但笔者认为,五年的实践显示,这样的探索是有价值的,是符合时代要求的,这标志着我国司法机关在全面保护未成年人权益方面又向前迈了一步。本文将就上海检察机关未检部门在未成年人民事权益专业化保护方面的探索情况谈些不成熟的看法。

一、检察机关未检部门对于未成年人民事权益进行专业化保护的必要性

(一)检察机关应当对未成年人民事权益进行专业化保护

长期以来,检察机关对未成年人的保护主要是通过打击犯罪和预防犯

* 陆海萍,上海市长宁区人民检察院。

罪来体现。虽然国家通过立法赋予检察机关对民事审判与行政诉讼有权监督的职能,但民事行政检察部门并未将对未成年人的民事行政权益保护作为专门工作,列入需要监督、应当监督的范畴。随着《未成年人保护法》的颁布实施,最高人民检察院也在原有对未成年人保护机制的基础上,表示要从建立专门机构,配备专门人员;在继续做好未成年人刑事检察工作的同时,研究在民事、行政诉讼工作中保护未成年人的合法权益。① 这是检察机关第一次将对未成年人的保护从刑事检察的视角转向民事、行政等综合检察视角。我们认为这样的转变是社会发展的必然趋势,符合现实的需要:

1. 符合立法要求

《未成年人保护法》第55条规定:"公安机关、人民检察院、人民法院办理未成年人犯罪案件和涉及未成年人权益保护案件,应当照顾未成年人身心发展特点,尊重他们的人格尊严,保障他们的合法权益,并根据需要设立专门机构或者指定专人办理。"我国缔结的国际公约也强调司法机构对未成年人的民事权利的专门保护,如《儿童权利公约》第3条第1款规定:"涉及儿童的一切行为,不论是由公立或私立社会福利机构、法院、行政当局或立法机构执行,均应以儿童的最大利益为一种首要考虑。"第4条规定:"缔约国应采取一切适当的立法、行政和其他措施以实现本公约所允许的权利。关于经济、社会及文化权利,缔约国应根据其现有资源所允许的最大限度并视需要在国际合作范围内采取此类措施。"

2. 符合未成年人自身特点的要求

未成年人的生理、心理发育都不成熟,世界观、价值观、人生观均未形成,辨别是非和自我保护的能力都不强,未成年人在合法权益受到不法侵害时,往往意识不到,甚至错误地认为本来就该如此。这些特点都决定了他们需要由专门的人员给予特殊保护。

---

① 摘自《未成年人检察机构将逐步建立》,载《检察日报》2007年5月25日版。

3. 符合司法实践的要求

司法实践中存在不少监护人不履行监护职责，甚至监护人侵害未成年人权益的情形，因为未成年人本身没有民事诉讼行为能力，而法院根据不告不理原则，不能主动审理，致使未成年人的合法权益无法得到司法救济。有些未成年人因此而走向犯罪。在此情况下，需要检察机关的专门机构代表国家支持、督促相关组织作为未成年人的临时监护人启动诉讼程序。

4. 是域外少年司法较为发达国家的普遍做法

无论是大陆法系的德国、法国等，还是英美法系国家，以及亚洲的日本、新加坡等国，基本上把涉及未成年人保护的所有案件均纳入了少年司法的处理范围，这样的职能范围有利于充分、全面的保护未成年人利益。

(二)应当由检察机关的未检部门对未成年人民事权益进行专业化保护

相对检察机关的其他部门而言，由未检部门承担未成年人民事、行政检察工作职能有较大的优势。未检部门在长期发展过程中，不仅形成了一支兼具心理学、社会学、教育学知识，具有维护未成年人合法权益意识的专业化检察官队伍，而且与相关政府职能部门及社会组织，包括教育、民政、妇联、关工委、心理辅导机构、社工及各类志愿者组织都建立了广泛和长效的联系，这无疑为更好更有效地维护未成年人的民行权益提供了保障。

二、未成年人民事案件的主要特点

以长宁区为例，我们通过对长宁法院少年综合庭2007年至2011年受理的涉少民事案件进行分析，发现这五年来的涉少民事案件体现出以下三个特点：

(一)涉少民事案件矛盾容易激化

据统计，涉及孩子抚养问题的变更抚养关系纠纷、抚养费纠纷、探望权纠纷、同居关系子女抚养纠纷案件占案件总数的80%以上，由于父母双方或是仍然存在感情纠葛，或是就孩子抚养问题存在严重分歧，往往无法冷静理智地参与诉讼，一些攻击性的语言和行为难免成为矛盾激化的导火索。

（二）涉及非婚生子女权益保护的案件上升趋势明显

2011年少年综合庭受理该类案件12件，与去年相比数量上增加了5倍。此类案件由于父母双方性观念较为开放和随意，感情基础也较为薄弱，基本上都是“同居后”“婚外恋”“一夜情”的产物，导致当事人双方就亲子关系的认定、抚养费的支付等都存在较大的争议。

（三）监护权缺失的未成年人案件无法通过诉讼解决

据了解，长宁区近三年来每年有一至二例因父母不能、不愿或怠于履行监护职责，而致使未成年人的民事权益受到侵犯甚至发生流离失所。长宁区检察院与少年综合庭以及民政、青保、街道、居委、学校等就此类纠纷的诉讼程序进行过研讨，但少年综合庭碍于现行相关法律规定不具体等原因，尚不能立案。

通过案件分析，我们发现法院少年综合庭处理的涉少民事案件中调解撤诉占了较大部分，其中有部分案件不出具法律文书，而进入判决程序的仅占30%。虽然绝大多数案件做到案结事了，但也确实存在些问题。

三、未检部门对于未成年人民事权益进行专业化保护的路径

（一）对于未成年人民事权益进行专业化保护应当遵循的原则

民事案件与刑事案件不同，未成年人在民事案件中既可能是加害人，也可能是受害人，但绝大多数是在家庭、抚养、继承案件中的利害关系人。因此，与未成年人刑事检察工作的“教育、感化、挽救”方针不同，未成年人民事检察工作应以优先保护、及时保护未成年人合法权益为核心原则，落实到具体工作中，又可以细分为以下四个原则：

1. 避免二次伤害原则

如前文所述，涉及孩子抚养问题的涉少民事案件占案件总数的80%以上，被卷入诉讼的未成年人或多或少都因为父母的纷争而生活受到干扰，有些孩子还不幸地沦为父母争取利益的工具，亲人间剑拔弩张的争斗无疑会对孩子造成永久的伤害。同时，由于未成年人的智力水平和心理素质还不够成熟，面对司法机关时也会产生一定的心理压力。检察机关在工作中

要尤其注意他们的心理感受，要有帮助未成年人恢复心理平衡的理念，避免因为疏忽和草率对这些孩子的心灵造成二次伤害。

2. 着力促成和解原则

涉少民事案件大多为家事案件，所谓“清官难断家务事”，在有些情形下分清案件的是非曲直远没有定分止争、化解矛盾来得重要。有学者指出，民事诉讼的目的是解决纠纷，而不是达到案件客观真实。[①] 在家事纠纷中，许多未成年人根本不愿意自己的亲人对簿公堂。通过和解方式解决的各方当事人更容易消除对立情绪，恢复理性平和。这样的结果对于处于纷争旋涡中的未成年人来说，更能获得一个良好的成长环境，更有利于身心健康。与此同时，和解解决纠纷也更有助于促使当事人自觉履行法律义务，降低司法成本。

3. 未成年人参与原则

《联合国儿童权利公约》第 12 条规定：“缔约国确保有主见能力的儿童的意见应按照其年龄和成熟度给以适当的看待。为此目的，儿童特别应有机会在影响到儿童的任何司法和行政诉讼中，以符合国家法律的诉讼规则的方式，直接或通过代表或适当机构陈述意见。”由此可见，儿童的参与权与生存权、受保护权、发展权同等重要。在家事案件中，未成年人往往是纠纷的直接参与者、目击者和纠纷处理结果的承受者，对其观点和愿望的了解有利于准确判断不同的处理结果可能对该未成年人今后成长的影响，避免未成年人沦为成人利益博弈的工具，防止随意性的处遇侵犯未成年人的合法权利。因此，检察机关应通过适宜的方式让未成年人自愿参与，对涉及自身利益的问题发表自己独立的观点与意见。

4. 社会责任原则

未成年人的任何行为都会受到社会环境的影响，社会环境对未成年人人格的形成具有重要的影响作用，也就是说，社会对未成年人行为的形成负有责任，对因未成年人行为产生的后果也应当承担责任。从国际立法的

---

① [日]兼子一、竹下守夫：《民事诉讼法》，白绿炫译，法律出版社 1995 年版，第 17 页。

趋势和各国执法的情况来看，检察机关作为国家利益和公共利益的代表，应当代表国家干预未成年人民事案件是共同遵循的原则，如法国检察机关对涉及亲子关系，未成年人监护安排等案件可以直接起诉。

（二）未检部门对于未成年人民事权益进行专业化保护的范围

笔者考察世界各国民事检察制度后发现，检察机关介入民事诉讼的方式包括提起诉讼、参与或支持诉讼以及提起抗诉等，相对而言，我国目前检察机关介入民事诉讼的方式比较单一和滞后，尤其不利于对未成年人的民事权益进行及时有效全面的保护，因此，在借鉴各国司法通例的基础上，结合我国司法实践，就未检部门对于未成年人民事权益进行专业化保护的范围提出以下三方面的设想：

1. 对法院的涉少民事诉讼活动进行监督

（1）监督的案件范围。目前法院的涉少民事案件是指当事人一方或双方为未成年人的民事案件，以及婚姻家庭、继承纠纷案件中涉及未成年人权益的案件。以婚姻家庭案件为重点，根据最高人民法院《民事案件案由规定》，其第 2 部分婚姻家庭纠纷、继承纠纷案由中的抚养费纠纷、变更抚养关系纠纷、抚养纠纷、监护权纠纷、探望权纠纷、收养关系纠纷、离婚纠纷、同居关系子女抚养纠纷等案件，均涉及未成年人身份权益的保护问题，此外还有涉及未成年人的人身损害赔偿案件、房产纠纷等案件均应列入检察机关的监督范围。

（2）监督的阶段。我国《民事诉讼法》总则第 14 条规定，检察机关应当对人民法院的民事审判活动进行监督。从这一规定来看，检察机关对民事审判活动的监督应该是对民事诉讼过程的全面监督。

虽然说民事诉讼作为私法领域在传统上排斥检察权的介入，但是随着社会发展，世界各国均已在民事诉讼领域让检察权发挥功效。大陆法系国家检察机关对民事诉讼活动进行监督更是由来已久，监督职能主要通过检察机关参与民事诉讼来完成。被称为大陆法系发源地的法国就是一个典型代表。法国的检察机关在民事诉讼中扮演着十分重要的角色，根据《法国民事诉讼法》的规定，检察机关不仅可以以“主当事人”身份代表一个公法上的法人——国家或省参与民事诉讼,或者自行决定参与婚姻案件、亲属权利案件、教育援助案件、国籍以及撤销专利等案件,而且可以"从当事人"身份在其认为必要的情况下介入所有的民事案件。例如,有关涉及个人身份的案件、涉及未成年人监护的案件。[①]

但以往检察机关主要通过受理当事人或者其他利害关系人不服人民法院生效裁判的申诉案件,对法院的涉少民事审判活动进行事后监督。这种监督是滞后的,是对法院确有错误的裁判的纠正,无法及时、有效地维护当事人的合法权益。特别是涉少民事案件关系到未成年人的抚养费、监护权、就学权等与未成年人健康成长密切相关的基本权益,必须强调及时性和有效性,事后的监督显然不能达到维护公平正义的目的。因此,对于未成年人民事、行政案件的监督我们应从全程监督、动态监督的角度出发,避免法院的错误裁判对未成年人的合法权益造成侵害。

(3)监督的方式。对法院的涉少民事审判活动,应当以维护未成年人的合法权益为目的,采用多元化的方式,实现全程化监督。

一是依法办理涉少民事申诉案件。未成年人因受年龄限制,当其合法权益受到侵害时,不能作为单独的诉讼主体提起民事诉讼寻求法律保护,其监护人在代为履行权利时可能怠于履行,甚至为自身的利益而侵害未成年人的合法权益。因此,在办理涉少民事申诉案件时,应当关注未成年人的合法利益,主动对案件进行全面审查。除了办理当事人不服法院少年综合庭办理的涉少民事申诉案件外,还应加强与民行科的经常性沟通,重点掌握成年人民事申诉案件可能影响未成年人民事权益的情况,并根据涉案未成年人的特点进行专业化保护。在办理申诉案件的同时,根据涉案未成年人的实际情况,开展心理干预、司法救助、跟踪回访等工作,切实维护涉案未成年人的合法权益。

二是定期调阅法院涉少民事案件,跟踪未成年人案件审判情况。通过对人民法院判决生效案件的审查,了解关于涉及侵犯未成年人合法权益案

---

① 何家弘主编:《中外司法体制研究》,中国检察出版社2004年版,第213~214页。

件的分布类型和诱发原因,掌握法院涉少民事审判动态以及涉少民事案件对于家庭和谐、社会稳定的影响,并对判决不当和保护不力的案件实施法律监督,体现检察机关对未成年人权益保护的力度和人文关爱的深度。

三是积极开展检调对接,贯彻优先保护、及时保护原则。重点对可能侵犯未成年人合法权益的案件进行审查,跟踪案件执行情况,对存在和解可能的案件,努力通过依法引导、积极规劝,着力促成当事人以和解方式解决纠纷,化解社会矛盾。

四是与法院建立沟通、配合、协调、制约的工作机制。既可通过检法联席会议、通报对涉少民事诉讼活动的监督情况;也可通过制发检察建议等形式,对可能侵害未成年人合法权益的一类问题向法院提出意见和看法;还可通过建立协商通报和息诉工作联动机制,与法院共同解决疑难复杂、矛盾激化案件。

2. 在办理刑事案件中,注重对涉罪未成年人合法民事权益的保护

在办理未成年人刑事案件过程中,我们会发现,涉罪的未成年人往往存在合法权益受到侵害的现象。由于和成年人相比,未成年人人格发育通常不够成熟,缺乏控制力,更容易受到外部环境的影响,因此在有些案件中,未成年人合法民事权益受到来自家庭、社会、学校的侵害,还是致使他们走上犯罪道路的重要诱因。我们从未成年人犯罪的案件类型分析,不难看出,许多案件都是因为未成年人对于民事纠纷处理不当而引发并演变成为刑事案件。特别是家庭、学校、社会疏于管教、管理成为诱发未成年人犯罪的客观因素。因此,有学者指出,未成年人司法不仅包括对"罪错少年"的特殊惩戒与保护,更应包括以儿童与家庭为核心的未成年人民事司法。因为对未成年人以家庭监护为中心的民事权益维护成为实现未成年人利益最大化、控制未成年人罪错的基础。①

在这一问题上,美国少年司法模式给我们提供了启示。美国少年司法

---

① 曲昇霞、袁江华:《美国未成年人民事司法之发展与启示》,载《湖北社会科学》2011年第8期。

不断从强调对越轨和身份罪错少年的机构处遇模式向以家庭监护为中心关注儿童利益最大化的儿童家庭案件一体解决的模式转变。案件管辖权大都及于未成年人犯罪与偏差、身份过错以及未成年人民事保护案件。[①]

因此,未检部门在办理未成年人刑事案件的同时,要关注未成年人的监护条件、家庭环境、学校、社区环境,注重发现和疏导未成年人民事权利受到侵害的线索。在办理刑事案件时着重关注涉罪未成年人的人身权、被抚养权、教育权等,如抚养费是否执行到位,监护人是否尽到了监护职责,是否已经影响到未成年人的生活和成长等问题,防止未成年人权益受侵害的现象发生;在开展刑罚执行监督工作时,定期与监外执行的未成年人谈话,如发现有法定监护人不尽监护职责的情况,会同相关部门督促未成年人的法定监护人履行监护职责。[②]

3. 在特定情况下,探索以检察机关督促支持起诉等方式履行国家监护职责

在司法实践中,存在未成年人权益受到监护人侵害的一些情形,却因现行法律机制问题导致无法或可能无法对未成年人进行保护监护人应当履行监护职责:如未成年人的法定监护人长期不承担抚养、教育责任,未成年子女欲要求父母履行监护职责,给付抚养费及维护其受教育的权利;或者未成年人的财产权或人身权受到监护人的侵犯,如父母将未成年人的财产非为未成年人的利益而出卖、赠与他人或将其设定抵押质押等而引发诉讼等对于以上未成年人与监护人的诉讼,因未成年人本身无民事诉讼行为能力,导致人民法院是否受理立案都存在问题,更不必谈未成年人实体权益保护的问题。

在当今社会中,家庭或亲属不可能是万能的;家庭自治体系无论是在权力支配服从格局下,还是在人本主义的自由等氛围中,无论是外力强制,

---

① 高维俭:《美国少年审判机构现状概览》,载《青少年犯罪研究》2010 年第 2 期。

② 丁兆增、吴国平:《构建我国未成年人民事案件适用特别程序初探》,载《西华师范大学学报》2010 年第 4 期。

还是内力自控,都不可能是完美无缺的。[①] 随着国家干涉主义、儿童保护原则及尊重儿童的权利与自由等思想的兴起,将儿童视为独立的个体,对儿童给予法律的特别保护成为国际社会的主流观念。“国家主义”是各国未成年人监护立法改革的现行态势,就传统思维方式而言,未成年人之监护既为亲权之延长,则监护原则上就为受监护人之近亲。但随着时代潮流的变化,法律对未成年人之保护,不再放任由私人任意为之,而是积极加以监督和干涉。亦即未成年人之监护制度,已由私的亲属监护走向公法的法律监护,而有监护公法化的趋向。[②] 国家是少年儿童的最高监护人。[③] 国家可以集中人力、物力、财力,通过构建一定的规范体系,设置相关的机构人员,来弥补个人、家庭的不足,真正实现社会正义。

笔者认为,检察机关作为代表国家行使公权力的机构,承担着维护社会公共利益的职责。在特定情况下,如未成年人因监护权缺失而无法主张权利等,未检部门可以探索由检察机关督促、支持有关组织,如青保办、居委会、妇联等组织,作为未成年人的代理人提起诉讼。

四、未检部门对于未成年人民事权益进行专业化保护的特殊工作方法

在对未成年人民事权益进行专业化保护时,我们应当运用符合未成年人年龄特点的特殊方法来处理问题。

(一)未成年人参与的方法

1. 场所设置

检察人员与未成年人的对话地点不能放在比较严肃,容易对未成年人产生压迫感的讯问室内,最好安排在专门的未成年人谈话室内。

2. 谈话方式

检察人员在谈话过程中的语气应当柔和,并使用易为未成年人理解的简单用语。根据国外心理学的研究成果,学龄前儿童在针对“是否”提问时

---

① 曹诗权:《未成年人监护制度研究》,中国政法大学出版社2004年版,第243页。

② 谢在权:《物权·亲属编》,中国政法大学出版社2002年版,第273页。

③ [德]威廉·冯·洪堡:《论国家的作用》,中国社会科学出版社1998年版,第161页。

有回答“是”的偏好,因此应当尽量采取开放性提问或多项选择的提问方式。此外,询问者重复向儿童询问同一个问题也会给儿童造成压力,儿童往往为了迎合询问者的意图而改变自己的观点。因此,应尽量避免对未成年人重复提问。[①]

3. 工作宗旨

对涉及未成年人的案件,应当以化解矛盾,改善亲情和保障未成年人实体权益为目的。对因家庭、亲情引起的讼争,努力通过检察环节的工作,做到改善亲情、增加和睦、案结事了。对案件的处理可能涉及未成年人利益的,要通过检察机关的协调、协商和案件跟踪,真正做到利益到位、权益保障。对案件的审查,更应当从关注未成年人成长的角度进行综合处理,以期达到最佳的法律效果和社会效果。

(二)监督案件的来源

由于人们对检察机关具有民事、行政案件监督权这一职能并不了解,所以通常不会到检察机关来寻求救济。在目前情况下,未检部门在工作中要把预防未成年人刑事犯罪工作与民事、行政监督工作结合起来做。要利用青少年社工,学校的青保老师,家庭等社会网络资源去寻找发现案源,通过法制教育和法制宣传,教会未成年人维护自己权益的方式,帮助他们找到救济的途径。与此同时,未检部门在办理刑事案件中,要充分重视发现未成年人民事权益受到侵害的线索。

(三)未检队伍的专业化要求

工作方法的专业化,必然要求人员的专业化。未检队伍都是由具有优先保护未成年人合法权益理念的、熟悉未成年人身心发育特点的、有责任心和敬业精神的检察干部组成的,平时也会经常接受心理学、社会学和教育学方面的培训,为未成年人民事检察工作的专业化办理打下了扎实基础,但同时也应当认识到,未检干部在民事领域的知识储备、能力培养和工作经验还需要进一步加强。

---

① [美]W. 理查德·斯科特著:《理性、自然与开放系统》,华夏出版社 2002 年版,第 53 页。

（四）社会力量的借助

将社会工作的理念与方法引入并贯穿少年司法的全过程，是现代少年司法制度的重要特征。但是未检干部并不能取代社会工作者，不能包揽属于社会工作者的工作职能，而应该充分借助各种专业化的社会力量，特别是志愿性社会工作者的力量。在工作过程中，还要争取涉案未成年人的家长、学校老师、社区参与，共同保护未成年人的合法权益。

未成年人司法保护实务研究

社会调查制度若干实务问题研究*

修改后《刑事诉讼法》第268条规定，“公安机关、人民检察院、人民法院办理未成年人刑事案件，根据情况可以对未成年犯罪嫌疑人、被告人的成长经历、犯罪原因、监护教育等情况进行调查”，该条款和中央综治委预防青少年违法犯罪工作领导小组等六机关《关于进一步建立和完善办理未成年人刑事案件配套工作体系的若干意见》（以下简称《配套工作意见》）、《刑事诉讼规则》、《刑诉讼法解释》和《公安规定》等法律文件中关于社会调查的相关条款，共同构成了我国未成年人刑事案件社会调查制度的基本框架。但相关条款对于社会调查的规定存在不一致之处，且各地的实践也各不相同。笔者归纳了社会调查制度在司法实践中较为突出的几个问题，以少年刑事司法的理论和法律规定的本意为出发点，通过比较研究，结合实践中的成熟做法，试图提出解决这些问题的思路。

一、社会调查的主体

根据修改后《刑事诉讼法》第268条规定，社会调查的主体为公安机关、人民检察院和人民法院。为保证社会调查的司法性和严肃性，启动主体为公、检、法三家当属无疑，但调查主体是否也仅限于上述三家，存在疑

* 吴燕、胡向远，上海市人民检察院。

问。实践中,社会调查的调查主体呈多元化样态,有检察院、法院、司法局、儿童保护组织、志愿者等,缺乏规范性和严肃性。

而比较研究国外涉罪未成年人的社会调查的调查主体,也会发现因不同法律体系和政府职能设置而使不同国家和地区的调查主体各不相同。美国和英国由负责缓刑的官员开展社会调查,德国由少年福利局负责,法国由预审法官或接受其委派的司法警察开展社会调查,瑞典是社会福利委员会,日本是家庭法院调查官,我国香港地区是社会福利署,我国台湾地区则是少年调查官负责社会调查。

笔者认为,在我国目前的法制环境和社会现实下,如何构建一个公平和效率兼顾的调查主体结构成为完善社会调查制度的当务之急。为此,笔者试提出如下构架:

(一)公安机关、检察机关、人民法院应成为社会调查的启动、委托、指导、审查主体和补充调查主体

在刑事诉讼法的直接授权下,开展社会调查既是公、检、法三家的职权所在也是职责所在,既是权力,也是义务,因此公、检、法三家当然具备开展社会调查的主体资格。并且作为案件的承办机关和国家公权力机关,公、检、法直接掌握案件第一手资料,调查手段丰富,开展调查的公信力较强,被调查对象普遍较为配合。因此,由其开展社会调查具有及时性、针对性和准确性等优势。

但如果开展社会调查的工作主要由公、检、法三家承担,则至少会产生三个问题:(1)大大增加了案件承办人的工作量,特别是在人案矛盾比较突出的地区,将严重影响办案效率;(2)案件承办人对非本地户籍的涉罪未成年人的生活环境、成长经历、家庭情况等较难掌握,这将影响社会调查的准确性;(3)公、检、法三家作为刑事侦查、采取强制措施、起诉和审判的职能机关,若由其直接开展调查,社会调查的中立性甚至公正性引起质疑。

因此,公、检、法应立足于社会调查的启动、委托、指导及审查,将社会调查工作委托给其他机关和组织,能够保证司法资源的合理化配置,从而提高案件质量,保证诉讼效率,更加有利于保障未成年人合法权益,也有利

于实现社会调查的专业化发展。但在没有合适的委托调查对象,或者在对委托调查对象开展的社会调查进行审查后对其程序或内容存疑,则公、检、法三家应自行开展社会调查,以最大限度保障涉罪未成年人的合法权益。

（二）司法行政机关、共青团组织以及其他社会团体组织应成为接受委托的社会调查的优先调查主体

《刑事诉讼规则》规定检察机关开展社会调查,可以委托有关组织和机构进行。目前依然生效的六部委《配套工作意见》则规定社会调查由涉罪未成年人户籍所在地或者居住地的司法行政机关社区矫正工作部门负责,并可联合相关部门开展社会调查,或委托共青团组织以及其他社会组织协助调查。而《刑诉法解释》第 476 条第 2 款更是将委托未成年被告人居住地的司法行政机关、共青团组织以及其他社会团体组织进行调查放在法院自行调查的前面。以上这些法律文件共同构成司法行政机关、共青团组织以及其他社会团体组织成为受委托开展社会调查主体的合法性依据。

司法行政机关、共青团组织以及其他社会团体组织成为优先调查主体的优势在于:(1)有利于调查和掌握涉罪未成年人的家庭情况、教育环境、成长经历等信息;(2)实践中相关组织亦承担帮教职责,由其开展社会调查,有利于与后期的观护考察、社区矫正等工作的衔接;(3)有利于推进社会调查工作的专业化、全程化、职业化发展;(4)有利于节约司法资源,提高司法效率,维护司法的中立性和公正性。在司法实践中也倾向于将基层司法行政机构和其他相关组织作为社会调查的首选调查主体。

（三）应承认和尊重辩护人的社会调查主体资格

是否允许辩护人开展涉罪未成年人的社会调查或者其提交的社会调查报告是否具有效力,在实践中争议颇多。辩护人基于其地位和职责,一般总是寻找对涉罪未成年人有利的证据而自觉排除对其不利的证据,如果由辩护人进行社会调查,难免会有这样的倾向性,因此其中立性和可信度存疑。

但如果否认辩护人的调查主体资格,将使社会调查制度丧失一个有效的监督和救济的途径,不利于维护涉罪未成年人的合法权益。兼听则明,

当涉罪未成年人对由公、检、法或司法行政机关和相关组织制作的社会调查报告存有异议时,如果不允许其辩护人开展社会调查以提供不同的社会调查意见,则单方制作的社会调查报告将成为一家之言,难以逃脱对其法律公平性的质疑。

《刑诉法解释》第484条将辩护人提交的有关未成年被告人情况的书面材料,与社会调查报告并列作为法庭教育和量刑的参考,也从一个方面体现出辩护人提交的有关未成年被告人情况的书面材料与社会调查报告的法律属性和地位相似甚至相同。

二、社会调查的内容

修改后《刑事诉讼法》以及《刑事诉讼规则》《公安规定》均只要求调查涉罪未成年人"成长经历、犯罪原因、监护教育等"情况,而《刑诉法解释》则将社会调查的内容扩大为"性格特点、家庭情况、社会交往、成长经历、犯罪原因、犯罪前后的表现、监护教育等情况"。这些法律文件对社会调查内容的规定过于笼统,造成调查主体在开展调查和撰写调查报告等工作中缺乏规范,随意性较强,或内容过少而作用有限,或内容过多而明显越位。调查内容因决定调查报告的质量,而直接影响到办案部门对涉罪未成年人羁押、起诉、量刑和矫正等工作的顺利进行。

比较其他国家和地区的社会调查内容,尽管格式和内容不尽相同,但不难发现完整性、科学性和可操作性是其社会调查内容必备的几个特性。

比如,美国的社会调查报告,主要由两大部分组成即"犯罪人情况报告"和"犯罪行为情况报告",包含:(1)犯罪行为;(2)被告人的犯罪前科状况;(3)量刑选择;(4)犯罪人的个人特征;(5)罚款与赔偿;(6)可能导致偏离量刑指南的事实要素;(7)辩诉交易的影响;(8)量刑建议。

德国调查报告的内容主要有:(1)个人资料;(2)访谈的时间和地点及参与人;(3)家庭状况;(4)个人履历;(5)个人的当前状况;(6)对违法犯罪行为的态度;(7)人格的评估及其暂时性的处遇建议。

参考国外的经验,结合我国的国情和实践做法,笔者认为我国社会调查的内容可以包括以下四个部分：

（一）调查程序的记载

调查程序的记载包括：(1)调查日期；(2)调查地点；(3)调查人员；(4)被调查人员；(5)调查方式；(6)调查目的；(7)调查过程等。该部分内容主要用于社会调查的程序性和合法性评价。

（二）未成年人涉罪的客观外在因素

未成年人涉罪的客观外在因素包括：(1)个人信息；(2)家庭情况；(3)居住环境；(4)教育水平；(5)职业履历；(6)成长经历；(7)经济状况等。

（三）未成年人涉罪的主观内在因素

未成年人涉罪的主观内在因素包括：(1)对亲人、老师和办案人员的想法；(2)性格特点和社会交往；(3)本次犯案的原因和对本次犯案的认识；(4)对被害人的态度及赔偿和补救的主观意愿；(5)认罪和悔罪的程度；(6)对监督考察、帮教矫正的认识和态度；(7)对未来的打算等。

（四）采取非羁押措施、判处非监禁刑的风险评估

非羁押措施和非监禁刑的风险评估具有较高的专业要求，而目前我国缺乏专业化的社会调查队伍，导致调查报告中的风险评估显得随意性和主观性较强，客观性和严肃性不足。但这不是制度设计的问题，而正是社会调查队伍专业化、职业化不够的表现，也正是进一步推进相关工作的原动力。只有在制度上设立这样的要求，才能使社会调查的风险评估水平在实践中得到提高。

比较其他国家的做法，大部分都将处遇意见作为社会调查报告的必备内容。笔者认为，在目前的状况下，将涉罪未成年人犯案的客观外在因素和主观内在因素量化在一张设计合理的风险评估表中，再根据量化结果来进行风险判断，这样就可以科学、客观、严肃地实现风险评估的目的。其中风险评估的内容可分为以下四块：一是犯罪行为，包括：(1)犯罪类型；(2)犯罪形态；(3)是否共同犯罪；(4)犯罪情节；(5)处罚情节；(6)量刑幅度；(7)作用地位；(8)作案次数；(9)作案频率等。二是个人情况，包括：(1)责任年龄；(2)教育程度；(3)自控能力；(4)个人品行；(5)就读就业；

(6)居住状况;(7)犯罪记录;(8)认罪悔罪等。三是家庭情况,包括:(1)监管情况;(2)家庭收入;(3)监护人品行;(4)家庭关系等。四是帮教条件,包括:(1)学校教育;(2)非在校未成年人所在社会情况;(3)司法监督条件;(4)单位帮教条件等。

三、社会调查的方式

法律对于社会调查的方式没有细化规定,因此实践中因调查主体、调查目的、调查对象的不同而采取各式各样的调查方式,缺乏规范性和严肃性。如果采取的调查方式不当,还可能对涉罪未成年人造成伤害。因此,笔者认为,社会调查的方式应遵循科学、合法、严肃、有效的原则。可采取以下方式进行:

(一)由两名以上调查员共同参加

由于社会调查将对涉罪未成年人的羁押、起诉、量刑和矫正产生重大影响,因此社会调查必须体现严肃性和一定的司法性,两名以上调查员共同参加调查,可以互相帮助和互相监督,避免片面性并降低社会调查的违法风险。

(二)以实地考察和面谈为主、以其他方式为辅

为提高社会调查的精准度和科学性,调查员应与涉罪未成年人直接面对面交流,实地走访其家庭、社区、学校、工作场所等以获取第一手的资料,避免以讹传讹的风险。因法律规定或者客观条件的限制,难以当面交流和实地走访的,才允许采用电话、书信、网络等方式辅助进行。

(三)以笔录和书面记录为载体

社会调查的方式必须经得起职能部门的审查和辩护人的质疑,因此面谈和走访必须以笔录的方式予以固定,电话、书信、网络等辅助方式也必须以书面记录的方式记载。笔录和书面记录必须完整地作为调查报告的附件提交。

(四)以保密为前提

修改后的《刑事诉讼法》规定了未成年犯不公开审理和轻罪记录封存

制度，但如果在开展社会调查的过程中不注重对涉罪未成年人相关信息以及调查内容的保密，则之后的不公开审理和轻罪记录封存将无法真正落到实处，其负面效应直接对未成年人权益带来损害，不仅可能使未成年人失去工作，还包括可能失去教育、就业的机会甚至是遭受他人的歧视。

德国的《青少年刑法》就规定，在社会调查中如果涉罪未成年人认为听取相关人员的意见会给他带来不利的影响，尤其是可能使其失去工作的，可以不听取他们的意见。因此，在实践中可借鉴国外的先进做法，社会调查的方式应以保密为前提：其一是被调查的相关人员负有保密义务；其二是调查人员在调查过程中负有保密义务。

1. 被调查的相关人员的保密义务

调查人员首先应当询问涉罪未成年人调查相关人员可能对其造成的影响，然后及时作出判断，如果确有可能存在严重影响，则宁愿牺牲调查的全面性和准确性，不对相关人员进行调查；如判断这种可能性不大，则应在对相关人员开展调查时告知其保密义务，并要求其签署保密协议。

2. 调查人员在调查过程中的保密义务

调查人员在调查过程中应对涉罪未成年人的信息严格保密，不得对被调查的相关人员以及外界透露。保密制度的健全也有赖于社会调查人员的专业化和职业化建设。

四、调查报告的法律属性

修改后《刑事诉讼法》未对社会调查报告的法律属性进行规定，导致司法实践中对社会调查报告的证据地位存在较大分歧。有人认为社会调查报告是一种鉴定意见；而有人认为是一种特殊的证人证言；也有人认为是一种品格证据。而目前的主流意见认为社会调查报告仅仅是一种参考意见而非证据。

通过比较研究发现，尽管不同国家和地区对社会调查报告的属性存在不同认识，但大部分都将社会调查报告作为是否对涉罪未成年人采取非羁押措施或是否起诉的重要参考，以及作为法庭审理阶段的量刑证据。

笔者认为，在我国目前的诉讼法框架下，社会调查报告的法律属性仍以参考意见为宜，难以升级成为证据的一种。

（一）目前的法律及司法性文件均规定社会调查报告为参考，而非证据

根据《刑诉法解释》《配套工作意见》和《刑事诉讼规则》的相关规定，社会调查报告是检察机关教育和办案、法院教育和量刑的参考。因此，在现阶段将社会调查报告视为证据缺乏法律依据。

（二）司法行政机关、共青团组织和其他社会团体组织并无刑诉法意义上的取证权，因此其采集的材料不能定义为证据

在我国目前的刑事法律体系下，仅公安机关、检察院、法院和辩护人有取证权，而且公、检、法的取证权不能通过委托来转移授权，而行政机关只有在行政执法和查办案件过程中收集的材料才可以作为证据使用。因此，作为实践中受委托开展调查的主体主要为司法行政机关、共青团组织和其他社会团体组织，其针对涉罪未成年人进行的调查和收集的材料，并不能成为刑事诉讼法意义上的证据。

（三）社会调查报告不具有鉴定意见的专业性

鉴定意见作为一项证据，具有极强的专业性，必须是具备资质的行业从业人员甚至是专家来进行鉴定并出具专业意见。而社会调查报告的主体往往不具备社会学、法学、心理学、教育学等专业资质，其制作的报告的专业性无法达到鉴定意见的标准，因此不能成为鉴定意见。

（四）社会调查报告中的被调查人员的陈述并非证据法意义上的证人证言

证据法意义上的证人必须是与案件直接相关的人员，证言必须是能直接证明案件相关事实的言词。而社会调查中的被调查人员则是涉罪未成年人本人及其家长、老师、邻居、同学、朋友等，其言词也仅仅与涉罪未成年人的主观心态和所处的客观环境有关，并非与案件直接相关。因此，社会调查报告不能视为证人证言。

（五）在今后的改革中，应将社会调查报告纳入量刑证据的范畴

为避免起到量刑作用的证据在定罪阶段对法官和陪审员造成“证据污

染”，使其产生预断和偏见，故而有必要严格区分定罪证据和量刑证据，并将定罪程序和量刑程序分离。而社会调查报告应纳入量刑证据的范畴：(1)在法庭调查和法庭辩论程序结束之后，可以启动量刑程序，由社会调查员宣读社会调查报告，对调查报告中涉及的酌定量刑情节进行评析，使法官使用酌定量刑情节时有了依据，同时也有了规范，可以限制和规范法官的量刑裁量权；(2)通过质证和反证，实现对调查报告合法性、客观性、关联性的审查，同时成为涉罪未成年人及辩护人对社会调查报告存在异议时的有效救济渠道。

尽管社会调查报告在目前尚未获得证据的法律属性而仅是一种参考意见，但应当明确其在少年司法中的地位和办案过程中的作用：(1)公安机关提请批捕、移送起诉的参考依据；(2)检察机关作出批准逮捕或不批准逮捕、提起公诉或不起诉、开展法庭教育、开展特殊预防和一般预防的参考依据；(3)法院教育和量刑的参考；(4)对涉罪未成年人开展个别化教育矫治的参考。

五、社会调查制度的监督和救济

一种制度如果缺乏监督和救济，犹如计算机程序缺乏纠错和维护机制，面对内部执行的错误和外部环境的变化，无法及时更正和应对，最终的结果必然是程序崩溃。因此，监督体系的运转和救济渠道的畅通，是社会调查制度发挥作用的必然要求。

(一)委托调查机关对受委托的机构和组织开展的社会调查工作实行监督

根据修改后的《刑事诉讼法》，开展社会调查的原生机关应是公、检、法三家，如果公、检、法将社会调查委托出去，则委托方应对受委托的机构和组织开展的社会调查工作负责。在委托阶段，应对受托机构和组织是否根据委托合法开展社会调查进行监督，并对受托机构和组织出具的社会调查报告的程序合法性、实质合法性和内容合法性进行审查。

（二）检察机关对社会调查工作实行全程化监督

检察机关是法律监督机关，其对社会调查工作具有天然的监督权力和监督义务。其全程化的监督主要体现在：（1）对职能机关是否及时启动社会调查程序以及启动社会调查程序是否妥当进行监督；（2）对进行社会调查的机构和组织是否合法开展调查进行监督；（3）对社会调查报告的程序合法性、实质合法性和内容合法性进行监督；（4）对审判机关是否合理运用社会调查报告对涉罪未成年人正确量刑进行监督；（5）对刑罚执行机关是否合理运用社会调查报告对涉罪未成年人开展矫正教育进行监督。

（三）涉罪未成年人对社会调查的救济权保障

社会调查对涉罪未成年人的羁押、起诉、量刑和执行等具有重大影响，因此保障涉罪未成年人对社会调查的救济权尤为重要：（1）涉罪未成年人及其辩护人有不予调查某些可能产生不利后果的人员的建议权；（2）涉罪未成年人及其辩护人有对社会调查报告发表意见的权利；（3）辩护人针对有异议的社会调查报告，有自行开展调查的调查权。

社会调查制度在司法实践中的完善，除了上述问题外，还有其他许多问题需要探讨和研究。比如，如何建立和健全一支专业化、全程化、职业化的社会调查员队伍、社会调查与心理测试的关系。笔者衷心希望社会调查制度在少年司法的体系中得到进一步完善，也希望本文能够抛砖引玉，使社会调查制度在司法实践中遇到的问题能够更好地解决。

涉罪未成年人异地社会调查、社区矫正制度研究*

一、涉罪未成年人社会调查制度

未成年人刑事案件诉讼中的社会调查制度是少年司法制度的重要内容，修改后的《刑事诉讼法》正式确立了我国未成年人刑事案件社会调查制度，体现了国家监护和少年特别保护的特殊理念。实践中，各地方检察院也对涉罪未成年人社会调查的内容、程序以及配套制度等方面进行了积极的探索，积累了诸多经验，但各地的探索也因途径、方法等不同而使得实践结果呈多样性和复杂性。下面笔者先介绍一下徐汇区检察院做法及实践中遇到的一些问题，然后尝试提出几点制度设想供大家交流。

（一）涉罪未成年人社会调查的现行做法

1. 徐汇区检察院案件涉罪未成年人适用社会调查的现实基础

近三年来，徐汇区检察院未检部门受理的外来未成年人犯罪比例相当大，据统计，2011 年，受理审查起诉未成年犯罪嫌疑人 87 人，其中外地来沪未成年人 71 人，沪籍未成年人 16 人；2012 年，受理审查起诉未成年犯罪嫌疑人 83 人，其中外地来沪未成年人 65 人，沪籍未成年人 18 人；2013 年，受理审查起诉未成年犯罪嫌疑人 51 人，其中外地来沪未成年人 45 人，沪籍未成年人 5 人，外地来沪未成年人基本上每年占受理未成年人总人数的 83% 左右。

---

* 杨永勤、季冬梅、康相鹏、李婧，上海市徐汇区人民检察院。

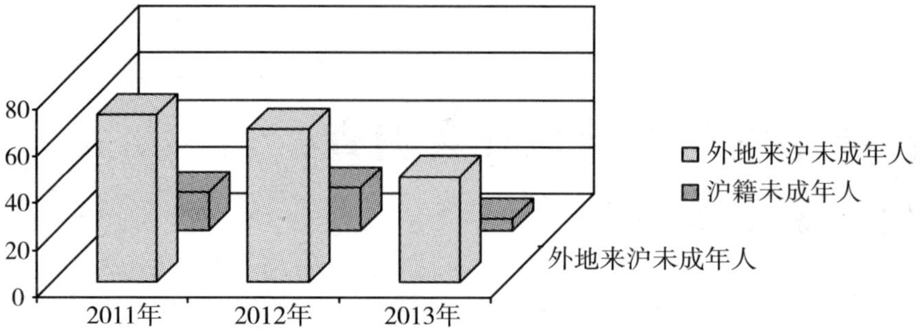

图1　2011～2013年徐汇区检察院未成年人犯罪比例

随着人口流动进程的加快,预计在未来的几年,这个比例还将可能攀升。由于未成年人刑事案件社会调查报告可能成为对未成年人适用强制措施及量刑的重要参考依据,若内外有别,将会间接导致对沪籍及外地户籍未成年人量刑、特别是适用非监禁刑方面的不平衡。

2. 对涉罪未成年人社会调查的现行做法

(1)明确调查主体,合理配置司法资源。

未成年人刑事案件社会调查主体的身份有独立性和专业性两点要求,较为合理的调查主体应当是具有专业精神和素养的相关社会团体,他们在社会调查过程中有着司法机关不具备的诸多优势。徐汇区检察院未检部门在审查案件时,针对户籍在徐汇区或在徐汇区实际居住、就业、就学并满6个月以上的非上海籍未成年人,由检察机关委托司法局社区矫正部门工作人员开展相关调查,其就涉罪未成年人的个人生活环境、学习经历、成长历程等进行查访,容易与其父母、街坊邻里、学校老师及时沟通,容易获得调查对象的信赖和合作,并从专业的角度,如心理学、教育学、社会学等的专业知识出发,对违法犯罪未成年人进行全面评估,最后制作相关调查报告提交给司法机关。为不断提高社会调查主体的专业素质,徐汇区检察院对上述调查人员定期开展必要的业务培训和业绩考核工作,以实现社会调查主体资源配置的最优化。这样既保证了调查人员的中立性,也保证了社会调查报告的客观性与专业性。

对于"三无"来沪未成年人,则由未检部门案件承办检察官承担社会调查工作，通过访谈、电话沟通、联系原籍相关部门获取信息反馈等形式形成规范性报告，防止社会调查出现“真空地带”。目前，徐汇区检察院未检部门审查起诉的未成年人社会调查率达百分之百。

（2）拓展多种调查方式，规范调查报告内容。

社会调查方式及调查报告内容是否科学合理，直接关系到调查报告的真实性、准确性和全面性。关于社会调查的开展方式，我们秉持“以直接接触、实地考察为主，间接书面调查为辅”的基本原则，要求调查人员必须尽可能通过当面会谈、近距离观察等方式进行调查，要亲自会见涉罪未成年人，走访其家属、邻居、老师、同学、朋友等关系人，尽可能获取第一手材料。除非存在难以克服的障碍，或者以直接调查的方式进行调查可能损害到涉罪未成年人的利益时，才可考虑进行间接调查。除了遵循传统调查方式以外，还可以积极拓展社会调查的新方式、新渠道。通过对涉罪未成年人进行心理学等专业的科学鉴定，通过人格测量等方式来更好地进行人格调查，可以更好地印证调查走访所得到的信息，再采用综合分析，整体评估，使调查报告的内容更加具有客观性、真实性、完整性、实用性。

未成年人刑事案件社会调查报告的内容，对办案机关判断涉罪未成年人的人身危险性和再犯可能性有着重要影响，徐汇区制作的社会调查报告主要有以下八方面内容：未成年犯罪嫌疑人的家庭情况、成长经历、性格特点、社会交往表现、犯罪原因、犯罪前后表现、监护帮教条件、与案件有关的其他事项，制作书面社会报告并以调查笔录附卷。

（3）建立长效机制，加强各司法主体之间的衔接与配合。

徐汇区检察院会同长宁区人民法院、上海市公安局徐汇分局、徐汇区司法局、团区委召开联席会议，就贯彻实施刑事诉讼法中社会调查等若干问题进行了深入探讨，交流了办理未成年人刑事案件中公检法司各部门需要进一步协调的工作及相关建议，形成会议纪要。会议纪要对社会调查启动的条件、社会调查的阶段、社会调查报告的宣读与质证、社会调查报告的基本内容、报告移送、社会调查的经费保障与培训等问题进行了沟通协调，达成一致意见。

通过联席会议制度，使各司法主体互相之间加强工作的衔接和配合，从而在刑事诉讼进程的不同阶段层层递进，不断完善和充实社会调查工作。

（4）以评代训，提高社会调查质量。

①建立队伍：与区司法局、区社工站合作，在整合社区矫正社工、青少年社工的基础上聘请了上海师范大学从事未成年人社会工作研究的两名学者及该专业的五名大学生志愿者参与社会调查，以提高社会调查的理论水平。同时为调查员进看守所创造条件，采用直接约谈、进所面谈、电话访谈等多种形式展开调查。对于取保候审的犯罪嫌疑人和被告人未成年人，安排前期社会调查社工对其开展帮教工作，便于及时了解思想动态，防止重新犯罪。

②进行培训：联合上海师范大学、团区委、区司法局、区社工站召开社会调查员参与刑事诉讼及社会调查推进会，通报了市检察院未检处《关于表彰检察阶段优秀合适成年人及优秀社会调查报告的决定》，并邀请上海师范大学都市社会工作研究中心教授对到会的社会调查员进行了业务培训。

③评比奖励：定期通过开展考核评比，评选出优秀社会调查员及优秀社会调查报告范本，予以奖励；召开社会调查工作经验交流会，既创先推优又查找不足，形成工作闭环，将优秀社会调查报告印发给社会调查员供其学习参考，逐步提高社会调查员的专业素养，提高社会调查质量。

（5）建立多方协力调查机制，探索异地委托调查。

未检部门在办理未成年人沈某盗窃案件过程中，委托安徽省检察院未检处联合开展异地社会调查，在协作过程中发现并纠正一起出具虚假证明材料事件。未成年犯罪嫌疑人沈某父亲提交原沈某就读中学出具的证明材料一份，证明沈某系在校学生，已报名参加2014年高考。承办人致电联系书证出具人班主任老师吕某及校行政办公室图章管理老师陈某核实上述情况，以证实该书证的合法性和有效性。后经安徽省六安市裕安区检察院开展社会调查，深入走访、调查，证明了上述书证内容为虚假陈述，查实班主任吕某有出具虚假证明的行为,行政办公室图章管理人员有审核不力、滥用公章的失职行为。现沈某已因涉嫌盗窃罪被依法提起公诉,未检部门联合当地检察机关向该学校上级主管教育行政管理部门制发检察建议。通过跨省协作开展社会调查,就调查过程中发现的问题及时发现、及时总结,为日后形成规范化操作打下基础。

(二)未成年人社会调查存在问题

1. 未成年人刑事案件社会调查选择性开展

由于新《刑事诉讼法》对开展社会调查的用语是“可以”而非“应当”,所以是否开展此项工作并非刑事诉讼的必经程序。而除了新《刑事诉讼法》以外的若干规定也多采用“可以”的措辞,这就意味即使对未成年人刑事案件不进行社会调查也并不违法。加之受到侦查期限、审查起诉期限、审理期限、未成年人户籍所在地与实际居住地不一致等多方面因素的制约,徐汇区办案机关,尤其是公安机关,现在尚未做到对未成年人刑事案件适用社会调查制度的全覆盖。

之所以对那些外地来沪的涉罪未成年人适用社会调查困难重重,主要是由于,对外地户籍未成年人的社会调查要比沪籍未成年人的社会调查须投入更多时间、精力甚至财力,且外地来沪未成年人大多缺乏在本地的监管条件,对其进行社会调查通常需要与其原籍的相关组织、人员取得联系,如果调查人员亲自去外地调查,则既需要相对充裕的工作时间,又需要数额不菲的差旅经费,而若委托未成年人原籍所在地的公安机关或社区矫正组织进行调查,又缺少对这种委托行为的指导性、规范性协作运行机制。

2. 未成年人刑事案件社会调查主体的多元化

最高人民法院《关于审理未成年人刑事案件的若干规定》(已废止)中明确,社会调查的主体既包括控、辩、审三方,还包括社会团体组织;而六机关《配套工作意见》中确认社会调查的主体是涉罪未成年人户籍所在地或居住地的司法行政机关社区矫正工作部门、共青团组织以及其他社会组织;根据新《刑事诉讼法》的规定,公安机关、人民检察院、人民法院是社会调查的主体;而从司法实践来看,徐汇区检察院未检部门在审查案件时,是由未检部门案件承办检察官承担社会调查责任,或由检察机关委托有关社会组织,主要是司法行政机关社区矫正工作部门的人员开展相关调查。由此可见,实际上未成年人刑事案件社会调查主体不统一,有多元化特征。多重主体均开展社会调查工作的实际效果,我们可以逐项分析:

(1)公安机关作为犯罪案件的侦查机关,要对未成年人刑事案件进行全面调查,这是其本身具有的义务,但这种调查主要侧重在案件的事实与证据方面,往往侧重那些法定情节,很少考虑行为人人格状况,而社会调查主要是对犯罪嫌疑人人格方面的调查,与案件侦查工作存在性质和内容上的不同。

(2)检察机关作为控诉机关,其主要将精力放在对有罪行为的指控上,但对于大量的外地来沪涉罪未成年人自行制作社会调查报告有可能带来几个问题:第一,庭审中检察机关系代表国家提起公诉、指控犯罪,是控方,由控方宣布自行制作的调查报告并当庭质证,是否能确保该报告的公平公正性;第二,检察机关自行制作社会调查报告仅依靠提审或者电话等途径了解,对于涉罪未成年人的各项基本情况往往仅依赖犯罪嫌疑人的口供,至于该供述有多少客观真实性,是否存在隐瞒或者欺骗,检察机关无从查证。如果要保证客观真实,势必需要通过亲自走访涉罪未成年人的原籍或实际居住地,这样的话制作一份社会调查报告就需要长途出差,不仅办案时间被消耗,办案的成本也大大增加了。

(3)由法院主审法官承担社会调查的工作,难免会引发公众对审判中立性的质疑。虽然法官担任社会调查主体,能够通过调查活动亲自、真实地感受和了解未成年被告人的基本情况,但与其居中裁判的要求不相符合,会使人怀疑前期的调查是否会让法官产生“先入为主”的观念。因为社会调查的结论通常是法官量刑时考虑的酌定情节,因此社会调查员应该是独立于法官的第三人,从中立的视角提供相关资料,才能帮助法官做出更加公正、客观的审判。

(4)由未成年被告人的辩护人担任社会调查主体,其所承担的诉讼职能决定了其兼具内在与外观上的倾向性。由于其处在辩方的立场上,进行社会调查时必定尽量收集对未成年被告人有利的事实和情节，却会有意或无意地忽略对该未成年被告人不利的因素，对未成年被告人的人格状态、心理特征的原因未必能够调查得全面详细。因此，辩方成为社会调查主体，也有可能会出现“先入为主”现象，容易使人对其中立性产生怀疑。

(5)由社区矫正机构的工作人员担任社会调查员，可以保证其出具的社会调查报告具有中立性，但目前由社区矫正机构开展的社会调查是有户籍所在地要求限制的，即其只负责对户籍地在徐汇区的未成年人或实际居住地在徐汇区六个月以上的未成年的社会调查，不承担对外地户籍未成年人的社会调查，因而对于外地户籍未成年人犯罪比例高达85%以上徐汇区而言，实际仍未解决大多数未成年人的社会调查主体需求。

3. 社会调查具体实施程序无系统规定

由于我国现行法律关于未成年人刑事案件社会调查规定得比较原则化，缺乏对具体的调查启动时间、调查方式等实施程序的细致规定，因此未成年人刑事案件社会调查工作在具体操作中表现出较大的灵活性。

(1)从我区未成年人刑事案件社会调查启动的时间来看，公安机关在侦查阶段即开展相关社会调查的寥寥无几，这也使公安机关因为无法通过先期了解未成年犯罪嫌疑人的一些案外情况，对可能具有监护条件而又无须被羁押的涉罪未成年人先期剥夺了人身自由。但此项工作经多方协调将在今年的司法实践中提前至公安机关侦查阶段进行。

(2)从社会调查的方式来看，形式多样。在司法实践中，有的是调查人员直接到涉罪未成年人生活、学习、工作的场所，采用当面会谈、实地走访等更为直观的方式进行调查，会见涉罪未成年人的父母、监护人或工作单位的同事等；而有的采用书面调查方式，即通过收发信函、发放填写表格的方式调查；还有的通过电话采访的方形式进行访谈。上述这些方式有的主观性很强，并不能获得最全面、细致、真实、客观的信息，难以准确掌握涉罪未成年人的人格特征，评估和预测其行为的危险性。

(3)调查报告样式、内容具有多样性。司法实践中发现，多数未成年人刑事案件社会调查报告采用日常公文写作要求的报告样式，少数也会采用调查表格或调查笔录等形式。调查报告的内容一般是围绕涉罪未成年人的性格特点、文化程度、家庭环境、成长经历、社会交往及实施被指控的犯罪前后表现等情况展开，有的还将非羁押措施风险评估等情况纳入报告内容，还有的就如何量刑、如何进行帮教提出了具体建议。

4. 未成年人刑事案件社会调查报告的性质定位不清

由于目前法律没有规定未成年人社会调查报告的具体适用规则，只是粗略地规定了社会调查报告的大致内容、使用必要性和其具有参考作用，所以理论界、实务界对于社会调查报告的性质问题一直存在争议，在“社会调查报告是否属于证据”“庭审过程中是否应就社会调查报告进行质证”等问题的认识上众说不一。

（三）未成年人社会调查制度设想

1. 多元化的基础上规范调查主体

由于社会调查承载功能的复合性以及社会调查报告内容的综合性，因此注定其不可能由一个机构或某几个人单独完成。虽然目前社会调查主体模式不一，但是从将来发展的趋势来看，应当构建以公、检、法为主导的、相关社会团体和组织共同参与的社会调查主体模式。这一模式有两个层次：一个层次是委托、审查主体；另一个层次是具体调查的执行主体，其中司法机关应当立足于委托、审查及指导的地位，并形成先后衔接的配合机制。正如前文所述，司法机关之所以不宜成为社会调查的直接执行主体，只是根据犯罪情况进行委托，对调查方向予以正确的引导，并对社会调查的过程和调查结果进行依法审查，一是有利于保证社会调查的中立性，二是有利于合理配置司法资源，提高诉讼效率，三是有利于实现未成年人刑事案件社会调查的专业化发展趋势。

基于未成年人刑事案件社会调查主体的身份有独立性和专业性两点要求，较为合理的制作主体应当是具有专业精神和素养的相关社会团体，他们在社会调查过程中有着司法机关不具备的诸多优势。未来立法也可以考虑借鉴现有的合适成年人队伍机制，建立未成年人刑事案件社会调查专业人才库，储备一批热心未成年人公益事业并且熟悉未成年人身心特点的专业社会调查员专门从事该项工作。为不断提高社会调查主体的专业素质，司法机关应当定期开展必要的业务培训和业绩考核工作，以实现社会调查主体资源配置的最优化。这样既保证了调查人员的中立性，又保证了社会调查报告的客观性与专业性。

2. 调查方式丰富化，调查报告内容统一化

社会调查方式及调查报告内容是否科学合理，直接关系到调查报告的真实性、准确性和全面性。关于社会调查的开展方式，应当树立"以直接接触、实地考察为主，间接书面调查为辅"的基本原则，要求调查人员必须尽可能通过当面会谈、近距离观察等方式进行调查，要亲自会见涉罪未成年人，走访其家属、邻居、老师、同学、朋友等关系人，尽可能获取第一手材料。除非存在难以克服的障碍，或者以直接调查的方式进行调查可能损害到涉罪未成年人的利益时，才可考虑进行间接调查。除了遵循传统调查方式以外，还可以积极拓展社会调查的新方式、新渠道。通过对涉罪未成年人进行心理学等专业的科学鉴定，通过人格测量等方式来更好地进行人格调查，可以更好地印证调查走访所得到的信息，再采用综合分析，整体评估，使调查报告的内容更加具有客观性、真实性、完整性、实用性。未成年人刑事案件社会调查报告的内容，对办案机关判断涉罪未成年人的人身危险性和再犯可能性有着重要影响，建议由两部分组成：一部分是涉罪未成年人的个人背景情况，另一部分是依据这些背景情况提出的处理建议，同时将形成调查报告的会谈记录、视频资料等依据性材料作为附件一并提交。

3. 规范未成年人刑事案件社会调查的实施程序

（1）前移调查启动时间。为了保证未成年人刑事案件社会调查在更为充裕的时间内进行得更为细致，应当将社会调查的启动时间前移到案件的侦查阶段即开始进行，有利于充分发挥社会调查报告在整个刑事诉讼各阶段的作用，还可以对涉罪未成年人有效实现司法分流，减少不必要的刑罚处罚。

（2）规范社会调查报告介入刑事诉讼的模式。不论社会调查报告是否

属于证据，至少有一点是可以肯定的，即社会调查报告在很大程度上证明了涉罪未成年人的品格及可信度，因而是司法机关作出裁决的重要参考因素，也是对涉罪未成年人进行有针对性教育和矫治的重要依据。既然是重要参考因素，应当允许诉讼参与人就调查报告充分发表意见并接受询问。具体到法庭审理中，建议设置一个相对独立的听审程序，由社会调查主体宣读社会调查报告，并允许到庭的诉讼参与人对此发表意见，对于控辩双方均认可的社会调查报告，法院可在综合考虑的基础上将社会调查报告作为量刑和法庭教育的重要参考。

4. 整合区域内多部门力量，探索跨地区异地委托调查

应该看到，社会调查报告工作是一个需要多部门分工合作、协调配合的系统工程，仅仅依靠某一家力量孤军奋战是不可能达到该项工作的最佳预期效果。徐汇区的公检法司、综治委、未保办、团区委等有关部门应当联合推出有关未成年人社会调查的指导意见或实施细则，将这些已有的呈“条块状”分布的经验有机串联起来，进一步加以科学整合，共同研究制定全区、全市统一的未成年人刑事案件社会调查报告工作指导意见或实施细则。

探索异地委托调查，主要是为了解决外地户籍未成年人的社会调查问题。可以对近年来受理的外地涉罪未成年人的户籍分布状况做进一步统计，进而根据统计结果，有针对性地选择若干外地省市的司法行政机关，与之合作试点建立异地委托社会调查协作机制，从而使社会调查制度的有益价值惠及更多的外地户籍未成年被告人，进一步彰显少年司法的公平。

5. 完善未成年人刑事案件社会调查监督制约机制

在肯定未成年人刑事案件社会调查制度积极意义的同时，我们也应当对其公正性给予充分关注，完善一系列的监督制约措施。

（1）两人调查制度。开展社会调查的机构必须指派两人以上调查人员进行调查，以确保调查过程的公正性。

（2）回避制度。调查人员与涉罪未成年人之间存在亲属或其他利害关系时，应自行回避。当其在庭审中被申请回避时，由法院决定是否采纳其

调查报告。

(3)监督制度。检察机关有权利也有义务对调查工作实施全程法律监督,法院应当对调查报告进行审查和复核。对调查中不认真尽责、违法违纪出具虚假报告的,根据情况给予相应的制裁和惩罚。

(4)保密制度。在调查过程中调查人员应当保障维护涉罪未成年人的隐私权,调查人员不得泄露、使用在开展社会调查或参与诉讼中获取的涉罪未成年人个人隐私等信息。

6. 融合多方力量,将未成年人工作进行大整合

在完善未成年人刑事案件社会调查工作若干机制的基础上,可以考虑整合社会多方力量,探索建立一支具有融合性的队伍,将涉及未成年人的不捕、不诉帮教、附条件不起诉的监督考察、社区矫正等一系列工作进行全方位整合,并在建立相关配套措施的基础上,将上述工作可以均交由该支队伍的不同人员承担,共同维护涉罪未成年人的合法权益。

二、外来涉罪未成年人社区矫正制度

当前,随着"宽严相济"刑事政策的进一步落实和社区矫正工作的发展,上海市犯罪未成年人尤其是外来未成年人的非监禁刑适用比率不断提高。

(一)近年来徐汇区涉罪未成年人适用非监禁刑现状

从徐汇区近五年来外来未成人案件获得的数据显示,2009 年共 77 人被判处缓刑,占被告人总人数的 16.27%,其中外来未成年人 32 人,占被判处缓刑总人数的 41.55%,该 32 人均发回原籍进行社区矫正;2010 年共 32 人被判处缓刑,占被告人总人数的 13.73%,其中外来未成年人 23 人,占被判处缓刑总人数的 71.87%,其中 6 人在沪进行社区矫正,17 人被发回原籍;2011 年共 53 人被判处缓刑,占被告人总人数的 51.45%,其中外来未成年人 28 人,占被判处缓刑总人数的 52.8%,其中 8 人在沪进行社区矫正,20 人被发回原籍。2012 年共 34 人被判处缓刑,占被告人总人数的 27.4%,其中外来未成年人 25 人,占被判处缓刑总人数的 74%,其中 7 人

在沪进行社区矫正,18 人被发回原籍。2013 年共 27 人被判处缓刑,占被告人总人数的 61%,其中外来未成年人 20 人,占被判处缓刑总人数的 74%,其中 6 人在沪进行社区矫正,19 人被发回原籍。5 年来,外来未成年人在缓刑考验期间重新犯罪的共有 10 人,占总数的 8%。上述在沪服刑外来未成年人,主要是父母或其他亲属在沪有固定住所和稳定工作,本人在上海读书或工作等。由此可见,随着社区矫正工作在上海的推进,未成年人按照其经常居住地在沪就近实施社区矫正得到了逐步认同。但与此同时,我们也在司法实践中发现,对外来未成年人在沪进行社区矫正仍然存在一定障碍和困难,刑罚的平等适用仍须进一步加强。

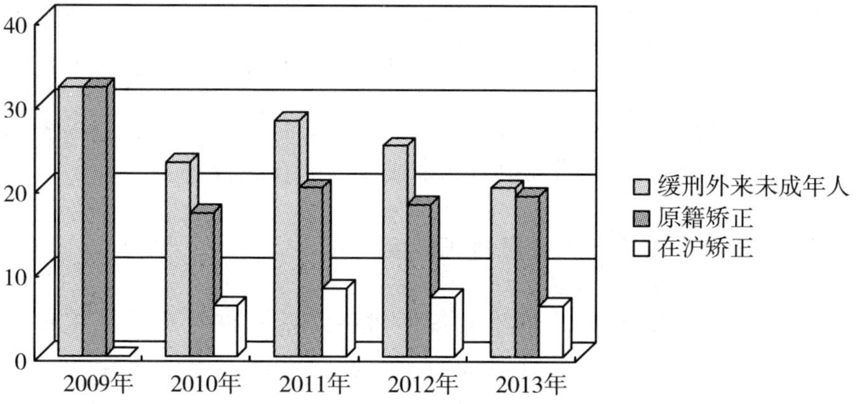

图 2　2009～2013 年徐汇区涉罪未成年人适用非监禁刑现状

(二)存在的问题

1. 外来涉罪未成年人流动性较大,社区矫正部门实施有效监管难度大

2011 年第二次未成年人刑事司法联席会议纪要规定"要逐步完善在上海有实际居住地或者在上海就业、就学满六个月以上的非上海籍未成年罪犯非监禁刑与社区矫正工作的无缝衔接机制"。据此,相关文件将在上海居住满 6 个月以上的外来未成年人纳入本市社区矫正范围。但由于外来未成年人大多在沪无固定的工作、学习和居住地点,一些上海社区矫正部门出于将其纳入社区矫正监督失管可能性较大的考虑,往往不愿将其纳入社区矫正,理由多是"租住地区即将拆迁""租约期满""即将搬离""返回原

籍”等，只能由外来未成年人原籍司法行政部门进行社区矫正。有的案件原籍司法行政部门不接受，以此人长期在外打工、无法进行矫正为由，又退回原审法院。还有的案件即使原籍司法行政部门接受了，但由于外来未成年人生活、工作、学习仍须在上海进行，到原籍进行社区矫正往往形同虚设，从而产生缓刑执行虚置，被告人脱管、漏管现象。例如，未成年人孟某被判处缓刑后，其在上海居住地的社区司法矫正部门以其住所不固定，流动性强为由拒绝接纳。后孟某打算回老家工作，法院遂将判决执行文件寄往他老家的社区矫正部门。但由于老家工作不好找，没过多久孟某又再次来到了上海打工。其家乡的矫正部门鞭长莫及，根本无法对其开展矫正工作，造成孟某缓刑判决后失管的现象。

2. 外来未成年人家庭监管不到位，家长协助开展社区矫正意识不强

犯罪未成年人绝大多数来自社会底层家庭，父母文化程度不高，往往忙于生计无暇对孩子进行监管教育，或者缺乏现代教育理念与知识无法与孩子进行有效沟通。一些外来未成年人父母不在身边，在判处非监禁刑后家庭监管无法进行。一些外来未成年人家长认为没有判处监禁刑就是没事了，对社区矫正部门的工作要求不能进行积极配合，甚至影响外来未成年人自我约束能力和接受监管的意识。

3. 社区矫正部门人员配备不到位，对未成年人进行分别矫正的专业素养有待提高

目前，上海社区矫正机构的人员配备上是以上海市常住人口为标准，而上海的犯罪中50%以上的被告人是外来人员，未成年人犯罪中80%以上是外来未成年人。因此，在基层司法所担负职能多，工作量大，人员紧缺的情况下，将外来未成年人纳入上海开展本地社区矫正，进一步扩大了社区矫正工作的压力。同时，现行的社区矫正队伍中熟悉未成年人身心特点、具备未成年人专业矫正能力的人员为数不多，专业素养有待进一步提高。

（三）对策建议

1. 做好社区矫正工作配合衔接，建立健全监管机制

为解决外来未成年人纳入上海社区矫正脱离监管的危险性较大的问

题:一是做好判前社会调查工作,在公安阶段即及时委托社区矫正部门进行社会调查,以充分了解外来未成年人的家庭背景、社区环境、成长经历等,为是否适合社区矫正提供充足的依据;二是建立外来未成年人社区矫正基地。对于在沪无监护条件、无固定住所、无收入来源的"三无"未成年人,本人又不愿意回到原籍接受社区矫正的,依托一家从事慈善工作的单位建立徐汇区未成年人的社区矫正基地,让其在基地里接受缓刑期间的社区矫正;三是做好外来未成年人社区矫正的衔接工作,主要是在宣判时通知社区矫正部门人员到庭,告知未成年人矫正相关事宜;四是丰富社区矫正手段,社区矫正部门可以加强与未成年人法定代理人的配合,要求其签署保证书,协助司法行政机关做好工作,强化配合意识;可以运用电子监控手段,强化对外来未成年人的管理;可以建立跨区移送制度,对于变更居住地址的未成年人,及时进行将有关执行法律文书移送其实际居住地司法行政机关。

2. 开展针对家长的现代教育理念的传播,发挥家庭监管的作用

应当加强对未成年人家长尤其是外来人口居住较为集中的家长的教育,制作教育宣传小册子,传播现代教育理念;对于家庭教育存在严重缺陷的家庭,由青少年社工和教育局志愿者予以重点跟进,予以家庭教育方面的针对性指导。

3. 加强社区矫正队伍建设,构成科学的未成年人社区矫正机制

在新的形势下,少年司法一条龙建设应当与时俱进,建立未成年人社区矫正队伍。一是积极对社区矫正人员进行培训,建立一支未成年人社区矫正队伍。对社区矫正人员开展未成年人教育学、心理学、社会学方面的教育,交流良好做法,形成规章制度。二是建立特殊青少年劳动服务基地。为外来未成年人提供工作、培训、食宿、监管于一体的服务。三是建立少年司法协作机制。在少年司法工作各部门之间,平时以工作情况月报或季报的形式,通过电子邮件或文件交换,互通有无,定期召开未成年人帮教工作联席会议,了解彼此工作情况。对于一些重点对象,社区矫正部门可以邀请法院、检察院、帮教志愿者协会等共同参与。

审查逮捕未成年人刑事案件全面听取意见制度之构建*

审查逮捕阶段未成年人刑事案件全面听取意见制度，是指人民检察院在审查逮捕未成年人刑事案件过程中，在对未成年犯罪嫌疑人作出是否批准逮捕决定前，充分听取未成年犯罪嫌疑人及其法定代理人、律师、被害人以及公安机关等有关方面的意见。新修改的《刑事诉讼法》增加了未成年人刑事案件特别诉讼程序，明确了审查逮捕时应当讯问未成年犯罪嫌疑人，同时规定要听取证人等诉讼参与人、辩护律师的意见，使其他诉讼参与人和律师在刑事诉讼活动中被赋予了与侦查机关、公诉机关相抗衡的足够的诉讼权利。一方面，改变了长期以来审查逮捕程序行政化倾向过于严重的问题，对促进司法公正将起到积极的作用；另一方面，也有利于未成年人刑事检察工作在应对新挑战中实现新发展。检察机关作为担负保障法制统一尊严权威实施的国家法律监督机关，有责任也有义务在未成年人刑事案件审查逮捕阶段尽快建立全面听取意见制度，而就其如何制度化的有关问题进行解析则为本文所关注的重点。

一、审查逮捕阶段设立全面听取意见制度的价值意义

（一）回归审查逮捕制度的司法属性

司法审查原则是诉讼公正理念的体现。现代刑事诉讼的基本理念是：

---

* 顾颐蕾，上海市浦东新区人民检察院。

将国家惩治犯罪的活动纳入“诉讼”的轨道，使得诉讼的每一阶段都存在控诉、防御和司法裁判三方的相互制衡，使得作为国家利益代表的“检、警机构”能够与辩护方在中立的司法裁判机构面前进行理性的论争，来完成刑事诉讼的使命，保证刑事诉讼真正成为一种诉讼活动。[①] 西方主要法治国家均将这个理念渗透在诉讼程序的各个组成部分，表现在审前程序中，则形成“控、辩、裁的三角结构形式”，使得审前程序也能纳入“诉讼”的轨道。“在法治社会中，通过司法的力量限制或剥夺公民的自由，并不意味司法者一定比行政执法者高明，而是由于司法的中立地位和司法程序中所独有的诉讼参与人的平等程序参与权能够保证强制措施适用的公正和权威。”[②]实践中，世界多数国家的普遍做法是在审前羁押的处理上采用司法审查的模式，被羁押人享有充分的听审权，即行使羁押决定权的司法机构在审查嫌疑人是否有审前羁押的必要性时，经过由控、辩、裁三方所组成的“三角形诉讼结构”的诉讼、充分听取犯罪嫌疑人的供述或辩解后，才作出决定。

我国的审前羁押与刑事拘留、逮捕无论在实体构成还是程序适用上，都没有分离。刑事诉讼法规定逮捕权主要由检察机关行使，但1996年《刑事诉讼法》并无关于检察机关审查逮捕时可以（或者“应当”）讯问犯罪嫌疑人、听取所委托律师意见的规定，致使我国法律层面的审查逮捕程序不具有诉讼色彩而更像“行政审批”，这极大地影响了审查逮捕制度的科学性。2010年8月，最高人民检察院副检察长朱孝清在全国检察机关侦查监督改革工作座谈会上的讲话中明确指出，在审查逮捕过程中，应借鉴世界多数国家的普遍做法，实施司法审查，经过由控、辩、裁三方所组成的“三角诉讼结构”的诉讼，充分听取犯罪嫌疑人的供述或辩解后，再作出逮捕（羁押）的决定。新《刑事诉讼法》出台后，构建审查逮捕阶段未成年人刑事案件全面听取意见制度，在讯问未成年犯罪嫌疑人的同时，充分听取未成年

---

① 孙洪坤、汪振林：《西方国家审前司法审查制度比较研究》，载《国家检察官学院学报》2003年第1期。

② 汪建成、刘玥：《正当程序维度内的刑事强制措施》，载樊崇义：《刑事审前程序改革与展望》，中国人民公安大学出版社2005年版，第57页。

犯罪嫌疑人及其法定代理人、律师、被害人以及公安机关等有关方面的意见，在审查逮捕阶段形成了由控（侦查机关或部门、被害人）、辩（犯罪嫌疑人及法定代理人、律师）、裁（检察机关）三方参与、控辩对抗、检察机关居中裁判（作出是否逮捕的决定）的三角形诉讼结构，能真正使审查逮捕制度真正回归其司法属性，更加科学合理。

（二）减少未成年犯罪嫌疑人审前羁押率

逮捕作为最严厉的一种强制措施，是对犯罪嫌疑人、被告人人身自由的严重剥夺。我国的刑事诉讼法将羁押条件等同于逮捕条件，捕押不分离，致使审前羁押只是逮捕的法律效果和事实状态，一旦检察机关作出逮捕决定，在审前变更强制措施为取保候审的可能性便微乎其微，也成了刑罚的预支。逮捕涉及对公民基本权利的限制和剥夺，在审查逮捕时应当听取律师等各方意见，赋予犯罪嫌疑人救济的权利是历史发展的必然。陈瑞华教授曾将当前司法改革比喻成河流整体审视，“逮捕实际处于中国刑事司法的上游，之后的提起公诉、审判等阶段如一审、二审乃至死刑复核都属下游。以前检察院改革，多从下游改起。比如，以审判为中心进行的诸多改革，通过改革审判方式、赋予辩护律师更多权利展开辩护等。下游的改革当然必要，但改革如果不从源头开始，上游没有做好正本清源工作，依旧会污染中下游河流，河流下游即使手术再大，也很难取得突破性成果”。

同时，在目前的司法实践中，成年人与未成年人的审前羁押条件在立法上和实践中都没有明显的区别，存在未成年人审前羁押率居高不下、被羁押的未成年犯罪嫌疑人得到变更强制措施的机会很低、羁押时间长久等现象，逮捕措施的不当适用带来诸多负面效应，严重损害了未成年人的身心健康，与《北京规则》第 13 条第 1 款关于未成年人“审前拘留应仅作为万不得已的手段使用，而且时间尽可能短”的要求仍存在较大差距，也与最高人民检察院提出的对未成年人“可捕可不捕的不捕”的审查逮捕工作原则和上海检察机关未检工作提出的对未成年人“以不捕为一般，逮捕为特例”的要求不相符合。

在未成年刑事案件中，建立审查逮捕阶段全面听取意见制度，检察官通过认真听取和反馈律师等“辩”方意见，既有利于在检察环节尊重和保障人权，发现检察官可能忽视的证据瑕疵或因思维定式形成的认识误区、审查盲点，切实保障犯罪嫌疑人、被害人的合法权益，也有利于检察机关正确审查判断案件事实和证据，及时发现侦查机关在侦查中的违法行为，排除非法证据，提高逮捕质量，可以使未成年人刑事案件审查逮捕程序更加公开、透明，最终能提高逮捕案件的质量，减少不必要的审前羁押对未成年人造成的负面影响。

（三）保障儿童最大利益，实现“特殊、优先、全面”保护的必然要求

对处于弱势地位的未成年人群体进行特殊保护，是国际社会公认的一项现代国家的重要公共义务。1959 年《联合国儿童权利宣言》最早提出“应以儿童的最大利益为优先考虑”的国际性指导原则，1989 年《联合国儿童权利公约》作出“儿童最大利益原则”的倡导性规定。最大利益作为保护儿童的一项基本原则，已经列入了很多国家和地区的立法之中。儿童利益最大化原则就是国家在制定各项政策、处理实际儿童事务中，均应以儿童的利益作为优先考虑。我国作为缔约国，应积极履行优先保护少年儿童利益的义务。我国《未成年人保护法》已规定了对未成年人应进行“特殊、优先、全面”保护。

对于处在审查逮捕程序中的身心未臻成熟的未成年犯罪嫌疑人，无疑是三角诉讼结构中是最弱势的一方，其要充分行使辩护权，离不开特殊的保护和必要的法律帮助。法律帮助是一种必需品，而非奢侈品。公安机关的控方立场决定了其缺乏收集对犯罪嫌疑人有利证据的动力，尤其是逮捕必要性方面的证据。检察机关受到司法资源和审查期限的限制，也无法全面自行调查取证。而涉罪未成年人本身往往已经被刑事拘留，此时由法定代理人或者其他诉讼参与人提供相应的意见，由律师来维护未成年人不受非法或不必要羁押的诉讼权利，引入类似于审判程序中的辩护人制度，使检察机关能够居中充分听取对未成年犯罪嫌疑人建立全面听取意见制度。不但有助于保护未成年犯罪嫌疑人的合法权益，有利于其未来发展，也是在审查逮捕环节贯彻宽严相济刑事政策、构建社会主义和谐社会的应有之义。

二、审查逮捕阶段未成年人刑事案件设立全面听取意见制度的法律依据

1. 2012 年 3 月新修改后的《刑事诉讼法》第 269 条,要求对未成年犯罪嫌疑人、被告人应当严格限制适用逮捕措施。人民检察院审查批准逮捕和人民法院决定逮捕,应当讯问未成年犯罪嫌疑人、被告人,听取辩护律师的意见。

2. 2010 年 8 月 31 日,最高人民检察院、公安部颁布《关于审查逮捕阶段讯问犯罪嫌疑人的规定》第 13 条,要求犯罪嫌疑人委托的律师提出不构成犯罪、无逮捕必要、不适宜羁押、侦查活动有违法犯罪情形等书面意见以及相关证据材料的,检察人员应当认真审查。必要时,可以当面听取受委托律师的意见。对律师提出的意见及相关证据材料,应当在审查逮捕意见书中说明是否采纳的情况和理由。

3.《人民检察院办理未成年人刑事案件的规定》第 14 条、《检察机关执法工作基本规范》第 8. 14 条,要求对未成年犯罪嫌疑人作出批准逮捕决定前,应当注意听取其本人、法定代理人、律师、被害人等有关人员的意见。对未成年犯罪嫌疑人作出无逮捕必要的不批捕决定前,应当审查其监护情况。对未成年犯罪嫌疑人作出无逮捕必要的捕批准逮捕决定前,应当审查其监护情况,参考其法定代理人、学校、居住地公安派出所及居(村)民委员会的意见。

由此,将审查逮捕阶段全面听取意见制度化有着充分的法律依据。在上海各级检察机关的未检部门,近年来在律师介入审查逮捕的基础上更努力尝试全面听取被害人、法定代理人等更多的诉讼参与人的意见,均取得较好成效,从而为形成统一的全面听取意见制度提供了宝贵的实践经验。

三、上海检察机关实践做法及存在问题

(一)上海检察机关的做法

在尚未完全形成审查逮捕阶段三角诉讼结构的情况下,为增强未成人

刑事案件审查逮捕程序的公开性和透明度，减少不必要的羁押对未成年人造成的负面影响。2009年，上海检察机关开始在一些区检察院争取到公安机关、司法行政机关的配合，开展了审查逮捕阶段听取律师意见的试点改革工作，探索建立了律师介入未成年人刑事案件审查逮捕程序制度。

该制度在审查逮捕阶段邀请法律援助律师参加，不仅向涉罪未成年人提供法律咨询，还向检察机关提出未成年人刑事案件逮捕必要性、证据合法性、案件定性、刑事责任年龄和刑事责任能力等与逮捕条件相关的法律意见，检察机关在慎重考虑其意见后最终作出是否逮捕的决定。分为四个环节：

第一环节是侦查阶段的社会调查、法律援助。公安机关在对未成年犯罪嫌疑人采取刑事拘留措施后即委托相关机构对该未成年犯罪嫌疑人进行社会调查，或自行对未成年犯罪嫌疑人的成长情况、家庭背景、监管条件等进行调查；同时，公安机关应当在第一次讯问未成年犯罪嫌疑人时告知其有申请法律援助的权利，并在其提出申请后的三日内，联系法律援助机构为其提供法律援助。在对未成年犯罪嫌疑人作出处理决定前，公安机关可以听取法律援助律师的意见，公安机关在提请批准逮捕时，应当将法律援助律师的相关信息告知检察机关。

第二环节是审查逮捕阶段告知律师介入。检察机关接到审查逮捕材料后，首先审查公安机关有无为未成年犯罪嫌疑人作了社会调查和法律援助。对公安机关已经为未成年犯罪嫌疑人聘请法律援助律师的，通知该法援律师有权参与审查逮捕程序提出律师意见。对没有法律援助律师的，再次询问未成年犯罪嫌疑人是否需要聘请辩护人，若需要则于收案当日向法律援助中心提出。法律援助律师在收到指派的当日与检察机关承办人联系，办理相关手续。

第三环节是检察机关听取律师意见。在审查批捕阶段，检察机关向法律援助律师提供已收集到的社会调查报告或关于未成年犯罪嫌疑人成长、经历、家庭背景、监管条件等社会背景的材料。法律援助律师与未成年犯罪嫌疑人会面，了解其的健康状况、权利义务知晓情况、合法权益有无遭受侵犯等情况，为未成年犯罪嫌疑人提供法律咨询。一般在审查逮捕期限界满前三日，检察机关通过电话通知或者约谈的方式，听取律师对于是否有逮捕必要性等意见。

第四环节是检察机关审查决定。检察机关针对案情，结合公安机关的报捕的证据材料和律师的主张与理由逐一进行分析，作出处理意见，并在案件办结后及时将处理结果反馈律师。

2011年以来，上海检察机关的未检部门扩大了听取意见的范围，尝试将律师以外的法定代理人、被害人等纳入听取意见的范围，有的区亦将学校老师也作为听取意见的对象。就听取意见的形式来说，从先前采用的分别听取意见逐渐发展为当面听取意见。若被取保候审的未成年犯罪嫌疑人，要当面听取各方意见，相对比较易行；对已经被刑事拘留的未成年人，为保证其能够参与听取意见程序，有的检察机关尝试在看守所内设置专门的听取意见场所，检察人员在该场所中当面听取侦查人员、在押未成年人及其法定代理人和辩护人的意见；也有的检察院则利用检察机关的自侦案件远程讯问系统，检察人员、侦查人员、法定代理人和辩护人均在检察机关的远程讯问室内，而在押未成年人则在看守所内通过远程讯问系统参与听取意见程序。

（二）存在的问题

目前，上海检察机关的探索取得了较好的效果。但也存在如下问题：

1. 律师介入时间过短

由于审查逮捕的法定期限只有七天，对于在押的未成年犯罪嫌疑人，待该案件移送检察机关审查逮捕，检察官通过审查未成年犯罪嫌疑人是否需要聘请辩护人，并向法律援助中心提出，到法援中心指派律师，法援律师到检察机关、侦查机关办理相应手续后会见在押的未成年犯罪嫌疑人，再就案情结合社会调查、监护情况等向检察机关提出意见。这样的流程往往在时间上过于紧凑，有时难以保障律师参与审查逮捕的有效性。故应当推动将律师介入刑事诉讼的时间推进到公安机关刑事立案后提请批准逮捕前，并提供必要的保障措施，确保律师能够依法充分行使辩护职能。

2. 全面听取意见的案件范围没有限制

对于采用全面听取意见程序进行审查逮捕的案件,在现阶段可以先选择事实简单清楚,犯罪嫌疑人认罪,但是否有逮捕必要存在较大争议的案件,重点对逮捕必要性开展听证。逐步积累经验后,再进一步拓展逮捕听证制度的适用范围。

3. 当面听取意见的参与人员范围过于宽泛

例如,某些区检察院邀请未成年犯罪嫌疑人所在学校的老师参与当面听取意见。基于侦查不公开和未成年人隐私保护的考虑,未成年犯罪嫌疑人审查逮捕全面听取意见之当面听取意见的参与人员范围应当严格限定在侦查人员、未成年犯罪嫌疑人、律师以及法定代理人、被害人等诉讼参与人,应当采用绝对不公开的听取程序,不允许出现在刑事诉讼法规定之外的其他人。

四、全面听取意见制度的制度构想及程序设置

(一)构建审查逮捕三角诉讼结构

1. 听取未成年犯罪嫌疑人及其法定代理人意见

一般情况下(除非犯罪嫌疑人不在案),检察机关在审查逮捕时,应当听取未成年犯罪嫌疑人的意见。这里的"听取意见"与"讯问"存在定位的差异。"讯问"是一种侦查手段,是基于追诉者的地位开展的工作,重点在于获取口供;而听取意见,则是一种审查方式,是基于裁判者的地位开展的工作,重点在于核实并听取辩解。因此,应当将检察机关在审查逮捕阶段讯问之外,增设"听取意见"。审查逮捕阶段听取犯罪嫌疑人意见,目的不在于获取口供,而应当重点向犯罪嫌疑人核实公安机关指控的犯罪事实和逮捕必要性事实,并听取其关于自己无罪、罪轻或无逮捕必要的辩解,还可以对犯罪嫌疑人的认罪悔罪态度及人身危险性进行亲历性地审查。

由于未成年人的身心尚处于发育阶段,认识和表达能力存在欠缺,心理不稳定,需要得到特殊的保护和照顾。因此,我国《刑事诉讼法》设立了法定代理人讯问到场的机制,以对其进行安抚,帮助其正确表达意见,并监

督审讯行为。上海检察机关通过与公安机关共同建立法定代理人讯问到场机制,要求检察机关审查逮捕阶段提审未成年人,应当通知法定代理人到场,还要求看守所应当准许法定代理人随同检察人员共同进入监管场所讯问未成年人。由于监护条件在未成年人逮捕必要性审查中具有特别的重要性,应当借助通知法定代理人到场的机制,建立检察机关在审查逮捕阶段听取未成年犯罪嫌疑人的法定代理人意见机制。办案人员可以向到场的法定代理人了解未成年人的平时表现、犯罪原因和监护条件以及是否提出取保候审申请、是否愿意交付保证金或担任保证人等逮捕必要性因素,并制作相应的笔录,固定逮捕必要性相关证据。

2. 听取律师意见

检察机关受理公安机关提请批准逮捕的未成年人案件后,应当尽快听取未成年人意见,并告知其有聘请律师或申请法律援助的权利,在其提出申请时尽快予以落实。律师介入后,有权会见未成年人及其法定代理人,到检察机关查阅本案的诉讼文书、技术性鉴定材料,并开展相关调查取证活动等,有权决定是否提出意见及申请会见办案人员,并在合理的时间内以书面形式提出意见。检察机关在作出审查逮捕决定前,应当听取律师关于未成年人无罪、罪轻或无逮捕必要等辩护意见。对于律师提交的相关证据材料和书面辩护意见,检察机关应当受理,并在审查时予以充分考虑。

3. 当面听取意见进行司法审查

对于审前羁押进行司法审查,国际通行的做法是采用开庭审查的方式,由申请羁押方和犯罪嫌疑人方进行对席辩论,羁押审查者通过控辩双方的举证质证和论辩,查明犯罪嫌疑人是否应当予以审前羁押的事实。因此,这种司法色彩浓厚的审查方式通常被称为“羁押庭”或“羁押听证”,对促进羁押审查的司法化、科学化和透明化,有重大意义。新《刑事诉讼法》规定,审查批捕未成年犯罪嫌疑人、被告人案件应当讯问犯罪嫌疑人、被告人,听取辩护律师的意见,中央司法改革纲要中也对审查逮捕方式改革提出了“在必要的情况下,当面听取侦查人员和犯罪嫌疑人及其委托律师意见”的要求。对此,应当在检察机关主持下,由审查逮捕检察官同时当面听取侦查人员和犯罪嫌疑人双方的意见，可以参照一审审判程序，只不过是将法官置换为审查逮捕检察官，将公诉人置换为侦查人员，并简化相关程序进行司法审查，并据此作出审查逮捕决定。

应当指出的是，采用当面听取意见进行司法审查程序，并不意味着对检察机关审查逮捕权的限制或剥夺，而是将原先检察机关分别听取公安机关和犯罪嫌疑人双方意见的审查模式，修正为同时听取，而且通过举证质证和论辩来更好地查明事实，检察机关对是否逮捕具有最终的决定权。

（二）程序设置

检察机关受理公安机关提请批准逮捕的未成年人刑事案件后，承办人经初步书面审查，对于证据或事实以及逮捕必要性等方面存在疑问的案件，及时通知承办案件的侦查人员、未成年犯罪嫌疑人及其法定代理人和辩护人（通常为法律援助律师）同时到场，由承办人当面听取双方意见。双方可就案件事实和逮捕必要性事实提交新证据、发表意见并进行辩论。检察机关根据案件具体情况和双方意见，居中作出是否逮捕的审查决定。

1. 告知权利

人民检察院在收到公安机关提请逮捕的未成年人刑事案件后，在初步审查案卷材料的基础上，应当及时讯问未成年犯罪嫌疑人，并与未成年犯罪嫌疑人的法定代理人及其律师、被害人及其法定代理人和律师取得联系，告知其在审查逮捕阶段有提出意见的权利，并就提出意见的范围进行说明。

2. 听取意见

人民检察院审查逮捕未成年人刑事案件时，应当对公安机关提供的逮捕必要性理由及有关证据材料进行审查。对拟不批准逮捕的案件，办案人员一般应当通知公安机关进一步听取逮捕必要性理由的补充意见。

未成年犯罪嫌疑人的法定代理人或律师、被害人及其法定代理人或律师在得知案件进入审查逮捕环节后，有权决定是否提出意见及申请会见办案人员，并在合理的时间内以书面形式提出意见。人民检察院在审查逮捕未成年人刑事案件时，发现未成年犯罪嫌疑人在公安机关既未聘请律师也未申请法律援助,而审查逮捕阶段提出聘请律师或申请法律援助的,应尽快帮助其聘请律师或落实法律援助,并应当通知法律援助律师听取意见。办案人员应当同时听取各方人员的意见,有两名检察人员参加,且在专门的接待室会见。办案人员在听取各方意见后,将会见内容记录在案。

对于律师的意见确实无法听取的,在人民检察院作出批准逮捕决定后,律师仍能继续为未成年犯罪嫌疑人提供法律帮助,公安机关应予以积极配合;未成年犯罪嫌疑人被逮捕的,律师可以为其申请取保候审。

3. 审查决定

人民检察院办案人员在审查逮捕意见书中应当详细写明各方意见,结合公安机关提请批准逮捕的证据材料,对各方提出的意见逐一分析、审查,提出是否采纳的处理意见并详细阐明理由,报部门负责人和分管检察长审查审批。

4. 结果反馈

对于审查逮捕阶段各方提出意见的案件,人民检察院应在案件办结后及时将处理结果及理由反馈各方。

五、建立健全符合诉讼规律的配套衔接机制

徒法不足以自行,仅有新《刑事诉讼法》中原则性的规定,以及基本程序设置,还不能完全解决这一制度的可操作性和诉讼化的问题。法律制度的实际效果,还需要依赖于各种技术性的机制和措施,才能落到实处。因此,在前述审查逮捕阶段未成年人刑事案件全面听取意见制度的基本构架中,还应当建立健全一系列符合诉讼规律的配套衔接机制。

(一)委托中立机构进行社会调查机制

《联合国少年司法最低限度标准规则》第16条规定:"所有案件除涉及轻微违法行为的案件外,在主管当局作出判决前的最后处理之前,应对少年生活的背景和环境或犯罪的条件进行适当的调查,以便主管当局对案件作出明智的判决。"意味着办理未成年人犯罪案件要综合考虑未成年人实施犯罪的动机和目的、犯罪性质、情节和社会危害程度,以及是否属于初

犯,归案后是否悔罪,成长经历、一贯表现和监护教育条件等因素。办理未成年人犯罪案件,根据情况可以对未成年犯罪嫌疑人、被告人的成长经历、犯罪原因、监护教育等情况进行调查。社会调查不仅可以有针对性地对违法犯罪的未成年人进行教育挽救,促使其认罪悔改,也是侦查机关对涉罪未成年人采取取保候审,检察机关决定逮捕、起诉,法院定罪量刑以及刑罚执行和社区矫正的考量依据。根据中央综治委预防青少年违法犯罪工作领导小组等《配套工作意见》规定:社会调查由未成年犯罪嫌疑人、被告人户籍所在地或者居住地的司法行政机关社区矫正工作部门负责。虽然新《刑事诉讼法》第268条将社会调查主体确定为公安机关、人民检察院、人民法院,但并不影响这些主体以委托调查的方式开展这项工作,并通过对社会调查报告的审查复核来体现主体职能。上海市的检察机关已经进行了多年的探索,已经建立由公安、检察、法院等办案机关委托社区矫正机构开展社会调查的配套执法机制,社会调查的启动时间提前至侦查阶段,公安机关办理未成年人刑事案件时,应及时将调查函送达各司法行政机关,司法行政机关在收函之日起10个工作日将《社会调查报告》反馈;对于公安机关因特殊原因没有随案移送调查材料或者移送的材料不完整影响社会调查报告使用的,人民检察院可以另行委托补充社会调查。检察机关可以就社会调查报告材料的真实性、合法性进行复核。

(二)全面、及时、有效的法律援助机制

新《刑事诉讼法》第267条的规定,未成年犯罪嫌疑人、被告人没有委托辩护人的,人民法院、人民检察院、公安机关应当通知法律援助机构指派律师为其提供辩护。由于未成年人年龄、智力发育程度的限制,通常很难理解控辩双方争辩的实质内容,不知道如何行使诉讼权利。有辩护人的参与,就能为其及时提供需要的法律帮助,有效保护其合法权益。与1996年《刑事诉讼法》相比,新《刑事诉讼法》将法律援助从审判阶段向前延伸至侦查阶段,将义务机关扩大到公检法机关。根据规定,“没有委托辩护人”是未成年犯罪嫌疑人、被告人获得法律援助的唯一条件。换言之,只要未成年犯罪嫌疑人、被告人没有委托辩护人,公、检、法关就必须通知法律援助机构指派律师为其辩护。上海检察机关在司法实践中，通过与公安机关、司法行政机关及法律援助中心的协作，在常规法律援助机制的基础上，进一步深化有针对性和特色的未成年人案件法律援助特殊机制。公安机关应当在第一次讯问未成年犯罪嫌疑人时告知其有申请法律援助的权利。未成年犯罪嫌疑人提出申请的，公安机关应当在其提出申请后的三日内，书面联系法律援助机构为其提供法律援助。法律援助机构应当在收到书面联系函的两日内作出指派决定。在对未成年犯罪嫌疑人作出处理决定前，公安机关可以听取法律援助律师的意见，公安机关在提请批准逮捕时，应当将法律援助律师的相关信息告知检察机关。在对未成年犯罪嫌疑人作出处理决定前，检察机关应当听取法律援助律师的意见。公安机关、检察机关听取法律援助律师意见应当由两名以上办案人员当面进行，并制作听取意见笔录或签收书面意见。

合适保证人制度研究*

近年来,流动人口中未成年人犯罪持续高位运行,而立法上未成年人和成年人取保候审措施的混同适用、现有非羁押措施的种种不足等,导致出现外来未成年人羁押率居高不下、非监禁刑适用率低、审前羁押而致“交叉感染”等一系列问题。为了应对上述情况,使更多犯罪情节较轻且符合取保候审条件的未成年人免受羁押,一种针对涉罪未成年人的新型取保候审方式——合适保证人制度被引入上海检察机关的司法实践中。

一、合适保证人制度的基础问题

(一)合适保证人制度的含义

1. 概念

根据《刑事诉讼法》第66条规定,人民法院、人民检察院和公安机关决定对犯罪嫌疑人、被告人取保候审,应当责令犯罪嫌疑人、被告人提出保证人或者交纳保证金。也就是说,取保候审的保证人是由犯罪嫌疑人或者被告人本人提出的。但实践中,一些犯罪情节较轻的外来未成年人在犯罪地既无监护条件又无经济来源,无法提供保证人也无法交纳保证金,因此被羁押。

上海检察机关试行的合适保证人制度,是指在刑事诉讼过程中,检察机关为无羁押必要但无法提供适格保证人且无力出具保证金的涉罪未成

---

* 吴燕,上海市人民检察院。

年人，指定符合一定条件的无利害关系人依法履行保证人职责，进而对涉罪未成年人采取取保候审强制措施的制度。该取保候审保证人由检察机关提出。

2. 特征

（1）司法属性。

合适保证人制度并非是对现行法律所规定的强制措施制度的创设，而是依附于取保候审制度的新型执行方式，合适保证人实质上仍是取保候审的保证人，也必须遵守刑事诉讼法规定的相关义务。因此，该制度属于刑事诉讼活动的范畴，具有司法属性。

（2）国家属性。

从合适保证人的决定主体来看，合适保证人是由公安机关、人民检察院、人民法院在刑事诉讼过程中指定符合一定条件的人担任的，有关司法机关代表国家行使权利和承担责任，该制度在程序上也体现了国家属性。

（3）社会属性。

从合适保证人的承担主体来看，合适保证人一般由无利害关系第三人，实践中大多为社会力量来承担，在政府主导下自愿开展具有公益性、非营利性、社会性的活动，属于社会志愿活动的范畴。

（二）合适保证人制度的价值分析

1. 凸显对未成年人的特殊保护与平等保护

在刑事诉讼过程中，面对强大的国家机器，涉罪未成年人极有可能出现一系列生理、心理的不适应，同时其合法权益也可能存在受侵害的情形，在无法提供合适的保证人又无法缴纳足够保证金的情况下，引入无利害关系的第三人作为合适保证人，能够起到对涉罪未成年人特殊保护的作用。而随着外来未成年人犯罪的增加，进入司法程序的外来未成年人的权利也越来越成为社会关注的重点。[①] 针对涉罪未成年人建立的合适保证人制

① 樊荣庆、吴燕：《涉罪未成年人平等权的司法保护问题研究》，载《青少年犯罪问题研究》2005年第5期。

度,从实质上更有利于对外来涉罪未成年人的平等保护。

2.弥补现有强制措施的不足

近年来,相较于沪籍未成年人,外地来沪未成年人羁押率居高不下的问题尤显突出。据统计,2012年至2015年,上海检察机关受理审查起诉的外来未成年人占全部未成年人的比例分别为84.1%、84.9%、85.6%和84.4%,其中沪籍涉罪未成年人取保候审适用率依次为57.8%、67.4%、81.8%和54.6%,而外来涉罪未成年人取保候审适用率分别为30.5%、31.2%、30.7%和33.7%。虽然数据显示近年来外来未成年人适用取保候审的比例已较以往有所提升,但仍显著低于沪籍未成年人。为充分保护未成年人的合法权益,帮助涉罪未成年人更好回归社会,必须积极探索更适合罪错未成年人的诉讼制度,因为:

(1)现有羁押措施负面影响较大。

一是涉罪未成年人易出现心理、生理不适。久押不决使未成年犯罪嫌疑人可能承受巨大的精神压力,严重的还可能使其身体健康也受到侵害。

二是影响司法机关的公信力。对于涉轻罪的未成年犯罪嫌疑人来说,其审前被羁押的时间可能会超过最终被判处的刑罚之刑期,从而给司法机关带来极大的尴尬与被动;对于未构成犯罪或者应当判处免刑的未成年犯罪嫌疑人来说,羁押将导致错案的发生致司法公信力下降。

三是增加教育、挽救工作难度。大量的羁押使得羁押场所人满为患,同时,涉罪未成年人在看守所羁押期间,极易受到成年人的影响并因“交叉感染”而获得作案技巧或被灌输消极错误的思想,增加了挽救工作的难度。

(2)现有非羁押措施存在缺陷。

一是监视居住制度因缺乏充分的监管条件和有效的监管措施而在司法实践中应用甚少。对于大量无固定住所的外来涉罪未成年人来说,可供使用的指定居所资源极其有限,且由于监视居住指定居所制度尚无明确具体的操作细则,即使适用,往往也可能成为变相羁押;同时公安机关由于警力投入明显不足,不能有效落实监视和管理;电子监控等监视手段由于设备成本及配套设施的跟进等问题,并未在实践中广泛应用。据统计,2009

年至2015年，上海检察机关仅对一名涉罪未成年人适用了监视居住的强制措施。

二是取保候审制度因不契合外来“三无”（无固定住所、无监护条件、无经济来源）涉罪未成年人的实际情况，而可能成为本地籍未成年人的一项“特权”。

可见，探索一种新型的保证方式，以弥补现有强制措施的不足，能够切实降低涉罪未成年人羁押率、对实现涉罪未成年人的特殊保护和平等保护极具意义。

二、合适保证人制度的基本理论

（一）构建合适保证人制度的基础理论

1. 国家亲权理论

“国家亲权”一词源自对拉丁文“parens patirae”的意译，原意为“终极父母/监护人”（ultimate parent/guardian）、“超级父母”（super parents）。国家亲权原始概念最早可追溯至罗马法，“用来指称国家对其人民承担的责任”，“首先表现为国家在自然父亲缺位的时候顶替其角色，其次表现为为了国家的利益以国家亲权干预或阻却自然亲权”。[①] 针对外来涉罪未成年人在犯罪地监护权缺位或监护不力而导致的取保候审难的问题，根据国家亲权理论，国家公权力理应发挥作用，为其指定合适保证人，更好地保护其合法权益。

2. 平等保护理论

平等是人权保障的本质和基本内容。1984年《北京规则》确立了双向保护原则，对犯罪的未成年人适用刑罚时要兼顾保护社会利益与未成年人的个人利益，未成年人利益与社会公共利益同等重要，不能一味地强调打击和惩罚。[②] 这一原则的确立，对于平等保护未成年人的合法权益起到了

---

① 郝银钟：《遏制青少年犯罪新思维》，中国法制出版社2012年版，第147页。

② 樊荣庆、吴燕：《涉罪未成年人平等权的司法保护问题研究》，载《青少年犯罪问题研究》2005年第5期。

重要的推动作用，也为积极探索合适保证人制度奠定了坚实的理论基础。

3. 特殊保护理论

追求对权利的平等保护，不能仅仅注重形式上的平等保护，还要着眼于实质上的平等保护。正如德沃金所言，“所有的人都应作为平等者来对待，而不是讲所有的人都应同等地对待”。① 未成年人作为社会的弱势群体，缺乏成年人在生理和心理上的成熟，更需要法律、政策适当地向未成年人倾斜，以全面、实质地保护其合法权益。因此，对未成年人权利的特殊保护是平等保护理论的应有之义。

4. 程序正义理论

法谚有云：“正义不仅应该得到实现，而且要以人们看得见的方式加以实现。”（Justice must not only be done，but must be seen to be done.）而程序被认为是制约权力、实现权利的最好药方。正是程序，才决定了人治和法治之间的区别。② 在刑事诉讼过程中，探索合适保证人制度，为外来涉罪未成年人积极创造取保候审条件，保障其与本地籍涉罪未成年人享有同等的诉讼权利，体现了程序正义的理念。

（二）域外相关制度的借鉴

关于无利害关系第三方担任保证人或承担类似的监管义务，一些国家、地区的相关法律规定和实践做法值得借鉴。

1. 保证人的性质和组成

在英国，负责未成年人保释的机构——保释支持小组具有公立性质，由警察、教育监管和医疗部门组成，由社会工作者、警察、教师等协作，街道还有专门的工作者。③ 例如，在美国，职业保证人是以为被告人提供保释担保作为职业并收取一定报酬的商业经纪人，其具有私人商业性质，而之后

① ［美］德沃金：《认真对待权力》，信春鹰等译，中国大百科全书出版社1998年版，第300页。

② 徐美君：《构建程序化的取保候审制度——兼论英国保释制度对我国的借鉴意义》，载《法制与社会发展（双月刊）》2003年第5期。

③ 宋英辉主编：《取保候审适用中的问题与对策研究》，中国人民公安大学出版社2007年版，第72～73页。

兴起的诸如曼哈顿保释计划等地方审前保释计划则多由地方法院建立，由志愿者组成。[①] 再如，在法国，被采取司法监督（相当于我国的取保候审）的未成年人可能被青少年司法保护部门或司法官委托于其授权部门的教育中心，尤其是封闭式教育中心，该封闭式教育中心是公共机构或是根据法定条件授权的私立机构。[②] 在日本适用率最高的保护处分为保护观察所制度，保护观察所系国立机关，其主任官是保护观察官，其下由民间慈善家兼职的保护司具体负责指导对非行少年的监督、辅导援助事务。[③] 在我国台湾地区，对于少年之保护管束，由少年保护管掌理之；少年法院得依少年保护官的意见，将少年交付适当之福利或教养机构、慈善团体、少年之最近亲属或其他适当的人进行保护管束，受少年保护官之指导。[④]

2. 保证人的职责

从世界范围来看，保证人主要的职责包括监督、观察被保证人，保证其按时出庭受审，如美国的职业保证人和保释计划。而鉴于未成年人的特殊性，各国通常还会对保证人赋予其他职责，例如，英国的保释支持小组还会为被保释的未成年人在社区内提供短期的住所，并派员对其全天候的照顾。[⑤] 又如，法国未成年人犯罪法令规定青少年司法保护部门或司法官会授权有关机构对被采取司法管制（取保候审）的未成年人采取保护、救助、教育等措施，在未成年人不遵守其应履行的义务时，被指定承担上述职责的部门或中心负责人还负有向少年法官或预审法官报告的义务。[⑥] 再如，日本的保护观察所制度中，保护司根据指示与少年及其监护人等保持接

---

① 宋英辉主编：《取保候审适用中的问题与对策研究》，中国人民公安大学出版社2007年版，第181～182页。

② 宋泬沙译：《法兰西共和国少年犯罪法令》，载《国家检察官学院学报》2011年第19卷第6期。

③ 尹琳：《日本少年法研究》，中国人民公安大学出版社2005年版，第165～170页。

④ 参见我国台湾地区“少年事件处理法”第51条第1款、3款。

⑤ 宋英辉主编：《取保候审适用中的问题与对策研究》，中国人民公安大学出版社2007年版，第181～182页。

⑥ 《法兰西共和国少年犯罪法令》，宋泬沙译，载《国家检察官学院学报》2011年第19卷第6期。

触，每月将保护观察的经过报告给保护观察所，在少年发生再次非行、违反重大遵守事项、所在不明等重要事实时，须向保护观察所报告。[①] 我国台湾地区负责对少年进行保护管束的少年保护官，则要告知少年应当遵守的事项，与其经常保持接触，注意其行动，随时加以指示，并就少年的教养、医治疾病、谋求职业及改善环境进行相应的辅导。[②]

3. 被取保候审未成年人的义务

各国或地区根据未成年人的特殊性通常会在一般取保候审义务的基础上附加特别义务。例如，在法国，未成年人被取保候审期间，除遵守一般取保候审规定外，还可能要遵守额外附加的一个或多个义务如遵守青少年司法保护部门或司法官授权机构采取的保护、救助、监视及教育措施。[③] 又如，日本的保护观察所制度，要求非行少年遵守包括居住于固定住所、从事正业、保持良好品行、不结交有犯罪性之人或素性不良者、变换住所或进行长期旅行时，要事前征求保护观察实施者的同意等一般遵守事项。[④] 另外，保护观察所所长可以听取家庭法院意见规定特别遵守事项，指示少年必须遵守，少年还要接受指导监督和辅导援助。[⑤]

三、合适保证人制度的基本依据

（一）刑事政策依据

我国古代深受儒家“仁政”的思想影响，体现在刑事政策上，定罪科刑遵循矜恤之道就是其表现之一。儒家的“恤幼”思想主张国家对未成年人负有爱护之责，在其犯罪时应异于成年人予以宽免处理。[⑥] 在当代，未成年

---

① 尹琳：《日本少年法研究》，中国人民公安大学出版社 2005 年版，第 170 页。

② 参见我国台湾地区“少年事件处理法”第 51 条第 1 款、3 款。

③ 《法兰西共和国少年犯罪法令》，宋洨沙译，载《国家检察官学院学报》2011 年第 19 卷第 6 期。

④ 尹琳：《日本少年法研究》，中国人民公安大学出版社 2005 年版，第 169 页。

⑤ 尹琳：《日本少年法研究》，中国人民公安大学出版社 2005 年版，第 169 ~ 170 页。

⑥ 参见姚建龙：《长大成人：少年司法制度的建构》，中国人民公安大学出版社 2003 年版；《国家亲权理论与少年司法——以美国少年司法为中心的研究》，载《法学杂志》2008 年第 3 期。

人的刑事政策更加强调运用非刑罚性措施甚至是非刑事性措施。[①] 具体而言，在侦查阶段，要求公安机关尽量采用非羁押性强制措施；在审查批捕和审查起诉阶段，则要求检察机关对涉罪未成年人慎用批捕权、起诉权，坚持“少捕、慎诉、少监禁”的原则。可见，旨在扩大取保候审适用范围、以减少拘留、逮捕强制措施适用的合适保证人制度，是与我国未成年人刑事法律政策相契合的。

（二）法律依据

1. 新《刑事诉讼法》的相关规定

《刑事诉讼法》第 2 条将“尊重和保障人权”明确为新《刑事诉讼法》的任务，这是合适保证人制度的重要法律依据。《刑事诉讼法》第 269 条、93 条，要求司法机关对涉罪未成年人尽可能地作出不批准逮捕决定，并赋予检察机关捕后继续羁押必要性审查权及变更强制措施的建议权、决定权，尽量减少不必要的羁押。从正向规定来看，合适保证人制度符合新《刑事诉讼法》的要求，有利于减少涉罪未成年人适用羁押措施。此外，从反向角度来看，合适保证人制度并无违反现行法律之嫌。新《刑事诉讼法》第 67 条仅规定了担任保证人的条件，即与本案无牵连；有能力履行保证义务；享有政治权利，人身自由未受到限制；有固定的住处和收入。但对于保证人与未成年犯罪嫌疑人之间系何种关系并未作出任何限制性规定。

2. 适格监护人选任的相关法律规定

在我国的法律体系中，有关由除父母之外的第三人担任适格监护人的制度在相关法律规定中已有体现。例如，《民法通则》第 16 条明确规定，未成年人监护缺失情况下由居委会、村委会或民政部门等担任监护人。又如，《未成年人保护法》第 43 条规定，流浪乞讨等生活无着的未成年人或者监护人监护不利的情况下，应赋予国家以监护权。再如，《关于依法处理监护人侵害未成年人权益行为若干问题的意见》第 36 条明确规定了民政部

① 参见张利兆主编：《未成年人犯罪刑事政策研究》，中国检察出版社 2006 年版，第 37～38 页。

将代表政府履行对未成年人国家监护的兜底责任。

(三)社会支持依据

合适保证人的创新性实践是在上海市涉罪未成年人社会观护体系逐步发展成熟的基础之上孕育产生的。2003年,上海市检察机关探索建立了涉罪未成年人社会观护制度,检察机关将被采取非羁押强制措施或刑事诉讼程序已终结的涉罪未成年人交由社会力量组成的专门观护组织,对其进行专业化的考察、帮教和矫正,以预防其再犯。至2015年年底,全市各区、县共设立观护总站17个,观护点215个,观护基地58个,形成了覆盖全市所有区县、街镇的网络化社会帮教体系,并发展形成了一套完整的观护工作流程。[①] 可以说,上海涉罪未成年人社会观护体系的发展完善为合适保证人制度的探索奠定了坚实的基础。

(四)实践基础

实践中,观护基地主要用于安置那些无羁押必要而欠缺监护条件的"三无"涉罪未成年人,在观护体系发展较为成熟的基础上,检察机关试行指定作风正派、擅长教育的企业管理人员担任未成年人的取保候审保证人,并对涉罪未成年人开展帮教。截至2015年年底,上海检察机关已践行56个此类案例,合适保证人制度的探索发展已经积累了很多成功经验。

在探索合适保证人制度过程中,检察机关还通过建立一系列配套制度,建立相关工作流程:

1. 非羁押措施可行性评估

在对基本案情进行初步审查之后,检察机关立即通过自行开展或委托的方式对涉罪未成年人开展社会调查,并填写非羁押措施可行性评估表,判定其适用非羁押措施的风险等级,衡量其是否适宜采取取保候审措施,进而决定合适保证人的适用方式。

---

① 上海市闵行区人民检察院课题组:《新刑事诉讼法框架下未成年人社会观护制度的深化和完善》,载《上海公安高等专科学院学报》2012年第10期。

2. 选任合适保证人

为保证试行案例能高质量、低风险完成，检察机关在对合适保证人的职业身份、相关工作经验、品格诚实度、责任心以及其所在单位的食宿条件、培训能力等进行多方面综合考量后，将观护基地合作单位所推荐的、兼具良好条件的数名高管人员招募为合适保证人。

3. 开展帮教

取保候审期间，由合适保证人安排涉罪未成年人接受免费食宿和职业技能培训，适时开展思想教育；督促涉罪未成年人参加社工安排的帮教活动；配合、协助承办检察官的监督考察；向检察机关定期报告，发生重要情况及时报告。

4. 评定考核

帮教结束前，由承办检察官召集并主持帮教小组全体成员召开集体讨论会，合适保证人及其他小组成员总结涉罪未成年人在取保候审、观护帮教期间的表现情况，提出司法处理建议。

在试行的所有案件中，犯罪嫌疑人均在合适保证人的帮助下，平稳地度过了帮教、考察期，其间未发生过脱保及其他违反取保候审规定的行为。

四、合适保证人制度的构建与展望

（一）合适保证人制度的构建

1. 基本思路

合适保证人制度基于国家监护权理论而产生，也必然无可避免地体现出国家性。同时，其运行又深度依赖社会各界力量的支持，必然会表现出明显的社会性。因此，在设计合适保证人制度时，应当将这种“一体两性”的特征融入其中并贯穿始终。

（1）合适保证人制度应以司法机关为主导。合适保证人的资质标准、选择、聘用须由司法机关确定、进行，进而保障其可靠性；合适保证人介入诉讼的程序需要司法机关决定启动和主持开展；合适保证人工作开展需由司法机关全程进行指导和监督。

（2）合适保证人制度应以社会力量为助力。在适用合适保证人制度决定取保候审之前，司法机关需借助社会力量开展社会调查，查明涉罪未成年人的基本情况，以判断是否宜采用合适保证人方式；取保候审期间，不仅需要合适保证人对涉罪未成年人提供日常监督、起居照料，还要会同观护基地的社工共同开展观护帮教等；取保候审结束后，如需跟踪帮教或就业安置，仍需要有社工的介入和爱心单位伸出援手。因此，只有集合社会各方力量，才能使教育挽救涉罪未成年人的效果达致全面和最佳。

2. 基本内容

（1）适用范围。

首先，未成年犯罪嫌疑人的犯罪情节较轻，无羁押必要。这与目前司法实践中符合取保候审条件的未成年人情况基本相符。未成年犯罪嫌疑人实施的是不具有严重社会危害性的犯罪，有犯罪未遂、犯罪中止、从犯、胁从犯等法定从轻、减轻情节，或是刚过刑事追诉标准，依法可能判处三年有期徒刑以下刑罚或有适用缓刑、免除刑罚可能的，经初步评估具有非羁押可行性的案件。

其次，未成年犯罪嫌疑人认罪态度较好，具有明显的悔罪表现。犯罪嫌疑人到案后如实供述自己的罪行或具有自首、立功的情节，或者具有向被害人赔礼道歉、积极退赃、退赔、取得谅解等情形，采取非羁押措施不致发生脱保、毁灭罪证等社会危险性。

最后，未成年犯罪嫌疑人及其亲友无力支付保证金，也不能提出适格的保证人。

（2）准入机制。

①选任的条件。合适保证人作为一种特殊类型的保证人，除须满足新《刑事诉讼法》规定的一般保证人的条件外，还需要符合以下附加条件：

第一，职业身份方面，合适保证人应有固定的工作，具有一定的文化水平和基本的法律知识，具有法律、教育、心理辅导等相关学习、工作经验者为佳。

第二，品格方面，合适保证人须无前科劣迹，无不良嗜好，人品良好，对未成年人有爱心、耐心、责任心。

②选任的程序。合适保证人的选任可以通过公开招募和单位的推荐两种方式进行。在该制度的初期阶段，更适宜采用第二种方式以确保合适保证人的素质能力及可靠性。

具体选任程序如下：第一，与公安、司法、街道等部门建立联动机制，拓宽合适保证人人才信息渠道，实现信息共享。或者由具有合作关系的单位，如观护基地，从其内部挑选出合适保证人的人选，推荐给司法机关作为候选人员。第二，获取人员信息后，与相关机关、企事业单位进行接洽，并签订合作协议。第三，由司法机关对候选人员进行培训，使其熟知保证人的权利、义务、责任等，了解如何配合司法机关参与诉讼活动及观护帮教工作。第四，培训结束后，由司法机关对候选人进行考核，并向合格者颁发合适保证人聘书。第五，司法机关在办案过程中，从中选择适合案件具体情况的合适保证人，在征得涉罪未成年人及其法定代理人的同意后，与当事人共同签订帮教协议书。

③合适保证人的人数限制。我国现行法律、法规及司法解释并未限制个案中取保候审保证人的人数，但考虑到保证能力、同案犯串供等方面因素，如果确有必要由一人同时担任两名以上同案犯的合适保证人的，司法机关可以在充分考查保证人与被保证人双方的具体情况后，慎重作出决定。

另外，根据《刑诉规则》第 87 条第 3 款规定的精神，允许一名犯罪嫌疑人最多同时拥有两名保证人。如果某涉罪未成年人在沪有亲友，愿意为其充当保证人，但是经过司法机关的审查，其保证能力有所欠缺，这种情况下，为其指定一个合适保证人，与其一名亲友共同承担保证责任，对未成年人权益保护有积极作用。又或者因某种特殊情况，为某涉罪未成年人指定一名合适保证人显然难以充分履行保证义务，那么为其同时指定两名合适保证人也是必要且可行的。

(3)退出机制。

①主动退出。合适保证人系志愿者，根据自愿参与的原则，其有权选

择退出合适保证人的队伍,但应当提前通知司法机关,并上交合适保证人聘书。

②被动退出。如果合适保证人在工作过程中有违法、犯罪行为或违背保密等其他义务,司法机关有权取消其继续担任合适保证人的资格,收回其聘书。

(4)合适保证人的权利、义务及责任追究。

①权利。

第一,监督、管教被保证人的权利。

监督被保证人遵守取保候审的相关规定既是合适保证人的义务,同时也是其权利。相对应地,被保证人有服从合适保证人监督和管教的义务。

第二,要求解除保证义务的权利。

根据《刑诉规则》第 95 条规定的精神,如果出现被保证人不服从管教导致无法正常开展保证人工作等情况,或者由于合适保证人自身的原因等导致其不愿或无法继续为该被保证人担保的,其应有权向取保候审决定机关申请解除其在该案中保证人的身份和义务。另外,取保候审期限届满,决定机关未及时解除取保候审的,合适保证人也有权提出解除取保候审,同时解除其保证人义务的要求。

第三,担任合适成年人的权利。

在指定了合适保证人的案件中,继受了国家监护权的合适保证人应有权兼任合适成年人的角色,参与司法机关对涉罪未成年人的讯问、庭审,对司法机关的诉讼活动进行监督,以维护涉罪未成年人的合法权益。

②法律义务及责任追究。

虽然合适保证人是一种特殊的保证人形式,带有一定的志愿、公益性质,但既然是保证人,就仍应当遵守一般保证人的法定义务,同时根据案件的需要,司法机关可以在帮教协议或保证书中为合适保证人附加一些特殊义务,如记录并定期报告涉罪未成年人的工作、学习、生活情况,发现涉罪未成年人有夜不归宿、赌博、吸毒等不良表现的,须及时告知取保候审的决定机关等。此外,合适保证人还负有保密义务,不得以任何形式公开或向他人透露相关案情或涉罪未成年人的个人信息。

此外，新《刑事诉讼法》第 68 条规定了一般保证人的义务及违反义务后应当承担的法律责任，同时最高人民法院、最高人民检察院、公安部、国家安全部《关于取保候审若干问题的规定》第 16 条也规定了被取保候审人违反《刑事诉讼法》第 56 条规定时应承担的法律责任。因此，根据前述规定的精神，一旦发现合适保证人不履行或怠于履行保证义务，应即时取消其合适保证人的资格，并视情况依法追究其相应的法律责任。如果同一涉罪未成年人拥有两名（合适）保证人，则两名保证人应共同履行保证义务，一人违反义务时另一人要承担连带责任，除非其能证实自己确已尽职履行保证义务。

（二）合适保证人制度的立法展望

在现有法律框架内，仍有若干问题无法解决，需要立法上的规定不断完善以推动合适保证人制度的有效运行。

1. 规定单位可以担任保证人

在探索试行合适保证人制度的过程中发现，要借鉴域外"单位保证人"制度，存在着法律上的障碍。根据新《刑事诉讼法》第 67 条的规定，保证人应具有人身自由和政治权利。但是，单位组织是无法享有政治权利和人身自由的。可见，依据我国现行法律，单位无法成为保证人。

另外，从实践探索的情况来看，上海检察机关多是从相关单位推荐的人选中选任合适保证人，但是，从长远来看，这样的运作模式远远满足不了司法实践的需要。笔者认为，立法上可以探索设立专门从事保证人事务的组织，如可以借鉴英国保释支持小组的做法，探索在基层司法所之下设立合适保证人小组，招募志愿者对涉罪未成年人进行监督和照料，由社区提供短期住所，联系安置学校，费用则由财政给予补贴，或者仿效目前的专业社会工作者组织，采用政府购买服务的模式。

2. 落实取保候审期间监管职责

根据新《刑事诉讼法》第 65 条的规定，取保候审由公安机关执行。然而，在实践探索过程中发现，公安机关由于治安任务繁重，基层组织人力物力不足而往往无力有效地履行取保候审的监管职责，涉罪未成年人取保候审期间的表现始终是由检察机关联合帮教小组成员时时关注并进行监管。

因此，建议出台相关规定，明确取保候审执行工作分配，可由公安机关的派出机构联合司法所下属的社区矫正机构、居民委员会等社区基层组织，协同开展考察、监管工作。由公安机关指挥和监督，由矫正机构等社区基层组织具体开展监管工作。

3. 明确保证人的法律责任

新《刑事诉讼法》只规定保证人不履行监督和报告义务时要承担罚款或刑事责任，却未将积极协助被保证人违反取保候审义务这类更严重的行为纳入追究的范围，同时亦未明确保证人违反上述义务将构成何种罪名。依照司法实践，上述行为应以窝藏、包庇罪予以追究。

因此，建议修改相关立法，针对保证人积极协助被保证人违反取保候审义务的行为设立罚款、拘留、追究刑事责任等制裁措施。具体而言，对于未造成严重后果的，处以罚款；对于已造成妨碍诉讼的后果的，在罚款的同时予以拘留处分；对于协助被保证人脱逃的，应在罚款同时追究其窝藏或包庇罪的刑事责任。①

---

① 宋英辉主编：《取保候审适用中的问题与对策研究》，中国人民公安大学出版社2007年版，第215页。

未成年人法律援助工作的启示*

一、未成年人法律援助的立法现状

(一)国际公约关于未成年人法律援助的有关规定

对未成年人提供刑事法律援助被我国或批准生效或签署加入的联合国多个国际公约所明确规定。1996年《联合国公民权利和政治权利国际公约》第14条规定了受刑事指控者具有被告知享有法律援助和指定法律援助的权利。《联合国少年司法最低限度标准规则》第15条、《联合国儿童权利公约》第37条和《联合国保护被剥夺自由少年规则》第18条都不同程度上规定了儿童有权获得免费的法律援助。

(二)国内现行法律关于未成年人法律援助的有关规定

我国尚无关于未成年人法律援助的单独立法,相关的规定分散于《刑事诉讼法》《未成年人保护法》等法律法规当中。《未成年人保护法》第51条第2款规定:"在司法活动中对需要法律援助或者司法救助的未成年人,法律援助机构或者人民法院应当给予帮助,依法为其提供法律援助或者司法救助。"《刑事诉讼法》第5编为未成年人刑事法律援助设立专门的"特别程序",将"未成年人刑事案件诉讼程序"作为办理刑事案件的具体措施,并在第266条强调,"对犯罪的未成年人实行教育、感化、挽救的方针,坚持教育为主、惩罚为辅的原则"。第267条明确规定:"未成年犯罪嫌疑人、被告

---

* 贺英、张再龙,上海市松江区人民检察院。

人没有委托辩护人的,人民法院、人民检察院、公安机关应当通知法律援助机构指派律师为其提供辩护。”

目前,国际立法以及我国国内立法都加强了对犯罪的未成年人的保护,而且我国目前对于未成年人刑事案件诉讼的程序采取了有别于成年人的特别程序,但是就未成年人保护来讲,还有进一步加强的空间。比如,现行法律法规没有专门针对未成年人在侦查起诉阶段的一些具体的制度和程序,而是采取和成年人案件一样的侦查讯问方式。例如,上海市人民检察院 2011 年版《检察实务手册》第 7 章“未成年人案件刑事检察”第 1377 条规定:“讯问未成年犯罪嫌疑人,检察人员可以不着制服,穿着应端庄大方。”根据该条的规定,检察人员在讯问未成年犯罪嫌疑人的时候可以穿制服,也可以不穿制服,是否穿制服没有强制性的规定,导致在实践操作中,很多检察人员在讯问未成年犯罪嫌疑人时,还是穿着检察制服,这就不利于保护未成年人的合法权益。同时,虽然法律规定趋于进一步完善,但是在实践中对犯罪未成年人开展法律援助还有很长的路要走。

二、未成年人法律援助的意义

(一)我国未成年人法律援助的范围

未成年人法律援助是国家对法律赋予公民的基本权利的切实保障,也是维护与实现司法公正的有力举措,但其在立法上、操作环节上等方面还存在欠缺。依据我国现有法律、法规的有关规定,国家为未成年人提供法律援助的范围可大致分为两类:一类是法律援助机构应当提供法律援助的范围,主要指未成年人犯罪的刑事案件中,在人民法院审判阶段,没有委托辩护人的,人民法院为其指定辩护时,应当提供法律援助。另一类是法律援助机构可以提供法律援助的范围,一是未成年人犯罪的刑事案件中,犯罪嫌疑人在被侦查机关第一次讯问后或者采取强制措施之日起,或自案件移送审查起诉之日起,因经济困难没有聘请律师的;二是未成年人需要代理的事项,因经济困难没有委托代理人的。尽管如此,我国未成年人法律援助立法与国际人权公约与相关的联合国国际法律文件中有关未成年人权利保护的规定还有一定差距。

（二）获得法律援助的权利是未成年人享有的一项重要人权

从人权的角度保护未成年人的权利是现代国际国内法律发展的一个进步趋势。由于未成年人身心、智力等处于发展阶段，与成年人相较具有以下不同点：一是能力的差别，这不仅包括决断能力，也包括逻辑思维能力、道德推理能力、社会交往能力和自我理解能力；二是相对于成年人，未成年人的认同感处于不断的变化之中，认同感的发展动态性使得未成年人既易受积极事物的影响，也易受消极事物的影响。因此，未成年人一般缺乏自我权利意识和权利能力，并不具有充分理解和行使法律赋予的合法权利的能力，很容易使自己在诉讼中处于不利的境地。因此，获得法律援助的权利是未成年人享有的一项重要人权。

三、松江区检察院开展未成年人法律援助工作的启示

松江区人民检察院一直致力于保障涉罪未成年人的合法权益，立足实际，更新观念，整合资源，拓展路径，扩大未成年人法律援助范围，搭建平台，良性互动，常态化推进援助工作，取得了良好的社会效果。

（一）立足实际，更新理念，最大化发挥援助效果

松江区检察院结合区域法律援助的特点，在前期调研的基础上，与公安、司法等部门协商，建立完善法援工作机制。一是深入调研，找准症结。通过讯问调查、问卷调查、联席会议等形式，对法律援助实施情况、反馈机制及意见进行汇总调研，梳理现有法律援助队伍存在的资源不足、结构不合理、参与性不强、司法化教育能力不够等现实问题，并研究相应对策，以提升法律援助工作水平。二是签订协议，建章立制。与公安、司法等单位进行沟通，签订《未成年人刑事案件法律援助工作实施细则》，明确援助流程、文书要求以及反馈机制等；确立“公安刑拘3天内为涉罪未成年人及经济困难的成年人提供法律援助，法援律师3天内会见并提出意见，审查逮捕与起诉律师意见100%听取到位”的保障机制。三是优化队伍，量化考核。针对法援律师队伍力量薄弱问题，经多方协调将法律援助律师队伍由

15人扩展至32人，其中2名法援律师有10年以上刑辩工作经验，为可能判处刑罚较重的未成年犯罪嫌疑人提供辩护；同时制发包含法援律师诉讼参与程度、庭审表现、教育水平等内容的《法律援助律师案件考核评分表》，并反馈至区法律援助中心。2015年以来已制发考核表64份。

（二）整合资源，拓展路径，立体化扩大援助范围

松江区检察院进一步延伸检察职能，综合利用各方资源，精简活动项目，扩大援助覆盖面。一是充分协调，开通热线。加强与区法律援助中心的联系与合作，同步开通青少年维权热线，共同解答来电咨询。2015年以来共解答来电咨询16次，切实引导青少年增强法制观念，提高自我保护意识。二是借力普法，增大效应。借助东方讲坛等公益性讲座平台，邀请法律援助律师赴社区、街道，共同开展青少年维权知识讲座。已在区中山、岳阳、方松等街道组织了三场公益讲座。同时，改变以往单一“送法进校园”方式，邀请法律援助律师参与角色扮演、青少年模拟法庭建设等，普及法律知识。三是积极引导，全面覆盖。通过与区法律援助中心、社会心理辅导机构合作，积极引导法援律师开展刑事和解、参加宣告、矫治、回访等工作，从青少年视角及法律视角开展教育，消除涉罪未成年人紧张或抵触情绪，促使涉罪未成年人回归社会。2014年以来，已实现法援律师100%参与未成年人案件的宣告、矫治工作。

（三）搭建平台，良性互动，常态化推进援助工作

松江区检察院以多元化沟通平台为基础，统一办理未成年人案件的理念，实现援助工作可持续发展，有效预防执法风险。一是三大平台，联络沟通。与法援队伍建立起联席会议、联络通讯员、意见听取表三大案件联络平台，统一办案理念，减少认识分歧；依托平台，在获得新证据、案件有新进展、作出处理决定时，及时告知法援律师，共同推进案件顺利办理。二是业务培训，智库支持。聘请心理辅导专家对法援律师进行心理学培训，帮助掌握未成年人心理特征，有效填补法援律师在心理专业知识方面的空缺；协助司法局建立起由律师、法官及检察官组成的法律援助专家库，动员检察干警积极参与，研判分析疑难案件，为法律援助工作建言献策。三是风

险研判,提早介入。通过法援律师掌握未成年人家属或被害人难以接受处理结果等可能产生涉检信访风险的信息,有针对性地开展释法说理。

(四)聚焦重点,创新模式,制度化保护流浪儿童

松江区检察院在注重提升援助质量的同时,突破现有框架,主动探寻援助新亮点,关注流浪儿童保护。一是积极走访,主动援助。走访区法律援助中心、华东政法大学法援中心、区救助站、儿童福利院等部门,明确保护流浪儿童合法权益的共同目标,初步确定由区法律援助中心及华东政法大学法律援助中心定期轮流派驻人员,进入救助站及儿童福利院,为流浪儿童或青少年提供法律援助。二是多方联动,定期考察。积极推进流浪儿童保护考察方案,由区检察院干警与法援律师定期进入儿童福利院进行普法宣传,并共同担当救助站流浪儿童的"临时家长",对流浪原因、生存现状进行调查,及时与相关部门联系,查处侵害流浪儿童权利的行为,保障未成年人合法权益。例如,在办案中发现不少流浪儿童因受"黑中介"诱骗而走上犯罪道路,遂与公安合力重点打击"黑中介"、与法援律师合作开展维权活动,此项工作也成为一项特色社会管理项目。三是加强宣传,营造氛围。与区法援中心合作,共同制作防拐教育等宣传资料,在社区、街道等人流密集处集中发放,同时联合开展公益讲座,大力宣传儿童权益,增强辖区内群众对儿童安全风险的重视。积极参与《法制天地》栏目制作,宣传未成年人安全保护知识,提示儿童安全风险,加大社会对儿童权益的关注和保护力度。

心理辅导机制导入未成年人恢复性司法程序的制度构想*

恢复性司法程序是近年来西方国家为遵循"重塑社会和谐"理念而推崇、倡导的用以替代刑事审判的刑事司法新模式。其核心理念与我国未成年人刑事司法的宗旨如出一辙,并以诸如"刑事和解""社会服务令"等形式在我国推广实施。然而,考虑到未成年人案件主体的特殊性,单纯的恢复性司法程序偏重社会关系的修复,但忽略了对未成年人内心的审视。有鉴于此,笔者认为将心理辅导机制纳入恢复性司法程序的具体实施中,能够更好地贯彻"既要注重社会的安全、秩序,也要注重保护失足少年"的未成年人司法观。

一、恢复性司法的起源和理论基础

恢复性司法(restorative justice)是一种与传统的司法模式相对应的犯罪反应模式,也是对西方国家现实司法制度反思和现代刑事司法危机反应和变革的产物。它主要指刑事案件发生后,在中立的专业人士调解之下,在受害人和犯罪人之间建立对话关系,由双方进行沟通、交流,以犯罪人主动承担责任并赔偿受害人的损失为前提,使受害人接受被告人的道歉并原谅其过错,从而中止司法程序,以非诉讼的方式恢复被犯罪行为破坏的社

* 胡杰,上海市虹口区人民检察院。

会关系。[1] 这种新的案件处理方式,注重从根本上修复被犯罪损坏的社会关系,不仅超越了报应刑论的局限,甚至弥补了传统行刑理念对被害人补偿不足及保护不力的空白,符合刑事谦抑性、司法民主、司法简约等现代司法理念。[2]

恢复性司法制度萌芽于人类社会早期的犯罪人补偿、赔偿等现象。在当时,因国家尚未充分建立起来,国家暴力及国家观念、正义观念不发达,犯罪被看作对个人的伤害,而不是对国家及社会公共秩序的侵害。所以,原始的纠纷解决形式主要是为了解决个人的问题,而不是保障所谓社会的安宁。即便发生诉讼,也是当事人自己的事情,诉讼结果具有不确定性,当事人可以自行和解。法官居中裁断,其裁断的权威性取决于法官的权威而不是取决于法官的权力。[3] 而现代意义上的恢复性司法,却起源于20[4] 世纪70年代加拿大安大略省实施的一项“被害人犯罪人和解计划”,它的理论内核是“重整羞耻理论”,羞耻(shaming)又称耻辱,这一词首先出现在约翰·布雷斯韦特的《犯罪、耻辱感与重新整合》一书中,且区分了两种不同形式的耻辱:[5]第一种是烙印型耻辱,泛指以法院为中心的正统犯罪反应模式。将这种犯罪标签的耻辱性污名永久地烙在犯罪人身上,结果只会割裂犯罪人与社会的道德联系,不但无助于促进犯罪人反省自己的过错,反而会增加他们对社会和国家法律秩序的不适合反抗,从而演变出更多的暴力和偏离行为。这也是正规刑事司法带给犯罪人的负面效应。第二种是重新融合性耻辱,它是指采取一种温和的犯罪处理方式,在使犯罪人感受到社会对他的负面评价、道德谴责而产生耻辱感的同时,承认他也是社会团体的一员,同样具有积极价值,给予其鼓励和支持、关心和帮助,促使其尽快地融入社会中来。

---

① 于丽玲:《未成年人犯罪的恢复性司法模式探讨》,载《法制与社会》2008年第3期。

② 刘仁文:“恢复性司法:来自异国的刑事司法新动向”,载 http://www.chinalawedu.com/news/20800/21690/2005/1/li0522163934141500214 8752_148644.htm。

③ 易延友:《刑事诉讼法》,法律出版社2004年版,第28~29页。

④ 袁彬:《恢复性司法与青少年心理恢复》,载《青少年犯罪问题》2000年第4期。

⑤ 段冬梅:《重整羞耻理论之解读》,载《恢复性司法论坛》2012年第7期。

一般认为,恢复性司法程序的特征有四:第一,程序的非职业化,即该程序并非由职业法官所决定;第二,程序的非正式性,即该程序并不适用正式程序的严格规则;第三,经协商结案,即当事人在调解人的协助下自愿达成协议;第四,恢复性司法程序的实施地点为社区或者当地。可见,恢复性司法是一种关注被害人遭受的损失、强调犯罪人对其造成的损害承担责任及重建社区和平的犯罪反应方式。它不同于传统的由国家专门司法机关为纠纷解决主体所进行的诉讼程序,而是排除了审判权主体参与的刑事案件解决方式,是一种民间性和准司法性程序。其理念基础有二:一是恢复性正义的理念,二是刑法的谦抑原则。可以说,现代意义上的恢复性司法较人类早期的解决纠纷方式而言,是在对现代司法制度反思基础上的一种自觉的选择,也是古代司法模式的更高层次的回归。

与现代司法制度相比,恢复性司法在犯罪观和责任观上有自己独特的见解:在犯罪观上,犯罪是对人与人关系的严重破坏,国家并不是最直接的受害者,犯罪人、受害人和受影响的社区才是最基本的利害关系。所以,诉讼程序应充分考量各受害人的利益,不应完全排除被害人的主体地位,即国家不应垄断追诉权,应在特定情况下让渡追诉权一部分给公民。在责任观上,传统的刑罚观是一种朴素的报应主义正义观:“因为有犯罪,并为了没有犯罪而课以刑罚。”未成年人犯罪的恢复性司法针对问题的解决、责任、义务和未来,通过支持被害人参与其中,给予他们一个述说的机会积极面对被害人,了解自己的行为后果,向被害人道歉和补偿,恳求社区成员的原谅并提供社会服务。现行的刑事责任理论只是抽象的承担对国家的义务,被害人和社区成员未能从犯罪人的责任中获得权利。

可见,与正规刑事模式相比,恢复性司法更加强调理解、宽恕、羞耻、仁爱的理念,强调心灵的沟通和温馨的人文关怀。这正与未成年人的犯罪反应模式的要求和目标相契合,这主要与未成年人的生理、心理特点有关。因为,大部分刑事案件的未成年人尚未踏入社会,其法律意识薄弱、控制能力低、可塑性强。这也决定了未成年人的社会关系容易被重建。并且未成年人一旦进入正式的司法程序就容易被打上“不良少年”的烙印,阻碍其重新回归社会，不利于他们的健康成长。未成年人恢复性司法采用“调解、和解和会商”等形式化解双方冲突来整合未成年人的羞耻心，促使他们更新。[①] 从这个意义上说，恢复性司法为正确处理未成年人刑事案件提供了新的模式。

二、心理辅导机制介入恢复性司法程序的必要性

（一）恢复性司法程序是非监禁化刑罚演变的必然趋势

传统刑事司法模式系通过隔离监禁的方式使犯罪人员被动地接受教育和改造，并不利于未成年人的社会化教育，而普通的非监禁化模式对未成年人又难以产生根本矫正的实际效果。根据布拉斯沃特的金字塔模型的原理，对那些可塑性强但道德意识尚未成型的未成年人而言，在矫正过程中引入多方主体共同参与的恢复性司法程序，能够更好地适应未成年人的性格特点，是非监禁刑罚和未成年人案件“轻刑化”的必然走向。在运用“非刑罚化”司法模式的同时没有配套有效的“心理矫正”，法律对未成年人的各种保护性规定不但不能起到教育挽救的功能，反而会减弱法律的权威性和威慑力。[②] 因此，在恢复性司法程序中引入心理辅导机制，能够更好地发挥“恢复”宗旨在未成年人心理建设中的价值。

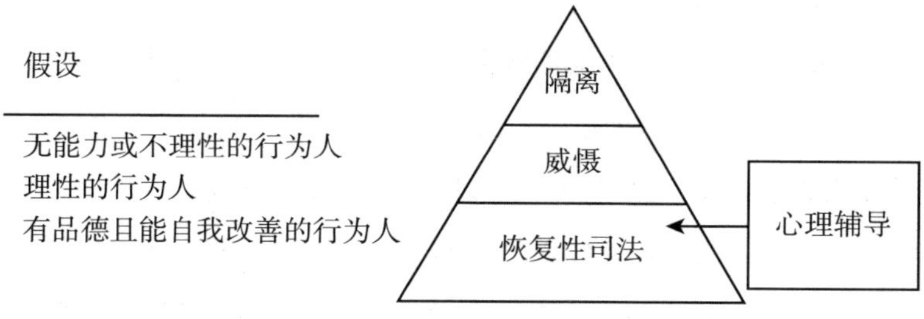

图1 布拉斯沃特金字塔

① 袁彬：《恢复性司法与青少年心理恢复》，载《青少年犯罪问题》2000 年第 4 期。
② 武彬：“未成年人重新犯罪问题调查报告”，载 http://www.148com.com/html/2318/377393.html。

（二）根据未成年人心理特点引入辅导机制提升改造效果

14～18周岁年龄段的未成年人通常具有精力旺盛但支配能力弱、依附性强但认知水平低、兴奋度高但自控能力差等心理特征，[①]因而容易产生偏激或矛盾的认识和行为。通过心理辅导能够矫正未成年人心理发育不平衡的情况、及时疏堵接受恢复性司法的过程中出现的不良反应，杜绝“准犯罪心理”的产生和犯罪心理的“交叉感染”，提高涉罪未成年人员改造的效果，真正使教育、感化、挽救的宗旨内化于心，外化于行。

（三）强调恢复性后果而忽略程序本身是本末倒置的行为

恢复性司法程序是通过恢复性程序实现恢复性后果的非正式犯罪处理方法，[②]主要包括两个方面，即恢复性程序和恢复性后果。实践中，往往强调“重塑社会和谐”的恢复性后果，而忽略程序实现过程中的价值。通说观点认为，恢复性司法把尊重被害人内心需要放在首位，[③]也就更偏向于“修复损害和预防犯罪”，而非在“恢复”过程中实现未成年人的自我修复。笔者认为，未成年人恢复性程序在开展过程中应涵盖对未成年人本身的改造，包括行为和心理的矫正，有利于未成年人从根本上摆脱犯罪的阴影。

（四）单方物质精神“恢复”不是恢复性程序的根本目的

恢复性司法程序主要强调通过犯罪人的道歉、赔偿、补偿、提供服务等形式使被害人的物质、精神损失，生活以及社会秩序、公共政策服务等及时恢复原态，从而使犯罪人获得外界的良好评价，以协助其回归社会。但笔者认为，单纯强调被害人的物质、精神修复或社会秩序的修复，不利于对涉罪未成年人内在的教育、挽救，相反会使未成年人获得“花钱买刑”“司法有价”等负面信息。因此，一味注重未成年人的行为矫正而忽略其思想、心智的教育、成长将与恢复性程序的根本目的背道而驰。

---

① 杨丽平：《未成年人犯罪心理与矫治方法》，载《上海政法学院学报》2010年第6期。

② 仝蕾：《预防青少年犯罪中恢复性司法模式之运用》，载《西部法学评论》2009年第6期。

③ 程荣斌、侯东亮：《恢复性司法的核心价值：尊重和修复》，载《西部法学评论》2009年第6期。

三、心理辅导介入恢复性司法程序的可行性分析

(一)法律制度逐步完善,推广恢复性司法制度势在必行

《刑法修正案(八)》的颁布实施,为社区矫正提供了方向,同时也预示着"非监禁化"和"非刑罚化"模式的进一步深化,为落实多方参与的恢复性司法制度提供了法律支撑。在实践中,轻微刑事案件的刑事和解制度、未成年人案件的"污点封存"、社区观护以及附条件不起诉等制度为探索恢复性司法制度的推广运用奠定了基础,也为心理辅导机制的引入做了铺垫。

(二)关注未成年人心理状况措施已在起诉、审判阶段推广实行

2006 年起,上海市就开展了针对涉罪未成年人员的心理测试,通过测定心理成熟度、犯罪心理动因、重新犯罪可能性等内容,形成专业报告,为检察官和法官提供参考,并用作制订矫治、帮教计划的重要依据,实行以来效果显著。这一制度的实现和推广为心理辅导介入恢复性司法程序提供了示范和引领作用,将心理关注覆盖到各司法程序是维护未成年人利益、帮助未成年人健康成长的有效途径。

(三)未成年司法机构的设立为启动心理辅导机制提供监督保障

上海市率先实行未成年人与成年人刑事案件分案批捕、起诉制度,并在检察院和法院分别设立了未检科及少年庭,采用"捕、诉、防一体化"的运作模式,极大提高了未成年刑事案件的办理质量和水平。此外,上海还建有全国首家注重于咨询、矫治犯罪青少年心理行为的专门机构——青少年心理行为门诊部,定期聘请有关研究青少年问题的专家、学者参与咨询和治疗。这类专业化机构在为开展恢复性司法程序的过程中及时介入心理辅导机制提供了硬件上的保障,确保恢复性司法程序在未成年人案件中的顺利运作。

(四)社会环境的改善为在恢复性司法程序中引入心理辅导提供了可能性

多年来,经广泛宣传和教育,社会大众对涉罪未成年人员回归社会的

包容度明显提高，不再强调“劳改犯”“犯人”等有损人格的称谓，实施“污点封存”制度也在较大程度上降低了前科劣迹对未成年人的影响，自“污点封存”制度实施以来，我院就已对多名未成年犯罪嫌疑人适用了“污点封存”制度，帮助他们重新融入社会，取得了良好的效果。同时，上海市通过建立阳光基地、社区观护站等场所积极帮助涉罪未成年人员重拾信心，回归社会。多举并施，大大降低了涉罪未成年人员案后自卑、孤僻、抵触、叛逆的情绪，有利于推动心理辅导机制在恢复性司法程序中的深入实施。

四、在未成年恢复性司法制度中介入心理辅导机制的难点

（一）法律制度障碍

由于我国法律尚未对恢复性司法程序予以明确界定，各类措施也仅散见于诸多法律法规中。实践中，则存在“现有法律对未成年人刑事案件的指导过于原则，司法解释缺少具体操作可行性，部门规章未形成统一规范”等刑事司法缺陷，未能形成体系性、依据性的规范文件，致使心理辅导的介入在执行上缺少依据。

（二）社会思想障碍

虽然对涉罪未成年人员的社会包容性有所提高，但社会大众仍会不自觉地与该类人员保持距离，甚至贴上“犯罪标签”。[①] 在求学和就业方面都会遭到不同程度的排斥，这也是上海市自 2004 年起实施“污点限制公开制度”的原因之一。因此，对未成年人实施心理辅导首先要排除其自身的自卑心理及对社会的抵触情绪，为涉罪未成年人员形成健康的心理和再社会化创造良好的社会环境。

（三）具体实施困难

由于缺乏相应的实施标准和监督机制，恢复性司法程序的实践操作存在保障不全面、开展不到位、监督不及时的缺陷，心理辅导介入该司法程

① 美国犯罪学家弗兰克·坦南鲍姆提出，指他人对犯罪人下定义，形成刺激暗示，强调被谴责的品质。

序，需要相对稳定的环境、全覆盖的期间、较为固定的人员和完善的配套机制，避免半途而废或出现适得其反的情况。在这一过程中，就需要各类机构、社会团体的互相协调、统筹，是对各个机构分工合作的实际要求。

五、心理辅导机制介入恢复性司法程序的制度构想

针对未成年人的特点，笔者认为应将恢复性司法程序从着眼关注犯罪人与被害人、社会关系的修复放眼至未成年主体的道德、思想修复。不但要求注重未成年人外在行为的再社会化，更要求注重其内心的改造、教育，防止再犯罪心理的产生，构筑未成年人健康、健全的心理特征和认知能力，从根本上化解其不稳定的心理状态和行为模式。笔者建议，心理辅导机制不仅应以心理测试等形式及时介入侦查、审判阶段，更应通过多种渠道贯穿于整个未成年人司法制度的实施过程之中。因此，在恢复性司法程序实施过程中引入心理辅导机制是对未成年犯罪主体内在教育、挽救的途径之一。

(一)心理辅导参与主体及其定位

根据恢复性司法程序的理论，未成年人恢复性司法程序是指与某一特定的未成年人犯罪行为有利害关系的各方集中在一起，共同参与解决未成年人犯罪及其后果，以及犯罪对未来生活的影响的过程。[①] 该模式系以涉罪未成年人员、社区和被害人作为平等的三方居于椎体底部，司法机关作为椎体的顶端主动协调、引领三方平等协商的新型司法模式。心理辅导主体并不能直接作为椎体一方主体参与该司法程序，而是以辅助者的身份协助各方“修复”涉罪未成年人与被害人、社会秩序以及自身认识的关系。

鉴于心理辅导的专业性和对涉罪未成年人的倾向性，该参与主体不应由司法机关或社区帮教人员担当——避免给被害人带来负面影响——而应形成以具有资质的心理咨询机构为主导，专业社工为辅助的阶梯化心理辅导主体。由专业机构制订计划、定时回访，支持专业社工对涉罪未成年

---

① 张晶：《论品格证据在未成年人恢复性司法中的运用》，载《河北法学》2009 年第 2 期。

人员开展心理关怀和感化,将心理辅导机制渗入日常教育之中。司法机关作为心理辅导机制的监督者、社区作为恢复性司法程序的具体参与者,要定期与心理辅导主体沟通,了解未成年主体在恢复性司法实施中的表现和走向,以不断修改、完善相应计划。

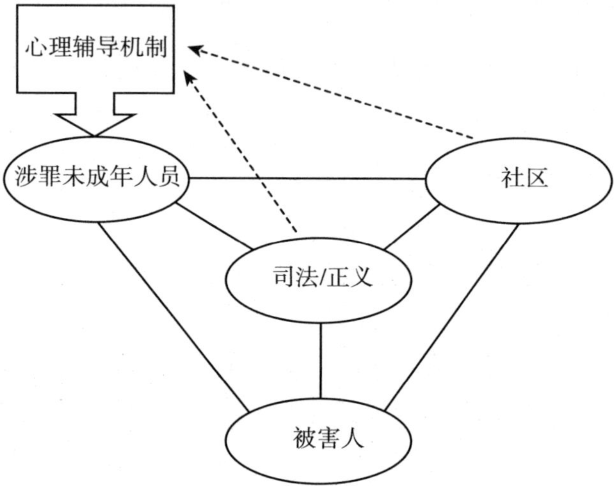

图 2 心理辅导机制

(二)关于心理辅导介入形式

一是心理测试阶段。恢复性司法程序在启动之初即应介入心理辅导,了解涉罪未成年人员的家庭环境及相关情况,观察未成年人的心理状态,作出符合涉罪未成年人员现实特点的心理报告以决定恢复性司法程序的具体运用。二是心理帮教阶段。在程序具体实施的过程中,由专业机构根据未成年人特点制定心理帮教计划,通过心理咨询师及专业社工的辅导、教育,阶段性地对涉罪未成年人员的心理偏差予以矫正,最终为对方构筑积极、正面的人生观、价值观,避免因前科劣迹产生消极、悲观、偏激的想法和行为。三是心理评估阶段。在恢复性司法程序运用末期,通过心理辅导力求为未成年人的再社会化提供帮助,并作出详尽的心理评估,以指导未成年人在结束恢复性司法程序以后的行为模式或适当延长心理辅导机制的运用。最终目的是通过心理辅导的三个阶段使涉罪未成年人员树立良好的行为观和认知观，从而修复未成年人与自身、与社会的关系，这也是恢复性司法程序对涉罪未成年人适用的根本目的。

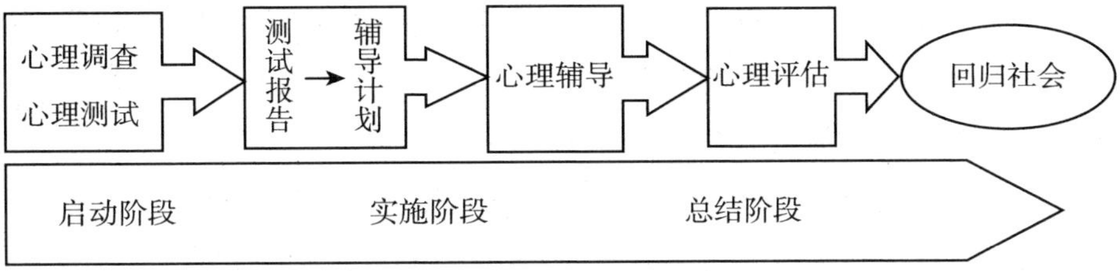

图3　心理辅导介入三阶段

（三）强化恢复性司法实施效果的心理辅导计划和评估

在未成年人刑事案件中，未成年主体主要存在以下几种不良心理：因家庭残缺产生孤僻、脆弱、自卑或过强的自尊心；心理脆弱、偏执、过重的逆反心理，“危险年龄”段的逞强好胜心，盲目好奇心和消极模仿心理，因情感需要而产生的从众心理，嫉妒心理，报仇和反社会心理。[①] 未成年人会因所处的环境不同而产生迥然不同的心理反应，实施各种难以预料的行为。根据未成年人的生活背景、环境和社交人群知悉其犯罪的动机、犯罪手段和行为原因，从而了解涉罪未成年人员的内心世界是心理辅导取得良好效果的前提。因此，要根据涉罪未成年人员的自身特点制订相应的辅导计划并不断加以修正是开展好心理辅导的基础。同样，要在心理辅导的过程中，对辅导的效果、未成年人的反应以及事后行为模式的变化加以记录，作出评估，使涉罪未成年人员从心理辅导中真正受益，强化恢复性司法程序的实际效果。

（四）心理辅导机制的监督和监督主体

由于恢复性司法程序倡导的是非刑罚化、非监禁化的司法模式，[②]在其实施过程中司法机关仅起到引领作用，而非裁判或对抗方，因此检察院和

---

① 李辉：“矫治未成年人犯罪的不良心理”，载 http://www.kejianhome.com/lunwen/433/468/65281.html。

② 李波：《确立我国未成年人刑事案件恢复性司法程序之构想》，载《青少年研究》2006年第5期。

法院在恢复性司法程序运行过程中处于中立立场，对涉罪未成年人员修复与被害人、社区等社会关系持积极态度。因此，在心理辅导机制介入的同时需要司法机关作为监督主体予以督促、监督，了解涉罪未成年人员在接受恢复性司法程序的过程中的具体动态，了解被害人及社区的反馈意见，并与心理辅导机构及相关人员及时沟通，提出建议。

（五）在实施过程中建立流程档案和回访制度

结合恢复性司法程序的相关政策，重视涉罪未成年人员回归社会的需要，在进行心理辅导的同时建立未成年人心理档案，对在教育、辅导过程中出现的问题加以整理，以制订下一阶段适合未成年人自身特点的心理辅导计划。同时，在恢复性司法程序实施完毕后需要建立一套适合恢复性司法体系的心理辅导回访机制，对程序实施完毕后的未成年人进行一年、三年、五年的回访调查，了解其在回归社会后的精神需要和心理动态，为构筑长效的心理辅导机制和进一步完善恢复性司法程序提供数据、资料保障，实现良性循环的效用。

六、关于心理辅导机制的一些看法

未成年人恢复性司法程序是以相对温和的方式教育、挽救失足未成年人，避免了报应性刑罚给未成年人身心带来的阴影，同时也避免了“监狱亚文化”给涉罪未成年人员造成的不良影响。对于未成年人不稳定、不成熟的身心思想而言，单纯的恢复性司法程序只是消极地缓和其内心对社会外界可能产生的恐惧或厌恶，并不能使之主动融入社会生活中。心理辅导机制恰能弥补在恢复性司法程序实施过程中忽视对未成年人内心教育的缺陷，主动关心未成年人的心理、思想变化，及时了解、纠正不良心理暗示，积极为涉罪未成年人员主动融入社会创造健全、完善的心理准备。

完善快速办理未成年人刑事案件工作机制的设想*

引言

未成年人是特殊的犯罪群体，对这一群体实行“教育、感化、挽救”的刑事政策已经成为司法界的统一认识。《北京规则》第20条规定：“每一案件从一开始就应迅速办理，不应有任何不必要的拖延。”“在少年案件中迅速办理正式程序是首要的问题。否则法律程序和处置可能会达到的任何效果都会危险。随着时间的推移，少年理智和心理上就越来越难以（如果不是不可能）把法律程序和处置同违法行为联系起来。”《联合国保护被剥夺自由少年规则》第17条也规定：“在不得已采取预防性拘留的情况下，少年法院和调查机构最优先给予最快捷方式处理此种案件，以保证尽可能缩短拘留时间。”由于涉罪未成年人相对成年人的主观恶性和人身危险性均较小，他们的生理和心理特点决定他们的可塑性较强，因此如何通过加快办案速度，减少刑事诉讼带给涉罪未成年人的不利影响，尽早使他们走出犯罪的泥潭和被科以刑罚的阴影，促使他们尽快回归善良社会，需要公、检、法等司法机关进一步统一认识，完善机制，发挥最佳联动效应，推动该项机制在实际工作的贯彻落实。

一、快速办理未成年人刑事案件的重要意义

快速办理未成年人刑事案件工作机制的目的在于，通过快速办理案

---

* 莫苇菁，上海市黄浦区人民检察院。

件,提高整个刑事诉讼效率;在最短时间内化解社会矛盾、修复受损的社会关系;更重要的是减少涉罪未成年人的诉讼时间,减轻其对抗心理,促使其尽早认罪伏法,重塑自我,对于被羁押未成年人的积极作用,更体现在避免刑期"倒挂",①减少其被"二次污染"的可能性。最终达到对所有涉罪未成年人"教育、感化、挽救"效果的全面覆盖。

(一)刑事司法实践的现实需要

在2008年的全国人大代表会议上,最高人民法院、最高人民检察院在工作报告中指出:2003年至2007年,地方各级人民检察院提起公诉的刑事犯罪被告人比前五年上升了32.8%;地方各级人民法院审结一审刑事案件的总数比前五年上升了19.61%,而被判处五年以下有期徒刑、拘役、管制的轻微刑事案件基本占全部刑事案件的60%左右。未成年人刑事案件同样居高不下,呈逐年上升趋势,且轻罪案件也占有较大比重。这充分说明当前刑事案件增多、司法资源有限、案多人少的矛盾非常突出。

国际上,世界各国根据本国国情都设立相对普通程序简化多样的程序来处理轻罪认罪案件,如意大利的迅速审判程序、德国的速简审理程序、日本的按略式程序、简易公审程序、美国的辩诉交易等,以应对人案矛盾,达到节约诉讼成本目的。我国未成年人案件的特点是捕诉防一体化,在办案同时,根据未成年人身心特点还需开展大量的特殊工作以及社会综合治理工作,办案任务更为繁重。快速办理未成年人刑事案件,采用多样化的办案程序,节约了有限的司法资源,为集中精力解决重大疑难的案件创造条件同时,可以腾出更多的精力来参与未成年人犯罪预防、矫正及其他社会综合治理活动。

(二)化解社会矛盾的有效途径

在现代法治社会中,对被追诉者的司法处遇应当是国家、社会、个人利益三者并重,即惩罚犯罪、保障人权与教育改造犯罪人三位一体。② 司法对

① "刑期倒挂"又称刑罚透支、刑期透支,是指刑事案件在侦查、批捕、起诉、审判等环节虽没有超过法定期限,但被告人判决前的羁押期限却超过了法院判处的刑期。

② 孙文红:《刑事政策视野中的司法理念》,中国检察出版社2006年版,第90页。

犯罪人的处罚,不仅体现对犯罪人的刑罚处罚,同样重要的是如何使犯罪人承担起救济、补偿受害人物质财产以及精神人格损害的责任,以此修复被破坏的社会秩序、犯罪人与受害人的关系。对未成年人刑事案件快速办理,及时促使涉罪未成年人主动承担个体责任,对自己的犯罪行为所造成的危害结果进行赔偿,使犯罪行为所破坏的社会秩序、人际关系在短时间内得以恢复,及时化解社会矛盾,减少不和谐因素。尤其对那些非羁押未成年人,案发前往往有固定工作和收益,快速办理案件更能促使他们早日重返工作岗位,以自己的保障收入,及时足额地对被害人的物质精神损害作出经济补偿。

(三)挽救未成年人的重要方法

意大利法理学家贝卡利亚在论及刑事诉讼的及时性原则时谈到:"惩罚犯罪的刑罚越是迅速和及时,就越是公正和有益,说它比较公正是因为:它减轻了捉摸不定给犯人带来的无益而残酷的折磨……还因为……在被宣判为罪犯之前,监禁只不过是对一个公民的简单看守;这种看守实质上是惩罚性的,所以持续的时间应该尽量短暂,对犯人也尽量不要苛刻。"①

对涉罪未成年人而言,因羁押失去自由产生的痛苦和对未来判罚捉摸不定的猜测是折磨其心灵的两把"利刃"。哪怕对于适用非监禁强制措施的涉罪未成年人来说,未知的惩罚也会成为他的一个极大心理负担。推行对未成年人刑事案件的快速办理,通过办案时间的缩短,对羁押的涉罪未成年人防止了审前的过长羁押,尽量避免羁押期间"交叉感染",以及羁押本身给他们带来的不利影响,同时避免了羁押时间超过实际判处刑期的情况发生。对非羁押的未成年人也能避免长时间所受讼累,造成人格精神受创,产生悲观失望情绪,有助于未成年犯罪嫌疑人、被告人尽快回归社会。新《刑事诉讼法》第275条对犯罪记录封存作出了明确规定。因此,快速办理案件,同时能够使涉罪的未成年人在终结诉讼后,尽早地平等地享有与其他正常人一样的权利,回归社会,继续就业就学。

---

① [意]贝卡利亚:《论犯罪与刑罚》,黄风译,中国大百科全书出版社1993年版,第56页、57页。

（四）契合新《刑事诉讼法》框架下对效率与公正的兼顾

从一般意义上讲，办案时间的长短与证据收集的质与量、对事实和法律适用审查的程度成正比关系，也一定程度上影响着对涉罪未成年人认定的事实、定性乃至审判结果。此外，在他们参与诉讼过程中，相对简易的诉讼程序会使他们失去获得更多的辩护时间和辩护机会，他们自愿认罪可能来源于不认罪后果的压力选择。“所以该程序是一种会使被告人诉讼权利受到限制，并可能导致被告人有罪判决的特殊程序，从这个角度讲，提速程序的适用存在损害被告人利益的潜在危险。”①

知名法学家陈光中教授曾就诉讼效率的理念问题提出，“效率包括追求过程的经济合理性与追求结果的合理性”。② 任何事物都具有两面性，迅速简约可能带来一定的弊端，但是其弊端完全可以通过其他方式弥补，而不应成为否定迅速简约原则的理由。③ 新《刑事诉讼法》增加一编规定未成年人的特别程序，从专人办理、法律援助、社会调查、羁押评估、附条件不起诉等各个方面做了详尽的规定，无处不彰显着对未成年人的特殊保护和教育挽救。快速办理未成年人刑事案件的实质，要求在遵循法定程序和期限、充分维护涉罪未成年人诉讼权利的前提下依法快速办理。也就是说，只缩短刑事诉讼法规定的各阶段办案期限而不遗漏任何法定诉讼程序和不侵犯任何法定诉讼权利的基础上，促使他们悔过自新，重新做人，完全符合新《刑事诉讼法》给予未成年人特殊处遇的立法精神。新《刑事诉讼法》在各方面也为保障涉罪未成年人的诉讼权利和获得公正的判决提供了有力支撑。完善了证据制度，对非法证据的排除作出特别规定；赋予了检察机关更大的侦查监督和审判监督职权；在介入时间、行使权辩护权等方面

---

① 高得生、孙建荣：《刑事司法改革之“轻罪提速”之批判》，载《常熟理工学院学报》2007年第9期。

② 陈光中于2001年11月6日在中国政法大学所做的诉讼法学前言问题系列讲座——“刑事诉讼法的基本理念”的讲座，载 http://dyzy. chinacourt. org/public/detail. php? id = 4071，访问时间：2007年8月9日。

③ 姚建龙：“刑事普通程序简易审不应排斥未成年人犯罪案件”，载 http://www. chinalawinfo. com。

扩大了辩护人的权利；更明确了未成年犯罪嫌疑人、被害人以及证人的相关诉讼权利等。

对未成年人刑事案件快速办理，在追求案件效率的同时并不以牺牲公正为代价。案件质量是案件的生命，快速办理案件必须做到全面审查案件事实证据和准确适用法律，确保各项诉讼权利的落实。对不适合快速办理的案件，坚持权利保障和案件质量优先原则。

二、未成年人刑事案件办理期限的基本情况

（一）未成年人刑事案件办理期限的现状

最高人民法院、最高人民检察院、公安部自 1995 年起先后出台了《关于审理未成年人刑事案件的若干规定》（已废止）《人民检察院办理未成年人刑事案件的规定》《公安机关办理未成年人违法犯罪案件的规定》，确立了办理未成年人案件应遵循公正、及时原则。这些规定运行以来，总体效果而言是好的，既及时惩罚了犯罪，又提高了诉讼效率，减轻了涉罪未成年人的对抗心理，对挽救涉罪未成年人起到了积极有效的作用。最高人民检察院于 2006 年 12 月制定了《关于依法快速办理轻微刑事案件的意见》，要求在遵循法定程序和期限、充分保障诉讼参与人诉讼权利的前提下依法快速办结轻微刑事案件，并对适用条件和操作规则作出具体规定。

但在实践中，司法机关对上述规定的操作落实仍存在较多不尽如人意之处。以某区检察院为例，2011 年 24 名羁押未成年犯罪嫌疑人自刑拘至审判各诉讼阶段平均用时情况如下：刑事拘留 23. 3 日，审查逮捕 5. 5 日，捕后侦查 44. 4 日，审查起诉 26. 8 日，审判 17. 4 日。适用简易审 18 人，占总人数的 75%，简化审 4 人，占总人数的 17%，普通程序审理 2 人，占总人数的 8%。判决后羁押不足一个月的 6 人，占总人数的 25%，判决后羁押不足 2 个月的 11 人，占总人数的 46%。

该区检察院 2011 年非羁押未成年犯罪嫌疑人，从刑拘或取保候审至移送审查起诉 101 日，审查起诉 76. 8 日或作出不起诉决定 160 日，审判 26 日。以上数据反应快速办案的实际情况与制定相应规定的初衷仍有一定的

差距。

（二）影响案件快速办理的主要因素

1. 侦查阶段

（1）缺失专办机制。办案人员缺乏办理未成年人案件经验、不掌握办案的特殊程序、不熟悉未成年人身心特点，对未成年人案件采用与成年人案件基本相同的办案程序和模式，工作遗漏、滞后、重复、拖拉，补证、退查的现象时有发生，由此消耗了大量的办案时间。有的办案人员对犯罪嫌疑人被采取非羁押措施的案件，因法定办案期限相对较长，则一拖再拖，有的案件甚至临近非羁押期限届满才移送检察机关审查起诉。

（2）混合所有案件。对快速办理案件标准把握不准，将可以快速办理的刑事案件与非适用快速审理的刑事案件混同办理；对案件的证据标准把握不准，纠缠于细枝末节，花费了不必要的时间和精力；将应当分案办理的未成年人与同案成年人案件一同办理，导致某些涉案未成年人顾虑重重，产生抵触情绪，妨碍了诉讼的顺利开展。

（3）滥用法律规定。现行《刑事诉讼法》第 89 条规定，对于结伙作案、多次作案、流窜作案重大嫌疑分子，提请审查批捕的时间可以延长至三十日（除上述条件外，提请审查批捕的时间最多不过七日）。第 158 条规定，犯罪嫌疑人不讲真实姓名、住址，身份不明的，侦查羁押期限自查明身份之日起计算，但是不得停止对其犯罪行为的侦查取证。以上对延长侦查羁押期限作出明确规定，立法本意是给予重大复杂案件更多查清案件事实，收集犯罪证据的时间，犯罪嫌疑人只有符合上述情况，侦查机关才可以对其采取相应的延长期限的措施。但在司法实践中，不乏滥用现象。例如，只要犯罪嫌疑人非本市户籍，即被冠之以流窜作案；基本的身份信息未查清，就停止计算羁押期限，造成了羁押期限不当延长。

2. 检察阶段

（1）监督渠道不畅。检察机关对侦查机关被采取刑事拘留或非羁押强制措施的未成年人信息掌握不够，渠道闭塞。对侦查机关是否存在随意延长刑事拘留时间，不当停止计算羁押期限，以及是否未优先办理未成年人案件、对未成年人和成年人共同作案而符合分案条件的案件,是否分案办理等情况,缺乏有效途径开展实质性的监督。

(2)引导意识不强。提前介入、引导公安机关侦查活动的意识不强,更多情况下坐等侦查机关送案上门,有些需第一时间收集的证据由于错失时机,增加了补证、退查的次数。对捕后或退查要求补充证据的,未能及时跟进了解办案进度,导致向侦查机关发出的《要求提供法庭审判所需证据材料意见书》等文书,未能发挥最大功效。

(3)特殊工作滞后。为保障涉罪未成年人的诉讼权利得到有效实现,近年来全市未检部门探索开展了一系列特殊检察工作,如社会调查、心理测试、法律援助、法定代理人或合适成年人到场参与讯问。有利于减轻涉罪未成年人的对抗心理,缓解与被害方之间的矛盾。但这些工作往往在检察机关审查起诉阶段才得以开展,未能充分利用捕后两个月的侦查期,使得办案速度大大放缓。

3. 审判阶段

(1)可操作性细则缺失。根据上海市公检法司2010年联合制定的《关于对本市未成年人刑事案件指定管辖的规定》,各区、县检察院审理的未成年人刑事案件向所在地人民法院提起公诉,受理的人民法院若未被指定管辖的,应向被指定的人民法院移送。由于该《规定》只对移送作了原则性的要求,并未细化具体的移送期限,实践中有的人民法院认为该期限不应包含在审限内,因此未及时将案件移送指定的人民法院,一定程度造成了审限的延长。

(2)简易程序用时尚有潜能。从国际范围来看,一般均将简易程序的适用犯罪限定为简单案件或者轻微犯罪。[①] 刑诉法第214条规定,适用简易程序审理案件,人民法院应当在受理后20日以内审结。以前文数据为例,某区基层法院适用简易程序审理的18起案件,平均用时12.3日。应该说,该审理期限完全符合相关法律规定,但超过审限一半用时,表明仍有进

---

① 熊秋红:《转变中的刑事诉讼法学》,北京大学出版社2004年版,第370页。

一步提升空间。

(3)法定审限延长。1996年《刑事诉讼法》第168条规定:人民法院审理公诉案件,应当在受理后两个月以内宣判,至迟不得超过一个半月。第178条规定:适用简易程序审理案件,人民法院应当在受理后20日以内审结。新《刑事诉讼法》规定对普通程序案件在受理后两个月以内宣判,至迟不得超过三个月。对简易程序案件可能判处的有期徒刑超过三年的,可以延长至一个半月。新《刑事诉讼法》正式实施后法定审判期限的增加,势必会对审判机关的审判用时,包括采用简易程序审理案件的用时造成影响。

4. 三机关联动方面

(1)制度化的联动缺失。最高人民法院、最高人民检察院和公安部制定的关于办理未成年人刑事案件相关规定,确立了及时简约的原则,但对快速办理未成年人刑事案件的适用范围,不适用的情形等未形成统一认识。最高人民检察院出台的《关于依法快速办理轻微刑事案件的意见》虽详细规定了未成年人涉嫌犯罪的案件在符合一定条件的前提下应当快速办理的操作规则,对快速办理未成年人轻微刑事案件起到积极的指导作用,但因三机关各自制定规则,没有形成相互协作配合、监督制约的联动机制,由检察机关一家成文的《关于依法快速办理轻微刑事案件的意见》,对侦查机关和审判机关的推动和监督作用相对有限。检察机关即使在轻微刑事案件的适用条件、操作程序等方面发现问题也仅能向侦查、审判机关发出检察建议,限于办案压力,侦查、审判机关固有的办案模式影响了机制效能发挥。

(2)联席会议作用发挥不够。公检法的联席会议没有形成制度化,一类问题往往得不到及时统一和解决。三机关对侦捕诉审各阶段,如何收集固定才可以认定为确实、充分,认识不尽相同。例如,未成年人刑事案件年龄证据的收集、固定中,对公安机关网上下载的人口信息是否需附照、是否可以作为证据采信、是否必须收集户籍所在地公安机关出具的户籍证明,何种情况下需对涉罪未成年人进行骨龄鉴定等情况没有达成必要的统一。

另外,对未成年人的定罪标准等认识也不够一致,往往造成这些案件游离在罪与非罪的两可之间,补侦、退查次数增多,虽未超过法定期限,但严重影响了快速办理期限。

三、完善快速办理未成年人刑事案件机制的设想

完善快速办理未成年人刑事案件机制,旨在弥补办理此类案件过程中存在的不足,在立法层面尚不能解决问题的情况下,从司法实践层面思考探索完善快速办案机制。加强侦捕诉审各环节的协调配合,充分保障犯罪嫌疑人、被告人的合法权利,提高诉讼效率,确保公平公正,促使他们尽快走出阴影重塑自我,以达到教育挽救的目的。

(一)侦查阶段是完善快速办理机制的基础

侦查阶段是整个刑事诉讼的前沿,所用期限也最长,直接决定了案件质量和诉讼用时,由此完善该阶段的工作显得尤为重要。

1. 推行专人办案机制

《联合国少年司法最低限度标准规则》第22条规定:"应利用专业教育、在职培训、进修课程以及其他各种适宜的授课方式,使所有处理少年案件的人员具备并保持必要的专业能力。"未成年人犯罪案件有其自己的特点,处理未成年人犯罪的刑事政策也不同于成年人犯罪,这对承担未成年人刑事案件任务的办案人员提出更高的要求。《公安机关办理未成年人违法犯罪案件的规定》第6条明确要求,公安机关应当设置专门机构或者专职人员承办未成年人违法犯罪案件。办理未成年人违法犯罪案件的承办人应当具有心理学、犯罪学、教育学等专业基本知识和有关法律知识,并具有一定的办案经验。新《刑事诉讼法》为此作了专门规定,未成年人刑事案件一般应当由熟悉未成年人身心发展特点,善于做未成年人思想教育工作的承办人来办理。检察机关的专人办案模式经过多年的运行已相当成熟,积累了较丰富的工作经验,应充分发挥示范和引领作用。

2. 遵循分案办理原则

案件类别和办案程序的繁简分立是从总体上提高效率的有效途径。[①]将案件以是否适用快速办理条件进行划分，实行繁简分流，采用不同的收集固定证据的方法，减少对犯罪嫌疑人、被告人的讯问次数，对次要证据的收集尽量简化，以节省办案时间，及时将案件提请检察机关批准逮捕或审查起诉，提高工作效率。此外，除涉外或重大敏感案件、未成年人系共同犯罪中的主犯、有提起附带民事诉讼可能，或其他可能影响办案工作正常进行而不宜分案办理的以外，将未成年人与成年同案犯分案办理，并告知涉案未成年人，使其及早消除顾虑，减少对抗，配合司法机关顺利开展诉讼活动。

3. 增强特殊保护意识

侦查机关应进一步增强对未成年人特殊保护、对未成年人刑事案件优先快速办理意识，避免将未成年人刑事案件与成年人刑事案件采用相同的办案时限，办案模式，即使未成年人刑事案件不适用快速办理机制，也应该本着及时迅速的原则，加快办案速度。杜绝对涉罪未成年人随意延长提请批准逮捕期限及停止计算羁押期限的情况发生。同时要明确被采取非羁押措施的涉罪未成年人刑事案件，只要符合快速办理条件的，不能因为办案期限不受提请批准逮捕、捕后侦查期限的限制，而拖延对该类案件的办理。

（二）监督检察是完善快速办理机制的核心

在刑事诉讼中，检察机关处于承上启下的中间环节，又是唯一的法律监督机关。因此，检察机关要以充分发挥自身职能为基点，适当向前向后延伸，协同侦查、审判机关共同做好该项工作。

1. 主动出击掌握信息

主动与侦查机关沟通，及时掌握涉罪未成年人的刑事拘留情况，并对侦查机关采取的羁押措施、羁押期限实行排摸监督，对不符合刑事诉讼法规定的三类延长提请批准逮捕的情况，发现一例纠正一例。对符合快速办

① 龙宗智：《论司法改革中的相对合理主义》，载《中国社会科学》1999年第2期。

理和分案条件的案件，及时督促侦查机关尽快提请逮捕。

2. 提前介入适时引导

提前介入公安机关的侦查工作，及时了解案情、引导收集固定证据。在保证案件质量和当事人诉讼权利的基础上，集中力量收集、固定主要证据，尽量缩短侦查期限；对涉及多节犯罪事实的，符合逮捕条件的可先行提请批准逮捕，提高诉讼效率。同时，充分发挥《要求提供法庭审判所需证据材料意见书》及《补充侦查提纲》等文书的作用，并即时跟进了解办案进度，适时引导，确保高效高质完成补侦工作，做到公正合法且及时迅速。

3. 全面推进特殊工作

新《刑事诉讼法》对未成年人的诉讼工作作了专章规定，一些特殊工作有了明确的法律依据。当前，部分未成年人刑事案件的特殊工作已前伸至侦查阶段开展，如法定代理人或合适成年人参与讯问，效果良好。下一步将社会调查、非羁押措施评估、心理测试、对未委托辩护人的涉罪未成年人落实强制性的法律援助等特殊工作，向侦查阶段全面推进，使得案件侦办初期即全面及时了解掌握涉罪未成年人的成长经历、犯罪原因，保障涉罪未成年人获得辩护人提供的法律帮助，强制措施适用得当，从而确保案件的快速办理。

（三）审理判决是完善快速办理机制的关键

审判阶段是对案件作出处理结果的阶段，同时也关系到快速办理机制的最终成效。

1. 细化程序性规定

在每个基层人民法院均设立少年法庭，有效避免案件移送迟缓。例如，全面设立少年庭条件尚不成熟，检法应会签协议，明确案件移送时间，如检察机关提起公诉，即向对口的人民法院移送案卷材料之日起 24 小时内，由该人民法院将案卷材料移送指定管辖的人民法院。

2. 加快简易程序案件办理

1996 年《刑事诉讼法》第 174 条规定了适用简易程序案件的条件，即可能被判处三年以下有期徒刑、拘役、管制、单处罚金的案件；告诉才处理的案件;被害人起诉的有证据证明的轻微刑事案件。新《刑事诉讼法》第208条对适用简易程序案件作了修订后,规定“案件事实清楚、证据确实充分”“被告人承认自己所犯罪行,对指控的犯罪事实没有异议的”“被告人对适用简易程序没有异议的”均可适用。可见,修订后的《刑事诉讼法》对适用简易程序审理案件的范围进一步扩大。即使同样适用简易程序,案件罪名的不同、事实的繁简和证据收集的难易,也必定存在差别,因此应做到繁简有别,唯此才能加快审判进程。审判机关应对适用简易程序审理的案件类别及所用期限作出更具可操作性的细则。新《刑事诉讼法》第210条规定公诉人必须出庭,从而保障了简易程序只是审判程序的简易,部门的职能并没有减弱,案件质量得到最大保障。

3. 有效应对审限延长

审判机关除了应制定细则,对适用简易程序的不同案件,分别适用不同期限以外,对未成年人刑事案件,无论适用简易程序或普通程序审理、羁押的或非羁押的涉罪未成年人,都应作出特殊规定,区别于成年人案件的审理期限,以达到快速审理的目的。

(四)三机关联动是完善快速办理机制的保障

刑事诉讼涉及侦查、批捕、起诉、审判各个诉讼环节,要依法快速办理未成年人刑事案件,需要公、检、法等部门统一认识、协调行动。

1. 制定快速办案的联动机制

实现未成年人刑事案件的快速办理,仅有审判机关、侦查机关的理解与信任是远远不够的,必须三方达成共识,形成规范化的制度。三机关应在市级层面充分讨论,达成共识,共同制定、会签实施办法,明确该类案件快速办理的原则和程序,以及侦查、批捕、起诉、审判各环节的办理期限等事项,为快速办理未成年人刑事案件提供规范依据和操作指引,自上而下,贯彻落实。

明确未成年人刑事案件都应本着迅速及时的原则办理,同时符合以下条件的案件更应在规定期限内快速办理:(1)案情简单,事实清楚,证据确实、充分;(2)犯罪嫌疑人、被告人承认实施了被指控的犯罪;(3)适用法律无争议;(4)具备上述三项条件的两人或者三节事实以下的犯罪案件;(5)可以快速办理的其他案件。同时,明确“提速”的本身是附条件的,一旦所附条件变更或消失,就应将案件转入普通程序,以此确保案件的办案质量。结合实践可设定八种情形排除在快速办理范围之外:(1)疑难复杂、重特大、或督办交办案件;(2)犯罪嫌疑人、被告人对犯罪事实予以否认、对行为性质不认为是犯罪的;(3)事实不清或证据不足的;(4)法律适用有争议的;(5)犯罪嫌疑人身份不明需核查的;(6)需进行骨龄、刑事责任能力、伤情等鉴定的;(7)涉外的刑事案件;(8)其他不能快速办理的案件。

建立“五阶段”快速办理刑事案件的协作机制:刑事拘留阶段,侦查机关认为属快速办理案件的,在拘留后15日内提请逮捕;审查批捕阶段3日内作出批捕决定(未被拘留的,应当在5日内作出批捕决定);侦查阶段,侦查机关20日内侦查终结(对于被取保候审的未成年犯罪嫌疑人,经审查认为不需要提请逮捕的,一般应在取保候审后一个月内移送人民检察院起诉);审查起诉阶段,未检部门对可能适用简易程序的案件15日内审结;审判阶段,法院适用简易程序的10日内审结作出判决。切实做到快侦、快审、快诉、快判。

同时建立适用快速办理刑事案件情况告知制度,即无论哪一阶段的案件承办人在办理案件的过程中,认为案件符合快速办理刑事案件条件的,应当填写《未成年人刑事案件快速办理办案情况表》,列明原因、处理意见,要由部门领导审批后随案移送下一阶段办案机关。

2. 充分发挥联席会议作用

公检法应定期或不定期召开联席会议,交流沟通,形成制度。讨论解决快速办案过程中存在的问题,对于证据收集和固定、法律文书的移送和交换、证据标准以及法律适用等共性问题进行研讨,形成规范性文件。对于侦捕诉审各方认识分歧较大的个案,积极协商解决办法。

3. 设置羁押比例

应当对未成年人刑事案件办理中,出现的“刑期倒挂”现象,建议公检法三机关在羁押期限上贯彻比例原则。即根据被羁押的涉罪未成年人的犯罪事实、社会危害性以及具备的法定和酌定情节，预先评估其可能被判处刑罚幅度，对应其最长羁押期限，三机关的办理期限分别限定在该期限的1/3范围之内，在此基础上加快办案速度。

结论

司法改革的相对合理性是，首先必须要承认和接受具有公理性、普适性的基本法律原则为司法改革的目标，但鉴于目前我国还处于法治的初级阶段，支撑现代法治的某些基本条件还不很充分，司法改革不能企求完美主义，不能企求一步到位，只能采取渐进的、改良的方法，从逐步的技术性改良走向制度性变革。我们期盼着通过不懈的努力，逐步完善未成年[①]人刑事案件快速办理机制，使司法机关更好地运用职能为构建和谐社会服务，在提高诉讼效率的同时，切实维护司法公正、保障人权、挽救涉罪未成年人，促进整个社会的和谐稳定。

---

① 刘立霞、郝小云:《论未成年人刑事案件中的合适成年人制度》，载《法学杂志》2011年第4期。

未成年人刑事案件中成年人到场制度若干实务性问题研究*

在刑事诉讼中当被告人或犯罪嫌疑人为未成年人时,因此类群体的社会经验,法律知识,自身保护意识和防御能力等诸多方面能力欠缺,使得其诉讼中弱势地位非常明显。而刑事诉讼过程中使控方与辩方力量对比相对均衡始终是立法的重点,司法中也会采取各种方略以平衡控诉双方的诉讼地位。因此,世界各国也都在立法与司法方面体现对未成年人诉讼力量的帮扶。例如,英国于 1984 年因 Confait 案件而设立的合适成年人参与制度;再如,美国刑事诉讼程中针对未成年人犯罪设立的审前服务与缓刑官制度。我国在总结近年来各地积极开展的实践探索的①基础上,通过 2012 年《刑事诉讼法》第 270 条,明确与完善了我国未成年人刑事案件中成年人到场制度。如何在实践操作中解决已经出现以及可能产生②的问题,笔者认为应当首先在法律体系与司法实践中对相关概念予以明确和规范。

---

* 吴燕,上海市人民检察院。

① 有关情况记录在案。到场的法定代理人可以代为行使未成年犯罪嫌疑人、被告人的诉讼权利。

到场的法定代理人或者其他人员认为办案人员在讯问、审判中侵犯未成年人合法权益的,可以提出意见。讯问笔录、法庭笔录应当交给到场的法定代理人或者其他人员阅读或者向他宣读。

讯问女性未成年犯罪嫌疑人,应当有女工作人员在场。

审判未成年人刑事案件,未成年被告人最后陈述后,其法定代理人可以进行补充陈述。

询问未成年被害人、证人,适用第 1 ~ 3 款的规定。

② 石献智:《“监护人与法定代理人”有何不同》,载《检察日报》2007 年 1 月 15 日第 3 版。

一、何人到场:人员的限定

根据新修订的《刑事诉讼法》第270条规定,成年人到场共有两种情形:法定代理人到场与其他合适成年人到场。

(一)法定代理人

1.与监护人关系的厘清

代理原是民法上的制度,指代理人在代理权范围内,以被代理人的名义同第三人独立为民事法律行为,由此产生的法律效果直接归属于被代理人的一种法律制度。其产生基础是特定的身份关系,包括亲权或监护等基础法律关系。而监护人的权益范围包括实体权益(人身权、财产权)与程序权益(诉讼权利)。但在刑事诉讼中,未成年人刑事案件法定代理人的权利着眼点则在于对未满18周岁未成年人的刑事诉讼权益予以保护,其代理的权利仅限于程序及程序所涉及的实体利益(否罪利益)。

司法实务中,常出现将“监护人”与“法定代理人”混用的情况。监护是民法上的制度,是指对未成年人和精神病人的人身、财产和其他合法权益进行监督和保护的一种民事法律制度。履行监督和保护职责的人,称为监护人。根据《民法通则》第16条的规定,未成年人的父母是其监护人,当其父母死亡或无监护能力时,则由下列人员中有监护能力的人担任监护人:(1)祖父母、外祖父母;(2)兄、姐;(3)关系密切的其他亲属、朋友愿意承担监护责任,经未成年人父母所在单位或未成年人住所地的居民委员会、村民委员会同意的。没有上述规定的监护人的,由未成年人父母所在单位或未成年人住所地的居民委员会、村民委员会或民政部门担任监护人。同时,《民法通则》第14条规定:“无民事行为能力人、限制民事行为能力人的监护人是他的法定代理人。”可见,监护人身份是法定代理权产生的法律事实,而担任法定代理人只是监护人的职责之一。无论是在民事法律关系还是诉讼法律关系中,法定代理人和监护人在本质上具有同一性,但他们分别在不同的法律关系中使用。在有关描述、说明对无民事行为能力人、限制行为能力人的人身、财产和其他合法权益进行保护或者对其抚养、照顾、管理、教育以及对其造成的损害承担民事责任等法律关系时，均使用“监护人”；只有在无民事行为能力人、限制行为能力人实施民事法律行为或者参加诉讼时，才使用“法定代理人”，且根据法律规定，此种情况下也只能用“法定代理人”。[①] 因此，刑诉法中使用“法定代理人”的概念是科学合理的。

2. 法定代理人的范围

1996年《刑事诉讼法》第82条第3款规定，“法定代理人”是指被代理人的父母、养父母、监护人和负有保护责任的机关、团体的代表。2012年《刑事诉讼法》第106条第3款保留了上述条款。从该规定可见，我国刑事法定代理人的范围涵盖较广，除了父母、养父母之外，还包括其他监护人以及负有保护责任的机关、团体的代表。但法定代理人到场制度中的“法定代理人”是否也应作上述的广义理解呢？笔者认为不然。从新《刑事诉讼法》第270条的规定，即“无法通知、法定代理人不能到场或者法定代理人是共犯的，可以通知未成年犯罪嫌疑人、被告人的其他成年亲属，所在学校、单位、居住地基层组织或者未成年人保护组织的代表到场”中可以看出，此处的“法定代理人”只能作狭义理解。因为如果此处法定代理人按照总则的规定理解，则包含负有保护职责的机关、团体的代表，与第270条规定的未成年人保护组织存在重叠。而特别程序规定优于总则规定，对此处的法定代理人应作狭义解释，即其范围应界定为未成年人的父母和其他近亲属。其中，“父母”包括亲生父母、养父母和继父母；“其他近亲属”则包括祖父母、外祖父母和成年兄、姐。一般而言，司法机关在确定拟通知的法定代理人时，应当以父母为首选，其他近亲属作为补充。因为父母是子女首要的监护人，挽救和教育未成年人是他们不可推卸的责任，同时父母也是最了解子女生活习惯、成长经历等情况的人，他们作为首选的法定代理人有着天然的优势。但在某些特殊情况下，如父母丧失监护能力、父母自身已受刑罚或未成年人明确拒绝其父母到场等，司法机关也可以直接通知

---

① 范跃红：《18名律师当上临时家长》，载《检察日报》2012年6月24日第2版。

其他近亲属或合适成年人到场。

（二）合适成年人

合适成年人是为未成年人在接受公安、司法机关审讯时提供帮助的、维护未成年人合法权益的拟制代理人。修订后的《刑事诉讼法》第270条明确了可以担任合适成年人的人员范围，包括：(1)其他成年亲属，即除了近亲属之外、关系密切且愿意承担监护责任的成年亲属；(2)未成年人所在学校老师或单位代表；(3)居住地基层组织的代表；(4)负有未成年人保护责任的机关、团体的代表，如共青团干部、青保干部、专业社会工作者或"关心下一代委员会"工作人员。同时，笔者认为，合适成年人的选择应当有先后顺序，关系越密切的人员越有助于对未成年人进行帮教和挽救，也越容易被未成年人所接受，所以合适成年人应当按照上述所列顺利依次选任。当然，选择合适成年人也应当充分征询未成年人的意见，如果未成年人强烈反对某一序位的人担任其合适成年人，则应由下一序位的人出任，但应限制更换次数。在笔者看来，合适成年人在实践中的范围是开放性的，并不限于刑事诉讼法所规定的类型，如有些地方在实践中探索由律师作为合适成年人参与刑事诉讼。但应当注意的是，律师担任合适成年人时，不宜同时担任其辩护人，否则可能出现角色重合与冲突。[①]

（三）法定代理人与合适成年人的联系与区别

法定代理人与合适成年人都是法律对于未成年人诉权保护的特殊规定，法定代理人到场权是监护权在刑事诉讼中的自然延伸，是指法定代理人所享有的在司法机关讯问其所监护的未成年人时到场参与的权利，其与合适成年人参与权在维护未成年人利益的角度上属于"殊途同归"，同时合适成年人参与权是为弥补法定代理人到场权之不足而产生和发展起来的，二者关联紧密。

二者的区别主要表现在两者有权利保护本位、适用位阶顺序、权利范

---

① 史华松：《合适成年人参与制度的"吴中经验"研究》，载《常熟理工学院学报》（哲学社会科学）2011年第1期。

围的区别。首先,在权利保护本位上,法定代理人到场权是一种以法定代理人为本位的权利,合适成年人到场是一种以未成年人为本位的权利。也就是说,司法机关通知法定代理人到场不需要征询未成年人意见,而法定代理人具有决定是否到场的决定权,其不到场不承担任何法律责任。其次,在位阶顺序上,法定代理人具有优先顺序。只有司法机关在通知法定代理人遇到以下障碍时,才退而求其次通知合适成年人到场,即法定代理人无法通知、不能到场或是共犯的。最后,到场的法定代理人在刑事诉讼程序中具有独立的诉讼地位,其诉讼行为不受被代理人意志的约束,在行使代理权时无须经过未成年人的同意,可以根据自己的意志独立行使未成年人的诉讼权利。而合适成年人参与制度是基于维护未成年人最大利益而设计的机制,[①]未成年人有拒绝合适成年人的决定权,合适成年人行使诉讼权利也必须符合未成年人的最大利益,合适成年人的权利更应当被视作义务,不可基于自身意志和利益考虑而推却或不适当地行使。

二、如何到场:程序启动中的注意事项

(一)“通知”的程序操作

新《刑事诉讼法》虽对办案机关提出了“应当通知法定代理人”的职责要求,但并无具体的程序性规定。根据司法实践中的通常做法,笔者认为,办案机关首次通知法定代理人的应当发出书面通知,对于路途较远、在办案期限内无法送达书面通知的,可以先通过电话进行口头通知,法定代理人到场后再书面备案。同一办案机关针对同一未成年人,多次通知法定代理人到场的,除首次外,可以不再书面通知。通知法定代理人到场后,在讯问(询问)、审判开始之前,应当书面告知法定代理人权利义务,必要时可以作适当的口头解释,并要求其签字确认。

(二)“到场”的诉讼阶段

根据新《刑事诉讼法》的规定,未成年人在接受讯问、询问或审判时,办

---

① 孟红、崔小峰:《未成年人刑事案件中法定代理人制度研究》,载《青少年犯罪问题》2005年第5期。

案机关应当通知法定代理人到场。那么综观刑事诉讼全过程,刑事诉讼中相关的其他程序法定代理人是否应当到场?虽然司法鉴定程序通则规定,鉴定过程中对未成年人身体检查时,应当通知监护人到场,刑事诉讼法对辨认、搜查、扣押也均规定应当有见证人,可以保证客观性。但为了进一步保障未成年人的合法权益,辨认、搜查、扣押等其他诉讼活动,是否也应通知其法定代理人到场?再如,办案机关多次讯问、询问或审判的,是否每次都应通知法定代理人到场?

鉴于刑事诉讼法及相关司法解释都未对此作出详细规定,笔者认为应对法定代理人到场的刑事诉讼阶段作限制性界定,即法定代理人只须在侦查阶段的讯问及审查批捕、审查起诉阶段的讯问、询问、审判三类诉讼程序中到场。同时,为切实保障未成年人诉讼权利,办案机关须多次讯问、询问或审判未成年人的,应不打折扣地每次都通知法定代理人到场。

(三)分“应当通知”与“可以通知”

新《刑事诉讼法》第 270 条,对于法定代理人,表述为“应当通知”到场,对于其他成年人,表述为“也可以通知”到场。这是不是意味如果法定代理人无法通知、不能到场或者是共犯的情况下,办案机关对是否通知其他成年人到场参与诉讼有选择的权力?笔者认为不应当如此理解。法条正确的含义应当是,一般情况下是应当通知法定代理人到场的,办案机关无权选择通知其他成年人到场。只有在法定代理人无法通知、不能到场或者是共犯等情况下,办案机关才能够通知其他成年人到场参与诉讼。法定代理人是首选,无法到场的“也可以”由合适成年人替代,但二者必居其一。

可不予通知法定代理人到场的情形:(1)无法通知,如法定代理人身份不明、未成年人拒绝提供法定代理人的联系方式、法定代理人已亡故或下落不明的;(2)不能到场,如路途遥远、法定代理人监护能力丧失或不足、法定代理人拒绝到场;(3)法定代理人是共犯或有碍侦查的;(4)其他不适宜通知的情形。法定代理人具有上述情形之一的,办案人员应当在讯问(询问)笔录或庭审记录中应做好记录,并采取相应的救济措施。

三、到场的作用:旁听还是行使权利

(一)旁听与行使权利两相区分

目前实践中不少观点认为,未成年人刑事案件中成年人到场都是行使权利的。笔者认为这种观点有失偏颇。首先,通观刑事诉讼法可以得知并不是所有的成年人都能够到场。新《刑事诉讼法》第270条明文规定的到场人有:法定代理人、其他亲属、所在学校、单位、居住地基层组织或者未成年人保护组织的代表到场。

其次,新《刑事诉讼法》第274条规定:"审判的时候被告人不满十八周岁的案件,不公开审理。但是,经未成年被告人及其法定代理人同意,未成年被告人所在学校和未成年人保护组织可以派代表到场。"此处合适成年人到场与未成年人案件不公开审理中的代表到场二者貌似有矛盾之处,实则不然。前者是作为合适成年人,以诉讼参与人的身份参与审判,在审判过程中可以行使相关诉讼权利并应履行相应的义务;后者仅仅是作为案外人员旁听庭审,不行使诉讼权利亦不承担诉讼义务。前者作为诉讼参与人,当然可以参加不公开审理的未成年人案件庭审过程,而后者因不具备诉讼参与人的身份,因此需要征得未成年被告人及其法定代理人的许可。

(二)行使权利内容应根据不同主体做出区分

虽然未成年犯罪嫌疑人、被告人的诉讼行为能力有所欠缺,但仍然有其独立的人格与相关的诉讼意思表示,成年人到场虽能弥补未成年人诉讼行为能力的不足,但成年人的诉讼意思表示与诉讼行为难免会与被代理人——未成年人的诉讼意思表示发生冲突,对于参与诉讼的成年人与未成年人意思相悖的代理行为,其效力如何?对此法律、司法解释均未作出相关解释,理论界亦有不同观点:一是认为应当根据法定代理人的意思表示而定;二是认为应根据有利于被告原则,只要被代理人或法定代理人其中一个有行使相关权利的意思表示,就应当予以启动。笔者认为,该问题的解决与参与诉讼的成年人类型有密切关联。因此,依据成年人类型确定不同的具体权利就显得异常重要。

1. 法定代理人的权利

通观我国《刑事诉讼法》，未成年人法定代理人的权利分散在诉讼活动各个进程中，包括以本民族语言参加诉讼权、控告权、要求回避权、获得法律帮助的权利、申请取保候审权、要求解除强制措施权、证明文件知悉权、与本案无关问题的拒绝回答权、核对讯问笔录权、申请补充鉴定或者重新鉴定权、申请亲情热线通话和亲情会见权、申请证人出庭权、提出刑事附带民事诉讼权、要求调取新证据的权利、最后陈述权、上诉权等。法定代理人的诉讼行为，视为被代理人的诉讼行为，具有相同的法律效果。而且，在行使某些权利时，即便被代理人不同意，也不影响其法律效力。具体而言，法定代理人代为行使诉讼权利时，[①]如果涉罪未成年人仍未满 18 周岁，且法定代理人行使诉讼权利的行为有利于维护其利益的，不需要征得其同意，但是如果法定代理人行使诉讼权利的行为不利于维护其利益的，则应以未成年人的意见为准；如果涉罪未成年人已满 18 周岁，则应当征得其同意。例如，上诉权的行使。最高人民法院研究室《关于未成年人犯罪案件法定代理人出庭及上诉问题的电话答复》中规定，上诉期间，未成年被告人及其法定代理人均享有独立的上诉权；如被告人已满 18 周岁，原法定代理人要求上诉的，则必须征得被告人的同意。

2. 合适成年人的权利

由于法定代理人可以按照自己的意愿独立行使诉讼权利，而合适成年人只能协助补充未成年人行使诉讼权，因此，有的诉讼权利只能由法定代理人行使，而不宜由合适成年人代行。笔者认为，除了上款所述控告权、核对讯问笔录或庭审记录权等权利以外，合适成年人只能帮助未成年人行使其他诉讼权而不能够直接代为行使。例如，新《刑事诉讼法》第 270 条即规定"审判未成年人刑事案件，未成年被告人最后陈述后，其法定代理人可以进行补充陈述"，也就是说合适成年人在庭审阶段不能独自发表最后陈述。除此之外，根据《刑事诉讼规则》第 490 条第 3 款以及《刑诉法解释》第 466

① 本文系 2011 年上海市妇女儿童保护委员会重点课题部分内容。

条第 2 款的规定,合适成年人与法定代理人一样,在参与刑事诉讼过程中,可以行使以下权利:(1)了解未成年人的身心特点、兴趣爱好、家庭情况、教育条件、日常表现、成长轨迹等情况;(2)了解未成年人健康状况、权利义务知晓情况、合法权益有无遭受侵犯等情况;(3)发现办案人员有诱供、逼供或其他侵犯涉罪未成年人合法权益的情形,可以提出反对意见并提出控告;(4)阅看讯问笔录或庭审记录,核对无误后签字确认;(5)对未成年人进行教育等。

四、到场如何监督:权力、权利的双向监督

未成年人刑事案件中成年人到场旨在让第三方介入诉讼过程,从而监督司法程序中权力的行使。但这种监督不应当是单向的而应当是双向的,既包括到场成年人监督权力机关,又包括权力机关监督到场的成年人谨慎、善良履行义务。

在刑事诉讼法修订之前,各地检察机关已经开始实践探索,如上海市检察机关自 2002 年开始试行合适成年人参与诉讼并出台了相关规定。但从试点情况来看,也出现了一些问题。比如,实践中,由于缺乏相应的监督或制裁程序,司法机关时常会怠于履行通知职责;有的法定代理人接到通知后对于是否及时到场也存在很大的随意性,使该制度的运行效果大打折扣;再如,一些到场的法定代理人、合适成年人到场只是形式上走过场,仅仅作为审讯、庭审过程的旁观者,加之部分法定代理人自身文化素质或法律意识有所欠缺,或是对行使代理权缺乏主动性和能动性,即便到场,也无法真正发挥监督维权和教育感化的作用。因此,在今后的未成年刑事案件中成年人到场中,公检法机关应当谨慎、规范地行使权利。

(一)公安、检察、法院的统一角色

在讯问、询问时,公安、检察、法院的相关工作人员不但要通知成年人到场,而且要督促权利人行使权利。首先,应当核实身份证明材料确认法定代理人身份。其次,在工作中应当尽到督促法定代理人、合适成年人全面履行代理义务、善良履行代理义务的职责。再次,如果法定代理人、合适

成年人存在未经允许擅自发言、传递消息、探听案情、采用暗示或引诱等方法妨碍未成年人如实作答等影响讯问正常进行的行为，办案人员应及时制止。经劝阻无效的，应当将其带离现场，并该情况记录在案。最后，法定代理人有泄露案件信息或者串供、毁匿证据等妨害诉讼行为的，应当取消其参与诉讼的资格，并视情节追究相应的法律责任。

（二）检察机关的监督角色

检察机关在诉讼中既是诉讼程序的参与者，也是诉讼程序的监督者。因此，检察机关在诉讼程序中应根据不同角色承担不同职责。首先，检察机关办案人员在作为讯问、询问的角色时，应当尽到上述三机关的同样义务。其次，检察机关在审查批捕、审查起诉及提起公诉时应当对公安、法院是否履行通知义务进行监督。对于未通知法定代理人或合适成年人到场而制作的讯问、询问笔录，检察机关应当及时书面通知公安机关完善证据形式，并要求写明完善方式。对于法院庭审时未通知法定代理人到场的，出庭支持公诉的检察人员应当提出反对意见并建议延期审理。公安机关、法院有条件通知而未通知法定代理人到场，造成严重后果的，检察机关应当以《纠正违法通知书》、检察建议书进行书面纠正等。

和谐社会视野下涉罪未成年人相对不起诉制度之完善*

相对不起诉制度是现代法治社会起诉便宜主义理念的产物，也是我国宽严相济刑事司法政策在刑事诉讼中的具体体现。针对未成年人这一特殊人群，相对不起诉制度符合少年司法理念的要求，能够有效地避免起诉法定主义所带来的诸多弊端。但就目前实际操作中的相对不起诉，存在逻辑质疑、操作困惑和深入艰难的现状。产生这一现象的原因既有对相对不起诉定位的疑问，也有立法规定粗疏、执行制度缺位和维护社会稳定需要等原因。但是，少年司法领域中的相对不起诉所蕴含的理念实际上已为国际社会接受并普遍运用。

我国有着悠久的恤幼传统，扩大未成年人相对不起诉制度在检察实践中的运用，加强对未成年人的教育和引导，使他们得到更好的矫正，最终幡然悔悟，重返正途，才是对未成年人保护的有力体现。而在未成年人犯罪案件中贯彻落实相对不起诉制度有利于对未成年人“教育、感化、挽救”方针的实现，把给他们造成的伤害最小化，并能尽快回归社会。本文从司法实践中涉罪未成年人适用相对不起诉现状的分析出发，对相对不起诉适用率较低的原因进行了分析，并在此基础上对如何从司法层面建立具有少年司法特色的相对不起诉制度进行了研讨。

---

* 叶国平、顾小琼、尤丽娜，上海市长宁区人民检察院。

一、司法实践中涉罪未成年人适用相对不起诉的现状

尽管《刑事诉讼法》第142条第2款就相对不起诉作了法律规定，但在实际操作中，检察机关行使相对不起诉权案件的比例相当低。在2003年至2007年5年期间，全国检察机关提起公诉的被告人数与相对不起诉的犯罪嫌疑人数之比近64∶1。即使是2005年，在全国各政法机关切实贯彻宽严相济刑事司法政策的情况下，全国检察机关提起公诉950,804人，也仅对14,939名犯罪嫌疑人决定不起诉、提出检察意见并移送有关主管机关处理。这种状况与适应打击犯罪与化解矛盾的现实需要不相符合，也违背了刑法的谦抑性。①

（一）上海市的数据分析

1996年6月开始，上海市所有基层检察院均成立了独立建制的未检部门，承担全市未成年人刑事案件的审查批捕、审查起诉、出庭公诉、诉讼监督以及未成年人犯罪预防工作。因此，观察上海的现状，要分成年人和未成年人两个方面：

1. 成年人基本情况

从2006年至2009年，上海市各级公诉部门的不起诉人数逐年上升，不诉率也呈上升趋势。但是仔细分析数据可以看出，在2008年，上海市各级公诉部门在受理人数和不起诉人数均上升的情况下，不诉率为0.62%，同比2007年反而下降了0.01个百分点。

2. 未成年人基本情况

相对不起诉适用率低的情况，不只在成年司法中出现，在少年司法中同样存在。在少年司法的开创地——上海，这一形势依然不容乐观。由于所能取得的数据有限，我们可以从统计到的不起诉人数中窥见一斑。从1986年至2010年的25年中，上海未检机构共受理审查起诉案件18,711件41,424人，其中未成年犯罪嫌疑人25,244人，对696名未成年人依法作出

---

① 数据分别来源于2004年、2005年、2006年、2007年、2008年最高人民检察院工作报告。

不起诉决定,[①]不诉率为2.76%。

(二)上海市长宁区的数据分析

在2001年至2010年10年中,长宁检察院在审查起诉工作中,共对8件16名未成年犯罪嫌疑人作出不起诉决定,均为相对不起诉,相对不起诉适用率为1.48%。该16人分别来自5个省,其中上海市的为11人,占被不起诉人数总量的68.75%;安徽省为2人;广东省、河北省各1人。已满14周岁不满16周岁的为1人,占不起诉未成年人的6.25%;已满16周岁未满18周岁的为15人,占不起诉未成年人的93.75%。被不起诉的未成年人为无业人员的为8人,占不起诉未成年人总数的50%;在校学生为6人,占不起诉未成年人总数的37.5%;非国有单位工作人员1人,占不起诉未成年人总数的6.25%;其他1人,占不起诉未成年人总数的6.25%。

在不起诉案件涉及的案由中,涉嫌盗窃罪4件9人,占不起诉人数的56.25%;涉嫌抢劫罪1件2人,占不起诉人数的12.5%;涉嫌寻衅滋事罪1件2人,占不起诉人数的12.5%;涉嫌故意伤害罪、妨害作证罪、交通肇事罪各1人,各占不起诉人数的6.25%。被不起诉未成年人中为初中文化水平的,为12人,占被不起诉未成年人的75%;小学、职校、职高、高中各1人,各占被不起诉未成年人的6.25%。

与此同时,由长宁区人民检察院未检科提起公诉后被长宁法院判决的未成年被告人判处的刑罚却相对较轻,其中被依法判处5年以下(不满5年)有期徒刑、拘役、管制、单处附加刑、免于处罚和宣告无罪的犯罪人数约占判决总人数的99%。因此,在少年司法领域加大对相对不起诉的适用力度是必要也是必须的。

二、涉罪未成年人相对不起诉适用率较低的原因分析

回顾25年来上海市检察机关的少年司法工作实践,相对不起诉制度

---

① 上海市人民检察院余啸波副检察长在"上海未成年人刑事检察工作创建25周年纪念大会"上的讲话。

的适用情况并不理想，这既有立法规定的原因，又与检察机关自由裁量权受限、严峻的社会治安形势等原因有关。

（一）立法层面：没有建立起以未成年人为标准的相对不起诉制度

首先，目前我国的立法对相对不起诉制度的适用对象没有区分成年人和未成年人。未成年人作为一个特殊的犯罪群体，应与成年人区别对待，而我国现有立法并未考虑到两者在年龄、性格、人生阅历上的巨大差别，实践中相对不起诉制度也主要是以成年人为标准建立起来的。其次，相关适用条件的规定语意不明。“犯罪情节轻微，依照刑法规定不需要判处刑罚或者免除刑罚”，是我国现行立法所规定的相对不起诉的法定标准。然而，无论是实务界还是理论界对于该标准的具体含义都有着各自不同的理解。如有观点认为，“犯罪情节轻微”是适用相对不起诉的前提条件，“依照刑法规定不需要判处刑罚或免除刑罚的”是适用相对不起诉的基本条件，只有同时具备这两个实质条件，才可以对案件作出相对不起诉的决定。另外，关于“犯罪情节轻微”究竟是不论所触犯的罪名轻重、只要属于“犯罪情节轻微”的一律包含在内，还是罪名情节双重轻微的标准存在疑问。

（二）司法层面：检察机关的自由裁量权受制约

首先，慎重司法的思想被表现的过于极端。“把罪犯送上审判席接受法律的严惩是检察机关的天职”这一观念被深深刻在检察人员的脑中，似乎只有把公安机关移送过来的犯罪嫌疑人无一遗漏地送上审判台才是忠实地履行了自己的职责，否则就是放纵罪犯，对不起手中握有的人民赋予的权力。加上各地仍不时爆出司法人员滥用职权、假公济私的事件，导致检察机关尚未在公众心目中树立绝对威信，一旦检察机关适用相对不起诉容易给公众造成放纵罪犯，司法腐败的误解。这些认识上的偏差导致检察机关在适用相对不起诉制度时极为审慎。其次，有关方面的监控、考核机制人为地控制了现实中检察机关对相对不起诉的适用，使之过于严格，甚至明确设定了不起诉率的上限。将不起诉案件的数量控制在一定的范围内，导致那些符合相对不起诉的条件且条件等同者，可能因为指标有限也不能得到同等的处理。上级检察机关对下级检察机关作出的不起诉决定也设置了严格的决定和纠正程序。一旦检察机关决定不起诉,该案就会成为每年执法执纪的重点检查对象,以防止不起诉的权利被滥用后产生不起诉决定不当的现象。另外,检察机关通常都将每年一度的起诉率与业绩、指标相挂钩,使一些原本可以不提起公诉的案件进入了起诉阶段,有的办案人员甚至以100%的起诉率为荣。

(三)社会层面:严峻的治安形势

首先,我国未成年人犯罪趋向多发和严重增强了担忧。随着社会的发展进步,未成年人踏入社会的时间大大提前,接触到的社会关系复杂,导致了近年来我国未成年人犯罪案件数量大幅上升,甚至有愈演愈烈之势。未成年人犯罪还呈现出以下特点:低龄化倾向明显,实施手段更为残忍,一些涉罪未成年人的主观恶性程度不断加深,曾经"单打独斗"型的犯罪已经演变为团伙作案,给社会公众带来了严重的心理压力与恐慌。这些特点都无一例外地显现出如今未成年人的犯罪行为给社会造成的危害越来越大,相比成年人的一些犯罪行为甚至有过之而无不及。因此,加强对未成年人犯罪的打击力度也是形势所迫,是基于社会现状所作的一种经验性选择。其次,未成年人口流动性增强,配套制度未形成体系。以上海市长宁区为例,涉罪的外来流动人口中的未成年人数从2001年的22人增长至2009年的41人,2008年达到峰值62人;所占长宁区涉罪未成年人数的比率已从原先的31.42%增长至77.35%。但就目前的状况而言,各地相关配套体制尚未完善,不能保证对被适用相对不起诉未成年人"教育、感化、挽救"方针的完全落实,这一状况也成为扩大适用相对不起诉制度的绊脚石。

三、从司法层面完善具有少年司法特色的相对不起诉制度

在既有制度已不能满足司法实践需要的情况下,有必要正确认识制度的缺憾和不足,对其重新界定,在此基础上找寻完善制度的良好方案和对策。根据上述分析,完善具有少年司法特色的相对不起诉制度也需要从立法、司法、家庭和社会等方面进行全面建设,从基层检察机关目前未检工作的实践来看,可首先从司法层面对少年司法特色的相对不起诉制度进行初

步探索和构建。

（一）修改诉前考察程序

目前，上海市的做法是在适用未成年人相对不起诉制度时，对未成年人有一个区别于成年人的诉前考察程序。将未成年人的家庭具有监护能力，未成年人系在校学生，有继续学习条件，学校愿意接受帮教或者社区等已落实帮教条件作为适用相对不起诉制度的考虑因素。即在确定是否适用相对不起诉时，将未成年人是否存在法定的监护人，其能否为未成年人营造一个有利于身心健康的成长环境，经常性地对未成年人进行教育；未成年人回归社会后是否能够实现就学就业，相关机构是否能够对其进行监管教育作为衡量因素。

若依据此规定，如果经考察未成年人没有监护人或者有监护人但其不能履行必要的监护职责，或者没有较好的社会教育管理条件的，就不能适用相对不起诉。这无疑是给未成年人适用相对不起诉制度设置了一道“屏障”，其本意虽是为了更好地教育、感化、挽救未成年人，但另外，它也使得对未成年人适用相对不起诉困难重重，在实践中由于各种因素的制约，有相当数量的未成年犯不能完全具备上述客观条件，导致类似的案件由于未成年人无法掌控的客观事实而产生“同罪不同罚”的结果，违背了法律的公平原则。为此，应建立一个专门的考察机构，让那些即使无法具备良好的家庭监护条件或者社会管理条件的未成年人也能拥有被适用相对不起诉的条件。

（二）完善帮教制度

我国的未成年犯矫治，仅仅局限在对未成年犯管教的管理程序中，而没有向前后延伸。事实上，未成年犯矫治工作应该包括预防、社会调查、帮教以及跟踪回访等一系列贯穿始终的工作，这是一项长期、复杂的系统工程。尤其是在对未成年人适用相对不起诉制度后，必须要建立一套与之衔接的矫正机制。目前我国对被适用相对不起诉后的未成年人的帮教措施的实施缺乏详细的规定。因此，有必要对帮教的实施主体，措施内容，考核机制，责任承担等制定详细的实施细则。

我国长期以来的未成年人保护普遍以政府为核心。而在发达国家，由于法制健全，社会组织发展完善，采用的往往是官民并举的未成年人保护方式，形成以社区为基础的横向型未成年人保护。为此，我们可以借鉴国外先进做法，充分发挥社会组织在未成年人帮教过程中的作用，整合社会各方资源，充实和完善未成年人的社会保护。具体而言，在帮教过程中，主要由法定监护人，所就读学校、居住社区等在未成年人的日常生活、学习中给予其经常性的思想教育、心理辅导。除了精神层面的关怀外，还要在物质等更深层次上给予帮助，使未成年人不仅接受了精神的洗礼，也习得了一些谋生技能。如果条件允许，应该建立专门的帮教机构，避免因为未成年人缺少帮教条件（外地未成年人在本地没有监护人）而被剥夺适用相对不起诉的权利。而检察机关应在其中发挥监督、指导的作用，由原先承办案件的检察官定期回访，了解帮教实施情况，并与未成年人沟通交流以便能及时了解未成年人的心理动态，定期对相关机构的工作落实是否到位进行考核。为了取得更佳的实施效果，各检察机关应该建立一批高素质的少年检察官群体，他们除了拥有丰富的法学知识外，还要积累足够的办案经验，熟悉掌握心理学、生理学、社会学等相关知识。

（三）简化审批程序，增加适用率

关于未成年人犯罪适用相对不起诉的具体程序规定，尚属于立法空白。根据有关规定，人民检察院拟作相对不起诉处理的案件，首先由承办的检察人员提出意见，由部门领导审查同意后，报分管检察长批准，再报检察长批准，并提交检察委员会讨论决定。相比起诉案件办理程序来说，不起诉案件的办理程序要烦琐得多。是否起诉的最终决定权在检察委员会手中，但检察委员会的议事日程都安排得十分紧凑，对这些事实清楚、证据确凿，但犯罪情节轻微、危害不大，依法可不判处刑罚或可免除刑罚的案件往往无法顾及，容易造成办案超期。为了减少工作环节，以节省出更多精力办理大案、要案，因此许多检察人员不得已选择了直接将这些小案件起诉到法院。这一冗繁的处理过程与如今检察人员配备短缺，提高司法效率、节约有限司法资源的要求不相符，大大降低了检察人员适用该项制度的积极性。

为此,应当适度简化审批手续,优化工作程序才能提高相对不起诉制度的适用率。降低人为控制相对不起诉的适用,只要根据法律规定符合相对不起诉条件的就应当决定不起诉。充分发挥检察官的自由裁量权,而不能被一些人为、客观的因素制约。鉴于目前情况,对未成年人犯罪的处理,今后改革方向应是以起诉为主向基本不起诉推进,其中重点是突破对流动未成年人犯罪后适用不起诉这一难点。

附条件不起诉的适用检讨与完善途径*

附条件不起诉，又称“暂缓起诉”“缓起诉”，指的是检察机关对符合起诉条件的某些犯罪嫌疑人暂不予起诉，通过附加一定义务和期限，就其完成情况最终决定是否予以起诉的裁量制度。我国的附条件不起诉制度属于域外法律移植所产生的“舶来品”，并经过了地方性司法机构的“试点性改革”和“试错性试验”的充分摸索和考验，最终通过修订后的《刑事诉讼法》得以明确。从法律渊源来看，我国附条件不起诉制度的规范架构主要由新《刑事诉讼法》第 271 ~ 273 条，以及《刑事诉讼规则》《人民检察院办理未成年人刑事案件的规定》中的相关规定组成，具体规制了附条件不起诉制度的适用范围、适用条件、适用程序、救济程序、考验期限、被不起诉人义务、法律后果等细节，体现了其注重对未成年人特殊保护的制度着眼点。自该制度确立以来，各地检察机关纷纷将其纳入未成年人刑事案件的办案实践中，进行了尝试性适用，其中对异地被不起诉人进行帮教考察的附条件不起诉形式更是集中体现了该制度的特殊性与典型性。

一、概念辨析与背景观察

异地附条件不起诉，指的是作出附条件不起诉决定的检察机关所在地与被不起诉人居住地不一致，导致检察机关必须对被不起诉人进行跨区县、跨地市甚至跨省异地帮教考察的情形。异地附条件不起诉的形成原因

* 朱佳俐，杭州铁路运输检察院。

可归结为原始型和后发型两种，前者指的是被不起诉人实施犯罪行为时本身具有人身流动性、无须变更经常居住地的情形，后者指的是被不起诉人因求学就业、跟随监护人迁移等合理原因而发生的居住地变更的类型。

异地附条件不起诉，是我国经济、社会发展过程尤其是城市化进程的必然产物。城乡人口流动频繁，导致具有人身依附性的未成年人人口流动性不断增大，一方面，经济发达地区外来人口集聚，城市中外来未成年人犯罪率始终高位运行，上海等特大城市外来未成年人犯罪已经常年占据未成年人犯罪中的多数；①另一方面，外来务工人员集聚稳定性、固定性较弱，迁徙、流动的可能性较大，导致其未成年子女随迁概率增大。除部分城市针对部分人身相对固定的未成年犯罪嫌疑人建立了较为统一的本地化观护管教基地以应对这一现状外，异地附条件不起诉已经成为落实对犯罪未成年人“教育、感化、挽救”的六字方针以及“教育为主、惩罚为辅”的八字原则的适当选择。同时，异地附条件不起诉作为附条件不起诉制度的一种特殊的适用形式，既体现了制度施行的普遍性困境，也凸显了现阶段社会环境下进行异地帮教考察的特殊性问题。

二、异地附条件不起诉的运行现状

(一)异地附条件不起诉的运行模式

目前，各地检察机关已经开展了异地附条件不起诉的相关实践，其运行方式各有不同，但帮教考察的模式主要有以下几种：

1. 委托当地检察机关进行

例如，北京市房山区检察院在未成年被不起诉人小齐即将赴江西南昌求学的情况下，与小齐就读学校所在地的南昌市西湖区检察院签署《附条件不起诉异地考察帮教协议》，由南昌市西湖区检察院负责日常帮教考

① 参见谢佑平、谢澍:《外来务工人员子女犯罪预防与治理》，载《青少年犯罪问题》2011 年第 7 期。

察,[①]由原承办检察院对考察对象的日常生活、学习表现进行不定期抽查监督并制作“考察表现抽查记录”。

2. 委托当地司法机关及自治组织开展

例如,合肥铁路运输检察院[②]在办理未成年人郝某某、史某附条件不起诉案时,与江苏省新沂市瓦窑镇司法所以及两名未成年人所在的瓦窑村委会、袁林村委会共同签订了观护帮教协议,成立了由瓦窑镇司法所所长任组长、村委会负责人及未成年监护人为组员的帮教小组,对未成年人进行帮教及考察。

3. 委托当地法律援助律师开展

例如,北京市丰台区检察院在办理未成年人杜某的附条件不起诉案件时,由于杜某家处外地偏远山区,承办检察院借助了北京青少年法律援助与研究中心的平台,联系了当地法律援助律师协助开展考察帮教,[③]同时多次前往杜某老家对其进行矫正与教育。

4. 引入互联网模式自行开展

例如,2013 年 6 月,江苏省镇江市京口区检察院在办理未成年人雷某、陈某、孙某的附条件不起诉案件中,针对三人均在外地的情形,创新帮教模式,通过电子邮件、视频等互联网模式开展对三人的异地帮教考察并开展与其监护人的沟通交流,三人通过电子邮件上交每月思想汇报及公益活动情况。

(二)异地附条件不起诉的现状检讨

1. 异地附条件不起诉适用率低

在附条件不起诉制度设立之初,有学者曾断言其适用率不超全部未成

① 欧阳晶、张力虑:《跨越千里的联手帮教》,载《检察日报》2014 年 11 月 27 日,载 http://news.jcrb.com/jxsw/201411/t20141127_1453701.html,访问时间:2015 年 3 月 1 日。

② 内容来源:合肥铁路运输检察院汇报材料。

③ 杨孟辰:“北京丰台检察院未成年人附条件不起诉案件数居全市首位”,载 http://legal.people.com.cn/n/2013/1128/c42510-23688818.html,访问时间:2015 年 3 月 1 日。

年刑事案件的3%。[①] 而实行近3年来,附条件不起诉也确实普遍存在适用率偏低的情况,其中异地附条件不起诉的数量更为稀少。以黑龙江省大庆市为例,2013年全市共受理未成年人公诉案件120件238人,适用附条件不起诉案件2件2人,仅占1.7%和0.8%;[②]根据数据显示,外来未成年人犯罪在上海市未成年人犯罪数量中占绝对多数,而上海市奉贤区检察院仅2013年1~10月间办理未成年人案件74件,[③]但迄今为止该院仅对2名未成年犯罪嫌疑人决定开展异地附条件不起诉。[④] 由于异地附条件不起诉与非羁押措施适用、缓刑适用相适应,在一定程度上反映了外来与本地未成年人司法保护平衡的问题,因此异地附条件不起诉的低适用率应当引起重视。

2. 具体操作过程缺乏统一性、针对性

各地在异地附条件不起诉程序启动、附条件内容、监督考察形式、委托帮教方式等方面均处于摸索阶段,实践中呈现出各行其是的乱象。首先,对犯罪情节、社会危害、悔罪表现等情节相似的未成年犯罪嫌疑人,不同检察机关作出了相对不起诉、附条件不起诉、提起公诉等不同的处理对策,一方面固然由于三者之间存在适用条件部分交叉重合的情况,但也反映出了附条件不起诉在启动程序上的不一致现象。其次,对所附条件的内容,除遵守法律法规、服从监管、报告行踪等一般性规定外,对其他心理治疗、公益劳动、接受教育、赔礼道歉、赔偿损失等矫治内容针对性不强,往往根据是否有现存的帮教条件来制定帮教方案,而非根据未成年犯罪嫌疑人的具体需要创设条件。

3. 异地附条件不起诉存在过场化倾向

过场化倾向是附条件不起诉过程中的较为常见的现象,而这一倾向在

---

① 胡莲芳:《扩大附条件不起诉制度适用范围之补充证明——兼析对新刑诉法附条件不起诉制度局限之克服》,载《武陵学刊》2013年第2期。

② 于海生:《未成年人犯罪适用附条件不起诉的调查报告》,载《正义网检察长论坛》2014年4月23日版。

③ 廉敬武:"上海奉贤区检察院深化未成年人犯罪记录封存工作",载http://www.jcrb.com/procuratorate/jckx/201310/t20131022_1229899.html,访问时间:2015年3月1日。

④ 廉敬武:"奉贤区院探索对附条件不起诉未成年人异地监督考察",载http://www.shjcy.gov.cn/xwdt/jcxw/10750.jhtml,访问时间:2015年3月1日。

异地附条件不起诉中更为突出。从异地附条件不起诉决定作出后，到与相关帮教单位签订帮教协议并展开帮教，最终经考察后作出是否合格的决定，承办检察机关往往容易在帮教考察环节脱节，缺乏对被不起诉人的心理状态、日常表现、矫正效果等方面的直接接触，无法与其进行深入沟通和交流，同时被不起诉人也容易将考察期限和义务作为一项任务来完成，导致期限届满后该程序的实际预防犯罪和“再社会化”的功能不强。

三、异地附条件不起诉运行不畅原因分析

（一）现有附条件不起诉制度准入条件过于严苛，导致异地附条件不起诉整体适用薄弱

1. 我国现有附条件不起诉制度预设功能过于单一

现有的附条件不起诉制度，其设立目的在于通过特别程序强化未成年人司法保护，通过引入附条件不起诉制度使得已经达到起诉标准的未成年犯罪嫌疑人能够经过一定期限的考核后获得“去标签化”的机会，该制度运行以来，也确为一部分未成年人的再社会化提供了有效途径和平台，但由于其在制度功能设计上的单一性，使得其在适用主体、适用条件硬性准入上过于狭窄，适用主体仅限于未成年人，适用范围仅限于可能判处一年以下有期徒刑的刑种，并且犯罪类型限定在涉嫌刑法分则第 4 章、第 5 章、第 6 章规定的范围内，导致附条件不起诉尤其是异地附条件不起诉的数量和比率均呈现出过低的现象，并未能发挥域外类似制度的案件分流作用。

2. 现有制度赋予检察机关的起诉裁量权过小

附条件不起诉制度作为起诉裁量制度的一种，也是检察官起诉裁量权的重要组成部分，现有制度在准入“入口”的规制及其严苛，使检察机关在启动、运用附条件不起诉上的裁量空间不足，直接导致了附条件不起诉制度运行范围过小，实际适用效果有限，而检察机关起诉裁量制度改革与以庭审为中心的审判制度改革、刑事诉讼经济原则与案件分流制度均存在动态关联关系，附条件不起诉制度运行不畅也影响到了相关刑事司法制度改革的推进。

（二）空间地域差距导致异地附条件不起诉适用有限

1. 区域经济发展不平衡导致各地帮教社会化背景与条件差距较大

我国幅员辽阔，地域经济社会发展不平衡现象较为突出。尤其是东部沿海经济发达地区往往也是法治先发地区，未成年人司法保护的相关社会化机制较为成熟，社会力量参与未成年人矫治、教育、监督较为普遍并逐渐形成完善制度；这些地区还逐步为外来未成年人开辟了本地化关护帮教基地，提供相关心理咨询、心理辅导、法律教育、技能培训等条件，同时也能作为附条件不起诉的监督考察平台和载体，运行效果较为良好；但外来未成年犯罪嫌疑人中有一大部分需要进行异地帮教矫治，发达地区的本地化措施无法涵盖这一部分未成年人的帮教需求。而未成年人居住地本身的帮教社会化条件可能并不充分，且客观上承办检察机关也无法高效、迅速地整合、利用异地帮教社会化资源。

2. 帮教条件不足制约附条件不起诉的异地适用

实践中，上海等许多地区将“具备有效帮教条件”明确规定为附条件不起诉的前提条件。[①] 而异地考察、异地帮教、异地回访这一特定情形易被定性为不具备帮教条件，从而减少了异地附条件不起诉的适用，也对本地与外地未成年犯罪嫌疑人产生了不合理的区别对待，剥夺了外地未成年犯罪嫌疑人在同等条件下通过附条件不起诉制度获得矫正、重返社会的机会。

（三）过重程序负担与空间障碍导致检察机关能动性降低

1. 异地附条件不起诉的烦琐程序，导致检察机关启动异地附条件不起诉程序的意愿偏低

“检方之所以半年试点中仅对2.3%未成年犯罪嫌疑人展开附条件不起诉工作，主要因为附条件不起诉程序烦琐，增加了检察机关检察监督环节，需要在考察前、考察后进行汇报，还需要形成诸多法律文书。在办案重压下，可能导致检察官不愿意主动适用附条件不起诉，而选择程序上相对

---

① 张寒玉、吕卫华：《附条件不起诉制度若干问题研究》，载《人民检察》2013年第9期。

简便的相对不起诉或刑事和解程序。”[①]附条件不起诉制度作为检察机关以“捕、诉、监、防”一体化为思路的未成年人案件办理机制的重要组成部分，实际上已将公安机关、法院、监狱的工作负担转移至检察机关，而异地附条件不起诉往往还需要与特定地区的检察机关、司法机关或社会化力量签订专门协议，并对异地被不起诉人进行实地考察、回访等工作，极大地增加了检察机关工作负担，出于避繁就简[②]的自然理性，检察机关适用异地附条件不起诉的主动性往往不高。

2. 异地附条件不起诉附加的空间阻碍，导致检察机关创新帮教考察方式的动力不足

异地附条件不起诉实践中往往存在将帮教考察工作“打包委托”的情形，部分检察机关在进行委托帮教考察后长期对考察对象缺乏直接接触和了解，主要依靠被委托单位对未成年人进行帮教、考察，这导致承办检察机关与未成年人考察与被考察关系不断淡化、脱节，逐渐缺乏动态调整帮教方案、充实帮教内容的原动力，而实践中检察机关制定的异地帮教考察方案仍集中于“防免逃匿型”“便于侦查型”以及“思想汇报型”，帮教过场化倾向较一般本地帮教更为严重。

（四）规范要素与实践机制缺陷导致异地附条件不起诉运行紊乱

1. 法律规范仍需细化和修正

首先，在适用条件上仍需细化，根据《刑事诉讼法》第 271 条的规定，除案件类型、刑度要求等硬性条件外，未成年人附条件不起诉适用条件还包括符合起诉条件及有悔罪表现。但对于悔罪表现的具体内涵，立法并未作进一步解释，如是否只需要言语或书面悔罪、赔礼道歉、赔偿被害人损失之一项或几项等均语焉不详，给司法适用带来了操作困难。[③] 其次，立法并未

---

① 参见《北京海淀检察院半年仅 2.3% 涉未嫌疑人附条件不起诉》，载《法制日报》2013 年 5 月 9 日版。

② 陈晓宇：《冲突与平衡：论未成年人附条件不起诉制度》，载《中国刑事法杂志》2012 年第 12 期。

③ 张中剑：《检视与完善：我国未成年人附条件不起诉制度若干问题探讨》，载《中国刑事法杂志》2013 年第 7 期。

将未成年人的人身危险性及再犯可能性作为适用附条件不起诉的考量因素，对此，应参考我国台湾地区“检察官作出缓起诉处分前，须考虑一般及特殊预防之刑罚目的，并保护被害人之刑事政策观点，斟酌行为人之再犯可能性，及缓起诉能否达到抑制一般人犯罪之一般预防作用，认为不对被告科以刑罚，即足以维持社会秩序，且较易使被告回归社会，始得为缓起诉处分”①的相关规定，对未成年人人身危险性及再犯可能性进行评估。

2. 异地协作机制与社会观护一体化尚未形成

首先，在异地附条件不起诉的模式上，《人民检察院办理未成年人刑事案件的规定》第44条规定了检察机关内部协作的可行方式，即未成年犯罪嫌疑人经批准离开居住地或者迁居，可要求迁入地检察机关协助考察，并将考察结果函告作出附条件不起诉的检察机关，实践中检察机关也主要通过这种方式开展异地委托监督考察。但由于全国性检察机关内部异地协作机制尚未形成，大部分内部协助仍须进行一对一专门签订异地帮教合作协议，不利于提高程序效率。其次，在社会观护条件上，由于没有纳入政府管理职能范围，致使各地在未成年人观护帮教工作上基本上处于自发状态，尚未形成全国性一体化的社会观护、帮教、矫治网络，阻碍了异地附条件不起诉长效机制的建立。

四、异地附条件不起诉制度完善途径

（一）适当扩大附条件不起诉适用范围

1. 明确适用条件，取消刑种限制

附条件不起诉制度已经在域外司法实践中发挥着重要的程序分流作用，域外关于缓起诉适用的硬性条件均较为宽泛，美国、日本、法国等国家没有明确限制案件范围，德国、我国台湾地区主要根据法定刑的轻重对附条件不起诉的适用予以限制，在刑种和行为主体方面没有限制。我国虽现

---

① 粟威穆：《台湾地区缓起诉制度之建立与完善》，载《2012年两岸检察实务研讨会交流论文集》，法律出版社2012年版第10页。

阶段仅着眼于通过该制度强化未成年人保护，但为适应以庭审为中心的刑事诉讼模式改革做好程序分流的基础准备，并为回应提高检察机关庭审挑战性而相对扩大起诉裁量权着眼，我国附条件不起诉制度应逐步扩大适用范围。就现阶段而言，建议取消刑种限制，将范围扩充至所有宣告刑为一年有期徒刑以下刑罚的案件。

2. 明确具备帮教条件并非必要条件

由于大多数外来未成年人无固定住所、无稳定职业，与本地社会缺乏紧密的联系，因而在本地往往缺乏充足有效的帮教考察条件，倘若因此而被排除在附条件不起诉范围之外，反而会造成司法不公。因此，将具备帮教条件剔除出附条件不起诉的启动评价体系，将有助于客观评价异地附条件不起诉的必要性，有利于实现未成年人间的平等司法保护。

(二)细化附条件不起诉的制度要素

1. 明确何为“有悔罪表现”

具体可分为以下几种情形：具有自首或立功情节的；虽不具有自首情节，但能够如实供述主要犯罪事实的；积极向被害人赔礼道歉、退赃退赔等。

2. 通过设立排除性条件的方式考察人身危险性及再社会化可能性

具体包括：有故意犯罪前科的；曾因涉嫌故意犯罪被相对不起诉、附条件不起诉的；曾受过劳动教养或多次行政拘留处罚的；系有组织犯罪的主犯的；涉嫌故意杀人、故意伤害致人死亡、强奸、绑架、严重毒品犯罪等恶性案件的①等。

(三)创新异地附条件不起诉考察方式

1. 充分利用互联网时代特色，推动创新网络考察与实地考察相结合

随着信息时代的到来，互联网已经成为人际沟通中必不可少的工具和平台，异地附条件不起诉更是可以通过网络考察强化对未成年人及其监护

① 张中剑：《检视与完善：我国未成年人附条件不起诉制度若干问题探讨》，载《中国刑事法杂志》2013年第7期。

人的交流，以视频、电子邮件、即时聊天工具等形式，及时了解未成年人的思想动态、日常表现、矫治成果，同时向其监护人了解监护中出现的问题与难点并进行远程指导。当然，针对网络考察可能存在的虚假性和伪装性的弊端，办案人员应当不定期对异地附条件不起诉对象开展突击式实地考察，实地考察可在附条件不起诉考验期内及考验期结束后一定期限内的回访中分别进行，以便了解并巩固帮教考察的实际效果。

2. 合理配置帮教考察责任，做到亲历考察与委托考察相互补

承办检察机关是附条件不起诉的考察结论作出者，拥有核定考察是否合格并进而决定对是否未成年犯罪嫌疑人进行起诉的权利。但对异地附条件不起诉而言，考察的实际主体是被委托单位，承办检察机关只能通过被委托单位的反馈进行考量。为保证最终考察结论的正确性，承办检察机关应当在设置帮教考察责任时进行合理分配，科学界定委托考察内容和亲历考察内容，将必须本地化操作的义务如公益活动等划分至被委托单位，将无须本地化操作的思想汇报等任务转由自身承担，避免打包式委托考察。

（四）以异地附条件不起诉为载体，逐步构建以检察异地协作机制为中心，社会化资源区域平衡的未成年人司法保护机制

1. 逐步建立全国性检察异地协作机制

检察机关是附条件不起诉制度的实施主体，实践中异地附条件不起诉虽也存在委托其他司法机关以及社会组织进行帮教考察的模式，但由于并非属于同一系统，考察模式可复制性不强。而江苏等部分地区已经在省级层面建立检察机关内部异地协作机制，实践中有例可循。在检察系统内部以省、市、县三级检察院的各未检办案部门或办案组为载体，建立未成年人案件异地帮教考察协作机制，既有实际人员储备，又减少了整合阻力，实际可操作性较强。

2. 以检察机关为主体，不断推动社会性力量参与未成年人司法保护过程

区域间未成年人司法保护不平衡是异地附条件不起诉实行过程中的

一大问题，对该程序的最初启动及考察实行均产生了一定的负面影响。各地检察机关在未成年人司法保护中更应充分发挥“准司法官”的职能，利用附条件不起诉监督考察主体的身份，积极进行资源整合。尤其应当利用派出所、司法所、社区、村委会等能够深入乡村街道、各个居民辖区的组织以及专业社会工作机构、心理辅导机构等力量，并推动本地观护管教基地建设，逐步消弭区域间未成年人保护不均现象，实现社会化资源的区域间相对平衡。

附条件不起诉制度实施的情况调研与对策思考*

为了更好地保护涉罪未成年人的合法权益，最大限度地教育、挽救涉罪未成年人，修改后的刑事诉讼法增设了未成年人犯罪案件附条件不起诉制度。附条件不起诉指对一些犯轻罪的未成年人，确有悔罪表现的，人民检察院决定暂不起诉，对其进行监督考察，考验期满根据其表现，再决定是否起诉的制度。其目的就是给犯轻罪的未成年人一次改过自新的机会，避免执行刑罚的对其造成的不利影响。为有效贯彻落实该制度，加强上下级检察院未成年人检察业务的指导监督和协调配合，最高人民检察院《人民检察院办理未成年人刑事案件的规定》设立了附条件不起诉案件向上级检察院备案审查的制度，2014 年 1 月一分院辖区按照市检察院统一部署正式启动实施该项制度。本文以本辖区附条件不起诉备案审查案件为基础，总结有效做法，分析问题和困难，提出对策建议，以利于进一步规范和完善附条件不起诉工作。

一、一分院辖区实施附条件不起诉制度的情况和做法

2014 年一分院辖区检察院办理附条件不起诉案件 71 件 101 人，占全市附条件不起诉总人数 172 人的 58.7%，各辖区检察院均有附条件不起诉案件。其中从案由看，涉嫌罪名前三位的是：寻衅滋事案 19 件 32 人、聚众

* 刘金泽、朱萍、尤丽娜，上海市人民检察院一分院、上海市长宁区人民检察院。

斗殴案 13 件 25 人、盗窃案 22 件 24 人，占总数的 76.05%/80.20%（见图1）；从犯罪主体来看，涉罪未成年人以外地来沪人员为主，本市户籍 30 人，外地来沪 71 人（包括无监护人、无固定住所和无经济来源的 9 人，见图 2）；从犯罪形式看，以共同犯罪为主要形式，共同犯罪的有 51 件 81 人，占总数的 71.83%/80.20%，其中 3 人以上团伙型犯罪的有 14 件 65 人（见图 3）。

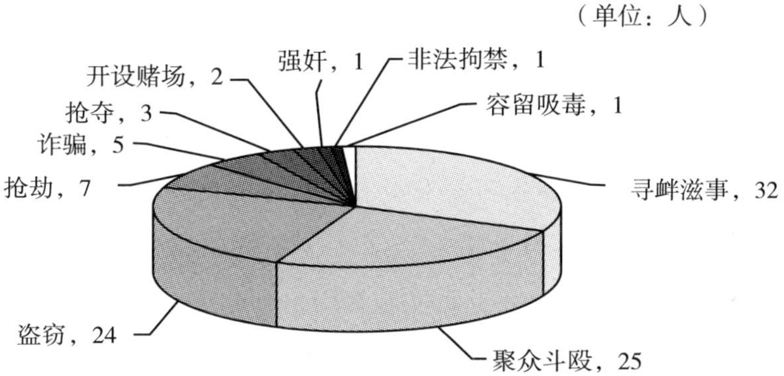

图 1　涉及罪名

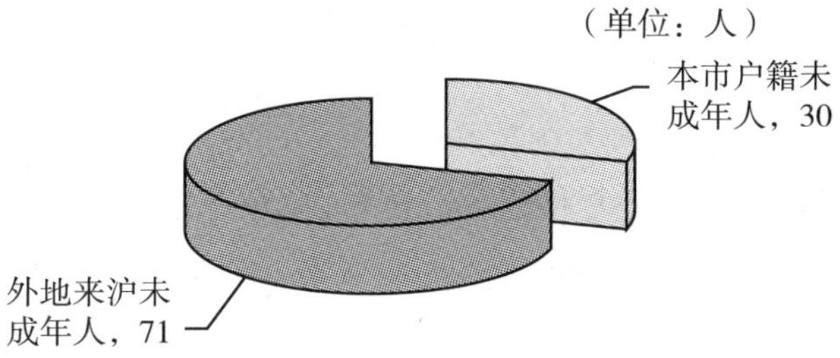

图 2　户籍分布

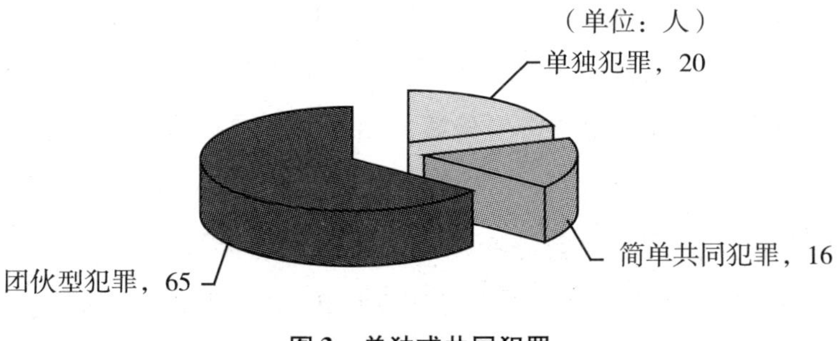

图 3　单独或共同犯罪

（一）加强制度建设确保规范有序推进

自修改后刑事诉讼法实施以来，本市检察机关高度重视附条件不起诉制度，积极推进工作的规范化、精细化。市检察院根据修改后《刑事诉讼法》、《刑事诉讼规则》和最高人民检察院《人民检察院办理未成年人刑事案件的规定》，制定了《上海检察机关未成年人刑事检察部门附条件不起诉工作细则》，进一步规范细化了“悔罪表现”“慎用情形”等适用条件，建立了听证审查、备案审查等一系列配套工作机制。本院早在2013年4月就制定了《附条件不起诉工作细则》，明确和细化了附条件不起诉案件的适用条件、办理流程、审查文书等各项要求。本辖区检察院也陆续对附条件不起诉工作建章立制，有的区检察院制定了工作细则如浦东区检察院制定了《未成年人刑事案件附条件不起诉实施细则》；有的区检察院对附条件不起诉制度的特定操作环节制定具体规范如闵行区检察院联合区司法局制定了《莘庄工业区专业社会服务阳光基地工作规程》，规范监督考察工作的操作程序；又如金山区检察院制定了《关于法律监督公开宣告程序的规定》，规范附条件不起诉的公开宣告、训诫程序。

（二）发挥挽救功能改变人生轨迹

附条件不起诉不只是一种程序分流机制，也不能认为是类似刑罚的惩戒措施，而是通过暂缓不起诉帮助涉罪未成年人彻底根除再次犯罪可能性，走上健康向上的生活道路，体现以教育为主、惩罚为辅的恢复性司法理念，贯彻宽严相济的刑事司法政策。本辖区共有97名涉罪未成年人通过了监督考察，得到检察机关不起诉处理，占到总数的96%。这些涉罪未成年人至今为止无人重新犯罪，回归了正常的生活轨道，有的在其后的生活和学习表现突出。如涉嫌妨害公务罪的褚某某在考验期内勤工俭学，以优异成绩完成了大学学业，担任了学生会和团委干事，积极参加关爱自闭儿童和宣传防治艾滋病的公益志愿活动。还有2名涉罪未成年人在考验期内顺利考上了大学，检察机关决定不起诉后仍然与承办检察官保持联系汇报学习和生活状况。

（三）个别化帮教方案增强教育效果

修改后刑事诉讼法及相关解释对附条件不起诉的涉罪未成年人设定了可选择的矫治和教育方案，如完成戒瘾治疗、心理辅导、提供公益劳动、不得进入特定场所、接触特定人员。如何有针对性地设定矫治和教育方案是附条件不起诉制度实现目的的关键。辖区检察院积极“对症下药”，实行差异化帮教。对于法律法规已经明确禁止的如不得赌博、不得吸毒等事项，针对涉罪未成年人教育的特点设计具体矫治措施，增强帮教效果。如涉嫌寻衅滋事的陈某某，检察机关根据他学历低、独自来沪谋生的具体情况，在监督考察的帮教方案中为其安排固定的生活和工作场所，并提供技能培训提高就业能力，还安排上海彩虹青少年发展中心专业社工介入开展帮教，提供生活指导和心理帮助。陈某某顺利通过监督考察后被帮教企业留用。同时，对于严重违反监督考察规定的，辖区检察院依法撤销附条件不起诉决定，保证监督考察的约束力。全年本辖区共有 4 人被依法撤销附条件不起诉，其中因考验期内重新犯罪被撤销的 3 人，因违反监督考察规定被撤销的 1 人。如涉嫌抢劫案的张某某在考验期内离家出走，致监督考察中断，在其返家后辖区检察院立即组织社工、监护人共同开展了训诫，并责令监护人严加管教，但是张某某再次离家出走，且伙同他人实施了抢劫行为。后辖区检察院经检察委员会讨论决定对其撤销附条件不起诉，提起公诉后被区法院判决有期徒刑一年六个月。

（四）调动社会多方力量汇聚帮教合力

从上海地区涉罪未成年人来源来看，外来人口占比较高。2011 年至 2013 年所占比例分别为 92%、91% 和 70%。从全国情况来看，各地检察机关审查起诉的涉罪未成年人中，非户籍人口近五年来一直处在 25% 以上。有效监护的缺失和不良生活环境是诱发未成年人犯罪的主要原因。然而，缺乏监护条件也是外来未成年人帮教措施难以实施的主要原因。本辖区检察院积极调动社会各方力量，汇聚帮教合力。有的单位联合法院、司法行政部门、辖区内企业建立“阳光基地”，为“无监护人、无固定住所、无经济来源”等“三无”涉罪未成年人提供安置条件，明确要求阳光基地企业按照“一商户一对象、一对一”的帮教原则，为“三无”涉罪未成年人提供食宿条件和劳动技能培训机会。有的辖区检察院联合社区、热心公益人士建立社会化帮教队伍，解决了在监护人缺失监护能力时监督考察期的管教难题。如涉嫌抢夺罪的董某某，亲人均去世，到沪后钱包被盗，因生活无着实施抢夺。辖区检察院没有因董某某缺少“具备有效帮教条件”而将其一诉了之，而是努力为其创造帮教条件，联系了帮教单位提供食宿、技能培训等。董某某勤恳工作、表现良好，用汗水和劳动赢得了帮教单位和检察机关的肯定。

（五）建立个案指导强化监督制约

一分院认真履行审查备案职责，及时、全面了解辖区内附条件不起诉案件总体情况，并利用对辖区院个案指导职能，将备案审查中发现的普遍性问题及解决方式通报辖区检察院，积极引导辖区检察院深化对附条件不起诉工作的认识理解，不断提升办案质量和效果。为此，采取三项有效措施，以加强附条件不起诉案件的备案审查工作。一是人员分组对口相应区检察院开展个案业务指导，检察官办案组对口相对固定的辖区检察院进行业务指导，保证指导意见的连续性；二是深入区检察院走访调研一线指导，通过直接听取辖区检察院办案人员的意见，增强指导意见的针对性；三是及时调研总结，变个案指导为类案指导，提升指导意见的专业性。例如，一分院在审查李某协助组织卖淫一案了解到，李某系在校大学生，暑假来沪在一家有卖淫活动的场所担任收银员，仅工作 12 天。李某虽明知该场所有卖淫活动并继续工作，但其行为与协助组织卖淫中的“管账人”有较大差别，实际上是组织型犯罪中的边缘人员。对于此类在校学生偶然涉及犯罪，参与程度不深的未成年人可以作非罪化处理。为此，一分院未检处负责人带队赴区检察院指导，分析探讨此类情况如何正准确适用法律程序的问题。

二、一分院辖区实施附条件不起诉制度遇到的问题及困难

（一）适用条件上忽视未成年人特点且论证不足

“可能被判处一年有期徒刑以下刑罚”，是附条件不起诉的适用条件之一。但有的承办人机械照搬最高人民法院《人民法院量刑指导意见（试行）》，通过简单测算只要可能超过一年有期徒刑就不考虑附条件不起诉，忽视涉罪未成年人的特点和未成年人刑事检察工作的特性。实际上该量刑指导意见主要是针对一般成年人罪行的量刑指导，未成年人刑法不能被简单理解为“减轻的成年人刑法”，对未成年人的量刑测算要充分考虑年龄层次、犯罪成因以及教育挽救的政策需要。涉罪未成年人有悔罪表现，也是附条件不起诉的适用条件之一。但有的承办人对“悔罪表现”重要性认识不足，在审查中缺乏论证，仅用“具有认罪、悔罪态度”“对自己的行为有了深刻认识”等说法“一笔带过”，有的甚至遗漏对“悔罪表现”的认定。

（二）整体把握上附条件不起诉与相对不起诉混淆

实践中对相对不起诉和附条件不起诉的适用也存在误区。一种误区是对共同犯罪案件中的涉罪未成年人不加区分，一律适用附条件不起诉。例如，一起寻衅滋事案中共 12 名犯罪嫌疑人，因在公共场所殴打他人致两人轻微伤。其中 1 名犯罪嫌疑人刚满 18 周岁，被移送法院审判，另 11 名涉罪未成年人均被附条件不起诉。经审查发现，11 人中存在纠集者和被纠集者之区分，虽均系在校生，但其中的 2 名未成年人有自首情节。如何把握自首“犯罪情节较轻的，可以免除处罚”，是否应该区别对待，即对其中部分未成年人适用相对不起诉值得斟酌。另一种误区是对应当适用附条件不起诉的案件却用相对不起诉。如有的承办人只要测算出涉罪未成年人可能判处 1～2 个月刑罚的，就予以相对不起诉，混淆了附条件不起诉与相对不起诉的适用条件。

（三）力量配置上办案与后续帮教难以兼顾

根据修改后《刑事诉讼法》第 272 条和《刑事诉讼规则》第 496 条第 1 款规定，对被附条件不起诉的涉罪未成年人进行监督考察的主体是检察机关。这就意味对每名附条件不起诉的未成年人，检察官至少需要花费 6 个

月的时间去关注、跟踪。由于法律和司法解释对监督考察主体的明确要求,有的检察官对考察帮教工作事必躬亲,对未成年人的思想动态、生活状况、学习任务、工作计划等,"一揽子"全管全抓,而检察官同时期还需要办理其他案件,精力相当有限。因此,适用附条件不起诉较多的单位,出现了疲于奔命、不堪重负的情况。长此以往,必将影响适用附条件不起诉的积极性,进而桎梏该制度推行和效果发挥。而目前已经相对比较完备的有法院、基层社区、司法行政部门多部门共同参与的社区矫正体系,也只能适用于刑罚执行阶段的未成年人,附条件不起诉监督考察阶段的未成年人并不包括在内。

(四)工作机制上标准与程序不够规范统一

一是考验期起算日不统一。在决定考验期的起算日有三种不同理解:有的单位从检察长或检委会决定之日起算,有的从附条件不起诉决定书签发之日起算,还有的从附条件不起诉决定宣布之日起算。二是考验期设置相对机械。有的承办人将量刑预测出的刑罚期限直接等同于考验期,未能结合涉案未成年人的实际情况。如涉嫌聚众斗殴案的杨某系初犯、被纠集参与斗殴,案发后认罪悔罪明显,除系自首外,能定期向社工汇报思想、制定人生规划,生活状态基本稳定,而区检察院预测出其可能被判处 9 个月有期徒刑后,仍相应设置了 9 个月的考验期,忽视了杨某的实际情况。三是案件后续处理情况的报备缺失。《上海检察机关未成年人刑事检察部门附条件不起诉工作细则》要求,基层院在作出附条件不起诉后 10 日内需向上一级检察院报送备查。但是,在遇到法定事由需要撤销附条件不起诉决定,以及在经过考验期后作出最后不起诉决定时均无报送备查的规定。这就使上一级检察院不能及时跟踪附条件不起诉后续处理的情况,实质上存在附条件不起诉"断档式"备案审查的问题。

三、一分院辖区完善附条件不起诉工作的对策及建议

(一)把握适用条件时坚持突出未成年人特殊性并兼顾法律的全面严肃性

附条件不起诉适用条件的难点在于预测"可能判处一年有期徒刑以下

刑罚”和认定“悔罪表现”。建议在预测涉罪未成年人的宣告刑时：一是摒弃照搬成年人量刑标准的做法。在预测时应当避免以法院的成年人犯罪量刑标准为唯一指针，要以符合未成年人特点的教育挽救需要为出发点，运用经验和未成年人刑事检察的专业知识进行综合分析。适用附条件不起诉涉及的罪名必须是《刑法》分则第4～6章规定的犯罪，其法定刑可以是可能判处三年有期徒刑以下刑罚，并结合刑罚对于未成年人犯罪应当从轻减轻处罚的规定进行判断。二是以法定量刑情节为基础并以酌定量刑情节为重点。预测宣告刑时既要准确适用未成年人、从犯、自首、立功等法定量刑情节，更要重视家庭教育、成长环境、教育挽救和监督考察的可能性、可行性等酌定量刑情节，酌定量刑情节在未成年人刑法适用中的调节作用更加突出。三是加强法律文书的论证说理。在办理未成年人刑事案件时，检察官可以有高于普通刑事案件的裁量权，从加强监督制约的需要出发，法律文书、办案文书的论证说理的要求也应相应提高。适用附条件不起诉的质量评价不应拘泥于量刑标准套用准确，而是要更关注论证说理的充分透彻。

在评判未成年人“认罪悔罪”表现时，要注意“认罪悔罪”是适用附条件不起诉的“硬指标”而不是“软条件”。“认罪悔罪”是犯罪嫌疑人案发后对行为的醒悟程度以及决意重新做人的内心确认。在判断中应当注意：一是严格按照《上海检察机关未成年人刑事检察部门附条件不起诉工作细则》对“悔罪表现”的基本界定审查案件事实，查明涉罪未成年人是否具有自首或立功情节；虽不具有自首情节，但能够如实供述主要犯罪事实的；积极向被害人赔礼道歉、退赃退赔的；取保候审期间遵守相关规定，配合办案和帮教等情形。二是注意区分一些罪后特殊表现是否属于“悔罪表现”。对于一些罪后特殊表现不能简单定性为自首、立功或有“悔罪表现”，而是要通过具体情况发现其真实的认罪态度。如涉罪未成年人是亲友、监护人陪同或者被迫到司法机关投案自首的，还要进一步了解其内心的真实动机。例如，有的涉罪未成年人主动用自己的劳动所得赔偿被害人相对于其监护人、亲属代为赔偿更能体现“悔罪表现”。三是通过多种方法调查“悔罪表现”。例如,与未成年人在提审、心理疏导等时候的交流,捕捉未成年人对自己行为的评价;又如,书写悔过书进行自我反省、主动向被害人赔礼道歉等,还可以通过案发后周边人员对未成年人的评价,包括父母、老师、邻里、社工等,真实反映未成年人在案发前后的表现变化。此外,还可以委托专业心理咨询公司针对未成年人的心理状态进行评估。但是要注意心理测试报告无论是形式还是内容,其客观性、科学性还未达到证据的标准,所以目前只能作为办案的参考。因此,当心理测试报告与在案证据出现矛盾的情况下,一般不能完全采信心理测试报告,而应该从上述方面对未成年人的认罪悔罪心理进行全面判断和把握。

(二)以有利于未成年人矫治为标准区分适用附条件不起诉和相对不起诉

2012 年最高人民检察院《关于进一步加强未成年人刑事检察工作的决定》第 21 条对附条件不起诉和相对不起诉的适用关系予以明确:“对于既可相对不起诉也可附条件不起诉的,优先适用相对不起诉。”但要注意:一是防止“优先适用”的绝对化、片面化。《上海检察机关未成年人刑事检察部门附条件不起诉工作细则》第 5 条在重申了附条件不起诉的优先适用,同时还强调“但是涉罪未成年人具有一定人身危险性或者存在严重不良行为,确有必要接受监督考察的除外”。二是抓住“确有长期考察帮教必要”这一关键。附条件不起诉本质上是“暂缓起诉”,与相对不起诉截然不同,它的基本出发点是一种教育挽救未成年人的特殊预防措施。附条件不起诉与相对不起诉都应当适用于罪责较轻的犯罪嫌疑人,但是附条件不起诉还要反映对涉罪未成年人进行一定期限教育考察的必要。三是注意调查涉罪未成年人有待考察的情节。需要进行附条件不起诉监督考察的涉罪未成年人与一般的偶然涉罪未成年人相比,有一些需要持续考察的特殊情节。有的是因为特殊的心理瘾癖导致犯罪,需要观察考验并附加一定的心理矫正辅导治疗;有的是接触了不良的生活环境和不良人群导致犯罪,需要有一定时间保证其摆脱不良环境影响;还有的因为沾染了不良生活习惯,也需要持续观察考验以保证其戒断。而对于没有这些有待考察的情节的涉罪未成年人则不必附条件不起诉，以免监督考察从教育措施扭曲成为一种“惩罚”措施。

（三）建立立足于教育挽救的监督考察帮教和备案审查机制

首先，考验期的起算日的确定要遵从立法原意和有利于犯罪嫌疑人明确义务的原则。根据人民检察院《刑事诉讼规则》规定，不起诉决定书自公开宣布之日起生效。最高人民检察院《人民检察院办理未成年人刑事案件的规定》同时明确，检察院应当当面向涉罪未成年人及其法定代理人宣布附条件不起诉决定，送达时，要告知考验期限，在考验期内应当遵守的规定，违反规定应负的法律责任。涉罪未成年人在宣布决定时才会被告知考验期中需要遵守的规定和需要履行的义务，由此开始评判涉罪未成年人的行为是否符合考验期要求，才符合公平、公正的原则，防止出现“不教而诛”的情况。因此，“作出附条件不起诉的决定之日”应当是指“附条件不起诉的宣告之日”。其次，考验期的设置应当服务于教育挽救目的。考验期设置的实质不是为了惩罚，而是对涉罪未成年人的成长问题开展行为矫治，“诊断”为“轻症”的，就无须下“重药”了，这也是节约司法成本。在确定考验期长短时，除了需要考虑犯罪性质、可能判处的刑期等犯罪性要件外，更需要符合教育挽救的需要，重点考虑涉罪未成年人认罪悔罪后确需监督考察的必要性。例如，对于具有已接受相关教育、思想积极向上、工作生活稳定等情形的涉罪未成年人，可以适当地缩短考验期；而对于前科劣迹较多、具有较大人身危险性的涉罪未成年人，则可以适当地延长考验期。最后，建立附条件不起诉案件全程备案审查工作机制。从附条件不起诉制度的目的来看，制度重点应当是监督考察而非起诉或者不起诉决定本身。目前“断档式”备案审查的缺陷在于上级院无法对基层院的监督考察活动进行监督。因此，有必要建立“全程式”备案审查模式，区检察院在作出附条件不起诉后、遇到法定事由撤销附条件不起诉决定、考验期满后作出最后不起诉决定的三个关键节点均应当向分院报送备查。

（四）建立检察机关与社会力量合作的考察帮教机制

涉罪未成年人回归正常的生活、学习轨道，家庭、监护人、学校和社区是根本保障，检察机关作为公权力机关在涉罪未成年人的监督考察中应该是主要发挥统筹、协调和监督作用，不可能“包办代替”监护人、学校和社会的全部工作。一是检察机关要积极寻求企事业单位、学校等社会力量的支持，大力推动专门性帮教基地的建设，提高帮教工作的专业化。进一步调动社会各方力量参与对涉罪未成年人的帮教工作，健全司法借助社会力量的长效机制。二是建立专门的监督考察人员队伍，通过政府购买社会服务等方式，委托专业人员负责对涉罪未成年人的监督考察，推动社区基层组织、公益组织和企业事业单位负责社会帮教人员的选拔和管理，检察机关要加大对协助考察人员的责任意识的监督，如发现帮教人员有不履行监督考察职责等情况，应立即更换考察帮教人员，并对原考察帮教人员实行问责制。此外，为确保监督考察人员工作到位，还可建立完整的监督考察测评机制，包括对考察对象、观护帮教人员、检察机关三方面的测评考评机制。三是将被附条件不起诉涉罪未成年人纳入社区矫正的适用范围，在原有的五种社区矫正对象基础上新增“第六种对象”即附条件不起诉的涉罪未成年人。借助司法行政部门现有的成熟的社会矫正机制，通过社区服务和参加社区劳动等方式，针对矫正对象进行必要的心理和行为疏导，矫正其不良心理和行为，促使涉罪未成年人改变不良生活习惯，顺利回归社会。

未成年人刑事案件分案起诉制度研究*

分案起诉制度,是指检察机关对于受理的未成年人与成年人共同犯罪的案件,在不妨碍案件审理的前提下,对未成年被告人和成年被告人分别起诉,法院分别审理的制度。分案起诉是未成年人刑事司法中分案处理原则的内在要求,①是对违法犯罪的未成年人在刑事诉讼的特殊处境下诉讼权益的特殊保护,是尊重违法犯罪的未成年人人格尊严的具体表现。自2006年最高人民检察院在《人民检察院办理未成年人刑事案件的规定》中正式确立分案起诉制度至今,分案起诉在实践中已运作六个多年头。由于司法解释规定得较为原则,各地纷纷探索分案起诉的具体操作程序,积累了不少宝贵经验,也遇到一些问题。本文针对上海市未成年人刑事司法实践在施行分案起诉过程中遇到的问题,提出若干意见,以期抛砖引玉,完善分案起诉制度。

一、分案起诉制度的价值及相关立法规定

基于少年利益最大化的原则,对未成年人和成年人的共同犯罪,各国基本上采取了分案起诉、分案审理的做法。分案起诉不仅体现了对未成年人的特殊保护,也有利于司法公正的实现,主要表现在以下几个方面:

---

* 胡巧绒,上海市宝山区人民检察院。

① 温小洁:《我国未成年人刑事案件诉讼程序研究》,中国人民公安大学出版社2003年版,第86页。

1. 落实对未成年人“教育、挽救、感化”的方针

未成年人作为一个特殊的群体，具有辨知能力不稳定、群体倾向性明显、脆弱，易受他人影响的特点。在按照成年人构建的法庭审判方式中，控辩双方激烈争辩、审判程序高度程序化，会给未成年人造成一定的心理压力。一些成年人在法庭上的翻供或者公诉方对成年人其他罪行的揭露，也可能使未成年人受到一定程度的污染。相反，对未成年人在专门的少年法庭中与成年人分开审理，亲切的法庭设置、[1]温和的讯问方式、周到的法庭调查、全面的法庭教育，均有利于未成年人悔过自新、深刻反思，达到教育、挽救和感化的目的。

2. 实现对未成年人和成年被告人各自诉讼权利的保护

由于对未成年人实行不公开审理原则，那么对未成人和成年人共同犯罪案件同案审理，就需采取不公开审理的方式。由于部分案件辩护人多、出庭证人多，这样庭审实际上变成了变相的公开或半公开审理，客观上影响未成年人诉讼权利。对同案成年被告人而言，本应享有公开审理的程序保障，却因与未成年人同案审理而使家属不能到庭旁听等，客观上也侵害了成年被告人的诉讼权利。因此，分案起诉可同时实现对未成人和成年人诉讼权利的保障。

3. 有利于对成年被告人犯罪的恰当惩罚

对未成年人犯罪，法律明确规定应从轻或减轻处罚。因此在相同的案件中，对成年人与未成年人犯罪的量刑是有区别的。但在一案起诉的情况下，法院在最终判决时，往往要考虑全案被告人的量刑平衡或差距不宜太大，从而造成对成年被告人的处罚因对未成年被告人的从轻或减轻处罚而得到相应的从轻，导致成年被告人虽罪重却轻判的罪刑失衡结果，不利于对成年被告人犯罪行为的有效打击。而分案起诉使成年被告人与未成年被告人分别审理、分别判决，解决了一案起诉中可能出现的罪刑失衡

---

① 我国各地法院均积极探索并实践着对未成年人的圆桌审判方式。

问题。①

为此,许多国家都采取了分案起诉的做法。《联合国少年司法最低标准规则》规定:"一般未成年人犯罪的案件,其诉讼程序应按照最有利于少年的方式和在谅解的气氛中进行。"《意大利刑事诉讼法典》第 14 条第 1 款规定:"针对在行为时尚未成年的被告人诉讼,与针对成年被告人的诉讼不发生牵连关系。"《日本少年法》第 49 条规定:"少年被告案件即使与其他被告有牵连的时候,只要不妨碍审理,就必须将他们在程序上加以分离。"《印度中央少年法》第 24 条规定:"不得将少年与非少年作为共犯告诉或审理……即使少年与非少年共同犯罪被告发而被审理时,法律也必须命令将该少年与非少年分离进行审判。"②按照现代刑事诉讼理论,"无起诉即无审判",法院的审判必须基于检察院提起公诉。因此,分案起诉是实现分案审判的唯一渠道。

我国 2012 年新修订的《刑事诉讼法》仅仅规定了对被拘留、逮捕和执行刑罚的未成年人与成年人分别关押、分别管理、分别教育,没有规定分案起诉的制度。但早在 2001 年最高人民法院出台的《关于审理未成年人刑事案件的若干规定》(已废止)第 10 条,规定了少年法庭的案件受理范围为犯罪时系未成年人及在共同犯罪中被指控为主犯或首要分子的未成年人。该规定虽然没有明确未成年人与成年人分开审理的原则,但为确立分案起诉作了立法上的铺垫。2006 年最高人民检察院出台的《人民检察院办理未成年人刑事案件的规定》第 23 条明确规定,人民检察院审查未成年人与成年人共同犯罪案件,一般应当将未成年人与成年人分案起诉。至此,正式确立了分案起诉制度。随后,上海、北京、山东等地纷纷试点并实践分案起诉。

---

① 周小萍、曾宁:《略论未成年人刑事诉讼中的分案起诉制度》,载《少年司法》2000 年第 5 期。

② 温小洁:《我国未成年人刑事案件诉讼程序研究》,中国人民公安大学出版社 2003 年版,第 89 页。

二、分案起诉制度在司法实践中存在的问题

由于司法解释仅仅对分案起诉制度作了原则性的规定,司法实践部门均根据各地的实际情况,开展试点探索,在具体操作方式上各不统一。下文主要就上海市检察机关实践未成年人分案起诉的具体做法以及存在的问题进行分析。

上海市高级人民法院与上海市人民检察院于2006年出台了《关于对未成年人与成年人共同犯罪的案件实行分案起诉、分庭审理的意见》,专门对分案起诉制度作了规定并在上海长宁等六个区检察院试行一年。2009年8月10日正式出台了《关于未成年人与成年人共同犯罪的案件分案起诉分案审理的若干规定》对2006年的意见作了修改并予以废止,在全市统一适用分案起诉。由于上海实行对未成年人刑事案件的指定管辖制度,由四个人民法院设置少年法庭接受指定管辖。根据该《规定》,对未成年人案件与成年人案件分别由少年审判庭和刑事审判庭分别审理。当提起公诉的检察院地域管辖的法院同时为未成年人案件指定管辖法院的,则分案起诉的案件将由同一法院的刑庭和少年庭分别审理;当某检察院地域管辖的法院没有少年法庭,该检察院分案起诉的未成年人案件与成年人案件将由不同法院的少年庭和刑庭审理。例如,上海市宝山区人民检察院提起公诉的未成年人与成年人共同犯罪案件,分案起诉后未成年人案件将由接受指定管辖的闸北法院的少年庭审理,成年人案件将由宝山法院的刑庭审理。这种分庭分院审理的方式在司法实践中遇到了如下几个问题:

1. 事实认定不一致

分案起诉的案件实为一个案件,不同法院不同法庭审理同一案件,可能出现对同一指控,不同法庭作出不同的认定。因为认识是主观见之于客观的东西,每个人的经历、学识不一样,不同的人对同一事物就可能会有不同的认识。共同犯罪的事实是同一的,但不同法官对同一犯罪的事实认定、证据判断,可能存在认识上的分歧,进而做出不同的认定,这就与"一事一定"的审判原则相悖,不利于案件的公正审理。

2. 量刑不均衡

由于不同法院,甚至同一法院的不同法官在量刑幅度的裁量上会存在一定区别。这一方面仍然是基于不同的个体对案件事实性质的认识与判断会有差异,从而导致量刑的不同,另一方面不同的法院在法律规定的量刑幅度范围内对刑罚的裁量尺度有一定差异。实践中,分案起诉后,在量刑上会出现如下两种不均衡的现象:一种情况是,未成年被告人的刑罚与成年被告人的刑罚出现“倒挂”现象,即对具有相同犯罪情节的同一案件中未成年被告人适用从轻或减轻条款后,依然被处于较成年被告人更重的刑罚;另一种情况是,对未成年被告人从轻、减轻处罚幅度与对成年被告人从轻、减轻幅度相比不明显。上海某区检察院曾办理一起被告人宋某、王某、张某等人非法拘禁案,其中被告人宋某系未成年人,其他被告人均为成年人,予以分案起诉。少年庭判处未成年被告人宋某(累犯),有期徒刑九个月,审理成年人的刑庭却判处被告人王某(累犯,并具有自首情节),有期徒刑六个月、被告人张某(具有自首情节),被判处拘役五个月。本案中未成年被告人宋某与其他成年被告人在犯罪过程中作用并无差异,然而判决结果差异较大,对未成年人判处的刑罚较成年人重,显然有失公平。

3. 诉讼成本不经济

主要体现在以下几个方面:一是在移送证据及案卷卷宗方面,对同一案件事实分案起诉,由不同法庭、不同法院审理,势必导致证据的大量复印,尤其新刑事诉讼法规定卷宗材料全案移送,将导致卷宗的复制,这势必导致增加诉讼成本、影响诉讼效率。二是在分案起诉的情况下,同一案件由不同法庭不同法官分别审理,即有两班人马付出两份精力办理一个案件,包括证人反复出庭、被告人被两次押解等,显然耗费诉讼资源,增加诉讼成本。

4. 程序不公正

由于分庭、分院审理可能造成的事实认定不一致和量刑不均衡的现象,检察机关和法院纷纷探索创新相关工作机制,以使“同案同判”。如检察机关将两案的量刑建议通报双方法院、在一案判决后迅速将判决情况告知另一方法院、双方法院在审理过程中互相沟通以达成一致认识等。这些均严重干扰了法院独立审判,损害被告人获得公正审判的权利,造成程序上的不公正。

5. 相关程序不完善

《关于未成年人与成年人共同犯罪的案件分案起诉分案审理的若干规定》第3条明确了对涉外或重大敏感案件、未成年被告人系共同犯罪案件中的主犯、有提起附带民事诉讼可能以及有其他可能影响审理工作正常进行的情形的,不适宜分案起诉。同时规定,对第一种情形一般由刑庭审理,第二种情形由少年庭审理,另外两种情形究竟由刑庭还是少年庭审理没有明确。上述四种不适宜分案起诉的案件的类型与最高人民检察院2006年《人民检察院办理未成年人刑事案件的规定》第51条规定的四种情形有一定的出入。[①] 分案起诉的案件被判决后,如果检察机关对一案提出抗诉或一案的被告人提起上诉,上级法院应当如何受理?上级法院受理后,对未提起上诉或抗诉一案的判决是否应当执行?如果未被提起上诉或抗诉的案件被告人,折抵先前的羁押期限,在十天上诉期限内刑罚即执行完毕,是否应当予以释放?证人在不同的庭审中就同一事实多次作证,几次作证的内容有出入或差异怎么处理?这些具体的操作问题均没有体现在《关于未成年人与成年人共同犯罪的案件分案起诉分案审理的若干规定》中。

三、完善分案起诉制度的若干建议

针对分案起诉制度在司法实践中存在的上述问题,有必要完善分案起诉的相关操作规则,明确分案起诉的程序设计,防止分案起诉造成的诉讼

---

① 《人民检察院办理未成年人刑事案件的规定》第51条规定:"人民检察院审查未成年人与成年人共同犯罪案件,一般应当将未成年人与成年人分案起诉。但是具有下列情形之一的,可以不分案起诉:(一)未成年人系犯罪集团的组织者或者其他共同犯罪中的主犯的;(二)案件重大、疑难、复杂,分案起诉可能妨碍案件审理的;(三)涉及刑事附带民事诉讼,分案起诉妨碍附带民事诉讼部分审理的;(四)具有其他不宜分案起诉情形的。"

不公正,尽可能降低分案起诉带来的诉讼不经济。笔者提出如下建议:

1. 针对分案起诉案件因分庭、分院审理造成的问题,如何解决

有以下两种方案:

第一种方案是改革目前分庭、分院审理的模式,在坚持分案起诉的前提下,统一由少年法庭同一法官分开审理,这是最佳的改革方案。这不仅达到未成年被告人与成年被告人分开审理的目的,而且在同一法官审理的情况下,可有效解决同一案件事实认定不一致、同案犯量刑不均衡等问题,保证案件的公正审理和法律的平等适用。也节约了法官的审查成本,节约司法资源。同时,建议尽可能在同一天内审理分诉的案件,避免证人来回往返法院,也方便庭审时需要分案的被告人出庭作证,减少押解被告人的警力成本,并且在最短的时间内对同一案件进行审理,也符合集中审理的原则。总之,统一由少年法庭的同一法官,在同一天内对分案起诉的案件进行分开审理,可有效解决现有模式下的司法不公平与诉讼不经济的问题。但目前在上海市,只有四个法院设置少年法庭。如果将未成年人与成年人共同犯罪的案件予以分案起诉后均由少年法庭管辖,对少年法庭的办案压力是惊人的。而在目前少年民事、行政案件的审理尚未专门化的情况下,在每个法院均设置少年庭又不利于司法资源的集约化。因此,这种模式有望今后少年刑事司法机构及少年司法人员配备均充分的情况下得以实行。

第二种方案是在分案起诉、分庭分院审理的现有模式下,完善相关程序制度。如上文所述,分案起诉案件统一由少年法庭审理,尚需少年司法机构和人员的充实。那么,在目前的司法现状下,对适宜分案起诉的案件,未成年人仍由相应管辖法院的少年庭审理,成年人也仍由相应法院的刑庭审理。但针对上文提及的可能造成事实认定不一致、量刑不均衡等问题,有必要改革并完善相关程序制度。检察机关分案起诉后发现一案的事实认定与另一案事实认定不一致而错误的,或者一案的量刑与另一案量刑不均衡而不当的,若在抗诉的期间内,则应对该案提起抗诉;若已超过抗诉期间的,应当发起审判监督程序。法院对分案审理的案件发现事实认定不一

致或者量刑不均衡的,也应主动启动审判监督程序。这里需要注意的问题是,对共同犯罪案件分案起诉后事实认定不一致,有时候是一案事实认定错误,也有可能是由于不同法官对证据的认识不同而造成事实认识的差异;量刑不当的情况,是由于一案量刑不当或两案均在量刑幅度范围内法官裁量差异而造成的不均衡。一般而言,提起抗诉或发起审判监督程序的理由为事实认定错误或者量刑不当,但在分案起诉的情况下,无论基于何种原因造成事实认定的不一致或量刑的不均衡,均应成为抗诉或审判监督的理由。这是由于对"同案不同判"造成法律不公的救济利益远远大于对法官裁量权、裁判终局性的维护。制度和程序的完善可有效解决并遏制实践中检法沟通、法院交换意见等程序不公的现象。

2. 究竟何种案件不适宜分案起诉,对不适宜分案起诉的由哪个法庭审理

关于不适宜分案起诉的案件,上海的《人民检察院办理未成年人刑事案件的规定》与最高人民检察院的《关于未成年人与成年人共同犯罪的案件分案起诉分案审理的若干规定》存在一定出入,上海市规定中的"涉外或重大敏感案件"与最高人民检察院规定的"案件重大、疑难、复杂,分案起诉可能妨碍案件审理的"并不一致。笔者认为,刑事诉讼的目的在于实现诉讼的公正,分案起诉作为刑事诉讼中一项特殊检察制度,也不能违背刑事诉讼的目的。因此,若分案起诉将影响诉讼公正实现的,则应容许不分案的例外,而且也只有影响诉讼公正才能成为分案起诉的例外。而分案起诉影响诉讼公正的因素主要是对事实查明的妨碍。"涉外或重大敏感案件"仅仅系案件性质的特殊性,并不一定影响案件事实的查明。因而最高人民检察院规定的"案件重大、疑难、复杂,分案起诉可能妨碍案件审理的"的表述更为科学,而且上海市的地方性规定也不应突破效力更高的司法解释。此外,最高人民检察院和上海市的规定中均规定了"未成年人系犯罪集团的组织者或其他共同犯罪中的主犯的"案件也不适宜分案起诉。笔者认为,未成年人系主犯并不一定会导致分案后事实查明的障碍,立法作如此规定,只能推测为对犯罪情节严重的未成年人不作分案起诉的特殊保护。

对未成年人之所以进行特殊的保护主要是在于其系未成年人，而非其犯罪情节之轻重。犹如不能因未成年人系严重犯罪而对其公开审判，分案起诉也不能因未成年人为主犯而有所例外。所以笔者认为，应当删除该规定。对一些未成年人系主犯的共同犯罪案件，分案起诉可能影响案件审理的，则不予分案起诉，对此情况可纳入“具有其他不宜分案起诉情形的”兜底条款。

对不适宜分案起诉的案件究竟该由哪个法庭来审理？如上文所述，在改革分庭分院的审理模式的情况下，分案起诉的案件均由少年法庭的同一法官分开审理。那么对不适宜分案起诉的案件，笔者认为，原则上也应该由少年法庭统一审理。因为不适宜分案起诉的案件依然有需要特殊保护的未成年人，少年法庭的设置更有利于缓和未成年被告人的紧张恐惧情绪、少年法官也更擅长对未成年人开展教育、挽救工作。在德国，合并的案件原则上由少年法院一并管辖。但成年人刑事案件属于经济刑事法庭或刑事法庭管辖时，未成年人案件脱离少年法院的管辖，由其他法院审理。在日本，家庭法院负责处理较为轻微的未成年人犯罪案件，较为严重的未成人犯罪案件由普通法院进行审理。我国台湾地区的少年法院专门处理少年案件，但事件系属后年龄已满 20 周岁或较为严重的未成年人刑事案件及少年法院认为应该处于刑事处分的未成年人刑事案件，由普通法院管辖。这是由于我国台湾地区的少年法院和日本的家庭法院本身对案件的类型和量刑有一定的要求。① 我国并没有独立的少年法院，少年法庭都设置于普通的法院中，少年法庭受理案件的类型和刑罚处置要求与刑事法庭没有区别，所以对严重性质的刑事犯罪等由少年法庭统一管辖并无不妥。实践中不适宜分案起诉的案件也只占少部分，该类案件统一由少年法庭审理并不会对少年法庭的工作量产生较大影响。但在一案起诉的情况下为尽可能减少对未成年被告人的消极影响，在具体操作上可借鉴日本的做

① 翁跃强、雷小政主编：《未成年人刑事司法程序研究》，中国检察出版社 2010 年版，第 72～73 页。

法,如规定审理时的暂时回避,不恰当的发言制止等制度。[①]

3. 明确分案起诉中的有关程序问题

如上文所述,分案起诉判决后若一案被提起上诉或抗诉怎么处理?笔者认为,分案起诉的案件虽然得到了两份判决,但实质上为共同犯罪的同一案件,其中一个被告人的定罪量刑很有可能会影响共同犯罪的其他被告的定罪量刑。所以,如果检察机关对一案提起抗诉或一案被告人提起上诉,上级法院应当对共同犯罪予以全面审查,未被提起抗诉或上诉的案件应当中止执行。因为只对一个案件进行审理,势必会出现抗诉或上诉后重新认定事实、判决如何更改等一系列问题。我国刑事诉讼法对二审的案件也有全面审查的规定。至于分案审理中同一证人作证的内容先后不符的问题,笔者认为,应当将先前作证的内容在随后的庭审中再予以质证和认证,使不同的几份证言得到统一和固定。[②]

结论

分案起诉制度作为探索建立少年刑事司法制度过程中的一项创新举措,通过积极的实践已取得了良好的效果,得到了法律界和社会舆论的充分肯定,客观上也促进了少年案件的专业审理。但作为一项较新颖的制度,在施行的过程中必然会出现一些问题,需要我们在实践的操作层面上不断地探索,完善相关规定,为创立独立完整的少年刑事司法体系迈出重要一步。

---

① 《日本少年审判规则》第31条规定:"如认为公正审判需要,可以采取制止发言或者使少年以外的人员退席等恰当的措施。在审判过程中如认为发生了损害青少年德操的情况,可以使少年退席。"

② 徐美君:《未成年人刑事诉讼特别程序研究——基于实证和比较的分析》,法律出版社2007年版,第176页。

未成年人犯罪记录封存制度的构建与检察监督*

未成年人犯罪记录封存，是指司法机关在对符合条件的涉罪未成年人作出刑事处罚后，决定将其犯罪记录内部封存而不纳入相关个人档案，且非经批准不得对外披露的工作制度。这项制度在国际上的发展相对比较成熟和完善，而在我国则尚处于探索和起步阶段。虽然我国《未成年人保护法》第 57 条第 3 款明确规定“解除羁押、服刑期满的未成年人的复学、升学、就业不受歧视”，然而，在长期的司法实践中，由于未成年人的犯罪前科记录不受限制地公开在其相关个人档案内，导致上述法律规定难以落到实处，涉罪未成年人合法权益无法得到有效保障甚至受到不应有的歧视。因此，未成年人犯罪记录封存制度的构建，有利于促使那些不慎失足的未成年人在重新就学、择业过程中，能够真正享有与其他公民同等的权利和待遇，彰显了司法文明和人文关怀。

一、构建未成年人犯罪记录封存制度的现实价值

当前形势下，建立健全未成年人犯罪记录封存制度，无论在司法实践还是社会现实层面，都具有积极的意义和价值。

首先，从未成年人犯罪的现状来看，建立健全未成年人犯罪记录封存

* 华肖、李炜、龙潭、韩孔林、陈宇、杨丽萍，上海市闸北区人民检察院、上海市人民检察院第二分院。

制度具有迫切性。目前未成年人犯罪问题之所以突出，很大程度上体现在未成年人再犯率较高。以下是本市某基层检察院最近 3 年办理未成年人犯罪案件的有关情况：

表 1　上海市某基层检察院 2009～2011 年办理未成年人犯罪案件情况

年　份	提起公诉人数	再次犯罪情况	
		人　数	比　例
2009 年	71	7	9.9%
2010 年	63	6	9.5%
2011 年	47	7	14.9%

从上表数据可以看出，与提起公诉的涉罪未成年人逐年递减形成鲜明对比的是再犯人数居高不下，而且再犯率还出现了较大幅度的攀升。有的未成年人两次犯罪之间相隔时间很短，有的甚至在缓刑考察期内再度实施犯罪。造成这种状况的主客观原因错综复杂，但不能忽视"犯罪标签"对于一些曾经误入歧途的未成年人所产生的严重影响。曾有涉罪未成年人无奈地表示，正是因为有了前科劣迹，自己在学校受人歧视，退学后外出找工作又时常遭到冷遇，于是便自认为已无药可救，也不可能再被社会所接纳，进而丧失信心，自甘堕落，终于再度走上违法犯罪道路。如果能够限制这种"犯罪标签"的公开，则意味着赋予了那些愿意真诚悔罪、洗心革面的涉罪未成年人"重生"的希望，以利于激励其知耻而后勇，不致继续深陷"犯罪泥潭"。

其次，从未成年人的身心特点来看，建立健全未成年人犯罪记录封存制度具有合理性。一方面，未成年人处于身心成长发育阶段，其分辨是非、自我控制的能力相对薄弱，往往不能正确判断所作所为的性质和后果，实践中大部分未成年人的初次犯罪确属偶然，有的出于主观上一时好奇或者一念之差而错误地尝试了犯罪，有的则由于家庭破裂或者缺乏关爱等客观因素而不慎失足。另一方面，未成年人又具有较强的可塑性，减少违法犯罪意识形成的潜力也较大，即使沾染了"污点"，只要通过及时挽救和正确引导，仍有可能促使其改过自新，这从相关组织和部门对大多数涉罪未成年人后续观护、考察、帮教的评价上，已经得到了充分、客观地反映。因此，教育和挽救涉罪未成年人，促使其回归社会、适应社会，不能仅仅靠一些“说教式”的思想灌输和被动的监督防范，更要创造犯罪记录封存等机制、法制方面的有利条件，真正帮助涉罪未成年人摆脱阴影、忘却过去，从根本上防止再次犯罪的发生。

最后，从加强社会管理的角度来看，建立健全未成年人犯罪记录封存制度具有必要性。犯罪学研究表明，违法犯罪者的年龄越小，其再次犯罪的危险性就越大。从社会层面检讨，造成这种状况的重要原因是涉罪未成年人意图回归社会的初衷与社会实际接纳程度有限之间的突出矛盾。那些曾经误入歧途的未成年人在重新面对社会后，迫切需要解决复学、就业等一系列现实问题，而要消除其受到歧视和不公正待遇的压力，除了个人、家庭和学校等因素外，整个社会的包容与关爱不可或缺，倘若一味排斥或者听之任之，则可能导致涉罪未成年人“一失足成千古恨”，进而成为惯犯、累犯，对社会稳定与治安状况造成更大的负面影响。因此，就社会管理角度而言，有必要进一步探索处理未成年人犯罪前科问题的更加宽缓而又科学的政策和制度，赋予其与同龄人同等的应有权利保障，使之不再过度承受压力并顺利重返和融入社会，切实体现对这一特殊群体的特殊保护。

二、检察机关试点未成年人犯罪记录封存工作评析

2008 年 12 月，中央政法委在《关于深化司法体制和工作机制改革若干问题的意见》中，提出了“未成年人轻罪记录消灭制度”。从近年来检察机关实践探索和试点工作的情况来看，既有特色、创新之处，也存在分歧、争议的问题。

（一）试点工作的主要特点

检察机关试点未成年人犯罪记录封存工作，主要是对作相对不起诉的未成年人，经考察后符合要求的，不再将其相对不起诉的犯罪记录列入相关的个人档案。实践中，各级检察机关一般通过联合同级公安、法院、教

育、司法行政等职能部门会签文件或者达成协议的形式,规范和指导个案试点工作的开展。在制度规范和个案探索的基础上,有的试点单位还采取了与众不同的创新之举。例如,江苏省扬州市某基层检察院在试点工作中引进了律师介入制度,即律师可以为符合条件的涉罪未成年人申请犯罪记录封存,进一步增强了试点工作的透明度与合理性。又如,笔者所在的基层检察院将未成年人犯罪记录封存与社会矛盾化解相结合,形成并完善了"五步工作法":第一步筛选案件,深入分析矛盾化解的可行性;第二步听取被害人意见,积极创造矛盾化解的可能性;第三步作相对不起诉决定,依法消除矛盾化解的对抗性;第四步开展犯罪记录封存之前的考察工作,切实保证矛盾化解的有效性;第五步宣告刑事记录的封存,最终实现矛盾化解的彻底性。

(二)试点工作中的争鸣问题

总体而言,近年来检察机关开展未成年人犯罪记录封存试点工作固然取得了较为显著的成效,但也应当看到,在制度构建、程序设计等具体环节上,仍然存在一些不同认识和争鸣问题。主要包括:

1. 制度名称的规范化问题

上海检察机关在试点过程中,对作相对不起诉处理的未成年人犯罪档案的封存,称为"刑事污点限制公开制度";有的试点单位由于将未成年人违法记录也纳入了封存的范畴,因而称为"违法犯罪记录消灭制度"。随着刑事诉讼法的修订,目前理论和实务界更为普遍地采用了刑事诉讼法中"未成年人犯罪记录封存制度"的表述。但此项制度的名称,需要按照刑事诉讼法的规定统一规范。

2. 制度适用范围的规范化问题

在试点阶段,有的单位将适用犯罪记录封存制度的"轻罪"范围,限定在宣告刑三年以下有期徒刑、拘役、管制、单处附加刑或者免予刑事处罚的未成年人犯罪案件,而刑事诉讼法则提出应当对相关犯罪记录予以封存的范围为"被判处五年有期徒刑以下刑罚";有的单位仅将检察机关所作相对不起诉的记录予以封存,而有的则将同样具有"标签"消极作用的违法记录一并封存。需要指出的是,针对涉罪未成年人所作的相对不起诉决定、行政处罚决定等,虽然并非有罪的刑事判决,但根据我国现阶段的特殊国情和社会现状,我们认为确有必要将相对不起诉的记录以及治安拘留等相当于国外"轻罪"的行政处罚记录,与刑事立法上的"轻罪"判决记录一并予以封存。

3. 封存决定程序的规范化问题

结合近年来试点工作的经验,未成年人犯罪记录封存的决定程序存在两种选择:一是有权机关依职权启动,并在审查后决定封存,即依职权封存;二是有权机关依申请人的申请,启动审查程序并决定封存,即依申请封存。在试点工作中,司法实务部门几乎全部采用了上述第二种做法,即依申请封存的程序,但从刑事诉讼法的规定来看,更有可能采取依职权封存的模式,即对符合法定条件的涉罪未成年人刑事记录,均是"应当"启动封存程序,而且并不要求设置当事人申请的程序。此外,对于未成年人犯罪记录封存的审批也不尽相同,有的由检察机关自行审批决定,较为普遍的做法是由审查委员会审批决定,即由检察机关会同相关职能部门以及社区、学校共同组成审查委员会,决定并宣告对未成年人犯罪记录的封存。

4. 封存模式的规范化问题

由于存在司法机关为办案需要或者有关单位根据法律、法规的规定进行查询的例外情况,因此未成年人犯罪记录封存的效果具有相对性,即在有关个人档案中据实记载犯罪前科,并通过设置查询程序和权限予以封存,而不是完全意义上的销毁和消灭。同时,犯罪记录档案本身可分为纸质档案和电子档案,其封存模式也不尽相同。纸质档案的封存比较明确,主要是将未成年人的犯罪记录档案单独保存,未经审批不得随意公开、明示;电子档案的封存则通过在计算机查询系统中专门标注、设置查询权限等形式实施。相对而言,电子档案的封存面临一些"瓶颈"问题,如公安机关的户籍及前科记录管理涉及违法犯罪人员查询系统、案(事)件系统、网上办案系统、综合查询系统、公安档案查询系统等一系列内容,实现犯罪记录的封存要求对上述多个查询系统一并作程序修改,这在实践中尚存在一定的技术障碍。

三、进一步完善未成年人犯罪记录封存制度的若干思考

根据法治发展的客观需要,结合近年来试点工作的经验以及检察机关的职能特点,我们认为,对于未成年人犯罪记录封存制度的进一步完善,应当着重从以下三个方面入手:

(一)未成年人犯罪记录封存的法律依据

除了刑事诉讼法之外,是否还有支持检察机关构建未成年人犯罪记录封存制度的相应法律依据?对此,我们持肯定态度,其依据是《刑法修正案(八)》增设的关于免除特定未成年人前科报告义务之规定。因为对于实体性的免除前科报告义务而言,未成年人犯罪记录封存制度属于程序性的配套措施,彼此之间具有密切的关联性,前者是后者所要达到之目的,后者则是前者的方法和保障。事实上,刑事诉讼法的设想正是体现了这种与实体法之间的配套性和协调性,如同样规定了"犯罪时不满十八周岁""被判处5年有期徒刑以下刑罚"的要件。从这个角度理解,未成年人犯罪记录封存制度的建立,都必须以刑法关于免除前科报告义务和刑诉法关于犯罪记录封存的规定为根据。目前检察机关探索与实践未成年人犯罪记录封存制度,应当考虑并且依托上述法律依据,以体现制度的规范性和权威性。

(二)未成年人犯罪记录封存的启动程序

关于未成年人犯罪记录封存程序的启动,我们倾向于采纳依职权启动未成年人犯罪记录的封存程序,主要基于以下考虑:其一,刑事诉讼法以及经《刑法修正案(八)》增加的《刑法》第100条第2款关于免除未成年人前科报告义务的规定,必然要求司法机关和有关部门对未成年人犯罪记录予以事先封存。《刑事诉讼法》的修订体现了法治发展的方向和立法者的意图,对于司法实践中未成年人犯罪记录封存程序的设计和运行,具有指导价值。其二,虽然刑事实体法和程序法的修订对于适用免除前科报告义务和犯罪记录封存制度的未成年人,均表述为"被判处五年有期徒刑以下刑罚",但根据"举重以明轻"的原则,作相对不起诉处理的未成年犯罪嫌疑

人，其因犯罪情节轻微而不需要判处刑罚或者免除刑罚，相对于“被判处五年有期徒刑以下刑罚”的同类主体而言，其社会危害性和刑罚必要性都明显较小，既然被判处实刑的未成年人亦应当封存其犯罪记录，那么对于适用相对不起诉者犯罪记录的封存就更加理所应当。由此可见，检察机关对未成年人犯罪记录的封存是应当和必须履行的职责，所以必然要求由司法机关直接依职权启动封存程序，而没有必要设置被不起诉人及其法定代理人申请的启动程序。此外，刑事诉讼法规定的是“应当”封存，所以在试点工作中其后续的征求被害人意见、考察、核准程序，包括心理测试和社会调查工作，也都应当予以改革。

（三）未成年人犯罪记录封存的决定模式

关于如何决定对未成年人犯罪记录的封存，我们主张采取检察机关自行决定的模式。首先，如前所述，《刑法修正案（八）》增加规定免除未成年人前科报告义务后，检察机关对未成年人犯罪记录的封存，不应作为是否决定行使的一项权力，而是必须履行的职责和义务。在具体适用上，只要符合“犯罪时不满18周岁，被判处5年有期徒刑以下刑罚”的实体要件，就应当一律封存其犯罪记录，不需要经过申请、考察、审查等程序，故审查委员会的审查已没有必要。其次，刑事诉讼法关于未成年人犯罪记录封存的规定，在性质上属于刑事司法制度，理应由司法机关决定适用，司法机关以外的相关部门应当根据法律规定及司法机关的决定具体执行，并且可以就执行中的问题与司法机关协同沟通，但由其直接介入司法决定程序并不合适。最后，从司法成本及工作效率来看，检察机关直接决定未成年人犯罪记录的封存，较审查委员会共同决定更为便捷与高效。当然，对于未成年人犯罪记录封存的决定和执行，司法机关应当认真接受政法委宏观上的指导和协调，但这不应影响个案处理的相对独立性。

四、未成年人犯罪记录封存制度执行的检察监督

对于检察机关而言，除了要重视法律的正确适用以及未成年人犯罪记录封存制度本身的构建外，还应当关注和研究如何立足检察职能，加强和

完善对这项制度执行的监督问题。

（一）未成年人犯罪记录封存检察监督的必要性

人民检察院是国家的法律监督机关，其行使的法律监督职能，是指运用国家权力，依照法定程序，检查、督促和纠正法律实施过程中严重违法的情况，以维护国家法制的统一和法律正确实施的一项专门工作。这种法律监督主要涵盖司法监督与法纪监督两个方面。而司法监督则包括了依法对触犯刑律的犯罪分子的追诉和对有关司法机关在诉讼过程中适用刑事法律是否正确、合法实行的监督。因此，检察机关不仅代表国家出庭支持公诉，依法追究和惩罚犯罪分子，而且对司法机关开展的立案、侦查、审判、执行等诉讼活动实行全面、有力地监督。从性质上讲，未成年人前科报告义务的免除和犯罪记录的封存，都属于刑事司法制度的范畴，前者是实体性要求，后者是程序性保障，两者都伴随着检察机关作出的相对不起诉决定或者法院作出的刑事判决而产生，都属于刑事诉讼执行环节的重要内容。对于未成年人犯罪记录的封存，检察机关既有自身执行制度的法定义务，解决好“应该怎么做”的问题，也有监督其他职能部门执行制度的法定权限，落实好“做得怎么样”的问题。

与此同时，建立健全未成年人犯罪记录封存制度，其根本目的在于帮助失足的未成年人顺利地就学和就业，重新回归社会，防止其再度走上犯罪道路。这不仅涉及司法机关的职能履行，更需要各种社会力量的关注和社会资源的投入，所以与社会管理层面的工作是密切相关的，而创新和完善社会管理机制，正是检察机关深入推进“三项重点工作”的重要任务之一。由此可见，加强对未成年人犯罪记录封存制度的检察监督，是检察机关履行刑事诉讼监督职能、促进社会管理创新发展的客观需要，具有法律与社会的双重属性。

（二）未成年人犯罪记录封存检察监督的主要内容

未成年人犯罪记录封存的检察监督，其主要内容可以从适用法律和执行制度两个环节予以设定，前者是基础，后者是保障，都关系到制度运行的规范化问题。

1. 法律适用环节的合法性监督

法律适用是否正确,既是检察机关刑事诉讼监督的重要内容之一,又是未成年人犯罪记录封存制度启动与否的先决条件。对于法院因判处五年有期徒刑以下刑罚而决定封存未成年人犯罪记录的,应当针对法院作出的刑事判决,重点审查被告人的主体身份是否属于未成年人、判处五年有期徒刑以下刑罚是否符合刑法规定的量刑标准,以监督未成年人犯罪记录封存的适用是否具备法定的实体要件。当然,法律监督者自身权力的行使同样必须受到监督。鉴于上下级检察机关之间的领导与被领导关系,对于下级检察机关因作相对不起诉处理而决定封存未成年人犯罪记录的,上级检察机关应当针对不起诉决定,审查涉及犯罪记录封存实体要件的主体年龄、犯罪情节等相关内容;上级检察机关经审查,认为下级检察机关的不起诉决定确有错误,应当在撤销不起诉决定并交由下级检察机关提起公诉的同时,要求下级检察机关撤销对未成年人犯罪记录的封存决定。

2. 制度执行环节的规范性监督

司法机关作出案件处理结果并决定封存未成年人犯罪记录后,包括决定机关在内的诸多职能部门和单位如公安机关、司法行政机关、教育部门(学校)、用人单位、街道及社区基层组织,即应当承担起依法执行封存决定的义务,这些义务履行的规范性离不开检察监督。具体涉及两个方面:一是对有关职能部门犯罪记录封存、管理的规范性进行监督,包括是否依照司法机关的决定,及时封存了相关案卷、档案等材料,是否制定了专人保管、分类管理的工作制度,是否落实了相应的保密措施等;二是对特殊情况下查询和公开刑事记录的规范性进行监督,包括查询的主体和事项是否符合法律规定且具有必要性,相关职能部门和单位是否严格履行了制度规定和审查程序,其批准公开的犯罪记录内容和范围是否符合限制性要求,是否告知查询单位不得擅自公开查询内容的保密义务等。

(三)未成年人犯罪记录封存检察监督的运行模式

新《刑事诉讼法》正式确立了未成年人犯罪记录封存的法律制度,检察机关对这项制度执行情况的监督,完全能够纳入法律监督职能中刑事执行监督的范畴。无论是基于检察机关的相对不起诉决定，还是以法院刑事判决为根据而需要封存未成年人犯罪记录的情形，不仅都可以依法履行监督职能，而且监督的手段也比较丰富：一方面，检察机关可以通过检察建议的方式，对执行未成年人犯罪记录封存制度的情况进行监督，尤其要重视发现制度执行不规范、不到位的“一类问题”，有针对性地制发检察建议，督促、帮助执行单位制定整改措施、健全工作制度，必要时还可以由检察机关牵头，组织相关职能部门召开联席会议，就制度执行中的重大事项、争议问题形成合意，达成共识，确保未成年人犯罪记录封存工作取得实效，为进一步推动此项工作的规范化、制度化建设积累有价值的实践经验。另一方面，除了制发检察建议外，检察机关还可以运用纠正违法，甚至追究刑事责任等手段。例如，国家机关工作人员在执行未成年人犯罪记录封存制度过程中，滥用职权或者玩忽职守，对应当封存的犯罪记录不予封存，并且因违法公开未成年人犯罪记录而造成严重后果，构成犯罪的，检察机关应当依法立案侦查，追究其刑事责任。

需要指出的是，对于已封存未成年人犯罪记录的查询和公开的情况，检察机关同样有必要履行监督职能。执行单位决定公开犯罪记录后，应在规定时限内将具体的查询内容及审批情况，报送检察机关备案。检察机关经审查，发现不应当公开而予以公开的情形，应及时书面通知执行部门纠正，执行部门应当立即要求查询单位返还犯罪记录材料，并告知保密义务及相应的法律责任，同时将纠正及告知情况向检察机关书面回复。

未成年人刑事案件中和解程序的适用：冲突和选择*

一、问题的提出

2012年3月14日，第十一届全国人大第五次会议通过了《关于修改〈中华人民共和国刑事诉讼法〉的决定》，修订后的新《刑事诉讼法》将于2013年1月1日起施行。

1996年《刑事诉讼法》没有对未成年人刑事案件设置专门的诉讼程序，有关程序散见于《刑事诉讼法》《未成年人保护法》等法律以及有关的司法解释和规定中。新《刑事诉讼法》的一个重大变化是将过去一些年司法机关办理未成人刑事案件的成功经验上升为法律：新《刑事诉讼法》第5编特别程序设置"未成年人刑事案件诉讼程序"专章（第5编第1章）。本章第266条第1款规定："对犯罪的未成年人实行教育、感化、挽救的方针，坚持教育为主、惩罚为辅的原则。"这是办理未成年人刑事案件的基本原则，也是以往司法机关办理未成年人刑事案件的基本方针政策在新法中的体现。该原则当然也应适用于未成年人刑事案件中的和解程序。

第5编第1章没有特别规定未成年人刑事案件诉讼中的和解程序。同时，本章第276条规定："办理未成年人刑事案件，除本章已有规定的以外，按照本法的其他规定进行。"依此规定，未成年人刑事案件和解程序应适用第5编第2章"当事人和解的公诉案件诉讼程序"有关条款。该章第277

---

* 王卫明，上海政法学院法律学院副院长；王胜，上海市青浦区人民检察院。

条将适用刑事和解程序的案件限于较为严格的范围。而在以往未成年人刑事案件诉讼司法实践中,适用刑事和解的案件范围要远远宽于新法第277条的规定。基于未成年人案件特点,新法实施后,在未成年人刑事案件诉讼和解程序中严格适用第277条的规定将一方面与新法实施前的司法实践形成鲜明反差,另一方面则难以实现教育未成年人和保障未成年人权益的目的。因此,本文将从理论和实证两个层面论述未成年人刑事案件诉讼程序与当事人和解的公诉案件诉讼程序存在的内在紧张关系,论证未来未成人刑事案件和解程序适用的可能路径。

二、未成年人刑事案件诉讼程序的价值取向

未成年人刑事案件诉讼程序应当以保护未成年人,尽量采取少捕、慎诉、少监禁措施,帮助未成年被告人回归社会为价值取向。

2012年修订后的《未成年人保护法》第54条第1款规定:“对违法犯罪的未成年人,实行教育、感化、挽救的方针,坚持教育为主、惩罚为辅的原则。”2012年新修订的《刑事诉讼法》在第266条第1款明确规定此原则。新《刑事诉讼法》规定的犯罪未成年人刑事诉讼程序的原则和制度(附条件不起诉制度)都体现了对未成年人以教育与保护相结合、帮助未成年人实现回归社会的价值取向。这一价值取向是与未成年人身心发展的规律和特点相适应的,因而也是对未成年人特殊保障的基本要求。

未成年人处在人生起步阶段,心智发育尚未成熟,认识能力和控制能力尚不全面,容易受到家庭、社会等客观环境中不良因素的影响、诱惑而走上违法犯罪道路,同时可塑性强,易于接受教育感化,重归正途。如果司法机关采用单纯打击和处罚措施,给涉罪未成年人贴上犯罪的标签,不仅容易造成未成年人过早地丧失生活信心,甚至刑罚措施中的“交叉感染”导致其重新犯罪。对未成年人犯罪最大限度地贯彻“教育、感化、挽救”的司法原则,决定了未成年人刑事诉讼程序必须采用区别于成年人的特殊模式。在整个诉讼过程中保护涉罪未成年人的权益,不断感化他们的心灵,则成为一个法治先进国家司法机关义不容辞的责任。

三、未成年人刑事诉讼中的和解程序:实证的分析

刑事和解,是指公诉案件诉讼程序中,基于被害人与犯罪人达成和解协议,犯罪人得到司法机关从宽处罚的法律制度。1996 年《刑事诉讼法》只规定了自诉案件中的和解程序,没有规定公诉案件中的和解程序。不过,在中国当前的社会转型时期,一方面是犯罪数量有增无减,刑罚的一般预防功能“失效”,另一方面是被害人的权利得不到保障,被害人申诉、上访从而引发社会不稳定。因此,自 2002 年以后,在公诉案件诉讼程序中开展刑事和解已经作为一些法院和检察院的司法尝试。①

司法机关进行的十余年的刑事案件和解程序尝试的确在很大程度上起到了保障被害人的权利、缓解社会矛盾和较少司法机关办案压力的目的。刑事和解的司法尝试特别在未成年人犯罪刑事诉讼领域发挥了重要的作用。可以认为,出于未成年人保护的目的,司法机关(主要是检察机关)在未成年人刑事案件诉讼程序中运用和解程序更加广泛。

(一)一个数据样本

自 2009 年以来截至 2012 年 6 月,上海市某区人民检察院共办理未成年人刑事和解案件 35 件,其中涉及的侵犯财产案件类型有盗窃 11 件 11 人、抢劫 12 件 18 人、抢夺 1 件 1 人,“两抢一盗”案件的和解数量占和解案件总数的 68%;妨害社会公共秩序的寻衅滋事 7 件 7 人;侵害人身权益类型的故意伤害 2 件 2 人、强奸 1 件 1 人;危害公共安全类型的放火 1 件 1 人。

(二)未成年人刑事和解案件特点分析

我们认为,未成年人刑事案件和解程序总体上体现出适用案件范围的宽泛化和结果的轻缓化两大特征。

适用案件宽泛化的基本特征是绝大多数未成年人犯罪的案件都可能

---

① 2002 年北京市朝阳区人民检察院制定的《轻伤害案件处理程序实施规则(试行)》,可以被视为刑事和解在实务部门探索的“先声”。此判断见于陈卫东:《构建中国特色刑事特别程序》,载《中国法学》2011 年第 6 期。

适用刑事和解程序。特别值得注意的是，在未成年人刑事案件和解司法实践中，对于实施放火等扰乱公共秩序、破坏公安安全犯罪的，如果情节轻微，造成的公共利益损害较小的，这些案件也被纳入了刑事和解的范围。这一点与成年人刑事案件中适用和解有显著的不同。

为实现刑事和解对促进涉罪未成年人悔罪、重返社会、减少社会矛盾的功能，实践中将刑事和解的法律后果扩大到减轻处罚、从宽处理、不起诉等多层次的范围。目前，主要存在两大类处理方式：一种是非监禁化处理方式，即检察机关对提起公诉的案件以量刑建议的方式建议法院判处缓刑、管制、单处罚金、免除刑罚等；另一种是非刑罚化处理方式，即公安撤案和相对不起诉。在检察机关已经办理的35件刑事和解案件中，加害人被判缓刑的17件19人，被轻判的12件15人，相对不起诉5件6人，退回公安另处1件1人。其中，26名涉罪未成年人刑事和解后未被羁押，占和解总数的74.3%，这大大提高了涉罪未成年人的非羁押率。

从法律效果和社会效果来看，未成年人刑事案件和解程序所体现的适用范围的宽泛化和处理结果的轻缓化特征，真正实现了当事人之间的矛盾纠纷化解，从而有利于社会关系的恢复，也在一定程度上节省了国家的司法资源。

四、未成年人刑事案件和解程序与新《刑事诉讼法》刑事诉讼和解程序之间内在的紧张关系

（一）当事人和解的公诉案件诉讼程序的立法目的和当事人立场

新《刑事诉讼法》第5编第2章规定“当事人和解的公诉案件诉讼程序”。第277条规定和解的适用条件、适用和解的案件范围及除外条件，第278条规定司法机关对和解的审查，第279条规定和解的法律效果。

在新《刑事诉讼法》规定刑事诉讼和解程序之前，司法机关已经进行了近十年的刑事和解司法尝试。[①] 该司法实践的背景是长期以来刑事诉讼通

① 参见陈卫东：《构建中国特色刑事特别程序》，载《中国法学》2011年第6期。

常是以对犯罪人的刑罚为最后结果,而被害人的损失却得不到赔偿、社会矛盾难以根本化解;国家对被害人的救助也难以实现,被害人权利得不到保障,从而影响了社会的和谐和稳定。[①] 因此,新《刑事诉讼法》专章规定刑事诉讼和解程序的基本目的应在于化解矛盾纠纷。《关于〈中华人民共和国刑事诉讼法修正案(草案)〉的说明》指出:"刑事诉讼法对自诉案件的和解作了规定。为有利于化解矛盾纠纷,需要适当扩大和解程序的适用范围,将部分公诉案件纳入和解程序。"[②]刑事和解所化解的矛盾不是抽象的社会纠纷和社会冲突,而是犯罪人与特定被害人之间的矛盾纠纷。矛盾纠纷产生于因犯罪人实施犯罪行为而造成的对他人的伤害(包括精神上的和经济上的),矛盾纠纷的化解则应以被害人对犯罪人的谅解为标志。[③] 故而,新《刑事诉讼法》第 277 条将被害人自愿和解和被害人对犯罪人的谅解作为适用刑事和解的基本条件。犯罪人的真诚悔罪,赔偿损失和赔礼道歉都必须以被害人最终是否对犯罪人谅解和是否自愿与犯罪人达成和解协议为依归。

当事人和解的诉讼程序以矛盾纠纷化解为基本目的,和解的过程即双方的意思自治过程,[④]和解程序总体上体现犯罪人与被害人的合意,我们称之为和解程序的"当事人立场"。

(二)未成年人保护与和解程序当事人立场的内在紧张关系

在未成年人刑事诉讼程序中,诉讼程序需要体现、实现保障未成年人的目的,因此,程序的设计基本上是以未成年及其权利保障为中心的。比如,新《刑事诉讼法》第 268 条规定的调查制度、第 271 ~ 273 条的附条件不起诉制度。其中,附条件不起诉制度特别典型体现出对未成年人的保障:

---

① 宋英辉、郭云忠、李哲等:《公诉案件刑事和解实证研究》,载《法学研究》2009 年第 3 期。

② 王兆国:《关于〈中华人民共和国刑事诉讼法修正案(草案)〉的说明》,2012 年 3 月 8 日在第十一届全国人民代表大会第五次会议上的报告。

③ 虽然犯罪人对被害人的经济赔偿往往是促成被害人谅解的重要动力,但被害人对犯罪人的谅解才是矛盾纠纷化解的基本标志。

④ 当然和解的法律效果体现了国家的意志:一方面表现在司法机关对和解的审查,另一方面由司法机关根据不同诉讼的阶段作出处罚决定或判决。

轻微刑事案件，实施犯罪的未成年人悔罪的，检察机关依法作出附条件不起诉的决定，体现了为保护未成年人权益的国家刑罚权的适当退让立场。尽管附条件不起诉决定作出前需要听取被害人意见，但被害人意见不是决定因素。因此，未成年人刑事案件诉讼程序体现的是未成年人保护的立场。

当未成年人刑事案件适用和解程序时，就可能产生和解程序的“当事人立场”与未成年人刑事诉讼程序“未成年人立场”之间的冲突。和解程序中的当事人立场既意味国家立场（国家刑罚权）的适当退让（表现为司法机关对犯罪人的从宽处罚决定和判决），也意味在和解的启动和和解的达成阶段当事人起着决定性的作用，司法机关只是事后对和解内容的合法合理性进行审查。而在未成年人刑事案件和解程序中，虽然国家刑罚权的退缩立场是与成年人刑事案件中的和解是相同的，但未成年人刑事和解整个过程却体现了鲜明的国家主导特征（虽然可能形式上和解仍需基于双方当事人的自愿以及中间组织主持和解），原因在于未成年人刑事案件办理中的“教育为主、惩罚为辅”原则支配着包括和解程序在内的诉讼过程。“教育为主、惩罚为辅”的刑事政策和诉讼原则与和解过程中双方当事人（特别是被害人）的关系是：国家有必要将对未成年人特别保护的立场贯彻到和解阶段，特别是明确告知被害人，让被害人理解对涉罪未成年人保护的重要性，从而让被害人更容易形成对未成年人的谅解而达成和解。

（三）刑事和解案件范围与未成年人刑事和解实践之间的具体差异

适用刑事和解的案件范围是和解程序的关键内容。第 277 条第 1 款规定：“下列公诉案件，犯罪嫌疑人、被告人真诚悔罪，通过向被害人赔偿损失、赔礼道歉等方式获得被害人谅解，被害人自愿和解的，双方当事人可以和解：（一）因民间纠纷引起，涉嫌刑法分则第四章、第五章规定的犯罪案件，可能判处三年有期徒刑以下刑罚的；（二）除渎职犯罪以外的可能判处七年有期徒刑以下刑罚的过失犯罪案件。”该款采取案件型和可能判处的刑罚两个标准来界定刑事和解的案件范围。从总体上来看，新法关于刑事和解案件范围的规定比新法通过前的未成年人刑事和解案件的范围窄。

适用刑事和解的故意犯罪限于涉嫌《刑法》分则第 4 章和第 5 章规定的犯罪案件,而未成年人刑事和解实践中的案件类型还包括扰乱公共秩序的犯罪、危害公共安全的犯罪等类型。特别是,对于故意犯罪,新法明确限定为"因民间纠纷引起"。"因民间纠纷引起"是指犯罪的起因,是公民之间因财产、人身等问题引发的纠纷,既包括因婚姻、邻里纠纷等民间矛盾激化引发的案件,也包括因口角、泄愤等偶发性矛盾引发的案件。[①] 但是,未成年人实施的故意犯罪案件,大多数不是"因民间纠纷而引起的"。这样便意味绝大多数未成年人案件都不能适用刑事和解程序。

事实上,我们注意到新法对于刑事和解案件范围的限定不仅与新法实施前的未成年人刑事和解实践存在差异,而且与成年人犯罪诉讼和解程序适用的案件范围也存在很大差异。在过去的刑事和解实践中,故意犯罪可能判处的刑罚远不限于三年有期徒刑以下刑罚,甚至有因和解而撤销死刑判决的不典型案例,[②]和解成功的案件案由也广泛分布于刑法第 2 ~6章。[③]

概言之,对未成年人宽松的刑事政策必将与新《刑事诉讼法》条文形成严重对立。在司法实践中,对未成年人犯罪的刑事和解掌握得十分宽松。并且可以预见,基于最大限度地教育、挽救涉罪未成年人,帮助未成年人回归社会的未成年人刑事政策,司法机关即便在新《刑事诉讼法》实施后还是会尽可能较为宽松地运用刑事和解。因此,为避免法律规范与现实做法的差异,将刑事和解的案件范围确定为所有侵害特定被害人的故意犯罪和有直接被害人的过失犯罪,那么绝大多数未成年人犯罪案件也能适用刑事和解,从而有利于实现对未成年人的教育和保障。

因此,未成年人刑事案件适用和解程序将形成两个紧张关系。一是未

---

① 黄太云:《刑事诉讼法释义》,载《人民检察》2012 年第 8 期。

② 参见最高人民法院刑事审判第一至第五庭:《刑事审判参考(总第 65 集)》,法律出版社 2009 年版,第 1 页。

③ 宋英辉、郭云忠、李哲等:《公诉案件刑事和解实证研究》,载《法学研究》2009 年第 3 期。当然,和解成功的案件集中于刑法第 4 章和第 5 章规定的犯罪。

成年人刑事诉讼程序的未成年人保护立场与和解程序的当事人立场之间的紧张关系。二是刑事和解实践(包括未成年人刑事案件中的和解)中的案件范围与新《刑事诉讼法》规定的案件范围之间的紧张关系。

五、未成年人刑事案件和解程序的选择

(一)未成年人刑事案件和解程序应特殊规定

我国刑事政策历来强调对未成年人优先、特殊保护,强调对未成年人犯罪适用轻缓处罚的能动司法理念。首先,最高人民检察院颁布的《关于在检察工作中贯彻宽严相济刑事司法政策的若干意见》(2006 年)第 4 条、12 条,《人民检察院办理未成年人刑事案件的规定》(2013 年)第 12 条等条文中,强调人民检察院在办理未成年人刑事案件中应当注重社会效果,鼓励当事人双方和解,着重于未成年人悔罪态度及被害人的谅解意愿,并据此作出从轻处理的结果。上述规定均让司法能动性在未成年人刑事案件和解程序运用中占有重要的地位。其次,未成年人刑事诉讼中规定能动性刑事和解程序,对宽严相济刑事政策的落实及和谐社会的构建都具有重大的积极意义。未成年人犯罪成因的特殊性和未成年人的可改造性,决定了适用刑事和解符合宽严相济中"宽"的精神,而且被害人容易对其谅解,社会大众能够接受。社会和被害人并不会过于纠结能动司法可能带来的与成年人刑事案件相比较的执法"偏差"。最后,司法机关在办理未成年人刑事案件全程中能动介入和解的外部条件已经具备。所谓的外部条件即司法机关纷纷设置了未成年人刑事案件专办机构,既有检察机关的未成年人刑事案件检察科,又有法院的少年庭,甚至有的地方在公安机关也开始设置未成年人刑事案件专办机关(小组),充分利用好这些外在资源,发挥好刑事和解程序在未成年人教育挽救刑事工作中的作用,将大力提升少年司法工作。

(二)未成年人刑事和解的类型范围应当适当宽泛

新《刑事诉讼法》对刑事和解案件类型范围的规定主要以刑法分则为基础,以侵害财产、人身权益类型作为基本内容,在一定程度上体现了新法

对刑事和解的先决要求:加害方与被害方意思自治、社会关系可修补性等要素,但这种规定并不全面。一方面,一些具有类似要素特征的犯罪不能纳入,如寻衅滋事罪、敲诈勒索等;另一方面,没有考虑到未成年人案件的特殊性及司法能动性的要求。相对于成年犯而言,未成年犯具有预谋犯罪少,冲动犯罪多,主观恶意小,悔罪态度好,社会危害性小,矫正治愈后较成年犯效果好等特点,决定了未成年人刑事案件具有开展和解工作的优势条件。对未成年人而言,适用刑事和解不至于造成对被害人、犯罪人利益保护和公共利益保护的失衡。

另外,对未成年人刑事和解范围应当采取宽泛的原则也有一定的法律依据。最高人民检察院颁布的《关于在检察工作中贯彻宽严相济刑事司法政策的若干意见》《人民检察院办理未成年人刑事案件的规定》明确要求在办理未成年人案件过程中加强加害方与被害方的和解工作,促使涉罪未成年人早日悔罪、认罪,重返社会,其对刑事和解范围的划定以犯罪主客观危害性大小为依据,没有将刑事和解案件范围以刑法分则的形式作出限制,甚至有条文直接建议将未成年人实施的初次犯罪、未遂案件,情节轻微的,不问案由一概纳入和解范围。实践中,办理未成年人刑事案件适用和解工作的法律依据也多来源上述意见规定。

因此,未成年人刑事案件可以和解的案件范围不应以刑法分则章节的形式加以限制。立足于未成年人保护的特殊立场,根据未成年人的心智特点和行为特点,未成年人犯罪适用刑事和解的案件除了新法规定的第4章、5章外,也应当包括初犯、偶犯、犯罪情节较轻微的寻衅滋事、聚众斗殴、敲诈勒索等对公共利益损害相对较小的刑事案件。以往的未成年人犯罪刑事和解的案件还包括故意伤害罪(轻伤)、非法侵入住宅罪、过失致人死亡罪、过失致人重伤罪、盗窃罪、诈骗罪、抢夺罪、敲诈勒索罪、故意毁坏财物罪等多种类型。这些是否合适也纳入未成年人刑事和解案件范围内,也是值得讨论和探索的。

未成年人刑事诉讼中和解案件范围的扩大并不意味削弱国家刑罚权,也不意味降低对社会秩序和公共安全的保障。第一,国家刑罚权在刑事和解程序中始终是“在场”[1]的，它体现在司法机关对和解的审查权，审查的内容既包括和解的真实性和当事人的自愿性，也包括和解内容是否违反国家法律法规的规定，是否违反社会秩序、公共道德，是否侵犯他人权利。第二，和解的法律效果是犯罪人可能受到司法机关的从宽处罚决定或判决，司法机关是否做出从宽处罚决定和判决既与和解的达成有关，也与犯罪性质、情节轻重等因素有关。司法机关应根据上述因素对犯罪人作出合法合理的决定或判决，以平衡当事人之间的矛盾纠纷的化解和社会秩序公共安全的维护之间的关系。第三，虽然可以适用和解程序的案件范围扩大，但是案件基本限定在直接针对特定被害人的故意犯罪和造成被害人伤害的过失犯罪，以及少数对社会秩序和公共安全危害不大的故意犯罪。当然，抽象地说，犯罪是具有社会危害性的行为看。但从个案来看，犯罪对个人的危害程度和对社会的危害程度总是有区别的。如果犯罪主要是造成对个人的伤害，那么这类犯罪应该具有进行刑事和解的可能。

总之，理论方面，我们需要分析未成年人刑事诉讼程序与刑事和解程序之间的立场差异，以及由此形成的未成年人刑事和解程序存在的内在紧张关系。实践方面，在新《刑事诉讼法》实施后，我们需要有针对性地通过法律解释，适当放宽对未成年人犯罪案件适用刑事和解的条件、范围及方式，以达到保障未成年人权益的目的。

---

① 借用周光权教授的用词。参见周光权:《论刑事和解制度的价值》，载《华东政法学院学报》2006年第5期。

论未成年人刑事和解制度的构建*

刑事和解制度，是指在刑事诉讼活动中，被害人和加害人以认罪、赔偿、道歉等方式达成谅解后，司法机关不再追究加害人刑事责任或者对其从轻处罚的一种案件处置方式。其目的和价值在于恢复被犯罪破坏的社会关系，在公共利益、被害人利益和加害人利益之间寻求一种平衡。2012年3月14日第十一届全国人民代表大会第五次会议《关于修改〈中华人民共和国刑事诉讼法〉的决定》，增设了专门的章节规定了公诉案件刑事和解制度，对司法实践具有重大的指导意义。对未成年人适用刑事和解是各国通例，也是刑事司法国际准则少年司法特殊要求的具体化。如何在新刑事诉讼法的背景下，规范未成年人刑事和解制度的实践，并结合未成年人案件的特殊性构建未成年人刑事和解制度，正是本文所要探讨的内容。

一、对新《刑事诉讼法》关于刑事和解制度规定的梳理

新《刑事诉讼法》第5编“特别程序”之第2章“当事人和解的公诉案件诉讼程序”由三个法条组成，规定了公诉案件刑事和解制度的适用范围、适用条件、适用程序、和解方式和法律效力等内容。虽然这一规定并未明确提出刑事和解制度这一概念，但其对特定范围公诉案件适用刑事和解程序的设定，已见刑事和解制度的雏形，成为《刑事诉讼法》的一大亮点。下面笔者将对照新《刑事诉讼法》的相关规定逐条进行梳理。

---

* 刘宇，上海市人民检察院。

（一）对《刑事诉讼法》第277条的理解

《刑事诉讼法》第277条规定："下列公诉案件，犯罪嫌疑人、被告人真诚悔罪，通过向被害人赔偿损失、赔礼道歉等方式获得被害人谅解，被害人自愿和解的，双方当事人可以和解：（一）因民间纠纷引起，涉嫌刑法分则第四章、第五章规定的犯罪案件，可能判处三年有期徒刑以下刑罚的；（二）除渎职犯罪以外的可能判处七年有期徒刑以下刑罚的过失犯罪案件。犯罪嫌疑人、被告人在五年以内曾经故意犯罪的，不适用本章规定的程序。"这一条文对适用当事人和解程序的公诉案件的罪名、刑度、限制性条件及和解适用的条件等，一一作了明确规定。

1. 可适用当事人和解程序的公诉案件的范围

因民间纠纷引起的侵犯公民人身权利、民主权利罪、侵犯财产罪，可能判处三年有期徒刑以下刑罚的故意犯罪案件及除渎职犯罪以外的可能判处七年有期徒刑以下刑罚的过失犯罪案件。

第一，对"民间纠纷"的理解。民间纠纷是指发生在公民之间、家族之间、邻里之间、家庭内部成员之间的，有关人身、财产权益等各种矛盾的表现。由民间纠纷引发的刑事案件，一般会引发三类损害后果：对他人身体心理的伤害、对他人人格名誉的损害、对他人财物的损毁和这些损害后果均可以通过和解的形式予以弥补。同时由于民间纠纷是一种非根本对立性的矛盾，加害方与被害人方之间存在某种纽带关系，具备达成和解的情感基础。因此，自古以来我国民间就有由耄老或者族长来调处民间纠纷的传统。

那么，司法实践中常见的单纯以侵财为动机的抢劫、抢夺、盗窃犯罪，是否可以适用刑事和解呢？笔者认为答案是否定的。首先，单纯以侵财为动机的两抢一盗案件，多发生于陌生人之间，加害人单纯出于侵财目的而实施犯罪行为，其明显不属于由民间纠纷引发的刑事案件。其次，此类案件中，加害人多是随机选择作案对象，重复实施侵害行为的可能性比较高，较之由民间纠纷引发的刑事案件的社会危害性大，因此不宜对此类案件适用刑事和解。但在司法实践中，对于此类案件，仍然应当促使加害人赔偿被害人的损失，以维护被害人的合法权益。

第二，对“可能判处刑罚”的理解。可能判处刑罚应当是指宣告刑而非法定最高刑。也就是说，即便法定最高刑为三年以上的故意犯罪案件或七年以上有期徒刑的过失犯罪案件，如果犯罪嫌疑人、被告人存在自首、立功等从轻、减轻处罚的情节，仍有适用刑事和解可能。而在判决宣告之前，由于犯罪嫌疑人、被告人尚未受到审判，所以并不存在一个实际的宣告刑，只能依靠办案人员结合具体案情预估处罚结果。这就需要办案人员在对案情全面掌握的同时，必须对法院的量刑标准有比较准确的把握，才能具备比较精确的预判能力。而近年来推行的量刑规范化改革，为办案人员准确预判刑罚提供了现实可能性。

第三，对刑度限制的理解。从司法实践来讲，可能判处三年有期徒刑以下刑罚的故意犯罪案件及可能被判处七年有期徒刑以下刑罚的过失犯罪案件，多为轻罪案件。新《刑事诉讼法》的这一规定体现了立法机关区分重罪与轻罪，只对轻罪适用刑事和解的立法宗旨。对于重罪案件能否进行刑事和解，一直是备受争议的问题。有观点认为除危害国家安全犯罪的案件外，其他刑事案件均可适用刑事和解，实践中有些地方司法机关也尝试在重伤害案件、死刑案件中适用刑事和解，既有成功的案例，也有被公众广为诟病的案例。相反的观点认为，在重罪案件中“如果允许被害方与被告方的交易，看起来似乎维护了被害方的利益，实际上是以牺牲整个公平信念为代价的，是以牺牲法律的尊严和权威为代价，其最终的结果是法律可以被任意解释。因此，如果允许这种和解成立，或许从某一点上看，可能还有一定合理性；从面的角度来看，公平则荡然无存”。[①] 对这一问题的争论在刑诉法修改论证的过程中也得到了充分体现。《刑事诉讼法修改专家建议稿》曾建议将刑事和解作为我国刑事诉讼法的一项原则予以规定，这意味刑事和解的适用将不受任何限制。但正式公布的《刑事诉讼法》则并未采纳这种观点，而将刑事和解作为一种特殊程序，并严格限制适用范

---

① 孙万怀：《死刑案件可以并需要和解吗？》，载《中国法学》2010 年第 1 期。

围,这是对一些地区司法实践的纠偏,体现了相对较为稳妥的立法思路。

第四,对排除渎职犯罪的理解。过失犯罪的犯罪嫌疑人、被告人的主观恶性、人身危险性、再犯可能性较之故意犯罪的犯罪嫌疑人、被告人小,因此出于宽严相济刑事司法政策的考虑,可以对此类犯罪适用刑事和解。但渎职犯罪应当被排除在和解范围之外,这是由于渎职犯罪是发生在国家公务活动领域的犯罪行为,往往给国家与人民利益造成重大的损失,同时这种行为也损害了公众对国家机关工作人员职务活动客观公正性的信赖,对此类犯罪行为适用刑事和解既无现实基础,也不能得到公众认同。

2. 适用刑事和解制度的限制性规定

犯罪嫌疑人、被告人在五年以内曾经故意犯罪的,不适用刑事和解,这一规定考量的是犯罪嫌疑人、被告人的主观恶性。将主观恶性作为刑事和解的限制性条件是十分必要的。因为刑法的功能包括一般预防和特殊预防,即刑法所保护的不仅仅是被害人的个人利益,还要保护社会公共利益(潜在被害人的利益),如果被害人主观恶性大,重复实施犯罪行为的可能性高,那么其可能伤害的对象也具有不确定性,在此种情况下实施和解,可能导致刑法的特殊预防功能落空,而不利于长期的社会安定和谐。

那么,在新《刑事诉讼法》第 275 条规定了"涉罪未成年人犯罪记录封存"制度的背景下,这一限制性规定是否适用于未满十八周岁时故意犯罪,但该犯罪记录已被封存的犯罪嫌疑人、被告人？这涉及犯罪记录封存的法律效力问题。绝大多数建立前科消灭制度的国家都规定在符合一定条件的情况下,对未成年人的前科记录予以销毁,如澳大利亚《青少年起诉法》、瑞士《刑法》、法国《刑事诉讼法典》、英国《前科消灭法》等都有相关规定。《北京规则》也规定:"少年犯罪的档案不得在其后的成人诉讼案件中加以引用。"我国新《刑事诉讼法》虽然规定了犯罪记录封存制度,但仍允许司法机关出于办案需要进行查询。考虑到涉罪未成年人犯罪记录封存制度,帮助涉罪未成年人重新做人,顺利复归社会的初衷,笔者认为,对未成年人的曾经犯罪记录的查询及在刑事审判中的适用应当进行严格的限制,一般而言,只有当曾经犯罪的记录直接用来证实犯罪构成要件或者与犯罪直接相关的事实时，才可使用。而在刑事和解过程中，由于犯罪嫌疑人认罪，犯罪记录只是用于证明犯罪嫌疑人或被告人的人身危险性，因此不应允许司法机关为此查询并使用犯罪嫌疑人、被告人未成年时期的犯罪记录。也就是说犯罪记录已被封存的犯罪嫌疑人、被告人，再次犯罪时，仍然享有进行刑事和解的权利。

3. 适用刑事和解的条件

一是犯罪嫌疑人、被告人真诚悔罪，二是双方当事人自愿。犯罪嫌疑人、被告人真诚悔罪，应当以犯罪嫌疑人、被告人做有罪答辩，自愿认罪为前提。正如丘普（Chupp）所认为的那样，“为了修复所受到的损害，恢复社会关系，人们必须首先知道已经发生了什么。因此，任何恢复性司法程序必须建立在真相陈述的基础上，并以之为程序的起点”。[①] 刑事和解制度的基础就是加害人与被害人之间的和解，要达成和解就要为被害人提供感情疏通的渠道，只有加害人拿出悔改的诚意，如实向司法机关交代案件的事实、经过以及实施犯罪行为的原因，并与被害人及其家属在真诚互信的氛围下沟通，才能开展实质性的会商并达成和解方案。因此，如果犯罪嫌疑人、被告人拒不认罪，即便其具有赔偿意愿，具备赔偿能力，也不能适用刑事和解程序。

双方自愿是启动刑事和解的另一重要先决条件。《联合国关于在刑事事项中采用恢复性司法方案的基本原则》第 7 条规定：“只有在有充分证据指控犯罪及受害人和罪犯自由和自愿同意的情况下才可以使用恢复性司法程序。受害人和罪犯在程序期间应当能够随时撤回这类同意。”《刑事诉讼法修正案（草案）》第 274 条曾规定：“对于下列公诉案件，犯罪嫌疑人、被告人自愿真诚悔罪，通过向被害人赔偿损失、赔礼道歉等方式获得被害人谅解的，双方当事人可以达成和解协议……”而在正式公布的修正案中，此条特别加入了“被害人自愿和解”的内容，可见立法机关对双方自愿，特别是被害人的自由意志的强调程度。刑事和解作为一种合意型的纠纷解决

① 转引自杜宇：《理解“刑事和解”》，法律出版社 2010 年版，261 页。

机制，尊重双方当事人的自由意志是其必须遵循的原则。对于被害人意志的尊重，也增强了被害人在刑事诉讼过程中参与性，避免被害人出于办案人员或加害方的压力被迫和解的情况，更有利于维护被害人的权益。

4. 刑事和解的形式

犯罪嫌疑人、被告人可通过向被害人赔偿损失、赔礼道歉等方式获得被害人的谅解。刑事和解的形式多表现为犯罪嫌疑人、被告人对被害人经行经济赔偿，并取得被害人谅解。但从刑事和解的本质来说，其并不仅限于经济赔偿，还包括赔礼道歉、恢复名誉、具结悔过等多种形式。

（二）对《刑事诉讼法》第278条的理解

《刑事诉讼法》第278条规定："双方当事人和解的，公安机关、人民检察院、人民法院应当听取当事人和其他有关人员的意见，对和解的自愿性、合法性进行审查，并主持制作和解协议书。"虽然这一法条规定的比较原则，但仍从和解的参与人员、政法机关的职责等方面对刑事和解制度的适用程序做了总体构架。

1. 刑事和解的参与人为双方当事人和其他有关人员

双方当事人包括：加害方指犯罪嫌疑人、被告人及未成年犯罪嫌疑人、被告人的法定代理人；被害方指被害人、未成年人被害人的法定代理人，其他有关人员可以是辩护人、委托代理人、社工、司法行政人员等相关人员。特别是对于加害方是未成年人的时候，可以邀请未成年人所在社区工作人员或专业社工参与和解，听取其对案件处理及是否同意对未成年人采取非羁押措施或判处缓刑的意见。

2. 公安机关、人民检察院、人民法院在刑事和解过程中的职责

一是听取当事人和其他有关人员的意见，对和解的自愿性、合法性进行审查。刑事和解是双方合意的纠纷解决机制，其应当尊重双方当事人的自由意志，遵循民事行为平等、自愿的原则。但由于和解发生在公诉案件中，刑事和解的结果会影响对案件的最终处理，基于刑法基本原则和国家追诉主义，国家专门机关亦不能完全消极被动。因此，新《刑事诉讼法》赋予公安机关、人民检察院、人民法院和解监督职责，对刑事和解的自愿性、

公正性、合法性及和解协议履行情况进行审查、监督,并据此依法对案件作出处理。

二是主持制作和解协议。从字面意义来看,由公安机关、人民检察院、人民法院主持制作和解协议可以有两种理解:一种理解是,公安机关、人民检察院、人民法院的承办人员,直接参与刑事和解的过程并作为和解过程的主持人,并将和解的结果予以记录形成和解协议。另一种理解是,公安机关、人民检察院、人民法院不一定直接参与刑事和解的过程,双方当事人自行达成和解协议或委托第三方调解达成协议后,将协议内容提交办案机关审查,符合法律规定的,则由相关办案机关制作和解协议。在第一种理解模式下,公安机关、人民检察院、人民法院作为刑事和解的监督机关,同时又是刑事和解的主持人,其实质上既当运动员又当裁判员,有悖程序公正的要求。同时,公安机关、人民检察院、人民法院作为国家公权力的代表,由其出面主持、推动调解过程,难免使加害方与被害方的自愿和解带有强制性色彩。因此,选取第二种和解模式,更加有利于维护刑事和解程序的公平和公正。

(三)对《刑事诉讼法》第279条的理解

《刑事诉讼法》第279条规定:"对于达成和解协议的案件,公安机关可以向人民检察院提出从宽处理的建议。人民检察院可以向人民法院提出从宽处罚的建议;对于犯罪情节轻微,不需要判处刑罚的,可以作出不起诉的决定。人民法院可以依法对被告人从宽处罚。"该条款规定了刑事和解的法律后果。

刑事和解可能带来两类法律后果,一种是作出不起诉决定,另一种是依法从宽处罚。不起诉决定是程序性规定,而从宽处理则是具有实体意义的量刑情节。在我国刑事实体法中量刑情节可划分为法定情节和酌定情节。法定情节是指法律明文规定在量刑时必须予以考虑的情节,很显然,目前我国刑事实体法中并没有明确将达成刑事和解作为可以从轻、减轻处罚的法定情节。而刑事诉讼法作为程序法,其目的在于解决刑事诉讼的程序问题,不具备设定具有实体意义的量刑情节的功能。因此,在实体法并未将“刑事和解”作为从宽处理的法定情节规定的情况下，可以将达成刑事和解的情况视为酌定情节中“犯罪嫌疑人或被告人犯罪后的认罪、悔罪态度”的具体表现形式，以保证程序法规定与实体法规定之间的协调。

同时，该规定排除了实践中公安机关对在侦查阶段达成刑事和解的案件，进行不立案或撤销案件的处理方式。我国刑事诉讼体系中，公安机关、人民检察院、人民法院是分工合作，相互制约的关系，其中人民检察院是法律监督机关，负责对刑事诉讼的全过程进行监督。而公安机关在侦查阶段和解不立案或和解撤案，案件不能进入刑事诉讼程序中，检察院、法院不能对公安机关适用刑事和解是否适当、双方当事人是否自愿、和解协议是否合法等进行有效的监督，有将公诉案件“私了”的嫌疑。因此，从维护国家公诉权的角度及便于监督的角度来看，应当对实践中这一做法予以纠正。

二、未成年人刑事和解制度的探索与实践

近年来，刑事和解制度在司法实践中的探索可谓是遍地开花，很多省、市、地方的刑事司法实践中均有开展。而未成年人刑事司法工作历来是刑事司法改革的试验田，因此对未成年人适用刑事和解制度的探索更加深入。以笔者所在的上海市为例，2000 年年初，上海各级未检部门已开始就在未成年人刑事案件中如何正确有效地运用和解制度进行理论研讨和实践探索。历经十余年的发展，检察阶段未成年人刑事和解工作的实践已经由点及面，遍及全市各个区县的基层未检部门，为刑事和解制度的确立积累了丰富的实践经验。随着实践探索的日益成熟，未成年人刑事和解制度已经发展为一项特殊检察制度，成为上海特色未成年人刑事检察工作的重要组成部分。下面笔者对未成年人刑事和解工作在上海的实践进行简要的介绍。

（一）未成年人刑事和解的适用范围

对未成年人刑事和解适用的案件范围：属于侵害特定被害人的故意犯罪或者有直接被害人的过失犯罪，依法可能判处三年以下有期徒刑、拘役、管制或者单处罚金的刑事公诉案件。对严重侵害国家、社会公共利益，严

重危害公共安全、社会公共秩序,以及侵害不特定多数人合法权益的未成年人刑事案件,不适用刑事和解。适用较多的罪名主要有盗窃罪、抢夺罪、故意毁坏财物罪、故意伤害(致人轻伤)罪、交通肇事罪等常见的未成年人犯罪案件。

在实践中,一些区检察院也对未成年人刑事和解适用的案件范围进行了探索性的尝试,主要有以下两个方向:一是尝试在侵犯社会公共秩序犯罪案件中适用刑事和解,典型的案例就是在寻衅滋事案件中适用刑事和解。未成年人实施的寻衅滋事犯罪,多表现为随意殴打他人或强拿硬要少量财物等行为,这类行为有明确的被害人,虽然发生在公共场所,但对公共场所秩序的影响不甚严重,对其进行刑事和解并不明显违背公共利益。二是尝试在一些重罪案件中适用刑事和解,如故意伤害(致人重伤)罪、抢劫罪。对未成年人重罪案件中适用刑事和解的探索一直是非常谨慎的,实践中一般是选择具有自首、立功等法定从轻、减轻情节的案件,同时对于犯罪原因、未成年犯罪嫌疑人个人情况、社会帮教条件等进行综合的考量。在已经进行和解的案例中,均取得较好的法律效果和社会效果。

(二)未成年人刑事和解模式的选取

实践中刑事和解的模式主要有三种:一是双方当事人自行和解后,将和解协议提交检察机关确认;二是由人民检察院作为调解人主持加害方和被害方进行和解;三是由人民检察院委托人民调解委员会,由人民调解委员会主持加害方与被害方的和解过程,人民检察院负责对和解的过程、和解协议的真实性、合法性进行监督。在刑事和解制度探索的初期,一般是采用双方当事人自行和解或由检察院来主导双方进行和解。对于加害方与被害方的意志高度一致的,可以由双方当事人自行和解;对于双方当事人虽有和解意愿,但是在和解诉求上有一定差异的,一般由承办案件的人民检察院主导双方进行和解。由于人民检察院承办人员对案件基本情况比较熟悉,由其主导和解过程,有利于案件的快速处理。2006 年上海市高级人民法院、上海市检察院、上海市公安局、上海市司法局制定了《关于轻伤害案件委托人民调解的意见》,该意见指出对符合调解条件的轻伤害案件应委托人民调解委员会进行调解。参照这一规定,部分区检察院未检部门将符合条件的未成年人刑事案件委托人民调解委员会进行调解。由于人民调解委员会系专业调停机构,从业人员具有调处民事纠纷的丰富经验,且人民调解委员会在刑事诉讼过程中处于中立地位,由其主持调解更易取得双方当事人的信任,提高了和解的成功率,同时也弥补了由人民检察院主持调解模式中,人民检察院即当运动员又当裁判员的尴尬身份。

(三)未成年人刑事和解的法律后果

根据诉讼阶段的不同,刑事和解的法律后果也各不相同。在审查逮捕阶段达成和解协议的,应当将和解作为逮捕必要性审查的重要因素予以考虑,对于符合相对不捕条件的,应当作出相对不捕决定;对于不符合相对不捕条件而批准逮捕的案件,启动快速审理机制,建议公安机关快速移送审查起诉,并在提起公诉时建议法院从宽处理。在审查起诉阶段达成和解协议的,犯罪嫌疑人在押的,如符合取保候审条件并具备监护帮教条件的,可以变更强制措施。对于其中犯罪情节较轻,符合相对不起诉条件的案件,可以作出相对不起诉决定;对确实需要提起公诉的案件,可以建议法院从宽处理。对于因达成和解协议而相对不捕、相对不诉的案件,一般由专业社会组织对未成年人进行为期三个月的观护帮教。

(四)刑事和解的监督机制

人民检察院是刑事和解的监督机关,负责对刑事和解双方是否自愿,和解过程是否合法,和解协议内容是否违背公平原则,是否违背法律规定、社会公序良俗及和解协议的履行情况进行监督,对不符合上述要求的和解协议,不予承认其法律效力。

承办案件的人民检察院对和解案件的选择及和解后对案件的处理是否适当也是刑事和解监督机制的重要内容。上海市未检部门发挥独立建制的三级未检部门的优势,建立了不捕、不诉案件的备案制度,强化上下级未检部门之间的监督机制。下级检察院未检部门在办理未成年人刑事案件过程中,对因达成和解协议而做出不捕、不诉决定的案件,应及时将决定报上级人民检察院未检部门备案,接受上级人民检察院审查,上级人民检察院审查后,对下级检察院适用刑事和解不当的案件予以纠正。同时,上级人民检察院未检部门,对刑事和解制度在实践过程中出现的具有共性的问题及执行中遇到的疑难问题进行指导,以保证执法的统一性和合法性。

由于缺乏立法支持,上海市各级未检部门在未成年人刑事和解制度的探索过程中,也遇到了一些有待解决的问题:一是适用刑事和解的案件范围不统一;二是实践中多种调解模式并存;三是不同办案机关对和解退出机制的理解不一致,如公安机关在侦查阶段对达成和解的刑事案件进行撤销案件处理,人民法院对在审判阶段达成和解的案件,要求公诉机关撤回起诉另作处理;四是刑事和解监督机制不健全。

三、新刑事诉讼法框架下未成年人刑事和解制度构建

新《刑事诉讼法》规定了公诉案件刑事和解程序,但并未区分成年人案件和未成年人案件。因此,未成年人公诉案件的刑事和解必须遵循新《刑事诉讼法》的规定,对现行实践中与新《刑事诉讼法》相违背的做法予以纠正和规范。下面笔者就规范和完善未成年人刑事和解制度提出以下设想。

(一)未成年人刑事和解程序适用的案件范围

未成年人案件刑事和解适用的案件范围应当严格遵循新《刑事诉讼法》第 277 条的规定。同时对于法定范围外的未成年人案件,虽然不能依法适用刑事和解程序,但对于确给被害人造成损失的案件,也应当积极开展促赔工作,敦促加害人退赃、退赔,以维护被害人的合法权益,更好地化解社会矛盾。

(二)未成年人刑事和解程序的适用条件

一是案件事实已经查明,证据确实充分,能够证实加害人构成犯罪。基于此,在公安侦查阶段适用刑事和解应当更为谨慎,必须在案件事实已经查清,能够证实加害人构成犯罪的情况下才能适用刑事和解程序。二是加害人做有罪答辩,认罪态度良好,确有悔改表现。三是双方当事人自愿。

(三)刑事和解程序的具体操作

1. 告知程序

公安机关、人民检察院、人民法院在受理有被害人的刑事案件后,应当及时告知加害方和被害方可以提出刑事和解申请的权利,同时告知适用刑事和解可能带来的法律后果。

2. 刑事和解程序的启动

刑事和解制度的启动,依据提出主体的不同分可以为两种情形:

(1)依当事人的申请而启动。在案件审查过程中,加害方、被害方或双方共同向案件承办机关提出刑事和解的申请,承办机关接受申请后依法审查该申请是否符合刑事和解制度的规定,如果符合规定,应启动刑事和解程序。在审查过程中应充分听取被害人意见,如果被害人损害得不到足够赔偿或被告人漠视被害人利益,被害人不同意采用刑事和解解决冲突的,不得适用该程序。

(2)依职权启动。承办案件的公安机关、人民检察院、人民法院在审查案件的过程中发现可以适用刑事和解的案件,可以分别征求加害方和被害方的意见,如果双方都同意适用刑事和解程序,则可以启动刑事和解程序。

3. 和解协议的达成

对于加害方与被害方双方和解意向明确、分歧不大的,加害方与被加害方已经自发达成和解协议的,办案机关组织双方召开调解协商会议,听取双方当事人的意见,对和解协议的自愿性、合法性进行审查。经审查,符合法律规定的,由办案机关主持制作和解协议。对于加害方与被害方不能自发达成和解协议的,应当由办案机关委托人民调解委员会进行调解。由人民调解员召集双方当事人召开调解协商会议,并主持调解过程,办案机关应当派员参与会议,对调解的过程进行监督,但不应主动发表意见,在达成和解协议后,由办案机关主持制作和解协议。

4. 调解协商会议

调解协商会议一般有加害人及其代理人、监护人和亲属,受害人及其代理人或监护人、亲属,加害人生活社区或就读学校人员、人民调解员、社会工作者等人员参与。在调解协商会议上,加害人与被害人可以就案件事实进行直接的交流,由被害人描述犯罪行为给其带来的伤害及对生活的影响,加害人首先认罪,然后向被害人陈述其犯罪动机,对犯罪行为的认识,向被害人道歉并表示悔过,被害人可对其表示宽容和谅解。由于未成年人没有独立财产,一般由其法定代理人代为履行赔偿义务,未成年人难以认识到自己行为的危害性,而与被害人面对面的交流,可以更加直观的帮助未成年人认识到其行为的违法性和社会危害性,因此这样的沟通和交流是必不可少的。

5. 和解协议的内容

加害方与被害方达成和解后,应当在公安机关、人民检察院、人民法院的主持下制作和解协议书。和解协议书的具体内容可以包括:

(1)向被害人道歉;

(2)立悔过书;

(3)向被害人支付相当数额的财产或非财产上的损害赔偿;

(4)向政府或指定的公益机构支付一定的损害赔偿;

(5)向指定社区提供规定时间的社区公益劳务;

(6)保护被害人安全的义务;

(7)预防再犯所为的义务;

(8)被害人对加害人表示谅解。

(四)刑事和解制度的结案方式

在侦查阶段达成刑事和解协议的,公安机关可对未成年犯罪嫌疑人采取非羁押措施,并在移送审查起诉时提出从轻处理的建议,对不适宜采取非羁押措施的,应尽快移送审查逮捕或审查起诉;审查逮捕阶段达成和解协议的,人民检察院可依法作出不予批准逮捕决定,对不符合不予批准逮捕条件的,应当建议公安机关尽快移送审查起诉;在审查起诉阶段达成和解协议的,人民检察院可依法作出附条件不起诉或相对不起诉决定,对必须移送起诉的案件,应当提出从轻处理的量刑建议;人民法院对已经达成刑事和解的未成年人应当从轻处罚,尽可能适用非监禁刑。

（五）刑事和解程序的监督机制

一是对和解协议的监督。根据新《刑事诉讼法》的规定，公安机关、人民检察院、人民法院应当通过听取双方当事人的意见，对和解的自愿性和合法性进行审查。对于委托人民调解委员会进行调解的，公安机关、人民检察院、人民法院应当对调解的过程进行监督，确保和解是在双方自愿、平等的情况下进行。同时，公安机关、人民检察院、人民法院还应当派员对和解协议的公平性进行审查，协议涉及的经济赔偿数额或其他补救办法应当与被害人受犯罪损害而造成的实际损失及加害人应当承担的责任相适应，并且应当考虑未成年犯罪嫌疑人及其法定代理人的赔偿、补救能力。以防出现个别家庭经济状况良好的犯罪嫌疑人，通过高额补偿诱使被害人接受和解，而获得从宽处理的机会；或者被害人利用加害方急于达成和解协议的意向，索要高额赔偿，胁迫加害方接受和解协议的情况。

二是和解协议执行的监督。公安机关、人民检察院、人民法院应当对和解协议的执行情况进行监督。和解协议中规定的赔礼道歉、立悔过书等可以当场履行的，应当当场履行。对于需要给付赔偿金的，一般也应当在达成和解协议后当场给付，对给付确有困难的，可以由双方当事人约定给付的时间和给付的方式。在这种情况下，可以指派主办案件的承办人作为“和解协议监督人”，对加害人履行赔偿协议的情况进行适时的检查、督促。对于加害人不履行或者不完全履行和解协议、并非真实悔罪，或者加害人以金钱收买受害人或受害人慑于加害人的威胁以至于并非自愿的达成协议的情况，公安机关、人民检察院、人民法院可以重启刑事诉讼程序，追究加害人的法律责任。对和解协议中约定由加害人向指定社区提供社区公益劳务的，可以委托所在社区的专业社会工作者进行监督。如加害人未按和解协议约定进行社区公益活动，则及时向公安机关、人民检察院、人民法院提出撤销和解协议的意见。

性侵害未成年人犯罪中“负有特殊职责的人员”之界定*

在最高人民法院、最高人民检察院、公安部、司法部2013年10月颁行的《性侵意见》中，出现了一个新的概念——“负有特殊职责的人员”，亦即那些对未成年人负有监护、教育、训练、救助、看护、医疗等特殊职责的人员，该《意见》对于这类特殊群体的操行设定了更严格的要求。按照《意见》的规定，对幼女负有特殊职责的人员与幼女发生性关系的，以强奸罪论处；对已满14周岁的未成年女性负有特殊职责的人员，利用其优势地位或者被害人孤立无援的境地，迫使未成年被害人就范，而与其发生性关系的，以强奸罪定罪处罚；对未成年人负有特殊职责的人员实施强奸、猥亵犯罪或者组织、强迫、引诱、容留、介绍未成年人卖淫等性侵害犯罪的，在从重处罚的基础上再依法从严惩处。由此，这类对未成年人负有特殊职责的人员作为性侵害犯罪中相对特殊的一类群体，其主体身份的有无不仅关系到量刑问题，更可能关系到构成何种犯罪的问题，因而，如何恰当、准确地认定“负有特殊职责的人员”的主体身份便显得尤为重要。本文拟就与此相关的若干问题加以探讨。

一、“负有特殊职责的人员”的外延

在《性侵意见》颁行之前的相关法律及司法解释中未曾出现过“负有特

* 康相鹏，上海市徐汇区人民检察院。

殊职责的人员”这一概念。其实,“负有特殊职责的人员”的准确称谓应当是“对未成年人负有监护、教育、训练、救助、看护、医疗等特殊职责的人员”,“负有特殊职责的人员”只是《性侵意见》为简化条文而临时新设的一个概念而已。《性侵意见》在界定“负有特殊职责的人员”外延时列举了六类人员,但在六类人员之后,还附加了一个“等”字。众所周知,中文语法中的“等”字通常可以在两种意义上加以理解,一种是“等”字前的内容尚未列举穷尽,另一种则相反,意指“等”字前的内容已经列举穷尽,前者的外延是开放的,后者的外延则是封闭的。显然,如何理解这里的“等”字,必然会存在着见仁见智的争讼。笔者认为,这里的“等”字应当在外延开放的意义上来加以理解。其理由如下:

首先,立法的简洁性喻示这里的“等”字应当在开放意义上理解。法律条文的表述应当简洁明了,没有多余的字、词、句,这是立法技术的最基本要求之一。如果条文拟定者的本意是要将主体限定为六类特殊群体的话,则完全可以表述为“对未成年人负有监护、教育、训练、救助、看护、医疗职责的人员”,而完全没有必要加入“等特殊”三个字,删除“等特殊”三个字后,丝毫不会有损条文原意。从善意的角度揣测,条文拟定者不会犯下如此低级的错误,其之所以在条文中保留“等特殊”三个字,正是要昭示我们,其本意并不在于将主体只限于六类人,还包括其他特殊主体。事实上,立法者在法律条文中先是列举部分对象,继而以“等”字结束,并在“等”字后面加上一个概括性概念的表述方法屡见不鲜。例如,以《刑法》第68条关于立功的规定为例,“犯罪分子有揭发他人犯罪行为,查证属实的,或者提供重要线索,从而得以侦破其他案件等立功表现的,可以……”这里,所列举出来的“犯罪分子有揭发他人犯罪行为,查证属实的,或者提供重要线索,从而得以侦破其他案件”这两种情形均属立功。但我们知道,刑法中的立功并不限于这两类行为,司法解释中此后还确立了其他若干立功的情形,而立法者在刑法关于立功的条文中只是列举了两类之后便以“等”字收尾,在“等”字后面又以“立功表现”这样一个概括性概念对此前的列举做出归纳。这也就表明,两种立功情形之后的“等”字并没有穷尽所有的立功情形，立功的具体情形有待于司法解释的进一步细化。如果认为上述所举立功之例中的列举了两类情形之后以“等”字结束的方式还不足以支持笔者的结论的话，不妨再看一例，《刑法》第 286 条第 3 款在关于破坏计算机信息系统罪的条文中规定，“故意制作、传播计算机病毒等破坏性程序，影响计算机系统正常运行，后果严重的……”这里在“破坏性程序”前只列举了“计算机病毒”一种情形，此处的“等”字显然应当毫无争议地理解为包括两种以上对象，否则绝不需要“等”字来加以指称，而是完全可以将“等破坏性程序”六个字删除。通过如上列举可以发现，“等”字后面的概念往往为一种概括性概念，而其前面所列举的情形与其后面的概括性概念属于个别与一般的关系，是一种种属关系，为方便起见，姑且将立法中的这种情形称为“列举型概括”。尽管刑法尤其强调罪刑法定原则，但这种列举型概括无论是在刑事实体法，还是刑事程序法，抑或是司法解释中，比比皆是，如《刑法》第 56 条第 1 款、第 151 条第 3 款、第 177 条第 1 款第 2 项、第 180 条第 4 款、第 185 条之一第 2 款、第 194 条第 2 款、第 229 条第 1 款、第 244 条之一第 1 款、第 262 条之二、第 281 条第 1 款、第 319 条第 1 款、第 342 条、第 351 条第 1 款、第 360 条第 1 款、第 364 条第 2 款、第 375 条第 3 款、第 405 条第 2 款等条文中均存在类似情形。①《关于依法惩治性侵害未成年人犯罪的意见》对“负有特殊职责的人员”的外延界定所采用的其实正是这种列举型概括的方式。

其次，在开放意义上理解这里的“等”字可以回应当前社会生活的现实状况。应当说，六类特殊主体已经涵盖了当前涉及对未成年人负有特殊职责者的常见范围，但笔者认为，尚未全部涵括，在当前仍有相当一部分主体可纳入“负有特殊职责的人员”范畴之列。例如，按照《上海市未成年人保护条例》（第 5 条）的要求，市和区县、乡镇人民政府以及街道办事处应当设立配备必要工作人员的未成年人保护委员会，其职责在于根据法律、法规

---

① 例如，第 351 条第 1 款中的“罂粟、大麻等毒品原植物”、第 319 条第 1 款中的“护照、签证等出境证件”、第 360 条第 1 款中的“梅毒、淋病等严重性病”。考虑到行文篇幅及必要性，此处对相关条款不再多作详举，读者可自行查阅相关条文。

的规定以及上级人民政府的要求和部署，做好未成年人保护工作。显然，该委员会及其工作人员对未成年人所履行的实际上是一种保护职责，这种保护职责归入上述六类情形中的任何一类似乎均有所不妥，但又有必要将其纳入特殊职责范畴之列。从《性侵意见》所列举的六类特殊主体来看，其与特定的未成年人之间之所以能够形成监护、救助、医疗等某种特定的关系，或者源于法律的规定——如监护，或者源于此前的某种民事法律行为——如医疗等。尽管这种关系有时并不因特殊主体个人而生，而是由于其隶属的单位以及其本人履行某种职务或业务等因素综合所致，但无论如何，作为特殊主体的一方，无论是从特殊主体个人还是从其所属的单位来看，其与未成年人之间实际上是平等民事法律主体之间的关系，这一关系存在于双方之间，不需要外力介入，是一种“私对私”的关系；而未成年人保护委员会作为政府机构下设的部门，具有“公”的性质，其职责本在于对前述“私对私”的关系加以监督，若“私对私”的关系没有解决好，则其作为具有“公”的性质的第三方可以依职权主动介入，履行相应的监督乃至处罚职能，此时，无论其与特殊主体一方，还是未成年人一方，均属一种“公对私”的关系。从合理性角度而言，作为“私”的特殊主体一方对未成年人实施了侵害行为尚且需要予以惩处，则在某种意义上而言，其职责本在于预防与禁绝这种“私”主体的侵害行为的“公”主体反倒实施了同种侵害行为，就如同抓贼者借着抓贼的名义干起了贼的勾当，这种行为岂非更恶劣？设想一下，当未成年人受到某类特殊群体人员的侵害，向未成年人保护委员会求助，但负有保护职责的工作人员却倒行逆施，对未成年人实施性侵害，让本欲求助的未成年人受到二次伤害，处于雪上加霜的境地，这种行为的社会危害性岂不更大，岂非更有打击必要？就如同“举轻以明重”的入刑法则一样，如果不将这类群体列入“负有特殊职责的人员”范畴之内，显然不够妥当。当然，还可以转换思路，为针对这类特殊主体的刑法惩处寻求理论依据，因为受未成年人保护委员会的性质所决定，当未成年人向其求助之际，未成年人与该委员会（工作人员）之间已经建立起一种保护与被保护的直接关系，二者的关系已经特定化，只不过，从其性质与内容来看，这种特定的保护关系不宜视作六类关系中的任何一类罢了。再如，仍以《上海市未成年人保护条例》为例，其第28条明文规定，“各级妇女联合会应当会同教育、卫生等行政管理部门和其他有关社会团体开展家庭教育指导，组建和培训家庭教育指导队伍”。这种指导队伍如果组建，那么其性质如何？其成员是否亦可以视作负有特殊职责的人员？贸然给出否定答案恐怕并不妥当。由此，从实践中的情形来看，将“负有特殊职责的人员”的外延仅仅限定于既定的六类特殊群体，难言妥当与合理。

最后，在开放意义上理解这里的“等”字可以使相关的法律条文被赋予一定的前瞻性，从而更具适应性。客观地说，即便不认同笔者的上一条理由，而是认为相关的部门不属于保护性组织，其工作人员不属于“负有特殊职责的人员”，当前的社会生活中也不存在六类人员之外的主体，那么，从逻辑上来说，也不能由此得出将来不会出现其他的保护未成年人的专门机构，或者其他与六类特殊职责性质类似的职责群体的结论。恰恰相反，社会生活每天都在给实证的法律提供着鲜活素材，即便某种预料中的情况当前不存在，也难保其今后不会出现。在1997年《刑法》制定过程中，想必没有多少人想到婚内强奸或组织男性卖淫的情形，但时隔不久，这两种情形便相继出现了。如果恪守形式的罪刑法定主义，认为组织男性卖淫的行为不构成组织卖淫罪，认为婚内强奸不构成强奸罪，则只能对刑法加以修正，才能将这两种社会危害性丝毫不亚于组织女性卖淫以及普通强奸的行为认定为犯罪。与其大动干戈，动用、消耗大量的立法资源去修改法律条文，不如以合理的法学方法对相关的条文加以实质解释，将新情况、新现象通过解释分析，涵摄于既有的法律概念、法律条文之内。在经过短暂而激烈的争论之后，如今，组织同性卖淫亦为组织卖淫，婚内亦可存在强奸的观念已为多数人所接受。从罪刑法定的角度来说，刑法当然应当尽可能地保持其稳定性，并具有最大的明确性，但社会生活永远处于流变之中，新情况、新现象不断涌现，如果机械地固守形式的罪刑法定主义，则刑法很快便将因其僵化刻板而对社会生活无能为力，成为一部“死法”，这几乎是一条无需论证的“公理”。我国当前以近乎两年一次的频率在不断推出新的刑法修正案,这一事实既表明了社会生活变动之快速,以致法律不得不因时因势地加以修正,同时也启示立法者,如果能够通过立法技术来保持法律的适度前瞻性,尽可能地保持法律的稳定,减少修正频率,将何其可贵!在开放意义上理解本论题中的"等"字,其实正是一种前瞻性立法技术的体现,是保持法律稳定性的可取之道。

二、"负有特殊职责的人员"的内涵

毫无疑问,诸如未成年人的同住监护人、未成年人就读学校的授课老师这类主体明显属于"负有特殊职责的人员"。但在某些情形下,界定某一类主体或某一特定的主体是否属于"负有特殊职责的人员"并非清晰可辨,可能会存在着一定的争议。例如,未成年人救助机构、儿童福利机构的在编人员都属于这里所探讨的特殊主体吗?直接接触未成年人,对其进行救助、抚育的工作人员的主体资格应当没有异议,但机构内的临时工或者清洁工呢?恐怕就不能一概而论了,否则在特殊主体的把握上可能失之过宽,有将特殊主体泛化之虞,从而不当地扩大打击面,有违设定这一主体范围的初衷。那么,应当如何把握特殊主体的范围呢?这里其实涉及一个关键问题,即如何理解"特殊职责"的问题,在何种条件下才能认为某类主体或某个主体对未成年人负有特殊职责呢?对此,有必要首先从"职责"这个特定的概念入手,"职责"的问题解决了,人员范围的问题其实也就迎刃而解了。[①]

(一)"职责"的内涵与来源

如果按照词典的解释,职责即"职务和责任",[②]同时包括了职务和责任两层含义,二者的关系是并列、并重的。笔者认为,"负有特殊职责的人员"

---

① 笔者认为,"职责"前的限定词"特殊"一词其实并无特别含义,无非是意指某类特定的职责,该职责与其他职责并无二致,只不过因存在于特定的当事人之间而特定化而已,或许,用"特定"一词来形容更为合适。当然,无论采用"特定"还是"特殊"加以限定,均无碍于"职责"含义的理解。

② 中国社会科学院语言研究所词典编辑室编:《现代汉语词典》,商务印书馆2005年第5版,第1750页。

中所强调的"职责"与词典中的这种职责的含义应当有所不同。"负有特殊职责的人员"所担负的职责主要应当从"责任"这层含义上加以理解，更多的时候是与身份联系在一起的，主要是基于人身关系、身份关系而产生的一种责任，未必需要有"职务"的存在，"职务"并非必要条件。例如，在监护关系中，监护人与被监护人之间是一种亲情关系、亲属关系，将其视为一种"职务"似乎不够妥当，毕竟，职务是"职位规定应该担任的工作"，①其中心词是"工作"，并非某种特定的身份关系。当然，如果在某些情形下要求有"职务"的话，也应当是在"职务"基础上的"责任"，重心仍然应当落在"责任"上。将这里的"职责"与词典中的"职责"概念略作区别对待并无不妥，并不存在逻辑上的悖论，正如域外学者所言，"某一个特定的日常用语所包含的内容到底如何，往往是有争议的。某一条特定法律规定是否适用的争论往往产生于此。法律一旦采用了某个字眼，它的含义就应被看作与日常用法有所不同"。②

那么，这种重心应当落在"责任"上的"特殊职责"到底应当如何理解呢？不妨先从《性侵意见》出台的背景来加以考察，由于"去年（2012年——笔者注）以来，全国多地发生未成年人遭受性侵害事件，刺痛着人们的眼球和神经，也引发了全社会对加强未成年人保护的反思和讨论"，③为依法从严打击性侵害未成年人犯罪，全方位保护未成年人，"两高两部"遂适时出台了《性侵意见》。结合《性侵意见》的出台背景来看，笔者认为，"负有特殊职责的人员"对未成年人所担负的"特殊职责"其实可以在"义务"的视角上来加以理解，亦即要求若干特定的主体不得针对未成年人做出有违其身份及职业伦理的不法举止，当然，由于义务是与权利相对的一个概念，因而带着浓厚命令性规范色彩的"职责"与"义务"又并非完全等

① 中国社会科学院语言研究所词典编辑室编：《现代汉语词典》，商务印书馆2005年第5版，第1750页。

② ［英］彼得·斯坦、约翰·香德：《西方社会的法律价值》，王献平译，中国法制出版社2004年版，第81页。

③ 人民法院报特约评论员：《司法利剑护佑未成年人成长》，载《人民法院报》2013年10月25日头版。

同的概念。如众所知，按照通说，在不作为犯中，行为人的义务来源主要有四个方面，其一，法律明文规定的；其二，职务或业务上要求的；其三，法律行为引起的；其四，先行行为引起的。[①] 而就《关于依法惩治性侵害未成年人犯罪的意见》所列举的六类特殊职责来看，监护显然是来自法律的明文规定，至于其他五类，则多为职务或业务上要求的义务，但也不排除这一义务来自法律规定或者当事人的约定等。由此，这里的“职责”来源，主要可以在三层视角加以考察，其一，因法律的明文规定而生；其二，因职务或业务上的要求而生；其三，因当事人的约定而生。但其中有交叉重叠部分如教育，既有法定的因素，也有职业要求的因素。总体而言，职责的形成着眼于民事法律关系的视角，是因出于特定的民事目的而在平等主体之间形成、产生的民事法律关系，尽管作为“因”的特定前行为可能是双向的，双方之间互享权利，互负义务，但作为“果”之一的“职责”却只是一种“负有特殊职责的人员→未成年人”的单向性义务。

（二）“职责”的条件限定

“职责”的有无直接决定了“主体资格”的有无。因此，认定“负有特殊职责的人员”的范围，在某种意义上其实就是如何看待这里的“职责”的范围，“职责”的认定在其中至关重要。由于具体情况千差万别，复杂多变，想要明确、精准地断言某一类主体对于某些特定的未成年人是否负有某种特殊职责几无可能，但有必要设定若干基本要件对“职责”的范围加以大致的勾画。笔者认为，如下几条要件应当得到遵循。

1. 这种职责须存在于特定的当事人之间

无论何种职责，维系于职责两端的行为人必须是特定的，亦即“负有特殊职责的人员”必须基于法律规定或者民事法律行为的约定等而与特定的未成年人形成某种关系。例如，医生的职责是救治病人，但这种职责是一种宽泛意义上的泛指，是针对任何不特定的病人而言的，具有抽象性。《性侵意见》中所要求的职责必须要有特定的指向对象，这种职责必须是针对

---

① 高铭暄、马克昌主编：《刑法学》，北京大学出版社，高等教育出版社2011年版，第67~69页。

某一特定的对象而言的。例如，如果某医生虽与出于自愿的幼女发生性关系，但该幼女并非该医生或其所供职的医院的病人，则该医生与该幼女间并未形成特定的医疗关系，该医生的行为并不一定构成强奸罪，仍有构成嫖宿幼女罪的可能。

2. 这种职责应当与未成年人的人身安全有关

《性侵意见》之所以要限定特殊主体具备职责要件，在很大程度上是因为保障未成年人的身心健康本身就是特殊主体所应担负的职责内容之一。通常情况下，特殊主体与未成年人建立某种特殊关系的本意并非在于专门保障未成年人的身心健康，而是出于其他某种目的。例如，传授知识或培训技能，但一旦二者形成这种特定关系之后，便会衍生出保障未成年人身心健康这一附随的职责。如果某类主体与未成年人之间形成的具体法律关系并不包括这种人身安全的保障，那么这种关系便不包含本文所要讨论的“职责”内容。例如，在单纯的买卖关系中，一般情况下，无论交易双方如何熟悉，无论交易的标的额多大，或者交易的次数如何频繁，交易的内容都不会包括保障对方的人身安全，一方没有义务对另一方的人身安全承担责任。

3. 在以单位职能为中介的情况下，这种特殊主体的范围应当适当限缩，不宜放得过宽

从《性侵意见》所列举的六类特殊主体来看，除监护职责明显是因亲权而产生的以外，其余几种情形下的职责，一般不会直接在主体与被害人之间所形成，而需要借助主体所供职单位的职能为媒介才能形成。以教育职责为例，需要借助于学校这一媒介，具有教师资格的人被招聘到学校任教，幼女因到了适龄阶段而到学校就读，是具有办学资质的学校将老师与求学的适龄幼女联系起来，教师与幼女之间在通过学校这一平台认识之前，往往并不认识。这里的问题是，学校作为教学机构，教师固然是主体教学资源，但通常情况下，学校里不仅仅只有老师，还需要其他辅助教学的人力资源，如需要保洁人员、保安人员等。这类起辅助作用的勤杂人员是否可以视为对未成年人负有特殊职责的人员呢？笔者认为，此时应当对“负有特

殊职责的人员”的主体范围加以限缩，将主体范围主要限定在教师身上。如果仅仅因为学校负有对未成年人的教育职责就将学校内的所有工作人员都认定为“负有特殊职责的人员”并不妥当，这样的主体范围过于宽泛。例如，幼儿园里的食堂厨师或者辅佐班主任老师照顾幼儿起居的带有保姆性质的“阿姨”等就不应当被认定为特殊主体，因为其职责只是做好服务工作，而非保障幼儿的人身安全；并且，从工作的稳定性、连贯性来看，该类勤杂人员的工作具有很大的流动性，随时可能因某种原因而离开岗位，有的岗位的工勤人员与未成年人接触的并不多，甚至难得接触，因而，这类主体即使具有学校正式在编人员的身份，也不宜认定为特殊主体。在这个问题上，笔者的观点是，无论是针对医疗、教育、训练机构，还是救助、看护部门等，对其内部工作人员主体范围的认定都不宜放得太开，因为从宽严相济刑事政策的实际需要来看，当前实践中发生的性侵害未成年人的特殊主体，都是一些典型的特殊主体，这部分人才是需要“从严”惩处的对象，才是打击的重点。另外，由于《性侵意见》刚刚颁行，从稳妥性的角度考虑，也不宜将打击面放得太开，有必要对犯罪主体适度把握，通过考察《性侵意见》实施后实践中的类似情形是否得以有效遏制等，再适时根据刑事政策的需要，对主体范围的拿捏尺度作出适当调整也为时未晚；再则，无论何时，刑法的谦抑性仍然要秉持，不能不分具体情况而一味地从重，否则难免会让人产生仿佛又回到了“严打”时代的错觉。

三、“负有特殊职责的人员”中的若干争议问题认定

应当说，围绕“负有特殊职责的人员”的争议问题非常之多，很多问题在当前情况下不会有定论，笔者不揣孤陋，拟就其中的三则争议问题抛出拙见，期望能以此达致抛砖引玉之效。

（一）对特殊职责持续的时间是否应当有最短期限的“下限”要求

从《性侵意见》所列举的六类职责来看，其往往均会持续较长的时间，从实然情形来看，特殊主体对未成年人性侵害的行为也往往发生于特殊主体履行职责的过程中，是在与未成年人较为熟悉之后才发生，那么，是否应

当对职责形成之后所持续的时间提出一定的要求呢？如果某种职责刚刚形成，便将履行该职责的行为人视为特殊主体，而恰好行为人在职责形成之初便与未成年人发生了性关系，由此不问未成年人是否存在自愿的卖淫行为，均将行为人的行为认定为强奸，这种职责认定，或者说主体认定，对行为人而言是否有些过于苛刻呢？笔者认为，这种疑虑大可不必，职责持续的时间长短不应当成为认定职责是否存在的羁绊，不影响职责是否存在的认定。理由在于：其一，从逻辑上来说，某种法律行为完成，职责即形成，并不需要以此后持续的时间长短来加以验证这种职责是否存在。职责的形成，或者说，职责的有无与职责存续的时间是两个概念，二者之间并没有必然的关系，有的职责可能会持续很长时间，而有的职责持续的时间可能很短，但无论如何，其存续的时间是长是短对职责的形成并不产生影响，相反，职责产生在前，存续时间在后，前者是后者存立的前提与基础，前者的有无决定着后者的有无，而后者对前者并不存在这种决定性作用。其二，如最高人民法院周峰庭长所言，严惩对未成年人负有特殊职责的人员的原因在于“负有特殊职责的人员对未成年人实施性侵害，既违背了其本身肩负的职责，也严重挑战社会基本伦理道德。同时，该类性侵害犯罪更为隐蔽，持续时间通常更长，一般人难以发现，未成年被害人更难以抗拒和向有关部门揭露，社会危害更大”。[①] 一般来说，最高人民法院作为《性侵意见》起草者之一，其部门负责人的上述言论在某种意义上可以视为“立法原意”，显然，特殊主体的性侵害行为违背了其职责且挑战到基本伦理道德才是严惩的关键，至于职责持续的时间并非必要要件。虽然说，如果特殊主体在其职责持续相当一段时间之后才对未成年人实施性侵害，相较于职责甫一形成即实施性侵害，后者可能很快被揭发，而前者可能性侵害的次数会更多、持续的时间会更长，由此前者的社会危害性更大一些。但换个角度来看，如果特殊主体一旦对特定的未成年人形成某种职责，便马上对未

① 参见《严惩性侵害未成年人犯罪 切实保护未成年人合法权益——最高人民法院等四部门有关负责人答记者问》，载《人民法院报》2013年10月25日第3版。

成年人实施性侵害行为，这更反映出该特殊主体的不称职及其主观恶性之深，其行为的社会危害性未必逊于在与未成年人熟识之后发生的性侵害行为。

事实上，特殊主体之所以能够有机会实施性侵害行为，职责上的便利条件固然是重要因素之一，但其实还有另外一个深层次因素，即在特殊职责形成之后，特定的未成年人往往在心理上对特殊主体形成了一种信赖关系，相信特殊主体会尽心尽力地完成其职责，而不会做出对未成年人不利的举动。这种信赖关系是一种单向的心理信任，未成年人自己也许并未意识到，但却潜藏于未成年人的内心深处，是一种实然存在。特殊主体往往正是利用了未成年人的这种特殊的信赖关系才能够顺利得手，或者才能够将性侵害行为长时间地加以遮掩。当然，这里应当明确的一点是，无论职责持续的时间有多长，性侵害的次数只要有一次即可，不需要作“多次”的要求，此乃不言自明之理。

（二）履行同类性质职责者的主体身份是否可以区别对待

显然，从实质合理性的角度来看，通常情况下，认定某类群体是否属于这里的特殊主体，无论是给出“是”或“否”的结论，对于履行同类性质职责者而言，其结论一般来说应当是相同的，但这条结论应当绝对化吗？易言之，是否应当不分具体情况而作“一刀切”式的认定？笔者认为，答案应当是否定的，负有同样职责者在不同的情境下，其地位作用未必完全相同。以保安工作为例，同样是保安，中小学的保安与医院的保安就有必要作不同认定。中小学的保安纳入“负有特殊职责的人员”范围为宜，因为其本身有职责保证未成年人的人身安全，而医院的保安则不宜纳入“负有特殊职责的人员”范围，因为在中小学校园，未成年人往往脱离家人照料而与同龄人共处，学校保安所负的安全保障责任更加重要。而在医院，就诊往往是由成年人陪同，极少会由未成年人独自前往医院就诊，此时未成年人的人身安全保障主要是由陪同的成年人来加以保障，而非由医院的保安来加以保障。医院保安的职责主要在于维护医院正常的医疗秩序，主要侧重于医院公共秩序的维护，而非门诊病人个人人身安全的保障。而中小学校园保安的职责则不然，虽然也要维护学校正常的教学秩序，但其职责并非仅仅侧重于校园公共秩序的维护，还要同时兼顾未成年学生的人身安全，拒绝无关人员进入学校，防止来自校外的暴力侵害到校内未成年人的人身安全。

（三）“负有特殊职责的人员”是否可能包括“国家工作人员”

“负有特殊职责的人员”外延未有定论，而“国家工作人员”则是刑法中较为明晰的一个概念，其外延相对而言较为明确，那么，从《性侵意见》来看，“负有特殊职责的人员”与“国家工作人员”两者之间在职责外延上是否可能存在交集？或者更确切地说，“负有特殊职责的人员”与“国家工作人员”之间是否可能存在交叉关系呢？

按照《性侵意见》第 25 条的规定，“对未成年人负有特殊职责的人员、与未成年人有共同家庭生活关系的人员、国家工作人员……”针对未成年人实施强奸、猥亵犯罪的，要在从重处罚的基础上再依法从严惩处。从形式上来看，《关于依法惩治性侵害未成年人犯罪的意见》将“负有特殊职责的人员”与“国家工作人员”并列，二者之间似乎属平行关系，没有交叉重叠部分。因此，“负有特殊职责的人员”与“国家工作人员”两者之间在职责的外延上不可能存在交集，相应地，“国家工作人员”与“负有特殊职责的人员”之间不可能存在交叉。但笔者认为，这种理解未必妥当，将“负有特殊职责的人员”与“国家工作人员”之间的关系定位为交叉关系可能更为妥当。理由在于：其一，从字面含义来看，虽然条文中将两者并列，但这种并列并不意味着二者之间是绝对的排斥关系，二者之间完全可能存在交叉关系。从立法学的视角来看，甲、乙两个概念分别包含何种含义，属于语义范畴的问题，概念的内容在某种意义上来说，往往具有一定的客观性；而采用何种方式将这种概念所要表达的内容在法律条文中贴切地表述出来，则属于立法技术问题，取决于立法者的主观睿智，在某种意义上来说，这种立法思维与立法取舍具有一定的主观性，概念的内容与表述这种概念内容的方法并非相同的概念，采用何种方法并不会对概念的本原内容产生影响。立法者之所以将两者并列，其本意并不在于明确二者之间属互斥关系，而只是尽可能将所有情形都涵括于内。详言之，如果某条文将甲、乙两个概念并列,并不绝对意味着甲所包含的只是A、B,而乙所包含的只是D、E。事实上,完全可能存在甲包含A、B、C,而乙所包含的则是C、D、E的情形,甲、乙之间完全可能存在交叉重叠的内容。对此,立法中的实例并不罕见。就以《关于依法惩治性侵害未成年人犯罪的意见》第25条为例,将"对未成年人负有特殊职责的人员"与"与未成年人有共同家庭生活关系的人员"二者同时并举,但事实上,这二者之间完全可能出现重合的情形。例如,监护就同时涵摄于二者的外延之内。[①] 由此,能武断地断言"对未成年人负有特殊职责的人员"绝对地排斥"与未成年人有共同家庭生活关系的人员"吗?其二,从现实情况来看,确实存在着需要将国家工作人员视为特殊主体的情形。对此,不遑多论,以事实为例,如前文所论及的未成年人保护委员会,其下设于市和区县、乡镇人民政府以及街道办事处,人员组成多具有国家工作人员的身份,"公"的色彩浓厚。笔者认为应当将该委员会工作人员视为特殊主体的理由前已详述,在此不再赘述。其三,从刑事政策的需要来看,有将国家工作人员视为特殊主体的必要。《关于依法惩治性侵害未成年人犯罪的意见》所秉持的立场是对性侵害未成年人犯罪行为的"最低限度容忍"与对未成年人的"最高限度保护",从《关于依法惩治性侵害未成年人犯罪的意见》全部条文内容来看,其从严惩处特殊主体对未成年人实施性侵害犯罪行为的意图非常明晰。应当说,几乎任何具有刑事责任能力的人都有可能成为"负有特殊职责的人员",无非是某些群体因其身份或职业缘故,成为特殊主体的概率更高些罢了。客观地说,《关于依法惩治性侵害未成年人犯罪的意见》明确列出的六类特殊群体其实属于"典型主体",而包括国家工作人员在内的其他群体则属于"非典型主体",没有理由将这种"非典型主体"排斥于主体圈之外。

---

① 当然,可能有观点认为,这里的"与未成年人有共同家庭生活关系的人员"应当仅仅只限于监护人之外的其他家庭共同生活成员,笔者认为,这种理解并没有充足的法理依据,并不令人信服,至少,笔者不认同。

未成年人知识产权犯罪情况调查与法律适用研究*

我国的未成年人犯罪主体为犯罪时已满14周岁、不满18周岁的未成年人，该类群体受年龄、心智所限，加之我国刑法规定已满14周岁、不满16周岁未成年人只对八类犯罪负责。因而在未成年人犯罪案件中，涉及知识产权犯罪的并不多见，虹口区人民检察院未检科在2001～2011年的11年间共受理起诉案件688件1245人，无一为侵犯知识产权案件。然而，自2012年起，区检察院未检科受理的侵犯知识产权案件明显增多，两年来共有该类案件10件10人，分别占两年受案总件数的12.82%、总人数的8.93%，值得关注。

一、未成年人知识产权犯罪情况调查

(一)虹口区人民检察院2012～2013年受理未成年人知识产权犯罪案件概况

2012～2013年，虹口区人民检察院未检科共受理未成年人知识产权犯罪案件10件10人，经审查后，提起公诉6件6人、对2件2人作不起诉决定、另有2件2人经退回公安机关补充侦查后由公安机关撤回。具体情况见下表：

---

* 丁莹，上海市虹口区人民检察院。

表1 虹口区人民检察院2012～2013年受理未成年人知识产权犯罪案件概况

年份	知识产权案件		全年受案总数		占受案总数之比(%)		处理结果		
	件数	人数	件数	人数	件数	人数	提起公诉(人)	不诉(人)	公安撤回(人)
2012	6	6	46	62	13.04	9.98	4	1	1
2013	4	4	32	50	12.5	8	2	1	1

(二)虹口区人民检察院近两年受理未成年人知识产权犯罪特点分析

1. 犯罪主体特点:男性外来人员占多数,文化程度均不高

10名涉罪人员均系来沪未成年人,其中,男性7人、女性3人;小学文化1人、初中文化9人。

2. 犯罪类型特点:罪名集中、单一

除有假冒注册商标罪1件1人外,其余9件9人均为销售假冒注册商标的商品罪,刑法第3章第7节规定的其他五类侵犯知识产权的犯罪类型均无涉及。

3. 犯罪形态特点:均系共同犯罪

10名涉罪未成年人均系与成年人共同犯罪,且受雇于成年同案人员,从事收银、客服、理货、发货等工作,并多与雇主间有亲戚、同乡或恋人等亲密关系。

4. 适用强制措施特点:涉罪人员均被适用了非羁押强制措施

10名涉罪未成年人中,有5人在被抓后被直接取保候审,另5人经刑事拘留后在30日内变更为取保候审。

5. 犯罪手法特点:均通过开设店铺实施犯罪行为

这些店铺既有实体店铺、也有网上店铺,网上店铺均设于淘宝网平台。

6. 判处刑罚特点:提起公诉后均被判处轻缓刑

在经我院审查后被顺利提起公诉的6名涉罪未成年人中,2人被单处罚金,另4人均被判处一年以下有期徒刑并适用了缓刑。

二、未成年人知识产权犯罪法律适用问题

(一)跨18周岁犯罪的刑事责任年龄认定

我国刑法对刑事责任年龄的认定是以行为人实施犯罪时的年龄为基准的,然而实践中,侵犯知识产权犯罪大都表现为一定状态的持续,当犯罪状态起始于未满18周岁时又延续至18周岁后才终结时,就会出现能否认定为未成年人犯罪并在量刑时适用《刑法》第17条第3款“已满十四周岁不满十八周岁的人犯罪,应当从轻或者减轻处罚”的问题。具体有以下情况:

1.18周岁前后实施了不同种侵犯知识产权犯罪行为

此种情况下,应对18周岁前后实施的行为分开考量。也就是说,对18周岁前实施的侵犯知识产权犯罪认定为未成年人犯罪并适用对未成年人的法定从轻减轻条款;对18周岁后实施的侵犯知识产权犯罪认定为成年人犯罪,不适用未成年人法定从轻减轻条款。

2.18周岁前后实施了同种侵犯知识产权犯罪行为

此种情况下,原则上应依照实施主要犯罪时所处的年龄段来加以认定。对于诸如有数额要求的侵犯知识产权犯罪,如销售假冒注册商标的商品罪,又可细分出如下情形:一是18周岁前后的行为涉及的金额均已达到构成犯罪所需的数额要求;二是18周岁前后行为涉及的金额有一达到构成犯罪所需的数额要求;三是18周岁前后行为涉及的金额均未达到构成犯罪所需的数额要求,需前后累加才构成犯罪。上述一、二情形,因实施犯罪行为时所处的年龄段与构成犯罪时的年龄段同一,在确定是否为未成年人犯罪并适用法定从轻减轻条款时并无争议,唯上述第三种情形,在认定是否为未成年人犯罪并适用法定从轻减轻条款时存在不同观点。

有观点认为,此种情形下应按成年人犯罪认定,不得适用未成年人法定从轻减轻条款。理由在于,该种情形下虽然犯罪行为始于不满18周岁的未成年之时,但由于数额犯必须以达到一定的数额为构罪基础,既然该情形下达到一定数额之时为已满18周岁的成年之时,则就应以该时来认

定犯罪刑事责任年龄。亦有观点认为,此种情形下应按未成年人犯罪认定,并适用法定从轻减轻条款。理由在于,既然犯罪行为始于不满 18 周岁的未成年之时,如没有 18 周岁前的行为和产生的相应数额,18 周岁后的行为及数额也无法单独构成犯罪,则从有利于犯罪嫌疑人和保护未成年人利益的角度考虑,宜将此种情形仍认定为未成年人犯罪。还有第三种观点认为,对此种情形下刑事责任年龄的认定,应根据实施主要犯罪事实时的年龄段来进行把握,也就是说,如主要犯罪事实发生于 18 周岁前的未成年之时,则认定为未成年人犯罪,适用法定从轻减轻条款;如主要犯罪事实发生于 18 周岁后的成年之时,则认定为成年人犯罪,不适用法定从轻减轻条款。本文支持第三种观点。理由在于,刑事责任年龄的设置,是为了对未成年人犯罪作出适当评价,因而不能单纯以构成犯罪之时或是行为起始、终结之时为评价标准,尤其是对于行为和结果并非发生于同一时段、同一刻的犯罪如继续犯、连续犯、牵连犯。可根据主行为吸收次行为、完成形态吸收未完成形态、重行为吸收轻行为、后行为吸收前行为的原则作出处理。具体到本文情形,即应以主要犯罪事实发生时段为刑事责任年龄的认定标准。此外,如无法区分主要犯罪事实的,应综合考虑全案情况并从有利于涉罪人员的角度认定为未成年人犯罪并适用法定从轻减轻条款。并且,此种情况下的法定从宽幅度不应大于同等情节下犯罪行为均在 18 周岁前实施的从宽幅度。

(二)既、未遂并存下的量刑

调查显示,虹口区人民检察院受理的未成年人知识产权犯罪案件中 90% 为涉嫌销售假冒注册商标的商品案件。公安机关在抓获该类案件的嫌疑人时通常能当场查获一定数量甚至相当数量的尚未销售的侵权商品,且实践中,由于部分嫌疑人到案后虽也能承认其确有销售侵权商品的行为,但无法说清具体的销售数额和销售对象,公安机关经侦查也无法收集到此类证据,致认定嫌疑人已销售侵权商品金额达到数额较大的证据不足,无法对嫌疑人的已销售侵权商品行为定罪。针对这一情况,最高人民法院、最高人民检察院、公安部特在 2011 年 1 月 10 日联合发布的《关于办理侵犯知识产权刑事案件适用法律若干问题的意见》第 8 条第 1 款规定，"销售明知是假冒注册商标的商品，具有下列情节之一的，依照《刑法》第二百一十四条的规定，以销售假冒注册商标的商品罪（未遂）定罪处罚：（一）假冒注册商标的商品尚未销售，货值金额在 15 万元以上的；（二）假冒注册商标的商品部分销售，已销售金额不满 5 万元，但与尚未销售的假冒注册商标的商品的货值金额合计在 15 万元以上的"。该款规定肯定了销售假冒注册商标的商品罪的未遂状态，确认了在该未遂状态下对行为人责任的追究，解决了因已销售侵权商品金额不足而又被查获大量待售侵权商品的定罪问题，有利于进一步打击该类侵权犯罪。但由此也产生了另一问题，即在经侦查后能查实行为人已销售侵权商品金额达 5 万元的数额较大定罪标准，同时又有被查获的待销售侵权商品价值达 15 万元以上的情形下是以既遂还是未遂进行定罪量刑的问题。

对此，理论界存在三种不同观点，分别为重罪吸收轻罪、既遂吸收未遂和数罪并罚。其中，重罪吸收轻罪说认为，既遂的社会危害性肯定大于未遂的危害性，由于我国刑法没有同种数罪并罚的规定和理论，因而可借鉴处罚想象竞合犯适用的从一重罪处罚原则，在同种罪既、未遂并存时，适用重罪吸收轻罪进行处罚；既遂吸收未遂说认为，犯罪行为在齐备全部构成要件后的既遂状态，是对所侵犯的法益造成的实际损害，而未遂状态是对法益损害的威胁，在社会危害性上，显然前者重于后者，因而应当由既遂来吸收未遂，未遂部分则作为量刑情节；数罪并罚说认为，行为人实施数个犯罪，就必须针对每一个犯罪判处相应的刑罚，同种数罪也不能例外，在既遂和未遂竞合的情况下，根据"一罪一刑"原理、行为责任论、量刑公正等原因，理应实行数罪并罚。[①]《关于办理侵犯知识产权刑事案件适用法律若干问题的意见》第 8 条第 3 款则专门针对销售假冒注册商标的商品罪的既、未遂并存问题的处理作了这样的规定，"销售金额和未销售金额分别

---

① 参见邓忠：《销售假冒注册商标的商品罪疑难问题研究》，载《山西青年管理干部学院学报》2012 年第 3 期。

达到不同的法定刑幅度或者均达到同一法定刑幅度的,在处罚较重的法定刑或者同一法定刑幅度内酌情从重处罚”。该款规定在一定程度上综合了重罪吸收轻罪、既遂吸收未遂等理论的精髓,较明确地指导了既、未遂并存情形下的个案适用,但在销售金额和未销售金额分别达到不同的法定刑幅度时,对该款内容的理解上仍存争议。一种观点认为此情形下,直接在处罚较重的法定刑幅度内处罚即可;另一种观点认为此情形下,应在处罚较重的法定刑幅度内再酌情从重处罚。事实上,该争议也暴露出该款规定的瑕疵,即在量刑上的规定仍过于笼统、模糊,容易导致司法实务中在进行个案量刑过程中的差异和不公,削弱刑事司法的严肃性和规范性。为弥补这一瑕疵,有司法工作者提出了“折算说”理论,即在既、未遂状态并存的情况下,直接将未遂状态的犯罪数额按照一定的比例折算为“既遂状态”的犯罪数额,再按照既遂形态犯罪数额的标准进行定罪量刑,并认为从刑法的相关规定与司法解释的具体内容推测,未遂状态的犯罪数额折算为既遂状态数额的1/3比较合适。[①] 本文赞同在对未成年人知识产权犯罪案件既、未遂并存情形下进行量刑时适用该理论。

(三)共犯及处理

虹口区人民检察院受理的未成年人知识产权犯罪案件均系共同犯罪,案件中的涉罪未成年人或受雇佣、或出于为亲朋帮忙而在侵权犯罪中从事销售、配发侵权商品等工作,均非在共同犯罪中起主要作用的主犯。对该类涉罪未成年人,尤其是在犯罪未遂状态下,是否须认定其为共犯并追究刑事责任,司法实践做法不一,主要有以下两类:

一类为一律认定为共犯并追究刑事责任。该类做法通常存在于公安机关。例如,虹口区人民检察院受理的10件10人公安机关移送审查起诉的未成年人知识产权犯罪案件中,有4人与主犯有亲戚关系、1人与主

① 参见庄绪龙、王星光:《销售假冒注册商标的商品罪中“既、未遂形态并存”的司法认定反思》,载《政治与法律》2013年第3期。

犯系恋人关系、2 人与主犯为同乡；有 4 人以未销售的侵权商品货值金额定罪；且 10 人均从事的为销售、配发货品工作，对上述涉罪未成年人，公安机关均认为应追究刑事责任而移送检察机关审查起诉。

另一类为综合犯罪情节视情而定。区检察院最终对上述涉罪未成年人中的两人作出了不起诉处理，即属此类情况。其中，1 人系因其父开店销售假冒名牌的皮具、箱包等商品而在店内做营业员、帮助销售，案发时累计销售金额达人民币 14 万余元，并有未销售商品货值金额为人民币 9 万余元。区检察院认为，该人系未成年人且为初犯、从犯，主观恶性较小，属犯罪情节轻微，依法不需要判处刑罚或者免除刑罚的情形，据此对其不起诉。另 1 人系受雇于他人作为仓库管理员，为涉案网店销售的假冒注册商标的商品进行理货、配货、发货，销售金达 6 万余元，区检察院认为其具有从犯、实施主要犯罪时已满 16 周岁不满 18 周岁、到案后能够如实供述自己的罪行等法定情节，且涉案销售金额刚超过定罪标准，又系初犯，到案后悔罪态度较好，属犯罪情节轻微，依法不需要判处刑罚或者免除刑罚的情形，据此对其不起诉。

本文赞成，对于在侵犯知识产权案件中处于辅助地位的涉案未成年人，是否应认定为共犯并追究刑事责任，实务中不宜作扩大化认定。在对此类人员是否入罪的问题上，要结合未成年人的主观恶性、犯罪情节、所起作用等因素作综合考量，要坚持贯彻“教育为主、惩罚为辅”原则和宽严相济的刑事司法政策。对既遂状态下的犯罪，严格依照最高人民法院、最高人民检察院《关于办理侵犯知识产权刑事案件具体应用法律若干问题的解释》第 16 条共犯的规定追究刑责；对未遂状态下的犯罪，应严格从以下几个方面来考量相关人员的帮助行为是否构成犯罪：(1)行为人的帮助行为与涉案被查获的假冒注册商标的商品之间的关联程度；(2)行为人是否参与过以往的既遂销售；(3)行为人与主犯之间有无固定、稳定的雇佣关系，所起的作用大小；(4)行为人是否直接参与非法利益的分配；(5)犯罪动机、恶性程度等其他因素。[1] 其中,尤值一提的是,对于类似上文案例所提到的由于父母实施侵犯知识产权行为,而由子女在过程中辅助帮忙的情形,本文认为,鉴于此情形下未成年子女不具有做出与其心智、成长环境等不相符的拒绝辅助帮忙的期待可能性,因而将其认定为共犯并追究刑责极不合理,尤其是在父母已被追究刑责的情况下,再将未成年子女一同入罪更无必要,也丧失了刑法的人文主义关怀。

① 参见静安区人民检察院:"'知识产权刑事司法实务工作研讨会'综述",载 http://10.31.5.200/csyd/yjs/yjsgzyj/yjshyzs/t20120821_110288.htm。

试论对我国未成年犯适用禁止令的几点思考*

法国著名思想家孟德斯鸠在《论法的精神》一书中指出:"一个良好的立法者关心预防犯罪,多于惩治犯罪,注意激励良好的风俗,多于施用刑罚。"①在我国刑罚改革轻刑化和行刑社会化的大背景下,对非监禁刑制度改革成了顺应现代刑罚发展的必然性趋势。《刑法修正案(八)》首次将"禁止令"一词正式写入中国刑事法律便是一个例证。最高人民法院、最高人民检察院、公安部、司法部联合出台了《关于对判处管制、宣告缓刑的犯罪分子适用禁止令有关问题的规定(试行)》,对在理解和适用禁止令制度过程中需要进一步明确的有关问题作了较为全面、明确的规定。新刑事诉讼法条文中也增加了类似于禁止令的禁止性规定。但细览《刑法修正案(八)》生效实施至今全国各地宣告的禁止令,可谓是五花八门,尤其是对于未成人犯如何适用禁止令并没有明确规定,也未有相应的配套制度安排,十分值得进一步研究探讨。

一、国内外禁止令比较分析

禁止令②是指法庭下达的禁止被告人实施某种行为的指令。禁止令,

---

* 徐颖,上海市人民检察院二分院。

① [法]孟德斯鸠:《论法的精神》,张雁深译,商务印书馆1959年版,第83页。

② 中国社会科学院语言研究所词典编辑室:《现代汉语词典》,商务印书馆2005年第5版,第715页。

最早起源于罗马法，是指由地方行政官发给某一特定人的命令或禁令。[①]禁止令作为我国刑罚执行制度的一项重要革新，从立法精神上来看，其适用目的在于强化对非羁押犯罪分子的有效监管，促进教育矫正，防止其再次走上犯罪道路。

（一）国外禁止令的规定

在大陆法系国家中，有些国家将禁止令规定在刑法典中，如《法国刑法典》《瑞士联邦刑法典》《德国刑法典》《意大利刑法》典均有关于禁止令的规定。例如，《西班牙刑法典》在第48条关于剥夺权利刑中规定："禁止接触被害人、其家属、法院或者法官认定的其他人，是指禁止服刑人在任何地点接近以上人员及其住宅、工作地点、经常前往地点。"[②]《法国刑法典》规定的禁止性条件包括：不在专门指定的任何地点出现；不参与赌博；不出入零售酒馆；不与某些被判刑的人来往；不同特定人员如犯罪受害人进行联系等。德国刑法也规定，被缓刑者不得光顾可能导致犯罪的场所（酒吧，娱乐场所）；不得接触有劣迹、可能促进其继续犯罪或提供其继续犯罪机会的人；不得拥有、传递凶器等可能导致犯罪的物品等。值得一提的是，许多国家和地区的少年法中专门针对未成年犯适用禁止令。如澳大利亚的儿童刑事诉讼法，德国的少年法院法、日本的少年法，以及我国台湾地区的"少年事件处理法"。

（二）我国禁止令的主要特点

禁止令制度虽非我国首创，但在刑罚领域仍属一重大革新之举。我国刑法制度中的禁止令不同于主刑、附加刑等任何一种刑罚，它是一项新型执行监管措施。首先，禁止令具有依附性。禁止令适用于被判处管制和宣告缓刑的犯罪分子，管制和缓刑是禁止令存在的前提条件，因此禁止令不能独立存在。其次，禁止令具有强制性。禁止令由人民法院在裁判文书中作为主文内容单独加以表述，属于裁判文书的一部分，应当具有裁判文书

① 陈家宏、李永泉：《禁止令制度初探》，载《西南交通大学学报》（社会科学版）2004年第2期。

② 《西班牙刑法典》，潘灯译，中国政法大学出版社2004年版，第19页。

所特有的强制执行力。再次,禁止令具有针对性。人民法院在适用禁止令时,应当根据犯罪情节如犯罪原因、犯罪性质、犯罪手段、犯罪后的悔罪表现、个人一贯表现,充分考虑与犯罪分子所犯罪行的关联程度,有针对性地作出禁止决定。最后,禁止令具有可选择性。人民法院根据犯罪情节,可以禁止犯罪分子从事特定活动、进入特定区域和场所、接触特定的人;法条规定禁止令的适用是“可以”而不是“应当”,对犯罪分子适用禁止令不是法庭所必须作出的审判结果,同时禁止事项也可以是一项或者几项,因此禁止令的适用具有一定的选择性和灵活性。

二、对未成年犯适用禁止令的原则

1. 预防性原则

即禁止令的宣告、执行,目的是对未成年犯所犯罪行进行特殊防范,防止其在管制执行、缓刑考验期内再犯同样的罪行。

2. 关联性原则

即禁止令的内容与所犯罪行之间要存在必然因果联系。检察官、法官不能因为自身主观判断,推测被告人可能会有某些不良行为导致其重新犯罪。

3. 可行性原则

即禁止令的宣告对未成年犯来说,如果带来极为不便利的影响,或者从监管角度而言,根本不可能达到目的,则不应该宣告禁止令。

4. 必要性原则

即禁止令的宣告,应该是对预防未成年犯重新犯罪而言是必需的,如无则未成年犯很有可能重新犯该罪。

5. 针对性原则

即禁止令的宣告和执行,更侧重于对未成年犯的特殊保护。应根据未成年犯的实际情况,有针对性地宣告禁止令,禁止其接触特定的人、进入某些特定的场所等,以利于最大限度地教育、感化、挽救未成年犯。如因为经常进入网吧,沉迷于网络虚拟社会中而导致暴力犯罪或者其他侵财犯罪,可以禁止其进入网吧;因攀比、高消费等而导致抢劫等侵财犯罪的,可以禁止其进入歌厅等高消费场所;如因经常与社会上一些“混混”在一起而参与打群架导致故意伤害等犯罪,可以禁止其接触特定人员等。

三、有关未成年犯适用禁止令的内容及执行方面的几点建议

对未成年犯适用禁止令,有利于完善和丰富非监禁刑的执行方式,加强对管制、缓刑未成年犯的有效监管,促进其接受教育和健康成长。从长宁法院所判的本市首例对未成年犯适用禁止令的成功案例到我国其他省市的相关案例,无一不证明,对未成年犯适用禁止令,对强化非监禁刑的执行、推进社区矫正工作以及有效贯彻新刑诉法“教育、感化、挽救”方针具有重要的司法实践意义。

(一)建议对未成年犯适用禁止令的内容进行细化

《适用禁止令规定》第3～5条,将《刑法修正案(八)》关于禁止从事特定活动、进入特定区域、场所、接触特定的人的规定加以细化。但对于未成年犯而言,上述内容过于宽泛,不够具体,不利于实践操作和对未成年犯的教育和改造。未成年人由于心智发育不成熟,容易受到不良人员、不良场所的影响。经调查,他们犯罪的主要诱因与不良青少年交往,沉迷于网吧、游戏机房,逃学、逃夜等不良行为有关。因此,建议对未成年犯适用禁止令时进一步细化如下:

1. 禁止未成年犯在管制执行期间、缓刑考验期限内从事的活动

禁止未成年犯从事某项可能诱发实施犯罪的具体活动或职业;禁止无监护人或监护人监管不严的未成年犯在未经社区矫正机构批准的情况下,在外留宿过夜;禁止因网络游戏诱发实施犯罪的未成年犯玩非适龄网络游戏;其他确有必要禁止的活动。

2. 禁止未成年犯进入的区域或场所

禁止进入夜总会、歌舞厅、迪厅、酒吧、游戏机房、溜冰场等娱乐场所;禁止在未经执行机关批准的情况下进入大型公众活动场所;其他确有必要禁止进入的区域或场所。

3. 禁止未成年犯接触的人员

禁止接触可能影响其接受教育改造的同案犯;禁止接触具有不良嗜好及违法犯罪前科劣迹,并对未成年人不良行为产生影响的特定人;禁止在未经对方同意的情况下接触特定被害人;禁止接触其他可能影响未成年犯接受教育改造的人。

(二)对禁止令的执行问题的对策

禁止令从宣告到执行,能否达到预防犯罪的预定目标和效果,关键在于执行措施能否到位。如果缺乏执行措施,就会丧失执行效果,以至于“禁而不止”。此外,社区矫正机构组织的立法以及相关监管等配套不健全也将影响禁止令发挥功效。为此,笔者建议如下:

1. 完善禁止令宣告的审前调查程序

对未成年犯适用禁止令应注重对未成年犯成长的经历、成长的环境、心理特点及其适用禁止令的条件进行调查。人民法院应在开庭审理前,对未成年被告人的基本情况进行实质性的调查,并形成书面的调查报告。审前调查报告的内容包括该未成年被告人的生活环境、家庭情况、成长经历、社会交往、犯罪成因等。法庭审理过程中,就未成年被告人审前调查报告进行法庭质证,控辩双方可对是否宣告禁止令展开辩论。通过上述程序,可以保证禁止令的宣告符合针对性、必要性的原则。

2. 强化教育为主,惩罚为辅原则,坚持“教育、感化、挽救”方针

对未成年犯适用禁止令,要注重对未成年犯的权益实行特殊保护、优先保护,在宣告、执行禁止令和保障未成年犯学习、生活等合法权益之间寻求平衡。公、检、法、司等部门还应当积极地同未成年犯的监护人保持沟通联系,使其了解法院作出相关禁止令判决的依据及具体注意事项,并充分听取其意见,要求其协助执行禁止令,以保障禁止令宣告后执行到位,并形成书面反馈报告,以进一步了解未成年犯执行非监禁刑和禁止令的情况。

3. 完善多元化的监管体系

公、检、法、司等部门及社区应紧密联系,主动协调与其他部门的信息交换和落实禁止令的执行工作。虽然社区矫正机构被明确赋予了禁止令

的执行权,但以该机构现有的编制力量,采取“人盯人”的执行方式,显然是不切实际的。建议对被适用禁止令的未成年犯构造一个积极引导和督促的教育跟踪网络,以社区矫正机构为主导,以未成年犯的监护人为辅助,加上社区基层组织以及广大居民的协助,并配备现代化、信息化的电子监管设备,及时掌握未成年犯是否严格遵守了禁止令的规定。未成年犯的“病”无论是产生、诊断、治疗还是康复都离不开其生活环境,单靠一个部门、一味“良药”不能从根本上治愈未成年犯的“病”,还要争取相关部门的配合,与家庭、学校、社会团体、政府、企业等其他“良药”一起来疗理未成年犯的“病”。

4. 创新执行监督方法

检察机关在日常监督中,要不断创新监督方法,充分发挥检察机关监督检察职能,注重禁止令落实。一是检察机关在提起公诉时,对可能判处非监禁刑的未成年犯可以同时提出适用禁止令的建议。二是对社区矫正机构执行禁止令的活动实行监督。可派人对禁止令落实情况进行监督检查,检查内容包括:禁止令有无交付执行,有无建立禁止令执行档案,禁止令执行人和负责人是否明确,跟踪犯罪机制有无建立,等等。发现有违反法律规定的情况,应当通知社区矫正机构纠正。三是积极配合社区矫正机构对未成年犯开展法制宣传和思想教育工作,掌握其思想动态。四是从净化未成年犯的生活环境入手,与相关部门联手整治酒吧、网吧、游戏机房等行业中存在的不规范行为,令行禁止,确保未成年犯不进入上述营业场所,从而保证禁止令落到实处,起到实效。

未成年人犯罪预防研究

涉罪未成年人教育、感化、挽救工作中的传统文化精髓运用*

“少年智则国智,少年强则国强。”我国有3.67亿名未成年人,他们是社会主义事业的接班人和未来的建设者,是中华民族的希望所在。近年来,在全社会的共同努力下,我国防治未成年人犯罪工作有了很大的进展。但是随着我国城镇化、工业化、信息化的推进,流动、闲散和留守未成年人犯罪问题日益突出,未成年人犯罪组织化程度增强,恶性极端案件时有发生,给社会和谐稳定带来了消极影响。很多学者认为,只有把西方的民主政治制度搬到中国,才可以解决中国社会出现的种种社会问题。但是,仅仅重视制度建设,并不能解决由于人的良知丧失所导致的种种社会问题。

我国先哲早就提出了“慎始”的思想,认为只有慎始,才能善终。一个人的未成年时期是其发展成为正常健全人格和社会有用之才的根本和基础,是一个特别需要保护、塑造和教育的时期。涉罪未成年人既是社会的危害者,又是不良环境的受害者。单纯地严厉打击和从重处罚对未成年人犯罪的特殊预防和一般预防作用十分有限,而消极作用却十分明显,容易造成交叉感染,给未成年人贴上犯罪的标签,进而导致重新犯罪。而依法原谅他们的冲动,保护他们的权益,感化他们的心灵,则有利于对他们的教

* 陆海萍,上海市长宁区人民检察院。

育、感化、挽救,防止他们在犯罪的道路上越走越远,这既是预防未成年人犯罪的需要,又是社会应尽的责任。

修改后的《刑事诉讼法》设立了未成年人刑事案件特别程序专章(以下简称特别程序),标志着我国未成年人法制史的重大完善。英国经济学家亚当·斯密说过这样一句话,“一切统治设施,不过是智慧与美德不足时的一个不完美的补救办法”。法律要很好地付诸实施,则有赖于具体的司法活动。而司法价值体系,就是这个司法活动的灵魂和支柱。树立什么样的司法价值观,在很大程度上决定着具体司法活动的立场、方向、目标和结果。当今世界,各国的司法价值观都是共性与个性的统一:在物质利益、精神利益的追求和享有上,在道德价值的基本判断和根本取向上,全人类有着共同的方面,这决定了司法价值观具有公平、正义、廉洁、文明等共性;与此同时,由于历史文化、民族传统,宗教信仰、社会制度、意识形态等诸多方面存在着差异和矛盾,在不同的国家和民族之间,司法价值观又具有鲜明的个性。因此,我们既要旗帜鲜明地坚持中国特色社会主义法治道路的基本原则,又要善于在继承和发扬我国传统文化的积极元素的基础上学习借鉴世界法治文明的优秀成果。对涉罪未成年人的教育、感化、挽救尤其应该努力。

一、为什么要在教育、感化、挽救涉罪未成年人过程中引入我国传统文化精髓

任何法律制度的产生演变,任何司法活动的运行开展,都根源于一定的文化之中。20 多年来,上海未成年人检察工作实践主要是借鉴了不少西方现代法治国家的先进理念和具体法律制度,但对于灿烂的我国传统文化,却关注研究甚少。

我国是一个古老的文明国度,拥有五千年光辉灿烂的优秀传统文化,易经的“天行健,君子以自强不息,地势坤,君子以厚德载物”,儒家思想的“仁义礼智信”“修身齐家治国平天下”,道家思想的“无为而治”“道法自然”等等古圣先贤的哲思,作为几千年来中华民族的主要价值取向和道德要求,渗透在中华民族的血液中,铸就了中华民族的特殊品质,成为激励一

代代仁人志士立身建业的道德根基。传统文化正是中国平凡老百姓安身立命的精神支柱，是人之所以为人的依据。正是因为这种独特的勤劳、勇敢、坚韧、奋进的传统文化，使中华民族生生不息，不断发展，使我们中华文明成为世界上唯一不中断的文明，虽历经劫难，但流芳千古，而且具有海纳百川的吸收和同化能力。1993 年在芝加哥通过了一个《世界伦理宣言》，这个宣言的基本原则之一就是孔子的“己所不欲，勿施于人”，被视为现代国家、民族、宗教、文化之间相互对话与交往的黄金规则。《论语》，是儒家重要的经典。我国自汉代以来，哪怕是识字不多的劳动者，也通过口耳相传，蒙学读物与民间文艺，接受并自觉实践其中做人的道理。其中的“仁爱”“忠恕”之道，“己欲立而立人，己欲达而达人”，“老吾老以及人之老，幼吾幼以及人之幼”等，不仅是我国公民做人的根本，而且影响了许多国家。不读这些传统文化经典，不知道做人的尊严，人格的力量，人生的价值与意义。梁启超先生曾说过，《论语》《孟子》等典籍是两千年来中国人思想的总源泉，支配着内外生活。当代中国人的种种困惑，与远离我国的优秀传统文化教育有较为密切的关系。

我国的传统文化特质决定了司法活动有着一些明显不同于西方法治国家的司法理念和做法。如“和为贵”“无讼”等思想，对于缓解矛盾力求以平和的方式解决纷争已成为习惯；再如“援礼入法、融法于俗”“德主刑辅”“明德慎刑”，是我国传统文化在法律层面的体现，把明德放在首要位置，刑罚只是辅助的手段而已。对涉罪未成年人重在教育、感化、挽救正是儒家文化“矜老恤幼”思想在刑事司法领域的体现。因此，我们有必要从我国传统文化的深深沃土中汲取更多积极元素，运用于涉罪未成年人的教育、感化、挽救。

二、我国传统文化精髓在教育、感化、挽救涉罪未成年人方面的启示

教育、感化、挽救功能的实现，依赖于涉罪未成年人的接受兴趣、教育方法、教育过程等各环节。我国传统文化精髓在教育方面以被教育者为主体，注重培养被教育者的自主性，善于采用循循善诱的启发式教育，尤其在

以下几方面值得借鉴：

（一）“行有余力，则以学文”，重视心性教育

我国传统文化精髓以成就高尚人格为目标，重视教化，把品德教育视为是一切教育的根本，强调“不教而杀谓之虐”。古人认为，良好的德行有着非凡的力量，能够改变个人的命运，而仅靠法律和制度可以把行为不端的人判处死刑，但是不能够使他们成为有德行的人。古人认为教育首先要让孩子学会做一个堂堂正正的人，并且能找到适合自己的有意义的事情，为之投入地做一生。教育的最核心的任务就是“教其心”，帮助孩子树立积极正面的人生目标，这其实就是现代的价值观教育。

（二）因材施教，根据不同对象有针对性地开展教育

我国传统文化精髓非常注重因材施教。孔子说过：“中人以上，可以语上也；中人以下，不可以语上也。”也就是说，根据被教育者品性、家庭环境、成长经历的不同，教育者要调整教育方法，循序渐进。因此，即使对于同一个问题，孔子也会根据不同的提问者给出迥异的答案。例如，冉求问孔子：“听到了这件事就立刻去做吗？”孔子回答：“听到就去做。”子路问孔子同一问题，孔子却回答说：“有父兄在，怎么能听到就去做呢？”有人对此感到疑惑，孔子解释说，冉求胆小，所以要推他一把；子路性急，因而要让他缓一缓。这种因材施教的做法，有效地保证了被教育者的成长和完善。

（三）知行合一，从生活细节入手开展体验性的实践教育

对于个体修养，古人向来注重“积累”，注重“以小见大”，强调在生活实践中锻炼孩子的品质。荀子提倡“锲而不舍”，孔子说自己“吾少也贱，故多能鄙事”，都认为孩子只有在生活实践中历经磨炼，经历一些困难和挫折，才能使性格坚定，并不断增长才干。古人还强调从生活中“扫洒、应对”一类小事来训练孩子良好的品性，朱熹认为，“圣人教小儿扫洒、应对，件件要谨某外家子侄未论其贤否如何，一出来便能齐整，缘是他家长上元初教诲得如此”。孔子不仅主张实践教育，而且是这方面的典范：他对弟子的知识传授和德性教育往往是在生活实践或是四方游历中完成的，真正做到了知行合一。

三、如何在未成年人司法实践中引入我国传统文化精髓

(一)学习和传承中国传统文化中的精神资源

在司法实践中,执行特别程序需要学习和传承中国传统文化中的精神资源,并将其作为主要的精神支撑和价值标准,来夯实未成年人检察工作的文化根基,从而最大限度地发挥特别程序的作用,达到教育、感化和挽救涉罪未成年人以及保护他们合法权益的目的。

当今社会面临的一个重大挑战是价值标准树立问题,似乎除了功利标准外,人生再无其他价值。过去在教育中最担心的是孩子不成材、不成器,因此除了知识学习外,还重视孩子的人格锻炼和文化培育,旨在塑造孩子的胸襟和气度;现在的教育只担心孩子在未来的竞争中落后,提前用知识武装孩子不考虑孩子是否能承受,扼杀了孩子心性。这一社会现状对于未成年人犯罪有很大的影响:一方面,成长压力太大,超负荷;另一方面,物质世界、虚拟世界诱惑太多,无法得到全然满足。压力越大,孩子的反抗力越大。因此,对于在这种情形下陷入犯罪深渊的涉罪未成年人教育如果仅停留于知识传授、技术培训,而回避人生价值问题,恐怕无法医治内心。试想,一位内心未得到医治的孩子,他对这个世界只知索取,不愿付出。一旦其通过知识技能的学习而增强力量之后,野心可能更大、欲望可能更多,而一旦再次实施犯罪,其破坏力也更大。所以笔者认为,比知识技能的掌握更为重要的应当是复苏人性,引导他们学会克制私欲。

(二)办案人员应当重视引入传统文化精髓的积极元素对涉罪未成年人进行教育的实际意义

优秀的传统文化对未成年人有着不可估量的正面教育作用。《论语》中所讲的道理,如“仁、义、礼、智、信”等就是中华民族的核心价值观念,一直到今天还活生生地扎根在老百姓之中。这些人类文明的经典,可以陶冶未成年人的性情,治疗涉罪未成年人的心理疾病。孔子讲“有教无类”,天下人“性相近也,习相远也”,因此有必要对涉罪未成年人进行教育时要抓住人的共同性,研究人身上体现出来的有规律可循的那部分。

实践证明，我国传统文化精髓已经越来越在涉罪未成年人帮教矫正领域发挥正面作用。例如，海南省监狱管理局从2003年开始传统文化教育试点，从犯人诵读《弟子规》入手，旨在体悟感恩孝道，唤起人性回归到善与孝的本真状态。犯人在诵读时，那些朴实自然却又来自人性本真的字字句句，深深地触及着犯人的灵魂，令犯人泪流满面，心灵得到重新的洗涤与净化。再如，长宁区检察院对不起诉未成年人运用《弟子规》进行不起诉教育和跟踪帮教，帮助涉罪未成年人建立孝顺父母、言行守信、亲贤远恶、踏实学习等行为规范，亦取得良好效果。从善如登，从恶如崩，未成年人如果在内心没有建立正面的价值观，那些在司法人员口头教育下临时建立的“好习惯”是经不住风吹雨打的，真正的改过自新是通过心灵的开发而自然自觉成全的，否则只是虚有其表。

（三）在司法理念和实践中注入更多的中华元素

在司法理念和实践中注入更多的中华元素，能最大限度地争取社会公众对未检工作的认同和支持。中国传统法律文化一直提倡“恤幼”思想，如《周礼·秋官·司刺》中有“赦幼弱”的规定，《法经》中规定，“罪人年十五岁以下，罪高三减，罪卑一减。”这种思想传统使得人们在面对未成年人犯罪的时候，更能接受对其施以和缓的处罚。在我国国民报应思想还很严重的今天，重提这些文化传统对未成年人实施特殊司法保护模式，阻力就会小得多，对于马加爵、药家鑫等人也不至于喊杀声一片。

除了处罚以外，大量与涉罪未成年人权益保护、非羁押强制措施的适用、量刑轻重、帮教矫治方式息息相关的特殊检察工作需要社会公众的广泛参与。例如，合适成年人参与制度、社会调查机制、犯罪记录封存制度、观护帮教机制。这些工作往往由许多志愿者和民间组织参与，涉及面广、工作量大。虽然这些工作制度和机制往往是向少年司法制度较为发达的国家借鉴而来，符合相关国家公约的要求，但是对于参与上述工作的中国老百姓来说，中国传统文化对未成年人宽宥处理，注重教化的理念可能与大家的内心更能相应，更易于被公众接受，也更能够保障上述制度被妥善地贯彻落实。就拿犯罪记录封存制度来说吧，若没有贯彻整个刑事诉讼程序过程中,知情的所有人员以“幼吾幼以及人之幼”的思想,发自内心地为涉罪未成年人的未来考虑而主动保守秘密,要靠这个制度来保护涉罪未成年人隐私只能是一个美好的愿景而缺乏实现之可能。

(四)从父母教育方式上找到根源

传统文化告诉我们,“子不教父之过”,涉罪未成年人身上的种种陋习,往往可以从父母教育方式上找到根源。家庭是安全的港湾,能为孩子提供滋养,也能促其成长。孔子提倡“亲亲”,就是引导从爱自己最亲的人开始,逐步扩大爱心,培养健康的人格,就像孟子所说,“亲亲而仁民,仁民而爱物”。而在今天的商业社会、效益社会,家庭的功能也发生了巨大的改变,家长和孩子之间的相处,不再是父慈子孝的关系,家庭也逐渐成为争战之场。有的家长从小就给孩子灌输功利价值观,让孩子以为只要有了金钱权力,就可以拥有一切,为满足贪欲而犯罪。有的家长将襁褓中的婴儿交给老人,自己外出打工,以为只要给了孩子足够的金钱就尽到了职责,可以为孩子创造美好的未来,结果孩子因为缺乏关爱和教导铤而走险。还有的家长自己辛辛苦苦拼搏奋斗,取得了一定的成就,为孩子提供了优越的物质环境,孩子只知享受,不知父母辛苦,为了排遣寂寞陷入犯罪。一个人的人格基础是在 6 岁前形成的,很多孩子之所以走上犯罪之路,往往是先在家庭中受到了伤害。

但绝大多数家长不这么认为,不肯反思自己的问题,一味想到的是如何改造孩子。因此,办案人员不仅要重视对未成年人的教育矫治,也要提醒父母认识到家庭教育中的不足。孔子说:“行有余力,则以学文。”提醒家长把对孩子品行的培养放在首位,有余力才去学文。老子说“处无为之事,行不言之教”,提醒父母要给子女自由的成长空间,不要干涉太多,改变不良的亲子互动方式。

当然,对传统文化也不能不加辨别照搬照套。要全面认识祖国传统文化,取其精华,去其糟粕,充分挖掘传统文化的合理思想内核,加以改造,使其与当代社会相适应,与现代法律文明相适应,为教育感化挽救涉罪未成年人服务。

检察机关对未达刑事责任年龄未成年人的犯罪预防与矫治研究*

2014年5月28日，山东省招远市的“全能神”信徒在众目睽睽之下将一名女子活活打死，其中1人因不满14周岁而未予追究；2013年11月26日，重庆10岁女童无故殴打男婴并致其从25楼坠地，后因未达到刑事责任年龄公安机关不予立案侦查；2013年5月6日，广西壮族自治区河池市12岁少女因嫉妒同班好友比自己漂亮而将好友杀害并砍下其头颅和手臂装入袋中，后被处以收容教养三年……

一起起触目惊心的案件，手段之残忍令人瞠目结舌，在媒体的接连曝光后，舆论喧嚣尘上。充斥着的是“恶魔”“该死”“未成年人保护法成为犯罪保护伞”等激进的论调，却也不乏一些“冷静派”发出理性的声音，呼吁政府应当尽快出台相关制度来防范、遏制未成年人犯罪的低龄化趋势，甚至从专业角度出发，提出完善刑事责任年龄、完善工读学校、收容教养制度等建议。无论哪种声音，至少都反映了普遍的犯罪观和刑罚观在群众思维中烙下的印记，应当引起关注。

依照我国《刑法》第17条的规定，只有已满16周岁的未成年人才需承担完全刑事责任，已满14周岁未满16周岁的未成年人仅对部分行为承担刑事责任，而未满14周岁的未成年人一律不负刑事责任。因此，上述案件

---

* 上海市闸北区人民检察院课题组。课题组成员：孙琳，闸北区人民检察院；陈宇、龙潭、方辰、黄亚烨，闸北区人民检察院。

最终未进入刑事诉讼程序，倒也符合法理。然而，大众关注的往往仅是始作俑者有无受到严惩，至于这些未成年人的后续发展似乎随着案件的冷却而逐渐淡出视线。他们是否接受了心理或行为的矫治措施，是否受到了相应的行政处罚，是否时隔多年重新走上了犯罪道路，缺乏跟踪的恐怕不仅仅是媒体报道而已。

其实法律并未留白。《刑法》第 17 条同时规定："因不满十六周岁不予刑事处罚的，责令他的家长或者监护人加以管教；在必要的时候，也可以由政府收容教养"。相应的规定在未成年人保护法和预防未成年人犯罪法中也能找到。然而回到实务，更多的是司法机关不予追究后未投以后续关注，涉案未达刑事责任年龄的未成年人实际处于失管状态。

法律与现实的断层，究其原因在于，以追诉犯罪为重心的刑事司法体制无法适应未成年人特殊保护的要求；在于跟踪矫治的主体责任不明晰、衔接不通畅和配套不健全，导致司法机关无法与其他有责单位形成有效联动，系统化的教育矫治体制尚未建立。检察机关处于刑事诉讼的中间环节，同时肩负着法律监督的重任，对于涉案未被追究刑责的未成年人不应放任自流，而应在其犯罪预防和行为矫治的过程中有所作为。

一、基础要素的法律解读

确定什么年龄开始负刑事责任以及怎样的行为属于"危害行为"是研究的第一要素，也是最基础的要素。

（一）"刑事责任年龄"的解读

刑事责任年龄，简称责任年龄，是指法律所规定的行为人对自己实施的刑法所禁止的危害社会的行为负刑事责任必须达到的年龄。

我国刑法根据国家对少年儿童的危害行为以教育为主，惩罚为辅的政策为指导，从我国政治、经济、文化教育现状、少年儿童的成长过程以及各类犯罪情况的实际出发，并适当借鉴别国的立法经验，在《刑法》第 17 条中，将刑事责任年龄划分为三个阶段：一是已满 16 周岁的人犯罪，应当负刑事责任，为完全刑事责任年龄阶段；二是已满 14 周岁不满 16 周岁的人，犯刑法规定的八类罪行，即犯故意杀人、故意伤害致人重伤或者死亡、强奸、抢劫、贩卖毒品、放火、爆炸、投毒罪的，应当负刑事责任，为相对负刑事责任年龄；三是不满14周岁的人不管实施何种危害社会的行为，都不负刑事责任，为完全不负刑事责任年龄。

几乎每一次未成年人恶性事件的发生，都会引发一场对刑事责任年龄的讨论。降低刑事责任年龄的观点似乎越来越占上风。然而笔者认为，为有效遏制未成年人犯罪采取降低刑事责任年龄的做法是迷信刑罚万能的陈旧观念，任意扩大惩罚的范围与刑罚的目的相背离。

(二)“危害社会行为”的理解

未成年人的成长是一个不断犯错与修正，最终达到成熟的过程。犯错在所难免，但未成年人行为的错误不能与本文讨论的“危害社会行为”划等号。其中，只有严重的行为错误才是法律需要规制的对象，这在《预防未成年人犯罪法》中有具体的划分，包含“不良行为”“严重不良行为”和“犯罪行为”三类。

未成年人的“不良行为”包括：(1)旷课、夜不归宿；(2)携带管制刀具；(3)打架斗殴、辱骂他人；(4)强行向他人索要财物；(5)偷窃、故意毁坏财物；(6)参与赌博或者变相赌博；(7)观看、收听色情、淫秽的音像制品、读物等；(8)进入法律、法规规定未成年人不适宜进入的营业性歌舞厅等场所；(9)其他严重违背社会公德的不良行为。

“严重不良行为”是指下列严重危害社会，尚不够刑事处罚的违法行为：(1)纠集他人结伙滋事，扰乱治安；(2)携带管制刀具，屡教不改；(3)多次拦截殴打他人或者强行索要他人财物；(4)传播淫秽的读物或者音像制品等；(5)进行淫乱或者色情、卖淫活动；(6)多次偷窃；(7)参与赌博，屡教不改；(8)吸食、注射毒品；(9)其他严重危害社会的行为。

“犯罪行为”则是严重危害社会，需要追究刑事责任的行为。以上海市某区近三年法案由为分析蓝本，我们发现，未成年人犯罪仍以侵财类和滋事斗殴类犯罪为主。从该区未检科三年来审查起诉的案件来看，犯盗窃罪、抢劫罪、抢夺罪的人数比例合计占32.9%，犯寻衅滋事罪、聚众斗殴罪的人数比例合计占28.6%，两者相加超过总犯罪人数的60%。但随着社会的发展，未成年人犯罪类型开始有扩张趋势，编造、故意传播虚假恐怖信息罪、偷越国（边）境罪、销售假冒注册商标的商品罪等罪名开始出现。

虽然多数走上犯罪道路的未成年人，都有着“不良行为”甚至“严重不良行为”的记录，“不良行为”和“严重不良行为”长期得不到矫正也容易升级为犯罪，但本文所称的“危害社会行为”仅指实质上的犯罪行为，只因未达刑事责任年龄而不受刑事追究。如此概念下的“危害社会行为”有两点值得注意：其一，这类行为在危害结果上等同于犯罪，行为人的主观恶性较大，具有一定的可罚性。其二，这类行为因不受刑法追究凸显罪罚不相适应，行为人如不接受思想上和行为上的改造，则具有相当的再犯危险性。

二、预防与矫治未达刑事责任年龄未成年人危害社会行为的必要性

2008 年全国人大常委会执法检查组关于检查《未成年人保护法》实施情况的报告谈及未成年人违法犯罪问题时指出：“检查表明，当前，未成年人违法犯罪依然严重，上升幅度较大。”①虽然 2012 年《刑事诉讼法》增加了未成年人刑事特别程序，体现了对未成年人的特殊保护，但未成年人犯罪形势依然严峻。如前所述，涉案未达刑事责任年龄未成年人与涉罪未成年人一样，其行为危害性相等，主观恶性相当，但在处理结果上分道扬镳，反而带来更大的再犯危险后果。因此，对这部分未成年人开展帮教矫治，显得尤为必要。具体而言：

首先，从成因分析，未成年人实施危害社会行为不单纯是个人的因素造成，而是一个复杂的社会问题。家庭教育的缺失、学校管理不当、社会不良风气的影响都会导致未成年人心理发育不成熟、知识获得不全面，人生观形成中产生障碍和消极作用，进而促使犯罪个性的形成。有些未成年人在家中因父母忙于生计而得不到应有的关爱，父母只以学习成绩好坏、有

---

① 李建国：“全国人民代表大会常务委员会执法检查组关于检查《中华人民共和国未成年人保护法》实施情况的报告”，载 http://www.npc.gov.cn/wxzl/gongbao/2008-12/25/content_1467427.htm。

无社会竞争力作为衡量孩子好坏的标准而缺乏对孩子道德的培养及精神需求的满足。有些父母自身的不良习性，如酗酒、赌博、卖淫嫖娼、盗窃等陋习也会潜移默化影响到孩子的人生观和价值观的形成；学校是未成年人的第二课堂，但现阶段，我国的教育体制还是以应试教育为主，使很多学校形成了只教书不育人的局面，片面强调智力教育而忽视德育教育，很多学生因学业、行为等方面得不到家长和学校认同而选择通过校园帮会，来获得朋辈群体的认可和接纳，内心获得满足，而这样的帮会中常混迹着社会上游手好闲的成年人，或存在严重不良行为的未成年人，他们之间互相影响，帮会之间互相斗气，最后通常都会演变成群体性的斗殴事件；社会的全面发展使得拜金主义、享乐主义成了很多未成年人的生活方式，在金钱的诱惑下，未成年人迷失了自我。大众传媒中充斥的暴力、色情报刊电视误导了正在成长中的未成年人。因此，帮助未成年人矫正错误是全社会的责任，只有认清未成年人危害社会行为的多方面、深层次的原因，并从根源上消除这些不良影响，为广大未成年人创造一个良好的成长环境，才能有效地减少和遏制其犯罪。

其次，从个体特征分析，未成年人正处于生理机能迅速发展的阶段，好胜心强，讲朋友义气，自我控制能力差，逆反心理严重，很容易在不良因素的影响下将过剩的精力用于寻衅滋事、聚众斗殴、抢劫等暴力犯罪中。然而正因为未成年人还处于一个生长发育阶段，很多价值观的形成都来源于父母、学校和社会，所以对未成年人健康成长的关键在于有无正确加以引导。中国青少年犯罪研究会在《我国未成年人犯罪动向的数据报告》中指出，“家庭残缺和家庭教育缺位使一些未成年人在犯罪前有不良行为时缺少及时有效的教育引导”。[①] 若家长能够转变理念，更多关心孩子的思想品德修养，多与子女交流，用律己正己的思想作风影响孩子；若学校能够将预防犯罪教育作为法制教育的内容纳入学校教学计划，结合多发的未成年人犯罪，对不同年龄的未成年人进行有针对性的预防教育；若司法机关发挥

---

① 操学诚：《我国未成年人犯罪动向的数据报告》，载《法制日报》2010年9月1日版。

侦查、检察、审判环节中法制教育的合力作用，在办案过程中发现有危害社会行为或者严重不良行为的未成年人，对其多加教育并适时转介给青少年社工开展帮教措施，定期与学校合作开展法制教育讲座、模拟法庭进校园等活动，使未成年人的收容教养和工读学校制度真正发挥它的作用，起到挽救、教育未成年人的作用，让未成年人充分认识到自己的问题，转变观念，改正陋习，未成年人的未来必定有无限可能。

最后，从实务现状分析，未达刑事责任年龄未成年人危害社会行为频发，且再犯率高。从上海某区院未检科办理未成年人刑事案件中发现，有相当数量参与共同犯罪的未成年人，因未达刑事责任年龄而不予追究刑事责任。据不完全统计，在 2012 年至 2015 年 4 月办理的案件中，涉案的此类未成年人就有 15 名之多，另有 6 名未成年人在实施违法犯罪行为后，因未满 16 周岁而被公安机关处以行政拘留不执行，之后他们又重新踏上了违法犯罪的道路，接受司法处理。此类案件涉案类型多为人数众多且具有一定社会危害性的团伙案件，且涉案的未达刑事责任年龄的未成年人自身及其家庭存在问题，存在重新犯罪的隐患。然而，司法机关及相关部门对涉案的未达刑事责任年龄未成年人的针对性教育薄弱，容易造成这部分未成年人对自己的过错认知不足。故在贯彻落实好“教育为主，惩罚为辅”的少年司法原则的基础上，在保障落实未成年人合法权益的同时，依照法律，结合实务经验，遵循未成年人的身心特点，探索有助于预防和矫治未达刑事责任年龄未成年人实施危害社会行为的措施，确有必要。

三、检察机关在预防和矫治未达刑事责任年龄未成年人中的角色定位

检察机关作为国家专门的法律监督机关，通过履行侦查、批准逮捕、审查起诉、支持公诉等法律职能，保证国家法律的统一和正确的实施。在履行监督职能的同时，发现未达刑事责任年龄未成年人危害社会的行为基本上成了法律上的一块“真空地带”。因此，对于未达刑事责任年龄未成年人危害社会行为的预防和矫治成了社会管理创新的重要组成部分，作为社会管理创新的重要参加者，检察机关应当明确自身的职能定位，正确的运用

规则和程序,充分发挥检察机关在处理案件中延伸出的另一预防职能和协调统筹能力,推进各个相关部门的工作衔接机制,实现保障和预防未成年人犯罪的目标,为未成年人的健康发展保驾护航,作为检察机关中的未成年人刑事检察部门,更是责无旁贷。

在预防未达刑事责任年龄的未成年人犯罪方面,检察机关在执法办案过程中能够最直观地发现未成年人犯罪的背后根源,通过办案经验总结犯罪成因,并提出相应的预防措施,不断推动预防未成年人犯罪立法的成熟,促进自身预防未成年人相关措施的完善,建立与现实社会法律体系相适应的未成年人预防法律体系,实现预防未成年人的法制化管理。

在矫治未达刑事责任年龄的未成年人再犯罪方面,检察机关只能担当统筹协调的职能。因为作为已经判刑的未成年人,社区矫正部门是对其矫正的主体;而作为还在诉讼阶段或者仅仅针对有严重不良行为倾向的未成年人,青少年社工是其矫正主体,检察机关的角色应当是协调各单位充分发挥职能,保障矫正机制顺利运行,并在其中起到监督各单位开展活动的作用。

四、预防与矫治未达刑事责任年龄未成年人危害社会行为的现状分析

在我国,承担着教育、挽救未成年人重任的收容教养和工读学校制度因种种原因处于空转状态,这是一个长期以来都被理论界和实务界所探讨的问题。而牵涉到诉讼中未达刑事责任年龄的未成年人,一个不可忽视的现状是脱离诉讼程序后的失管状态普遍发生。总结原因,可归纳为以下几点:

(一)司法机关以追诉犯罪为重心,忽略了对涉案未成年人的帮教矫治,同时缺乏相应制度指引操作

《刑法》规定了只有已满16周岁的未成年人才需承担完全刑事责任,已满14周岁未满16周岁的未成年人仅对部分行为承担刑事责任,而未满14周岁的未成年人一律不负刑事责任,故司法机关将打击犯罪的重心放在已经达到刑事责任年龄的人,而忽视了未达到刑事责任年龄的未成年人同样需要针对性的教育及矫治。并且国家也没有出台相关法律法规进一步

规范司法机关在实务中遇到涉罪的未达刑事责任年龄未成年人怎样处理，司法机关只得根据实际情况或直接放行，或以证人证言的形式记录在案后教育放行。

（二）司法机关与政府有关部门、青少年保护团体缺乏衔接机制，相关部门、团体具有矫治职责但无法及时掌握未成年人涉案情况

当前对涉罪未达刑事责任年龄未成年人的预防矫治工作，处于多个部门、多个青少年保护团体分头进行的格局：学校设置法制教育课程，检察院设有专门的未成年人刑事检察科，法院设有专门的少年法庭，公安也设有专门的办案组，根本目的都是为了更好地保护未成年人的合法权益。但是，在实际操作中，因为涉罪的未成年人没有被采取强制措施，故司法机关一般也不通报他们所在的学校、单位社区或相关青少年保护团体，使得具有矫治职责的相关部门和团体无法及时掌握未成年人的涉案情况，相应的跟踪帮教措施自然也跟不上。这种在程序上学校、公、检、法、青少年保护团体各管一段的未成年人预防矫正方法成效甚微。

（三）涉案未成年人因未受到教训，对自身过错认识不足，家庭亦缺乏重视

由于司法机关没有追究涉罪未成年人的责任，也没有开展或者委托其他团体开展针对性的跟踪帮教措施，容易造成这些未成年人对自身过错的认识不足，加之很多涉罪未成年人的家庭不完整，父母自身也存在不良习性，知道自己的子女涉罪后有些父母不闻不问，认为没什么大不了的，更有甚者不但不加强对子女的教育，避免重蹈覆辙，反而还教唆子女逃避司法机关的讯问，这样极易导致涉罪未成年人没有及时意识到自己行为的违法性，尽早改正，从而再次走上犯罪的道路。

五、检察环节建立对未达刑事责任年龄未成年人危害社会行为的机制建议

（一）前期准备

1. 成立联动机制，使预防矫治工作运转高效

检察机关和青少年社工站联动是该制度的一个重要亮点，既加大了青

少年社工的矫治力度,又发挥了检察机关的监督作用,具体包括检察院在工作中发现有未达刑事责任年龄未成年人危害社会的情况,积极联系学校、家长,获得未达刑事责任年龄未成年人的最新动态并将此情况及时知会青少年社工站;定期对矫治工作进行总结,以座谈的方式听取各方意见,不断完善帮教制度;定期对矫治对象回访考察,全面了解社区帮教工作的开展情况。

2. 组建防治队伍,使防治队伍专业化

将社工站中具备一定教育或社会工作能力,能适应防治工作的持续性,具有有良好道德修养和法律常识的社工吸收进防治队伍,会同具有深厚法律功底、丰富工作经验、一定的心理知识的检察人员组建防治小组,并适时聘请教育专家、心理矫治专家、犯罪学专家、社会学专家作为成员,通过专业力量的支持,更好地对危害社会的未达刑事责任未成年人进行帮教。

3. 创新防治机制,使防治工作发挥良好效果

闸北区人民检察院所创预防制度的主体是检察机关和青少年社工站,矫治主体是青少年社工站,主要监督主体为检察机关,矫治方式为社工针对未成年人的身心特点、家庭环境、成长过程、犯罪原因等,制定个性化矫治方案,实行"一对一"帮教,并与帮教对象和家长签订《矫治协议》,建立红色档案。这种矫治方式更有利于保护未成年人隐私,避免未成年人之间互相影响,从而实现最佳矫治效果。

(二)审查案件过程中全面展开工作

预防和矫治未成年人犯罪,应切实地针对未成年人犯罪原因的多重性和特殊性,从多层次、多维度、全方位入手,寻求一种整合化的社会政策方案,而这种整合性应当是未成年人犯罪预防体系建构的基点。[①] 具体防治工作可分为两部分:第一部分为一般预防,即针对不特定的多数未成年人

---

① 张旭:《转型中的中国社会与未成年人犯罪预防》,载《吉林大学社会科学学报》2006 年第 6 期。

开展犯罪预防工作;第二部分为特殊预防和矫治,即针对已经实施了危害行为但未达到刑事责任的未成年人的矫治及再犯罪的预防工作。

1.一般预防

《预防未成年人犯罪法》的特点决定了法律期望把犯罪控制在发生之前,这种要求建立在对犯罪的发生、变化规律的科学研究上,建立在犯罪结果发生的可能性上。[①] 遵循这一理念,预防未成年人犯罪工作要始终关注未成年人成长的各个影响因素。因此,检察机关应立足办案做好事中感化、教育工作的同时延伸职能,从社会环境、家庭、学校、传媒等各方面构筑预防未成年人犯罪的屏障。

从个案出发,积极与案发学校取得联系,会同青少年签订犯罪预防活动方案,开办"检察官法制课堂",就案说法,进行法制宣传教育。寓教于身边的人和事,提高课件的吸引力和可信度。通过学校调研,全面了解该校刑事案件多发的原因及案件类型,通过与老师和学生的交流,发现学校法制教育远远滞后于学生们的需求,且形式较为单一、生涩,难以被学生们理解和接受。因此,检察机关将所承办的与未成年人有关的案件编成法制教育的课件,针对未成年人犯罪的特点、成因进行分析,帮助同学们正确认识青少年时期的优势与不足;结合社会主义荣辱观教育,引导同学们树立远大人生目标,端正生活态度;结合具体案例,对法律理论和法律条文进行阐述和解释,用学生们身边发生的事,帮助他们加深对法律和法治精神的理解,增强未成年人自我防范和规范自律的意识,为以后的学习、工作打下一定的法律基础。课件中的案例,涉及校园多发的或因沉迷游戏、网络,或为追求奢靡享受,或为讲"哥们义气"引发的盗窃、敲诈勒索、抢劫、故意伤害等犯罪案件,这样的案例对学生们的触动是简单的说教和照本宣科无法比拟的。最后通过问答等形式,解答学生们在听课中的疑惑及发生在身边自己难以抉择的法律问题,巩固课程的同时为下次的法律课堂积累更多的

---

① 徐建:《论〈预防未成年人犯罪法〉的法律责任——〈预防未成年人犯罪法〉法理简介(三)》,载《青少年犯罪问题》2000年第1期。

素材。

模拟法庭进校园,通过学生亲自参与角色扮演,使学生懂得了违法和犯罪行为应当承担的法律责任。检察机关结合未成年人特点,精心挑选了内容贴近生活的常见案件,由学生扮演审判长、审判员、原告、被告、辩护人等角色,检察机关在旁指导,通过生动、有趣、直观的模拟法庭,学生们懂得学法、知法、懂法的道理,树立了遵纪守法和防范违法犯罪的意识,提高了学生法律素质,有效预防了未成年人违法犯罪。

联合青少年社工站开展小组活动,通过丰富多样的小组活动,加强未达刑事责任年龄未成年人的自我探索和行为辅导。由学校提供有严重不良行为的未成年人名单,由青少年社工根据具体参加活动人员的个人情况,制定适合他们个性和行为特征的小组活动,检察机关参与其中并提供法律指导。8~10人、为期一个多月的小组活动更具针对性、有效性,社工通过每次活动的总结和反思以及与未达刑事责任年龄未成年人之间的交流,不断完善活动内容和形式,组员通过游戏和讨论澄清自我价值观、认识自己面对问题时的情绪以及学习用合理的方式来处理问题。

2.特殊预防及矫治

对于未达刑事责任年龄的未成年人矫治工作的目的在于使其转化消极意识,改变恶劣习惯,对其个人进行指导,树立正确的人生观,增长文化知识、培养职业技能,从而有能力在社会上立足。检察机关未成年人检察部门延伸办案职能,在办理案件的过程中,发现有未达刑事责任年龄的未成年人实施了危害社会的行为,通过了解涉案未成年人具体情况,分析、了解其犯罪根源,通过与未成年人及家长谈心、心理辅导等,建立档案并将个案转借给青少年社工开展帮教工作,从而建立对未达刑事责任未成年人从内心感化到行为改造、从改过自新到回归社会的全方位检察矫治体系,并进而不断发展、完善。

(1)以建立未达刑事责任年龄未成年人矫治档案为依托,完善未达刑事责任年龄未成年人办案制度。

建立未成年人矫治档案制度是信息跟踪的第一步。根据教育为主、惩罚为辅办理未成年人案件的原则,为充分掌握涉案未成年人不同情况,有针对性逐个开展帮教工作创造条件,并明确当前涉案未达刑事责任年龄未成年人相关情况,便于总结普遍性问题。具体由各承办人负责开展对涉案未成年人相关情况进行登记,包含基本情况、学业情况、家庭情况、处理情况和后续情况五部分内容,以"个人情况表"的形式记录,并将后续的谈话记录、帮教情况、跟踪回访情况作为附件,设专人归纳、整理、登记,最后制成资料详细、内容充实、能够直接反映帮教情况的矫治档案并由专人保存直至其成年。在保存档案时,注意对该档案的封存问题,即只有承办本案的检察人员、矫治该未成年人的青少年社工、保存本档案的人员及其他有助于帮助该未成年人矫治其行为的人有权查阅档案,其他人员一律不予查阅。

(2)做实"两个必谈",做好帮教前的思想工作。

"两个必谈"即必须与未达刑事责任年龄未成年人进行一次谈话,必须与其家长进行一次谈话。因为未达刑事责任年龄未成年人的心智本来就不成熟,走向犯罪的道路多半是误入歧途,但是要想让他们彻底与过去的不良生活告别,就必须要在特定时期内与他和父母进行谈话,进一步了解他的心路历程、平时的生活习惯、兴趣爱好、与父母朋友间的关系、学校对他参与犯罪的态度、有无以此宣传增加他的困扰、对他有没有采取什么措施、案发以后心理的转变、对案件的看法、自己今后的人生规划等,并结合办案过程中发现的未成年人犯罪原因、心理变化,针对孩子的性格特点和原先教育方式的不足对其家长进行教育,并提出改进意见,从家庭内部改善未成年人的生活氛围,更好地促进未成年人的改造。若遇到心理有障碍的未成年人,将由具有心理咨询师资质的检察人员参与其中,通过谈话过程中反映出的问题,有针对性地进行心理指导,帮助他打开心结。

(3)转介青少年社工,个性化帮教措施助未达刑事责任年龄未成年人尽早回归社会。

检察机关开展检察帮教工作,尚无法律明确赋予职权为未成年人悔改创造必要的外部条件。因此,这就需要我们在对未成年人帮教时以检察职权为基础,积极联系青少年社工站,形成合力,依托社工的专业知识,为其制订个性化的帮教措施。开展工作前,具体承接个案的社工要与检察机关签订保密协议,拒绝向外界透露在帮教过程中所知晓的未成年人资料,做到绝对保密。社工通过建立“红色档案”,每周至少进行一次一对一谈话,帮教周期不低于六个月,并通过电话、微信、QQ 等方式及时了解未达刑事责任年龄未成年人的心理和行为动态。根据每个未成年人的不同情况,适时调整帮教方案,并通过公益劳动、思想汇报、社区活动、法制讲座等,为其更好地回归社会奠定基础。帮教期间,检察机关定期与社工站沟通,获悉未成年人的思想转变情况,并向社工提出细化帮教措施、落实监管内容等的帮教建议。

(4)注重回访帮教,巩固帮教成果。

坚持回访考察,力求把帮教工作做实、做细。在帮教结束后,定期回访考察,延伸办案效果,加强与社区、家庭、学校、单位沟通,跟踪关注其学习、生活、工作情况,共同为其营造改过自新、健康成长的良好氛围,帮助其重树生活信心,远离犯罪。针对未达刑事责任年龄未成年人重返社会后存在的返学难、就业难问题,积极与其所在的社区、学校、工作单位沟通协调,帮助解决返校、就业等难题,努力为其实现再社会化创造条件,避免因社会的歧视、抛弃而再次误入歧途。

严重不良行为未成年人司法处遇现状及思考*

经济的飞速发展为国民带来优渥物质生活的同时，也伴随着犯罪行为的不断滋生。其中，少年犯罪与少年不良行为问题也日益突出。笔者在实践办案中曾碰到过两起聚众斗殴案件，涉案人员不仅包括成年人，也包括未成年人，其中有多名不满 16 周岁未达到刑事责任年龄的未成年人。还有多起盗窃案件，系 16 周岁以上与未满 16 周岁的未成年人共同犯罪。在处理这些案件的过程中，针对构成犯罪的未成年人，我们开展了一系列司法干预，包括心理测试、心理辅导、社会调查、落实法定代理人或合适成年人到场参与讯问、落实法律援助律师，开展附条件不起诉以及相应的考察帮教工作，尽我们所能教育、感化、挽救这些涉罪未成年人。但是针对那些未达到刑事责任年龄的未成年人，往往在公安侦查阶段便一放了之，无后续帮教措施。针对这样的现状，笔者总是会产生这样的疑惑，教育、感化、挽救未成年人的工作难道仅仅针对涉罪未成年人？这些未达刑事责任年龄的未成年人，他们实施了同样的犯罪行为，同样具有社会危害性，仅仅因为年龄不到未被追究刑事责任，他们的行为不需要矫治？在实践办案中，笔者发现多名涉罪未成年人在未达到刑事责任年龄前都曾有过各种严重不良行为，但因为我国现有的针对严重不良行为未成年人的司法制度尚不完善，往往疏于对这些严重不良行为未成年人进行教育改造。笔者认为，

---

* 邢光英、杨澜，上海市崇明县人民检察院。

针对这些实施了严重不良行为的未成年人,在刑法范畴之外,应当积极探索完善相应的司法处遇制度,以期更好地教育、感化、挽救这些严重不良行为未成年人,使其认识到问题的严重性,从中吸取经验教训,避免重蹈覆辙。

一、司法处遇对象的界定

"处遇"一词广义可以指国家和社会如何对待和处理犯罪人,是施以监禁刑还是非监禁刑。"处遇"一词也可指针对犯罪人特有的人身危险性和社会危害性来制定矫治措施,包括惩罚性的行为矫治、心理矫治以及社会力量的援助等。[①] 法院对罪犯作出有罪判决,并判处管制、拘役、有期徒刑、无期徒刑等刑罚,我们称之为"刑事处遇"。对于实施了严重不良行为的未成年人,因为无法将这类未成年人定义为刑法意义上的罪犯,不能对他们进行刑事处罚,故对他们采取的矫治措施,不能称之为"刑事处遇"。笔者认为,称之为"司法处遇"更为恰当。"司法处遇"更多的是强调在刑事惩罚的范畴外国家和社会从司法角度对实施了严重不良行为的未成年人采取相应的教育、惩戒措施。

《预防未成年人犯罪法》提出了"不良行为"的概念,包括违反社会公德的一般不良行为以及具有严重社会危害性但不构成犯罪的严重不良行为。对于实施一般不良行为的未成年人主要采取家庭型、社会性、非司法性质的预防、教育和保护措施,本文不作赘述。《预防未成年人犯罪法》第34条对严重不良行为作了明确规定:本法所称"严重不良行为",是指下列严重危害社会,尚不够刑事处罚的违法行为:(1)纠集他人结伙滋事,扰乱治安;(2)携带管制刀具,屡教不改;(3)多次拦截殴打他人或者强行索要他人财物;(4)传播淫秽的读物或者音像制品等;(5)进行淫乱或者色情、卖淫活动;(6)多次偷窃;(7)参与赌博,屡教不改;(8)吸食、注射毒品;(9)其他

---

① 林宇虹:《我国14周岁以下"严重不良行为少年"司法处遇制度探究》,载《法制与社会》2014年第6期。

严重危害社会的行为。该法列举的严重不良行为中部分行为属于刑法规定的犯罪行为,部分行为违反的是刑法以外的其他法律法规。

从理论上,我们可以将实施了这些严重不良行为的未成年人分为三类:第一类是指未满14周岁实施了我国刑法规定的犯罪行为的未成年人,第二类是指14周岁以上未满16周岁实施了《刑法》第17条第2款规定的八种犯罪以外的犯罪行为的未成年人,第三类是指实施了违反我国刑法以外的法律法规规定的严重不良行为的未成年人。这些实施了严重不良行为的未成年人的共同点就是具有严重社会危害性但不构成刑事犯罪。针对这些实施了严重不良行为的未成年人,如何有针对性地开展司法处遇工作,以达到教育、感化、挽救他们的目的,成了我们目前研究的重点。

二、我国司法处遇制度的现状

目前,对于实施了严重不良行为的未成年人,我国主要依据《预防未成年人犯罪法》《治安管理处罚法》等相关法律法规,由教育、公安、民政等部门采用刑事处罚之外的处遇方式对该类未成年人进行矫治。刑事处罚之外的处遇方式主要有训诫、责令具结悔过、赔礼道歉、赔偿损失、工读教育、收容教养、治安处罚、强制戒毒等等形式。其中,训诫、责令具结悔过、赔礼道歉、赔偿损失等不具有人身强制性的处遇方式比较容易落实,但工读教育、收容教养等具有人身强制性的处遇方式因为缺乏具体、明确、可行的法律规定,对实施了严重不良行为的未成年人适用该类处遇方式,在实践操作中存在诸多困难。

(一)采取的处遇方式缺乏针对性

《预防未成年人犯罪法》将未成年人严重不良行为做了具体的列举,虽然统称为严重不良行为,但是这些行为的社会危害程度依旧存在差异。同样的,即使实施了相同严重不良行为的未成年人,他们实施这些行为的心理因素、家庭背景、社会环境也会存在差异。在实际办案过程中,对于已达到刑事责任年龄的涉罪未成年人的教育、感化、挽救工作已经有一套相对完善的司法处遇制度,在办案过程中对他们进行及时有效的社会调查、心理干预等,并施以适当的且有针对性的刑事处罚。但是对于那些未达刑事责任年龄的未成年人,反而缺乏必要的司法干预,最后如何处理往往由公安机关直接决定,在不知道他们的具体情况的背景下,作出的惩处方式往往缺乏针对性,起不到教育、感化、挽救的作用。笔者认为,实施了严重不良行为的未成年人与涉罪未成年人一样,甚至更加需要学校、社会、司法机关的各种干预,以防止他们以后走上犯罪道路。

(二)工读学校陷入困境

工读学校是对实施了不良行为的未成年人提供专门教育和矫正服务的特殊教育学校。从性质上看,工读学校既不属于刑事处罚又不属于行政处罚,而是一种特殊的教育措施。学校在工作中贯穿法制教育、心理健康教育以及不良行为模式的干预。相对于一般的学校,工读学校可以阻断不良行为未成年人与恶性感染源的联系,在心理矫治和行为矫治方面更加专业。且工读学校的毕业学生不留案底,在升学、就业方面不受影响,对于矫正少年不良行为,预防少年犯罪发挥了积极作用。[①] 1987 年 6 月国务院转发的《关于办好工读学校几点意见的通知》已明确规定,工读学校学生毕业后,可以升学、参军或劳动就业,不得歧视他们。

但近几年来,工读学校的发展却陷入了困境。

首先,生源匮乏,导致工读学校发展停滞不前。工读学校的招生在实践操作中执行“三同意”的原则:家长同意,学校同意,学生同意。[②] 一方不同意,就不可强制入学。虽然政府的政策文件已强调工读学校毕业生与一般学校的毕业生同等对待,不得歧视他们。但是工读学校的学生依旧摆脱不了被贴上工读生的标签,认为他们曾经犯过错,做坏事,是品行不端正的不良学生。所以许多实施了不良行为的未成年人家长以及未成年人本人都不愿意进入工读学校就读。再加上工读学校的内部管理机制也存在一

---

① 刘娥:《我国违法少年的处遇方式及其反思》,载《辽宁公安司法管理干部学院·学报》2006 年第 4 期。

② 黄艳葵:《未成年人严重不良行为的矫治——以未成年人刑事处分措施的完善为视角》,载《山西农业大学学报》2009 年第 1 期。

定的弊端。如重经验,轻改革;重纪律,轻文化;重行为塑造,轻心理辅导等现状,都导致工读学校得不到长足发展。①

其次,工读学校这样的处遇方式缺乏法律依据。根据1987 年6 月国务院转发的《关于办好工读学校几点意见的通知》,工读学校的学习年限,根据学生原有文化程度和接受教育的表现,一般可确定为二至三年。工读学校的性质、任务和办学指导思想是对有违法和轻微犯罪行为的中学生进行特殊教育的半工半读学校,是普通教育中的一种特殊形式,也是实施九年义务教育的一种不可缺少的教育形式。工读学校通过严格限制学生人身自由来进行管理和教育,按照我国宪法和立法法的规定,对于公民人身自由的剥夺或者限制,只能由法律来制定。目前,对于工读学校的具体实施事项的规定尚无法律规定,而上述《通知》显然对于制定限制人身自由的工读学校的相关规定来说效力太低,不符合宪法以及立法法的规定。

(三)收容教养缺乏具体可操作的法律规定

收容教养制度是我国所特有的对于实施了犯罪行为但不承担刑事责任或不予刑事处罚的未成年人进行收容、集中教育管理的一项制度。收容教养的法律依据主要有两部:一是《刑法》第 17 条第 4 款规定:因不满 16 周岁不予刑事处罚的,责令他的家长或者监护人加以管教,在必要的时候,也可以由政府收容教养。二是《预防未成年人犯罪法》第 38 条的规定:未成年人因不满 16 周岁不予刑事处罚的,责令他的父母或者其他监护人严加管教;在必要的时候,也可以由政府依法收容教养。

显然上述对收容教养的规定都是比较抽象模糊的。只能说,法律规定只是提出了收容教养这一针对实施了犯罪行为但不承担刑事责任或不予刑事处罚的未成年人的司法处遇方式,但对于收容教养具体应该如何操作、如何执行没有做出规定。譬如,法条中指出“在必要的时候”,政府可以对此类未成年人进行收容教养,但是在实践操作中,所谓“必要的时候”就

① 林宇虹:《我国14 周岁以下“严重不良行为少年”司法处遇制度探究》,载《法制与社会》2014 年第6 期。

比较难以把握。另外，适用条件、适用期限、执行场所、审批程序、决定机关等等规定也含糊不清。虽然1982年公安部制定了《关于少年犯管教所收押、收容范围的通知》，对收容教养期限、审批机关、收容场所等具体问题作了明确规定，但是对于收容教养这一接近监禁刑的处遇方式，只靠部门规章进行规定，与我国宪法、立法法所规定的剥夺人身自由必须以国家立法机关制定的法律作为依据的规定背道而驰。而且，作出收容教养这样接近于监禁刑的处遇决定，却不经过严格的司法程序，没有检察机关的审查、没有辩护律师的参与，没有法院在听取双方意见的基础上作出决定，单独由行政机关决定对未成年人采取收容教养的处遇方式，缺乏透明度和必要的监督，被收容教养的未成年人缺乏法律手段保障自己的合法权益。正是法律规定的不完善，导致我国收容教养制度形同虚设，在实践办案过程中难以落实。

（四）行政处罚色彩较浓

除了工读学校是以教育为主的处遇方式以外，收容教养、治安处罚、强制戒毒都带有行政处罚的色彩。以治安处罚与强制戒毒为例，2005年制定的《治安管理处罚法》对于严重不良行为未成年人的处置已经体现出了教育和保护的原则。《治安管理处罚法》特别规定，已满14周岁不满16周岁以及已满16周岁不满18周岁初次违反治安管理的未成年人实施违反治安管理的行为，应当给予行政拘留处罚的，不执行行政拘留处罚。而强制戒毒是指对吸食、注射毒品成瘾人员，在一定时期内通过行政措施对其强制进行药物治疗、心理治疗和法制教育、道德教育，使其戒除毒瘾。[①] 这两类司法处遇的方式都是为成年人设立的，但未成年人如果实施了违反治安管理的行为，或者需要对其采取强制戒毒措施的，依旧适用以上规定。虽然在《治安管理处罚法》中已经为未成年人作出特别规定，但仅限于从轻处罚这一方面，处罚方式比较匮乏，偏向成人化，并未考虑到未成年主体的特殊

① 刘娥：《我国违法少年的处遇方式及其反思》，载《辽宁公安司法管理干部学院·学报》2006年第4期。

性,从而在管理方式上与成年人区分开来。

三、完善我国违法少年司法处遇制度

(一)提前介入,采取有针对性的司法处遇方式

要克服针对严重不良行为的未成年人的司法处遇方式缺乏针对性和有效性的问题,首先应当有一个科学的预判。所谓预判就是指了解严重不良行为未成年人实施这些行为的深层原因,包括他的主观心理、家庭背景、生活环境、社交圈等,同时综合他所实施行为的社会危害程度,进行一个综合评估,作为对其采取何种处遇方式的依据。我们在办理未成年人刑事犯罪案件的过程中,已经形成了“教育、感化、挽救”涉罪未成年人的特别办案程序,从而有针对性地决定采取恰当的羁押措施以及判处刑事处罚。

同样的,笔者认为,针对实施了严重不良行为尚不构成犯罪的未成年人,也可以选择性地沿用以上针对未成年人的特殊司法保护机制。严重不良行为的方式是多样的,社会危害程度存在差异,实施严重不良行为的原因更是大相径庭。

1. 家庭原因

有的未成年人可能是因为家庭原因,如父母离异、长期打骂才导致其实施严重不良行为。针对这类因家庭原因导致实施严重不良行为的未成年人,公安机关通知其父母将其带回教育,显然并不合适,对严重不良行为未成年人的教育挽救没有任何帮助。对于这种情况,可以约见其父母进行会谈;若存在家庭暴力,可以联系村委或者社区对其家庭进行监管,对该未成年人进行帮教,必要时可以申请相关部门撤销其父母的监护权,等等。

2. 社交圈原因

有的未成年人家庭幸福美满,但是交友不慎,因为朋友义气实施严重不良行为,其父母可以对他进行有效监管。同时也可联系未成年人所在的学校,司法机关与其父母、学校形成多方合力,共同对未成年人进行帮教,同时监督他的行为。

3. 社会原因

有的实施了严重不良行为的未成年人因为年龄小,缺乏自我控制的能力以及最基本的法律常识,容易对一些不适宜未成年人进入的娱乐场所产生好奇从而流连忘返。例如,现在存在的一些黑网吧、KTV 等不允许未成年人进入的场所违反营业规定允许未成年人进入,针对这种情况,可以联合相关责任部门对这些场所进行监管和整改,净化未成年人的生活环境。

因此,案发后邀请社会调查员提前介入,了解严重不良行为未成年人的家庭背景、生活环境、社交圈等情况显然非常必要。挖掘影响其行为的外在原因,司法机关也可以有针对性地对这些外因进行司法干预。同时,针对严重不良行为未成年人本身,开展心理测试,与其法定代理人、学校老师等进行会谈,了解这些严重不良行为未成年人的平时表现、主观心理、有针对性地开展心理疏导。

(二)完善工读学校的法律规定与内部管理

工读学校相对于普通学校,在对严重不良行为未成年人的管理上更具有针对性,应当发挥工读学校这部分的优势,发挥其特有的功能:

首先,工读学校作为一种司法处遇方式,其行政处罚的色彩相对较弱,但也存在一定的人身限制性。笔者认为,还是应当以法律的形式对工读学校的落实作出明确的规定。另外,要改变工读学校近两年作用越发微弱的现状,首先要打破缺乏生源的僵局。在对严重不良行为未成年人进行综合评估后,决定将其纳入工读学校进行教育的,还是应当打破原有的自愿入学模式改成强制入学的模式,并通过立法的形式明确规定必须进入工读学校就读的情形。同时,应当做好严重不良行为未成年人及法定代理人的思想工作,重申国家法律规定不得歧视工读生、对他们将来的就业没有影响的规定,减少他们的心理负担以及抵触情绪。

其次,由于工读学校设立已经有一段时间,社会在日新月异地发展,以往工读学校中的老经验和老办法可能已经无法有效地教育改造当下的严重不良行为未成年人,因此工读学校的内部管理和矫治办法应当进行适当的改革。政府须加大对工读学校教学设备以及师资力量的投入,让有犯罪矫治经验的司法机关来参与工读学校的管理，形成以学校管理为主，以司法机关协助矫治的模式，特别是要提高行为矫治的专业水平。教师配备必须是具有矫治经验的人员组成，普通教师无法胜任，可以考虑从未成年犯管教所抽调一批干警充实到教师队伍中来。[①] 在注重对严重不良行为未成年人行为矫治的同时，也要注重对这些未成年人文化知识的辅导，文化知识的学习应当与普通学校接轨，使得在工读学校就读的未成年人在接受更高等教育的机会面前可以有和普通学校学生同等竞争的能力。

（三）完善收容教养的法律依据与程序要求

收容教养比起工读学校其剥夺人身自由的程度更加严重，传统的收容教养的执行场所都设在监狱以及少年犯管教所，用接近于监禁刑的方式对严重不良行为未成年人进行教育改造，立法对收容教养的决定和执行程序却没有作出明确的规定。目前决定对严重不良行为未成年人采取收容教养的司法处遇方式并执行的系公安机关一个部门，这种集审批与执行于一身的模式，很难保障不良行为未成年人的权益。因此，笔者认为，应当以立法的形式对收容教养的决定和执行程序作出明确规定。

作为一项剥夺人身自由的司法处遇方式，综合社会调查以及严重不良行为未成年人自身情况，公安机关认为应当收容教养的，在操作程序上可以参照未成年人刑事案件的处理方式，提请检察院进行审查，同时为严重不良行为未成年人提供法律援助律师，听取律师意见。检察院认为应当采取收容教养措施的，提请法院作出最终决定。笔者认为，收容教养的处遇方式相对其他方式严厉许多，司法机关在决定对严重不良行为未成年人收容教养时，最重要的是应当充分保障未成年人的合法利益不被侵害。另外，收容教养的场所同样需要改革，建议设立专门的收容教养场所，与少年犯管教所、监狱等地方区分开来。毕竟严重不良行为未成年人不同于刑法意义上的未成年罪犯，那么对他们的处遇方式也应当有所区分。

---

① 林宇虹：《我国14周岁以下“严重不良行为少年”司法处遇制度探究》，载《法制与社会》2014年第6期。

（四）淡化行政处罚色彩，完善社会帮教

在严重不良行为未成年人的司法处遇方式中除了工读学校，其他司法处遇方式的行政处罚色彩较浓，是比较偏向于成人化的处遇方式，但是同样适用于实施了严重不良行为的未成年人。笔者认为，针对这些行政处罚色彩较浓的司法处遇方式，在需要对未成年人适用时，应当增设针对未成年人的特殊方式，管理模式应当与成年人区分开来。

以强制戒毒以及治安处罚为例，针对严重不良行为未成年人强制戒毒以及治安处罚的场所就应当与成年人的区分开来，成年人与未成年人分开管理。相对于工读学校与收容教养，治安处罚与强制戒毒的时间较短，治安处罚15天，着重于惩罚其行为，强制戒毒3个月到6个月，着重于帮助吸毒未成年人戒掉毒瘾。处遇过程中可能较难加入相应的适合教育挽救未成年人的措施，即使在处遇过程中施以相应的教育挽救措施，但也可能因为时间过短而起不到明显的效果。针对这样的情况，笔者认为可以在处遇结束后加以弥补。通过社会调查，司法机关在掌握未成年人实施吸毒、卖淫等违反治安管理办法的行为的深层原因后，综合考虑到家庭、社会等因素后，与当地的关心下一代委员会、社区以及学校等机构形成帮扶合力，定期对这些经过治安处罚或者强制戒毒的未成年人开展一定期限的帮教工作，定期组织他们参加公益劳动，开展法制教育，上报思想汇报。如此，未成年人可以在原本熟悉的环境中生活，对未成年人进行帮教的机构也能对该未成年人进行监督，预防其再犯。

新媒体背景下未成年人犯罪预防工作思考*

一、新媒体之概念、形式和特点

(一)新媒体之概念

新媒体,虽然确确实实地越来越对我们的生活产生巨大的影响,但学界对新媒体的界定却依然没有定论。一些传播学期刊上虽设有“新媒体”专栏,但研究的对象却是五花八门,观点更是众说纷纭,莫衷一是。查之辞书,辞书未收录。求之于万能的百度,百度百科如是说:“新媒体(New Media)是一个相对的概念,是报刊、广播、电视等传统媒体以后发展起来的媒体形态,包括网络媒体、手机媒体、数字电视等。新媒体亦是一个宽泛的概念,利用数字技术、网络技术,通过互联网、宽带局域网、无线通讯网、卫星等渠道,以及电脑、手机、电视等终端,向用户提供信息和娱乐服务的传播形态。严格地说,新媒体应该称为数字化新媒体。”相对于报刊、户外、广播、电视四大传统意义上的媒体,新媒体被形象地称为“第五媒体”。

(二)新媒体的传播渠道及表现形式

在三网融合的背景下,以手机移动网络为代表的电信网、以有线电视为代表的广播电视网和以互联网为代表的计算机通信网三大网络通过技术改造,技术功能趋于一致,技术范围趋于相同,新媒体的传播不再局限于互联网,而是包括互联网、无线通信网、广播电视网等多个渠道,手机、电

---

* 钱青峰,上海市宝山区人民检察院。

脑、数字电视等众多数字化产品，也都成为新媒体的传播终端。

相比于传统媒体，新媒体的表现形式更是多种多样，各种门户网站、社交论坛、灌水社区如雨后春笋，层出不穷。传统媒体的电视、报刊、杂志也纷纷推出数字化产品，加入新媒体大军。纷纭复杂的新媒体表现形式中，腾讯QQ、微信、微博、博客、视频网站等表现形式更为未成年人所喜闻乐见，对未成年人产生巨大的影响。

（三）新媒体的特点

1. 即时性与交互性

新媒体以互联网、无线通信网、卫星等为传播渠道，对信息的传播具有即时性的特点。手机媒体兴起以后，新媒体对信息的传播几乎不受时间和空间的限制，具有全天候和全覆盖性的特征。同时，区别于传统报纸、电视、广播等传统媒体一点对多点型传播状态，新媒体的传播状态为多点对多点型，交互性极强，独特的网络介质使得信息传播者与接受者的关系走向平等，受众不再轻易受媒体摆布，而是可以通过新媒体的互动，发出更多的声音。每个新媒体的受众既是信息的接受者，又是信息的传递者。

2. 海量性与共享性

新媒体各种视频、新闻、图片更新速度极快，前面的来不及浏览，后面的迅速覆盖上来，信息内容涉及社会生活方方面面，信息量浩如烟海。理论上讲，只要满足计算机条件，一个新媒体即可满足全世界的信息存储需要。除了信息的海量性之外，新媒体还可以随时存储内容，而且易于检索，受众查找以前内容和相关内容非常方便，能够在不同的时间，不同的地点为不同的受众所共享。

3. 多媒体与超文本

就表现方式而言，新媒体呈现的面貌比传统媒体要更加丰富生动。传统媒体的表现方式比较单一，或是文字，或是图片，或是视频，或者两者的简单结合。新媒体表现方式多样，表现过程丰富多彩，以声音、文字、图形、影像等复合形式呈现，具有很高的科技含量，可以进行跨媒体、跨时空的信息传播。同时,新媒体中的超文本链接,能够让内容即时地、无限地扩展,使信息的获取更加方便、快捷。

4. 个性化与社群化

传统媒体几乎都是大众化的,发布机构也通常只能是新闻机构,受众只能被动地阅读或者观看毫无差别的内容,所以传统媒体又被称之为大众媒体。新媒体强调个性化,强调面对个人,受众有更大的选择,可以自由阅读,可以放大信息,可以通过新媒体定制自己需要的新闻。也就是说,每个新媒体受众手中最终接受到的信息内容组合,可以是一样的,也可以是完全不同的。所以,新媒体又被称为个人媒体。由于新媒体的使用与内容选择更具个性化,导致市场细分更加充分,当具有相同或相似的的需要或爱好产生时,新媒体就具有了社群化的特点。

二、新媒体背景下的未成年人及未成年人犯罪

(一)未成年人使用新媒体情况分析

未成年人身心发育尚未成熟,正处于汲取知识、学习成长的关键阶段,具有极强的求知欲、好奇心和接受能力,新媒体表现方式的生动性,信息内容的丰富性,恰好迎合了未成年人的特点,对未成年人产生了巨大的吸引力。根据中国少先队事业发展中心、中国未成年人网脉工程全国推广中心等五家机构联合发布的《第六次未成年人互联网运用状况调查报告(2012)》和《第七次未成年人互联网运用状况调查报告(2013)》,未成年人对新媒体运用情况可以总结出如下几个重要特点:

1. 绝大部分的未成年人都在使用新媒体

第六次调查报告显示,2012 年 10 ~ 18 周岁的未成年人上网率达到 96.8%,第七次调查报告显示,2013 年 6 ~ 18 周岁的未成年人上网率达到 90.1%。由于第七次调查对象增加了 6 ~ 9 周岁的未成年人,上网率有所下降,但却表明,未成年人触网的年龄进一步降低。报告显示,2013 年 23.8% 的未成年人在 6 周岁前即有上网行为。

2. 腾讯 QQ 是未成年人最主要的网络社交平台,网络游戏在未成年人社交中占有重要地位

调查显示,2013 年,在腾讯 QQ、微信、微博、电子邮件、论坛、网络游戏等新媒体社交工具中,腾讯 QQ 以四成以上的使用比率遥遥领先,而通过网络游戏进行社交的未成年人也达到 11.9%。四成以上的城市未成年人和六成以上的农村未成年人通过网络社交结识了新朋友,一起在网络上聊天,玩游戏。其中一成以上的未成年人和网友见过面。

3. 未成年人微博、微信的使用率在不断提高,是未成年人获取信息的一个重要来源

第六次调查显示,未成年人微博使用率高于其他一般群体,六成以上的未成年人通过微博获取信息,表达观点。第七次调查显示,由于手机上网的不断普及,微信的使用率在快速提高,约五成的未成年人都在使用微信。未成年人最常用的微信功能是发语音、朋友圈、群聊、游戏中心等。

4. 未成年人上网经常访问的网站是综合性商业网站

调查显示,未成年人对少年先锋网、未来网、中少在线等一些未成年人专属网站并不了解,在给定的范围内对洛克王国、人人网、朋友网等游戏、社交网络比较熟悉。未成人经常访问的网站也是一些综合性商业网站,其中百度、腾讯、4399 小游戏、360 安全导航、好 123、新浪等综合性商业网站排在未成年人经常使用的网站前列。

5. 未成年人接触新媒体的内容以听音乐、玩游戏、聊天、看视频等娱乐活动为主

第六次的调查报告显示,未成年人上网内容排在前三位的是听音乐、玩游戏和查看信息资料,比率分别是 53.7%、45.2%、41.2%,其次是看视频、聊天等。第七次的调查报告中,虽然未成年人的上网内容比第六次有分散的趋势,但排在前面依然是听音乐、玩游戏、看视频等娱乐活动。

(二)新媒体对于未成年人犯罪的影响

1. 新媒体上的负面信息对未成年人的价值观产生误导

当前新媒体的自由度极高,新媒体提供的海量信息及内容中,良莠不

齐，泥沙聚下，如暴力、色情等视频、图片、文字泛滥，拜金主义、享乐主义蔚然成风。在未成年人经常接触的QQ空间、微博、微信朋友圈中，炫富、揭露社会阴暗面等负面现象也十分普遍，而未成年人最爱玩的网络游戏中，暴力成分更是居高不下。调查显示，接近八成的未成年人在聊天或者游戏时接受过不良信息推送。未成年人的思想还不够成熟，对是非对错的辨别还不十分确切，正处于人生价值观形成的重要时期，如果过多的接触这些不良信息或者社会负能量，极容易对未成年人的成长产生误导，或是形成仇富、反社会的畸形价值观，或是形成贪图享乐、不劳而获、急功近利等不健康的心理特点，成为潜在的犯罪嫌疑人。

新媒体不良信息对涉罪未成年人的影响更为明显，一项专门针对涉罪未成年人的抽样调查分析报告显示：74%的涉罪未成年人表示犯罪前接触过黄色信息，其中经常接触的占11.8%；而涉罪未成年人观看电视节目的调查中，武打片和警匪片分别占65.96%和51.85%，时政新闻和知识类节目所在选项排名倒数。近年来，受网络暴力、色情影响而走上犯罪道路的未成年人犯罪案例层出不穷。如笔者单位曾经办理的未成年人毛某某故意伤害案，未成年人毛某某才满14周岁，因在网络上观看色情视频而引起冲动，将隔壁邻居家不满7周岁的幼女骗至家中，将铁棍捅进幼女阴部，造成幼女重伤，可以说是因网络色情引起犯罪的一个典型案件。而其他模仿新媒体采用暴力方法处理生活中的冲突，从而引起聚众斗殴、故意寻衅滋事、故意伤害犯罪的案件也比较常见。

2. 新媒体推送的犯罪信息直接教唆未成年人实施犯罪

伴着新媒体的发展，不仅越来越多的不良不健康信息充斥其中，一些犯罪分子甚至开始直接通过网络推送犯罪信息。未成年人法制观念淡薄，是非辨别能力差，更容易受到这些犯罪信息的影响，直接走上犯罪道路。如笔者办理的犯罪嫌疑人毕某某妨害信用卡管理案，毕某某是职校学生，家庭经济条件较好，无不良行为，甚至有乐于助人的表现。一日毕某某在QQ网络游戏时，收到他人发来的信息，引诱其买卖他人信用卡赚取钱财。毕某某平时性格独立，时常通过打工赚取一些费用，虽然觉得买卖信用卡行为有所不妥，但对其违法后果并没有十分清楚的认识，故而被对方引诱，通过网络买卖数量较大的他人信用卡，后在转售牟利时被抓获。

3. 新媒体为未成年人实施犯罪提供了新的渠道和工具

新媒体的发展，尤其是微信、腾讯QQ等软件开发出的“摇一摇”“查找附近的人”等新功能，给用户带来全新的体验感受，使未成年人通过新媒体交友变得更为便捷和方便。但由于其同时具有虚拟性和隐蔽性的特点，使犯罪可能变得更加不易察觉，逐渐成为未成年人实施犯罪新的渠道和工具。例如，笔者单位办理的余某某诈骗案，未成年人余某某实际为一名初中文化的男性，在腾讯QQ上冒充一名在校女大学生和一名在籍军人聊天谈恋爱，在没有见面的情况下成功地以各种理由，骗取被害人人民币四万元。又如未成年人李某某等人强奸案，李某某等人在宾馆某房间通过QQ聊天工具寻找作案目标，确定李某某一名女性网友的同学为犯罪对象后，李某某让其女性网友将被害人骗至宾馆房间，然后反锁房门，李某某等多人对被害人进行了轮奸。

4. 新媒体为未成年人实施新类型、复杂化的犯罪提供了可能

统计数据表明，未成年人犯罪的行为类型相对集中，仍以侵犯财产犯罪、暴力犯罪和性犯罪为主，同时，由于未成年人的身心特点，司法实践中，未成年人实施的犯罪通常也趋于简单化。但随着新媒体的发展带来的巨大便利性和先进技术性，未成年人接触社会的范围变得更广、更深，未成年人利用新媒体实施新类型的犯罪或者更加复杂化的犯罪也成为可能。

首先，未成年人能够利用网络新媒体的便捷性、隐蔽性实施一些未成年人通常难以实施的犯罪。前面所说的未成年人毕某某妨害信用卡管理案，就是未成年人受新媒体影响实施的新类型犯罪之一，下面两个案例则可以作更好的说明。未成年人杨某某介绍卖淫案，杨某某和其女友居住于宾馆，为获取非法利益，杨某某在某论坛注册发布卖淫信息，为其女友介绍卖淫，又注册腾讯QQ，通过QQ空间发布卖淫信息，通过QQ聊天和嫖客商定卖淫条件，所得钱款供其和女友二人挥霍。如非方便先进的新媒体技术，对于未成年人来说，是难以独立实施介绍卖淫此类犯罪的。再如未成

年人顾某某合同诈骗案，顾某某为一女性未成年人，先是通过新浪微博销售卡西欧EX—150型、200型相机，从中获利。后因经营不善，造成资金亏空并失去供货来源。顾某某明知上述情况，在没有实际履行能力的情况下，为弥补亏空，持续经营，仍低价销售吸引客户，再以履行小额合同或部分履行合同的方式，诱骗多名客户继续签订和履行合同，诈骗期间长达四个月，骗取定金及货款共计300余万元，造成客户损失270余万元。如非新媒体，一个未成年人如何能实施如此数额特别巨大案情复杂的犯罪？

其次，未成年人可能实施直接以计算机信息系统作为犯罪对象的新类型犯罪。随着计算机网络技术的普及，未成年人严重的好奇心和强大的学习能力，使其极有可能侵入一些重要的计算机信息系统，或者攻击某些网站，或者制造计算机病毒、木马，造成信息泄露或者计算机信息系统瘫痪等严重后果。笔者曾提前介入一未成年人攻击计算机网络案件，该未成年人系一名专科学校学生，利用自己的计算机技术对某地的某一网站进行攻击，导致该网站在某一时间段内不能正常运行。有意思的是，被攻击的网站还恰恰是一家网络安全网站。因该案尚未造成严重后果，最终对该未成年人未立案追究刑事责任。但该案对我们给我们一个明确的警示，虽然国内不满十八周岁的未成年人实施此类犯罪还比较少，但并非没有可能。

5. 一些管理不善的“黑网吧”成为未成年人犯罪行为的滋生地

调查显示，对于大部分普通的未成年人来说，接触、使用新媒体的地方是在家里，但对于涉罪的未成年人来说，上网活动最多的地点却是在网吧，某地的调查数据显示90%的涉罪未成年人均在网吧或曾在网吧上网。国家法律法规明确规定，应当禁止未成年人进入营业性网吧。但依然有一些网吧为利益所驱，对未成年人进出采取睁一只眼闭一只眼的暧昧态度。而那些没有经营执照的“黑网吧”，对未成年人出入更是纵容放任，成为未成年人犯罪的滋生地。究其原因，主要有以下几点：

一是“黑网吧”通常逃避监管，对网络没有监控和过滤系统，暴力、色情信息畅通无阻，这是最有害的，却又有可能成为对未成年人最有吸引力的地方。

二是“黑网吧”内容易形成不良的未成年人团体。很多在“黑网吧”上网的未成年人生活环境不好，辍学在家，没有工作。他们经常晚上上网，白天睡觉，生活规律严重颠倒，再受色情、暴力及其他不良信息影响，思想和行为都发生偏差，成为不良行为少年，然后又在网吧结识其他类似少年，形成不良的未成年人团体，为犯罪种下伏因。

三是“黑网吧”内的未成年人容易因为缺少钱财而实施犯罪。经常混迹于“黑网吧”的未成年人，往往是脱离父母监管，经济上没有人支持。而这些未成年人一方面吃喝玩乐要钱，另一方面沉迷于网吧又不能自拔，极容易在经济上处于困境，也因此而相互结伙，为获取钱财而滋生犯罪故意，实施犯罪行为。

四是“黑网吧”及其所处的环境通常较为嘈杂，治安管理难度大，是矛盾和冲突的多发地点。未成年人身处于这样的环境中，耳濡目染，也很容易和他人发生冲突，而处理方式又多简单粗暴。所以，相互之间容易发生聚众斗殴、寻衅滋事、故意伤害这样的犯罪。

三、新媒体背景下未成年人犯罪预防工作的困境

（一）困境之一：虽噎却不能废食

中国互联网信息中心最新发布的数据显示，截至2014年12月，中国互联网网民规模达6.49亿人，其中手机网民规模达5.57亿人，互联网普及率达47.9%。毫无疑问，新媒体已经融入生活，成为这个时代社会生活不可或缺的组成部分，对未成年人的学习生活也确实有巨大的促进作用。中国少先队事业发展中心的调查显示，未成年人使用网络新媒体辅助完成课业的比例也有大幅提升，2012年是13.4%，2013年是20.1%。因此，虽然新媒体的出现和极速发展成为未成年人犯罪的重要诱因，导致未成年人犯罪出现新的特点和变化，给预防未成年人犯罪工作带来新的挑战和困难，却不能因噎废食，对新媒体一禁了之。但是，要想科学合理地解决这一矛盾，使新媒体既是未成年人学习生活的好帮手，又尽力减少新媒体对未成年人犯罪的不良影响，却有并非易事，需要更大的智慧和能力。

（二）困境之二：犯罪预防和权利保障之博弈

如前所述，新媒体使人们获得信息的渠道更加通畅，内容更加丰富多彩。但新媒体也同时充斥着大量的负面信息，色情、暴力、社会阴暗面等等，对于心智尚未成熟的未成年人来说，难以区分对错却又极具诱惑力。因此，预防未成年人犯罪，必然要对上述内容进行监管、防控、筛选。但同时，新媒体时代是价值多元化的时代，各种思想在网络上碰撞，各种态度在新媒体中展现，各种公知、知名博主在不断地对国家的网络监管、审查制度进行批判、攻击。且不去评论这些思想、观点、潮流的正确与否，客观地说，如果加大对新媒体的监管、审查和筛选，确实有可能会过滤掉到一些正常、合法的信息，一定程度上影响社会公众尤其是成年观众的信息知情权和选择权。但任何制度的实施都是权利博弈的结果，如何在未成年人犯罪预防和社会公众权利保障之间合理设置制度，让权利损害降到最低，甚至取得一个双赢的结果，是需要认真思考的问题。

（三）困境之三：执法依据和执法能力的欠缺

新媒体发展基于数字化、网络等先进的技术架构，具有海量性、即时性、开放性等特点，其信息易于传播，难以监管。即使监管部门和未成年人犯罪预防机构确实想把这项工作做好，但目前仍然有一种心有余力不足的感觉。其困境主要表现在：

1. 缺少专门的保护未成年人在线权利，防范未成年人被不良信息滋扰的法律

虽然我们的未成年人保护法规定互联网上网服务营业场所不得允许未成年人进入，但在网络技术迅猛发展的背景下，新媒体成为未成年人生活的重要组成部分，仅仅依靠禁止未成年人接触新媒体是不能很好地起到预防未成年人犯罪的效果的。因此，确实需要制定相应的法律来对未成年人的上网行为进行引导、规范和保障，同时防止其被不良信息所诱导。

2. 已有的法律法规也没有得到有效地执行

如同其他领域，新媒体背景下未成年人犯罪预防也存在一个立法规定和实际执行的困境。一些网吧经营者为追求利润，无视未成年人在网吧内

进进出出，更有一些“黑网吧”主动地去吸引未成年人。虽然我们有未成年人保护法，有互联网上网营业场所管理条例等法律法规，但如何追究法律责任却还存在相当困难。或是法律责任不能有效阻止网吧经营者继续引诱未成年人进入网吧，或是囿于人力物力，监管部门对这些网吧根本就不能及时地进行监管，相关规定形同虚设。

3. 监管人员的执法能力还不能适应新媒体监管的要求

新媒体蕴含着丰富的科学技术，要实现对新媒体的监管，不仅仅是责任心的问题，必然也需要掌握对应的技术要求。但由于新媒体发展的速度极快，大部分行政执法人员知识更新速度跟不上新媒体的发展速度，在对新媒体进行监控时就显得力不从心。

四、新媒体背景下未成年人犯罪预防工作之对策思考

（一）正视新媒体的积极价值

新媒体的发展是经济、社会、科学发展的自然产物，虽然新媒体中的不良信息是未成年人犯罪的诱因之一，也为未成年人犯罪提供新的渠道和工具，使未成年人犯罪预防工作更为复杂和艰巨，但这并不是新媒体自身的错。科学技术本身不存在对错，对错只体现在对科学技术的具体应用上。如果为了预防未成年人犯罪，视新媒体如洪水猛兽，禁止未成年人接触新媒体，是错误的，也是徒劳的。前述的调查数据也显示，未成年人接触新媒体，已成为未成年人生活的常态。而且，新媒体对未成年人开阔视野、获取知识、帮助完成课业等方面，也确实起到越来越积极的作用。因此，新媒体背景下的未成年人犯罪预防，应当正视新媒体的积极价值，注重引导，宜疏不宜堵。只有正确的认识，才能正确的选择。

（二）加大对新媒体的监管，净化未成年人上网环境

1. 增强网络安全技术的开发和应用，对新媒体信息分级管理

在价值多元化的时代，要求所有的新媒体只发出一个声音，或者说只传播一个价值观，是不可能的，也是不可想象的。但未成年人由于心智不成熟，是非辨别能力较差，又确实容易被不健康的视频、图片、信息引上歧

途。国外破解此类问题困境一般都是采用分级制度,就是根据新媒体暴力、色情等不良信息的程度,将多媒体信息分成不同级别。譬如,电影中的老少咸宜级、儿童不宜级、多少岁以下不能入场级。不同的受众群体只能获取对应级别的新媒体信息。而国内的分级管理制度还处于比较薄弱的阶段,也缺少相关技术以保障执行。因此,有必要增强网络安全技术的开发和应用,对新媒体信息进行分级管理。这样既能将有可能对未成年人造成不良影响的暴力、色情、拜金主义等负面信息过滤掉,又不妨碍成年社会公众价值多元化的需求,应当是解决未成年人犯罪预防和社会公众权利保障之困境一个比较妥善的方法。

2. 完善立法,规范行业管理,加大对新媒体的监管

新媒体发展比较早的国家,一般均随着新媒体的发展程度,制定专门的法律对未成年人的权利进行保障。譬如美国,先后制定的法律有《儿童在线保护法》《儿童网络隐私规则》《儿童互联网保护法》。整体上看,我国有关网络及新媒体的法律规制还不够完善,涉及未成年人在线权利的规定极少,即使有也如同蜻蜓点水,不具备实际的执行效果。因此,在新媒体如此发达的今天,确有必要完善有关新媒体的立法,一方面保障未成年人利用新媒体学习生活的权利,另一方面对新媒体的信息传播进行规范管理。

同时,新媒体传播应当建立行业协会,加大对新媒体传播渠道和传播机构的监督。譬如,手机新媒体的电信运营商应当严格执行手机实名制,对手机媒体传播的不良信息予以过滤;软件开发商可以开发适合未成年人使用的专门软件。

3. 加强新媒体监管队伍建设,提高执法能力和执法力度

一是要根据工作需要,成立新媒体监管的专门机构,吸收大量具有计算机专业技术的人员进入新媒体监管队伍,解决新媒体监管人力不足的困境。二是加强实战培训,提高新媒体监管人员的整体素质,解决新媒体监管执法能力不足的困境。三是落实制度建设,将未成年人新媒体犯罪预防工作的相关内容纳入考评范围。公安、工商、网监等相关部门,应当相互配合补充,提高对引诱未成年人进入营业性网吧、向未成年人传播暴力、色

情、教唆犯罪等违法犯罪行为的打击密度和打击力度。

（三）善于利用新媒体对未成年人进行引导

1. 培养提高未成年人的新媒体素养

新媒体重要的功能之一就是教育，甚至被誉为大众教育和终身教育，未成年人可能一方面接受学校和家庭的教育，另一方面要面对波涛汹涌、不请自来的新媒体信息。如果未成年人对新媒体信息缺乏必要的是非辨识能力，就可能在新媒体面前彻底迷失，对社会和未成年人自己都是一种灾难。而审视中国当前的新媒体在未成年人中的传播环境和传播现实，可以发现未成年人使用新媒体基本是通过自学或者相互之间的学习。未成年人的家长，要么简单粗暴地加以反对，要么使用新媒体的意识和技能还不及未成年人，无法有效地对未成年人进行引导。而学校通常过多地注重知识或者职业技能教育，缺乏对未成年人使用新媒体进行网络道德或者网络法制教育。因此，对于价值观形成期的未成年人来说，学会批判性的思维，提升他们的新媒体素养，是关系到社会管理和国民素质的重大问题。方法可以多种多样。譬如，教育引导未成年人树立正确的世界观、人生观、价值观，增强防范意识、法制意识，提高他们辨识、抵御新媒体不良信息的能力；譬如，教导未成年人正确认识新媒体的虚拟性和现实社会的关系，引导他们放下手机，走出网络。

2. 建立未成年人绿色网吧

未成年人保护法没有考虑未成年人对新媒体的特别需求，仅从拦堵的角度禁止未成年人进入营业性网吧，事实证明效果很差。当未成年人不能进入正规的网吧后，必然取而代之进入一些逃避监管的“黑网吧”。而这些黑网吧环境更差，对新媒体中的不良信息基本没有防控和过滤措施，是滋生未成年人犯罪的温床。因此，在未成年人接触新媒体不可避免的背景下，在学校、社区、图书馆等公益场所建立足够的未成年人绿色网吧，允许甚至鼓励未成年人进入，通过网络监管技术对新媒体内容进行监控和筛选，让未成年人在一个健康、可控的环境下利用新媒体进行学习、生活、娱乐，比禁止未成年人进入网吧，应该更有预防犯罪的效果。

3. 大力发展未成年人专属网站

未成年人专属网站是指专门以未成年人为目标对象而建立的网站，但调查显示，未成年人对专属网站的知晓率很低，大部分未成年人经常使用的是和成年人同样的商业性门户网站。分析其原因有三点，一是未成年人专属网站较少，目前主要有中国未成年人网、雏鹰网、未来网、少年先锋网、中少在线等有限的几个；二是学校、社会对未成年人网站的宣传也不够，造成其知晓率低下；三是现有未成年人专属网站的内容不够丰富，形式单一，缺少趣味性，不能符合未成年人的目的要求，这应当是未成年人专属网站的主要问题。因此，应当大力发展未成年人专属网站，增加其数量，丰富其功能，对调查中未成年人需求比较大的课程辅导、益智游戏、在线答疑等内容应科学设计，及时更新；对未成年人喜欢的聊天交友、欣赏音乐等内容也不能忽视，使网站融知识性、趣味性、娱乐性为一体；配合建立未成年人绿色网吧，大力宣传，把未成年人吸引过来。

4. 善于利用新媒体工具进行未成年人犯罪预防

随着手机成为重要的上网终端，信息传播更加方便快捷，微信、微博成为未成年人越来越喜欢使用的新媒体软件工具。水可覆舟，亦能载舟。新媒体工具用之不当，成为未成年人犯罪的重要诱因；用之得当，也可以成为预防未成年人犯罪的有效工具。一方面，可以利用现有的新媒体软件工具对未成年人进行法律和道德教育，传递正能量。譬如，现在微信中可查的“12355”服务平台、上海“12355”等，拥有众多的未成年人粉丝，是传递好声音和正能量的公益平台，值得借鉴学习。另一方面，应当鼓励和扶持主流媒体、公益机构或软件开发商研发形式新颖、功能齐全、绿色健康的未成年人专属新媒体工具，吸引更多的未成年人关注和参与。①

（四）传统犯罪预防工作只能加强不可松懈

虽然新媒体中的不良信息是未成年人实施犯罪的重要诱因，虽然部分

① 百度百科：http://baike.baidu.com/link? url = 3MH0CGjVYndT8QXhCttsCxfpVQl1BZhBxISCeO4USI6ApK3WNeCtVa3LIWTQjgIWYX86U - UO2dqyc2mEiljbtAwvoEYwp0TkRsdGm，访问时间：2015年4月8日。

未成年人实施犯罪可能是受到新媒体上某个犯罪故意的教唆;但对于大部分未成年人来说,实施犯罪的原因是多重的,是社区环境、家庭环境、学校环境、网络环境等因素综合所致,而不是其中某一个因素单独作用的结果。因此,新媒体背景下未成年人犯罪预防,依然需要社会、家庭、学校、司法、行政各方共同努力,传统的未成年人犯罪预防工作只能加强不能松懈。譬如,进一步整合学校、家庭、社区资源,形成教育合力;进一步改革完善教育评价体系,全面提高学生素质;进一步加大净化社会环境力度,加强未成年人思想道德教育;进一步完善未成年人司法制度,加大涉罪未成年人教育、感化、力度等,①最终形成预防未成年人犯罪的"防火墙"。

---

① 于冲:《三网融合背景下青少年网络犯罪的现状和发展趋势探究》,载《青少年犯罪研究》2004 年第 1 期。

本文数据如无特殊注明,均来源于中国少先队事业发展中心等,"第六次中国未成年人互联网运用状况调查报告",载 http://www.wm360.cn/news.asp? id = 3726;"第七次中国未成年人互联网运用状况调查报告",载 http://www.wm360.cn/news.asp? id = 3730。访问时间:2015 年 4 月 10 日。

外来未成年人犯罪预防与法治管理研究

——以上海市J区未成年人刑案为视角[*]

外来未成年人是当前社会中较特殊的弱势群体。相对于大多数本地未成年人而言，他们多数缺少家庭应有的关爱，面临着更大的生活压力，在很多方面被社会忽视，在这种境遇下，他们中有相当部分人走上了违法犯罪的道路。近些年，来沪未成年人违法犯罪情况日益突出，已成为上海市未成年人犯罪中的主要群体。据统计，在2008～2011年上海市检察系统未检部门审查逮捕的未成年人案件中，外省籍未成年人占被审查逮捕未成年人总数的比例分别为85.5%、85.5%、88.5%、89.5%。这些外省籍未成年犯主要由来沪务工人员子女及14～18岁流动人口组成。从理论和实践层面来看，预防犯罪是有效化解社会矛盾，促进社会管理法治化的必然要求，同时，创新社会管理、提高社会管理水平，也成为减少犯罪条件、增加犯罪成本的重要路径。如何正确对待这一群体面临的利益诉求和特殊处境，并寻找措施化解矛盾和冲突，最终有效预防和减少违法犯罪，也是法治建设中迫切需要解决的一个重要课题。

一、上海市J区来沪未成年人犯罪情况及特点

据调研，2005年至2012年间，J区检察院未成年人刑事检察科受理刑事案件724件1771人，其中外来未成年人共有1655人，占总人数的

---

* 王春丽，上海市嘉定区人民检察院。

93.5%。可见,外来未成年人是此类刑事犯罪的主要群体。

表1 J区检察院受理未成年人刑事案件的数据

年　度	案件总受理数	受理总人数	外来犯罪人数(占总受理人数比率)
2005年	81件	223人	201人(90.1%)
2006年	112件	262人	245人(93.5%)
2007年	123件	295人	277人(93.9%)
2008年	106件	258人	246人(93.9%)
2009年	93件	234人	220人(94%)
2010年	60件	132人	127人(96.2%)
2011年	67件	164人	149人(90.9%)
2012年	82件	203人	190人(93.6%)

从实证调研情况来看,外来未成年犯罪呈现以下特点:

(一)犯罪主体文化程度总体偏低

在涉嫌犯罪的来沪未成年人中,文化程度普遍较低,多为初中及以下文化程度。据我们的调研,许多来沪未成年人在幼年时期就跟随父母外出生活,因父母工作的变动而不断在各个城市之间辗转,辍学率也相当高。

(二)犯罪的突发性特征明显

不少来沪未成年人实施犯罪都是临时起意,在案发前一般不事先挑选对象。如帅某某等人抢劫案中,帅某某等人上完网,有人提出身边没有零花钱,帅某某等人即决定在路边实施抢劫,当被害人黄某某独自一人骑自行车至该处时,帅某某等人从路边绿化带里跳出,将黄某某的自行车踢倒,并将黄某某拖进绿化带,持刀威胁及殴打的方式劫得黄某某随身携带的人民币10,300元及诺基亚型手机1部,后将被害人黄某某推下河后逃逸。再如,为了点滴小事或逞义气,即纠集同乡或玩伴,被纠集者也不分青红皂白前来帮忙,共同实施犯罪。如张某等人寻衅滋事一案中,张某因偷划某厂停放在河内的小船,遭到厂方的斥责和阻止,其为显示威风,即打电话给老乡陈某等5人,陈某等人碍于朋友面子,赶来助阵,共同将该厂的厂门掀翻,将门卫室玻璃、室内电话等物品砸烂。

(三)犯罪的暴力化倾向明显

近年发生的来沪未成年人犯罪案件,犯罪手段主要反映为使用暴力来达到犯罪目的,如大量的抢劫案均表现为多人持刀、棍对被害人实施殴打、恐吓等,然后将被害人钱财洗劫一空。例如,在刘某某、李某故意伤害案中,江西籍刘某某、李某等三人与一群河南籍来沪人员同时在酒店门口发广告而发生争执,刘某某、李某觉得吃亏,后买了两把匕首伺机报复。几天后,遇见正在发广告的被害人罗某某,一问罗某某系河南人,刘某某、李某即用各自随身携带的匕首捅刺被害人罗某某的上腹部、左肩背部、左臀部等部位,造成被害人罗成凯上腹部、左肩背部、左臀部外伤性锐器创,致门静脉贯穿伤、腹腔出血达2000毫升、失血性休克,经鉴定构成重伤。

有关部门曾对上海、湖北、贵州三个教管所抽样调查,在回答遇到被害人反抗的应对方式,48.1%的人选择直接对被害人实施暴力,直至被害人停止反抗;23.4%的未成年犯选择如果能够制服被害人就以暴力制服,否则放弃继续犯罪;6.1%的人甚至选择干掉被害人,只有22.4%的未成年犯选择逃离现场。另外,据统计,在2012年全国法院系统审理的未成年生效被告人中,故意杀人罪较2011年上升7.17%。从这一系列数据中我们可以看出未成年犯暴力化倾向的特征。

(四)共同犯罪比例高

在来沪未成年人犯罪中,共同作案多,团伙作案突出。据统计,2007~2009年J区检察院审查起诉的164件来沪务工农民未成年子女犯罪案件中,只有14件为未成年人单独作案,其余150件均为共同犯罪,占总数的91.5%。来沪未成年犯少则三五成群,多则十余人纠结作案,且未成年犯往往扮演主要角色,比一般成年人更敢打敢拼,更不计后果。

(五)"亚犯罪"情况严重

许多来沪未成年人在涉嫌犯罪被采取强制措施前有过违反治安管理

等违法行为，有些已触及刑法边缘，只是因未满16周岁，没有达到刑事责任年龄而不认为是犯罪。例如，在方某盗窃一案中，方某跟随父母来沪后，因厌学辍学在家，后迷恋网络游戏，整日流连于网吧之间，其父对其棍棒教育无效，断其零花钱，方某便经常性地实施入户盗窃，因其未满16周岁，无刑事责任能力，均未处以刑罚，直至2007年6月（刚满16周岁），其因再次盗窃被判处有期徒刑。又如在夏某某、李某寻衅滋事一案中，安徽籍来沪未成年人夏某某、李某曾因犯聚众斗殴罪于2012年5月某日被江苏省某市法院判处有期徒刑10个月，同年，又因寻衅滋事罪被上海市J区法院判处刑事刑罚。这些具有“亚犯罪”情况的来沪未成年人数量较大，而且随着年龄的成长，成为违法犯罪的高危人群。

二、来沪未成年人犯罪原因分析

犯罪既是一种法律现象，更是一种社会现象，犯罪的发生往往是政治、经济、文化等多种因素综合作用的结果。尽管犯罪行为本身具有复杂性，犯罪原因更是种种因素相互作用的结果，但特定类型或者特定群体的犯罪，其产生往往有其特定的原因。根据对来沪未成年人违法犯罪问题的调研，我们发现，他们实施犯罪的原因主要体现在以下方面：

（一）物质利益的需求失衡

在来沪未成年人犯罪案件中，因需求失衡与满足需要特有方式之间冲突引发犯罪主要表现在两方面：一方面，是为了满足衣食住行等最基本的需要而采取犯罪手段。来沪未成年人中有相当一部分是跟随父母或只身进城务工，他们满怀淘金致富的希望，一旦难于找到一份足以谋生的工作或者失业，心理落差会相当大，而且很可能失去生活来源，再加上现实生活中的种种诱惑，很容易铤而走险走上违法犯罪道路。在来沪未成年人犯罪的案件中，最常见的罪名是盗窃和抢劫，且近90%的人陈述自己犯罪的原因是缺钱。

另一方面，是为了实现明显超越现实状况的需求而导致的犯罪行为。面对五彩缤纷的城市生活，来沪未成年人更容易唤起强烈的物质欲望，如

“人家有什么，我也想要什么”的盲目攀比心理，以及“为什么他们有，而我没有”的不平衡心态，其中部分人最终选择了违法犯罪的“捷径”，通过违法犯罪这个“快速”途径来满足自己的物质欲望。

（二）正当权益的缺位

来沪未成年人不同于他们的父辈，他们对农村的艰苦生活体会不深，更渴望变革现行体制，希望能真正融入城市生活。但由于制度上的障碍，来沪未成年人和他们的父辈一样，不能正常享受城市的教育、就业、住房和医疗福利等权益，他们实现“城市梦”的成本太高。耶鲁大学心理学家 John Dollard 等人曾提出了挫折 - 攻击假说，并经过许多心理学家的实验并不断修正，该假说认为，某人被阻止实现所期望的目标，产生挫折、愤怒，然后个体倾向于或准备好作出攻击行为。来沪未成年人在失衡心理的支配下，容易产生违法犯罪的动机和行为。

（三）城市社会的歧视和排斥

由于长期以来所形成的市民与农民在身份、地位上的差异，使一部分市民形成“一等公民”的优越意识，他们对来沪人员在心理上不接纳、不认同，在行为上不尊重、不友善。根据我们的问卷调查，绝大多数来沪务工人员及其子女均认为上海本地人存在歧视外来人员的情况，其中，在对来沪务工人员的调研中，认为有点歧视的占 58.3%，相当歧视的占 23.7%，而且，认为自己受到过被歧视或不公平对待经历的人占 74.7%；在对在就业的进城务工农民子女问卷调查中，当问到是否有过被上海本地人歧视的情况，回答有时有的占据60.4%，经常有的占据24.2%。可见，一旦来沪未成年人在努力融入城市生活和个人发展过程中遭到各种社会排斥，容易产生群体性挫折感，甚至导致自卑、怨恨心理，在一定条件下，可能转化为违法犯罪等行为。

（四）亚文化的不良影响

所谓亚文化，是指在一些集团和社区中，有一种完全不同于社会现行价值体系的共同的稳定的价值体系，这种价值体系的发展必然造成破坏法律的行为。[①] 来沪未成年人由于经济状况、所从事的职业以及语言、文化等原因，使得他们中的一部分人往往居住在租金相对便宜的城乡结合部或郊区，形成了城市里的村庄，其社会交往只限于“亲戚”“老乡”等群体。随着来沪人员的大量涌入，这类“贫民窟”也有增无减，从而会形成都市的“贫民窟亚文化”。

犯罪亚文化理论强调亚文化是促进犯罪的动因和机制，认为犯罪行为发生的机制是模仿机制和环境影响的作用。心理学家米勒也指出，犯罪是低阶层文化（又称贫民窟文化）对环境自然反应的结果。我们在调查中发现，大多数涉案来沪未成年人均处于无业状态，整天无所事事，相似的背景和经历，使他们形成一定的小群体，从中寻找精神归属、依托和认同感，也使得这部分人员一拍即合，结伙实施违法犯罪活动。例如，因犯聚众斗殴罪被判刑的被告人刘某在回答自己为什么参与打架时，他侃侃而谈：“我们在上海混，没权没势的，靠什么，靠的就是狠，狠得让别人不敢惹我们，我们才能活得风光……”

（五）家庭关爱缺失及家庭教育不当

来沪未成年人的家长大多为谋生奔波，无暇顾及孩子，对孩子听之任之的情况比较普遍，使得不少来沪未成年人缺乏应有的家庭关爱。在我们与检察机关办案人员的访谈中，办案人员曾十分感慨地提到：“涉案的进城务工农民未成年子女普遍反映，父母忙于生计，没有时间关心他们，还有一些父母根本不清楚自己的孩子平时在做什么，和谁在一起，甚至不知道自己的孩子在哪生活，直到孩子因犯罪被司法机关抓获后通知家属才知晓。”不少进城务工农民子女调查问卷中表示，希望父母能够多了解他们，多关心他们。

另外，部分进城务工农民家长的教育观有所偏离，失当的家庭教育行为大量存在，一方面存在片面重视学校教育而忽视家庭教育的现象，另一方面存在家庭教育的方式方法不当的情况。我们在对涉案来沪未成年人

---

① 周晓虹：《现代社会心理学》，上海人民出版社1997年版，第469页。

的调查访谈中,当提到父母的管教方式时,不少来沪未成年人反映自己曾受到过"棍棒式教育",同时表现出对"棍棒式教育"方式反感。例如,经常受父母打骂的刘某谈到,"未成年人也有很强的自尊心,如果父母采取其他管教方式的话效果也许还会好一点,但是对于打骂则更加反感,感觉对心理伤害很大";"你越打我,我越去玩"。从心理学的角度而言,惩罚也许可使人顺从,但很少使人内化,时常受到惩罚的儿童要比正常的儿童具有更大的侵犯性,原因是他们会效仿父母,而且惩罚本身会引起愤怒。缺乏正确、科学的家庭教育,也影响了来沪未成年人的健康成长。

三、管理法治化视阈下外来未成年人犯罪预防的对策思考

外来未成年人犯罪的控制与预防,与社会管理的法治化密切相关。有观点还认为,"未成年人犯罪的预控,关键在政府依法行政,创新舆论宣传方式"。[①] 意大利犯罪学家龙勃罗梭曾指出,"监狱是犯罪的学校,它教人实施最有害的犯罪和团伙犯罪"。由于惩罚犯罪对于控制犯罪作用的有限性,犯罪预防越来越受到重视。尤其在未成年人犯罪案件中,更应贯彻教育为主、惩罚为辅的原则。如何在法治中加强对外来未成年人的社会管理,减少未成年人犯罪的原因和条件,实现由事后消极惩罚转向事前积极预防,从而有效遏制与减少未成年人犯罪,具有重要的实践价值。

(一)社会预防:外来未成年人就学、就业等权益保障

所谓犯罪的社会预防,是指通过制定和执行适当的公共政策和社会政策,发展经济,完善制度与文化,组织和管理社会,避免和解决社会问题,从而减少和克服犯罪的社会过程。[②] 笔者以为,针对外来未成年人犯罪的特殊性,对此类主体的社会预防主要有以下几个方面:

1. 保障未成年人的受教育权

教育是反贫困的根本性策略,对于来沪未成年人这些社会弱势群体而

---

① 侯宇清:《未成年人犯罪的预防与控制策略》,载《法制博览》2013 年第 3 期。

② 许章润主编:《犯罪学》,法律出版社 2007 年第 3 版,第 324 页。

言，接受良好的教育是改变其社会阶层属性的重要途径。政府应提高进城务工农民子女教育经费的支持，保障他们的平等受教育权；同时，还可以根据外来未成年人普遍文化程度不高的现状，探索新的教育模式。例如，上海图书馆开展以“共享文化资源，构建和谐社会”为主题的图书馆服务宣传周活动，把外来建设者列入图书馆服务重点对象，在进城务工青年集中的社区、农村设立文化信息资源共享工程基层服务网点，设立进城务工青年流动读书室等。[①] 总之，通过多途径多方面来提高外来未成年人的整体文化水准。

2. 探索外来未成年人服务管理的新模式

外来未成年人的服务管理问题，不仅关系到未成年人的合法权益，同时也是有效预防和减少他们违法犯罪的重要举措。一方面，转变管理服务的理念。进城务工人员及其子女的大规模涌入，是社会经济发展所带来的必然现象，同时，城市的发展也离不开进城务工人员及其子女的积极参与，对于他们，应给予公平对待和主动服务，增强“服务就是管理”的意识，把管理寓于服务之中，提升对他们的服务管理水平。

另一方面，让进城务工人员及其子女分享城市公共服务。如在进城务工人员较多的地区，由政府规划、社区投资、市场运作的方式来修建供进城务工人员集中居住的社区，如J区为来沪务工人员建立集中居住的小区；又如某企业为其员工（主要是进城务工农民）修建了生产配套区，由镇政府与公司联合管理，提供固定的住所。这些措施在一定程度上可增强进城务工人员及其子女对本地区的归属感。我们认为，这种模式可以进一步完善推广，同时，还可以对这些社区配置各种公用文化设施，包括健身器械、阅览室等，关心进城务工人员及其子女的精神文化建设和业余生活。

3. 加强和创新法制宣传的内容与形式

加强外来未成年人的法制教育，使他们知法、懂法，从而最终自觉地守

---

① 香港地区青年协会、上海市青年联合会主编：《预防犯罪与青年工作——沪港两地的探索与实践》，华东理工大学出版社2005年版，第188页。

法,这也是预防这一群体犯罪的关键性工作。在对进城务工人员及其子女法制宣传中,应克服以往普法盲点,寻找宣传方式的多样性和效果的有效性。如对进城务工人员及其子女的普法工作必须因地制宜,采用浅显易懂的方式。可探索新的普法形式,如法制宣传大篷车,利用戏剧、小品、以案说法等方式,让人在笑声提高法律知识,从而能做到自觉学法、守法、用法。另外,在日常宣传中,还应扩大普法教育的覆盖面,增强法制宣传的渗透力。例如,通过电视、广播、报刊等多种新闻媒体开展法制宣传,尤其是在外来人员相对集中的地方,选取一些有针对性的案例进行普法教育,提高他们的法律观念,提升他们的自我防范、自我保护意识。

4. 逐步完善社会保障制度

逐步剥离依附或隐含在户籍制度之上的社会福利,淡化户籍制度的社会经济功能。在目前还不具备建立一元化社会保障制度的情况下,可以探索建立独立的、分类指导渐行的、分层次的、门槛较低富有灵活性的、可转移可衔接的进城务工人员社会保障制度。[①] 具体是先为进城务工农民建个人账户,建社会统筹,实行过渡性的个人账户制度,由进城务工人员最后的归宿决定这一账户的走向;然后根据风险对进城务工人员的危害程度,以及进城务工人员对保障需求的轻重缓急,按照普遍性原则确立针对进城务工人员的工伤保险制度,建立进城务工人员的疾病医疗保障,尤其是大病保障制度,建立面向进城务工人员的最低生活保障以及社会救助制度,把进城务工人员的养老保险纳入有差别的社会养老保险体系等。

(二)心理预防:社会、学校、家庭形成多方合力

所谓犯罪的心理预防,是指通过对人的健康人格的社会培养和自我修养,增强人的社会适应能力和自我控制能力,使人能够在特定的社会背景和具体情境下做出符合社会法律和伦理规范的行为选择。[②] 来沪未成年人基本都处于儿童和青年时期,是人格形成和发展的关键时期,人格是构成

---

① 刘子操:《城市化进程中的社会保障问题》,人民出版社2006年版,第18页。

② 许章润主编:《犯罪学》,法律出版社2007年第3版,第344页。

一个人思想、感情、行为整体的特有模式，决定了一个人的生活方式、职业偏好以及事业成功的概率。健全人格的形成涉及多方面的因素，有家庭因素、学校教育因素、社会文化因素、生物遗传因素等，而且是这些因素相互作用和相互影响的结果。

1. 加强父母关爱和家庭教育，填补来沪未成年人的情感空缺

根据我们的调研，许多来沪未成年人没有接受到良好的家庭教育，有的甚至没有基本的家庭关怀。一个人的成功和幸福离不开健全、良好的人格，同时缺乏健全的人格也将增加违法犯罪的概率。一方面，应提高进城务工人员的家庭教育水平。通过对进城务工人员的家庭教育提供指导和服务，积极引导进城务工人员言传身教，在思想品德上和道德观念上关怀、引导和帮助其子女。避免因漠视、溺爱、粗暴等不正确的教育方式，伤害孩子的自尊心和自信心，将孩子推离正确的生活轨道。另一方面，未成年人在生活和情感上最需要父母的关爱，进城务工人员要给予孩子更多关爱，适时掌握孩子的言行举止，了解他们的心理变化以及在学校的生活和社会上所交往的朋友。

2. 完善学校教育，帮助来沪未成年人形成正确的价值观、人生观

学校不仅是传授科学文化知识的场所，也是进行思想品德教育和形成正确的价值观、人生观的地方，更是促使儿童形成和发展健康人格特征的重要部门。一是充分挖掘本地公办学校现有的教学资源，尽可能地向进城务工农民子女开放；二是从法律上对农民工子女学校的地位及其权利予以明确，加大对进城务工农民子女学校的扶持和监管力度，保证这些学校的教学质量；三是要关心来沪未成年人的心理健康，针对来沪未成年人的心理问题和需要，开设适当的心理课程，并应在教育过程中加强人文关怀。

3. 尽可能地减少歧视与偏见，提升外来未成年人对城市社会的认同感和归属感

通过各种途径，转变部分城市居民的歧视与偏见，充分认识到在城市的繁荣与进步中，也凝聚着进城务工人员的汗水与智慧，增进对进城务工

人员及其子女的宽容和认识，应营造理解来沪人员、尊重来沪人员的良好氛围，尤其应关注来沪未成年人的健康成长，这对进城务工人员及其子女接纳城市主流文化和融入城市社会具有积极意义。

4. 加强社会性支持，促进来沪未成年人的健康成长

面对大规模的来沪未成年人，最终都将踏入社会，他们中的绝大多数都是不甘于、也无法再回到农村的城市“新生代”，有必要帮助他们增强适应城市社会与自我发展的能力。如通过政策扶持和社会救助等社会性支持，在一定程度上解决来沪未成年人面临的经济困难，让他们有基本的生活保障和接受教育的条件；同时，通过专业机构或者社会工作者，走进来沪未成年人的生活，帮助他们面对社会交往、安全缺乏、亲情缺失等多种心理健康和需求障碍方面的问题，并建立起来沪未成年人的家庭、学校和社区之间的桥梁，形成合力，为来沪未成年人的健康成长创造一个良好的社会环境。

（三）司法防控：完善落实来沪未成年人犯罪预防机制和帮教工作

1. 加强涉罪未成年人的社会调查，掌握其犯罪的根源

司法工作者在办理来沪未成年人犯罪案件时，可充分发挥社会调查这一案件办理的特殊程序。在确保社会调查报告客观全面的基础上，根据调查报告的内容，对涉案人员作出相对应的处理，保障其应有的权益，作出有针对性的引导、教育。在案件的不同办理阶段，公检法部门做出相应的措施：在侦查阶段，司法机关通过调查犯罪嫌疑人的一贯表现、家庭监护能力等情况，作出是否对其采取拘留等剥夺人身自由的强制措施；检察机关以此作为能否有效防止发生社会危害，而作出依法应否批准逮捕的决定。在审查起诉阶段，检察机关根据调查所掌握的犯罪嫌疑人在学校、家庭、社区的一贯表现情况，作为作出情节轻微、不需要判处刑罚的重要依据，以终止刑事诉讼程序的进行。在审判阶段，法院根据被告人的一贯表现情况，作出合理、公正的判决之外，依据调查反映的被告人能否获得监护、帮教情况，还可依法决定是否从轻判处管制、拘役、宣告缓刑或者有期徒刑宣告缓刑及免予刑事处罚。

2. 建立并完善对涉罪来沪未成年人的社会观护体系

据调研,对不同地籍未成年犯罪嫌疑人取保候审适用比例的差距非常明显,主要表现为对外省籍未成年人适用取保候审比例偏低。以J区检察院为例,2006年对外来未成年人取保候审适用率为7.6%,而对沪籍未成年人取保候审适用率则高达86.7%。2007对外来未成年人取保候审的适用比率达15.7%,2008年上升为20.8%。对外省籍涉罪未成年人取保候审比率显著提高发生在2007年、2008年,这一成果得益于以"观护教育基地"为中心的观护体系的建立。2007年该院在J区探索试行外省籍未成年人观护点,由镇政府出资聘用素质高、擅长教育的退休教师、公务员作为观护点内的帮教志愿者。还首次将外来人员中的户长纳入观护点参与考察帮教的人员体系中,发挥他们在外来人员中威信较高、同外省籍未成年人易于交流等特有的优势,配合派出所民警、社工共同做好对涉罪未成年人的考察帮教,增强观护工作的效果。2008年在J区人大的推进下,在全区范围内有序推进外来未成年人社会观护体系,取得了很好的效果。

3. 为经济困难的涉罪来沪未成年人提供法律援助

当前,法律援助还是面临一些问题需要解决:一方面,经费保障要充足。上海现在各区院都有法律援助中心,每年的费用直接来源于各个区的财政拨款,而款项的多少直接决定了可以提供法律援助的数量。有的区援助中心因财政拨款数量不足,而不得不设置一定的条件限制,无法使需要的涉罪未成年人获得法律援助。另一方面,申请援助时间要提前。目前启动涉罪未成年人法律援助的阶段主要是在检察院审查逮捕阶段,但笔者认为,应当将未成年人刑事法律援助工作引入公安机关侦查阶段,在未成年嫌疑人被侦查机关第一次讯问或者采取强制措施之日起,就应根据未成年嫌疑人的实际情况为其申请法律援助,这样可以实现全程化的法律援助,更好的保障其诉讼权利。

4. 重视涉罪来沪未成年人的社区矫正体系

社区矫正就是充分利用社会资源,积极运用各种方法、手段,整合政法部门、社区等各方力量,着力对社区范围内的假释、监外执行、管制、剥夺政治权利、缓刑等罪犯进行针对性教育改造的手段和方法。我们认为,对于涉罪来沪未成年人,通过实行诉前考察,酌情对其作出相对不起诉、判处缓刑等非监禁方式,并纳入社区矫正的范围。通过这一措施可以扩大涉罪来沪未成年人适用非监禁化的程度。同时,还需要进一步完善帮教组织,通过帮教人员为来沪未成年犯提供帮助,让他们感受到社会的关爱,帮助他们融入正常社会,使其成为一个社会有用之人。

未成年人娱乐场所犯罪情况调研报告*

娱乐场所①是广大人民群众娱乐休闲的主要去处,为丰富群众文化、健康娱乐生活和活跃经济发挥了积极的作用。但是,娱乐场所对心智发育不全、涉世未深的未成年人的负面影响也客观存在。2010 年 1 月至 2013 年 6 月,上海检察机关共受理未成年人涉及娱乐场所的刑事犯罪 207 件 303 人。其中,2010 年 46 件 70 人、2011 年 74 件 110 人、2012 年 80 件 112 人;涉 KTV(歌城)、迪吧、舞厅等场所的 75 件 114 人,涉网吧、游戏(艺)厅等场所的 84 件 107 人,涉酒吧的 27 件 45 人,涉溜冰场、台球房等场所的 21 件 37 人。

一、未成年人涉及娱乐场所犯罪的主要特点

(一)涉案罪名集中

涉及娱乐场所的未成年人犯罪案件,主要涉及寻衅滋事、聚众斗殴、诈骗、抢劫、强奸、非法拘禁、故意伤害等罪名。涉嫌聚众斗殴、寻衅滋事、故意伤害等暴力型犯罪的有 193 人,其中涉 KTV、迪吧的 89 人、涉酒吧的 25 人、涉网吧的 49 人,分别占该类案件人数的 78.1%、55.6% 和 45.8%;涉嫌抢劫、盗窃等侵财型犯罪的有 82 人,其中涉 KTV、迪吧的 20 人、涉酒吧的 12 人、涉网吧的 48 人,分别占该类案件人数的 17.5%、26.7% 和 44.9%。

---

* 上海市人民检察院未成年人刑事检察处。

① 本调研报告所指娱乐场所包括:酒吧、歌舞厅、夜总会、KTV、迪吧、网吧、游艺厅、台球房、溜冰场等以营利为目的,并向公众开放、消费者自娱自乐的歌舞、游艺场所。

（二）犯罪呈聚众倾向

207 件案件有 167 件属共同犯罪，占案件总数的 80.7%，还出现利用娱乐场所高消费的特点，进行有组织诈骗犯罪的案件。如未成年人白某、吴某、方某、程某等经成年同案犯纠集，在松江、徐汇等区的酒吧参与“酒托”诈骗，在网上搭识男网友并相约在涉案酒吧见面，诱骗其高价消费假洋酒或掺水酒，骗取 19 名被害人的财物 7 万余元。

（三）区域性特征明显

据统计，未成年人酒吧犯罪案件主要集中于黄浦、徐汇、静安三个中心城区，上述三区案件数 16 件，占总酒吧案件数的 59.3%，涉案人数 34 人，占总酒吧人数的 75.6%，且涉案未成年人以在校生、本地户籍居多。而 KTV、游戏机房、网吧类案件则主要集中于浦东、嘉定、闵行、宝山、奉贤等郊区，且涉案人员大多系来沪未成年人。

（四）涉案场所低端

在涉案的 200 余家场所中，规模较大、消费较高的中、高端场所仅占总数的 7.5%。绝大多数涉案场所属于低端场所。由于消费低廉，管理松懈，这些场所成为未成年人的首选。而低端场所的经营业态混杂，消费者成分复杂，黄、赌、毒等违法犯罪多发，易对未成年人产生不良影响。207 起案件中有 116 起系因娱乐场所内的普通纠纷没有被及时制止而升级为刑事案件。蓄谋进入娱乐场所犯罪或将被害人诱至娱乐场所侵害的涉罪人员，正是利用了低端娱乐场的上述管理漏洞。

（五）涉案人员“四多”

一是已满 16 周岁未满 18 周岁的未成年人居多。303 名涉案人员中，已满 14 周岁不满 16 周岁的仅有 6 人，占总人数的 2%。二是有不良行为的居多。绝大多数涉案人员处于失学、失业、失管状态，其中约 65% 的涉案人员有饮酒、逃夜、携带管制刀具等不良行为。例如，在涉酒吧犯罪案件中，所有涉案 45 名未成年人均系饮酒后行为失控而犯罪。个别涉案人员存在赌博或吸毒等严重不良行为。三是来沪未成年人居多。涉案人员中来沪未成年人占 82.5%。四是男性居多。男性涉案人员共 276 人，占总人数的91.1%。

（六）以娱乐场所谋生、违法经营

未成年人进入娱乐场所务工或兼职的共35人，占总人数的11.5%；被雇佣来拉动人气“充场”以及承包桌台并抽成的“枪手”共15人，占总人数的5%。这一类型人数不多，但潜在的腐蚀性和危害性极大。未成年人对于以“打工”“兼职”的名义进入娱乐场所的性质和危害认识不足，在从众心理和经济诱惑影响下，容易在同学、朋友等朋辈群体中引起连锁反应，竞相效仿，形成“亚文化”群体。

二、未成年人涉及娱乐场所犯罪的主要原因

（一）部门监管存在难度

一是超范围经营造成监管真空。例如，许多酒吧仅申领餐饮执照，实际上却兼营KTV、迪厅等娱乐项目。餐饮行业应由食品药品监督管理部门监管，而KTV、迪厅属于娱乐性质，应由文化主管部门监管。前者对娱乐项目有无监管权，后者对于持餐饮执照的酒吧有无监管权，均处于权限不明的状态，可能造成互相推诿，形成监管空白点。二是执法标准不明确。例如，《娱乐场所管理条例》规定娱乐场所不得招用未成年人，并规定了相关罚则。但是，“招用”的含义并不明确，是否需要认定双方成立劳动合同关系，并无相关执法标准。这就造成娱乐场所与未成年人口头约定的“充场”行为，是否属于“招用”，难以界定。三是执法取证存在客观困难。例如，《酒类流通管理办法》规定酒类经营者不得向未成年人销售酒类商品，也规定了相关罚则。但是，由于娱乐场所人员流动性大、酒类销售去向无据可查，造成此类违法行为的取证难和查处难。

（二）娱乐行业缺乏自律

一是放任甚至引诱未成年人入内。例如，有的进入娱乐场所的未成年人年龄仅为13岁，甚至还出现着校服进入娱乐场所的情况。有的娱乐场所甚至主动雇用明知是未成年人的在校中学生“充场”。二是存在违法用工之嫌。例如，有的在酒吧兼职的涉案人员在案发时刚满16周岁，但其在

酒吧工作已有一段时间。有的娱乐场所甚至雇用未满 16 周岁的未成年人充当“陪酒女”。三是安全管控不到位。大部分低端娱乐场所内光线昏暗，没有完整的监控设施，也没有对管制刀具等进行安检的措施。经营管理者在发生纠纷时不能及时采取措施制止事态发展，最终导致严重后果。四是行业协会功能未充分发挥。娱乐行业内，有的业态尚未成立行业协会，有的行业协会成立不久（如酒吧协会），成员不多，影响力不大，对本行业的自我约束、自我管理以及监督成员单位经营行为等方面还缺乏权威性。

（三）缺失监护，学校、家庭教育缺位

来沪未成年人占很大比例，多数系父母不在身边，无人管教，即使父母在身边，也怠于管教。对饮酒、夜不归宿等不良行为，家长并不制止，对在娱乐场所“兼职”“打工”的行为持放任甚至鼓励的态度。此外，学校与家庭间缺乏沟通，未成年人管教出现了“在家父母管，在校老师管，家校之间无人管”的“空白地带”。

（四）相关立法不够完善

一是法律法规相对滞后。例如，对于未成年人不得进入的娱乐场所范围，有关规定并未将酒吧等新兴娱乐场所纳入，与当前娱乐市场行业细分、迅猛发展的现状不相适应。二是相关规定缺乏可操作性。例如，“禁止向未成年人出售烟酒”，但是否要求经营者主观上明知是未成年人以及能否适用严格责任等没有明确规定。三是未建立民事侵权赔偿制度。法律法规对娱乐场所容纳未成年人入内的，仅规定予以行政处罚，而没有规定民事侵权赔偿。例如，娱乐场所违法向未成年人售酒，导致其遭受人身损害或实施侵权行为的，未明确经营者是否以及如何承担民事赔偿责任。这不利于鼓励未成年人及其家长积极检举并配合行政执法机关的查处，也不利于维护未成年人合法权益。

三、对策建议

近年来，在综治部门和政府各职能部门的大力支持、配合下，检察机关针对未成年人娱乐场所犯罪问题开展的综合治理工作取得了一定成效，但也发现了社会管理方面存在的薄弱环节，亟待建立健全未成年人娱乐场所犯罪预防长效防控体系和机制。

（一）构建政府统一领导，职能部门齐抓共管的监管体系

建议由综治委下设的预防青少年违法犯罪工作专项组牵头，建立各职能部门联席会议制度，加强刑事司法与行政执法部门之间以及各行政执法部门之间定期的信息通报和工作会商机制，统一执法思想和执法标准，提高协作配合和快速反应能力，形成执法合力。

（二）严把准入门槛，加大监督检查力度

建议相关主管部门加大对重点区域、低端娱乐场所的监管和查处力度。文化主管部门依法对娱乐场所设立申请予以严格审批，及时备案。实行娱乐场所经营范围、经营情况定期审核制度，严格对娱乐场所从业人员的审查登记制度。文化主管部门牵头，会同公安、食药监、工商、劳动保障等部门，定期或不定期开展联合执法行动，对于发现有超出经营许可证的范围违法经营或违法招用未成年工等违法情况的，要视情形予以罚款、停业整顿或吊销经营执照等处罚。

（三）加大扶持，积极发挥行业协会作用

相关主管部门应当积极与娱乐场所行业协会联系沟通，指导行业协会制定和完善行规行约，定期开展行业范围内的综合治理安全隐患自查自纠以及会员单位诚信、自律、信用、服务等级评定等活动，督促相关安全责任和管理制度的落实。同时，对经营活动中发现的违法行为，协会应当建议有关行政机关依法进行处理，从而促进行业协会发挥对娱乐场所合法规范经营的监督职能。

（四）强化家庭、学校、社区三位一体的预防体系

发挥青保、妇联、专业社工、志愿者等社会力量的作用，填补家庭教育和学校教育的空白点。一是开展家庭教育培训，提高家长对未成年人进入娱乐场所危害性的认识和对未成年子女进行管教的能力。二是协助学校开展在校生教育，引导未成年人自觉抵制娱乐场所的诱惑，正确认识在娱乐场所“打工”“兼职”的违法性。三是引入社会力量，对娱乐场所是否容

纳未成年人进行暗访监督，并协助家长和学校劝阻未成年人进入娱乐场所，同时大力在社区中组织开展适合未成年人参加的娱乐活动。

（五）加强重点人群防控

各职能部门应共同做好闲散未成年人教育管理和技术培训。对于具有不良行为或严重不良行为，经常出入娱乐场所、夜不归宿，但家长监管意愿或能力不足的，各级青保、教育部门、学校及社区应加大教育转化力度，建立帮教联系卡及工作档案，进行重点跟踪，并发挥青少年事务社工的作用，对其采取矫治措施，并及时向执法部门通报相关信息。

（六）推动相关立法的完善

明确、细化“未成年人不宜进入的场所”以及“未成年人限制进入的场所”的范围。鉴于酒吧主要销售的是酒类饮品，未成年人进入后饮酒概率增大，酒后易引发违法犯罪。为此，可以以地方立法的形式明确未成年人不得进入酒吧，同时明确具体监管执法主体。对于营利性保龄球馆、台球室、溜（旱）冰场等娱乐场所，可以以地方立法的形式明确属于未成年人限制进入的场所，进一步规范未成年人进入的条件和程序。要进一步细化“娱乐场所招用未成年工”的主客观认定标准，明确教唆、引诱未成年人进入娱乐场所或雇用未成年人充当“枪手”或“充场人员”的行为性质及处罚措施。对于娱乐场所容纳未成年人入内或者违法向未成年人出售烟酒的，应当采取严格责任，不要求经营者明知对方是未成年人。此外，对教唆、引诱未成年人进入娱乐场所或销售酒类制品给未成年人，最终导致人身、财产损害的，可赋予受害方要求涉案娱乐场所承担一定民事赔偿责任的权利。

来沪未成年人涉网吧犯罪的综合治理研究*

上海作为外来人口导向型的国际化大都市,来沪常住人口已是全市总人口的39%。[①] 其中来沪未成年人因沉溺网吧而导致的违法犯罪近年来也越来越多,造成恶劣的社会影响。根据上海市人民检察院调查显示,2010年1月至2013年6月,上海检察机关共受理的与网吧相关的未成年人犯罪比重不断上升,案发地涉及网吧、游戏(艺)厅场所共有84件107人,犯罪形式主要是寻衅滋事、聚众斗殴、诈骗、抢劫、强奸、非法拘禁、故意伤害居多。[②] 本文以上述未成年人犯罪数据为研究样本,结合本院调查实践,对来沪未成年人涉网吧犯罪的主要特点、社会原因等问题进行分析,并提出综合管理建议,以期对未成年人健康成长有所裨益。

一、来沪未成年人涉网吧犯罪的特点

未成年人涉网吧犯罪是从统计角度所拟制的概念,主要是指未满18周岁的公民,在网吧或因网吧内发生纠纷而实施的一系列犯罪现象的统称。与未成年人网络犯罪不同,未成年人涉网吧犯罪,不强调依赖于互联网的虚拟空间电脑操作,侧重强调未成年人犯罪的案发地点、案发起因等内容与网络场所等实体空间的关联,侵害的法益也主要为人身、财产权益。

---

* 朱天晓、梁春程,上海市嘉定区人民检察院。

① 根据第六次全国人口普查主要数据显示,截至2011年常住人口数为2301.91万人,其中外省市来沪常住人口为897.7万人。

② 李淑平、李燕、施坚轩:《未成年人娱乐场所犯罪增多》,载《东方早报》2013年8月22日版。

因此,其特点主要从犯罪的社会因素进行归纳。

(一)案发网吧地处郊区,"黑网吧"发生案件比重较大

来沪未成年人涉网吧犯罪案件的区域性特征明显,涉案网吧多数地处浦东、嘉定、闵行、宝山、奉贤等网吧资源缺乏的郊区城乡结合部,其中89%以上是"黑网吧"。究其原因在于"黑网吧"设立简单,又缺乏有关部门的监管,内部环境复杂,往往成为犯罪的高发区域。有的"黑网吧"管理松懈,只顾赚钱不考虑任何安全措施。部分熟悉网吧内外环境的不良人员,容易利用网吧的安全漏洞,把"黑网吧"、网吧经营者和其他网民锁定为犯罪目标,实施盗窃、抢劫等犯罪行为。

(二)涉案来沪未成年人大多缺少家庭监管

从涉案人员的家庭角度来看,多数涉案未成年人为外来人员,父母的职业以农民、工人和个体劳动者为主,家庭条件较差。以上海市嘉定区为例,2010年至2013年6月,该区检察院未检科共受理审查起诉未成年人涉网吧犯罪案件9件11人,涉案未成年人系外地来沪人员的10人,占总人数的90.9%。其中父母或亲属不在沪的占54.5%,其余有父母或亲属在沪的涉案未成年人,大部分是一人在外租借或与他人合租生活,平时很少与父母或亲属联系。来沪未成年人其在成长阶段便离开学校、家庭独自在社会闯荡,失去了同龄人应有的来自学校、家庭的监管,又找不到合适的工作或不愿从事辛苦的工作,很多人选择整日沉溺在网吧中,最终因经济拮据而实施盗窃、抢劫、诈骗等侵财型犯罪。

(三)网吧交叉感染而诱发团伙型共同犯罪比重较大

从上海市人民检察院调查报告来看,来沪未成年人涉网吧犯罪中共同犯罪比率超过80%,其中人数少则二三人,多则十余人。网吧作为公共娱乐场所,人员复杂,其中更有一些社会刑满释放人员终日游离在其中。而涉案未成年人与这些人员年龄相当,具有老乡、工友等关系,通过在网吧聊天、玩网络游戏等原因,结交为友。同时,未成年人由于年龄尚小,对于上述人员传达的不良信息和不良习性,缺乏辨别和自控能力,容易互相熏染、交叉感染,以致最终受其唆使、引诱,结成犯罪团伙,实施共同犯罪。

（四）不良网络信息诱发的犯罪案件比重大

互联网是一把“双刃剑”，丰富的信息可以给青少年带来学习生活的便利，但也存在不少暴力、淫秽内容，给青少年带来严重的负面影响，司法实践中因受不良网络信息诱发的未成年人犯罪案件比重超过2/3。其中既有因沉迷网络暴力游戏而诱发故意杀人、故意伤害等暴力型犯罪的案件，又有因沉迷网络造成人际关系障碍而诱发寻衅滋事、聚众斗殴犯罪的案件；既有受网络淫秽信息而实施强奸、强制猥亵等犯罪的案件，又有为炫耀自己的智商而实施的侵害计算机信息安全犯罪的案件。

二、来沪未成年人涉网吧犯罪的社会原因

（一）社会转型时期未成年人的网络法制教育有所欠缺

当前我国进入社会转型时期，严峻的社会问题以及社会矛盾也逐渐浮现，社会贫富差距和城乡迥异的社会文化、价值观念差异，在网络背景之下进一步放大。[①] 网吧作为虚拟空间的实质载体，具有平等性和平民性等特点，很容易吸引未成年人参与其中。未成年人在网吧活动过程中面对身边多元化、繁杂的社会事物，难以从中甄别、获取符合自身价值观的信息与知识，容易形成“享乐主义”“金钱至上”“崇尚暴力”等扭曲的心理状态。同时，由于来沪未成年人流动频繁，没有长期固定的住所，且处于性格成长阶段，缺乏正常的社区、学校法制教育，对于一般的网络法制的宣传容易产生逆反情绪，不能有效地约束和防止网络不良行为。

（二）政府对网吧行业管理缺乏有效机制

国务院2002年颁布《互联网上网服务营业场所管理条例》（2011年修订）明确严禁未成年人进入网吧、严禁网吧24小时经营，但有些网吧经营者为了吸引消费者，赚取最大利润，并未严格执行上述规定。目前，我国承担网络行政监管职责的部门涉及文化行政、工商管理、公安机关、电信管理

① 冯承才、费梅苹、金振浪、赵璨、周会敏：《闲暇聚集点对在校来沪青少年社会融入的影响》，载《当代青年研究》2008年第8期。

等十几个行政执法部门,但根据《互联网上网服务营业场所管理条例》第4条的规定,各部门的责任和权限的具有细致分工,实行分段式管理,部门间规定的掣肘和责任不明使得网吧市场管理缺乏统筹规划和统一管理,难以建立部门联动监管的长效机制,加大了执法难度和影响执法成效,造成实践执法中网吧"无人管、无法管、管不尽"。

(三)政府对区域网吧行业布局管理长期失位

政府区域网吧布局的严重不合理是引发网吧未成年人犯罪的深层次原因。一方面,根据《互联网上网服务营业场所管理条例》的规定,文化部门对网吧设置实行总量控制和高准入门槛的政策,对互联网上网服务营业场所的最低营业面积、计算机等装置及附属设备数量、单机面积的标准做出规定,要求设立互联网上网服务营业场所经营单位,应当采用企业的组织形式,个人不得经营网吧,间接造成网吧资源供求和区域布置矛盾突出。以嘉定区为例,截至2013年4月,该区持有有效《网络文化经营许可证》的网吧105家。其中由嘉定镇、安亭镇、南翔镇、江桥镇、真新街道等组成的南片区域,经济发展较为发达,来沪的外来人口密度较高,正规网吧数量也相对密集,仅安亭镇网吧总量就达到19家,占嘉定全区网吧总数的18.1%;而在由华亭镇、徐行镇、菊园新区等组成的北片区域,经济发展相对滞后,来沪的外来人口密度较低,仅有网吧15家,仅占全区网吧总量的14.3%,最少的菊园新区网吧数量只有1家,不到全区网吧总量的1%。

另一方面,互联网是来沪未成年人娱乐消遣的重要方式,但来沪未成年人大多集中在一些市郊的开发区、城乡结合部和乡村地区,一般不具备在家上网的条件。因此,网吧成为他们业余时间的主要活动场所,来沪未成年人网吧市场需求较大。然而,限于总量控制和经济效益的原因,正规网吧往往不愿投入大量资金到城乡和农村区域经营,给"黑网吧"的滋生提供了市场空间。"黑网吧"开设规模和经营方式简单灵活,上网费用又相对较低,不仅吸引了零散的来沪未成年人,其任意展开价格战也给整个网吧行业带来很大的冲击,使得政府对于网吧行业的常规监管陷入空转。

（四）"黑网吧"管理混乱，执法惩罚力度不够

一方面，"黑网吧"的存在是未成年人涉网络犯罪案件发生的重要因素，也是此类案件频发并与之密切相关的重要犯罪场所。仍以上海市嘉定区为例。目前该区"黑网吧"多达400余家，大都设在区内比较隐蔽的农村自建房或者居住房屋内，或者位于较偏僻位置的街道门面，且条件十分简陋，无消防安全设施，卫生状况也较差。同时，"黑网吧"内部管理十分混乱，大量社会闲散及有前科劣迹的人员混迹其中，对于未成年人共同犯罪的预谋及实施创造了交叉感染的便利环境。

另一方面，"黑网吧"整治工作困难重重。根据《互联网上网服务营业场所管理条例》规定，工商行政管理查处"黑网吧"视情节采取查扣、没收违法经营的电脑和罚款的行政措施，但实际中由于"黑网吧"投资群体大多为社会无业闲散人员、下岗失业人员或者伤残人员，虽然个体身份相对弱势，但在经营环境、人脉关系上却具有优势地位，他们假借"农村信息服务站""电子阅览室"之名经营。将经营场所选择在隐蔽的出租屋，采取安装摄像头、派人把风、遇有检查就关门停业等反侦察、软对抗手段躲避执法，致使执法部门取证难、处罚难、取缔更难。同时，《上海市取缔无照经营和非法交易市场暂行规定》废止后，现场收缴经营工具的取缔手段不能再采用，只能采取立案调查方式查处，一旦当事人不配合调查，办案周期无限拖长，即使最后予以行政处罚也难以取得震慑实效。此外，"黑网吧"大多使用二手廉价电脑，采取家庭式、作坊式经营，违法成本较低，在利益的驱动下，很容易死灰复燃。

三、治理未成年人涉网吧犯罪的对策和建议

（一）点面结合，全面整治"黑网吧"乱相

"黑网吧"查处、取缔工作的顺利开展，将直接关系到全区未成年人预防犯罪工作的成效，也将会是防止未成年人涉网络犯罪最重要的手段。政府部门应加强对"黑网吧"整治查处工作的组织领导，强力推进统一执法行动，从根本上解决职能部门"各自为战"或"孤身作战"的现象。

一方面，政府应有组织、有计划地开联合区工商、公安、文化执法大队等部门，采取定期巡查与突击整治相结合的方式，对“黑网吧”市场保持高压监管态势，有针对性地集中查处、取缔“黑网吧”钉子户；要加大网吧市场的巡查频次，避免各地查处、取缔“黑网吧”工作力度大小不一致、进展快慢不平衡，有效地做到一地行动、各地都动，以缓解行动压力，形成连锁效应，树立执法权威。

另一方面，公安、检察机关要结合个案，延伸办案效果针对来沪未成年人犯罪案件中发现的网吧违法情况，依法向文化执法、工商管理等部门制发建议，加强网吧等文化场所的日常监督，通过高频率、针对性的重点身份检查，防止未成年人进入网吧，降低未成年人违法犯罪行为的发生。同时，相关职能部门应建立定期联系制度，相互协调配合，规范青少年互联网的安全管理。网吧行业协会应充分发挥行业协会的自律管理作用，制定并尽快落实行业规则，督促各电信运营商、网络运营商以及内容供应商切实履行职责，防止违法和不良信息进入网络，重塑健康向上的上网环境。①

（二）科学布局，创新“黑网吧”疏导措施

网吧是信息时代高速发展的产物，一味地取缔只能治标而不能治本，要坚持堵疏结合，在开展“黑网吧”专项治理活动的同时也要填补市场空缺，为解决全市网吧分布严重不合理问题。笔者建议，首先，全市可按照“控制总量、优化布局”的原则，根据每1.2万人设立一家网吧的标准，分配地区额度，将新设立的额度重点用于目前网吧数量较少、外来务工人员聚集以及取缔“黑网吧”成效显著的城乡和农村区域，合理规划区域网吧布局，消解“黑网吧”存在的市场基础。其次，在上述区域采取差别化审批标准，适度放开审批额度以满足刚性需求，引导、鼓励有办证意向的业主开展连锁经营，通过签订《规范经营承诺书》及成立由网吧业主组成的业主委员会，以季度例会通报情况的形式，督促业主加强行业自我约束及互相监督，

① 杨晨光、余冠仕：《尽快制定未成年人互联网保护法》，载《中国教育报》2011年3月10日第1版。

使一部分符合网吧开设条件的“黑网吧”变“黑”为“白”，接受正常的监管。最后，对网吧行业实行分级管理，联合公安网安支队推进“一年一核”的年度考评制度，通过日常巡查、网上监督、电话抽查等形式，对两年考核未达标的网吧视为不合格，暂缓换证；对未发现任何问题的网吧，给予奖励，使网吧经营者自觉加强管理，深化网吧行业自律，规范网吧市场。

（三）深化教育引导，强化来沪未成年人涉网吧犯罪预防工作

第一，政府要会同青少年社区工作站开展帮教工作，加强对来沪未成年人的文化关怀，注重对未成年人进行有效的心理引导，在推行城镇化进程中树立城乡二元结构的一元化理念，填平两者之间的鸿沟。通过青少年社区工作人员与涉罪来沪未成年人的会见、谈话，深入探究他们的心理问题，进行有针对性的引导、帮教工作，使他们敞开心扉，树立正确的世界观、人生观和价值观，重新回到与人为善、积极向上的道路上来。

第二，注重对未成年人的家庭教育，形成预防犯罪的合力。通过开展随迁子女的“家长沙龙”活动，引导家长掌握来沪未成年人容易接受的沟通技巧和应对青春期逆反心理的疏导方式。牵线犯罪心理学家组建未成年人心理咨询站，开通“家长热线”，为“问题少年”的家长们答疑解惑。同时，为净化和改善家庭环境尽力帮助、教育未成年人的父母正确履行网络安全监护职责创造条件，社区、村委会、学校可以建设一些公益性的绿色网吧，设置专人对青少年上网进行管理，避免未成年人沉迷游戏和不良信息。

第三，加强网络法制宣传教育工作。学校要加强来沪未成年人网络法制教育，将网络道德教育列入学校教育的范畴，引导学生正确看待网络，树立正确的网络交往道德观，正确处理虚拟和现实的关系，合理取舍网络信息，努力规范网络行为。政府要广泛动员社会力量，在工厂、网吧等来沪人员聚集场所开展宣传，针对来沪未成年人的个体特点，通过多媒体、自媒体等群众喜闻乐见的形式，宣传“黑网吧”对青少年身心健康的危害性，教育网吧经营者要合法经营、守法经营，促进未成年人自觉地学法遵法守法用法。各级政法机关要依法严厉打击各种教唆、侵害青少年的违法犯罪活动，结合个体案例，加强对未成年人合法权益的司法保护。

徐汇区中职技校犯罪情况调查及对策研究*

一、徐汇区中职技校违法犯罪概况

(一)本区中职技校概况

中职校生作为一个特殊群体,是经过九年义务教育,通过中考,进入中专、职校、技校,接受以某种专业技能为基础的职业技术教育。经过了一轮高中的筛选,他们的入学成绩比一般的高中生要低,决定了中职技校生群体的素质普遍偏低。徐汇区域内有中专、职校、技校共计 14 所,其中 11 所系国家级重点。隶属徐汇区教育局管理的有 2 所,隶属中国民用航空总局、上海市教育委员会、上海市经济和信息化委员会等直属管理的有 7 所,隶属上海市国盛(集团)有限公司、上海市飞机制造厂等企业办学的有 4 所,民办技校 1 所。据 2011 年统计数据显示,14 所中职技校现在校学生有 20000 余名,每年毕业学生 7300 余名,区位特点明显。

(二)本区 2007 ~2011 年中职技校学生犯罪情况

近年来,经过多年的中职技校犯罪预防工作,中职技校学生犯罪势头得到了遏制,但仍有一定数量。通过对近五年徐汇区未成年人犯罪案件数据统计发现,徐汇区的未成年人犯罪总体呈下降趋势,但中职技校学生犯罪情况依然令人担忧。以徐汇区院未检科受理案件为例,2007 ~2011 年受理案件中,中职技校学生占 12.1%。

---

* 洪萍,上海市徐汇区人民检察院。

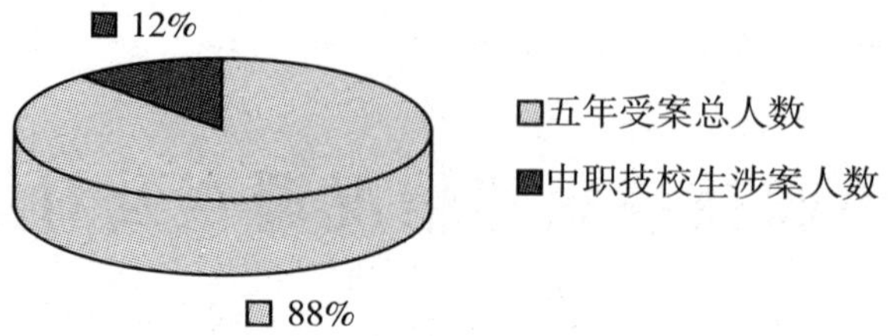

图1　近五年受案总人数中中职技校学生所占比例

（三）中职技校学生犯罪基本特点

1. 年龄构成

从2007～2011年的统计数据来看，被审查起诉的中职技校学生中，14～15岁占19%，16～18岁占62%，18岁以上占19%。14～15岁未成年人犯罪比例达19%，这些学生犯罪类型单一，都是抢劫罪。

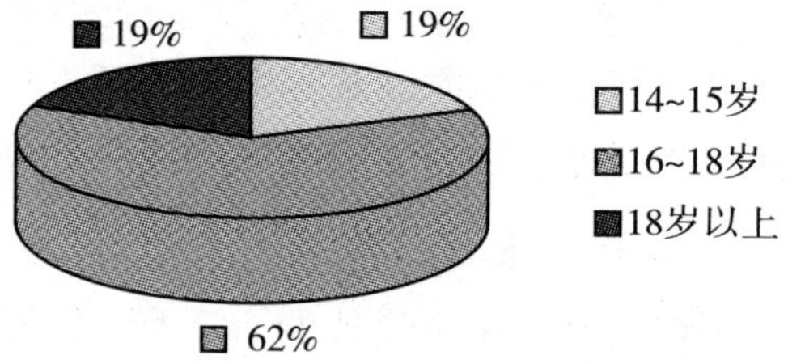

图2　近五年中职技校学生涉案年龄段比例

2. 男性占绝对比例

从2007～2011年的统计数据来看，被审查起诉的中职技校学生中，男性占92.6%，女性占7.4%。

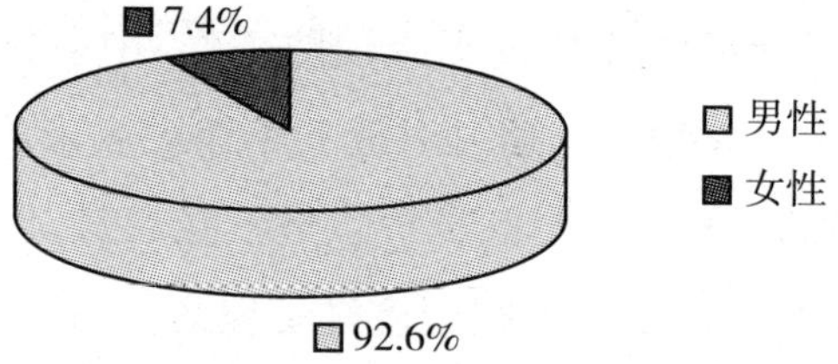

图3　涉案中职技校学生的性别比例

3. 上海本地孩子是中职技校犯罪学生的主力，但外来人员比例逐步攀升

从2007～2011年的统计数据来看，被审查起诉的中职技校学生中，上海市本地学生占86%。上海市本地学生占绝对比例，这与现在上海市未成年人犯罪中外来人员比例高达70%以上相悖。原因有二：一是14所中职技校学生的主体主要是上海本地学生，他们大多采用走读制。学校和家庭管理之间存在管理的空缺时间如放学回家，晚上时间；学校和家庭管理之间也存在脱节，尚未有效衔接。二是中职技校学生中外来人员相对少。少数的外地学生，也主要是采用如上海广电电子信息学校与广州合作办学的方式，整体几个班都是广州招录，学在学校、吃在学校、住在学校，管理较严。他们在寒暑假期间，大多回当地原籍。

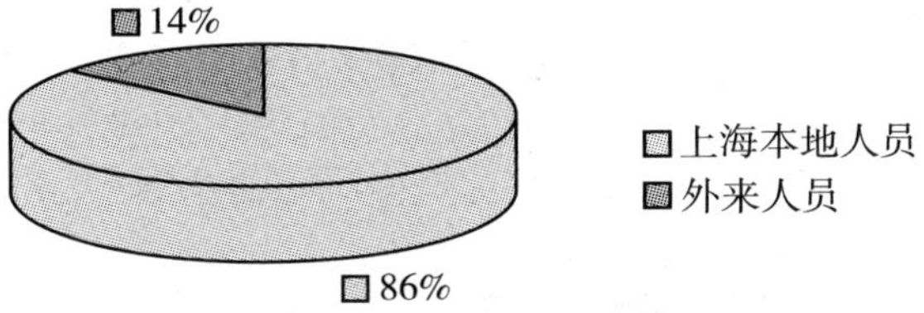

图4　涉案中职技校学生中本地人员与外地人员比例

从2007～2011年的统计数据来看，被审查起诉的中职技校学生中，外地人员占14%。其中，2007年占9.1%，2008年占9.1%，2009年占5%，2010年0%，2011年占40%。2011年外地人员比例跳跃式升高，主要是原因有二：一是由于近年来加大了外地人员的招生比例，尤其是在合作办学之外，应上海市教育系统的要求，加大了外来务工人员子女的招生力度。他们与上海本地学生一样，采用走读制。二是这些学生家庭教育或多或少存在问题。父母本身就是外来务工人员，要应付繁重的工作，早出晚归，根本无暇顾及子女；有的父母自己没有受过教育，教育方式简单粗暴，不仅未能起到应有的正确引导和示范作用，反而使子女痛恨家庭，最终走上犯罪道路。

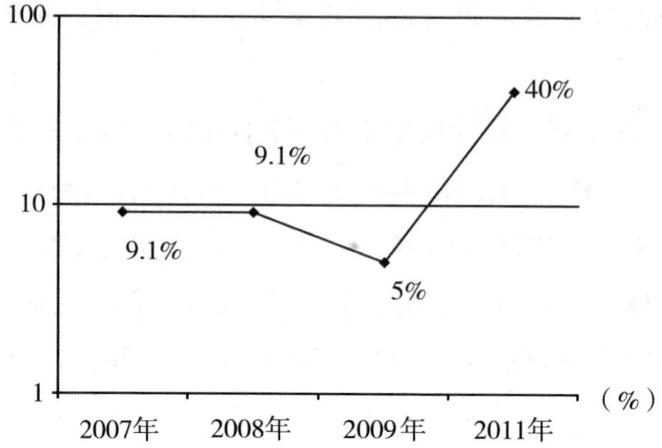

图5　涉罪中职技校学生中外来人员比例

4. 共同犯罪比例畸高

从2007～2011年的统计数据来看，被审查起诉的中职技校学生中，共同犯罪的占91.7%。其中，2007年占100%；2008年占87.9%；2009年占87.5%；2010年100%；2011年占96%。

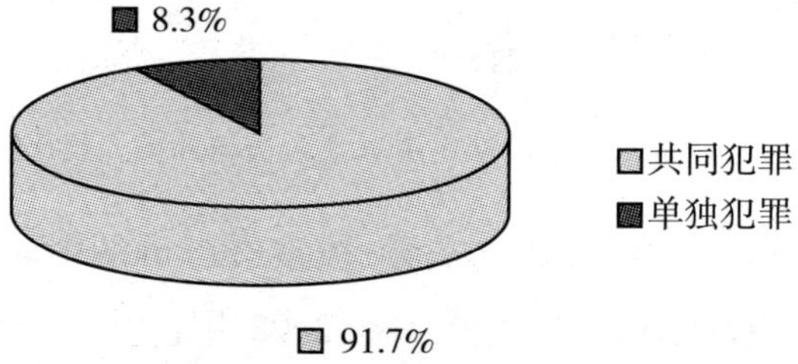

图6　涉罪中职技校学生中共同犯罪比例

中职技校学生犯罪大多以共同犯罪形式出现，且共同犯罪人多为同校同学，第一，与在校生的性格特点相关。随着生理、心理的成熟，中职技校学生的独立性需要增强，逐渐淡化了对家庭的依赖。而由于自身依附性仍然存在，必然产生一种安全感的需要，于是他们转而在年龄相仿的同伴中寻求保护者和支持者。第二，与在校生的交友范围相关。在校学生的交友范围一般较窄，朋友圈也局限于同班或同校学生之间。同学之间只要有一人冲动犯罪，其他人往往会出于朋友义气共同参与其中。

5. 犯罪类型方面，主要是侵财类、扰乱公共秩序类案件

121 名中职技校生犯罪案件中，侵财类案件（抢劫、盗窃、抢夺）占绝对比例，其中抢劫罪占 49.6%，盗窃罪占 10.8%；抢夺罪，占 3.3%，总计占 63.7%。扰乱公共秩序类（寻衅滋事、聚众斗殴、妨害公务）比例较高，其中寻衅滋事罪占 15.7%，聚众斗殴罪占 12.4%，妨害公务罪占 1.7%，总计占 29.8%。其他，非法拘禁罪占 2.5%，交通肇事罪占 1.7%；故意杀人、贩毒、敲诈勒索各占 0.83%。

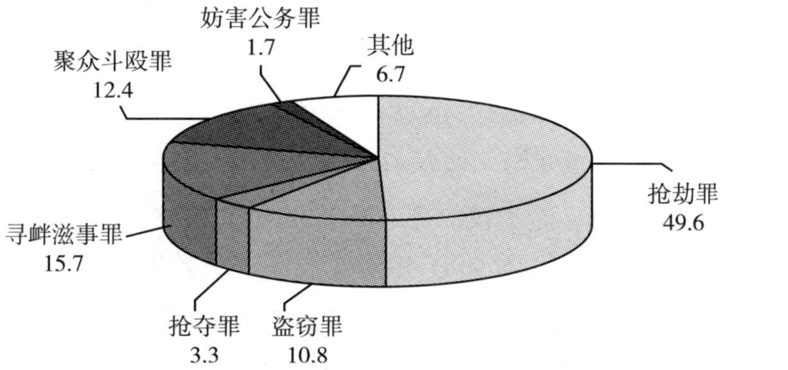

图 7　中职技校生犯罪中各犯罪类型所占比例

侵财类、扰乱公共秩序类案件的高发与未成年人的年龄和性格特点不无关系。侵财类案件，主要是因为这一年龄的孩子因为缺钱上网吧、酒吧消费或者谈女朋友，而采用简单的“两抢一盗”犯罪手段搞钱。扰乱公共秩序类案件，主要是因为这一年龄段的孩子一般都有着从众心理、逆反心理，追求精神刺激，遇到不顺就随意发泄，有时甚至通过随意殴打他人，毁坏财物，强拿硬要等违法行为来满足自己要威风、逞“英雄”、报复他人的心理。

二、中职技校学生犯罪原因分析

（一）从主观原因分析

1. 人生观、价值观欠缺，自控力不足

由于中职技校在社会中地位低于高中，他们在心理上也容易形成一种“就这样”“得过且过”“混日子”的心态，没有明确的人生目标，没有正确的

人生观和价值观。随着社会物质生活条件的改善,未成年人生理发育早熟,中职技校生从体型来看已像成年人,心理发展的滞后与生理早熟形成了巨大反差,使他们生理上具备了违法犯罪的能力,心理上却自控能力差,若缺少积极地引导,在一定的内外因素的作用下,极易导致违法犯罪行为的产生。譬如,中职技校学生小黄从小家教很严,有一次与父母发生冲突后离家出走遇到了李某,李某常年吸毒,与小黄认识后就叫他也试试。刚开始小黄婉拒了,后又因为好奇也开始尝试,上瘾。随后因为没有毒资帮助贩卖毒品,最后小黄的父亲在看守所才再一次见到因为贩毒被抓获的儿子。

2. 法律意识淡薄导致"无知、无畏"犯罪

中职技校学生的年龄一般在16~18岁左右,此类犯罪人群占中职技校犯罪总数的62%。他们仅接受了小学、初中的系统知识教育,受教育程度相对较低,对事物的认知能力、辨别是非的能力、抵制各种不良诱惑的能力不强,不能理智地对待、正确地认识各种事物和现象,对自己的行为不能做出正确的估价和评断,也不知道什么行为是违法。譬如,徐汇区检察院在办理一起聚众斗殴案件中发现,6名中职技校学生大家都觉得看对方不顺眼,太"拽",就相约大家放学后出去"练一练",谁厉害谁就是"大哥";为了给对方措手不及,有的还偷偷带了水果刀好"派上大用场",最后双方打得头破血流,被警察带走才知道自己犯了罪。

3. 不良交友导致的"哥们"共同犯罪普遍

中职技校学生心理的不独立导致其希望通过交朋友得到朋友认同、社会认同。这本身是好的,但是不良交友,不假思索地选择一些好玩、懒惰、唯利是图、铤而走险的朋友交友,的确是其走上犯罪道路的原因之一。此类犯罪人群占中职技校犯罪总数的91.7%。百分比之高令人担忧。他们为满足自己的精神或者物质的需求,满足自己的好胜心理,在所谓"哥们"面前表现得淋漓尽致,在"哥们"面前他们无所不为,产生"谁对谁好就是好人""有福同享、有难同当"的"哥们"情结,从而发展为更密切的交往互助。一旦这些朋友中掺杂着违法犯罪的危险分子,一经怂恿、拉拢或引诱,就会

盲目跟从,最终拉帮结派,团伙作案,做出违法犯罪的行为。譬如,在中职技校学生赵某等11人聚众斗殴案中,赵某因琐事与蔡某发生口角,双方都态度强硬,互不相让。为逞一时之勇,两人纠集各自的同学朋友等共计十余人互相斗殴;这些朋友就因“帮哥们出气”而锒铛入狱,在提审他们时,问他们“为什么要犯罪?”,他们都不假思索地讲“他是我的哥们,他和人家打架,我肯定要帮”,所以不分青红皂白地就走上了犯罪道路。

4. 错误的恋爱观引发的违法犯罪越来越多

中职技校学生生理已成熟,恋爱已经成为普遍现象,由错误的恋爱观引发的犯罪在也越来越多。综观实践案例,由恋爱走向违法犯罪,有以下特点。第一,突出的报复性。未成年人有较强的自尊心和虚荣心,一旦对方拒绝恋爱,尤其是认为受到欺骗时,会因自尊心受伤害而萌发报复心理,不成爱便成仇。第二,偶发性。如某个三年级职高学生在面包店遇其女友与另外一男子亲密地在一起,心生醋意,叫来老乡就一阵殴打,致该男子轻伤。第三,盲从性。一些男青年为显示对爱情的忠诚和有能力,对女友提出的要求,往往不管其正确、可行与否而轻率答应。如某个未成年学生见女友叫其教训“很拽”的同学,不问青红皂白,冲上去大打出手,结果触犯了法律。

从恋爱发展到违法犯罪,除了外在因素,更主要的是内在因素,即歪曲的恋爱认识。一是恋爱物质化。即把恋爱当作钱的投入,认为只有不断满足对方的物质要求,才能赢得爱情。二是恋爱私有化。把恋爱对象当作个人的私有财产,有的青年当对方拒绝继续恋爱时,便会滋生既然不能占为己有,“不是情人便是仇人”。

(二)从客观原因分析

1. 家庭原因

家庭是未成年人人格健全与行为活动健康发展的最重要因素之一,每一个家长都应该承担起养育好、教育好孩子的重任,不让他们在青春期走上邪路。但现实生活中却存在有的家长不愿管、不善管、不敢管,一是有的家长工作繁忙,每天要应付繁重的工作,早出晚归,对孩子疏于管教,即使管教也只是管孩子的学习成绩,极少与子女沟通思想,交流感情。二是有的家长对孩子过于溺爱,想方设法满足孩子的一切要求。表面上看是爱孩子,其实是害了孩子,使孩子心理上极不成熟,受不得一点挫折。一旦受到挫折,有的采取报复手段,有的可能采取偷、抢等犯罪手段取得财物,以满足欲望。三是有的家长不善于与孩子沟通交流。认为只要满足了孩子的物质需求,就可以把孩子完全交给学校来管理。如果遇到孩子有不良问题,动辄打骂,过分信奉“棍棒之下出孝子”。四是一些问题家庭、残缺家庭或者是重组家庭,有的因为父母的犯罪行为,给孩子有不良导向作用;有的对孩子放任自流,对孩子出现的不良行为不闻不问;有的继父、继母想管,也因为怕管不好反而被说闲话,也放任不管。

据统计,未成年人父母离异家庭子女犯罪率是健全家庭子女犯罪的4.2倍。家庭教育缺失是子女形成不良个性的基础,潜伏着使青少年走向违法犯罪道路的危机。残缺家庭容易造成青少年心理扭曲;家庭暴力容易造成青少年漠视生命而有攻击性行为;过分溺爱子女容易造成孩子任性、好逸恶劳、贪图享受,当受到挫折或欺负时易产生过激行为导致犯罪;放任性家庭因孩子得不到关爱容易使孩子迷惘,缺乏责任心和同情心,自控能力差,在外界不良因素刺激下易实施暴力犯罪。譬如,徐汇区检察院在办理赵某某、杨某某等11人聚众斗殴、寻衅滋事一案中发现,11名被告人均是上海本地人,即使成绩不佳仍在不同的中职技校继续接受教育。其中,1人的父亲曾因贩毒被判刑八年,近期刚出狱;3名被告人的父母离异;1名被告人父亲去世,1名被告人母亲去世,家庭的不完整率占到这起多人、多次的刑事案件的55%。甚至有1名未成年被告人在判处缓刑后,又再犯,现正在检察机关的审查起诉中。

2. 学校教育原因

学校是学生的“第二家庭”。当前,法制理念的淡薄、法制意识的模糊、法制教育等方面的缺乏是中职技校生走上犯罪道路的重要原因。从中职技校法制宣传教育实际来看,总体正常。存在以下问题,一是部分中职技校偏重于职业技能教育,对学校法制教育在思想认识和方法措施上缺乏足够重视和深入推进,很多学校对于法律知识的传授仅仅依赖于为数不多的法律宣传活动,不系统、不全面也不规范。二是法制课通常是由思想品德课或政治课的老师兼任,教师水平参差不齐,学生积极性不高。三是法制教育仅局限于校园和课堂之内,把法律知识教学等同于法制宣传教育,造成了学校教学与家庭教育、社会教育的脱节,某种程度上淡化了青少年学生的法制观念,使得一些学生道德观念低下,法律意识淡薄,缺乏鲜明的是非观念。尤其是在中职技校中,学生综合素质相对较弱,受逆反心理的支配,极易通过违法犯罪的方式,寻找一种另类的喜悦和刺激。

3. 网络诱因突出

市场经济的发展促进了文化市场的多彩斑斓,但各种充斥着暴力、色情淫秽内容的音像制品及网络游戏也对未成年人产生了不可忽视的危害作用,潜移默化地引导其产生错误的人生观、价值观。未成年人模仿能力强,受充斥着暴力内容的音像制品及网络游戏的影响,耳濡目染,久而久之,他们在性格上就会表现得暴力、好斗、冲动,成为暴力犯罪的诱因。而这些潜在的因素,对于离开了学校校园、缺乏父母管教的中职技校生来说更是危险。在办案中,我们发现涉"网"犯罪很多,主要有以下几种情况:为上网筹钱而实施"两抢一盗"犯罪;网吧内发生争执,造成犯罪;在网络中交友,在现实中对网友实施抢劫和盗窃等犯罪;在网吧内物色对象,当场抢钱或在网吧外实施犯罪;受网络游戏内容毒害,在生活中模拟犯罪等。也有人长期混迹于网吧,结识不良朋友,拉帮结派,盲目讲义气而涉罪。譬如,徐汇区检察院办理的犯罪嫌疑人陈某、吴某便是如此,两人为同校同学,经常一起在学校旁边的"黑网吧"上网,并在网吧里认识了一些"志同道合"的朋友。一日,因其中一个朋友在外与人发生纠纷,两人出于兄弟义气,持械赶到现场将对方殴打致轻伤,最终因涉嫌寻衅滋事罪被提起公诉。

4. 社会不良风气的影响

社会上的消极因素是青少年走上犯罪道路的催化剂。现代社会过分高消费,一些本应追求知识,追求朴素的在校学生却追求动辄上千元的名牌衣服,上万的名牌手机,经常出入高级酒吧、奢侈会所,邀请朋友进行高消费,而理想、抱负被他们抛至九霄三外。当自身或者家庭不能满足需求时,就会不惜一切手段达到自己的目的,因而也极易引发盗窃、抢夺、抢劫等违法犯罪活动。譬如,刚满16周岁的涂某,因家境无法满足他追求享受的欲望,便伙同他人扮演了“梁上君子”的角色,所窃物品价值人民币一万余元,所得赃款被涂某挥霍一空。高某某等四人抢劫案中发现,高某某等人家境富裕,但为了能随时出入衡山路高级酒吧消费,他们在凌晨专挑单身女子抢劫高级女包、高级手机,换钱后又用于泡吧高消费。

三、徐汇区开展中职技校犯罪预防的对策研究

(一)开展中职技校犯罪预防的基本理念需要转变

中职技校学生违法犯罪问题是个极其复杂的社会现象,它需要社会中不同阶层,不同领域的工作者,运用各种方法手段进行综合治理。为此,首先要转变理念。

第一,中职技校犯罪预防是一项系统性工作,需要政府相关职能部门、司法机关、各中职技校同心协力开展。需转变过去各家“单干”局面,在充分协商的基础上“一起干”。为此,应建立区域内中职技校犯罪预防联席会议制度。由政法委综治部门牵头,检察院、教育局、团委、未保办、各中职技校、工读学校共同参与。定期召开会议通报区域内中职技校犯罪情况;研究、制定犯罪预防工作的重大决策,解决突出问题;建立多方配合、齐抓共管的工作机制;总结推广典型经验;指导、协调、督促各成员单位落实犯罪预防的各项措施等,并努力把联席会议作为开展中职技校犯罪预防工作的推进会,经常化,制度化。

第二,中职技校犯罪预防不仅仅是针对全体中职技校学生的面上常规预防,更要明确重点,针对“重点时间”“重点学生群体”“重点学校”开展专项预防,使有限的学校精力、政府精力、司法精力有的放矢,确保犯罪预防确有实效。

第三,中职技校犯罪预防,是一项长期工作。前期,要结合未成年人检察工作、社会管理创新要求,推动相关职能部门、学校强化一般预防工作,

常态化、制度化；长期的工作重点应放在办理案件的过程中强化特殊预防，结合案件针对性开展一般预防，从而构建起以检察机关为主导的社会化预防体系。

（二）强化各方责任，注重基础建长效

1. 强化家庭责任，充分发挥家庭的职能

在孩子的品行形成过程中，家庭起着至关重要的作用。第一，在家庭影响方面，父母是孩子的第一任老师，父母的道德水平对孩子品德的塑造，人格完善等方面起着重要的影响。所以，父母应做到言传身教，做到品行端庄，为子女作出表率。第二，在家庭教育方面，应引导家长改变不恰当的教育方式。协同各中职技校，由“法制辅导员”参与家长会，引导家长学习法律知识，提高家长法律素养；引导家长不能对孩子实行简单粗暴的教育方式，切忌简单的打骂式教育，要乐于、善于与子女沟通，让他们在为生活忙碌的同时提高对孩子教育的重视程度，提高与孩子沟通交流教育的能力。第三，在学校与家长的协作配合上，学校要及时了解孩子的思想动态，发现有不良行为时，要及时与家长沟通联系，双方共同对孩子积极予以引导教育，将不良的思想和行为扼杀在萌芽状态。

2. 强化学校责任，营造良好的学习环境

道德意识、法律观念、性格特点都是决定和影响未成年人品行的重要因素，对低门槛而入的中职技校学生，学校不能因此而降低学习要求，更不会放任自流。第一，学校在进行好文化教育的同时，要抓好道德教育、法制教育，促使这些学生培养正确的人生观，价值观。要因人施教，正确对待学习成绩差的学生，从其他方面发掘其优点，培养起德育的发展。第二，要定期开展法制老师培训。对中职技校法制老师，邀请重点大学法律和学生教育的专家，传授开展学生思想道德教育和法制教育的方法和途径。第三，要完善中职技校生管理制度。目前，教育主管部门为降低学生的犯罪率，对学校的考核仍然采取“一票否决”制。部分学校一旦发现了违法犯罪学生，多半会将这些学生从学校变相开除，如此一来，学校的负担轻了，但社会的负担加重了，也不利于学生的学习和成长。因此，学校要强化责任，完善相关的考核制度,在发现违法犯罪学生后,不能简单地将其推向社会,应建立相应的教育转化工作机制,力所能及地承担起教育转化的责任。

3. 强化检察机关责任,建立长效工作机制

检察机关的未检科承担了未成年人犯罪的"捕、诉、防"职能,但检力有限。因此,在中职技校犯罪预防工作中要着重于长效机制的建设。

第一,搭教育平台,建立青少年法制教育基地。利用未成年人犯罪案例等资源,建立融未成年检察工作介绍、法律普及、案例教育、自我保护知识教育、模拟法庭、法制动漫、心理测试、法律问答等内容于一体的青少年法制教育基地。采用电视展板、视频滚动播放、互动触摸屏现场测试等生动、活泼的形式,易被青少年接受。定期组织中职技校学生来基地参观、学习,让学生在参观中深入学习、自觉提升法律意识和自我防范能力。

第二,搭联系平台,建立"法制辅导员"定点联系工作机制。指派检察干部兼任中职技校的法制辅导员。通过定期走访、信息通报的形式,注重与学校双向沟通,实现信息畅通;在学校设立"法制辅导员信箱",与有需求的学生建立"一对一"联系;建立"检察官咨询机制",针对有需求的学生定期到学校开展法律咨询活动,传播法律知识,了解学生需求,指导老师开展法律知识教育、参与学生违纪违法事件的处理等。

第三,搭维权平台,建立"未成年人维权热线"。为使学生在遇到难以解决的问题能"求助有门",全年开通"徐汇区未成年人维权热线"。通过寒暑假活动,不断提高知晓率,让每一位中职技校学生知道这部热线,在遇到问题时想到这部热线。切实提高答复质量,指派专人接听电话,全科力量支持支援,帮助未成年人答疑解惑。

(三)立足检察职能,做好特殊预防

1. 全面落实宽严相济刑事司法政策

针对未成年人可塑性大的特点,在办理中职技校学生涉罪案件中,第一,要坚持"可捕可不捕的不捕""可诉可不诉的不诉"的原则,切实落实"教育、挽救、感化"的工作措施。第二,建立社会调查、法律援助等具有鲜明特色的未成年刑事司法"绿色通道"。社会调查要注重程序合法、报告内

容详尽,作为检察机关作出是否逮捕、起诉的重要依据。要为每一位中职技校学生主动落实法律援助,保障其诉讼权利。第三,探索创新,深化完善符合未成年人特点的特殊检察工作机制。结合《刑事诉讼法》的修订,探索涉罪未成年人附条件不起诉,针对有条件使用的涉罪中职技校学生,优先适用;针对已决的中职技校学生罪犯,联合所在学校、社区、法院、司法等相关部门,开展未成年犯轻罪记录有条件封存工作,最大限度地保护中职技校学生的合法权益,确保其在悔罪、受罚的基础上,复学、升学、就业不受歧视,有效预防未成年人再次犯罪。

2. 落实检、校联合观护帮教措施

针对已经涉嫌犯罪,但犯罪情节较轻、主观恶性较小的中职技校学生,落实取保候审措施,帮助联系学校,重返校园。第一,签订《关于开展检校联合观护帮教工作的实施意见》,与学校、家长一起开展“取保候审期间观护帮教”工作,落实每日签到、面谈教育、公益劳动、思想汇报等措施,制作每周《帮教学生帮教工作记录表》,由帮教老师对其帮教进行实时跟踪、监督、评价;根据具体表现,检察机关作出不诉或建议法院从轻处罚。建立档案定期回访,跟踪督查反馈。第二,参加“亲情驿站”教育挽救涉罪学生。借助社工的帮教力量,开展诉前考察、公益劳动;借助亲情告白,实现孩子与父母的相互理解、良好沟通;借助亲情敬老活动,促使学生明了对自己的责任、对家人的责任、对社会的责任,从而知罪、认罪、悔罪。第三,探索心理矫正,在未检部门配备具有心理咨询师资格的干警,由熟悉犯罪心理学及未成年人身心特点的国家级心理咨询师对涉案的未成年人做一对一的心理辅导,消除心理阴影;充分疏导,强化心理矫治,增强其社会认同感,促使其早日健康回归社会。

3. 运用检察建议加大对文化娱乐场所的管理

在办案中,应注意审查、善于发现问题,并及时通报给相关部门,运用检察建议,发挥好检察预防的职能作用。第一,要加强对中职技校周边网吧、游戏厅、放映厅、歌舞厅等娱乐场所加强监督和管理,加强对网络文化、影视文化等软环境的管理和引导。检察院办案部门应将在办案中发现的不良文化、不良文化场所及时通报文化管理部门，督促其定期检查，加大查处力度，努力清除对未成年人的精神“污染源”。第二，要与公安治安大队保持密切的联系和沟通，对不按照要求，允许未成年人学生上网的网吧；专门开在学校周边，引诱学生上网的“黑网吧”；恶意向未成年人兜售色情资料的文化点；恶意引诱未成年人观看色情片的录像厅或音像销售点；恶意引诱未成年人高消费的酒吧、娱乐场所等加大打击力度，这样双管齐下，建立积极向上的文化休闲氛围，营造青少年健康成长的社会环境。

（四）立足综合职能，做好重点预防

1. 抓住重点时间，开展形式多样预防活动

我们在调查中发现，寒暑假、开学初是中职技校学生案件高发时间，这时期的法制教育就显得尤为重要。

第一，寒暑假前集中开展专题法制宣传教育。针对假期未成年人违法犯罪高发的情况，在寒暑假之前，指派未检业务骨干到各中职技校集中开展“别让犯罪走近你，别走近犯罪”专题法制讲座，着重进行案例警示教育，普及法律常识，增强在校学生自我保护意识和抵制违法犯罪的能力。同时，选取与校园生活息息相关的易发型未成年人刑事案件，制作成案例展板在学校巡展，向学生发放“未成年人自护手册”等。

第二，打造“少年模拟法庭网上行”特色品牌。充分利用网络新媒体，开展“少年模拟法庭网上行”活动。为增强法制教育的现场感和互动性效果，选取典型校园常发刑事案例，自编自导自演“模拟法庭”，通过场景体验、互动交流、生动直观地向在校未成年人阐述犯罪之危害、法律之公正。活动采用一个主会场远程指导、多个学校分会场同步开展、东方网直播的方式进行，活动启动仪式安排在寒假之前，保证活动视频寒假期间在 SMG 看看新闻网、中国未网进行网络展播，以供青少年假期在家上网观看。

第三，开展“真法庭进校园”活动。为了更好地发挥案例警示教育作用，针对发案率偏高的学校，选取与未成年人共同犯罪的成年人庭审，将真实的少年法庭开进校园。组织学生观摩真实法庭庭审，在庄严的国徽下感受真实的检察官如何指控犯罪，法官如何进行判决，让他们真切地感受法

律的严肃、违法犯罪后的严重后果,促使学生畏法、敬法、守法。

2. 针对重点预防对象,落实有效预控措施

为使中职技校犯罪预防工作切实有效,除了针对全体学生的面上教育,还有针对重点对象,如单亲子女、行为偏差生的特殊预防措施。

第一,针对重点行为偏差学生,落实有效帮教措施。重点行为偏差生的确定,一般是在校内曾受过处分,或参与过打架斗殴的学生,首先不能因为重点关注而使其被贴上“标签”。一要与家长取得联系。矫正工作需要学校和家长的配合,互通信息。二要坚持定期座谈。专职学生老师与检察干部要定期组织他们进行座谈,强化法制教育。三要建立帮教档案,及时记录帮教情况,实行档案信息化管理。针对涉嫌违法犯罪的,还要落实每天签到、每晚用固定电话汇报等措施。

第二,以希望教育为引领,实施动态化管理。我们相信,人之初,性本善,行为偏差学生只要得到关心,受到教育,感受到希望一定会向好的方面发展。为此,应“让每一个学生都拥有希望”。一是开设“行为规范学习班”,根据不同学生不同的不良习惯,开设心理潜能、自信心训练营等课程,运用心理疏导手段进行教育,帮助学生学会管理自己的情绪,树立好习惯。二是对重点行为偏差生,让其担当维持教室纪律、每天关灯等工作,一段时间行为良好有选择性撤销处分等。

3. 突出重点预防单位,开展示范基地建设

选择学生较多的学校,发案率高的中职技校,建立“徐汇区中职技生犯罪预防示范基地”。

第一,建立“示范基地”,明确工作方案。开展近五年学生违纪违法情况分析,查找该学校在学生犯罪教育和管理中的主要问题;开展学生无记名问卷调查,了解学生所思所想以及自己遭遇或知晓的身边同学违纪违法事件主要情况。针对以上分析和问卷调查中反映问题,检察机关与学校共同制定“示范基地内犯罪预防实施项目”,针对问题开展工作。

第二,评估活动成效,形成示范单位。通过一段时间“示范基地内犯罪预防实施项目”的实施,由政法部门综治办联合联席会议各成员单位,对以

上措施和方法进行全面评估，总结阶段性工作成果，看是否有效改善了学生的精神面貌、改善了老师和学生、学生之间的关系。根据评估中发现的问题，及时总结，对存在问题的或者效果不明显的措施要及时完善更新，寻求更加有效的替代措施；对好的经验要及时梳理，建章立制，落实长效。

第三，召开现场会，推广成功经验。区综治办联合各成员单位，以及公安、司法等相关部门，在已经建立“示范基地”的学校中开展中职技校在校生犯罪现场会议，结合典型案例、实践做法，推广学校预防犯罪的成功做法。共同商讨开展预防未成年人犯罪的综合治理工作，充分发挥“示范基地”的辐射作用，逐步建立起有经验指引、学校特色的全区全方位立体的中职技校学生犯罪预防体系。

平安建设视角下来沪务工青少年集体宿舍管理之探索*

2010～2014 年上海某中心城区人民检察院未成年人案件刑事检察科办理来沪务工的未成年人犯罪案件 43 件 81 人,其中涉集体宿舍未成年人犯罪件 17 件 29 人,分别占 39.5% 和 35.8%。此外 12 起案件中还有受另案处理(其他部门受理)、在逃、劳教、行政拘留等因素影响,未列入统计的 36 人。该地区来沪务工青少年集体宿舍案件呈上升趋势,引发了办案机关和相关管理机关的高度重视,对来沪务工青少年集体宿舍的管理之问由此展开。

一、探索来沪务工青少年集体宿舍管理的背景

(一)外来流动人口的年轻化趋势

关注外来务工人员生活已成为近年来全国"两会"讨论的热点话题。根据《中国流动人口发展报告 2013》的数据显示,2010 年以来,新生代流动人口已经超过了流动人口半数,2012 年流动人口的平均年龄约为 28 岁,超过一半的劳动年龄流动人口出生于 1980 年以后。同样,早前的有关调研已经指出,16～25 岁年龄段的外来青少年群体几乎接近农民工总数的一半。① 外来人口的年轻化趋势在一线特大城市更为突出。以上海市为例,

---

* 谷莺,上海市黄浦区人民检察院。

① 国务院 2006 年《中国农民工调研报告》指出,2004 年我国农民工平均年龄为 28.6 岁,其中 16～25 岁的占 45%,26～30 岁的占 16%,31～40 岁的占 23%。

作为外来人口的主要导入地之一，上海市的来沪常住人口几乎已是全市总人口的40%，[①]部分城乡结合部和郊区甚至出现外来人口倒挂现象，其中大部分是从事技术含量低、劳动强度高的青壮年外来务工人员。

（二）外来农民工的居住现状

据第六次全国人口普查数据显示，半数农民工以简租、合租或群租、居住单位宿舍为主。调查显示，仅3%的外来农民工有自购房；43%是独立租赁住房，且大部分是租赁在城中村的农村私房或简屋；19%与他人合租，25%居住在单位宿舍，另有4%居住在工地工棚，3%居住在生产经营场所。其中25岁以下的农村务工青少年，因受到年龄、生活经验、行业特性等因素的影响，选择集体宿舍的比例则更高。作为现代服务业和先进制造业的载体，一线城市对年轻劳动力的需求源源不断。以上述上海某中心城区为例，由于区内旅游、商业等服务业态繁荣，因此适龄的外来务工青少年是餐饮、宾馆、美容美发、洗浴中心等劳动密集型行业的主要招聘对象。这类服务性行业也多会选择以提供集体宿舍的方式吸引劳动力，适度降低企业用人成本。据不完全统计，在该区知名的连锁饭店、酒店，80%以上为员工提供集体宿舍。

（三）平安中国建设是基本要求

习近平总书记指出，平安是人民幸福安康的基本要求，是改革发展的基本前提。深入贯彻党的十八大精神，要把平安中国建设置于中国特色社会主义事业发展全局中来谋划，紧紧围绕"两个一百年"奋斗目标，把人民群众对平安中国建设的要求作为努力方向，坚持源头治理、系统治理、综合治理、依法治理，努力解决深层次问题，着力建设平安中国，确保人民安居乐业、社会安定有序、国家长治久安。随着我国城市化进程的不断推进，城市中流动人口数量不断攀升，外来务工人员犯罪也随之不断增多，尤以发达城市最为明显。以上海为例，自2002年以来，外来流动人口犯罪人数占

① 根据第六次全国人口普查主要数据，截至2011年上海常住人口数为2301.91万人，其中外省市来沪常住人口为897.7万人，占39%。

犯罪总人数的比例一直在70%以上的高位徘徊，其中市郊结合部，浦东新区和县区工业开发区的流动人口作案甚至占到70% ~90%。外来流动人口犯罪数量不断增加，流动人口犯罪比例的不断提高，这已经成为威胁我国社会稳定的一个突出问题，严重影响了我国社会、经济的发展。

二、涉集体宿舍未成年人犯罪情况解读

以上述上海某中心城区发生的未成年人涉集体宿舍刑事案件为样本，可以发现与集体宿舍有关的案件在犯罪特点、犯罪类型上都具有一定的特点，对研究外来务工人员犯罪高发现象具有一定的代表性。

（一）涉集体宿舍未成年人犯罪特点

1. 涉案人员特别是未成年人呈“三低一高”的特点

29名涉案人员全部系来自安徽、四川、河南、湖北、江苏等劳动力输出地区的新生代农民工。[①] “三低”表现为：一是年龄偏低。其中91%的涉罪人员是16 ~25岁的外来青少年，未满18周岁的未成年人[②] 15人，占51.7%。未成年人平均犯罪年龄为16.6岁。二是学历较低，15名未成年人中小学、初中学历的占78%。三是日常监护覆盖率低。15名未成年人均长期与监护人分离，其中父母在原籍或外省市务工的12人，占80%，父母虽来沪务工，但不与未成年共同居住的3人，占20%。其中2名曾有盗窃、抢劫劣迹的未成年人长期处于零监护状态，更值得引起重视。“一高”表现为男性比例高，除1名女性外，其余涉案人员均为男性。

2. 涉案罪名相对集中，犯意相对简单

以侵犯财产和扰乱公共秩序的犯罪为主，共13件。其中寻衅滋事5件、盗窃4件、聚众斗殴2件、抢劫1件。其中未成年人犯罪的动机集中两

① 2010年中共中央第一号文件《关于加大统筹城乡发展力度 进一步夯实农业农村发展基础的若干意见》首次出现“新生代农民工”一词，指1980年后出生，20世纪90年代中期后外出务工经商的农民工。据国家统计局公布的数据显示，2011年全国农民工总量达2.52亿人，外出农民工1.58亿人，16 ~30岁的人群占到39%。

② 此处未成年人仅指已满16周岁，达到法定劳动年龄又未满18周岁的未成年人。

类，一是见财起意，二是发泄私愤。

3. 案件以共同作案为主要类型

29 人中 2 人以上共同作案的有 24 人，占 82.8%。个别不良行为易引发群带效应。如涉及管制刀具 4 人，因饮酒后导致情绪失控进而滋事的 7 人，这些人都在犯罪中有挑头或激化作用。17 起案件还造成 4 人轻伤、5 人轻微伤。

4. 涉案集体宿舍所属企业的行业特征明显

相关企业为涉案人员提供员工宿舍，这些企业的特点是技术含量较低、劳动强度较高、劳动力需求较高。具体包括：餐饮业 14 人、占 48.3%，发放小广告 7 人、占 24.1%，美发洗浴行业 3 人、占 10.3%。

5. 涉案集体宿舍以“微型”为主，性质复杂

大部分集体宿舍可容纳人数不超过百人，最小的可容纳人数在十人以内。排除 2 起案件中犯罪嫌疑人无法提供宿舍具体地址外，其余 15 起案件中有 5 起案件系企业将经营场所的一部分划作员工集体宿舍，有 10 起案件分别系企业租借居民住宅小区房屋、廉价招待所、向其他企业租借房屋用作集体宿舍。这些宿舍既有居民住宅，也有商业用房，还有居民住宅的商用化，这种复杂性也让管理更加棘手。

（二）未成年人涉集体宿舍犯罪的类型

1. 集体宿舍成为犯罪地

17 起案件中 6 起案件发生在集体宿舍，占 35.3%，多为侵财犯罪。这主要和集体宿舍开放式的环境有关。由于缺乏必要的私密性，个人物品也都处于半公共的区域，导致集体宿舍容易成为侵财案件的发生地。例如，16 岁的郑某和舍友王某在发现另一位舍友花某将工资悄悄放在枕头底下后，两人就共同商量盗窃其财物。于是趁其他人上班之际，从熟睡的花某枕头下偷走了 4000 余元现金。

2. 集体宿舍成为犯罪的导火索

在郑某等 4 人聚众斗殴案中，某餐饮企业宿舍中 17 岁的郑某因为隔壁游戏机房宿舍员工抱怨他在走道里太吵，遂与人发生争执打斗。因双方员

工多次为宿舍喧闹问题争吵，积怨颇深，于是本来只是两人间的小吵小闹最后演变为两方宿舍成员近30余人卷入其中，更有10多人在走道和宿舍内的械斗，多人在斗殴中受伤。在这起案件中，集体宿舍不仅是犯罪地，集体宿舍的生活习惯问题更是该案案发的导火索。这表明，随着人们对私权越来越重视，外来务工人员与城市居民，甚至外来务工人员之间普遍存在的卫生、作息等生活习惯差异，容易导致矛盾发生，严重的可能升级为犯罪。

3. 集体宿舍成为结伙犯罪的纽带

这类案件有8件，占47.1%。因为在一个宿舍同吃同住、同进同出，加上与外界不熟，使他们容易结成一种较为封闭而紧密的小团体。本来只与一人有关的案件，会蔓延波及宿舍其他成员，特别是一些正处在青春期，认识发展不全面，自控能力不足的青少年，导致以宿舍为单位的团伙作案频频发生。如在一起4人寻衅滋事案中，张某因吃夜宵结账问题与烧烤店老板发生争执。为了泄愤，张某让同伙纠集同宿舍所有人（10多人），到场殴打烧烤店老板和员工，导致2人构成轻微伤，1人前臂擦伤。

可见，涉集体宿舍未成年人犯罪的这几种类型互相交叉和渗透，集体宿舍在一起案件中既可能是犯罪诱因，也可能是犯罪地，更可能成为团伙犯罪的纽带。

三、来沪务工青少年集体宿舍犯罪案件多发的原因

经济发展的需求，带动了农村剩余劳动力向城市的流动。外来务工人员为现代城市发展提供了重要支持，作出了巨大贡献。但与此同时，在各种复杂因素的影响下，外来流动人口的犯罪问题日益突出。这也表现在外来青少年群体中。相比之下，二代农民工的犯罪不仅有主体因素的影响，更是一代农民工进城后一系列社会问题的衍生和叠加，是城市环境、政府管理、社会保障等多方面客观因素作用的结果。而集体宿舍犯罪也是其中的一个缩影。

(一)主观原因

1. 文化程度较低,法律意识淡漠

上述案例中反映出外来务工青少年文化程度低的现象,在外来务工人员群体中较为普遍。根据第六次上海人口普查情况,外来流动人口中,初中及以下学历者比重占69.6%,较前一次普查相比学历程度虽有所提升。但由于更多大学生加入了流动人口中,因此外来务工人员群体总体受教育水平依然较低。这也导致他们在进入城市后,因缺乏特殊技能和知识,只能从事一些低端、强度高、待遇较低、失业风险较高的工作,生活境遇不理想、工作不稳定、生存压力大,都滋生了犯罪的诱因。大多数外来务工人员没有受过正规的法制教育,法律知识比较欠缺,守法意识不强,也缺少解决问题的能力。在遇到突发事件时,多凭情感驱使而非理性思考。如有的涉案人员认为帮着老乡教训一下别人是件很平常的事,不觉得自己的行为是否达到犯罪程度。

2. 缺少情感归依,易陷"心理孤岛"

案例中许多涉案人员的成长背景影射了大多数二代农民工的现状。父辈们外出打工,子女或留在农村,成为留守儿童,或在父母工作稳定后,被接到身边,随同父母在城市长大。无论是哪一种,他们都有与父母长年分离的成长经历,幼年时与父母缺少基本的情感交流,容易造成情感交流能力弱化、心理抑郁焦虑、自卑自怜等心理健康问题。缺少父母的有力监护,又容易导致品行失调,行为认知、自控能力的不足。在城市生活中,他们的人际关系主要局限于基于血缘、亲缘和地缘关系的家人、亲戚、朋友和老乡身上,由此导致新生代农民工群体与城市市民群体之间存在着严重的心理隔阂,形成新生代农民工城市生活的另一种"内卷化"状态和"心理孤岛"现象,造成新生代农民工与城市市民共同生活"有交往没有交流",处于一种"镶嵌式"状态。[①] 正如彼特·布劳(Peter Blau)在《不平等和异质性》

① 李贵成:《价值冲突与精神皈依:社会转型期新生代农民工价值观研究》,载《内蒙古社会科学》2013年第9期。

一书中指出的,“有着相近的社会位置的人们之间的社会交往要比其位置相差的人们之间的交往普遍些”。新生代农民工其本身的职业特点就限制了他们在社会结构中向上流动的机会,而这种“内卷化”和“心理孤岛”现象,进一步拉大了他们与社会其他阶层的距离,使其群体结构更为凝固化,加剧了新生代农民工城市生活的边缘化。

3. 缺少价值认同,显现“过客心理”

对城市缺乏足够认同,游离于城市文化文明和市民道德规范之外,也是导致外来务工青少年行为失范的重要原因。这种认同不足主要是社会迁移和转型的结果。随着城市化发展,许多农村青少年离开原先的社会关系网络,进入全新的城市生活。但受制于长期的城乡二元分割,从进入城市之初就感受着不平等的社会身份。城市居民天然拥有了相对优越的资源、利益分配权力、城市居民身份,而新生代农民工却从制度上被排斥在城市之外,虽然生活、工作在此,但无法享受城市的资源、无法获得城市居民的待遇,甚至在身份上被套上“外地人”“乡巴佬”的标签。制度和情感上双重排斥,使他们无法对城市形成情感、身份和价值认同,反而产生严重的“被剥夺感”,导致他们对城市感情淡漠。另外,城市的快速发展和发达的物质文化生活,又使他们不愿离开城市回到落后、贫穷的农村生活,导致新生代农民工在面临各种不利的社会条件时经常是束手无策与忍气吞声,城市生活成本的提高与社会地位的低下使他们时常充满对城市生活的压迫感与无力感。这种矛盾性也导致他们在城市生活中表现出“无根性”和“过客化”,种种负面情绪累积到一定程度就通过极端行为反射到社会。

(二)客观原因

1. 集体住宿条件普遍较差

通过对涉案集体宿舍的实地走访发现,雇主一方提供的集体宿舍良莠不齐。有的集体宿舍由商用住房改建,较合乎集体住宿标准,并按照居住人数配置相应的卫洗功能区。有的集体宿舍设在居民小区内,利用居民住房改建甚至违章搭建,内部布局不合理,公共空间狭小,生活区拥挤。这些集体宿舍少则居住七八人,多则居住 200 人,普遍存在人均使用面积小、缺少私人空间和公共娱乐区域、卫生状况差及人员流动频繁等现象，并存在私接电线、电源，通道狭小等消防安全隐患。集体宿舍安全系数不高，直接导致盗窃案件多发。另外，从环境行为心理学角度分析，长年累月在脏乱、单调、嘈杂的环境中生活，也会对个体行为产生一定的刺激。例如，城市学家帕尔曾指出，城市中令人厌烦的、单调和缺乏刺激的环境，会滋生无聊和追求刺激的心态，一定程度上造成了青少年的犯罪和破坏行为。只能满足最低生活需求，缺乏精神文化和基本娱乐要求的集体宿舍，对于追求物质和精神双重需要的当代青少年来说还远远不够。

2. 集体宿舍的直接管理方缺位

涉案集体宿舍基本处于“自治”状态，形成多种安全、治安隐患。上述案件中的集体宿舍有以下三种情况：一是企业利用自有经营场所的便利条件向员工提供宿舍，二是企业承租居民房屋，三是企业向专门对外出租集体宿舍的第三方承租。前两种情形下，企业应该作为集体宿舍的直接管理方。第三种情形下，企业和第三方都具备管理职责。但是从案中反映的现象是直接管理方缺位。表现为无入宿教育宣传、无宿舍管理制度措施，无专门宿舍管理责任人的“三无”现象，导致这些集体宿舍在硬环境不佳的同时软环境也很难改善。如我们在案中发现的藏匿管制刀具问题如果在管理有序的集体宿舍很容易被发现，继而可以在不良事端发生前就及时介入，加强引导。

3. 行政监管机制不完善

近年来，为了治理居民小区“群租”问题，上海市先后出台了《上海市居住房屋租赁管理实施办法》《关于加强居住房屋租赁管理的若干规定（试行）》《关于抓紧完善业主公约　增补规范租赁行为相关条款的通知》等规范性文件，对居住房屋租赁问题进行了规范，2011 年 2 月 1 日开始施行的《商品房屋租赁管理办法》把城市规划区内国有土地上的商品房屋租赁全部纳入监督管理范畴，但是，对于上述企业利用自己生产经营场所、承租其他公司的提供的集体宿舍作为员工宿舍的情况，政府相关部门如何开展监管无相应具体规定。如郑某等人因生活习惯引发的宿舍人员聚众斗殴一案中,案发地×路×号×楼×间房系某实业有限公司承租的房屋,转手又再转租给其他企业和商户作为集体宿舍,在层层转租之间,职责更加难以厘清。

四、加强未成年人集体宿舍管理的重要意义

加强对未成年人集体宿舍特别是"小微"集体宿舍的管理,对预防来沪青少年犯罪,促进城区平安建设具有十分重要的意义。

(一)客观条件的限制催生了"小微"集体宿舍的存在空间

一般而言,集体宿舍规模越大,其管理机制则相对更完善。据调查,集体宿舍总量中大多数是一些小型企业或个体商户提供的百人以下的"小微"集体宿舍,都存在资金投入少、管理人员不足、宿舍硬件较差的状况。而一直以来,对集体宿舍界定不清、标准不明也使集体宿舍易现良莠不齐。2014 年 5 月 1 日实施的《上海市居住房屋租赁管理办法》,进一步加强了对出租房屋的安全管理,特别是加大了对群租的综合治理力度,办法中"设在住宅小区内的集体宿舍"被直接界定为"群租"行为,透露着对集体宿舍的控制和管理更为严格的信号。笔者认为,对小微集体宿舍进行严格规制和管理确有必要,但不宜"一刀切",尤不宜一堵了事。因为:

1. 外来农民工住房负担过重

《中国流动人口发展报告 2011》曾指出,流动人口生存发展所须关注的六大问题之一即流动人口房租负担重。41.5% 的流动人口租房者认为目前的住房支出已经达到或超过自己能承受的最高房租。由于近年来我国城市房价和房租的快速提高,住房负担成为最主要的生活压力。农民工因收入、工作不稳定,也无法享受到城市的公积金制度。

2. 短时间内无法解决外来农民工住房困难

一方面,面向外来农民工的住房保障制度缺位。在 2013 年年底召开的全国住房城乡建设工作会议上已经要求地级以上城市把外来务工人员纳入住房保障范围。目前,上海已经初步构建起了廉租住房、经济适用房、公共租赁房、动迁安置房"四位一体"的保障性住房体系。但是受户籍限

制，绝大部分外来农民工还没有被廉租住房、经济适用房、动迁安置房制度覆盖。同时，目前的公共租赁房大多定位为白领公寓，面向外来大学生和企业白领，作为弱势群体的外来农民工也基本无法承受公共租赁房的价格。因此，外来务工人员中绝大多数农民工无法为上海保障性住房政策所覆盖。另一方面，上海作为全国最发达的城市，面临地少人多的困难，特别是对服务业繁荣、用工缺口较大的中心城区来说。目前，其本市中低收入居民的住房困难问题还未能解决，要"双管齐下"同时解决外来农民工的住房困难，资金、土地供应等方面都存在着巨大的缺口，短时间内很难有大的进展。

3. 外来务工人员的居住意愿

大部分外来务工人员到城市打工，是看重城市里更多的就业机会和更高的工资收入。在同等条件下，他们当然希望居住条件尽可能好，但是居住、出行等方面意愿仅仅是工资之外的附加选项，而不是首选。在这种情况下，他们往往会为了省下一点钱，刻意压制自己在居住方面的需求。而一些企业也充分利用这点，通过租借集体宿舍降低用人成本。无论是外来务工人员还是企业，都在尽可能压缩居住成本；提高实际收入方面达成了微妙的平衡。这也导致小微集体宿舍在当前一个阶段仍不可缺少。

4. 缺乏外来农民工住房保障制度的总体设计与规划

尽管关注外来农民工住房问题的呼声越来越高，外来务工人员的住房保障问题也引起了各级政府的高度重视，但是目前尚无解决问题的具体时间表。在上海的一些近郊区域，已经由部分企业或乡镇开始筹建一些农民工公寓和用工宿舍，但这些仍仅停留在个案范围，远远无法解决庞大的农民工居住需要。因此在农民工住房制度总体规划尚不完善，前景尚不明朗前，可积极探索利用社会资源来筹建保障住房，同时也需要小微集体宿舍的存在，以解决外来农民工的现实需求。

（二）集体宿舍管理的积极空间应进一步放大

1. 加强集体宿舍管理具有以点带面的辐射作用

据国家统计局《2010 年国民经济和社会发展统计公报》显示，外出务工农民工中51.8%居住在雇主、单位提供的集体宿舍或带有聚居点性质的住房中。通过进一步调查发现,16岁以后离开家乡外出打工,缺少家庭监护,常年在集体宿舍居住,这已经成为当前很多二代农民工共同的生活轨迹。从这个意义上说,抓住了集体宿舍管理,就抓住了管理和服务好大部分外来务工人员的重要入口,有利于将政策、法律、制度、文化的导向作用从点上辐射到整个外来人员群体特别是外来务工的青少年群体。相较于外来务工人员的零散管理,以集体宿舍为中心、形成片区管理无疑更加通畅、集约和高效。

2. 加强集体宿舍管理能形成"近朱者赤"的传带效应

从未成年人涉集体宿舍犯罪类型可以发现,未成年人由于心智发展尚不成熟,往往因集体生活衍生出的感情认同,成为共同犯罪的帮凶。反过来说,如果居住在集体宿舍的未成年人能够得到正确的价值引导,这种感情认同也能够激发正能量的扩散,起到"近朱者赤"的作用。这就需要加强集体宿舍管理,采用恰当的方式约束和规制不良行为,引导良好的文明习惯,宣传法律常识,树立集体宿舍中行为模范的典型。

3. 加强集体宿舍管理有利于对青春期青少年的引导

16~18岁正是未成年人走向心理成熟和性格养成的关键时期。当前餐饮、美容美发、洗浴等服务性行业服务人员越来越年轻化,这些尚处在青春期的未成年人面临进入城市后的心理适应问题,如果经常性地遭遇不公待遇或心理挫折,结果就可能形成偏离主流的价值观或反社会的人格,严重者将会成为犯罪的高发人群。青少年的这些心理问题最直接的反映就是集体生活中的状况。加强集体宿舍管理就能及时发现和介入这些问题。

五、建议及对策

随着外来务工人员被纳入保障房建设体系,在外来务工人员聚集的区块建立保障性住房,进行集中管理也是必然趋势。但这毕竟不是一朝一夕的事情,也不可能惠及所有外来务工人员。因此,从现有状况来看,企业提供集体宿舍解决外来务工人员居住困难的方式值得肯定甚至鼓励。关键是如何加强对集体宿舍的集中管理，使外来务工人员特别是青少年获得一个良好的生活环境。

（一）探索政府对导入人口的前置管理

政府应加强对外来人口的源头管理和服务，在人口导入中设置前置关口，促进外来务工人员特别是未成年人和流入地环境的融合。如重视并加强法制宣传和行为规范教育，特别是在办理务工手续环节，相关职能部门应配套开展法制和行为规范教育，从“应知”层面落实好行为引导。也可参照欧美经济发达国家移民合法化经验，按照“权利与义务对等，索取与贡献平衡”的原则，通过合理设置门槛，使大部分外来流动人口通过合理途径获得市民待遇，从而推动外来常住性流动人口的市民化进程。[1] 从今年7月1日起实行的上海居住证积分制度已经开始了在这方面的探索，但对外来人口特别是大量文化层次低的外来务工者，怎样既维护他们的合法权益，又进一步增进他们对城市的感情认同，这还需要管理部门更多的智慧。

（二）探索地方职能部门对集体宿舍的社区化管理

居委会、派出所等职能部门应以实有人口信息系统建设为契机，在对区域内实有人口信息进行采集和摸底过程中，了解辖区内集体宿舍点的分布情况。同时借鉴社区群防自治模式，建立外来人口与户籍人口共同参与的治理平台。街道、居委会主动将社区服务向外来人口延伸。如可以组织外来务工青少年参与社区共建和娱乐活动，宣传上海的城市发展历史、公民基本道德规范、上海市民日常行为准则，开展普法教育，丰富外来青少年的业余生活，让他们从了解上海、融入上海开始增进对上海的归属感。

（三）“双向调动”强化直接管理方责任

对集体宿舍管理的制度设计要注重“抑扬结合”的双向思维。一方面要进一步明确企业或者出租集体宿舍第三方对宿舍管理应承担的责任，并有一定追责措施。企业或第三方应制定集体宿舍管理细则，并明确专门的宿舍管理人员，随集体宿舍点共同报备相关职能部门。该宿舍管理人员应

---

① 郭秀云：《上海外来流动人口管理的实践与思考》，载《党政论坛》2008年第7期。

作为街道、居委会、派出所等职能部门和企业之间的联系人，定期通报集体宿舍管理情况。一旦在宿舍管理中发现治安苗子性问题，要及时报告，以助消除隐患。同时，检察机关也建议相关企业在招录员工时严格把关，对聘用的员工应加强法制、劳动观念和日常行为教育，引导他们远离赌博、酗酒等不良行为；增强对已满16周岁未满18周岁未成年员工的教育引导，对于父母不在身边的来沪未成年人，建议落实其亲属、优秀员工或者志愿者为其临时监护人，加强临时性的监护，防止夜不归宿、酗酒、携带刀具等不良行为的发生。另一方面集体宿舍作为一项企业对职工的福利，也不宜对企业提出过于苛刻的要求，否则会使企业难以负担由此增加的成本而弃供集体宿舍。为此，政府可设立来沪人员管理和服务工作奖励基金，对积极参与管理并卓有成效的企业给予一定的奖励，[①]或者给予企业发展一定的优惠政策。

（四）吸纳社会组织参与共同管理

鼓励社会成立以服务来沪务工青少年为目标的公益组织，丰富社会组织的多样性。引导社会组织进入来沪务工青少年社会服务领域，加强对社会组织的培训与政策引导。通过政策扶持、资金支持等方式促进社会组织的发展，提高社会组织的专业化、制度化程度，提高外来人口社会管理的有效性。在集体宿舍设立开放性咨询服务点或者搭建“热线直通车”，借助社会资源，开展法律服务和心理服务咨询，帮助解决工作生活中遇到的法律、心理问题。通过解决一个来沪人员的实际问题，产生“涟漪效应”，引领该来沪人员身边的一批人接受法制教育、感受心理帮助，引领他们遵纪守法、理性处事。

---

① 《华新镇加强来沪人员服务和管理工作实施方案》中已有类似规定。

课 题 篇

涉罪未成年人心理测评体系本土化研究*

引言

从实验室中诞生的心理学，①用科学实验证明了心理现象是具有物质属性的，是人类大脑对客观世界的反映，可以被直接或者间接的方法所认知。研究的成熟度带动了应用的广泛延伸，在成人司法领域，对心理现象的研究集中于“测谎”领域。在辨识谎言的历史长河中，人类运用经验所得的素朴的心理学常识，通过观察声音、分析言语的逻辑性、观察非言语表情和行为等方法来辨识谎言。但是，这些方法只能发现一些较为明显的谎言，对于心理素质好、掩饰能力强的个体，往往很难起作用，有时甚至会得出错误的结论。自从运用仪器测试谎言以来，研究者结合对人类说谎的心理生理反应特质的研究，不断提高测试仪器捕捉说谎时生理变化的性能。除了应用传统的多道生理记录仪来进行心理测试外，还研究了其他仪器在实践领域应用的可能性，譬如说利用声音压力分析、事件相关电位（Event Related Potentials，简称 ERP）和功能磁共振成像（Functional Mag-netic Resonance Imag-ing，简称 FMRI）等进行测谎，②并取得了很多的成果，尤其是在侦查实践中发挥着越来越重要的作用，给需要辨识谎言的机构提供了

---

* 本文获 2013 年度上海检察机关调研成果评选优秀奖。樊荣庆，上海市人民检察院第三分院；刘宇，上海市人民检察院；尤丽娜，上海市长宁区人民检察院。

① 1879 年，冯特在德国莱比锡大学建立了世界上第一个心理学实验室，标志着心理学的诞生。

② 郑红丽、丁同春：《测谎技术的新进展》，载《中国人民公安大学学报（自然科学版）》2007 年第 1 期。

一种途径与可能。据美国测谎协会早在 1980 ~ 1997 年对多道心理测谎测试研究显示:在实践中使用测谎程序的平均准确率达到了 98%,在实验室进行的测谎准确率研究准确率达到了 80% 。①

区别于成人司法领域对测谎的“专注”,少年司法中的心理测评的发展显示出了历时相对较短、内容由窄到宽的演变过程。以上海检察机关为例。1993 年,上海市长宁区人民检察院与上海市青少年心理行为门诊部合作,率先尝试在办案中利用科学手段对涉案未成年人进行心理测评,以分析其犯罪动因及性格特征,为教育感化挽救工作提供依据。1999 年,上海市人民检察院侦查监督处与上海市爱心工程基金会青少年心理行为门诊部签订心理测评协议,明确在办案中对有明显心理偏差迹象的未成年犯罪嫌疑人进行心理测评,测定其心理成熟度、犯罪心理动因、重新犯罪可能性及悔过程度等内容。除了运用量表进行测评,上海检察机关各基层未检部门还尝试运用 16PF 量表、房树人、沙盘测试等手段,丰富心理测评的形式,提升测评效果。②

实践探索的成果带动了立法层面的关注和支持。最高人民法院《关于适用〈中华人民共和国刑事诉讼法〉的解释》(法释〔2012〕21 号)第 477 条规定,“对未成年人刑事案件,人民法院根据情况,可以对未成年被告人进行心理疏导;经未成年被告人及其法定代理人同意,也可以对未成年被告人进行心理测评”;《刑事诉讼规则》(2012 年 10 月 6 日修订)第 498 条要求:“人民检察院可以要求被附条件不起诉的未成年犯罪嫌疑人接受下列矫治和教育:(一)完成戒瘾治疗、心理辅导或者其他适当的处遇措施……”上述规定确立了心理测评手段在未成年人刑事诉讼制度中的地位。因而有必要对涉罪未成年人心理测评制度进行深入研究,以期更好地发挥其对于未成年人刑事案件办理的作用。

---

① 韩俊杰:《试论测谎技术在检察机关办案实践中的应用》,载 http://10.31.5.200/csyd/jcjsc/jscllyj/t20121026_114070.htm,访问时间:2013 年 8 月 13 日。

② 如引入沙盘测试、房树人测试,并成立了“俞国花工作室”“正枫心灵家园”。

一、涉罪未成年人心理测评体系的界定

(一)实质内容:人格测验性

现今常用的心理测试主要包括四种:智力测试、人格测试、职业兴趣与职业能力倾向测验、心理健康测验。运用到未成年人犯罪案件中的心理测评主要是人格测试。自人类文明诞生以来,人们就开始通过各种方式来研究、了解人类自身,其中也包括了对人格的探索。从神话、小说中栩栩如生的人物描写,到星座、占卜的人格描述;从哲学家们对自身的苦苦思索,到科学家们对人的客观分析,无不涉及人格领域的研究。“人格”一词来源于拉丁文 persona,原意是面具。[①] 早期的人格定义强调人格的稳定性,因此主要关注个体间的人格差异。随着研究的积累和深入,人格心理学学家对人格的认识不断发展,更加关注人格的整体性特征,强调人格是一种动态性组织,强调人格由多重因素构成。总体而言,人格具有四个基本特征,即稳定性、整体性、独特性和社会性:(1)人格的稳定性是指人格不随时间的变化而变化,也不随着情境的变化而变化。(2)人格的整体性是指人格不是孤立地存在着的,而是相互联系,综合成一个有机组织,协调一致地进行活动。(3)人格的独特性是指每个人的心理活动与行为方式都是不同的。(4)人格的社会性是指人格是社会人所特有的。

青少年时期,人格虽然尚未完全定型,但是在自我中心思维、自我认同 vs. 角色混乱、情绪易游离夸张、同伴关系举足轻重等方面都较为显著。有学者指出,青少年实施的被成年人标定为“异常”或者“不当”的那些行为,可能恰恰是有助于适应自己的环境的行为,比如青少年在学校惹麻烦、打架殴斗、偷窃,实际上是希望别人能够倾听自己的心声,得到理解,引起别人对自己所受不公正对待的注意,追求的是自我认同、能力、勤奋;针对这类问题,主要是提供更为有力的、能够倾听青少年心声的成人角色榜样,教

---

① 在古希腊演员表演戏剧时会戴着面具用以表示所扮演的角色。这意味着,在人生的舞台上,每个人都有着公开的、一个展示给大家的自我,即个体所显示的社会性特征,与此同时每个人也都有着内心隐秘的自我,它决定了人格外在的表现,也相对稳定。

给青少年分辨和表达各种情绪的方法、研判技巧,让他们参与决策过程,[①]这正是涉罪未成年人心理测评体系的应用目标。

(二)形式内容:三层渐进式

1. 第一层:广泛性访谈辅以观察测评

从涉案未成年人踏进未检工作室的那一刻起,心理测评便宣告启动。一个人,可能因为知识、阅历、能力的原因,能够在内心波涛汹涌的时候做到面不改色,他(她)也许很会演戏,会掩饰,会"装",但是他(她)无法控制自己的微反应。

微反应(micro-expression)的全称是"心理应激微反应",是人在受到有效刺激的一刹那,不由自主地表达出来的不受思维控制的瞬间真实反应。[②]微反应是"装"不出来的。因为微反应是人类作为一种生物,经过长期进化而遗传、继承下来的,是人类实现生存和繁衍的本能反应。为了自我保护和优质繁衍,微反应不受个人思想的控制,因此它最能够体现人内心的真实想法,是了解一个人内心真实意图的最准确线索。如果观察到了真实的微反应,接着又看到了试图掩饰和造作的表演,那么真相已经摆在面前了。通过对声音、表情、身体动作等进行的观察和比对,可以判定对方是否在讲述内心的真实想法。如果对方动作、表情和语言不一致,则很可能他(她)说谎了。有专家对人类具有的八种微反应进行研究和总结(见表1),了解各种微反应,就能够在具体的情景下对涉案未成年人的情绪和心理作出准确的判断。

---

① 雷雳:《鼠标上的青春舞蹈:青少年互联网心理学》,华东师范大学出版社2010年版,第19页。

② 姜振宇:《微反应小动作背后隐藏着什么?》,凤凰出版传媒集团·凤凰出版社2012年版,第4页。

表1 可观察到的小动作与微反应类型①

冻结反应（惊讶、拘束）	深呼吸 屏息 放慢呼吸 睁大眼 皱眉 面部僵硬 身体呆住不动 双手拉住 背手 插兜 脚并拢
安慰反应（不适、压抑等）	视线转移 频繁眨眼 闭眼 轻哼 吹口哨 吁气 舔嘴唇 磨牙 嚼东西 咽口水 吸烟 挠头皮 玩头发 搓脖子 摸脸、额头、鼻子、耳朵、嘴、下巴 捂住锁骨 拍胸口 按摩腹部 松领带、领口 玩项链、耳环等 搓手 玩手指
逃离反应（恐惧、厌恶）	深呼吸 脸色发白 全身发冷 视线转移 腿发颤 跺脚 后退 头和身体后仰 头、身体、脚转向一边
仰视反应（傲慢、服从）	抬头挺胸 扬下巴 半闭眼 低头 迈小步 动作拘谨 不同的握手和拥抱动作
爱恨反应（喜爱、忌恨）	低头 扭头 脸红 手足无措 身体靠近、触碰或远离 视线转移
领地反应（掌控、权威）	推 扎脖子 双手交叉抱臂 双脚叉开 跷二郎腿 抖脚 勾脚尖 走路时摇晃 身体放松 手势有力 伸食指
战斗反应（愤怒、威胁）	脖子变粗 呼吸加快 面部僵硬 皱眉 鼻孔喷气 眼睛紧盯对方 身体向前 全身绷紧 握拳 抬头挺胸 扬下巴 叉腰 挥手 咬牙切齿 伸食指 手指敲击 跺脚 双手交叉抱臂 双脚叉开 耸肩 跷二郎腿 遮住额头、眼睛 堵住耳朵 捂嘴 捂脸

① 姜振宇：《微反应小动作背后隐藏着什么?》，凤凰出版传媒集团·凤凰出版社2012年版，正文前附图。

续表

胜败反应 （兴奋、悲伤）	高举手　跳跃　欢呼　吁气 抬头挺胸　伸展身体　套头晃脑　动作增多 眼球上翻　肢体下垂、弯曲　低头　无精打采

以说谎为例，说谎从形式上大致分为两种，一种是否认真实的信息，即“不知道”或者“不是这样的”，学术上称为“掩藏型说谎”；另一种是编造虚假的信息来代替真实的信息，把黑说成白，或者把黑说成有点黑也有点白，学术上称为“捏造型说谎”。说谎的形式非常复杂，但目的却明确：趋利避害。在判断观察对象是否说谎的时候，就要把握好谈话的内容和节奏。先从无关紧要的问题谈起，比如“列举五位最喜欢的公众人物”“评价某个以丑态而著名的网络人物”“你的眼睛很漂亮，自己怎么看”，[①]观察对方在回答这些问题时的反应，组成“基线反应”，然后进入实质性问题，观察对方的反应与基线反应进行对比，如果出现了差异，则可能他（她）的真实意图并不如其所说。

2. 第二层：自陈式测验辅以“房树人”测试

自陈测验又称问卷法，是一种用书面的形式来测量人格的做法。所谓“自陈”，就是让被试提供关于自己人格特征的报告，这种报告不是自我描述，而是一种测验方法，在测验中有一系列的陈述句或问题，每个句子或问题描述一种行为特征，要求被试来判断是否符合自己的情况。然后根据被试的答案去衡量他这种特征的表现程度。这种测试的题目一般采用是非题或选择题的形式，计分客观，做起来也方便，是人格测试中应用最广泛的一种方法。目前，最为常用的是 MMPI（明尼苏达多相人格问卷）由美国明尼苏达大学临床心理学家哈撒韦和精神病学家麦金利在 20 世纪 40 年代首次发表，是以经验作为效标来编制的人格测验，先从大量的病史、早期出版发行的个性量表、医生档案、病人自述、医生笔记和一些书本的描述中收集了 1000 多个题目，然后将这些题目施测于效标组（50 名有心理异常而住院

① 姜振宇：《微反应小动作背后隐藏着什么？》，凤凰出版传媒集团·凤凰出版社 2012 年版，第 31 页。

的病人)和对照组(无任何异常的正常人,如来探望病人的家属、居民和大学生),比较两组人对每一个题目的反应。如果两组人对某个题目的反应确有差异,这个题目就被保留;若反应无显著差别,则被淘汰。由于每个题目都是通过两组人的实际反应而确定的,所以自然具有辨别作用。比如有一个题目"我的母亲从不关心我",如果效标组答案"是",对照组回答"否",这个题目就具有鉴别力。至于被试究竟与母亲的关系如何,可不去管它,这里所重视的只是被试的主观感受,而不是客观事实。MMPI 共有测题 556 道,其中有 16 道重复题,所以实际测题是 550 道。该量表在 1966 年修订时,把用以测量人格的题目集中在 1 ~ 399 题内,400 题之后的测题主要与研究有关,所以如作诊断只需做前面的 399 题。MMPI 被称为人格测验发展史上的里程碑,它被翻译成许多国家的文字,使用这个量表的国家超过 65 个,使用的文字超过 115 种。

表 2　明尼苏达多相人格问卷的各个量表①

临床量表	代码	题数
1. 疑病	Hs	33
2. 抑郁	D	60
3. 癔症	Hy	60
4. 精神病态偏执	Pd	50
5. 男子气 - 女子气	Mf	60
6. 妄想症	Pa	40
7. 精神衰弱	Pt	48
8. 精神分裂症	Sc	78
9. 轻躁狂	Ma	46
10. 社会内向	Si	70
效度量表		
1. 说谎分数	L	15
2. 诈病分数	F	64
3. 校正分数	K	30
4. Q 分数	Q	不作回答的题数 + 不一致的重复题数

① 傅安球主编:《心理咨询师培训教程》,华东师范大学出版社 2010 年第 2 版,第 81 页。

一、计表情况：

量表	L	F	K	Hs	D	Hy	Pd	Mf	Pa	Pt	Sc	Ma	Si	MAS	Dy	Do	Be	Co
8 分	4	9	7	9	23	17	27	30	8	19	23	22	24	21	29	19	18	30
7 分	44	44	38	56	44	41	66	56	38	51	56	56	35	52	53	61	44	62

二、剖面图：

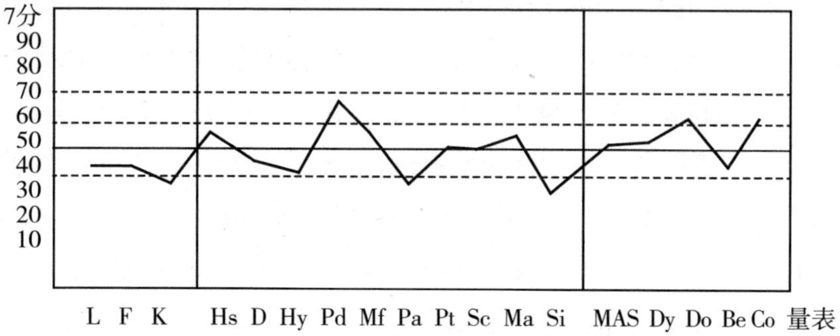

图 1　涉罪未成年人(17 周岁)MMPI 计分情况和剖面图

注：该图是上海某检察机关委托上海市爱心工程基金会青少年心理行为门诊部为一名涉嫌寻衅滋事罪的未成年人进行的 MMPI 测试报告的部分内容。

除了常用的 MMPI 以外，对涉罪未成年人常用的还有“房树人测验”。当我们在日常生活中要了解一个人的思想、情感、行为，要获得有关他的人际关系和社会适应能力等情况的特征时，除了进行观察，面对面地交谈，还可以运用各种心理测验方法来获得信息，在进行分析、综合的基础上得到进一步的验证。但这个过程会受到各种各样因素的影响。例如双方的合作程度，探索者本人的能力和人格状态，各种心理学理论的掌握和技术的把握，都会干扰到真实情况的反映。而在这一系列的研究测试方式中，作为临床心理测试中的投射测验技术，具有意想不到的效果。“房树人测验”属于心理投射测验，其始于 Buck 的“画树测验”，经过许多临床心理学家的努力，发展为“统合型房树人人格测试”。测验者在开始测验时，对所描绘的房屋、树木、人物等并不知道具有何种意义，所以他们在测验中，把以前经常见到的、在梦中所梦见事物的形象在纸上描绘下来。“房树人测验”相对来说方法是多种多样的，在测验的形式上又有许多变通。例如，有的只是简单地要求被测者画出房、树、人，然后进行分析、评估；有的则要求被测者在画完房、树、人后，再用蜡笔对画面进行涂抹上彩；还有的专门要求画出性别相反的两个人物;综合性“房树人测验”(或称“统合型房树人人格测试”),则要求被测者在同一张纸上画有房、树、人来进行测验。一般来说,在测验时,要求被测者所描绘的房子、树木、人物并没有具体的指示,因此被测者会把情绪状态在画面上表达出来和描绘下来,甚至通过画面可以反映出他们潜意识中的欲望和现实生活中的愿望(喜怒哀乐、人际关系、社会适用等各个方面)。总而言之,“房树人测验”不仅是一种人格测验,而且是一种心智测验,它可以动态地掌握病人病情的演变,并且能促发病人的创造力,甚至通过绘画起到治疗作用。

3.第三层:针对性辅导辅以全程式矫治

测评者借助第一层的访谈观察和第二层的综合测评对涉罪未成年人心理特征和状态的了解,可以区分不同情况开展针对性的辅导及全程式的心理矫治工作。

(1)经测评后显示,行为偏差轻微的,可以通过心理疏导将涉罪未成年人的生活方式引导到对社会有益的方向上来。①

①关系建立、收集信息;

②澄清:用苏格拉底式谈话澄清他混乱模糊的思想,评估他的行为和观念的结果;

③鼓励:帮助他转移目标,转移生活方向,使他远离旧的生活方式;

④解释:解释他的自卑和追求优越的目标,确定什么应该避免;

⑤认知:使被治疗者在没有帮助的情况下,认识到自己的生活风格,了解可以改变的地方;

⑥情感突破:如果需要,促进其情感突破、新生,提供正确的发展经验,创造性的角色扮演、想象和叙述;

⑦强化:鼓励所有朝向新的方向的行动,肯定积极的结果和感受,正面评价所取得的进步和勇气;

---

① 此部分参考了[奥]阿尔弗雷德·阿德勒:《儿童的人格教育》,彭正梅、彭莉莉译,上海人民出版社2011年版,第17~18页。

⑧社会情感:运用他更好的自我观来促进更多的合作;扩展平等、合作,全面的信任;

⑨目标重建:挑战他以前的自我和旧的虚构目标,消解旧的生活风格,发现新的方向;

⑩鼓励奋斗:开启他新的心理视野,鼓励他按照新的价值观来生活,强化他与世界关联的感受和与别人分享的愿望,促进一条通向持续发展的途径。

(2)经测评后显示,行为偏差严重的,进行心理辅导,即在办理刑事犯罪案件过程中对有心理偏差的涉罪未成年人,通过倾听、共感、澄清、引导、建议等专业的心理咨询技能,给予未成年人心理干预疏导,帮助其建立良好的心理秩序,促使犯罪嫌疑人及时认罪悔罪、早日回归社会。

心理干预分为危机干预和普通干预,危机干预针对有自杀、严重暴力倾向的对象;普通干预针对其他轻微心理异常的对象。心理干预工作者由具有二级心理咨询师资质的专业人员担任,需要时可以特邀专业心理咨询师共同参与,遇到危机干预、难以确立矫治方案或其他疑难问题时,必要时可邀请心理咨询专家进行督导。

对下列刑事犯罪案件中已满14周岁未满18周岁的未成年人可适用心理干预:

①重特大暴力、伤害、杀人的案件;

②犯罪动机不明、犯罪原因不明的案件;

③事实清楚,有确凿证据证明系犯罪嫌疑人所为的犯罪,而嫌犯拒不认罪的;

④未成年犯罪嫌疑人存在心理异常的案件;

⑤未成年犯罪嫌疑人存在自杀、自伤、自残的严重暴力倾向的;

⑥未成年犯罪嫌疑人有绝望意念及沉默不语的(非聋哑人);

⑦拟作相对不起诉、附条件不起诉的案件。

方法步骤:

①心理干预从审查批捕阶段开始,案件承办人通过阅卷及提审,认为

涉罪未成年人需要接受心理干预的,征得涉罪未成年人及其法定代理人同意后,即可安排对未成年人进行心理干预。

②对未成年人心理干预之前要结合社会调查报告、心理测评报告拟定干预提纲。

③心理会谈室的环境布置应当符合心理干预工作的特点和需要。对于被采取羁押措施的未成年对象也要选择特定的场所,创造平等、温馨、宽松的交流环境。

④心理干预过程中采取的方法措施要有助于未成年人身心健康成长。

⑤对未成年人进行心理干预时视情况由 1～2 名具有二级心理咨询师资质的专业人员参加。

⑥对未成年人进行心理干预后应作出心理干预记录,并在记录中就采取心理干预对未成年人后续的教育矫治工作提出相应的建议和措施。

⑦在审查起诉阶段和判决后,从教育、感化、挽救的角度对同一对象可视情况进行多次心理干预。

(3)经测评后显示,行为偏差严重的经过心理辅导后仍未得到有效改良的,进行心理矫治。

心理矫治工作由具备心理咨询资质的社区矫正社工、青少年社工或专业心理咨询师承担,前期开展心理测评心理干预同时熟悉犯罪原因、犯罪事实的审判机关、检察机关的工作人员和专业心理咨询师可以参与研究矫治对策。

检察机关应当将需要矫治的相对不起诉、附条件不起诉未成年人、社区服刑未成年人的心理档案移送给青少年事务管理组织和社区矫正组织。需要移送的心理档案应当包括:心理测评报告、心理状况分析、咨询访谈记录、处置的措施和矫正建议等。

(三)功能内容:三位一体性

1. 参考性

为办案中认定犯罪事实、分析犯罪原因、预测重犯可能、确定处理方式提供参考。

如 MMPI 量表,Pd 高分者很难接受社会的价值观和社会规范,他们往往热衷于非社会的或反社会的行为。如果 T 分[①]超过 70 者,有典型的反社会人格和病态人格,表现外露、善交际但却虚伪、做作,爱享受、好出风头、判断力差、不可信任、不成熟、敌意的、好攻击、爱寻衅,经常处理不好家庭关系,并违反法律。[②] Si 高分表现为内向、胆小、退缩、不善交际、屈服、过分自我控制、过于谨慎、速度慢、刻板、固执及表现自责;低分则表现为外向、爱社交、富于表情、好攻击、健谈、冲动、不受拘束、任性、做作、在社会关系中不真诚。[③]

如对图 1 涉罪未成年人(17 周岁)MMPI 临床量表显示,Pd 升高,Si 下降。综合分析,该人性格基础呈外向,智力活动较一般,平时该人性格呈外向,活跃、好动、兴奋、热情、自以为是,好显示自己,自我评价过高,过分自信,且好与人交往,主动,情绪较欣快,做事亦有一定的自控能力,但行为易受他人及环境的影响。目前该人无后悔心理,心理测评及行为评定均显示:该人存在重犯越轨行为的可能性。

2. 依据性

为制定涉罪未成年人的针对性矫治方案提供依据。心理测评不仅从意识层面上来反映一个人的心理行为和人格,更注重从潜意识的角度深入地去了解他潜在的人格特征。例如,在“房树人测验”中,让对方随意地在白纸上描绘出自己心目中的房子,然后对所描绘出的房子从形象到内容进行剖析,就能够很快地获知各种人格特征。因为房子的表达不仅仅显示着描绘者所出生、生长的家庭状况,也会将描绘者理想化的家庭,以及其对家族关系的想法、感情和态度,都一一地显示出来。通过对屋顶、窗户、墙和地面等构成部分的分析,更可以了解到描绘者在家庭和社会成员中的自我形象,以及他的空想与现实之间的关系、对安全的看法、人际交往的能力、攻击性、精神动力关系,等等。

---

① 即个量表的原始分转换成的量表分。T 分是以 50 为平均分,以 10 为标准差的标准分。

② 傅安球主编:《心理咨询师培训教程》,华东师范大学出版社 2010 年第 2 版,第 82 页。

③ 傅安球主编:《心理咨询师培训教程》,华东师范大学出版社 2010 年第 2 版,第 83 页。

例如，曾有一名涉罪未成年人经过房树人测试，显示房子、树、人物的描绘不对称，左右大小、结构不平衡，图像缺少某些部位，提示人格的统和障碍，行为失去统一、平衡，过分活动和容易冲动，具有动作化倾向；整体布局在画面上过分远离，提示回避现实，或过度批判、焦虑不安、自卑感；人物描绘被画纸下边切断，提示内心具有强烈的冲动性，但是极力压制冲动，努力维持内心价值的统一；房子无门无窗，提示与家庭成员无精神交流，情感冷漠。根据这一测评结论，办案人员可通过认知疗法、家庭疗法等方式，对其开展心理矫治。

3. 导向性

为总结一段时间内未成年人犯罪特点、趋势，制定相应的一般预防措施提供导向。例如，青少年涉网犯罪案件曾一度引起社会的关注，关于要不要禁止青少年上网、怎么禁止等问题各界观点不同。专家雷雳、杨洋于2006年编制了"青少年病理性互联网使用量表"（APIUS）［有学者在研究中更多使用"病理性互联网使用"（PIU）］，[①]对这个问题进行了专门的研究。经过调研、分析，表3、表4提示我们一个信息，那就是并不是人们想象中的上网学生的心理问题一定比不上网学生多，而是只要上网适度并不会导致心理问题的增加。但是，随着PIU程度的提高，可能会对心理健康造成显著影响。

表3　初中非上网组与上网组在心理健康问题上的差异

	非上网组（M ± SD）	上网组（M ± SD）	差异
全量表	30.08 ± 14.26	34.56 ± 13.73	不显著
学习焦虑	7.21 ± 3.25	7.94 ± 3.17	不显著
对人焦虑	3.35 ± 2.60	3.77 ± 2.17	不显著
孤独倾向	1.78 ± 1.41	2.35 ± 1.95	不显著

① 本部分参考了雷雳：《鼠标上的青春舞蹈：青少年互联网心理学》，华东师范大学出版社2010年版，第136～150页。

续表

	非上网组(M±SD)	上网组(M±SD)	差异
自责倾向	4.30±2.45	4.59±2.52	不显著
过敏倾向	4.17±2.42	5.12±2.24	不显著
身体症状	4.00±2.45	4.42±2.97	不显著
恐怖倾向	2.17±2.47	2.64±2.56	不显著
冲动倾向	2.08±2.44	2.59±2.36	不显著

表4 PIU边缘组与正常使用组在心理健康上的差异

	正常使用组(M±SD)	PIU边缘组(M±SD)	差异
全量表	31.84±13.32	44.43±15.32	显著
学习焦虑	7.40±3.16	9.10±3.42	显著
对人焦虑	3.430±2021	4.51±2.13	显著
孤独倾向	2.15±1.92	3.76±2.10	显著
自责倾向	4.40±2.73	5.76±2.71	显著
过敏倾向	4.71±2.28	6.56±2.09	显著
身体症状	4.01±2.78	6.56±3.91	显著
恐怖倾向	2.50±2.46	3.64±3.08	显著
冲动倾向	3.11±2.41	4.51±2.70	显著

这一心理学的研究成果,为我们检察机关预防未成年人犯罪指明了方向:

首先,要帮助青少年正确认识互联网的功能和作用,加强宣传教育端正上网动机,让互联网成为青少年成长、发展中的有力助手、有用工具,而不是把它当成玩具。

其次,要积极开展心理健康教育。通过网络心理健康教育课程,让学生了解自身的个性特征,掌握判断心理健康的基本标准,提高上网行为调控能力;开展校园网络心理辅导服务。针对学生对网络迷恋、容易导致心理问题等特点,开展心理辅导,以提高上网学生心理健康水平和心理素质,引导学生解决上网过程中产生的心理问题。

最后,要开展学生心理健康调查与心理测评,建立学生心理档案。对心理活动异常的学生尤其要做好疏导工作,防止进一步恶化。

二、涉罪未成年人心理测评的可行性及实证分析

(一)开展涉罪未成年人心理测评的可行性

一般来说,人格的构成比较复杂,心理学家对此的看法不尽相同,人格是动态的不是静态的,常常会随着情景的变化而有所变化,更何况未成年人的人格尚未定型,对其开展心理测评难度很大,因此需要理论上的精心准备、实践上的科学印证。

1. 理论基础

(1)开展涉罪未成年人心理测评的哲学基础。

首先,马克思唯物主义哲学认为,事物是运动的,事物的运动是有规律的,事物运动的规律是可知的。人的心理现象尽管纷繁复杂,但也是有规律可循的,因此也是可以预测的,但必须要在准确测量和正确描述的基础上,才能推知其心理发展或变化的规律。任何事物都是可以测量的,其区别就是测得准不准。如果能找到好的法则测试结果就好,没有好的法则结果就不能令人信服。其次,心理是人的主观活动,虽然人的心理活动和行为表现是世界上最复杂的现象,要理解人的心理和行为并不容易,但其内容根本上是人脑对客观世界的反映。人的心理活动过程,根据其反映客观事物及其相互关系的不同角度,可以分为认知过程、情绪过程和意志过程三个部分。现代科学实验的研究已经证明,心理现象是具有物质属性的,是人类大脑对客观事物认知活动的一部分反映,可以被直接或者间接通过科学实验方法所认知。最后,任何事物都不是孤立存在的,都有其自身发生、发展的过程。个体从呱呱坠地的那一刻开始,就不停地与社会和自然界发生相互作用,就不断地认识世界、反映世界,并在此基础上改造世界,

从社会生活和自然界中满足自己的需要。在这个过程中,个体意识便逐渐形成和发展。人的心理活动逐渐由低级向高级,由简单向复杂发展,人的各种人格特征(包括认识能力、控制能力、社会情感、价值观念、社会态度等)和社会品性也就逐渐形成、定型、完善。社会化过程,既是个体的社会性获得过程,又是个体人格的形成过程。因此,个体心理的形成严重依赖于个体与环境的相互交互作用,非孤立的单独存在,也为心理测量提供了重要的理论依据。

(2)开展涉罪未成年人心理测评的心理学基础。

人格原意指戏剧中演员扮演角色的面具,并随着人物角色的不同而变换。心理学把人格定义为构成一个人思想、感情、行为整体的特有模式,它包含了一个区别于他人的稳定而统一的心理品质。人格具有独特性、稳定性、整体性、功能性等特点,决定了测试对象的内容性。在既有的研究知识储备中,人格理论主要有人格特质理论、人格类型理论、人格精神分析理论、人格自我理论。[①]

人格特质首先由美国哈佛大学著名心理学家奥尔波特提出,他认为人格是由特质构成的,后者是指个人的心理结构,是个人遗传与环境相互作用后形成的对刺激信息反应的内在倾向,可由个体的外显行为来推知。特质分为共同特质和个体特质,后者依照对个体行为的影响程度划分为首要特质、主要特质和次要特质。英国出生的美国心理学家卡特尔继而提出,人格是可测量的,根据一个人的人格特点,加上对情境因素的考量,就可以预测一个人的行为反应性质,甚至是人格数量值。英国心理学家艾森克在前人研究的基础上,提出了人格的基本维度和人格结构层次理论,前者包括内向与外向、神经质和精神质。此外,艾森克根据外向与内向和神经质(稳定与不稳定)这两个垂直维度,将人格划分为稳定内向型、稳定外向型、不稳定内向型和不稳定外向型四种组合。

人格的类型理论主要与人的社会性紧密联系。美国学者霍兰德依据

① 叶亦乾等人主编:《普通心理学》,华东师范大学出版社2004年第2版。

社会形态的不同将人格分为六种类型，其发现人格特征与职业特征匹配时，人会表现出最大的积极性，使其优势得到充分发挥。德国哲学家斯普兰格根据人类社会文化生活形态来划分人的六种价值类型。

弗洛伊德是人格精神分析的创始人，该理论认为人的行为主要受到无意识的本质欲望的驱动，人的精神疾病主要是本能欲望受到压抑的结果。人格是一个整体，包含了本我、自我和超我，人格具有层次，分为意识、潜意识和无意识。在继承前者的基础上，瑞士心理学家荣格提出把人格划分为内倾性和外倾性，奥地利的阿德勒则把追求优越作为人格的核心。

人格的自我实现理论也称为人本主义心理学，马斯洛是代表人物，其认为生理的、安全的、尊重的、归属的、自我实现的需要就是人类不同于动物的本质属性，人的成长源于个体自我实现的需要，是人格形成、发展、扩充、成熟的驱动力。罗杰斯直接认为，人格的形成源于人性的自我压力，人格发展的关键在于形成和发展正确的自我概念。此外，罗杰斯认为心理治疗的目的就在于帮助病人或患者创造一种有关他自己的更好的概念，使他能自由地实现自己，实现他的潜能，成为功能完善者，为心理治疗提供理论基础。①

（3）开展心理人格测试的方法储备。

通过心理学家多年长期不懈的努力，对个人人格的测试形式也丰富多样起来，多种方法印证互补，为人格测试结论的准确性提供了丰富的方法、经验。常见的人格测试方法有访谈法、观察法、问卷法（自陈测验）、投射法、评定法、情景法。访谈法、观察法通过与被测试者面谈或面对面来了解一个人的人格，在心理诊断、人员招聘等场合使用比较普遍，特点是对使用者知识、技能、素质均要求较高。问卷法也称为自陈测验，是一种用书面形式来测量人格的做法，一般由是非题和选择题组成，计分客观，因此使用比较广泛。“投射”一词在心理学中是指个体把自己的思想、态度、愿望、情

---

① ［美］理查德·格里格等：《心理学与生活》，王垒等译，人民邮电出版社2003年版，第27页。

绪、性格等人格特征不自觉地反应于外界事物或他人身上的一种心理作用。投射量表最大的特征是刺激本身没有什么意义,而被测试者对这种刺激的反应完全由他人格所决定。评定法与自陈量表相似,只是前者是由他人来评定,后者系自己评定自己。情景法是把被测试者放在特定环境中,观察其在情景中行为,从而判断其人格特征。[①]

2. 现实基础

未成年人具有青春期的特殊性,其人格尚未定型。但青少年心理的发展是受人的心理发展的一般规律制约的。人的心理发生和发展,就是把人的生物特征和需要,不断地纳入这一特定的社会关系的规范中,生物学因素决定心理现象的发生和存在,而社会因素则决定着心理现象发生和变化的方向。

发展心理学对未成年人心理人格研究主要持两种观点:传统消极的观点和正常发展的观点。前者认为,青少年时期是人生发展的"狂飙时期",是一个与情绪骚动、精神混乱有着必然联系的发展阶段,因此注定要经历混乱与不安,注定是无礼和粗鲁的。[②] 因此,青少年在这一时期,情绪稳定性、行为的成熟性以及对行为的后果责任感都还没有达到一定水平,从而经常发生行为异常甚至越轨或犯罪行为。

随着心理学研究的不断深入,正常发展的观点占了主流,人们开始从个体发展和社会要求两个方面来对青少年的心理发展特征进行考量。个体在人生的每个阶段都有其特定的心理社会发展任务并形成特定的人格特征。青少年时期的主要任务是建立良好的自我同一性,自我同一性是关于自己是谁、在社会上应占什么样的地位、将来准备成为什么样的人以及怎样努力成为理想中的人等一系列主观愿望。在进行自我整合的过程中,青少年可能会经历角色混淆、自我怀疑、抑郁、冲动、与父母或权威人物发生冲突而出现的逆反心理。如果其不能正确地进行角色定位,其就有可能

---

① 金瑜:《心理测量》,华东师范大学2001年版。

② [美]菲利浦·赖斯等:《青少年心理学》,黄俊豪等译,学富文化事业有限公司2004年版,第22~36页。

走向两个极端：过分依附别人评价，特别希望得到他人认可，盲目顺从他人；不在乎任何人评价甚至对成年人及权威人物充满了敌意。因此，青少年时期的危机是一种正常现象，个体经历这个阶段后，将建立一种个人身份认同，避免同一性混乱的危险。我们完全可以通过心理测评的方式了解到青少年认知发展的阶段，了解到青少年是否有足够的能力来感知、了解、思考与应对周围的世界以及他们在解决各种实际问题的表现，从而帮助青少年修正自己的角色定位极端，实现其理想。①

3. 实践基础

国内对涉罪未成年人开展心理测评已有一定的实践基础。自20世纪90年代起，上海检察机关未检部门就已经开始探索在诉讼过程中，对涉罪未成年人进行心理测评，并将测评结论作为采取强制措施、进行司法处遇及开展教育矫治工作的参考依据，并建立委托专业机构开展心理测评工作的机制。近年来，在涉罪未成年人心理测评机制日渐成熟的基础上，上海检察机关逐步探索结合心理测评结论，对涉罪未成年人进行心理干预。如上海市青浦区人民检察院与上海政法学院共同建立“未检心理支持中心”，对亟须心理疏导的未成年人、人身权利遭受侵害的未成年被害人开展全程的心理支持工作，并提供专业的心理评估意见。在公安侦查及审查逮捕阶段及时介入，对涉罪未成年人开展心理分析、疏导工作，根据未成年人的性格特点、犯罪原因、人身危险性、认罪悔罪等情况综合研判后作出的专业评估意见，作为涉罪未成年人羁押必要性评估的重要参考；在审查起诉、附条件不起诉监督考察、社区观护等阶段，工作站通过心理测评、心理访谈和心理干预等方式，为未成年人观护或矫正工作提供专业性意见或进行指导；尝试从家庭教育的角度，引导提醒家长针对未成年人性格特点，开展针对性教育；对心理支持对象建立档案。②

审判阶段，心理测评工作也有所开展。其中，有的法院将心理测评作

① 郭静晃：《青少年心理学》，洪叶文化事业有限公司2006年版。

② 《青浦区检察院与上海政法学院会签的工作协议》(2013年4月12日)。

为量刑的参考,例如,浙江省宁波海曙区人民法院邀请心理咨询师对犯罪动因有明显心理偏差、犯罪行为有报复性、成人化特征的未成年人,在判决前进行心理测评,并根据测评结果酌情量刑,测评结果还将作为未成年罪犯帮教时候的指导参考;[①]重庆市合川法院心理咨询室聘请心理专家对涉罪未成年人进行案前心理测评,形成的心理评估报告作为法官量刑时酌情考量的指标。[②] 还有的法院将心理测评作为涉罪未成年人心理疏导的依据,如北京市法院通过邀请心理专家或与有关部门合作的方式,在庭前、庭中和庭后三个阶段,对出现心理问题的未成年当事人进行心理辅导,帮助他们缓解心理危机、弥合心理创伤,引导他们以积极的心态面对生活。[③] 上海市高级人民法院与华东师范大学共建应用心理专业硕士未成年人心理援助实践基地,华东师范大学在法官中聘请导师,选派心理学研究生等到法院少年庭,通过个案跟踪研究、案例交流研讨、撰写实习报告、开展项目研究等方式,为未成年人及其家长提供专业的心理辅导。[④]

(二)涉罪未成年人心理测评的实证分析——以上海检察机关涉罪未成年人心理测评工作为例

自 1993 年,上海市长宁区人民检察院率先开始在办案中对涉罪未成年人开展心理测评至今,上海检察机关涉罪未成年人心理测评工作历经 20 余年发展,已经建立了委托专业机构开展测评的常态化工作模式,并将心理测评与心理疏导、心理干预、犯罪预防等工作相结合,为了解涉罪未成年人犯罪心理原因,开展教育、感化、挽救工作提供了参考依据。下面本文将对上海检察机关开展涉罪未成年人心理测评工作进行深入分析。

---

① 《宁波:未成年人判刑前先做心理测试》,载 http://news.qq.com/a/20070526/000762.htm,访问时间:2013 年 9 月 1 日。

② 《重庆合川法院少年审判引入心理测试 结果可做量刑参考》,载 http://www.92xinli.com/show/525.html,访问时间:2013 年 9 月 2 日。

③ 《北京市将对涉诉未成年人进行心理评估干预》,载 http://roll.sohu.com/20110630/n312147157.shtml,访问时间:2013 年 8 月 23 日。

④ 《上海高院与华师大打造未成年人心理援助实践基地》,载 http://www.news365.com.cn/xwzx/jy/201211/t20121108_768732.html,访问时间:2013 年 8 月 29 日。

1. 测评的基本方法

(1)测评人员。

根据心理测评的一般要求,心理测评应征得涉罪未成年人及其法定代理人的同意,并且测评前测评人员与被测评人应进行良好的沟通,让被测评人在自愿和信任的基础上,在轻松的环境下进行测评。因此测评人员的选择对于测评结果具有十分重要的意义。

在上海检察机关的实践模式中,测评人员主要由未成年人刑事检察部门的承办人担任,但也区分以下几种不同情况:被采取取保候审措施的涉罪未成年人,可以自行前往专业心理测评中心,由测评中心的工作人员开展测评,或由案件承办人开展测评;对于在押的涉罪未成年人,则由案件承办人或者监所部门驻看守所检察人员进行测评。

(2)测评阶段。

上海检察机关未检部门在未成年人刑事案件的审查逮捕和审查起诉阶段均开展了心理测评工作。但由于心理测评需委托专门机构进行分析才能得出结论,周期较长,而审查逮捕的法定期限只有 7 天,因此审查逮捕阶段开展心理测评的数量远远少于审查起诉阶段。

(3)心理测评量表的种类。

上海检察机关未检部门开展心理测评选取的量表主要为明尼苏达多相人格问卷(MMPI),有的区院也辅以 16 种人格因素问卷(Sixteen Personality Factor Questionnaire,简称 16PF)及"房树人"、沙盘测评等形式作为补充。

(4)对心理测评结论的运用情况。

审查逮捕阶段:心理测评结论可以为承办人是否采取强制逮捕措施提供参考意见。若心理测评及行为评定均显示未成年犯罪嫌疑人无重犯越轨行为的可能性或重犯越轨行为的可能性较小,并且能够与承办人通过社会调查、讯问犯罪嫌疑人、询问犯罪嫌疑人父母等其他方法所了解的未成年犯罪嫌疑人性格特征、悔罪心理等相互印证,则承办人倾向于判断其社会危险性较低,而对该未成年犯罪嫌疑人作出不批准逮捕的决定。

审查起诉环节:承办人可以结合心理测评结论,更好地分析了解未成年犯罪嫌疑人的犯罪原因、性格特征、悔罪心理等，并结合未成年犯罪嫌疑人的犯罪事实、情节作出提起公诉或适用相对不起诉、附条件不起诉的决定。同时，心理测评结论还可以在案件办理、观护帮教、附条件不起诉监督考察期间，帮助检察机关承办人、社工等观护帮教、监督考察人员，制订帮教考察计划并对未成年犯罪嫌疑人开展针对性的心理辅导、心理干预和心理矫治。

审判环节：承办人在建议量刑时，可以参考心理测评结论，对量刑幅度、刑罚适用方式等进行建议，以便更好地教育涉案、预防犯罪。

教育环节：承办人可以结合案件具体情况、社会调查报告和心理测评结论，对未成年被告人开展具有针对性的教育。

2. 测评的基本数据

为更加深入地对心理测评情况进行分析，课题组对2010～2012年上海检察机关开展涉罪未成年人心理测评工作情况进行了统计，并与基层未检办案人员进行了访谈，重点考察了测评结论与不捕、不诉结论之间是否存在正相关性，现将分析情况汇总如下：

表5　未成年犯罪嫌疑人心理测评情况统计表

年度	开展心理测评人数	心理测评结果（人数）				
		有效				无效
		总计	有重犯越轨可能性	重犯越轨可能性较小	无重犯越轨可能性	
2010	643	458	174	242	42	185
2011	786	587	206	326	55	199
2012	992	700	269	351	80	292
合计	2421	1745	649	919	177	676

从表5来看，上海检察机关开展涉罪未成年人心理测评的人数呈逐年上升态势。在三年测评数据中，测评结果为无效的，占测评总数的27.9%；在有效测评结论中，有重犯越轨可能性的占37.2%，重犯越轨可能性较小的占52.7%，无重犯越轨可能性的占10.1%。

表 6　再犯人员心理测评情况统计表

年度	未成年再犯人数	心理测评结果(人数)				
		有重犯越轨可能性	重犯越轨可能性较小	无重犯越轨可能性	无效	未测评
2010	75	24	6	1	5	39
2011	85	18	17	1	8	41
2012	70	18	7	0	11	34
合计	230	60	30	2	24	114

注:此表中再犯人数统计仅为上海检察机关未检部门办理案件过程中发现的再犯人员,为不完全统计。

从表 6 可以看出,再犯人员有效心理测试结果中,结论为无重犯可能性的仅占 2.2%,结论为有重犯越轨可能性的占 65.2%,结论为重犯越轨可能性较小的占 32.6%。由此可见,MMPI 量表对再犯可能性的评估与再犯实际情况基本一致,有正相关性。

表 7　不捕人员心理测评情况统计表

年度	被不捕的未成年人人数	心理测评结果(人数)				
		有重犯越轨可能性	重犯越轨可能性较小	无重犯越轨可能性	无效	未测试
2010	136	7	14	0	7	108
2011	175	16	17	0	11	131
2012	219	21	33	0	24	141
合计	530	44	64	0	42	380

需要说明的是,由于逮捕审查期限较短,有 71.7% 的涉罪未成年人在作出不批准逮捕决定前没有进行心理测评。在已经进行心理测评的涉罪未成年人中,结论为无重犯可能的为 0,结论为有重犯越轨可能性的占 40.7%,重犯越轨可能性较小的占 59.3%。心理测评结论与检察机关实际作出的不批准逮捕决定具有一定的背离。虽然在进行测评时,绝大多数的涉罪未成年人均处于羁押状态,可能存在焦虑、紧张、适应不良等负面情

绪，在一定程度上影响了测评的效果，但这些因素是否为MMPI测评结论中无重犯结果为0的主要原因，值得我们研究。

表8　不诉人员心理测评情况统计表

年度	被不诉的未成年人人数	心理测试结果（人数）				
		有重犯越轨可能性	重犯越轨可能性较小	无重犯越轨可能性	无效	未测试
2010	72	4	28	6	5	29
2011	114	11	60	4	16	23
2012	154	16	97	9	21	11
合计	340	31	185	19	42	63

从表8中可以看出，被不起诉的涉罪未成年人中，测评结论为有重犯越轨可能性的占有效测评结论的13.2%，重犯越轨可能性较小的占78.7%，无重犯越轨可能性的占8.1%。由此可见，心理测评结论与检察机关不起诉决定正相关程度较高。

3. 效果评估

通过对上述数据的分析评估，我们不难看出，心理测评手段的运用对于未成年人刑事案件的办理具有一定的参考意义，但也有明显的不足之处。从测评数据上看，无效测评结论的比例较高，测评的可信度也需要进一步提高，尤其是不捕人员测评结论与不捕决定之间的关联性存在较大差异。

（1）有成效的典型案例。

大体而言，基层检察机关未检部门能够有效利用心理测评结论为未成年人"教育、感化、挽救"工作服务。例如，沈某等六人故意杀人案中，未成年犯罪嫌疑人费某在侦查阶段心理测评结论为无效。在审查起诉阶段，承办人提审时再次对费某使用MMPI测量进行心理测试，结果显示费某好寻求刺激，自以为是，做事冲动，少考虑后果，责任心差，且行为好模仿，情绪稳定性稍差，但待人尚和善，平时虽有一定的自控能力，但行为易受他人及环境的影响，目前费某紧张，后悔心理明显，重犯越轨行为的可能性较小。

经讯问费某，了解到费某因寻求刺激，进入“杀人”网站，结识了并崇拜自称杀过人的同案犯牟某，后帮牟某在网络发帖招募杀手，成为网络雇凶杀人案中不可缺少的一环。该心理测评结论与其犯罪原因相符。针对费某待人和善，易受他人及环境影响的特点，承办人在讯问和庭审时采用情理交融方式进行教育，使费某真正认识到自己行为的严重性，取得良好的教育效果。[①] 再如，俞某盗窃案，承办单位在审查起诉阶段，着手对其进行了心理测评，测评结果为存在重犯越轨的可能性。在审查起诉阶段，俞某的家人积极退赃，取得了被害人的谅解。考虑到本案的涉案金额仅为4000余元，承办单位对其变更强制措施为取保候审，并将其送入观护基地进行观护帮教。观护基地对俞某在观护期间的表现评价一般，认为其对帮教有负情绪。后承办单位聘请心理咨询师介入，掌握其心理状况。心理咨询师经过接触也认为俞某认罪悔罪态度不好，甚至有较强的抵触情绪。基于本案犯罪嫌疑人俞某的心理情况的特殊性，承办单位最终对其提起公诉并获得法院判决。[②]

（2）MMPI测评本身存在的问题。

本课题组对基层检察院未检部门承办检察官进行访谈，对涉罪未成年人心理测评工作情况进行调研，汇总分析后归纳出以下几点问题：

第一，心理测评单位资质认定存在问题。MMPI心理测评报告的出具主体是上海市爱心工程基金会青少年心理行为门诊部，该测评报告相较于精神病鉴定等鉴定结论最大的区别在于其不具有证据效力，因而在具体办案过程中，心理测评结果的作用有限，常被承办人用来辅助判断采取不捕、不诉措施是否适当或在进行量刑建议时作为参考。

第二，测评结论较为单一，缺乏对未成年人开展心理疏导、心理干预及心理矫治的建议，且可信度起伏较大。根据犯罪嫌疑人有无重犯越轨可能性或可能性较小这样单一的结论，承办人很难据此对案件的处理作出明确

① 该案例系2012年上海市人民检察院第二分院承办的案件。

② 该案例系奉贤区检察院2012年案件。

具体的判断,因此心理测评结论对承办人处理案件的参考作用常流于形式。我们认为,一个理想的心理测评量表除了能对涉罪未成年人重犯可能性作出评价外,还应当对其是否具有社会危险性的其他方面进行评价,并对涉罪未成年人的基本心理特征进行描述,以为后续的教育矫治工作提供依据。每个犯罪嫌疑人的年龄、生活经历、家庭情况各不相同,所犯罪行、犯罪原因也不尽相同,仅凭 MMPI 测评表统一的题目得出的分析结论不具有很强的针对性。另外,我们也看到审查批捕阶段 MMPI 测试结果与不捕结果存在严重背离。

第三,测评的法律地位和使用途径有待确立。当案件的客观情形满足不捕、不诉条件时(如犯罪嫌疑人的犯罪情节轻微、具有自首情节、与被害人进行刑事和解),心理测评结论如果显示犯罪嫌疑人无重犯越轨可能性,则有助于承办人更确定地采取不捕、不诉措施。但实际办案中,可能出现心理测评结果显示犯罪嫌疑人有重犯越轨可能性或者重犯越轨可能性较小这种与客观情形相矛盾的情形。明确心理测评报告结果对案件处理的相关应用原则,将有助于更有效地利用心理测评这一辅助办案手段。

第四,MMPI 心理测评量表本身存在的问题较多。首先是量表题量较大,未成年犯罪嫌疑人相对成年犯罪嫌疑人思想集中时间段较短,易造成在答题过程中开小差或为了尽快完成题目而随意答题的现象,这也是造成无效结论较多的原因之一。其次是测评结论反馈不及时,由于检察机关需要委托专业机构对测评问卷进行分析,需要耗费较长的时间,这也是在审查逮捕阶段心理测评工作开展不够的主要原因。最后是部分题设不符合中国国情、表述不适合中国用语习惯,对未成年人文化程度、理解能力、脑力的集中都是巨大的考验,导致部分涉罪未成年人不能完成整个测试。

三、涉罪未成年人心理测评体系本土化构建

如前所述,对涉罪未成年人心理测评工作进行本土化研究,主要原因在于我国与西方对青少年心理发展和青少年犯罪等方面的认识,以及开展心理测评所依托的社会经济条件及法治环境迥异。需要结合我国国情和未

成年人犯罪的实际,围绕如何贯彻“教育为主,惩罚为辅”原则,“教育、感化、挽救”方针,立足检察环节工作,建立本土化的涉罪未成年人心理测评体系。

(一)本土化的总体设想

1.明确基本要求

从20世纪90年代初,上海检察机关就依托相关专业机构,开展涉罪未成年人心理测评工作。近年来,长宁、静安、青浦等区院也相继制发工作文件,制定在未成年人刑事案件中开展心理测评、心理疏导等工作的规定。通过对20余年来检察机关开展此项工作进行评估和分析,我们认为建立我国涉罪未成年人心理测评体系的主要途径和目的分别是:(1)通过加强与科研院校的合作,设计科学的心理测评量表,以准确发现涉罪未成年人犯罪心理形成和发展变化的原因过程,为办案中认定犯罪事实、分析犯罪原因、预测重犯可能、确定处理方式提供参考;(2)通过心理测评结果的运用,采取适当处遇措施,制定涉罪未成年人的针对性矫治方案,对未成年人个体心理发展施加积极的影响;(3)通过心理学方法的综合运用,为总结一段时间内未成年人犯罪特点、趋势,制定相应的一般预防措施提供导向,为检察机关开展教育、感化、挽救工作提供心理学依据和方法。

2.选择改良路径

(1)确立心理学方法在未成年人刑事案件中的地位。个体犯罪是主体内外因素相互综合、互为动力作用的结果。而未成年人犯罪更是多种因素作用的结果。心理测评、心理疏导等手段的运用,已经得到最高人民法院、最高人民检察院相关司法解释的肯定,这表明办理未成年人刑事案件过程中运用心理学方法已经成为司法机关的共识。但在司法实践中,对心理学方法在未成年人刑事诉讼中运用方式、途径等问题却存在不同意见,亟须立法层面对于心理学方法在未成年人刑事案件中的运用进行正名。

(2)规范心理学方法在未成年人刑事检察环节的运用。结合近年来司法实践,我们认为心理学方法在未成年人刑事检察环节中的运用有重要作用,但是开展此项工作的方法、途径各不相同,实践中也出现了心理辅导、心理咨询、心理矫护、心理支持等不同称谓,亟须规范和明确。一是规范名称。如前文所述，心理学方法在未成年人刑事案件中的运用，其主要目的是进行针对性的教育和心理矫正，消除其已经形成的犯罪心理结构，使其形成守法公民的心理结构，从而成为融入社会、与他人和睦相处、自食其力的人。我们认为检察环节心理学方法在未成年人刑事案件中的运用集中在心理测评体系的构建中。二是制订流程。具体包括：①心理测评：对所有涉罪未成年人通过心理测评等进行心理诊断，了解其个性特点和心理疾病，掌握其社会心理缺陷与犯罪心理结构的特殊性；②心理辅导：对大多数涉罪未成年人通过说理、感化、行为训练、心理卫生与健康教育的常规方法等进行心理辅导，消除其品行等方面的障碍，建立或者增强其社会调适能力；③心理矫正：对涉罪未成年人中心理障碍者以及存在严重心理困惑与焦虑等症状的，通过心理咨询或者各种心理疗法等专业疗法，帮助消除或者缓解各种心理障碍、行为障碍等症状，恢复心理健康。

（3）改良涉罪未成年人心理测评方法。如前所述，目前检察实践中常用的 MMPI 量表等存在许多问题。从实践需要来看，一方面，需要设计符合中国国情和未成年人犯罪实际的心理测评量表；另一方面，需要进一步扩充心理测评的方法，运用通量量表以外的其他方法辅助进行测评等，增强对涉罪未成年人心理测评的准确性、全面性。

（4）拓展心理测评结论的运用范围。目前对于未成年人心理测评结果的运用，主要局限于对其认罪悔罪态度、再犯可能性的预估等。结合未成年人刑事检察工作“教育、感化、挽救”的要求，应当将评估结果更多地运用于矫正，设计心理疏导方案，综合运用多种手段，引导其消除仇视、恐惧、自卑等心理，帮助其确立是非观、增强善恶感、树立改过自新的信念。

3. 积极提供配套保障

心理学的运用是一项科技含量较高的工作。国家心理卫生部门对心理咨询与治疗的从业人员，以及对硬件环境的建设标准有具体要求。为了保证未成年人刑事检察工作中，涉罪未成年人心理测评及其运用的规范化，需要从软件和硬件等方面积极营造配套环境。如建立专门的工作场所和区域、加强未检干警心理学方面的业务知识培训，以及探索委托相关机构开展心理学方面的运用工作等。

(二)涉罪未成年人心理测评与风险控制系统的研发

根据上述研究成果,上海市检察机关联合北京师范大学、四川省资阳强制隔离戒毒所共同启动"涉罪未成年人心理测评与风险控制系统"研发工作,旨在设计符合中国社会、经济、文化环境,适应中国少年司法需要的规范化、专业化的心理测评量表,并通过编制电脑软件,即时得出测评结论,摆脱对专业测评机构的依赖。

1. 研发的基本路径

一是明确心理测评的目的。目前明尼苏达多相人格测试结果主要反映涉罪未成年人的认罪悔罪态度及其再犯可能性,这两项内容对于司法机关依法作出司法处遇具有重要的参考价值,因此,改良后的心理测评量表也应当能够包括这两部分内容,并进一步增强其测评结论的准确性。此外,改良后的心理测评量表还应当包括以下内容:(1)能够反映涉罪未成年人个性特征,特别是心理偏差或心理缺陷,即明确导致其犯罪的心理因素;(2)能够对涉罪未成年人的人身危险性进行评估;(3)能够对心理疏导、心理干预、心理矫治工作,提出针对性的建议和意见。

二是明确题目设置的要求。在对心理测评题目进行改良时需要把握好以下几个方面:(1)测评内容应当专业化,能够全面、准确地考察涉罪未成年人的各项个性因子、人格特质及心理状态,并且能够通过重复题等方法辨别测试者是否真实、认真地完成测评。(2)测评内容应当本土化,符合我国社会、经济、文化传统、生活习惯等;对现实存在的未成年人犯罪原因、犯罪类型、犯罪心理以及犯罪者文化程度不高等几方面的情况予以充分考虑。(3)测评内容可以同时包括社会心理和意识形态两个基本层次,而不局限于仅仅测量个性心理的某些特征,由于犯罪具有社会性、意识性,因此在编制罪犯心理测评题时,不可避免地要涉及一些与犯罪有关的意识形态问题,如法律意识、伦理观念、人生价值、社会态度。(4)题目表述应当简明扼要,符合未成年人的认知能力和文化水平,使大多数未成年人能够理解,不致产生歧义。(5)题目数量应当适中,既能全面反映涉罪未成年人的人格特质，又避免繁冗拖沓，题量过多。（6）是数据处理应当精确高效，可以考虑编制电脑软件，对测试结果进行数据处理，避免人为计算出现差错和费时费力，以及对专业机构的依赖。

2. 研发过程

"涉罪未成年人心理测评与风险控制系统"问卷的研发，在对国内外犯罪风险评估工具进行梳理的基础上，结合我国心理测评工作的实践，最终形成了包含应对方式（Coping Style，简称 CS）、精神病态（Psychopathic Deviate，简称 PD）、行为倾向（Behavioral Tendency，简称 BT）、认知偏差（Cognitive Bias，简称 CB）、社会支持（Social Support，简称 SS）和实务诉讼 PR（Practice Litigation，简称 PR）六个分问卷的涉罪未成年人自评量表和检察机关承办人进行的他评量表。

在量表研发过程中，为了保障量表的信度和效度，项目组针对不同群体进行了三轮试测工作。[①]

（1）第一次试测（2013 年 9 月 ~10 月进行团体施测）

试测目的：搭建测评问卷基本框架。

问卷内容：应对方式（Coping Style，简称 CS）、精神病态（Psychopathic Deviate，简称 Pd）、行为倾向（Behavioral Tendency，简称 BT）、认知偏差（Cognitive Bias，简称 CB）和社会支持（Social Support，简称 SS）五个分问卷。

被试对象：四川省资阳劳教所、四川省女子劳教所和成都市未成年犯管教所共 266 名未成年犯及未成年职高生 223 名。

试测方式：团体施测。

评分方式：Likert 自评式 4 点形式记分。

（2）第二次试测（2013 年 11 月 ~2014 年 1 月团体施测）

试测目的：一是对前三个分问卷（即 CS、Pd 和 BT）进行项目分析和验证性因素分析，确定这三个分问卷最终题项及维度。二是对两个分问卷

① 本部分引用数据均来自上海市人民检察院、北京师范大学、四川资阳强制隔离戒毒所联合组建的项目组进行的实测工作，具体数据由四川绵阳师范学院副教授刘勇提供。

(即 SS 和 CB)进行项目分析和探索性因素分析,确定这两个分问卷最终题项及维度。三是建构涉罪未成年人实务诉讼(PR)的分问卷。根据以往有关犯罪风险评估、实务实践及相关研究结果,假设分问卷六(PR)由犯罪情况、犯罪倾向、认罪悔罪、逃匿、伪造消灭、报复威胁、窜供同伙、家庭社交、居住邻居、教育就业、经济状况、酒精毒品、自杀自伤、性和恋爱、休闲娱乐、冲动失控、反社会 17 个方面构成并进行测量。

问卷内容:在第一次试测的基础上,增加实务诉讼(PR)问卷。

被试对象:成都市未成年犯管教所 165 名未成年犯和资阳某职业学校 130 名未成年学生。

试测方式:团体施测。

评分方式:Likert 自评式 4 点形式计分。

测评结果:对各分问卷进行了项目分析和因素分析,并检验其信度和效度。分问卷 2 精神病态(Psychopathic Deviate,PD)项目分析和因素分析结果示例如下(表 9)。

表 9　分问卷 2 精神病态(Psychopathic Deviate,PD)项目分析和因素分析结果

题项	极端组比较决断值	题项与总分相关		同质性检验			未达标准指标数	备注
		题项与总分	校正题项与总分	题项删除后 α 值	共同性	因素负荷		
b22	9. 114	. 525**	#. 397	. 747	. 363	0. 535	1	保留
b23	5. 598	#. 342**	#. 190	#. 768	. 365	0. 602	3	删除
b24	11. 722	. 577**	. 467	. 740	. 383	0. 430	0	保留
b25	9. 820	. 546**	. 434	. 743	. 368	0. 553	0	保留
b26	11. 328	. 599**	. 500	. 737	. 419	0. 440	0	保留
b27	9. 527	. 522**	. 408	. 746	. 518	0. 690	0	保留
b28	8. 144	. 470**	#. 333	. 753	. 537	0. 728	1	保留
b29	10. 753	. 575**	. 450	. 741	. 561	0. 747	0	保留
b30	8. 737	. 515**	. 406	. 746	. 392	0. 529	0	保留
b31	10. 013	. 553**	. 440	. 742	. 481	0. 687	0	保留

续表

题项	极端组比较决断值	题项与总分相关		同质性检验			未达标准指标数	备注
		题项与总分	校正题项与总分	题项删除后 α 值	共同性	因素负荷		
b32	5. 715	#. 374**	#. 241	. 761	#. 176	#0. 388	4	删除
b33	7. 593	. 468**	#. 365	. 750	. 440	0. 535	1	保留
b34	7. 195	. 452**	#. 324	. 754	. 611	0. 738	1	保留
b35	7. 186	. 433**	#. 325	. 753	. 582	0. 751	1	保留
判断准则	≥3. 000	≥. 400	≥. 400	≤. 763	≥. 200	≥. 450		保留

	成分		
	1	2	3
b29	. 728	. 066	. 053
b31	. 649	. 118	. 040
b25	. 603	. 164	. 135
b22	. 562	. 240	-. 023
b30	. 555	-. 055	. 356
b24	. 477	. 358	. 204
b28	. 060	. 774	. 027
b27	. 172	. 748	. 037
b26	. 321	. 507	. 297
b35	. 119	. 082	. 744
b34	-. 079	. 286	. 729
b33	. 386	-. 139	. 567

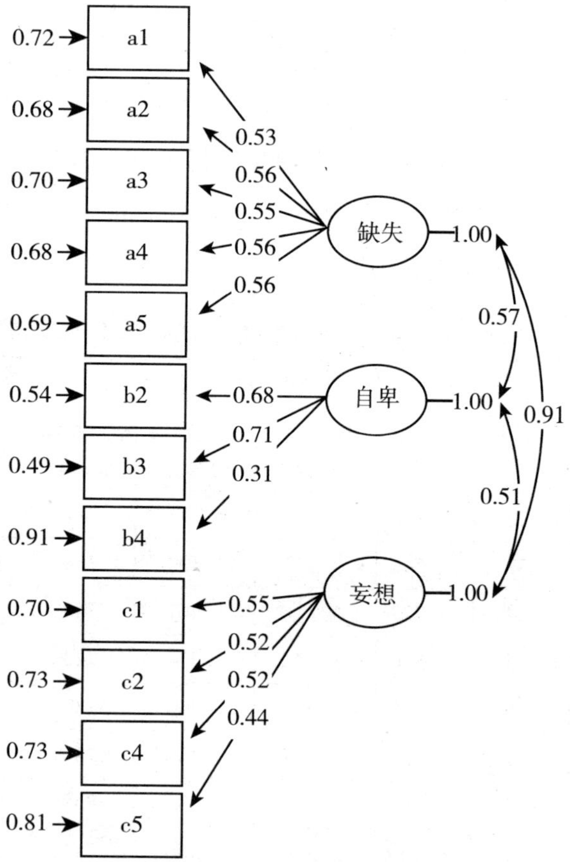

Chi-Square = 82. 92, df = 51, P-value = 0. 00313, RMSEA = 0. 064

续表

	内部一致性系数	分半系数	题项数
应对方式	0.742	0.652	18
精神病态	0.768	0.686	12
行为倾向	0.783	0.762	15
社会支持	0.773	0.790	10
认知偏差	0.791	0.716	17
实务诉讼	0.938	0.886	66

6 个分问卷的信度指标及实务诉讼分问卷的实证效度指标结果示例如下（表 10）。

表 10　6 个分问卷的信度指标及实务诉讼分问卷的实证效度指标结果

	组别	均值	标准差	t
PR1	罪错	27.92	7.93	3.632***
	正常	24.82	6.45	
PR2	罪错	18.34	5.45	3.628***
	正常	16.30	4.02	
PR3	罪错	12.09	3.80	2.881***
	正常	10.93	2.96	
PR4	罪错	14.12	4.12	10.426***
	正常	9.85	2.75	
PR5	罪错	11.48	3.86	7.227***
	正常	8.77	2.41	
PR6	罪错	13.01	4.23	10.132***
	正常	8.69	2.94	
PR7	罪错	18.57	3.83	6.772***
	正常	15.42	3.96	
PR8	罪错	11.00	3.22	5.478***
	正常	9.18	2.39	
PRZ	罪错	128.14	25.87	8.056***
	正常	105.12	22.27	

（3）第三次试测（2014 年 4 月 ~5 月）

试测目的：一是以上海市涉罪未成年人为被试对象初步建立常模；二是建构《涉罪未成年人风险评估——他评版》；三是初步建立评价体系，生成测评结果报告。

测评问卷：自评问卷和检察官评定的问卷如下：

示例1：《未成年人心理测评问卷》示例

未成年人心理测评问卷

测试地点　　测试时间：________年____月____日　　测试用时：

【指导语】

你好！欢迎参加本次测试。下面一共有两部分的问题请你认真回答，第一部分是基本情况，第二部分是正式问卷，你只需要根据自己的实际情况、真实的感受、看法或理解回答问题就可以。对于你的回答及所有个人资料将完全保密。答题时请注意一定不要漏答。现在开始正式作答！

基本情况（请在横线上填写或在符合你实际情况的选项上打上"√"。如果问题所涉及的是你不清楚或不了解的，就不用回答，并说明情况）
1. 姓名：______________
2. 出生日期：________年________月________日
3. 性别：①男　②女
4. 本次所涉嫌罪名：____
5. 民族：__________
6. 文化程度：①从没上学　②小学　③小学没毕业　④初中　⑤初中没毕业　⑥高中/职高/中专/中职/技校　⑦高中/职高/中专/中职/技校没毕业　⑧大学/大专/高职及以上
7. 是否独生：①是　②否（在家中是第___个孩子）（11题选8可能无法回答，说明即可）
8. 职业：①学生　②无业人员　③无固定工作　④固定工作
9. 户籍：①本地城镇　②本地农村　③外地城镇　④外地农村　⑤其他（请说明）___

续表

10. 近两年居住情况:	①固定住在一处或换过1次住处 ②换过2次住处 ③换过3次及以上住处
11. 家庭结构(可多选):	①完好家庭 ②单亲家庭跟父亲 ③单亲家庭跟母亲 ④丧父 ⑤丧母 ⑥再婚家庭 ⑦与祖/外祖父母生活 ⑧儿童福利院 ⑨其他(请说明)______

示例2:《涉罪未成年人风险评估——他评版》示例

涉罪未成年人风险评估——他评版

评估人:________ 所属单位:________ 评估时间:________年____月____日

你好!欢迎参加本次评估。请先完成嫌疑人基本情况,阅读问卷说明,再正式评估。

基本情况(请在横线上填写或符合嫌疑人实际情况的选项上打上"√")		
1. 姓名:____ 2. 出生年月:____年____月 3. 性别:①男 ②女 4. 民族________		
5. 身份证号:	6. 案由:	7. 案号:

【问卷说明】

本问卷由两部分组成,仔细阅读每一题项后,选择符合嫌疑人实际情况的选项,并在相应的数字打上"√"。注意:请评估每一个题项,不要有遗漏。每题只做一种选择,不要多选。

题号	题项	选项
1	犯罪类型	1. 其他犯罪 2. 一般暴力性犯罪 3.《刑法》第17条第2款规定的八种犯罪行为
2	犯罪形态	1. 预备 2. 未遂/中止 3. 既遂
3	是否共同犯罪	1. 单独犯罪 2. 一般共同犯罪 3. 团伙犯罪(选2或3进到第4题,1进到第5题)
4	作用地位	1. 从犯、胁从犯或被教唆犯 2. 作用一般 3. 首要分子、主犯或教唆犯

续表

5	犯罪情节	1. 情节较轻　2. 情节一般　3. 情节严重
6	处罚情节	具有《刑法》第17条以外其他量刑情节的： 1. 具有法定、酌定从轻或者减轻情节 2. 无法定、酌定从轻或者减轻处罚情节 3. 具有法定从重处罚情节
7	量刑幅度	1. 可能判处一年有期徒刑以下刑罚　2. 可能判处三年以下有期徒刑　3. 可能判处三年以上不满十年有期徒刑　4. 十年以上有期徒刑
8	作案次数	1. 一次　2. 二次　3. 三次以上
9	前科劣迹	1. 无前科劣迹　2. 曾受行政处罚或刑事处罚一次　3. 曾受行政处罚或刑事处罚两次以上

被试对象：上海市未成年犯管教所86名未成年犯和上海市未检部门受理的涉罪未成年人150名。

试测方式：个别施测（检察机关）与团体施测（未管所）相结合。

计分方式：Likert自评式4点形式计分。

试测结果：对各分问卷进行了项目分析和因素分析，并检验其信度和效度。分问卷2精神病态（Psychopathic Deviate，PD）项目分析和因素分析结果示例如下（表11）。

表11　分问卷2精神病态（Psychopathic Deviate，PD）项目分析和因素分析结果

题项	极端组比较决断值	题项与总分相关		同质性检验			未达标准指标数	备注
		题项与总分	校正题项与总分	题项删除后α值	共同性	因素负荷		
W19	7.338	0.551	0.424	0.802	0.234	0.484	0	保留
W20	10.299	0.654	0.542	0.790	0.196	0.442	2	保留
W21	7.806	0.554	0.450	0.799	0.308	0.555	0	保留
W22	7.487	0.562	0.450	0.799	0.400	0.632	0	保留

续表

题项	极端组比较决断值	题项与总分相关		同质性检验			未达标准指标数	备注
		题项与总分	校正题项与总分	题项删除后α值	共同性	因素负荷		
W23	8. 349	0. 595	0. 483	0. 796	0. 403	0. 635	0	保留
W24	6. 855	0. 576	0. 459	0. 799	0. 260	0. 510	0	保留
W25	11. 536	0. 663	0. 558	0. 789	0. 313	0. 559	0	保留
W26	7. 553	0. 528	0. 426	0. 801	0. 300	0. 548	0	保留
W27	11. 719	0. 649	0. 554	0. 790	0. 311	0. 557	0	保留
W28	6. 552	0. 462	0. 361	0. 806	0. 238	0. 488	1	保留
W29	6. 103	0. 525	0. 403	0. 804	0. 230	0. 480	0	保留
W30	5. 343	0. 515	0. 409	0. 803	0. 200	0. 447	1	保留
判断准则	≥3. 000	≥. 400	≥. 400	≤. 812	≥. 200	≥. 450		

	成分	
	1	2
W20	. 686	
W24	. 670	
W23	. 628	
W25	. 612	
W29	. 554	
W26	. 494	
W21		. 741
W22		. 654
W28		. 632
W30		. 628
W27		. 528
W19		. 426

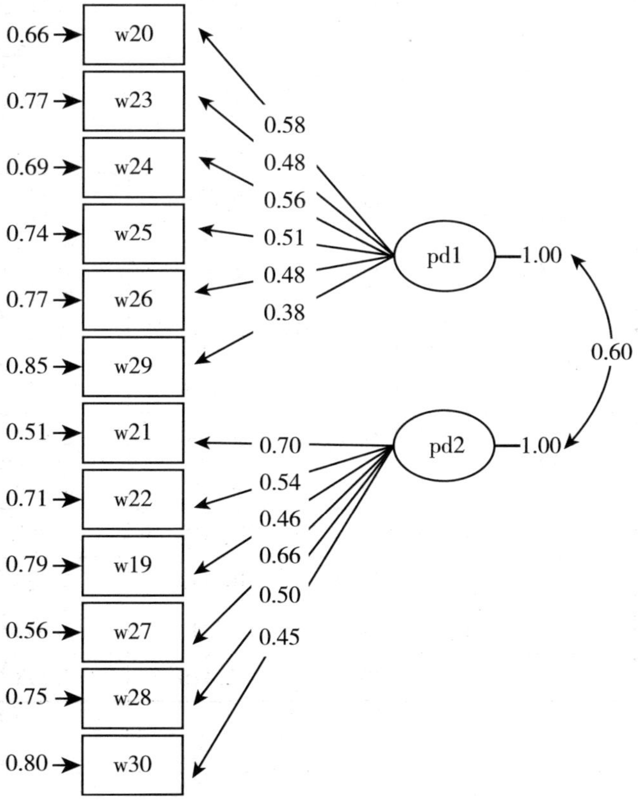

Chi-Square = 145. 91, df = 53, P-value = 0. 00000, RMSEA = 0. 095

6 个分问卷的信度指标及实务诉讼分问卷的实证效度指标结果示例如下(表 12)。

表 12　6 个分问卷的信度指标及实务诉讼分问卷的实证效度指标结果

维度	组别	均值	标准差	t
PRZ	上少	119. 558	27. 051	5. 261***
	上检	100. 644	26. 087	
PR1	上少	8. 291	2. 534	3. 782***
	上检	7. 110	2. 147	
PR2	上少	12. 721	4. 031	3. 607***
	上检	10. 870	3. 617	
PR3	上少	7. 802	2. 974	2. 599***
	上检	6. 842	2. 215	
PR4	上少	11. 674	3. 369	3. 598***
	上检	10. 048	3. 300	
PR5	上少	8. 302	2. 539	6. 524***
	上检	6. 274	2. 125	
PR6	上少	22. 744	6. 393	4. 075***
	上检	19. 329	6. 029	
PR7	上少	11. 221	3. 553	4. 647***
	上检	9. 103	3. 231	
PR8	上少	10. 140	2. 943	4. 629***
	上检	8. 404	2. 643	
PR9	上少	12. 419	3. 885	4. 511***
	上检	10. 247	3. 325	
PR10	上少	14. 244	3. 958	3. 647***
	上检	12. 418	3. 513	

	内部一致性系数	分半系数	维度数	题项数
应对方式	0.813	0.739	3	12
精神病态	0.813	0.763	2	12
行为倾向	0.799	0.787	2	10
社会支持	0.787	0.820	3	8
认知偏差	0.806	0.793	2	9
实务诉讼	0.954	0.943	10	63

示例3:测评结果报告示例

涉罪未成年人心理测评及风险控制系统

测评报告样表

<table>
<tr><td>姓名</td><td>×××
(NO.156)</td><td>性别</td><td>男</td><td>年龄</td><td>17</td><td>文化
程度</td><td>初中</td></tr>
<tr><td>民族</td><td>汉</td><td>案由</td><td>寻衅
滋事</td><td>身份
证号</td><td colspan="3">××××</td></tr>
<tr><td colspan="2">测试地点</td><td colspan="2">看守所提讯室/
检察院未检工作室</td><td rowspan="3">测试
方式</td><td>口测</td><td>机测</td><td>笔测</td></tr>
<tr><td colspan="2">测试时间</td><td colspan="2">2014年4月×日</td><td rowspan="2"></td><td rowspan="2"></td><td rowspan="2">√</td></tr>
<tr><td colspan="2">测试持续时间</td><td colspan="2">××分钟</td></tr>
<tr><td colspan="2">测试项目</td><td colspan="2">测试原始分</td><td>标准等级</td><td colspan="3">评价结论</td></tr>
<tr><td colspan="2">1. 应对方式总评(CSZ)</td><td colspan="2">36</td><td>5</td><td colspan="3">应对方式方面问题很多或很大</td></tr>
<tr><td rowspan="3">分类项目</td><td>1.1 自责(CS1)</td><td colspan="2">14</td><td>4</td><td colspan="3">较易自责</td></tr>
<tr><td>1.2 抱怨(CS2)</td><td colspan="2">8</td><td>4</td><td colspan="3">较倾向报怨他人</td></tr>
<tr><td>1.3 逃避(CS3)</td><td colspan="2">14</td><td>5</td><td colspan="3">很容易逃避</td></tr>
<tr><td colspan="2">2. 精神病态总评(PdZ)</td><td colspan="2">38</td><td>5</td><td colspan="3">精神病态方面问题很多或很大,需要进一步了解</td></tr>
<tr><td rowspan="2">分类项目</td><td>2.1 缺失(Pd1)</td><td colspan="2">20</td><td>4</td><td colspan="3">亲情较缺失</td></tr>
<tr><td>2.2 妄想(Pd2)</td><td colspan="2">18</td><td>5</td><td colspan="3">妄想明显,需进一步了解</td></tr>
</table>

续表

3. 行为倾向总评(BTZ)		32	5	行为倾向方面问题很多或很大,需要进一步了解
分类项目	3.1 狂躁行为(BT1)	19	5	很容易狂躁
	3.2 强迫行为(BT2)	13	5	强迫行为倾向明显
4. 社会支持总评(SSZ)		26	4	社会支持方面问题较多或较重

上海市涉罪未成年人问卷得分等级转换的理论人数与实际人数如下表(表13)。

表13　上海市涉罪未成年人问卷得分等级转换的理论人数与实际人数

			标准等级				
	均分	标准差	1	2	3	4	5
问卷总分1	200.65	45.82	114~130	131~172	173~229	230~285	286~456
实际人数			3	43	61	30	7
理论人数			5	34	65	34	5
问卷总分2	184.97	42.07	105~122	123~159	160~210	211~261	262~420
实际人数			4	43	60	30	7
理论人数			5	34	65	34	5
问卷总分3	21.90	10.58	0~5	6~15	16~29	30~41	42~100
实际人数			4	47	55	33	5
理论人数			5	34	65	34	5
问卷总分4	22.50	10.58	0~5	6~15	16~29	30~41	42~100
实际人数			4	41	58	35	6
理论人数			5	34	65	34	5

基于上述三次测试,“涉罪未成年人心理测评与风险控制系统”测评量表的信度、效度及评价体系已基本符合心理测量学标准。在此基础上,上海市人民检察院委托软件公司编制了心理测评软件,并在上海检察内网建立了“涉罪未成年人心理测评与风险控制系统”网络平台。通过运用该网

络平台，可利用电脑完成问卷，避免人工输入答案错误的可能，并可即时得出测评结论，大大节约测评时间。同时，该网络平台还具有强大的数据分析统计功能，可实现对涉罪未成年人信息管理、再犯甄别及数据挖掘等多项功能，对于分析涉罪未成年人群体性心理特征具有十分重要的意义。目前，该系统已在全国 180 余个基层未检部门进行测试工作。

3. 丰富心理测评的方法

实践中，涉罪未成年人心理测试运用最广泛的方法是问卷法。问卷法基于"只有被测试者最了解自己"这一基本假设，但这一假设忽略了涉罪未成年人对自己的观察并不一定是正确的或能如实地报告观察到的情况的，并且涉罪未成年人受社会道德规范、行为准则等的影响，不一定会把他的真实情况实事求是地在测评中表现出来，以致影响了测评结果的真实性。因此，不断丰富心理测评方法是增强对涉罪未成年人心理测评准确性、全面性的有效途径。

一是投射法。除了现在已经在实践中运用的"房树人"测试，其实投射测试还有很多方法，如罗夏墨迹图测试、主题统觉测验（TAT）、萨克斯语句完成测验（SSCT）、沙盘游戏。对于涉罪未成年人来说，心理投射测试具有显著的优点，能够增强未成年人的测试兴趣和心理投入程度，能够测到题目以外的心理因素，可以对人格做综合的、深层的探索，而且投射测试本身不表示任何目的，未成年人不会有意防范而作出虚假反应。因此，心理投射测试也应该得到越来越得多的推广。

二是情景法。情景测试是将涉罪未成年人安置在特定的情景中，主试者观察他在这一情景中的行为表现，从而判断他的人格特征。常用的情景测试包括：诚实测验、自我控制测验、公正测验、情景压力测验等。情景测试的优点是从涉罪未成年人在实际情景中所表现的行为去评定人格特征，它比问卷法和投射法更自然、更接近真实生活，而且在大多数情况下被试者不知道测量的目的，甚至不知道在接受测试，因而不大可能作假。但是，情景测试实施较困难，费时费钱，一次只能测试一个人，对于主试人员的专业程度要求比较高，因此可以作为常见心理测试方法的补充，在必要时开展。

(三)拓展涉罪未成年人心理测评结论的运用

对涉罪未成年人开展心理测评只是心理测评体系的基础环节。心理测评结论能够帮助我们了解被试者的人格特征、心理状态等心理层面的个人信息,从而为进一步开展教育感化、心理咨询、司法处断、矫治改造等后续工作提供针对性的指导和参考。

1. 运用到对涉罪未成年人的教育感化挽救工作

我国对未成年人的刑事司法政策,要求检察机关办理未成年人刑事案件要坚持“教育、感化、挽救”方针。因此,检察机关在办理未成年人案件时应当充分重视对未成年人的教育工作,增强教育的实际效果,真正让涉罪未成年人得到感化和挽救。司法实践中,检察机关一直致力于探索提升教育效果的方法,但整体上仍然普遍存在说大道理、感化力度不够、教育缺乏针对性等情况。心理测评结论能够揭示涉罪未成年人的人格特质、认罪悔罪态度及再犯的可能性等信息,如果能够将其恰当地运用到对涉罪未成年人的教育、感化、挽救工作中,必然能够增强教育的针对性,直击涉罪未成年人的心灵,这样有的放矢的教育显然更容易打动未成年人,使其听进去、想进去,真正反思自己的行为,达到良好的教育效果。

2. 运用到对涉罪未成年人的心理咨询

部分涉罪未成年人存在一定的心理问题甚至是心理疾病,需要对其开展心理咨询,心理测评对于后续的心理咨询具有不可替代的作用。一是减少咨询的阻力。相当多的涉罪未成年人不是自愿寻求心理咨询,他们内心深处对咨询有抵触,往往表现为不愿意主动陈述自己的想法,对于咨询师的提问也没有认真地思考,只是敷衍应答。咨询师遇到这种阻力的时候,可以通过心理测评的方式,比如沙盘游戏等心理投射测试,减少涉罪未成年人的抵触心理,并通过心理测评反映出的心理因素帮助咨询师从侧面了解其心理状态,从而有助于涉罪未成年人对咨询师建立信任感。二是有助于建立良好的咨访关系。涉罪未成年人希望咨询师能真正了解他的内心世界,而心理测评通过科学的方法使得咨询师在与未成年人相见之初就能够掌握其人格特征和心理状态,此时涉罪未成年人往往对于咨询师的“洞察力”深表赞叹,从而相信咨询师能够帮助他摆脱内心的痛苦,于是良好的咨访关系就建立了。三是有助于提高共情的层次。共情是指咨询师了解涉罪未成年人的内心,体验到其内心感受的能力,即“设身处地”地理解求助者的思维和情感。通过共情,涉罪未成年人会感到被接受、被理解,从而感到愉悦、满足,促进其敞开心扉,自我表达、自我探索,从而达到更多的自我了解。心理测评能够帮助咨询师了解涉罪未成年人的人格特质等心理因素,从而能够帮助咨询师真正理解他的困扰所在,提高共情的层次,进而增强了心理咨询的效果。

3. 运用到对涉罪未成年人的司法处断

由于目前心理测评工作尚在探索阶段,其准确性能够达到何种程度仍需要进一步的临床实验和科学论证,而刑事司法处断往往对当事人来说影响重大,是司法机关经过认真审查后慎重作出的。因此,目前来说,心理测评在涉罪未成年人司法处断中的运用应当更多的是将其作为一种参考,而不是决定因素。一是作为检察机关是否批准逮捕的参考因素。心理测评结果能够反映涉罪未成年人重新犯罪的可能性,这关系到对其人身危险性的判断。因此,在审查逮捕阶段,检察人员在对涉罪未成年人开展非羁押措施可行性评估时,可以将心理测评结果作为重要因素予以参考。二是作为检察机关是否提起公诉的参考因素。心理测评结果能够反映涉罪未成年人目前的认罪悔罪态度,而悔罪表现是刑事诉讼法规定的对未成年人适用附条件不起诉的必要条件。因此,在审查起诉阶段,检察人员应当将心理测评结果作为是否对涉罪未成年人适用不起诉的重要参考。三是作为检察机关提出量刑建议的参考因素。认罪悔罪态度是酌定的量刑情节,而心理测评结果能够以比较客观、科学的方法帮助司法机关判断涉罪未成年人是否具有认罪悔罪心理。因此,检察人员将其办理的未成年人刑事案件向人民法院提起公诉时,应当一并将心理测评结论移送人民法院,并将测评结论通知辩护人。心理测评结论认为有明显后悔心理、无重犯罪越轨可能性等,可结合涉罪未成年人的认罪态度及表现,建议人民法院在基准刑基础上减轻5%量刑。心理测评结论为无明显后悔心理、有重犯罪越轨可能性等，可作为认定其他情节的参考，而不直接作为建议从重情节来考虑。

4. 运用到对涉罪未成年人的矫治改造

目前，无论是监狱场所还是社区矫正机构，在对涉罪未成年人进行服刑改造时普遍存在“一刀切”的情况，缺乏针对性，导致涉罪未成年人在接受改造时往往流于形式，不能入心入行。为了增强对涉罪未成年人的教育改造效果，检察机关可以将在检察环节对涉罪未成年人开展心理测评、心理咨询等相关工作的资料以检察公函的形式移送监狱、社区矫正等刑事执行机构，并根据涉罪未成年人的心理特质、人格特征提出针对性的教育矫正建议，为刑事执行机构在对涉罪未成年人开展教育改造工作提供切实的帮助。

四、涉罪未成年人心理测评体系的完善与展望

自20世纪90年代初上海检察机关开始探索涉罪未成年人心理测评工作，到涉罪未成年人心理测评体系的研发，我国涉罪未成年人心理测评体系的构建已经走出了难能可贵的第一步。但是，较之西方发达国家涉罪未成年人心理测评工作的发展，我国尚处于起步阶段，需要从场所设置、系统功能完善、人员配置、运作形式以及立法层面不断进行完善，以形成符合我国实际的涉罪未成年人心理测评体系。

（一）专门测评场所的建立及专业测评系统功能的完善

1. 建立未成年人心理工作室

不同的环境对人的心理状态能够造成不同的影响，良好的环境设置是心理测评等相关工作得以顺利进行的内部条件。因此，设置专门的未成年人心理工作室是心理测评体系运行的必要保障。应当结合检察机关司法办案区建设的要求，在检察机关内部设置专门的开展心理咨询等工作的区域，用于开展心理测评、心理疏导、心理干预、心理矫治等工作。心理工作室色彩以淡雅为主，光线适中，给对象温馨、舒适、简洁的感觉，并应当配备电脑、沙盘、画板等心理测评工具。

2. 探索涉罪未成年人心理测评归口管理制度

要实现依法对涉罪未成年人少捕、慎诉、少监禁,必须落实适合未成年人身心特点的讯问、亲情会见、分案起诉等制度,积极开展诉前引导、庭审感化、案后帮教工作,这些都离不开对涉罪未成年人犯罪类型、发展规律等的分析和研究。虽然目前不少地方的司法机关都在开展涉罪未成年人的心理测评工作,但由于缺乏统一的测评标准和数据收集分析机制,心理测评结论的运用只能局限于个案,无法对涉罪未成年人群体的心理状态进行分析研究。因此有必要建立涉罪未成年人心理测评归口管理制度,可考虑建立全国"涉罪未成年人心理测评与风险控制"平台,由最高人民检察院对全国涉罪未成年人心理测评工作进行统一归口管理,以便对测评数据进行统一分析,对涉罪未成年人心理状况进行深入分析和研究,建立预防和减少未成年人犯罪的预警机制。

(二)提升人员专业素养及组建专业咨询队伍

1. 加强未检队伍心理学及测评能力的培养

检察机关要贯彻"教育、感化、挽救"的方针和"教育为主、惩罚为辅"的原则,在加强一般业务培训,即组织未成年人刑事检察干部参加侦查监督、公诉等业务培训,特别要注意学习未成年人刑事检察特有的业务,其中便包括心理学方面的知识,鼓励未检干部参加心理咨询方面的培训和考试晋级活动,熟练掌握办理未成年人刑事案件的程序、技能和思想教育的方法,并争取获得心理咨询资质,提高未检干部开展心理测评工作的能力。

2. 整合资源组建专业咨询团队

术业有专攻,外加工作精力的牵绊,仅凭未检干部自身的研修,很难实现对特殊个案,尤其是对需要长期性心理疏导和治疗的个案实现全程性、彻底性跟踪的目标。因此,要整合相关部门资源,建立由精神病防治医院心理医生、教育部门心理咨询老师、职业心理咨询师等组成的专业心理咨询师队伍,对涉案未成年人、在校高危未成年人开展心理干预、心理矫治工作。

(三)坚持政府主导及社会力量参与的运作模式

1. 增强组织领导,加大财政支持力度

通过个案宣传、阶段小结、理论研讨等方式扩大影响力,争取领导重视和支持,把对涉罪未成年人的矫治和犯罪预防工作纳入专项规划和年度计划,重点加强对心理矫治项目的投入力度,健全"政府主导,部门协作,社会参与"的工作机制。落实政府责任,财政部门要做好资金保障工作,地方财政要建立稳定的经费保障机制,将所需资金纳入社会福利事业发展资金预算,通过财政拨款、民政部门使用的彩票公益金等渠道安排资金,切实保障专项工作经费。

2. 鼓励社会参与,拓宽资金来源渠道

鼓励单位和个人等社会力量通过捐赠、设立帮扶项目、创办服务机构、提供志愿服务等方式,参与涉罪未成年人心理测评体系的工作。社会力量参与的,应当按照国家有关规定享受财政补贴、税收优惠、费用减免等政策,并进一步加大宣传工作力度,弘扬中华民族慈幼恤孤的人道主义精神和传统美德,积极营造全社会关心关爱未成年的氛围。大力发展慈善事业,引导社会力量通过慈善捐赠、实施公益项目、提供服务等多种方式,为项目的深入发展和完善提供资金保障。

(四)注重理论研究及制定相关法律法规

1. 关注并适时引入先进理论研究成果

已有的理论和实践证明,心理学作为研究人类行为的科学,有足够的理论和方法介入刑事司法。近年来,心理学的理论与方法在刑事司法领域得到了广泛的应用,心理学技巧和技术在犯罪心理测试技术、犯罪嫌疑人心理分析和心理画像技术、人质危机谈判等领域中展现着心理学的价值。例如,美国从20世纪三四十年代开始至今历经了讯问中以对人的身体、生理的强制到对心理强制和操控为主的讯问方法的转变,侦查讯问方法也面临着由身体强制向心理强制(或称心理强迫或心理操控)的转型,身体和生理强制的方法逐渐退出历史舞台,心理强制的方法越来越受到人们的重视和关注。关注并适时引入先进理论研究成果,可以在加大对涉罪未成年人心理测试体系的完善及应用中少走弯路。

2. 推动相关立法为项目开展提供动力和依据

由于《刑事诉讼法解释》仅有两条规定涉及心理疏导、心理测评的内容，规定较为原则，司法实践中有关心理测评报告的性质、运用以及心理疏导适用、程序等仍需要进一步探索和规范。由于缺乏立法的支持，心理这种所谓“看不见、摸不着”的属性会撼动司法者内心对精确司法量刑程序的信心，并且这也会动摇民众对于刑事司法的信任，因此，这种司法认知上的模糊性可能会成为挑战精准司法根基的大敌。我们认为，有必要在刑事诉讼法“未成年人刑事案件诉讼程序”一章明确规定，“公安机关、人民检察院、人民法院办理未成年人刑事案件，应当注意心理学方法的运用，根据未成年人的心理特点，进行针对性教育和心理矫正。”主要考虑：一是联合国《儿童权利公约》《保护被剥夺自由少年规则》等国际公约和我国《预防未成年人犯罪法》中都规定应当了解未成年人的心理状况、关注未成年人的心理健康等，因此未成年人刑事案件办理中，也应当注意心理学方法的引入和运用。二是从心理学角度研究未成人犯罪本身是一个庞大的体系，可以对心理学方法运用于未成年人刑事案件进行原则性的规定，并明确目的。三是对于案件不同阶段心理学方法的具体运用方式、途径等，可以通过最高人民法院的司法解释、人民检察院的诉讼规则等予以细化和明确。

附条件不起诉实务研究*

引言

2012 年新修订的《刑事诉讼法》在未成年人刑事案件特别程序中增设了附条件不起诉制度，具有重要意义。其一，体现了刑罚谦抑理念，通过对轻罪未成年犯罪嫌疑人的非犯罪化、非刑罚化的处理，使其更易回归社会。避免了未成年犯罪嫌疑人因羁押和短期自由刑而导致"交叉感染"，预防其重新违法犯罪，也以非犯罪化的方式扫清其回归社会的障碍，同时有利于化解社会矛盾，最大限度地减少社会不稳定因素。其二，契合法治进步趋势，实现刑事案件繁简分流，节约司法资源。对一些未成年人所犯轻微刑事案件适用附条件不起诉，在审查起诉阶段结束诉讼程序，使办案检察官可以把更多精力投入重大、疑难和复杂案件的办理中，使案件的处理有区别、有层次、有重点。同时，案件在检察环节得到终局处理，也使法院的刑事审判压力得到部分缓解。其三，延伸检察执法的社会效果，实现执法的一般预防目的。一个案件的办理，能对犯罪嫌疑人、被告人起到特殊预防的作用，在此基础上，将办理案件的效果延伸到其他公民，则能实现一般预防功能。附条件不起诉制度正是通过对未成年犯罪嫌疑人的帮助、教育，将效果延伸至其身边人。其四，符合"恢复性司法"理念，有助于修复双方当事人的关系，促进社会和谐。恢复性司法的目的在于，犯罪人主动承担

* 吴燕，上海市人民检察院；黄冬生，上海市人民检察院；赵宁，上海市长宁区人民检察院；李瑱，上海市长宁区人民检察院。

责任，对自己的犯罪行为所造成的危害结果进行赔偿，使被害人物质财产和精神人格方面的利益均得到救济、补偿，从而使受损的社会关系得到修复。从检察机关附条件不起诉的试点情况来看，有被害人的案件，双方当事人一般均达成了谅解协议，被破坏的社会关系得到修复，基本没有发现案件反复、上访和重新犯罪的情况。其五，顺应宽严相济要求，彰显法律公平正义。对在附条件不起诉考验期限内实施新的犯罪或者发现决定附条件不起诉以前还有其他犯罪需要追诉的，以及违反治安管理规定或者考察机关有关附条件不起诉的监督管理规定，情节严重的犯罪嫌疑人，检察机关应当撤销附条件不起诉的决定，提起公诉。对在考验期限内没有上述情形，考验期满的，检察机关应当作出不起诉的决定。两种截然不同的处理结果，体现了法律的严厉与宽缓，使公平正义得到最直接的彰显。

诚然，附条件不起诉已经被提升到立法层面，但其在实务方面依然存在众多问题有待厘清。其一，对附条件不起诉在适用条件上的实践把握。例如，罪名方面，附条件不起诉可否适用于刑法分则第 4 ~6 章之外的条文所规定的犯罪，是否只看相关条文形式上设置于刑法分则的特定章节，还是要看相关条文的内容是否转引了特定章节的条文，适用的罪名是否为特定章节所规定。再如，对附条件不起诉与相对不起诉的实务区分，存在诸多观点，在实际把握上标准不一，难以操作。其二，附条件不起诉对考察期如何确定、考察内容如何具体设置，以及变更都没有明确；在附条件不起诉程序的设置上，由谁启动、如何启动程序，听取公安机关、被害人意见的程序，决定程序，宣告程序，监督考察及处理程序的设置目前都没有明确规定，这些都是实践中亟待解决的问题。其三，附条件不起诉需要配备相关配套程序，才能帮助附条件不起诉对未成年犯罪嫌疑人实现“教育、感化、挽救”的目的，如社会调查、刑事和解、犯罪记录封存等机制、社会化帮教矫正体系的建立，乃至如何推动公安机关改革考核机制都是为了完善附条件不起诉程序在实践中的操作。因此，我们立足于上海未检多年的实践经验，本着探索与创新的精神，尝试对附条件不起诉制度中的实务问题进行探索，以期对完善附条件不起诉制度有所裨益。

一、附条件不起诉的适用条件

(一)法定适用条件

《刑事诉讼法》第271条第1款规定,对于未成年人涉嫌《刑法》分则第4~6章规定的犯罪,可能判处一年有期徒刑以下刑罚,符合起诉条件,但有悔罪表现的,人民检察院可以作出附条件不起诉的决定。根据上述规定,我们认为附条件不起诉的法定适用条件主要包括年龄条件、罪名条件、事实证据条件、刑罚条件和悔罪条件。但这些法定条件规定的较为原则;同时,这些也只是必要条件,而非充分条件,因为即使符合这些条件,检察机关也只是"可以"适用附条件不起诉,而非"应当"适用,检察机关具有较大的自由裁量权。为了对裁量权进行必要的约束,并有利于实践中具体实施,应当对附条件不起诉的法定适用条件进行进一步的细化。

1. 事实证据条件

附条件不起诉的前提是检察机关认定未成年犯罪嫌疑人的行为已经构成犯罪,符合起诉的条件,因此案件事实清楚,证据确实、充分是适用附条件不起诉的潜在法定条件。实践中,要防止将附条件不起诉变成"消化"事实不清、证据不足案件的渠道,杜绝在未查明事实、证据不足、不符合起诉条件的情况下适用附条件不起诉。

附条件不起诉案件中的证据,应当达到刑事案件起诉的证据标准。刑事起诉证据标准是提起公诉的机关在审查起诉阶段利用证据对案件事实加以证明所要达到的程度和水平。一般认为,我国刑事起诉的证据标准即"犯罪事实清楚,证据确实、充分"。根据《刑事诉讼法》第172条规定,人民检察院认为犯罪嫌疑人的犯罪事实已经查清,证据确实、充分,依法应当追究刑事责任的,应当作出起诉决定。《刑诉法解释》第52条、《刑事诉讼规则》第333条对证据所要证明的对象也作出了一致性的要求。证据确实,是对证据质的要求,指据以定罪的每一个证据都经过查证证实,能证明案件真实情况。证据充分,是对证据量的要求,对犯罪事实构成的每一部分都有相应的具有说服力和证明效力的证据得以证明,足以排除其他可能性地证明整体案情,形成具备完整性的证据系列。附条件不起诉在确定犯罪行为构成犯罪并符合起诉条件的情况下,当然适用非法证据排除规则,并且在对未成年人犯罪的问题上更加需要仔细谨慎,对证据进行严格审查。

2. 罪名条件

新《刑事诉讼法》将适用附条件不起诉的罪名范围限定于《刑法》分则第4章侵犯公民人身权利、民主权利罪,第5章侵犯财产罪,第6章妨害社会管理秩序罪。由于法律规定的是罪名条件,因此,实践中一些并非规定在第4~6章的犯罪,但实际却按照这三章的罪名处理的犯罪,同样可以适用附条件不起诉。如《刑法》第196条第3款规定"盗窃信用卡并使用的,依照本法第二百六十四条的规定定罪处罚。"此种犯罪本规定在刑法分则第3章破坏社会主义市场经济秩序罪中,但实际以刑法分则第5章的盗窃罪定罪处罚,故仍可适用附条件不起诉。

此外,有观点认为,并非所有刑法分则第4~6章的罪名均能适用附条件不起诉。例如,《刑法》第347条第1款规定"走私、贩卖、运输、制造毒品,无论数量多少,都应当追究刑事责任,予以刑事处罚",由于法律明确规定对于走私、贩卖、运输、制造毒品犯罪均应予以刑事处罚,而附条件不起诉并非刑事处罚措施,故实际排除了对这类犯罪适用附条件不起诉。我们认为,上述观点有失偏颇,这一规定主要是基于我国对走私、贩卖、运输、制造毒品犯罪的严打刑事政策,防止仅以毒品数量少为由,适用《刑法》第13条但书的规定,不认为是犯罪,或者适用《刑法》第37条的规定,认定情节轻微,不需要判处刑罚,而免予刑事处罚,但并不妨碍"毒品数量少"之外的其他刑法总则规定的法定从宽情节发挥刑罚裁量的功能。新《刑事诉讼法》关于附条件不起诉适用罪名范围的规定,并未明确排除毒品犯罪,而且附条件不起诉是以符合起诉条件并可能判处一年有期徒刑以下刑罚为适用条件,实际上是认可依法应当对其追究刑事责任并予以刑事处罚,只是基于对未成年人特殊刑事政策的需要,而采取附条件不起诉处理,因此与《刑法》第347条的规定并不矛盾。此外,司法实践中相当部分涉嫌贩卖、运输毒品罪的未成年犯罪嫌疑人,不仅毒品数量少,而且存在多个法定从轻或减轻甚至是免除刑罚的情节，主观恶性和社会危害性都不大，缺乏刑事处罚的正当性和必要性，完全可以通过附条件不起诉制度防止留下犯罪前科。因此，对未成年犯罪嫌疑人涉嫌走私、贩卖、运输、制造毒品犯罪的，可以适用附条件不起诉。

3. 刑罚条件

(1)刑罚条件的把握。

适用附条件不起诉的案件必须符合“可能判处一年有期徒刑以下刑罚”的刑罚条件。这里的一年有期徒刑以下刑罚并非法定刑而是宣告刑，也就是综合考量全案的法定和酌定情节，结合最高人民法院、最高人民检察院以及本地关于量刑规范化的规定，在基准刑的基础上进行加减，得出实际可能判处的刑期。例如上海市高级人民法院就在 2010 年根据最高人民法院《人民法院量刑指导意见(试行)》制定了《未成年人刑事案件量刑指导意见实施细则(试行)》，对于未成年人的量刑原则、量刑方法、常见量刑情节和常见罪名的刑罚裁量幅度作出了细化的规定。这就为检察机关对未成年人可能判处的刑罚进行相对精确的估算提供了必要的依据。

应当注意的是，对可能判处的刑罚进行估算，要避免追求过于精确化。因为每个量刑情节对刑罚的增减功能是存在幅度的，即使是上述细化的量刑指导意见，也只是缩小了幅度，而不可能取消幅度。同时，在对量刑情节的裁量幅度进行取舍时，必然加入了裁量者的主观判断，是不可能完全精确的。所以，对可能判处的刑罚进行估算时，得出的结果并不是一个绝对的数值，而应该是一个存在幅度的刑罚区间。在实践操作中，为了鼓励适用附条件不起诉，充分发挥附条件不起诉对未成年犯罪嫌疑人的教育挽救作用，对刑罚条件的把握不宜过于苛刻，特别是对于测算出的刑罚期间在一年上下的，应当作出有利于未成年人的处理。因此，只要测算出的刑罚区间的下限在一年以下，即可以认定“可能判处一年有期徒刑以下刑罚”。例如，测算出可能判处的刑罚在有期徒刑十个月到一年两个月之间，就可以认定其可能判处一年有期徒刑以下刑罚，而不必苛求整个可能判处刑罚的区间都在一年以下。

对于附条件不起诉刑罚条件的把握,司法实践中还存在两个争议较大的问题,需要厘清。

①对于可能判处的刑期在六个月以下的未成年犯罪嫌疑人是否有必要适用附条件不起诉。

司法实践中有观点认为,未成年犯罪嫌疑人可能判处的刑期在六个月以下的(主要是拘役刑),如果将其诉至法院,其适用缓刑的考验期一般不会超过六个月;如果对其适用附条件不起诉,反而要接受六个月到一年的监督考察。因此,对于可能判处拘役刑的未成年人,没有必要适用附条件不起诉,直接予以相对不起诉或者起诉更有利于减轻未成年人的诉累。这种观点貌似合理,实际上是错误的。首先,可能判处六个月以下刑罚,并不符合"不需要判处刑罚或者免除处罚"的相对不起诉适用条件,作相对不起诉处理是违法的。其次,这种观点仅考虑诉累,未考虑法律后果。附条件不起诉的监督考察期限虽然相对较长,但是最终的不起诉结果属于无罪性质,而法院判决适用缓刑的考验期虽然较短,但属于有罪结论。这两种结论有天壤之别,对于未成年犯罪嫌疑人今后就学、就业等具有完全不同的影响,直接关系到其能否顺利回归社会。而且,对于可能判处六个月以下刑罚的未成年人,作出附条件不起诉决定时,应当优先考虑适用六个月的考验期,并不会增加过多的诉累。

②对于法定刑在十年以上的未成年犯罪嫌疑人可否适用附条件不起诉。

例如,黄某等三人入户抢劫案,由于三名未成年犯罪嫌疑人均未满十六周岁,且具有未遂、自首等多个法定从轻或减轻情节,经测算其宣告刑可能在一年以下有期徒刑。对于该案可否适用附条件不起诉,存在较大争议。这涉及《刑法》第 63 条第 1 款的理解问题。《刑法修正案(八)》将该款修改为,具有减轻处罚情节的,应当在法定刑以下判处刑罚;有数个量刑幅度的,应当在法定量刑幅度的下一个量刑幅度内判处刑罚。简而言之,就是具有减轻情节的,只能降低一个量刑幅度判处刑罚。但是,对于具有两个以上减轻情节的，可否降低两个量刑幅度判处刑罚，则存在争议。如果允许降低两个量刑幅度判处刑罚，那么即使法定刑在十年以上，宣告刑也可能在一年以下，存在适用附条件不起诉的空间；如果不允许降低两个量刑幅度判处刑罚，法定刑在十年以上，降低一个量刑幅度判处刑罚，则最低只能判处三年有期徒刑，宣告刑不可能减到一年以下，也就不可能符合附条件不起诉的刑罚条件。

对此，有实务界人士在最高人民法院各刑庭联合主办的《刑事审判参考》上发表文章认为，对于具有两个以上法定减轻情节的情形，如果只降低一个量刑幅度判处刑罚仍然不能做到罪刑相适应的，可以考虑降低两个量刑幅度判处刑罚。[①] 但是，在刊载本文的同时，主办方又以“编者按”的形式指出：“刑法第六十三条第一款对减轻处罚有明确规定，本文作者观点与刑法规定不一致，但颇具理论研究价值”。由此可见，这种观点并未得到最高司法机关的支持。从立法本意来看，全国人大之所以将附条件不起诉的刑罚条件规定为一年以下而非司法实务界主张的三年以下，主要是因为未成年人经过依法减轻可能判处三年以下刑罚的，其犯罪原本所对应的刑罚可能在七年以上，这么重的犯罪不起诉，会引发社会争议。[②] 可见，立法机关对附条件不起诉的刑罚条件还是采取了适度从紧的态度，认为法定刑在七年以上就不宜再适用附条件不起诉。而且，即使承认法院在一些特殊情况下，对于具有两个以上减轻处罚情节的被告人，可以降低两个量刑幅度判处刑罚，也不意味着检察机关在附条件不起诉裁量时可以作同样处理。理由在于，法院降低两个量刑幅度判处刑罚，被告人仍然要承担被定罪量刑的不利后果，而检察机关作出附条件不起诉决定，则产生的是无罪效力，二者具有本质区别。所以，附条件不起诉裁量时对减轻处罚情节的运用，要比刑罚裁量时把握得更加严格，不宜连续降低两个量刑幅度来测算可能判处的刑罚。因此，对于法定刑在十年以上的未成年犯罪嫌疑人，即使具有

---

① 黄祥青：《减轻处罚情节的理解与适用》，载《人民司法》2013 年第 11 期。

② 全国人大常委会法工委刑法室主任王尚新：《关于刑事诉讼法修改有关情况的介绍》，载《预防青少年犯罪研究》2012 年第 5 期。

两个以上的减轻处罚情节，一般也不宜作附条件不起诉处理。

(2)附条件不起诉和相对不起诉的区别与联系。

明确附条件不起诉的刑罚条件，有利于正确适用附条件不起诉和相对不起诉制度。在新《刑事诉讼法》颁布之前，由于原刑诉法未明确规定附条件不起诉制度，一些检察机关为了确保办案效果，发挥不起诉对未成年犯罪嫌疑人的教育挽救效果，采用暂缓起诉、诉前考察等形式，以相对不起诉之名，行附条件不起诉之实，无形中将附条件不起诉与相对不起诉等同起来，造成了司法实践中对于两种不起诉性质的混淆。其实，正如最高人民检察院朱孝清副检察长所指出的，要对照附条件不起诉的法定标准，反思过去我们在办案实践中对相对不起诉标准的把握是否存在过于宽松的问题，从而正确区分附条件不起诉和相对不起诉。一方面，要防止为了减轻工作负担，对本应附条件不起诉的案件降格作相对不起诉处理；另一方面，也要防止为了突出适用新法，对本应作相对不起诉处理的案件不直接作出不起诉决定，而开展所谓的"监督考察"，浪费司法资源，徒增当事人诉累。

对于附条件不起诉和相对不起诉的区别，无论是专家学者，还是实务人士，都提出了诸如适用对象不同、适用罪名不同、悔罪表现不同等标准，①但这些标准尚不足以准确区分两种不起诉。例如，二者的区分标准如果主要在于刑罚条件：附条件不起诉的刑罚条件是可能判处一年有期徒刑以下刑罚，即依法需要判处刑罚；相对不起诉的适用条件是情节轻微，依法不需要判处刑罚或免除刑罚。从逻辑上看，同一名未成年犯罪嫌疑人，不可能既需要判处刑罚，又不需要判处刑罚，因此二者之间理论上并不存在竞合关系。然而，从司法实践经验来看，未成年犯罪嫌疑人不需要判处刑罚或者免除刑罚的范围，并没有一个绝对的边界。由于刑法关于"免除处罚"情节的规定，一般使用的是"可以"的表述，而且往往与"从轻""减轻"情节并列，因此即使具有这一情节，也未必就选择免罚。根据法院量刑规范化的标准，对可能判处的刑期进行精细化的计算，也存在对每个量刑情节的裁

① 郭旭：《附条件不起诉制度在中国的实施》，载《上海政法学院学报》2013年第2期。

量幅度问题，难以绝对区分是否需要判处刑罚。因此，应当承认，在实践层面上，需要判处刑罚和不需要判处刑罚之间，确实存在一个模糊区间。在这个模糊区间内，相对不起诉和附条件不起诉之间可能存在竞合关系。

从司法实践的角度来看，在附条件不起诉和相对不起诉出现竞合的情况下，应当采用刑罚标准并辅以人身危险性标准来加以区分：参照法院量刑规范化工作所采用的刑罚裁量标准对涉罪未成年人可能判处的刑期进行测算，对于可能判处的刑期在一年有期徒刑以下的，如果同时还具有法定免除处罚的情节，原则上作相对不起诉处理，但有证据证明其具有一定的人身危险性（即再犯可能性）的，可以作附条件不起诉处理；如果不具有法定免除处罚情节的，原则上作附条件不起诉处理，但同时具有其他法定从轻或减轻情节，且人身危险性较小的，可以作相对不起诉处理。例如，钱某、吴某盗窃案，一次盗窃数额达到7000余元，均已退赃、退赔，获得被害人谅解，且分别具有坦白和自首的法定从宽情节，但钱某曾因盗窃违法行为被行政拘留一次，而吴某属于初犯，检察机关对钱某作出了附条件不起诉决定，对吴某则作出了相对不起诉的决定。又如，王某、潘某盗窃案，检察机关能够认定的盗窃数额虽然仅为2500元，情节轻微，但具有部分赃物灭失造成无法估价的酌定从重情节，而且属于多次盗窃，具有一定的再犯可能性，故予以附条件不起诉。再如，毛某盗窃、掩饰隐瞒犯罪所得案，两罪均刚刚达到入罪标准，赃物均已扣押并发还被害人，且具有自首情节，但考虑到毕竟是一人犯两罪，直接相对不起诉不妥，遂附条件不起诉。

采用上述标准，主要基于以下理由：

首先，是政策方面的考虑。最高人民检察院《关于进一步加强未成年人刑事检察工作的决定》第21条要求："对于既可相对不起诉也可附条件不起诉的，优先适用相对不起诉。"这一政策性的要求，应当从两个方面来理解：一方面，当相对不起诉与附条件不起诉出现竞合时，应当尽可能选择适用更有利于减轻未成年人诉累的相对不起诉；另一方面，"优先"不能理解为"一律"，并不是所有相对不起诉与附条件不起诉竞合的情况下，都应当选择适用相对不起诉，还需要考虑未成年犯罪嫌疑人是否有继续接受一段时间监督考察的必要性。在选择相对不起诉和附条件不起诉两种司法处理方式时，要以有利于教育、感化、挽救未成年犯罪嫌疑人、有利于预防未成年人重新犯罪为导向。对于涉罪行为情节轻微，具有免罚情节，但是具有一定再犯可能性的未成年犯罪嫌疑人，例如曾有违法劣迹、存在严重不良行为或者瘾癖、反复实施犯罪行为或者诉讼期间表现不良的，则仍然可以选择适用附条件不起诉，以通过必要的监督考察消除其再犯可能性。

其次，是法律方面的考虑。虽然刑法条文对免除处罚情节大多规定为“可以”，而且往往与“从轻或减轻”并列，赋予司法者以裁量权，但是对未成年人而言，具有可以免除处罚的情节，应当优先考虑适用相对不起诉。最高人民法院《关于审理未成年人刑事案件具体应用法律若干问题的解释》第 17 条规定：“未成年罪犯根据其所犯罪行，可能被判处拘役、三年以下有期徒刑，如果悔罪表现好，并具有下列情形之一的，应当依照刑法第三十七条的规定免予刑事处罚：（一）系又聋又哑的人或者盲人；（二）防卫过当或者避险过当；（三）犯罪预备、中止或者未遂；（四）共同犯罪中从犯、胁从犯；（五）犯罪后自首或者有立功表现；（六）其他犯罪情节轻微不需要判处刑罚的。”该规定所罗列的情形中，大多数都是刑法规定的可以免除处罚的情节，而未遂和立功虽然并非免除处罚的情节，但司法解释充分考虑到未成年人教育挽救的特殊需要，将其也列入了“应当”免罚的情形。虽然上述规定使用了“应当”免罚的刚性表述，但是起草者在解读时一再强调，“具体执行中应当防止机械地对照该条规定对号入座”、“要注意结合具体个案情况综合考虑”，而且应当同时符合《刑法》第 72 条关于缓刑适用条件的规定。[①] 因此，即使未成年犯罪嫌疑人符合上述司法解释的规定，也并不必然适用相对不起诉，可以根据教育挽救和再犯预防的需要，选择适用附条件不起诉。

---

① 李兵：《〈关于审理未成年人刑事案件具体应用法律若干问题的解释〉的理解与适用》，载《刑事审判参考》2006 年第 2 集（总第 49 集）。

4. 悔罪条件

适用附条件不起诉的案件同时还需具有“悔罪表现”。所谓悔罪表现，应当理解为不仅要求未成年犯罪嫌疑人认罪并如实交代犯罪事实，而且要有悔悟的实际表现，如深刻反省犯罪原因、向被害人道歉或赔偿。一般认为，具有以下情形之一的，可以认定为“有悔罪表现”：(1)具有自首或立功情节的；(2)虽不具有自首情节，但能够如实供述主要犯罪事实的；(3)积极向被害人赔礼道歉、退赃退赔的；(4)取保候审期间遵守相关规定，配合办案和帮教的；(5)其他有悔罪表现的情形。

(1)悔罪程度的要求。

有观点认为，对于未成年犯罪嫌疑人是否具备附条件不起诉的悔罪条件，应当综合全案情况进行判断，不能仅凭自首、立功、坦白或者退赃退赔、赔礼道歉等某一方面的表现，就认定符合悔罪条件，因为这些表现都可能只是表面现象，并不代表其真诚悔罪。这一观点存在一定合理性，即判断是否“有悔罪表现”，应当综合全案情况来判断。但如果将其等同于“真诚悔罪”，则既没有法律依据，也缺乏可操作性。新《刑事诉讼法》条文中对附条件不起诉悔罪条件的表述是“有悔罪表现”，强调的是“表现”，即具有某种外化的形式、能够为人所感知的客观状态，而且只要有一定的悔罪表现即可，而不需要具有全面的、深刻的悔罪表现。将“有悔罪表现”理解为“真诚悔罪”，不恰当地提高了悔罪条件的认定标准，对未成年犯罪嫌疑人的要求过于苛刻，不利于教育挽救。因为是否真诚悔罪是一种存于内心、无法为人所感知的主观状态，既无法遵循“证据裁判”原则，通过证据进行证明，也容易导致执法者的主观臆断甚至是滥用裁量权。因此，对于附条件不起诉悔罪条件的判断，应当采用客观标准，只要有证据证明其有一定的悔罪表现即可，至于主观动机和心态以及悔罪的程度，则不宜再作过多的要求。

(2)心理测试的作用。

司法实践中，检察机关对很多案件的未成年犯罪嫌疑人都会委托专业心理测评机构进行心理测试，并出具心理测试报告，其中部分内容涉及被测试者目前后悔心理是否明显的描述。对于可否采信心理测试报告中的相关内容来认定未成年人是否符合附条件不起诉的悔罪条件,存在争议。支持的观点认为,心理测试报告带有鉴定意见的性质,能够直接证明未成年人是否具有悔罪心理,可以避免仅从客观表现来判断的片面性,应作为证据使用。反对的观点认为,心理测试报告出具人和出具单位无司法鉴定资质,而且准确性尚无定论,不能用于证明被测试者是否符合悔罪条件,尤其不能作为对被测试者不利的证据使用。

我们认为,心理测试报告的证明作用,类似于骨龄鉴定意见,不能作为证据使用,但在与相关证据没有矛盾时,可以作为辅助性证明材料。由于心理测试的原理与测谎相类似,结论也不具有唯一性,更多依赖测试者的主观推断,客观性和准确性有限,而最高人民检察院曾专门批复:测谎报告不得作为证据使用。实践中,心理测试报告确实存在出具人和出具机构不具有司法鉴定资质的问题。因此,我们认为,心理测试报告在证据客观性和合法性方面均存在缺陷,不能作为证据使用,实践中不能仅根据心理测试报告的内容来认定被测试者是否符合悔罪条件,特别是在心理测试报告的结论与相关证据证明的情况存在明显矛盾的情况下,应当排除心理测试报告的适用。例如,心理测试报告的结论是被测试者悔罪心理明显,但是其拒不供述,也不退赃退赔,此时就应当认定其无悔罪表现。当心理测试报告的结论与相关证据证实的情况一致时,则可以将其作为增强执法者内心确信的参考材料加以使用。

(3)退赃退赔或被害人谅解是否为悔罪的必要条件。

司法实践中有观点认为,判断未成年犯罪嫌疑人是否符合附条件不起诉的悔罪条件,必须将其是否退赃退赔并获得被害人谅解作为必要条件,否则即使有其他悔罪表现,也不宜作附条件不起诉处理。这一观点将充分条件作为必要条件,不恰当地提高了对悔罪条件的要求。退赔退赃并获得被害人谅解,固然可以作为认定“有悔罪表现”的充分依据,但将其绝对化则存在偏颇。首先,在无被害人犯罪中,如在贩卖淫秽物品、介绍卖淫等罪名,不存在这种可能性。其次,是否退赃退赔并获得被害人谅解,不是犯罪嫌疑人自己能够决定的。例如在人赃俱获的情形下,再要求退赃退赔,显然不合理。又如,被害人是否谅解,并不是完全取决于犯罪嫌疑人的悔罪表现多好,司法实践中被害人漫天要价造成无法达成和解的情形屡见不鲜。最后,能否赔偿被害人损失,对未成年犯罪嫌疑人而言,取决于家长,因为其本身并无赔偿能力。是否具有悔罪表现完全取决于家庭的经济能力,显然是不妥当的,也是不公平的。因此,不应将退赃退赔、获得谅解作为认定"有悔罪表现"的必要条件。

(二)排除性条件

从立法上看,新《刑事诉讼法》对于适用附条件不起诉的范围规定是相当宽泛的,给予了检察机关极大的自由裁量权,但为了防止自由裁量权过大而造成附条件不起诉适用的随意性,应当在符合上述法定条件的前提下,明确不宜适用附条件不起诉的情形,即附条件不起诉适用的排除性条件。

1. 设置排除性条件的必要性

关于可否在法律规定的适用条件之外,再行对附条件不起诉的适用设置排除性条件,存在争议。有的学者认为,检察机关是司法机关,而非立法机关,无权采用任何形式超越立法自行设置法律没有规定的排除性条件。立法本意是鼓励适用附条件不起诉,设置排除性条件与立法本意背道而驰。这一观点对立法本意的把握较为准确,但是缺乏对立法本意实现路径的务实考量。

根据《刑事诉讼法》第271条规定,即使符合法定条件,检察机关也只是"可以"作出附条件不起诉的决定。从应然的角度来看,法律条文中使用"可以"的表述,固然体现了立法者"一般应当"的意图,但也反映了立法者对"一律适用"的反对;从实然的角度来看,司法者对于法律条文中"可以"的表述,往往理解为"可作可不作",进而演变为"对自己有利才作""怎么方便怎么作"。这种授权性而非强制性的规定,赋予司法者极大的自由裁量权,如果不加约束,就可能造成三种违背立法本意的后果:应当适用而不予适用;不应当适用而予以适用;同等条件下的选择性适用。因此,对附条件不起诉裁量权应当予以必要的约束。

在立法较为原则的情况下，要约束附条件不起诉裁量权，只能通过由检察机关制定司法解释或者规范性文件的形式，对“可以”作出进一步的细化规定。从理论上说，法律赋予检察机关的附条件不起诉裁量权，既包括对何种情形下应当适用的裁量权，也包括对何种情形下不应适用的裁量权。据此，就产生了两种约束自由裁量权的思路：一种思路是对“应当”适用的情形作出明确列举，未被列举的情形就属于“不应当”适用；另一种思路则是对“不应当”适用的情形作出明确列举，未被列举的情形就属于“应当”适用。由于列举式规定具有难以周延的特点，前一种思路会造成应当适用附条件不起诉的范围较窄，不应当适用附条件不起诉的范围较宽，后一种思路则恰恰相反。从鼓励适用附条件不起诉的立法本意出发，应该选择后一种思路，即对不应当适用附条件不起诉的情形作出明确的列举，除此之外，均属于应当适用附条件不起诉的情形。这一思路类似于经济政策上的“负面清单管理”，既有利于鼓励司法者积极适用附条件不起诉，又有利于防止司法者滥用附条件不起诉。

综上所述，检察机关对附条件不起诉设置排除性适用条件，属于法律授权范围，并不违背立法本意，反而有利于实现立法本意，可以较好地约束司法者的自由裁量权，并促使其积极适用附条件不起诉。

2. 排除性条件的具体设置

我们认为附条件不起诉的排除性条件可以设置为：(1)有故意犯罪前科的；(2)曾因涉嫌故意犯罪被检察机关根据《刑事诉讼法》第 173 条第 2 款、第 273 条第 2 款作出不起诉决定的；(3)曾受过多次行政拘留处罚的；(4)适用附条件不起诉可能激化矛盾或引发不稳定因素的；(5)犯罪情节较为恶劣，或者社会影响较大的；(6)其他不宜适用附条件不起诉的情形。

第 1 至 3 项排除性条件的设置，主要是着眼于人身危险性；第 5 项排除性条件则是针对社会危险性和主观恶性。从附条件不起诉的立法目的来看，主要是考虑涉罪未成年人的主观恶性和社会危险性一般较小，人身危险性不大，尚未形成反社会的犯罪人格，应当为其提供一次改过自新的机会，防止因被起诉、定罪而造成“标签效应”，影响其顺利回归社会。因此，对于有故意犯罪前科或严重违法行为,劣迹累累、屡教不改的涉罪未成年人,其主观恶性和社会危险性已经表露无遗,不应当再对其适用附条件不起诉,以维护法律尊严,体现刑法的社会防卫功能,同时对其本人也是一种警示教育,防止其误以为法律软弱无力而实施更严重的犯罪。因此,对于曾经受过多次行政拘留处罚的、曾经因故意犯罪而被判处刑罚或者被相对不起诉、附条件不起诉的等,都应作为适用附条件不起诉的排除性条件。

第4项主要是基于平衡未成年犯罪嫌疑人利益与社会公共利益以及被害人利益。适用附条件不起诉可能激化矛盾或引发不稳定因素的情形,例如被害方强烈反对适用附条件不起诉,并采取自杀等过激行为的,应慎用附条件不起诉。附条件不起诉的适用,是在不过分损害社会公共利益和被害人利益的前提下,向未成年犯罪嫌疑人的利益作出一定的让步,体现出对未成年犯罪嫌疑人的宽容和关怀。但如果附条件不起诉将对社会公共利益或者被害人利益造成极大损害,已经超过保护未成年犯罪嫌疑人利益所可能获取的价值,则应当优先保护社会公共利益或者被害人利益,不宜机械适用附条件不起诉。

第6项属于兜底条款,但是不宜作过分扩张解释,要与前5项所列的情形程度相当,才可以纳入第6项。司法实践中,主要是指未成年犯罪嫌疑人不具有必要的监护或帮教条件,应当予以羁押或监视居住的情形等。首先,被羁押的未成年人无法适用附条件不起诉,这一点很好理解,因为附条件不起诉需要开展六个月到一年的监督考察,这么长的考验期必然造成对未成年犯罪嫌疑人的超期羁押,实质上是损害了未成年人的合法权益。其次,被监视居住的未成年犯罪嫌疑人也不宜适用附条件不起诉,则是基于以下考虑:第一,监视居住的期限最长不得超过六个月,而且司法实践中由于执行成本高,往往要求对监视居住案件快速办理,无法满足附条件不起诉监督考察对考验期限的最低要求。第二,监视居住对象实际上是符合逮捕条件的,只是因为存在不宜逮捕的特定情形才转而采取监视居住措施,具有较大的社会危险性,并不符合附条件不起诉适用对象社会危险性较小的要求。第三,监视居住对象不得离开住所或指定的居所,难以对其开展社会化的帮教，监督考察的实际效果难以保证。因此，司法实践中，附条件不起诉主要适用于被采取取保候审措施的未成年犯罪嫌疑人，如果拟对在押的未成年犯罪嫌疑人适用附条件不起诉，应当将强制措施变更为取保候审。

3. 取保候审强制措施的适用

有观点认为，新《刑事诉讼法》并未要求对所有犯罪嫌疑人均应采取刑事强制措施，而且附条件不起诉对象所应遵守的规定与取保候审对象应遵守的规定具有高度重合性，如果违反规定可以通过决定起诉来加以约束。因此，作出附条件不起诉决定后未成年犯罪嫌疑人在押的，应当立即释放；被采取其他强制措施的，应当通知执行机关解除。① 我们认为，附条件不起诉考验期内应遵守的规定与取保候审期间应遵守的规定确实存在重合，但是二者不可互相替代。从诉讼理论上看，附条件不起诉决定作出后，案件仍然处于审查起诉阶段，检察机关有权通过适用刑事强制措施来保障诉讼顺利进行，因此取保候审与附条件不起诉并不存在矛盾。从实际效果上看，取保候审的约束力要强于附条件不起诉的监督考察规定，因为取保候审有保证人或保证金作为约束，而后者则缺乏实质性的约束力。从实务操作上看，附条件不起诉监督考察主体是检察机关，而取保候审的执行主体是公安机关，适用取保候审措施可以争取到公安机关的配合，有利于保障诉讼顺利进行，有利于及时发现附条件不起诉对象的违法违规行为，也有利于在出现妨碍诉讼的情形时督促公安机关协助抓捕。当然，不可否认的是，如果能够认定附条件不起诉对象确实不存在任何妨碍诉讼的可能性，或者在考验期限尚未届满而取保候审期限已经届满的情况下，可以不对附条件不起诉对象不采取任何刑事强制措施，但这种情况在司法实践中仅属于极为少见的特例，不应成为一种常态。最高人民检察院修订下发的《人民检察院办理未成年人刑事案件的规定》第 34 条采纳了我们的修改意见，

---

① 参见最高人民检察院法律政策研究室下发征求意见的《人民检察院办理未成年人刑事案件的规定(修改稿)》第 34 条的方案二。

修改为:“未成年犯罪嫌疑人在押的,作出附条件不起诉决定后,人民检察院应当作出释放或者变更强制措施的决定。”

(三)考验期限和考察义务的设置

1. 考验期限的设置

附条件不起诉决定作为一种效力待定的司法决定,必须为其设置一个相对合理的考验期限。如果期限过短,一方面无法达到监督考察和帮教矫正的目的,另一方面也不利于促使未成年犯罪嫌疑人悔过自新、认真履行指定义务;如果期限过长,则会造成未成年犯罪嫌疑人长期处于不确定的未决状态,增加诉累,影响其顺利回归社会,同时也造成了司法资源的浪费。

(1)考验期限的确定原则。

新《刑事诉讼法》在对未成年人规定附条件不起诉制度的同时,也对其考验期限作了明确规定,即“六个月以上一年以下”。关于具体考验期限的确定,《人民检察院办理未成年人刑事案件的规定》第 40 条第 2 款规定,“考验期的长短应当与未成年犯罪嫌疑人所犯罪行的轻重、主观恶性的大小和人身危险性的大小、一贯表现及帮教条件等相适应”。除此之外,还应当遵循比例原则和教育挽救需要,同时考虑减轻当事人诉累和节约司法成本。具体而言,可以从以下几个方面进行综合判断:

一是考验期限应当与罪质相适应。对于涉嫌严重刑事犯罪的,例如抢劫、故意伤害致人重伤等法定刑在 3 年以上 10 年以下的犯罪,虽然经过减轻处罚后仍然可能判处 1 年以下刑罚,但是鉴于犯罪性质较为严重,在确定考验期限时,应当与其他轻罪有所区别,一般不宜适用 6 个月的下限。

二是考验期限应当与人身危险性相适应。对于偶有违法劣迹、社会调查报告反映平时表现顽劣、存在可能引发犯罪的瘾癖或者诉讼期间有违反规定行为的未成年犯罪嫌疑人,在确定考验期限时,应当注意与初犯、平时表现良好的未成年犯罪嫌疑人有所区别,一般也不宜适用 6 个月的下限。

三是考验期限应当与可能判处的刑期相适应。对于可能判处的最高刑期在 6 个月以下的,考验期限一般应当确定为 6 个月。对于可能判处的最低刑期接近1年的,一般不宜适用6个月的考验期。

四是考验期限应当注意同案犯之间的平衡。地位和作用相当的同案犯,考验期限应当相同;主犯的考验期限应当长于从犯;不分主从或者都是从犯,但地位和作用存在明显差别的,考验期限也应有所差别。例如对作用相对较小的同案犯确定了6个月的考验期,对作用相对较大的就应当确定长于6个月的考验期,以区别对待。

五是应当尽量避免用足1年的考验期限。一方面,检察机关根据附条件不起诉对象考验期内的表现,可以对考验期限在法定长度内进行延长或缩短,但如果用足了1年,则无法再行延长,缺乏弹性。另一方面,由于在作出附条件不起诉决定前和考验期满后,检察机关都需要耗费一定的时间进行案件审查,如果将考验期限确定为1年,将造成取保候审期限届满后,考验期限仍未届满的情况,提高了诉讼顺利进行的风险。因此,除非确有必要,一般情况下,不宜用足1年的考验期限。

六是确定考验期限时要充分考虑未成年犯罪嫌疑人就学、就业的实际需要。要尽量避免由于考验期限过长,造成未成年犯罪嫌疑人面临升学、就业时仍然无法终结诉讼。一方面可能影响其升学就业,另一方面也会造成监督考察工作出现不必要的变更,影响效果。

(2)考验期限的变更。

从上海检察机关的实践经验来看,附条件不起诉的考验期限应当具有一定的弹性,并不是一旦确定就固定不变,而是可以在法定范围内延长或缩短,以适应教育挽救需要。对于监督考察期间表现良好的,可以适当缩短考验期,甚至提前结束监督考察;对于监督考察期间表现不佳甚至出现违反规定但尚未达到严重程度的情形,则可以适当延长考验期。这样就可以实现监督考察工作的动态性,并形成了对监督考察对象的激励和惩罚机制,同时也有利于减轻诉累,节约司法资源。当然,无论考验期限如何伸缩变化,都应当确保实际的考验时间不少于6个月,不多于1年。这一司法实践经验,已经得到最高人民检察院的认可,在《人民检察院办理未成年人刑事案件的规定》第40条第2款明确规定,“根据未成年犯罪嫌疑人在考验期的表现,可以在法定期限范围内适当缩短或者延长(考验期限)”,但是并未明确规定变更考验期限的决定主体。司法实践中,要注意防止变更考验期限的随意性,加强程序控制。对于附条件不起诉决定是由检察长决定的,可以由检察长或者检委会对考验期限进行变更,但如果附条件不起诉决定是由检委会决定的,则只能由检委会来变更考验期限。

(3)考验期限的计算。

根据《刑事诉讼法》第272条第2款的规定,附条件不起诉的考验期从人民检察院作出附条件不起诉的决定之日起计算。对于附条件不起诉的决定之日,存在不同理解:有的认为是指分管检察长或检委会批准附条件不起诉决定之日,有的认为是指附条件不起诉决定书签发之日,还有的认为是指附条件不起诉决定向未成年犯罪嫌疑人宣布之日。根据《刑事诉讼规则》第493条的规定,作出附条件不起诉的决定后,应当制作附条件不起诉决定书,并在3日以内送达,对未成年犯罪嫌疑人应当当面宣布。司法实践中,承办检察官要在附条件不起诉的建议获得有权主体的批准后,才开始起草附条件不起诉决定书(稿),报经部门负责人审核并提请分管检察长签发后,才能制作正式的附条件不起诉决定书,之后再通知未成年犯罪嫌疑人参加附条件不起诉宣布仪式。因此,批准附条件不起诉决定之日、附条件不起诉决定书签发之日和送达之日,一般是三个不同的时间节点。

从严格意义上说,附条件不起诉的决定之日,应该是指附条件不起诉决定书的落款日期。因为无论是批准程序,还是签发程序,都是检察机关的内部审批流程,并不能对外产生法律效力。只有正式的附条件不起诉决定书才具有对外的法律效力,才能够作为附条件不起诉考验期的起算依据。一般情况下,法律文书的落款日期并非实际制作日期,而是有权主体作出批准决定的日期。为了避免附条件不起诉考验期已经开始计算,但被附条件不起诉的未成年犯罪嫌疑人尚不知晓附条件不起诉决定内容的问题,应当提高办案效率,尽量缩短附条件不起诉决定之日与宣布之日的间隔。

考验期限计算方面的另一个重要问题在于,考验期限与审查起诉期限之间的关系如何把握。根据新《刑事诉讼法》的相关规定，审查起诉的期限一般是一个月，即便是重大、复杂的案件，延长后也只有一个半月的审查起诉期限，而附条件不起诉考验期限则长达六个月到一年。如果将审查起诉期限严格限定在一个月之内，并将附条件不起诉考验期限计入审查起诉期限，显然会造成严重超期。解决这一问题的思路有三种：一是在作出附条件不起诉决定的同时，作出中止审查起诉的决定，审查起诉期限停止计算，待考验期满后再决定重启审查起诉程序。二是认为新《刑事诉讼法》关于审查起诉期限的规定，是针对犯罪嫌疑人被羁押的情形而言的。如果犯罪嫌疑人被取保候审，则审查起诉期限只受到取保候审期限的限制；如果犯罪嫌疑人未被采取任何刑事强制措施，则审查起诉没有期限。三是认为审查起诉期限应当严格遵守法律规定的一个月期限，但可以不将附条件不起诉的考验期限计入审查起诉期限，而受理审查起诉之日到作出附条件不起诉决定之日和附条件不起诉考验期满之日到最终不起诉决定作出之日的两段时间则计入审查起诉期限。

由于《刑事诉讼规则》已经取消了中止审查起诉的规定，因此第一种思路缺乏合法性。第二种思路所持的观点，在司法实践中普遍存在，但在合法性上存在较大争议，而且会造成办案效率的低下，不利于促使检察机关及时作出附条件不起诉决定和最终的不起诉决定，造成当事人诉累，故不足取。第三种思路较为合理，在不突破新《刑事诉讼法》关于审查起诉期限规定的情况下，确保附条件不起诉案件的办案期限不超期，并可以防止审查起诉期限的过分拖延。因此，司法实践中，我们采用了第三种思路，即审查起诉期限依法严格按照一个月来把握，考验期限不计入审查起诉期限，但考验期限前后的办案时间则计入审查起诉期限。这一做法已经得到最高人民检察院的采纳，《人民检察院办理未成年人刑事案件的规定》第 40 条第 1 款规定，“考验期不计入案件审查起诉期限”，第 45 条第 3 款规定：“作出附条件不起诉决定的案件，审查起诉期限自人民检察院作出附条件不起诉决定之日起中止计算，自考验期限届满之日起或者人民检察院作出撤销附条件不起诉决定之日起恢复计算。”

2. 考察义务的设置

附加一定的考察义务是附条件不起诉的本质特征。未成年犯罪嫌疑人在考验期间是否遵守特定规定或履行特定义务是其最终能否被不起诉的关键之一。《刑事诉讼法》第 272 条第 3 款规定附条件不起诉犯罪嫌疑人应当遵守下列规定:(1)遵守法律法规,服从监督;(2)按照考察机关的规定报告自己的活动情况;(3)离开所居住的市、县或者迁居,应当报经考察机关批准;(4)按照考察机关的要求接受矫治和教育,但是上述规定稍显笼统。考察程序是附条件不起诉的核心,考察义务的设定至关重要。对于被附条件不起诉人在考察期间应当履行哪些义务,应当根据案件的具体情况和未成年犯罪嫌疑人的自身特点来决定,每个案件应当有所区别,既应有共性的要求,必须同时遵守,即前面三项,又应有个性的条件,即第(4)项。如何通过履行附加的义务真正达到修复社会关系、教育矫治的作用,需要执法者在实践中"因案制宜""因人制宜"地综合考虑。《刑事诉讼规则》第 498 条规定,人民检察院可以要求被附条件不起诉的未成年犯罪嫌疑人接受下列矫治和教育:(1)完成戒瘾治疗、心理辅导或者其他适当的处遇措施;(2)向社区或者公益团体提供公益劳动;(3)不得进入特定场所,与特定的人员会见或者通信,从事特定的活动;(4)向被害人赔偿损失、赔礼道歉等;(5)接受相关教育;(6)遵守其他保护被害人安全以及预防再犯的禁止性规定。当然,这些条件应当是选择性适用,并非一并适用。

(1)考察义务的把握。

新《刑事诉讼法》对确定考察义务具体内容的原则作了规定,而《刑事诉讼规则》对考察义务进行了具体化,其中,第 2 项、3 项对"提供公益劳动"、禁止"从事特定活动""进入特定区域、场所""接触特定的人"的具体理解作了进一步明确。鉴于《刑事诉讼规则》的规定是对新《刑事诉讼法》的补充,我们认为也可以将考察义务分为必备义务和附加义务,必备义务是每一个附条件不起诉犯罪嫌疑人都必须遵守的义务,《刑事诉讼法》第 272 条第 3 款的规定可以视作为必备义务;附加义务是根据附条件不起诉犯罪嫌疑人个别情况设定的考察义务。我国检察机关在各地试点探索中,一般都对考察义务进行了明确。如江苏省无锡市人民检察院制定的《关于探索开展轻微刑事案件附条件不起诉工作的规定》第7条规定，附条件不起诉中的附条件是指履行刑事和解协议、每月参加一次社会公益劳动、完成学习或者本职工作任务、根据实际情况所确定的其他条件等。[①]

（2）考察义务的针对性。

需要针对具体案情，由承办案件的检察官选择有区别地附加条件，以达到最大限度教育、感化、挽救犯罪嫌疑人的目的。犯罪具有多因性，既有自身原因，也有社会原因，附加条件全面、有针对性，才能切实达到修复关系、预防再犯的目的。如未成年犯罪嫌疑人存在反社会人格或者心理障碍而引发犯罪的，可要求其接受必要的心理疏导；有的未成年犯罪嫌疑人家庭关系冷漠，可要求其帮助家长完成一定事项、任务，促使家长与子女多沟通，营造家庭和谐氛围；有的未成年犯罪嫌疑人缺乏责任心，可要求其参加公益活动或履行社工义务，有助于增加其责任感和社会认同感，多方式实现矫治教育的目的。

除此之外，还应当结合未成年人犯罪的具体情况增加类似于"禁止令"的内容，即检察机关在作出附条件不起诉决定时，可以根据犯罪的具体情况，禁止被附条件不起诉的未成年犯罪嫌疑人在考验期限内从事特定活动，进入特定区域、场所，接触特定的人，从而可以减少被附条件不起诉的未成年犯罪嫌疑人与不良因素接触，有效降低其再犯罪的可能性，实现监督效果、矫正效果、预防效果的统一。例如，未成年犯罪嫌疑人是因长期在网吧上网形成网瘾，进而走上犯罪道路的，可作出禁止其进入网吧的决定；如果未成年犯罪嫌疑人是因为在夜总会、酒吧沾染恶习实施犯罪的，则可作出禁止其进入夜总会、酒吧的决定；未成年犯罪嫌疑人在犯罪前后有滋扰证人行为的，可作出禁止其接触证人的决定；未成年犯罪嫌疑人是在酒后犯罪，且有酗酒习性的，可作出禁止其饮酒的决定等。

---

① 邓思清：《建立我国的附条件不起诉制度》，载《国家检察官学院学报》2012年第1期。

(3)考察义务的可行性。

考察义务的内容必须具有可行性,不能根本无从执行,也不能妨害犯罪嫌疑人的正常生活。检察官在办理附条件不起诉案件时,要调查未成年犯罪嫌疑人的一贯表现,全面考量案情,避免所附条件"一刀切"而无实际考察效用,从而实现刑罚的个别预防与一般预防的有机统一。例如,不能作出"禁止进入公共场所"等决定。未成年犯罪嫌疑人还应履行一些常规性条件,如努力争取被害人谅解、尽力对造成的损失进行赔偿。

二、附条件不起诉的决定程序

(一)启动程序

附条件不起诉的提出是整个附条件不起诉机制的起始环节,直接关系到整个程序的运行状态,故附条件不起诉制度适用程序的规范化显得尤为重要。

1. 启动主体

附条件不起诉应该由检察机关作出。作出附条件不起诉的权利是公诉权的一部分,公诉权属检察机关专有的权利,其他任何机关不能代为行使或者侵犯。因此,检察机关对附条件不起诉拥有提起权和决定权。对公安机关侦查终结移送起诉案件,承办检察官经过审查,认为犯罪事实已经查清、证据确实充分,符合附条件不起诉条件的,依法可以作出附条件不起诉决定。附条件不起诉权是检察机关不起诉裁量权运用的一种体现。具体到检察机关内部,附条件不起诉程序的启动(即开始就附条件不起诉听取各方意见)是由承办检察官、主诉(任)检察官,还是部门负责人,抑或是分管检察长来决定,并无明确规定。我们认为,由部门负责人或者经授权的主诉(任)检察官来决定启动附条件不起诉程序为宜。理由在于:虽然案件承办检察官对于未成年犯罪嫌疑人是否符合附条件不起诉进行了最为直接的审查和判断,但考虑到附条件不起诉是一项政策性很强、裁量权亟须约束的检察权,而且一旦启动就会引发一系列的诉讼程序和法律后果,行使时应当极为慎重,而且附条件不起诉听取意见都是以检察机关的名义进行,具有很强的权威性和严肃性,应当避免随意性,因此应交由分管检察长决定。但是,为了简化附条件不起诉的启动程序,提高办案效率并鼓励承办检察官积极适用,同时也考虑到检察机关办案方式司法化改革的大方向和目前正在开展的主任检察官试点,要赋予检察官对案件更大的办理权限,减少行政化的三级审批,需要分管检察长下放一定的决定权。基于上述折中考虑,以部门负责人或者经过授权的主诉(任)检察官来决定启动附条件不起诉,最为稳妥,兼顾了准确性、严肃性和工作效率。

因此,承办检察官认为可以适用附条件不起诉的,应当及时向部门负责人或者经授权的主诉(任)检察官汇报,由后者决定是否启动附条件不起诉听取意见程序。当然,如果案件承办检察官本身就是经授权的主诉(任)检察官或者部门负责人,则可以自行决定启动附条件不起诉程序。

2. 启动模式

附条件不起诉程序的启动模式,是指附条件不起诉是由检察机关依职权主动启动,还是由未成年犯罪嫌疑人及其法定代理人、辩护人申请启动。根据新《刑事诉讼法》的相关规定,检察机关对于经审查认定符合法定条件的未成年犯罪嫌疑人,在作出附条件不起诉决定以前,应当听取各方意见。由此可见,新《刑事诉讼法》是采用了依职权启动的模式。如果未成年犯罪嫌疑人一方向检察机关提出适用附条件不起诉的申请或者辩护意见,检察机关应当对申请或者辩护意见进行审查,但并不必然启动附条件不起诉听取意见程序,而要视审查情况而定,最终还是由检察机关依职权决定是否启动。

司法实践中,有些检察机关在向未成年犯罪嫌疑人及其法定代理人进行诉讼权利告知时,以书面或者口头的形式,不作区别地一律告知其有权向检察机关申请适用附条件不起诉。这种做法误将附条件不起诉的启动程序设定为依申请模式,存在如下弊端:一是与附条件不起诉权的性质不符。附条件不起诉权与其他三种不起诉权一样,都是检察机关的公权力,而不是未成年犯罪嫌疑人及其法定代理人的诉讼权利,不宜作为诉讼权利来告知。二是降低司法效率。是否符合附条件不起诉的适用条件,不是未成年犯罪嫌疑人本人所能准确判断的,只有专业的司法人员才可能作出判断。如果不加选择,对所有的未成年犯罪嫌疑人一律进行告知,会造成不符合条件的申请增多,检察机关还必须一一进行答复,徒增工作负担。三是不利办案效果。对于一些明显不符合适用条件的未成年犯罪嫌疑人进行告知,再驳回其申请,会造成未成年犯罪嫌疑人对检察官的不信任,影响教育挽救。此外,这种启动模式可能造成未成年犯罪嫌疑人及其法定代理人如果怠于提出申请,检察机关就不再予以考虑,造成遗漏适用。因此,附条件不起诉的启动模式,不宜采用依申请的模式。

3. 听取意见

《刑事诉讼法》第 271 条第 1 款规定,人民检察院在作出附条件不起诉的决定以前,应当听取公安机关、被害人的意见。虽然该条规定并未要求检察机关在作出附条件不起诉决定前听取未成年犯罪嫌疑人及其法定代理人的意见,但是根据该条第 3 款的规定,未成年犯罪嫌疑人及其法定代理人对人民检察院决定附条件不起诉有异议的,人民检察院应当作出起诉的决定。因此,为了确保附条件不起诉决定的稳定性,还应该听取未成年犯罪嫌疑人一方的意见,如有异议,则无须再考虑附条件不起诉。但是,《刑事诉讼规则》第 492 条第 2 款规定,人民检察院在作出附条件不起诉的决定以前,应当听取公安机关、被害人、未成年犯罪嫌疑人的法定代理人、辩护人的意见。该规定在听取意见的对象上,增加了辩护人,却舍弃了未成年犯罪嫌疑人本人。增加辩护人,是为了更为全面地听取意见,容易理解,但是不听取未成年犯罪嫌疑人本人的意见,似有不妥,法定代理人的意见并不能完全代替未成年犯罪嫌疑人本人的意见。司法实践中,听取意见的对象应当包括未成年犯罪嫌疑人本人。

(1)听取公安机关意见。

根据《刑事诉讼规则》第 492 条第 2 款规定,检察机关就附条件不起诉听取公安机关意见的,应当制作笔录附卷。这一规定的落实存在困难:一是可操作性问题。侦查人员或者办案部门的意见并不能代表公安机关意见,只有公安机关负责人的意见才能体现公安机关的单位意志,但要求对公安机关负责人制作听取意见的笔录,存在现实困难。二是与公安机关办案规定有冲突。《公安机关办理刑事案件程序规定》第318条规定,人民检察院在对未成年人作出附条件不起诉的决定前,听取公安机关意见时,公安机关应当提出书面意见,经县级以上公安机关负责人批准,移送同级人民检察院。该规定明确公安机关应当出具书面意见,而不是由检察机关制作笔录。从可操作性来看,由公安机关提供书面意见的方式更为可行。实践中,附条件不起诉听取公安机关意见的,应当要求公安机关以书面形式反馈意见,并加盖公安(分)局印章,不得将侦查人员的个人意见或者加盖派出所、刑队、法制办等部门印章的书面意见作为公安机关意见。

(2)听取被害人意见。

根据新《刑事诉讼法》规定,附条件不起诉"应当"听取被害人意见,检察机关没有裁量权,必须依法听取被害人的意见。但是,由于附条件不起诉适用的罪名范围包括《刑法》第6章规定的犯罪,而该章中的贩卖毒品、贩卖淫秽物品等罪名,是典型的无被害人犯罪,在没有具体被害人的情况下,显然不可能听取被害人的意见。因此,在对无被害人犯罪适用附条件不起诉时,可以省略听取被害人意见的程序。

司法实践中主要的问题在于,检察机关无法联系到被害人,客观上不能听取其意见,是否影响附条件不起诉的适用。一种意见认为,新《刑事诉讼法》并未将"被害人同意"作为附条件不起诉的适用条件,未能听取被害人意见是由于客观原因造成的,不应由未成年犯罪嫌疑人来承担这一不利后果。因此,对此种情况仍然可以附条件不起诉。另一种意见认为,听取被害人意见是适用附条件不起诉的必经程序,不可省略。未听取被害人意见就作出附条件不起诉决定,一方面是对被害人诉讼权利的侵犯,另一方面也可能影响被害人的实体权利,而且还可能造成案件隐患,引发涉检上访。因此,不宜附条件不起诉。

我们认为,检察机关对于拟作附条件不起诉处理的案件,应当穷尽一切手段来查找和联系被害人,尽量避免听取被害人意见程序的缺失。对于确实联系不到被害人的情况,需要根据案件具体情况区别对待,不能搞"一刀切”。鉴于被害人同意并非适用附条件不起诉的必要条件，检察机关也不能仅因为查找不到被害人，就拒绝适用附条件不起诉。对于犯罪行为没有对被害人造成实际损失的（如犯罪未遂或中止），或者被害人的损失已得到足额赔偿，或者有证据证明被害人曾经明确表示谅解涉罪未成年人的，可以暂不听取被害人意见，先予作出附条件不起诉决定。对于被害人因为犯罪行为造成的实际损失没有得到足额赔偿的，则要慎用附条件不起诉。在必要情况下，可以参照民事提存制度，由犯罪嫌疑人一方先将赔偿款项存入指定账户，待查找到被害人后再行赔付。在这种情况下，也可以考虑先予附条件不起诉。

（3）听取犯罪嫌疑人及其法定代理人意见。

《刑事诉讼法》第 271 条第 3 款规定，未成年犯罪嫌疑人及其法定代理人对人民检察院决定附条件不起诉有异议的，人民检察院应当作出起诉的决定。司法实践中，由于种种原因，可能出现未成年犯罪嫌疑人及其法定代理人意见不统一的情形。第一种观点认为，只要未成年犯罪嫌疑人和法定代理人其中一方有异议，即不能适用。第二种观点认为，应当尊重未成年犯罪嫌疑人的意见。第三种观点认为，应当以法定代理人的意见为准。对此，我们认为：

首先，上述第一种观点违背文义解释的结论。该款规定采用的是“未成年犯罪嫌疑人及其法定代理人有异议”的表述，从字面上理解，是指未成年犯罪嫌疑人和法定代理人均有异议，才产生排除附条件不起诉适用的法律效力。如果要表达其中之一有异议即可排除的意思，则应表述为“未成年犯罪嫌疑人或其法定代理人有异议”。因此，第一种观点不足取。

其次，从设立法定代理人制度的目的来看，就是因为未成年人身心发育尚不健全、认识能力和社会经验有限、难以准确判断自己的利益所在，所以由法定代理人来弥补这一缺陷，帮助其正确行使权利，维护自身利益。因此，法定代理人可以行使未成年人的各项诉讼权利，而且未成年人与法定代理人行使的都是独立的诉讼权利，其中一方放弃权利不影响另一方行使权利的效力。例如，最高人民法院研究室 1991 年作出的《关于未成年人犯罪案件法定代理人出庭及上诉问题的电话答复》中就曾规定,不满 18 岁的少年被告人及其法定代理人均依法享有独立的上诉权。虽然这一规定已经于近期被最高人民法院废止,但废止理由是该规定的相关精神已经被立法吸纳,但仍然具有很强的参考意义。据此,只要未成年犯罪嫌疑人或法定代理人其中一方行使同意附条件不起诉的权利,即可视为有效,检察机关应予适用。据此,上述第二种和第三种观点也不成立。

再次,对于犯罪时未成年、审查起诉时已成年的,应尊重其个人意见。法定代理人代为行使诉讼权利的前提,是犯罪嫌疑人未成年。此处的未成年,并不是指犯罪时未成年,而是指行使诉讼权利时未成年。如果行使诉讼权利时,犯罪嫌疑人已成年,则原法定代理人代行诉讼权利时应当征得被代理人的同意。前述《关于未成年人犯罪案件法定代理人出庭及上诉问题的电话答复》就规定,如被告人已满 18 周岁,他的原法定代理人要求上诉的,则必须征得被告人的同意。所以,犯罪时未成年、审查起诉时已成年的犯罪嫌疑人,应当以其本人意见作为是否适用附条件不起诉的依据。法定代理人的意见与其不同的,以其个人意见为准。

最后,"有异议"还可以表现为同意附条件不起诉,但对考验期限或者教育矫治措施存在异议。对于这类异议,则要根据对异议的审查结果来区别对待,而不能一有异议,就不问缘由,一律作出起诉决定。对于异议成立的,应当采纳异议,依法作出其他类型的不起诉决定或者修改考验期限或教育矫治措施;对于异议不成立的,才可以依法决定起诉。当然,如果是辩护人提出异议,即使异议不成立,也不影响附条件不起诉的适用。

此外,未成年人及其法定代理人行使异议权,是否有时间限制?在附条件不起诉决定作出后,异议权是否还可以行使?新《刑事诉讼法》规定,未成年犯罪嫌疑人及其法定代理人对人民检察院决定附条件不起诉有异议的,人民检察院应当作出起诉的决定,并未对异议权的行使期限作出限制。因此,即使附条件不起诉程序已启动,只要诉讼尚未终结,异议权仍可行使。但是,如果检察机关在考验期满后已经作出不起诉决定,未成年犯罪嫌疑人或法定代理人再行提出异议,则不会产生检察机关应当提起公诉的法律效力，只能被视为一种申诉行为，由控告申诉部门处理。再者，考验期间行使异议权的，应当如何处理，新《刑事诉讼法》及《刑事诉讼规则》均未明确规定。我们认为，不能直接决定提起公诉，否则会造成附条件不起诉决定和提起公诉的决定并存的矛盾局面，应当先行撤销附条件不起诉决定，之后再决定提起公诉。因此，未成年犯罪嫌疑人或其法定代理人在考验期间提出异议，应当视为撤销附条件不起诉的情形之一。

(4)附条件不起诉听证。

在附条件不起诉程序启动后，由办案人员告知犯罪嫌疑人及其法定代理人、公安机关、被害人，并听取他们的意见，必要的时候可以召集犯罪嫌疑人、侦查人员、被害人等相关人员进行不公开听证。虽然侦查人员及合适成年人等不是诉讼参与人，但在之前的侦查阶段对犯罪嫌疑人有一定的了解，更有利于检察机关全面获取意见。因此，附条件不起诉的不公开听证从此种意义来说是相对的不公开，而不是局限在诉讼参与人的绝对不公开。就目前上海实行的听证情况来看，听证应注意如下问题。

①听证的适用条件。

目前，尚不可能也没必要每案必听。我们认为，听证的适用条件应包括公安机关或被害人有不同意见的，或者案件社会影响较大的，或者检察机关认为有必要听证的其他情形。此外，如果犯罪嫌疑人及其法定代理人或者辩护人提出听证申请的，也可以采纳。

②听证的参与主体。

参与听证的人员包括公安人员(既可以是承办人员，也可以是法制部门人员)、犯罪嫌疑人一方(包括法定代理人、辩护人)以及检察机关。如果法定代理人不能或不宜到场，可以由合适成年人到场。被害方可以视情选择，如果被害方不愿意参加听证，也不必强求，但如果被害方对附条件不起诉持反对意见的，应当通知其参加。另外，还有帮教人员参与听证，可以查明其是否具备监督考察能力，同时也便于附条件不起诉与监督考察的无缝衔接。

③听证的方式。

听证原则上不公开举行,即诉讼参与人之外的其他人员不得参加听证。帮教人员参加,类似于不公开开庭中“可以通知学校或未成年人保护组织的代表参加”的情形,还可以将其视为证实有无接受帮教能力的证人,所以不违反不公开的原则。作案时不满18周岁,审查起诉时已满18周岁,原则上也应当不公开,但确有必要的情况下,可以允许人大代表、政协委员等旁听,但应当告知遵守保密义务,不得对外披露信息,并严格限制人数。

④听证的场所设置。

听证场所的设置应当体现司法属性,可以参照法庭设置,但不宜完全照搬。检察官和书记员居中,其右侧为侦查人员席位和被害人席位,左侧为辩护人席位和法定代理人席位。存在争议的是,犯罪嫌疑人的席位如何设置,是参照法庭的设置方式,放在检察席位的对面,还是在法定代理人席位旁为其设置席位。我们认为,拟作附条件不起诉的对象,一般都是人身危险性较小且被采取取保候审措施的未成年犯罪嫌疑人,妨碍听证程序或者脱逃的可能性不大,可以在辩方一侧为其设置席位,以体现其诉讼主体地位,弱化纠问式诉讼色彩,体现控辩双方的平等,并为其提供心理支持。

⑤听证的程序。

听证程序开始后,应当按照侦查人员、被害人、未成年犯罪嫌疑人、法定代理人、辩护人的顺序发表意见。有观点认为把被害人发表意见放到了最后不妥,但从诉讼原理上看,被害人属于广义的控方,可以参照庭审辩论程序的设置,在侦查人员之后发表意见更为妥当。对于争议问题,可以组织双方进行辩论。检察官不得当场就双方争议问题发表倾向性意见,更不能作出决定。听证结束,应当将听证笔录交由各参与人签字确认,并归入案卷。

听证程序是否需要设置举证质证程序,值得探讨。听证程序毕竟不是审判程序,而且附条件不起诉案件大多案情简单、事实清楚、证据充分,未成年犯罪嫌疑人也认罪悔罪,对案件事实双方争议并不大,因此没有必要设置类似于法庭调查的举证质证程序。但是,如果控辩双方提出新证据,例如辩方提出达成刑事和解等证据，则可以进行举证，并由对方进行质证。

⑥听证的内容。

听证的内容，就是未成年犯罪嫌疑人是否符合附条件不起诉的适用条件。具体而言，包括了主体要件、罪名要件、证据要件、刑罚要件、悔罪要件和帮教要件以及是否具有排除性适用条件。对于控辩双方无异议的内容，无须听证。听证重点应针对存在争议的部分，主要是刑罚要件、帮教要件和排除性条件。

就目前的实践情况来看，听证虽然可以整合资源，全面深入开展程序性工作，但从诉讼效率的角度来看，听证会耗费承办人员大量的时间与精力，而听证只是整个附条件不起诉的一个环节而已，对于案件量大的地区无普遍施行的现实可能性，我们认为应从个案的角度审视是否有开展听证的必要后再作决定。

（5）听证与听取意见的联系和区别。

《刑事诉讼法》第271条第1款规定的听取意见，从广义上讲，包括两种形式，一是分别听取各方（包括公安机关、未成年犯罪嫌疑人及其法定代理人、被害人）意见，二是听证。二者不能等同或替代。听取意见是必经程序，而听证则是根据案件情况和听取意见的情况来选择是否进行，并非必经程序。公安机关意见必须是书面意见并盖章，而听证程序中则是由具体的公安人员口头表达意见和理由。如果在听证之前，已经根据法律及司法解释要求，分别听取公安机关、被害人以及未成年犯罪嫌疑人及其法定代理人和辩护人的意见，且各方意见一致，均同意附条件不起诉，听证程序就缺乏必要性。如果各方意见存在较大分歧，而且理由阐述不充分或者出现新证据的，则可以进行听证。

（二）决定与宣布程序

附条件不起诉经过法定适用条件、排除性条件的适用之后，检察机关只有在上述条件都具备时，才能对未成年犯罪嫌疑人作出附条件不起诉的决定，在决定程序中涉及两个问题：一是检察机关内部决定的主体；二是决定的内容。

1. 决定的主体

新《刑事诉讼法》和《刑事诉讼规则》都只规定了由人民检察院作出附条件不起诉决定,未明确具体是由分管检察长决定还是由检委会决定。由分管检察长决定,有利于提高办案效率;由检委会决定,则有利于保证办案质量,各有利弊。我们认为,在附条件不起诉制度刚刚开始运行的阶段,应当更加强调附条件不起诉案件的质量,确保适用的准确性,因此将决定权交由检委会行使更为妥当,同时也有利于加强内部监督,防止附条件不起诉权的滥用。但是,随着附条件不起诉工作的广泛开展,附条件不起诉案件数量将会增加,一律交由检委会决定,增加了工作量,降低了办案效率,还可能影响到办案人员适用附条件不起诉的积极性,此时就应当考虑将决定权下放给分管检察长。要处理好上述质量与效率的矛盾,可以考虑二元化的决定主体,即附条件不起诉由分管检察长或者检委会决定,至于是否有必要提交检委会,则由分管检察长决定。《人民检察院办理未成年人刑事案件的规定》第 32 条就采取了这种二元主体的规定方式,将附条件不起诉的决定权赋予了检察长或检察委员会。对于诉讼各方对附条件不起诉均无异议的,一般可以考虑由分管检察长决定;对于被害人或公安机关提出异议或者存在其他较大争议的,则应当提交检委会决定。

2. 决定的内容

司法实践中,对于检委会或者分管检察长作出的附条件不起诉决定的内容,存在不同理解。有观点认为,检委会或者分管检察长只需要决定是否同意对未成年犯罪嫌疑人作出附条件不起诉决定,至于考验期限和附加的考察义务,则交由未检部门或者承办人具体加以确定即可。理由在于:(1)是否同意附条件不起诉是确定考验期限和考察义务的先决条件,在附条件不起诉决定作出前考虑后一个问题,为时过早,没有必要。(2)将考验期限和考察义务与是否附条件不起诉捆绑为一个议题,可能造成由于不同意考验期限或者考察义务的设置而否决附条件不起诉的不利局面;(3)如果将考验期限和考察义务也交由检委会决定,之后如果要变更考察期限或者考察义务,则还需要提交检委会审查,造成效率低下。

另一种观点认为,附条件不起诉的考验期限、考察义务等内容也应当由检委会或者分管检察长决定。理由在于:附条件不起诉决定不是一个简单的不起诉决定,而是附加了考验期限和考察义务的效力待定的决定。考验期限和考察义务是附条件不起诉决定的组成部分,二者不可拆分。例如,未成年犯罪嫌疑人及其法定代理人表示同意附条件不起诉,但是要求考验期限不要超过三个月,或者对检察机关提出的考察义务表示无法做到,此时就不能认为其对附条件不起诉无异议,其对考验期限或者考察义务的异议,实质上就是对附条件不起诉的异议。因此,附条件不起诉的决定权,既包括对是否"不起诉"的决定权,也包括对附加何种条件的决定权。而且,考验期限或者考察义务直接影响附条件不起诉决定的正当性与合理性。例如,对于涉嫌抢劫重罪的未成年犯罪嫌疑人仅确定六个月的考验期限,或者附加"考验期内考上大学"之类的不合理的考察义务,都将严重影响附条件不起诉决定的法律效果和社会效果,必须由附条件不起诉决定主体来定夺。

我们认为,前一种观点过多考虑了诉讼效率,缺乏合理性,可能带来不利的后果;后一种观点更有利于提高附条件不起诉决定的效果。因此,在提交分管检察长或者检委会决定是否附条件不起诉时,应当同时列明拟确定的考察期限和考察义务等内容,并说明依据和理由,以利于科学决策。

3. 决定的宣布

附条件不起诉的宣布程序实质是告知程序,启动了监督考察,强调告知与教育的紧密结合。教育贯穿于包括侦查、审查起诉、审判和刑罚执行程序在内的未成年人刑事诉讼的全程。一旦附条件不起诉所附加的条件成就,诉讼程序会在检察机关审查起诉阶段终结,案件将不会进入审判阶段,法庭教育将无法开展,其特殊功能也将无法实现。为了保证对未成年犯罪嫌疑人的教育、感化、挽救得到充分体现,在附条件不起诉程序中应当增设一个与法庭教育相似的教育环节。具体而言,可以设置谈话室或宣告暨训诫室,并充实相关硬件设施;在宣布附条件不起诉决定程序中,由承办检察官主持,由未成年犯罪嫌疑人及其法定代理人、辩护律师、侦查人员、被害人、监督考察人员等共同参与，对未成年犯罪嫌疑人进行集中教育，由此可以弥补法庭教育的缺失。侦查人员从案件审理伊始就接触犯罪嫌疑人，对犯罪嫌疑人的性格及诉讼过程中的变化有着一定的了解，且犯罪嫌疑人一般对侦查人员存有敬畏之心，侦查人员可以从案件社会危害性角度进行教育。而监督考察人员则是即将在监督考察期间对犯罪嫌疑人进行接触，此时应是其与犯罪嫌疑人建立一定的关系的开端，监督考察人员在场也可以更全面地了解犯罪嫌疑人。被害人及其法定代理人、诉讼代理人的参与，可以理解为警示教育，因为只有在被害人充分原谅的前提下，才能达到附条件不起诉效果，犯罪嫌疑人如果认罪悔罪态度不诚恳，即使是在不起诉决定宣布后，被害人一样可以申诉。

三、公安机关复议复核与被害人申诉程序

《刑事诉讼法》第 271 条第 2 款的规定，对于附条件不起诉的决定，公安机关要求复议、提请复核或者被害人申诉的，适用本法第 175 条、176 条的规定。也就是说，对于附条件不起诉的决定、不起诉的决定两个并不相同的“决定”，在公安机关要求复议、提请复核或者被害人申诉时，新《刑事诉讼法》适用了相同的程序规定。但是，两个“决定”在具体内容、法律后果等方面的诸多不同，必然会导致复议、复核或者申诉的具体处置过程和结果有明显差别。因此，有必要深入研究两个“决定”各自特性以及相互间关系，进一步细化复议、复核或者申诉的相关程序，使得两个“决定”在程序处置上既能合理区分，又能有序衔接。

（一）公安机关的救济程序

根据新《刑事诉讼法》的规定，公安机关对于附条件不起诉决定有复议、复核的权力。这一规定是基于对检察机关附条件不起诉权进行外部监督的考虑，有利于保证附条件不起诉权的正确行使。由于检察机关在作出附条件不起诉决定之前，已经听取了公安机关的意见，并作为是否适用附条件不起诉的重要参考因素，因此公安机关对附条件不起诉决定提出复议、复核的情况并不多见。但是在上海检察机关的司法实践中，已经多次

出现公安机关在附条件不起诉听取意见时明确提出反对意见，而检察机关仍然坚持作出附条件不起诉决定的情形。虽然最终公安机关没有提出复议、复核，但检察机关仍然应当对复议、复核程序予以充分重视和研究。

1. 公安机关复议、复核的程序

根据《公安机关办理刑事案件程序规定》第 319 条的规定，公安机关认为人民检察院作出的附条件不起诉决定有错误的，应当在收到不起诉决定书后七日以内制作要求复议意见书，经县级以上公安机关负责人批准，移送同级人民检察院复议。要求复议的意见不被接受的，可以在收到人民检察院的复议决定书后七日以内制作提请复核意见书，经县级以上公安机关负责人批准后，连同人民检察院的复议决定书，一并提请上一级人民检察院复核。而《刑事诉讼规则》第 415 条、416 条规定，公安机关认为附条件不起诉决定有错误，要求复议的，人民检察院公诉（含未检，下同）部门应当另行指定检察人员进行审查并提出审查意见，经公诉部门负责人审核，报请检察长或者检察委员会决定，并在收到要求复议意见书后的三十日以内作出复议决定，通知公安机关。上一级人民检察院收到公安机关对附条件不起诉决定提请复核的意见书后，应当交由公诉部门办理。公诉部门指定检察人员进行审查并提出审查意见，经公诉部门负责人审核，报请检察长或者检察委员会决定。上一级人民检察院应当在收到提请复核意见书后的三十日以内作出决定，制作复核决定书送交提请复核的公安机关和下级人民检察院。经复核改变下级人民检察院附条件不起诉决定的，应当撤销或者变更下级人民检察院作出的附条件不起诉决定，交由下级人民检察院执行。

对于公安机关在收到附条件不起诉决定书七日之后才提出复议或者在收到复议决定书七日之后才提出复核的，应当如何处理，上述规定均未明确。我们认为，公安部的规定之所以对提出复议、复核的时间作出限定，就是为了防止公安机关拖延行使权力，影响诉讼效率和当事人利益。因此，对于公安机关超过公安部规定的期限才提出复议、复核的，检察机关应当不予受理。

2. 公安机关对考验期满后的不起诉决定是否具有复议复核权

有观点认为,根据《刑事诉讼法》第175条的规定,公安机关认为不起诉的决定有错误的时候,可以要求复议,如果意见不被接受,可以向上一级人民检察院提请复核。新《刑事诉讼法》的这一规定,并未明确排除附条件不起诉考验期满后的不起诉决定。因此,公安机关对于这种不起诉决定也有权再次提出复议、复核。

我们认为,这种观点机械理解和适用《刑事诉讼法》第175条的规定并不妥当。首先,从考验期满后不起诉决定的性质来看,这一决定是附条件不起诉决定的自然延伸,只要考验期内没有出现撤销附条件不起诉的法定情形,检察机关就应当作出不起诉决定。因此,只要附条件不起诉决定无误且考验期内无撤销情形,最终的不起诉决定就不存在复议、复核的必要。如果公安机关未曾对附条件不起诉决定提出过复议、复核,说明其已经认可附条件不起诉决定及其可能产生的不起诉法律后果,但在不起诉后果出现后,又提出复议、复核,只会陷入自相矛盾的境地。如果公安机关曾经对附条件不起诉决定提出复议、复核,但检察机关仍然维持了附条件不起诉决定,说明其理由不成立,只要无法否定附条件不起诉决定,就无法否定之后的不起诉决定,再提复议、复核,毫无意义。其次,从诉讼效率的角度来看,赋予公安机关对考验期满后不起诉的复议、复核权,不利于促使其及时行使对附条件不起诉的复议、复核权,影响司法效率,浪费司法资源,而且不利于减轻当事人的诉累。最后,如果公安机关在监督考察期间发现应当撤销附条件不起诉决定的情形,应当及时通报检察机关,建议撤销附条件不起诉,而没有必要等到不起诉决定作出后再以复议、复核的形式提出。此外,《刑事诉讼法》第273条第3款在规定附条件不起诉考验期满不起诉时,并未明文赋予公安机关复议、复核的权力,在特别程序与一般程序出现不一致时,应当遵循特别程序优先于一般程序的原则,不再适用一般程序的规定。因此,对于公安机关对附条件不起诉考验期满后作出的不起诉决定提出复议、复核的,检察机关应当不予受理。

（二）被害人的救济程序

由于附条件不起诉决定意味着检察机关很可能不再追究未成年犯罪嫌疑人的刑事责任，为了维护被害人的合法权益，并形成对检察机关附条件不起诉裁量权的外部制约，新《刑事诉讼法》专门赋予了被害人对附条件不起诉的救济权利。

1. 被害人对附条件不起诉的申诉程序

根据《刑事诉讼法》和《刑事诉讼规则》的相关规定，被害人在收到附条件不起诉决定书后七日以内申诉的，由作出附条件不起诉决定的人民检察院的上一级人民检察院的公诉部门或者未成年人刑事检察工作机构负责立案复查。被害人向作出附条件不起诉决定的人民检察院提出申诉的，作出决定的人民检察院应当将申诉材料连同案卷一并报送上一级人民检察院。被害人在收到附条件不起诉决定书七日后提出申诉的，由作出附条件不起诉决定的人民检察院公诉部门或者未成年人刑事检察工作机构审查后决定是否立案复查。复查后应当提出复查意见，报请检察长作出复查决定。复查决定书应当送达被害人、犯罪嫌疑人和作出附条件不起诉决定的人民检察院。上级人民检察院经复查作出起诉决定的，应当撤销下级人民检察院的附条件不起诉决定，交由下级人民检察院提起公诉，并将复查决定抄送移送审查起诉的公安机关。

上述规定大多参照了被害人不服不起诉决定的申诉程序，但是负责立案复查的业务部门，由控告申诉部门变更为公诉（未检）部门。这一改动的理由在于，不起诉决定是终局性决定，会产生终止刑事诉讼的法律效力。而附条件不起诉决定并非终局性决定，只是起到启动监督考察程序的作用，案件仍处于审查起诉阶段。而根据检察机关内部业务分工，对于办结案件的申诉，应当由专门的控告申诉部门办理。由于附条件不起诉决定并不意味着案件办结，被害人的申诉不能由控告申诉部门受理，只能由公诉（未检）部门受理。

2. 被害人对附条件不起诉决定是否有自诉权

关于被害人对附条件不起诉决定的救济权，《刑事诉讼法》第 271 条第

2 款仅规定，被害人申诉的，适用本法第 176 条的规定。《刑事诉讼法》第 176 条的规定，对于有被害人的案件，决定不起诉的，人民检察院应当将不起诉决定书送达被害人。被害人如果不服，可以自收到决定书后 7 日以内向上一级人民检察院申诉，请求提起公诉。人民检察院应当将复查决定告知被害人。对人民检察院维持不起诉决定的，被害人可以向人民法院起诉。被害人也可以不经申诉，直接向人民法院起诉。人民法院受理案件后，人民检察院应当将有关案件材料移送人民法院。该条规定的内容同时包含了被害人对不起诉决定的申诉权和自诉权两部分内容，由此引发了被害人对附条件不起诉决定是否具有自诉权的争议。

一种观点认为，被害人对附条件不起诉决定没有自诉权。《刑事诉讼法》第 271 条第 2 款只明文规定了被害人对附条件不起诉决定享有申诉权，没有规定自诉权。"适用本法第一百七十六条的规定"，是指适用第 176 条关于申诉权的规定，不涉及自诉权。例如，在由《检察日报》正义网、《公诉人》杂志社等主办的"全国未成年人刑事司法保护研讨会"上，就有专家指出："一旦作出附条件不起诉，已经发生法律效力了，(被害人)怎么能向法院起诉呢？"最高人民法院研究室的法官更是明确表态："如果还在作出附条件不起诉决定之后考验期之内提起自诉的，人民法院可以不予受理。因为人民检察院没有作出最终的决定。"①

另一种观点认为，被害人对附条件不起诉决定有自诉权。虽然《刑事诉讼法》第 271 条第 2 款没有明文规定被害人对附条件不起诉决定享有自诉权，但是"适用本法第一百七十六条的规定"，既包括适用该条关于申诉权的规定，也包括该条关于自诉权的规定。例如，《刑事诉讼规则》第 494 条规定，对附条件不起诉决定，公安机关要求复议、提请复核或者被害人申诉的，具体程序参照《刑事诉讼规则》第 415 条至第 420 条的规定办理，而《刑事诉讼规则》第 420 条是关于被害人提起自诉后如何处理的规定。最高人民检察院研究室下发的《附条件不起诉决定书》样式中，在最后的权利

① 载《公诉人》2013 年 9 月下半月刊。

告知部分写明:“被害人不服本决定……可以直接向×××人民法院提起自诉。”最高人民检察院法律政策研究室下发征求意见的《人民检察院办理未成年人刑事案件的规定(修改稿)》第33条第2款更是明确规定,如果被害人对附条件不起诉决定不服,可以不经申诉,直接向人民法院起诉。

对于上述争议,我们认为,可以从以下几个方面进行分析:

第一,从文义解释的角度来看,《刑事诉讼法》第271条第2款的字面含义,是指被害人可以对附条件不起诉决定行使申诉权,行使申诉权时适用第176条关于申诉权的规定,该条中涉及自诉权的规定,与申诉权无关,也就不存在适用的问题。如果立法者想要同时赋予被害人对附条件不起诉决定的申诉权和自诉权,完全可以在该款规定中写明“自诉”即可,而没有必要采用这种“申诉适用自诉规定”的不合语法和逻辑的规定方式。

第二,从刑事诉讼理论来看,公诉优先于自诉,自诉只是公诉的辅助,只有在公诉程序终结后,自诉程序方能启动。附条件不起诉决定实质上只是启动监督考察程序的决定,并不产生终结审查起诉程序的法律效力。因此,附条件不起诉决定作出后,案件仍处于审查起诉阶段,公诉程序尚未终结。如果被害人不服附条件不起诉决定即可提起自诉,就会直接导致公诉程序被自诉程序终结。因为根据《刑事诉讼法》第176条的规定,人民法院受理被害人的自诉后,人民检察院应当将有关案件材料移送人民法院。而由于附条件不起诉案件本身就是符合起诉条件的,人民法院依法必须受理被害人的自诉,检察机关只能终止附条件不起诉程序,将案件材料移送法院。于是,这就造成事实上的自诉优于公诉,公诉程序能否继续进行取决于自诉是否以及何时发动,完全违背了刑事诉讼基本理论。

第三,从自诉的法定条件来看,《刑事诉讼法》第204条第3项规定,被害人有证据证明对被告人侵犯自己人身、财产权利的行为应当依法追究刑事责任,而公安机关或者人民检察院不予追究被告人刑事责任的案件,属于自诉案件。由此可见,公安机关或检察机关不予追究被告人刑事责任,是被害人行使自诉权的前提条件。而检察机关不予追究刑事责任,主要的判断标准就在于是否作出了不起诉的决定。所以,只有在检察机关已作出不起诉决定的情况下,法院才能够受理被害人提起的自诉。如前所述,附条件不起诉决定并不是终局性的不起诉决定,还要经过六个月至一年的监督考察并符合一定条件后,才能作出最终的不起诉决定,此时才能确认检察机关不予追究刑事责任。司法实践中,不乏在监督考察期间撤销附条件不起诉决定并提起公诉的案例。在附条件不起诉决定作出时就赋予被害人自诉权,可能造成被害人按照检察机关告知的内容向法院提起自诉时,法院又因不符合自诉条件而不予受理,增加被害人的诉累,浪费司法资源,引发不必要的矛盾。

第四,从附条件不起诉的适用条件来看,《刑事诉讼法》第 271 条只是要求作出附条件不起诉决定之前应当听取被害人的意见,并没有要求必须征得被害人同意。因此,即使被害人在检察机关听取意见时表示反对,也不必然阻却附条件不起诉的适用。但如果在附条件不起诉决定作出时赋予被害人自诉权,就等同于将被害人同意作为附条件不起诉的适用条件,不必要地增加了附条件不起诉的适用难度,也于法无据。因为如果被害人反对适用附条件不起诉的意见没有被检察机关采纳,其完全可以通过立即提起自诉的方式来阻止附条件不起诉程序的进行。

第五,从司法实践层面来看,在附条件不起诉决定作出时立即赋予被害人自诉权,不利于化解社会矛盾。根据《刑事诉讼规则》第 498 条第 4 项的规定,检察机关可以要求未成年犯罪嫌疑人在附条件不起诉监督考察期间,向被害人赔偿损失、赔礼道歉。也就是说,检察机关在作出附条件不起诉决定时,可能被害人还没有得到充分的经济赔偿和经济补偿,需要通过监督考察期间的工作来继续完成,化解当事人双方矛盾,彻底修复受损的社会关系。司法实践中这种情况较为常见,很多案件的被害人刚开始情绪较为激动,强烈要求追究未成年犯罪嫌疑人的刑事责任,但随着时间的推移,特别是经过未成年犯罪嫌疑人及其法定代理人的积极赔偿、道歉后,被害人会逐步谅解,并最终达成和解,同意对未成年犯罪嫌疑人依法从宽处理。检察机关刚作出附条件不起诉决定时,立即赋予被害人自诉权,很可能就会丧失在 6 个月至 1 年的监督考察期间逐步化解双方矛盾的机会。

综上所述,我们认为,被害人对附条件不起诉决定不享有自诉权。这一观点最终也得到了最高人民检察院的支持,在正式下发的《人民检察院办理未成年人刑事案件的规定》第33条第2款中,征求意见稿中关于“被害人也可以不经申诉,直接向法院起诉”的内容已经被删除。但是,最高人民检察院研究室下发的《附条件不起诉决定书》样式尚未及时修改,仍然书面告知被害人有权提起自诉。为确保法律文书的严肃性和准确性,应当及时将上述表述予以删除。

四、附条件不起诉的监督考察及处理程序

(一)监督考察程序

《刑事诉讼法》第272条规定,在附条件不起诉的考验期内,由人民检察院对被附条件不起诉的未成年犯罪嫌疑人进行监督考察,同时规定附条件不起诉的考验期为六个月以上一年以下,其意义在于让失足的未成年人通过教育感化重新回归社会。附条件不起诉是对未成年犯罪嫌疑人的特殊保护,但如何监督考察,法律尚没有明确的具体规定,仅仅以条文的形式规定由检察机关监督考察,过于原则,执法中操作的形式、方法不易把握。我们认为,对附条件不起诉的未成年犯罪嫌疑人进行监督考察,就要把“教育、感化、挽救”方针贯彻于办案全程,树立对未成年人特殊保护的刑事司法理念,使失足的未成年人通过真诚帮教、细心疏导转化为服务社会的有用之才。

1. 监督考察的主体

从美国司法实践中与“附条件不起诉”相类似的“延缓起诉”制度规定的流程来看,检察官不负责对参加诉前分流项目犯罪嫌疑人的监管职责,而是由美国缓刑局等机构负责。我国澳门地区刑事诉讼法第263条第4项规定了考察机构和人员、预审法官及检察院有权要求社会重返部门提供协助,进行考察。与上述国家和地区附条件不起诉的考察主体不同,新《刑事诉讼法》明确规定,在附条件不起诉考验期内,人民检察院是监督考察的主体,未成年犯罪嫌疑人的监护人应当配合人民检察院做好监督考察工作。

对未成年犯罪嫌疑人的监督考察是附条件不起诉制度的关键,关系到

未成年犯罪嫌疑人能否真诚悔过、深入反省，也关系到其人身危险性是否降低、再犯的可能性是否避免。因此，监督考察如果仅凭借检察机关和犯罪嫌疑人亲属的力量，收到的效果是有限的，所以，应该有效地动员社会力量一起参与。《刑事诉讼规则》第 496 条第 2 款规定，人民检察院可以会同未成年犯罪嫌疑人的监护人、所在学校、单位、居住地的村民委员会、居民委员会、未成年人保护组织等的有关人员，定期对未成年犯罪嫌疑人进行考察、教育，实施跟踪帮教。需要指出的是，该规则规定的“会同”性质不同于“委托”，前者监督考察主体仍旧是检察机关，而后者监督考察主体则是受托机关，《刑事诉讼规则》之所以这样规定，是因为这样除了可以对未成年犯罪嫌疑人进行更为有效、更具针对性的帮教考察外，还能够有效地整合司法资源。

检察机关可以与未成年犯罪嫌疑人住所地公安机关、所在学校、单位、社区等基层组织建立规范的考察帮教机制。一方面，可以成立帮教小组，由未成年犯罪嫌疑人住所地公安机关、所在学校、单位、社区等基层组织代表等共同组成，监督未成年犯罪嫌疑人对规定义务的履行情况，尤其是监督其向社会提供一定公益服务的情况，促使其通过劳动克服好逸恶劳的不良习惯；同时对未成年犯罪嫌疑人定期进行专门的法律和道德教育，及时了解其心理动态和表现。另一方面，帮教小组应对未成年犯罪嫌疑人的情况定期向检察机关汇报。如果在考验期内发现未成年犯罪嫌疑人有漏罪、犯新罪或者严重违反规定，情节严重的，应该立即向检察机关汇报。同时，检察机关定期向其他考察帮教人员了解情况，通过其他考察帮教人员的评价对被附条件不起诉人的行为作出评定。检察机关应当充分发挥监督考察主体的作用，对被附条件不起诉人实行定期的跟踪调查回访工作，使考察工作不间断、不片面。因此，确保附条件不起诉的考察帮教人员的稳定性，建立考察帮教人员分工合作、及时联系的制度，才能使附条件不起诉的监督考察工作落到实处，有效地对未成年犯罪嫌疑人进行帮教。

2. 监督考察的流程

在监督考察过程中应结合案件情况对监督考察的方式、频率等作出详细规定。如根据犯罪情节和主观恶性程度，在考察期间，要求监督考察人员对未成年犯罪嫌疑人的法律学习、公益劳动、行为矫正、心理疏导等作出具体要求，建立最低标准，监督考察人员可以根据未成年犯罪嫌疑人的具体情况适当增加内容，同时把帮教情况如实反馈到检察机关。但如何具体操作各地尚在实践探索之中。我们认为，帮教小组应当根据案件和未成年犯罪嫌疑人的具体情况，制订个性化的帮教方案，组织开展帮教活动，落实矫治和教育措施，并制作书面帮教记录。检察机关应当对帮教小组的工作进行监督，并适时检查未成年犯罪嫌疑人遵守规定、履行义务、接受矫治和教育、帮教效果等方面的情况。帮教小组应当主动加强与检察机关的联系，及时通报监督考察情况。帮教小组发现未成年犯罪嫌疑人违反监督管理规定的，应当立即通报。检察机关应当组织帮教小组对其进行训诫，并制作训诫笔录。帮教小组在考验期即将届满前，应制作监督考察报告，对未成年犯罪嫌疑人考察期间遵守规定、履行义务、接受帮教和矫治的情况进行总结，并在考验期满后提交检察机关。

（二）撤销程序

1. 对撤销条件的理解和把握

《刑事诉讼法》第273条第1款明确规定，被附条件不起诉的未成年犯罪嫌疑人，在考验期内有下列情形之一的，人民检察院应当撤销附条件不起诉的决定，提起公诉：（1）实施新的犯罪或者发现决定附条件不起诉以前还有其他犯罪需要追诉的；（2）违反治安管理规定或者考察机关有关附条件不起诉的监督管理规定，情节严重的。《刑事诉讼规则》第500条明确规定，被附条件不起诉的未成年犯罪嫌疑人，在考验期内有下列情形之一的，人民检察院应当撤销附条件不起诉的决定，提起公诉：（1）实施新的犯罪的；（2）发现决定附条件不起诉以前还有其他犯罪需要追诉的；（3）违反治安管理规定，造成严重后果，或者多次违反治安管理规定的；（4）违反考察机关有关附条件不起诉的监督管理规定，造成严重后果，或者多次违反考察机关有关附条件不起诉的监督管理规定的。

(1)再犯新罪或者发现漏罪的认定。

根据《刑事诉讼法》和《刑事诉讼规则》的规定,被附条件不起诉的未成年犯罪嫌疑人在考验期内实施新的犯罪或者发现决定附条件不起诉以前还有其他犯罪需要追诉的,应当撤销附条件不起诉决定。显然,只有在新罪或者漏罪查证属实的情况下,才能作出撤销附条件不起诉的决定。但是,何谓查证属实,是以公安机关刑事立案为准,还是以检察机关认定为准,抑或是以法院作出的生效有罪判决为准?在已有的附条件不起诉案例中,已经遇到了这个问题。例如,A区检察院作出附条件不起诉决定后,在考验期内发现附条件不起诉对象因涉嫌新罪被B区公安分局刑事拘留并提请批准逮捕。A区检察院遂启动附条件不起诉撤销程序,但尚未作出撤销决定时,又了解到B区检察院经审查,认定该未成年人不构成犯罪,作出了不批准逮捕决定。由此可见,如果以公安机关的处理决定作为新罪或漏罪查证属实的标准,将使撤销附条件不起诉的决定面临着极大的不确定性,甚至可能造成检察机关错误地撤销附条件不起诉。

司法实践中,公安机关对刑事立案和刑事拘留措施的条件把握较为宽松,相当部分的刑事拘留对象最后并未作为犯罪处理,因此不宜将公安机关刑事立案作为新罪或漏罪查证属实的标准。以法院的生效有罪判决为准,固然较为稳妥,但是从侦查到审判需要耗费大量时间,是否撤销附条件不起诉将长期处于不确定状态,而且基于诉讼效率考虑,应当将附条件不起诉的罪行与新罪或者漏罪一并起诉、判决,所以也不宜以法院生效有罪判决作为新罪或漏罪查证属实的标准。因此,以检察机关的认定结论作为新罪或漏罪查证属实的标准,更为妥当。具体而言,可以检察机关的审查逮捕结论作为判断依据。因为如果公安机关认定附条件不起诉对象再犯新罪或存在漏罪,一般都会在最多一个月的刑事拘留期限届满之后提请检察机关批准逮捕,可以满足时效性的要求,而检察机关在审查逮捕工作中对案件事实证据和法律适用的把握相对更为严格、准确,可以满足稳定性的要求。

（2）多次违反附条件不起诉监督管理规定的认定。

违反治安管理规定，公安机关会依法作出行政处罚并形成档案记录，可以直接调出作为证据使用，但是违反附条件不起诉监督管理规定，缺乏这样的机制支撑。因此，作为考察主体的检察机关，应当建立违反监督管理规定的记录机制，确保有据可查。每次发现违规行为，应当及时采用规范的形式和程序，对违规时间、具体违规表现进行记载，并由监督考察检察官、其他帮教人员和被附条件不起诉人及其法定代理人签字确认。

需要注意的是，对附条件不起诉的撤销关系到未成年犯罪嫌疑人的重要利益，在撤销之前应给予对方申辩与陈述的权利，否则无疑剥夺了未成年犯罪嫌疑人的辩护权。因此，未成年犯罪嫌疑人有权要求律师为其辩护，有能力的也可以自行辩护。

2. 撤销程序的内部审批

撤销附条件不起诉决定，意味着附条件不起诉程序的终结和审查起诉程序的重启，将会给当事人的权利义务带来重大影响，因此必须慎重决定，加强内部程序控制。无论是《刑事诉讼法》还是《刑事诉讼规则》《人民检察院办理未成年人刑事案件的规定》，均未对撤销附条件不起诉决定的内部审批程序作出明确规定。司法实践中，一般是采用三级审批的模式，即承办人提出撤销附条件不起诉的处理意见，报经部门负责人审核，提交分管检察长决定。但应注意的是，如果附条件不起诉决定是由检委会作出的，则不宜由分管检察长来决定撤销，而应当交由检委会决定撤销。

3. 撤销后的相关处理

根据新《刑事诉讼法》的规定，检察机关在撤销附条件不起诉决定后，应当依法提起公诉。

（1）期限。不起诉决定被撤销后，检察机关在发现新罪或漏罪的追诉时效之内仍可依法追究犯罪嫌疑人的刑事责任。对于撤销附条件不起诉决定的，审查起诉期限从撤销附条件不起诉决定之日起恢复计算。检察机关应当在审查起诉期限内依法作出处理决定。该决定的作出具有独立性，无论考察期是否结束都不受影响，可将作出决定视为考察程序的优先程序，一旦进入撤销程序，考察程序自动终止，而撤销附条件不起诉决定作出后的次日应当开始继续计算办案期限。此外，从规范、统一的角度，我们认为撤销附条件不起诉决定之日应当理解为撤销附条件不起诉决定文书上的日期。

（2）对不同撤销情形的处理。对于实施新的犯罪或者在决定附条件不起诉以前还有其他犯罪需要追诉的，应当移送公安机关立案侦查；对于违反治安管理规定受到行政处罚或违反监督管理规定受到训诫后，再次违反规定的，或者违反治安管理规定或考察机关有关附条件不起诉的监督管理规定，造成严重后果的，应当直接提起公诉。

（三）不起诉处理程序

1. 不起诉决定的法律后果

根据《刑事诉讼法》第 273 条第 2 款的规定，被附条件不起诉的未成年犯罪嫌疑人，在考验期内没有法定撤销情形，考验期满的，人民检察院应当作出不起诉的决定。不起诉的决定产生下列法律后果：（1）未成年人刑事案件诉讼程序终止。检察机关不必再将案件交付法院审判。除非发现有新的事实或者新的证据，或者不起诉决定确有错误的，检察机关不得对同一案件再行起诉。（2）未成年人不再为犯罪嫌疑人身份，其行为不再作为犯罪行为予以追究。（3）被不起诉人在押的，应当立即释放；被采取其他强制措施的，应立即解除。（4）对侦查中查封、扣押、冻结的财物应解除查封、扣押、冻结。

2. 不起诉决定的宣布程序

（1）宣布程序的参加人员和基本形式。我们认为，检察机关宣布不起诉决定，应当通知侦查人员、被不起诉人及其法定代理人或合适成年人、辩护人、被害人及未成年被害人的法定代理人、诉讼代理人以及监督考察帮教小组成员到场参加宣布程序。不起诉决定书宣读完毕后，应当组织上述到场人员对被不起诉人进行教育，并视具体情形予以训诫或者责令具结悔过、赔礼道歉，或者责令法定代理人严加管教。不起诉宣布不得采取召开大会等形式，并控制到场人数。从目前的实际情况来看，训诫与责令具结悔过可以在形式上加以改进,可以采用书面训诫与口头训诫相结合的形式,并可以制定专门的具结悔过文书。

(2)宣布程序中的训诫。训诫作为一种非刑罚处罚方法,是司法机关对犯罪情节轻微不需要判刑的人,采用公开谴责的方法,进行感化、教育,进而实现预防和减少犯罪的目的。其区别于作为民事诉讼保障性强制措施的训诫,强调谴责与教育的紧密结合。实践中,要提高训诫措施的质量和科学性,在口头训诫或书面训诫中,应避免重视教育引导性内容而忽视对现实犯罪行为的法律谴责,或者一味进行违法性谴责而教育矫正内容不充分。因此,训诫过程中应当注意防止出现两种情况:①防止将训诫措施等同于一般性的行为谴责、批评、训斥。训诫在性质上属于非刑罚处罚措施,是刑事责任实现的形式之一,具有严格的实体标准。将训诫与一般性的谴责批评同质化,显然是降低标准,容易导致训诫内容的泛化,损害其严肃性。②防止训诫态度平淡化。训诫措施产生效果的前提在于作为训诫主体的检察官用语得当,而训诫态度的诚恳性、真切性、投入性又是衡量训诫语言文字是否恰当的外在标准。训诫主体必须坚持以人为本,注意训诫语音语调、面部表情、肢体语言的尺度,区别不同情况因事而训、因人施教,尊重和维护被训诫人应有的人格和权利,确保训诫效果。

以往的司法实践基本上倾向于将训诫的形式限定为口头方式,但当前司法实务中运用的检察官寄语、法官寄语实际上已明显具有书面训诫的本质特征。我们认为,训诫的形式显然不应当局限于口头,有必要明确书面训诫的具体形式,提高训诫书的适用率。因为书面训诫形成固定的文字材料,对于犯罪人的警示作用较强,可以促使行为人进行反复自省。而口头训诫因为形式上的局限性,不仅无法在物理上形成“温故知新”的文字资料,而且犯罪人经过时间的推移容易遗忘,训诫效果持续的时间相对有限;此外,从严肃性的角度分析,口头训诫的正式性与严肃性显然不如书面训诫强,对犯罪人教育强度具有明显的差别,有的当事人还可能分不清训诫与一般批评教育的区别,这就使训诫的严肃性大打折扣。基于上述分析,书面训诫应当成为更为重要且有效的训诫形式,不能在非刑罚处罚司法实践中被直接排除在训诫方式之外。

(3)宣布程序中的责令具结悔过。具结悔过是通过严肃的悔过书、忏悔书、检讨书等深刻反省自己的犯罪行为,并回忆、谴责自己犯罪思想根源的一种悔罪行为。责令具结悔过是指检察官责令犯罪人用书面方式保证悔改,不再犯罪。虽然责令具结悔过中的“责令”具有明显的强制性,但要使这种非刑罚处罚方法发挥出实际效果的基础,仍然必须依靠犯罪人自身的主动性。完善责令具结悔过的适用主要应当注意优化其适用方式以及防止具结悔过的形式化。悔过书本质上是一种在自我剖析基础上的内心表白和思想表态,其适用方式不拘一格,关键在于针对不同人的行为与人格特点分情况予以适用。对基于宽严相济刑事司法政策考量进行宽大处理的未成年人犯罪案件,在不要求犯罪人具结悔过的前提下就适用相对不起诉、免予刑罚,不仅可能导致未成年人无法深刻理解从宽处理的法律与政策初衷,进而无法充分认识到自己所犯罪错的具体性质。此外,也容易使得一些被害人因此产生猜忌,认为检察机关适用法律不规范,致使矛盾激化。为防止具结悔过内容空泛的现象,检察机关在责令未成年犯罪嫌疑人具结悔过的过程中应积极引导,鼓励其发现探究自身的犯罪根源,而非人云亦云地重复没有独立性特征的表面忏悔。办案检察官有必要在与未成年犯罪嫌疑人的交流过程中提示其从个人的生活环境、性格发展、人际关系、学习工作状态中寻找犯罪根源、解释犯罪原因、实践社会改造方案。

五、附条件不起诉制度的配套机制

新《刑事诉讼法》规定的附条件不起诉制度体现了对未成年犯罪嫌疑人的特殊保护,为了正确行使这项权力,实现其教育、感化、挽救的目的,检察机关应完善相关配套机制。

(一)社会调查机制

1. 社会调查在附条件不起诉中的必要性

社会调查是许多国家办理未成年人刑事案件的惯例,是未成年人刑事诉讼程序贯彻刑罚个别化和全面调查原则的具体表现。社会调查报告制度对于附条件不起诉有很大的必要性。首先,通过社会调查,可以查明未成年人是否具备接受六个月到一年监督考察所必需的监护或社会帮教条件。其次,社会调查报告的内容,是对未成年人适用附条件不起诉的重要依据。未成年人适用附条件不起诉的前提之一是“具有悔改表现”。通过调查未成年人个人的相关情况,了解被调查人的犯罪原因,还可以作为其人身危险性大小的依据。最后,考察机关还可以根据未成年人社会调查报告的内容,有针对性地对其制订合理的监督考察方案,同时对于附加的教育或矫治条件,通过调查评估是否有足够社会力量的支持。

2. 社会调查的内容

作为社会调查制度的其中一个层面,调查内容应着眼于追寻未成年人犯罪的原因,也就是说,通过调查未成年人相关因素,能够深入挖掘出被调查对象实施犯罪行为的社会原因、家庭原因、教育原因以及其自身存在的原因等。

(1)基本内容。

社会调查应该由以下三部分构成:①调查内容,至少应该包括以下项目:社会环境、家庭情况、成长经历、社会活动、教育或职业状况、兴趣爱好、性格特点、人格品行、涉案前后情况等。②综合评价,结合调查综述对该少年人格品行、可塑性、人身危害性等方面作出总的评价。③附件,包括被访人员的签名、被访单位开具的证明、相关凭证的复印件、调查笔录等。

(2)心理评估。

对于附条件不起诉的未成年犯罪嫌疑人可能存在心理问题的,应当指派具有心理咨询师资质的人担任社会调查员,并进行心理评估。社会调查报告应当附有心理评估报告。对于实施诉前考察的未成年犯罪嫌疑人,社会调查员应当对诉前考察的未成年犯罪嫌疑人实行两次心理评估。

(3)主要方式。

①由两名以上调查员共同参加。

由于社会调查将对未成年犯罪嫌疑人的羁押、起诉、量刑和矫正产生重大影响,因此社会调查必须体现严肃性和一定的司法性,两名以上调查员共同参加调查,可以互相帮助和互相监督,避免片面性,体现公正性。

②以实地考察和面谈为主、以其他方式为辅。

社会调查报告应该具备科学性、缜密性,能够真正反映未成年犯罪嫌疑人的人身危险性。这些需要设定能够反映未成年犯罪嫌疑人人身危险性的调查项目,引入科学的人格测量方法。为提高社会调查的精准度和科学性,调查员应与未成年犯罪嫌疑人直接面对面交流,实地走访其家庭、社区、学校、工作场所等以获取第一手的资料。因法律规定或者客观条件的限制,难以当面交流和实地走访的,才允许采用电话、书信、网络等辅助方式进行。

③以笔录和书面记录为载体。

社会调查的方式必须经得起委托机关的复核和辩护人的质疑,因此面谈和走访必须以笔录的方式予以固定,电话、书信、网络等辅助方式也必须以书面方式记载。笔录和书面记录必须完整地作为调查报告的附件提交。

④以保密为前提。

新《刑事诉讼法》规定了对未成年犯罪嫌疑人不公开审理和轻罪记录封存的制度,因此,在开展社会调查的过程中应注重对未成年犯罪嫌疑人相关信息以及调查内容的保密。否则之后的不公开审理和犯罪记录封存将无法真正落到实处,其负面效应直接对未成年人权益带来损害,不仅可能使未成年人失去教育、就业的机会,甚至遭受他人的歧视。

3. 社会调查在附条件不起诉中的应用

第一,社会调查应包括是否具有“悔罪表现”的内容。“有悔罪表现”是适用附条件不起诉的重要条件,但目前法律对何种情形属于“有悔罪表现”没有明确规定。实践中,各地主要从以下三个方面衡量未成年犯罪嫌疑人是否确有悔改表现:一是犯罪嫌疑人的认罪态度,二是专业心理咨询机构针对犯罪嫌疑人出具的心理评估报告,三是犯罪嫌疑人是否向被害人真诚道歉和积极赔偿被害人的损失。而对于上述所提及的心理咨询机构针对犯罪嫌疑人出具的心理评估报告则是社会调查在附条件不起诉中应用的一个方面。

第二,社会调查报告结论可以作为检察官在对未成年犯罪嫌疑人适用附条件不起诉的相关依据。因为制作报告的过程中,调查员要利用心理学、教育学、社会学等专门知识和方法论,以及未成年人工作的经验,对未成年人犯罪的原因、人身危险性、社会危害性等进行分析判断,从而找出教育和挽救未成年人的最佳途径,并提出处理意见,基于此,成为检察机关在办理未成年人附条件不起诉案件时的参考。

第三,社会调查应围绕未成年犯罪嫌疑人的成长经历、居住环境、家庭情况、在校表现等进行,深入挖掘未成年犯罪嫌疑人的犯罪原因及犯罪前后的态度,对其进行人身危险性评估,并加强说理。

第四,检察机关可以根据社会调查报告设置未成年人在监督考察期内的帮教矫正内容,通过对涉案未成年人进行定期和不定期的跟踪考察,及时了解未成年犯罪嫌疑人的生活表现和思想动态,并预防其再次违法犯罪。

(二)刑事和解机制

本部分所谓的“刑事和解”,并不局限于新《刑事诉讼法》特别程序规定的“当事人和解的公诉案件诉讼程序”,而是宽泛意义上的刑事诉讼过程中犯罪嫌疑人一方以认罪悔罪、退赃退赔、赔礼道歉等形式获取被害人一方谅解的情形。从司法实践经验来看,当事人双方能否达成刑事和解,对附条件不起诉的适用具有至关重要的作用。

1. 刑事和解对附条件不起诉适用的实体意义

首先,刑事和解对于附条件不起诉刑罚条件具有实质性影响。在对未成年人可能判处的刑罚进行测算时,刑事和解情节是一项对量刑具有较大影响的从宽情节。其中,符合《刑事诉讼法》第277条规定条件的刑事和解情节,根据《刑事诉讼法》第279条,应当从宽处罚,而且从宽的幅度相当之大,甚至可以达到减轻处罚的效果。即使是宽泛意义上的刑事和解,在刑罚裁量时同样可以起到酌情从轻处罚的效果。例如,最高人民法院2014年开始正式实施的量刑规范化工作中,对于积极赔偿被害人全部经济损失的,可以减少基准刑的30%以下;对于取得被害人或其亲属谅解的,可以减少基准刑的20%以下。

其次,刑事和解是附条件不起诉悔罪条件的重要判断依据。刑事和解的重要内容就是犯罪嫌疑人向被害方赔偿损失和赔礼道歉,而这些表现同时又可以作为判断犯罪嫌疑人是否具有悔罪表现的重要依据。

2. 刑事和解对附条件不起诉适用的程序意义

刑事和解对附条件不起诉适用的程序也有较大影响,主要体现在听取被害人意见方面。在实务操作中,达成刑事和解的案件中,被害人基本不会对附条件不起诉提出异议,而尚未达成刑事和解的案件,则被害人一般都会提出自己的经济损失尚未得到弥补,对于附条件不起诉想不通、不能接受甚至强烈反对。虽然被害人反对并不必然造成附条件不起诉的不予适用,但司法实践中检察机关对于被害人的意见是特别重视的,唯恐引发涉检上访或被害人的过激行为,对于被害人明确提出反对意见的,一般是不会适用附条件不起诉的。只有刑事和解工作到位,才能够为附条件不起诉的适用扫清程序障碍。

此外,附条件不起诉的适用,以犯罪嫌疑人具备非羁押强制措施的适用条件为前提,否则无法为其变更强制措施或释放,社会化的监督考察也就无从谈起。而判断犯罪嫌疑人是否应当继续羁押的一个重要条件,就是是否与被害人达成和解。如果在尚未完全赔偿被害人损失、未能获得被害人谅解的情况下,就对犯罪嫌疑人采取取保候审措施甚至直接释放,必然招致被害人的强烈反对,难以实现。

3. 附条件不起诉的刑事和解保障

检察机关对于经审查认为符合法定条件、拟作附条件不起诉的未成年犯罪嫌疑人,应当立即着手审查当事人双方是否已经达成了刑事和解。如果尚未达成刑事和解,则需要开展促赔、促和工作,通过委托人民调解委员会调解、律师调解、双方自行和解等方式,在审查起诉期限内促成和解。此外,检察机关还可以发挥未检部门捕诉一体的优势,对于审查逮捕阶段已经发现存在适用附条件不起诉可能的,应当开展促和工作,并建议公安机关在后续侦查阶段开展刑事和解工作,及早促成刑事和解。

需要注意的是，要防止将附条件不起诉与刑事和解不起诉混同。所谓“刑事和解不起诉”，是指根据《刑事诉讼法》第279条的规定，对于达成和解协议的案件，犯罪情节轻微，不需要判处刑罚的，可以作出不起诉的决定。从适用条件上来看，这种不起诉并非一种新的不起诉类型，只是相对不起诉的一种而已。达成和解协议只是刑事和解不起诉的条件之一，还需要满足“犯罪情节轻微，不需要判处刑罚”的条件。因此，在把握附条件不起诉与刑事和解不起诉的区别时，可以参照前述附条件不起诉与相对不起诉的区分标准。

（三）社会化帮教体系

1. 建立社会化帮教体系的必要性

建立社会化帮教体系，对附条件不起诉制度的深入发展具有重要意义。

首先，检察机关是附条件不起诉的监督考察主体，但仅凭检察机关一家之力所发挥的作用毕竟有限。尤其是在目前司法资源配置中，检察机关并不像派出所、社区等组织一样能够深入乡村街道、各个居民辖区，难以对未成年犯罪嫌疑人实行全面有效的考验监督，因此，建立社会化帮教矫正体系，有效动员社会力量，将专业机构等引入到考察帮教中来尤为重要。

其次，检察机关作为考察帮教主体，整合社会资源可实现社会化帮教方式的多样化。《刑事诉讼规则》第496条第2款规定，人民检察院可以会同未成年犯罪嫌疑人的监护人、所在学校、单位、居住地的村民委员会、居民委员会、未成年人保护组织等的有关人员，定期对未成年犯罪嫌疑人进行考察、教育，实施跟踪帮教。在监督考察中，检察机关虽负有帮教义务，但因力量有限，帮教方式相对单一。根据《刑事诉讼规则》第496条的规定，在整个考察帮教中，检察机关既是处于法律监督者和指导者的地位，又是处于具体执行者的地位，我们认为这才是《刑事诉讼规则》第496条规定中“会同”的含义。具体做法是，日常性考察帮教工作交给考察帮教小组、社会观护基地或帮教基地等，即将社区矫正的概念引入其中，让社会力量进入司法程序，检察官主要是跟踪了解帮教的进展和犯罪嫌疑人的表现，实现办案专业化与帮教矫正社会化相结合。

例如,江苏、浙江等有些地方的检察院与热心公益的企业签订附条件不起诉帮教协议,让未成年犯罪嫌疑人在帮教基地中适应正常的工作和生活,由帮教基地负责人对其进行考察帮教。当然这种做法仍有一些反对之声,但也未尝不是一次很好的尝试。由于未成年犯罪嫌疑人在考验期中需要接受考察帮教,而考察帮教的效果就直接影响到附条件不起诉制度实施的效果。

因此,建立社会化帮教体系,对附条件不起诉制度的深入发展将会起到推进作用,对诉讼顺利进行也是一个很好的保证。

2. 社会化帮教体系的构成

(1)社会化帮教体系的基本形式。

根据《预防未成年人犯罪法》第47条的规定,未成年人的父母或者其他监护人和学校、城市居民委员会、农村村民委员会,对因不满16周岁而不予刑事处罚、免予刑事处罚的未成年人,或者被判处非监禁刑罚、被判处刑罚宣告缓刑、被假释的未成年人,应当采取有效的帮教措施,协助司法机关做好对未成年人的教育、挽救工作。城市居民委员会、农村村民委员会可以聘请思想品德优秀、作风正派、热心未成年人教育工作的离退休人员或者其他人员协助做好上述涉罪未成年人的教育、挽救工作。

①司法帮教是由司法机关严格贯彻落实相关法律法规和刑事司法政策,对未成年人开展特殊司法保护,保障未成年人的诉讼权利和合法权益。

②家庭帮教则要求未成年犯罪嫌疑人的父母或者其他监护人,对未成年犯罪嫌疑人进行有成效监护和管理,协助学校、社区及司法机关开展好对未成年犯罪嫌疑人的教育工作。

③学校帮教则是要求未成年犯罪嫌疑人所在学校适时对未成年犯罪嫌疑人进行思想教育、文化教育、纪律和法制教育,引导学生树立正确的人生观、价值观和世界观。尊重未成年犯罪嫌疑人的人格和隐私、不得歧视对待,平等地给予未成年犯罪嫌疑人接受教育的机会。

④社区帮教是指在检察机关对未成年犯罪嫌疑人作出附条件不起诉

决定后，由承办检察官将有关材料送达该未成年人户籍所在地或居住地社区后，由社区帮教人员对其进行帮助、教育，检察机关定期对帮教工作进行回访考察。

⑤社会团体帮教是要发挥共青团组织、志愿者联合会、关心下一代工作委员会等社会组织的力量，增加帮教工作的积极性和主动性，吸收社会正能量，同时也帮助未成年犯罪嫌疑人看到社会的阳光面。

（2）社会化帮教体系的完善。

一是积极借鉴其他国家的做法，集结社会各方力量，增加交流学习，完善未成年犯罪嫌疑人社会帮教体系建设。二是社会帮教工作制度化、规范化。在充分调研的基础上，制定符合地区实际的相关规定，建立不同地区、不同部门之间协调机制，为帮教工作的开展提供依据。三是要促进帮教工作的专业化建设。培养专业的帮教人才，将帮教工作落实到实处。

3. 社会化帮教体系的运作

未成年人犯罪是多种社会因素导致的复杂社会问题，预防未成年人犯罪也是一项复杂的系统工程，仅靠检察院一家难以解决，必须引入社会力量，使司法专业化与预防社会化有机结合、共同作用。其中，上海建立的由党委领导、政府出资、检察机关牵头、社团运作、多方参与的涉罪未成年人社会观护工作体系，是社会化帮教体系中运行较早（2003 年试点）也较为成熟的模式。

（1）通过会签帮教协议等形式，有效整合共青团、社工组织、学校、社区、企业等各方力量，制订并落实帮教矫正方案。检察机关负责牵头启动观护程序并进行监督指导。针对来沪无监护人、无住所、无工作的未成年犯罪嫌疑人无法提供保证人和保证金，难以适用取保候审措施的问题，通过将其纳入特殊观护基地，由基地负责人或帮教人员担任其保证人，为顺利落实非羁押措施和社会帮教矫正扫清了障碍。

（2）依托专业力量，如具备专业技能的社工及心理咨询师，确保有效提升观护体系的帮教矫正和犯罪预防效果。社工可以根据观护对象的身心特点，量身定制个性化的帮教矫正方案；心理咨询师可以通过有针对性的心理干预和治疗，帮助观护对象矫正不良心理。学校、社区等力量的参与，实现了对未成年犯罪嫌疑人的有效监管，防止其重新违法犯罪。

(3)观护基地还积极为生活无着、谋生手段欠缺的来沪未成年人提供食宿及生活帮助，安排观护对象参与公益劳动、文化知识学习和劳动技能培训等，促使其认同社会主流价值，为其适应社会创造良好条件。观护期满后，加大对观护对象的跟踪回访力度，了解后续进展，关注观护实效。

(四)犯罪记录封存机制

1. 封存的依据

《刑事诉讼法》第275条规定，犯罪的时候不满18周岁，被判处五年有期徒刑以下刑罚的，应当对相关犯罪记录予以封存。犯罪记录被封存的，不得向任何单位和个人提供，但司法机关为办案需要或者有关单位根据国家规定进行查询的除外。依法进行查询的单位，应当对被封存的犯罪记录的情况予以保密。其中，“五年有期徒刑以下刑罚”包括五年以下有期徒刑、拘役、管制、单处罚金、驱逐出境。

从理论上来说，附条件不起诉的不起诉决定的性质与犯罪记录不同，前者是指原本符合起诉条件，可能判处一年有期徒刑以下刑罚的，但检察机关可以作出附条件不起诉的决定，而后者是必须经过人民法院审判的。《刑事诉讼规则》第507条规定：人民检察院对未成年犯罪嫌疑人作出不起诉决定后应当对相关记录予以封存。因此，附条件不起诉同相对不起诉一样适用犯罪记录封存。但是，鉴于附条件不起诉在程序中的特殊之处，为保障未成年犯罪嫌疑人今后的顺利复学、升学、就业等，在封存过程中还有待完善细化。

2. 监督考察中的保密

《刑事诉讼规则》第502条规定，人民检察院在办理未成年人刑事案件过程中应当对涉案未成年人的资料予以保密，不得公开或者传播涉案未成年人的姓名、住所、照片、图像及可能推断出该未成年人的其他资料，因此，检察机关作为附条件不起诉封存的主体，明确具有保密的义务。在实践中，往往遇到在考察帮教中学校、单位、居住地的村民委员会、居民委员会、未成人保护组织等有关人员泄露未成年人的涉罪信息的情况，以至于影响到未成年犯罪嫌疑人的升学、就业等，直接造成犯罪记录封存的被动与失效。在为期六个月至一年的监督考察期内如何保护未成年犯罪嫌疑人的涉罪信息，我们认为可以从以下三个方面着手：

一是签订保密协议，即在签订考察帮教协议的同时，未成年犯罪嫌疑人一方与考察帮教单位共同签署一份保密协议，并在协议中约定，考察帮教单位如有泄露未成年人的涉罪信息的情况发生，未成年犯罪嫌疑人及时向检察机关反映，由检察机关以检察建议等方式予以纠正。

二是由检察机关定期对考察帮教单位的有关人员进行保密义务的培训。只有从思想上牢固对未成年犯罪嫌疑人相关信息进行保密的意识，才能从行为上有效贯彻实施，同时这也是对帮教考察人员的专业能力的基本要求。

三是由考察帮教单位内部建立考察帮教的奖惩机制。这需要检察机关牵头推动考察帮教单位建立，内容上是对于违反保密义务的，从工作绩效上予以体现并严格执行。

3. 不起诉决定的封存

我们在前文中已经阐述过，检察机关宣布不起诉决定，应当通知公安机关侦查人员、被不起诉人及其法定代理人或合适成年人、辩护人、被害人及未成年被害人的法定代理人、诉讼代理人以及监督考察小组成员到场参加宣告程序。对此，最高人民法院《刑诉法解释》也有类似规定，《刑诉法解释》第467条第2款规定：对依法公开审理，但可能需要封存犯罪记录的案件，不得组织人员旁听。也就是说，除了案件的相关人员，其他人员不得参与不起诉决定的宣告。

前述人员中除了侦查人员、考察小组成员及合适成年人明确具有保密的义务，被害人一方、辩护人等都不具有保密的义务，在此情况下如何为被不起诉人保密呢？我们认为，检察机关在未成年人案件宣布不起诉决定时，同时应当依职权将《未成年人犯罪记录封存书》或者《未成年人不起诉记录封存书》予以告知，在送达《不起诉决定书》时，同时送达《未成年人不起诉记录封存书》。有关机关、单位在接收到《未成年人犯罪记录封存书》后，应当根据档案管理制度对未成年人的犯罪记录进行密封保存；有关个人在接收到《未成年人犯罪记录封存书》或者《未成年人不起诉记录封存书》后应当对有关未成年人犯罪记录的诉讼文件及相关材料保密。如果有关机关、单位和个人未依法封存未成年人的犯罪记录，未成年人及其法定代理人可以提起民事诉讼。

（五）推动公安机关改革考核机制

1. 公安机关考核机制与附条件不起诉适用存在一定的关联性

公安机关的执法质量考核评价本质上是公安机关内部执法监督的一个重要手段。公安部于 2011 年上半年推出了《关于改革完善执法质量考评制度的意见》，就改革完善公安机关执法质量考评工作机制提出六大方面的意见。如在考评体系的设置方面，要求取消“罚没款数额”“刑事拘留数”“行政拘留数”“发案数”“劳动教养数”“退查率”“破案率”等不合理、不科学的指标；在考评范围方面，将社会矛盾化解、执法安全等纳入考评内容；在机制创新方面，坚持日常考评、网上考评、专项考评等形式互相补充，等等。但是，没有取消起诉数和起诉率的考核。

未成年人案件的指导方针是“教育、感化、挽救”，本着“少捕慎诉”的原则，不起诉的比率将会越来越高，与公安机关起诉数和起诉率的矛盾势必越来越尖锐。矛盾的结果可能是公安机关将原本不起诉的案件作撤案或者行政处罚的简单化处理，如此一来就没有了观护帮教的过程，无法真正实现感化挽救，又重新回到原来就案办案的模式上来。因此，对于未成年人案件需要公安机关逐步取消起诉数和起诉率的考核。

2. 推动公安机关考核机制改革的相关措施

为解决上述问题，上海市综治委、高级人民法院、检察院、公安局、司法局及共青团上海市委于 2011 年 1 月联合下发了上海市《关于进一步建立、完善和规范办理未成年人刑事案件配套工作体系的若干意见》，明确规定：办理未成年人刑事案件不以拘留率、逮捕率或起诉率作为工作考核指标。同年，上海市人民检察院、公安局出台了《关于进一步建立和完善办理未成年人刑事案件公检配套衔接机制的意见》,其中第13条明确规定:公安机关、检察机关应当将未成年人刑事案件办理工作机制区别于一般办案工作的特殊考核机制。考核或者评优工作应当不以未成年人的批捕率或者起诉率作为正向指标,并将相对不捕、相对不诉的人数纳入打击数指标,同时充分考虑未成年人案件特殊办理的工作量和工作效果。规定虽然已经出台两年多了,但在实践中出现了在附条件不起诉案件征求公安机关意见时,公安机关出于起诉率的考虑,提出了不同意附条件不起诉意见的情况。

如何改变单纯追求起诉率、定罪率的考核考评指标体系,我们认为可以从以下三个方面着手:一是从基层实际着手,通过公、检、法联席会议形式,对取消起诉数和起诉率进行协调;二是检察机关将不起诉纳入考核,将附条件不起诉和相对不起诉纳入考核加分项目,鼓励作不起诉;三是注重办案的社会效果,并以办案人员当时作出决定时的依据是否正确,发现问题后是否采取了必要措施和是否取得良好法律、社会效果为替代的考核考评指标,减少办案人员因为担忧承担责任的顾虑。

结论

本课题的主要任务,是在现行法律框架下,基于《刑事诉讼法》及《刑诉法解释》的规定,结合上海检察机关未检部门的司法实践,对法律规定的理解与适用以及实务疑难问题提出见解,更多地是站在司法机关的立场上开展的研究,而没有对立法本身进行过多的评价。但是,我国的少年司法制度最为突出的特点,就是以司法推动立法,有些司法实务问题,只能通过立法才能解决。在坚持严格依法适用附条件不起诉的前提下,检察机关可以也应该提出一些完善相关立法的建议。

(一)附条件不起诉罪名条件的完善

根据《刑事诉讼法》第271条的规定,适用附条件不起诉的罪名范围为,涉嫌刑法第4～6章即侵犯公民人身权利、民主权利罪,侵犯财产罪和妨害社会管理秩序罪的案件。这一规定将社会危害性极大、未成年人犯罪中罕见的危害国家安全罪、危害国防利益罪、贪污贿赂罪、渎职罪、军人违反职责罪排除在附条件不起诉的适用范围之外，具有合理性。但是，对于危害公共安全罪和破坏社会主义市场经济秩序罪，则可以考虑将其中部分罪名纳入附条件不起诉的适用范围。例如，危害公共安全罪中的交通肇事罪、破坏电力设备罪等，在未成年人犯罪案件中并不罕见，而且社会危害性和主观恶性与侵犯人身权利或财产权利的犯罪并无太大差异，可以考虑纳入附条件不起诉适用的罪名范围。再如，破坏社会主义经济秩序罪中的生产、销售伪劣商品罪，侵犯知识产权罪，信用卡诈骗罪，非法经营罪，强迫交易罪，未成年人往往参与其中，但对其中一些典型的法定犯缺乏明确的违法性认识，而且作用与地位以及社会危害性都并不突出，可以将附条件不起诉的适用范围扩展到这些罪名。

（二）附条件不起诉刑罚条件的完善

《刑事诉讼法》中附条件不起诉对可能判处一年有期徒刑以下的案件适用，范围过窄，为更好地发挥附条件不起诉制度的审前分流作用，提高诉讼效率，恢复社会关系的价值，可以考虑扩大附条件不起诉的适用范围。在我国的司法实践中，未成年人和在校学生是附条件不起诉的主要适用主体，但“域外法制一般都是根据法定刑的轻重设定标准，而没有刑种和行为主体的限制”。[①] 比如，德国的暂缓起诉只适用于轻罪案件，《减轻司法负担法》实施后，使适用暂缓起诉的范围扩大，由原来的轻罪案件扩大到现在的中等严重程度的犯罪案件。在参照附条件不起诉制度发展较为成熟的国家立法例的基础上，根据我国的司法现状，可将附条件不起诉的适用范围扩大到轻罪案件，即犯罪情节轻微，依据刑法可能判处三年以下有期徒刑、拘役、管制、单处、并处罚金的案件。“将暂缓起诉制度的适用范围界定为可能判处三年以下有期徒刑、拘役或者管制的案件，也是与我国刑法中的缓刑制度相配合。”[②]但附条件不起诉不能对严重危害社会的重罪案件、累犯、惯犯适用。

---

① 叶肖华：《比较法视域下的附条件不起诉制度》，载《金陵法律评论》2007 年第 2 期。

② 吕天奇：《比较法视野下的暂缓起诉制度研究》，载《社会科学研究》2011 年第 1 期。

(三)附条件不起诉考验期限的完善

新《刑事诉讼法》将附条件不起诉的考验期限确定为六个月到一年。对此,司法实践中普遍认为,六个月的最低期限偏长,不利于节约司法资源,也不利于减轻当事人的诉累。从上海检察机关 2005 年探索试点的诉前考察工作(类似于附条件不起诉)经验来看,三个月到六个月的考验期限,已经可以起到监督考察和教育矫正的作用。过长的考验期限会造成未成年犯罪嫌疑人及其法定代理人因为诉累不愿接受附条件不起诉,同时也会造成承办检察官怠于适用,对附条件不起诉工作的正常开展十分不利。因此,考验期限的下限可以考虑放宽到三个月。当然,如果附条件不起诉适用的刑罚条件放宽到三年以下,则考验期限的上限也应当相应地提高到三年。

(四)附条件不起诉案件被害人救济权利的完善

根据新《刑事诉讼法》的规定,被害人对附条件不起诉不服的,可以进行申诉,但是否有自诉权并不明确。如果赋予被害人自诉权,则附条件不起诉案件将长期处于待定状态,只要该案件的追诉时效未满,被害人随时可以通过自诉的方式来否决附条件不起诉决定或者最终的不起诉决定,造成司法资源的巨大浪费,并严重影响教育、感化、挽救的效果,最终完全架空附条件不起诉制度。正是有鉴于此,我国台湾地区"刑事诉讼法"第 253-1 条规定,缓起诉(相当于大陆的附条件不起诉)期间,被害人不得提起自诉。而我国台湾地区的"少年事件处理法"第 65 条第 2 款更为明确地规定:"刑事诉讼法关于自诉之规定,于少年刑事案件不适用之。"我国立法应当予以借鉴,明确不赋予被害人对附条件不起诉案件的自诉权。为了平衡被害人的利益,可以允许被害人向法院提出自诉,但法院在受理前应当先对检察机关附条件不起诉决定是否合法进行全面审查。经审查认为附条件不起诉决定符合法定条件的,应当不予受理自诉;认为附条件不起诉不符合法定条件的,则应当受理自诉,依法进行判决。

(五)附条件不起诉监督考察主体的完善

监督考察是附条件不起诉的重要环节,也是决定是否对被附条件不起诉人提起诉讼的重要依据。因此，如何切实发挥监督考察的作用，使其落到实处至关重要。新《刑事诉讼法》将人民检察院确定为监督考察的主体，并规定人民检察院可以会同未成年犯罪嫌疑人的监护人、所在学校、单位、居住地的村民委员会、居民委员会、未成年人保护组织等人员定期对未成年犯罪嫌疑人进行考察、教育，实施跟踪帮教。我们认为，新《刑事诉讼法》将检察机关确定为监督考察主体，固然有其合理性，一方面强化了检察机关在附条件不起诉中的主体作用，另一方面也防止监督考察中出现不公正现象。

但在司法实践中，这一规定极易导致监督考察流于形式，无法真正发挥其作用，理由如下：第一，监督考察主要是开展心理辅导、公益劳动、相关教育等矫治、教育活动，这些活动并不具有司法属性，而是带有行政属性，因此，该项工作与检察机关的司法属性不符。第二，监督考察的内容具有专业性，超出了检察机关现有工作职能的范畴，如由检察机关承担，势必影响其功效。第三，从监督考察内容实施的便利性来看，其场所应贴近未成年人学习、生活区域，而不应在检察机关内；监督考察时间亦应具有连续性、灵活性，这些都是检察机关难以做到的。因此，我们认为，虽然监督考察是针对附条件不起诉的单独措施，与社区矫正性质是不一样的，但完全可以借鉴社区矫正的操作模式，将其赋予司法行政机关，由司法行政机关在社区矫正机构之外另行成立附条件不起诉监督考察部门，负责对被附条件不起诉人的日常监督考察，由检察机关对其内容和结果进行监督审查。

论我国未成年人犯罪记录封存制度的困境和发展[*]

一、我国未成年人犯罪记录封存制度的建立基础

(一)未成年人犯罪记录封存制度建立的必要性

1. 基于未成年人身心成长的需要

14~18岁是未成年人从幼稚逐步走向成熟的时期,不仅在生理上迈入身体发育的鼎盛期,心理上更是进入了“爱憎分明”的情感迸发期。在这一时期内,未成年人往往好奇心强烈,却不懂明辨是非;情感丰富,却容易冲动、偏激;善于学习和模仿,却极可能产生偏差行为;乐于交友,却易受他人的不良影响。而当前,我国社会又正值一个复杂且不稳定的“转型期”,①各种原有的道德观念、价值理念等正在遭到否定甚至破坏,而新的社会行为规范却尚未完全形成或被普遍接受,这种规范的“真空”使社会行为缺乏应有的限制和约束。在这样一个“转型期”的社会中,尚未成熟的未成年人往往更难以经得起物质诱惑或外部刺激,无法控制自己的欲望和行为而走上犯罪的道路。可以说,未成年人犯罪是在不成熟身心和不良好环境的双重作用下的被动选择,并不能完全视为该未成年人自由意志的所选结果。

---

* 余文,上海市杨浦区人民检察院。

① 社会转型,是指社会结构和社会运行机制从一种形式向另一种形式转换的过程。社会转型表现为社会法律本身的转换、社会运行机制的转换、价值观念的转换。参见郑杭生、李强:《社会运行导论——有中国特色的社会学基本理论的一种探索》,中国人民大学出版社1993年版,第306页。

基于未成年人的身心特点和犯罪特性，相较于成年人而言，犯罪未成年人具有更强的可塑性，更易于接受新事物、新规则，更能迅速地改变现有的思想和行为，更可能被重新改造和塑形。此外，随着未成年人的不断成长，自尊心理、自主意识和独立能力也在不断增强，他们会自发地力求成熟和完善，试图为自己在群体中赢得尊重与地位，这也为矫正他们的观念行为带来无限可能性。因此，对于犯罪未成年人，教育远比惩治更为重要和可行。这些“迷途的羔羊”不应有跟随终身的“犯罪污点”，也不应当冰冷地被主流社会驱逐在外，他们需要及时的引导、适度的改造、善意温暖的社会环境、继续成长的宽松空间，如此他们就有可能从曾经的失范行为中脱离出来，重新树立良好的价值观念和行为模式。

2. 基于消除标签效应和再社会化的需要

犯罪标签理论是指犯罪之人和试图对犯罪之人予以惩治的社会、群体以及他们之间相互作用以及这种作用所导致的犯罪行为的形成，[①]它的理论根源于社会学家发展形成的符号互动理论。[②] 主张犯罪标签理论的学者认为，犯罪的形成过程并不是个人因素，起着至关重要的是其他人或社会群体对犯罪者的否定性评价和对待方式。如是说当一个未成年人因为违法犯罪行为被司法机关处置后，即使已经过强制性再改造和再教育，社会公众仍会因被公之于众的犯罪记录，对他回归社会后的行为作出各种不良推断，认为他不可以也不值得被信赖。一旦被贴上“犯罪标签”，会使犯罪未成年人遭受更多的挫折和磨难，使他被歧视、排斥甚至孤立。在这样的周遭环境中，本就易受影响的未成年人很可能会产生“我即是犯罪之人”的自我认知，甚至会“破罐破摔”地再次犯罪。而未成年人犯罪记录封存制度的建立则有利于降低犯罪记录的社会知晓度，有利于减少产生“犯罪标签”的可能性，有利于重燃犯罪未成年人回归社会的希望，有利于给予他们回归正常社会生活的希望和机会。

---

① 赵秉志、廖万里：《论未成年人犯罪前科应予消灭》，载《法学论坛》2008 年第 1 期。

② 符号互动理论认为，社会是由代表心理过程的姿态和语言的交换构成的。参见[美]马尔科姆·沃特斯：《现代社会学理论》，华夏出版社 2000 年版，第 2 页。

人是社会化形态的动物，个人成长是个体与社会的互动过程。从某种意义上讲，未成年人未能健康成长而走上犯罪道路，也是其成长过程中社会化①失败的表现。因此，未成年人自身就是犯罪行为的受害者，社会不应当再给未成年人贴上"犯罪标签"，造成犯罪未成年人更多的心理负担和人生阻碍，成为他们再社会化过程当中的一大块绊脚石。② 未成年人犯罪是一个社会问题，那么社会就更有责任给犯罪未成年人创造第二次机会，为他们封存曾经的犯罪记录，使他们获得一个与"犯罪者"毫无关联的新身份，减少他们在求学就业时面临不公待遇的可能性，帮助他们改变原有的错误价值观念和行为模式，让他们逐步接受和适应符合大多数人利益的社会规范，最终得到社会的重新接纳，实现再社会化。

3. 顺应刑罚目的和国际形势的需要

一直以来，我国的未成年人刑事政策都坚持"教育、感化、挽救"方针和"教育为主、惩罚为辅"原则。我国对于犯罪未成年人注重的是教而非罚，刑罚只是一种手段，而根本目的在于矫正犯罪未成年人的行为模式，使未成年人得以改造并重归社会，帮助其在今后的人生中更为健康地成长。因此，如果刑罚的具体设置和裁决都十分合理，刑罚的目的也已经达到，那么前科就应当予以消除。③ 而前科记录若是终身伴随犯罪未成年人，成为其人生道路上的重重障碍，使其无法顺利回归社会甚至重新犯罪，那么刑罚的根本目的也将本末倒置。封存未成年人犯罪记录，并不是单纯意义上的纵容或宽恕，而是为了真正实现对未成年人进行教育和挽救的司法目的。

---

① 社会化，是指个体的生物人成长为社会人，并逐步适应社会生活的过程，经由这一过程，社会文化得以积累和延续，社会结构得以维持和发展，人的个性得以形成和完善。个体的社会化是通过社会教化和个体内化实现的。参见郑杭生：《社会学概论新修》，中国人民大学出版社 1998 年版，第 105 页。

② 再社会化，广义上是指社会在急剧转变中，一个人放弃原来的生活方式而使用另一种对他来说全新的生活方式的过程，这个过程可以是自愿的，也可以是被迫的、被强制的。参见郑杭生：《社会学概论新修》，中国人民大学出版社 1998 年版，第 131 页。

③ 邱兴隆：《刑罚理性导论——刑罚的正当性原理》，中国政法大学出版社 1988 年版，第 67 页。

再放眼于国际社会,对未成年人的犯罪前科予以撤销或消灭也已成为世界各国或地区的立法趋势,法国、德国、瑞典、美国、俄罗斯、日本以及我国台湾地区等均已在其法律中确立了未成年人前科消灭制度,设置了具体的适用条件和程序,构建了相关的配套机制,并在司法实践中不断积累成功经验。同时,多项国际性公约如《联合国儿童权利公约》《联合国少年司法最低标准规则》(《北京规则》)、《联合国预防少年犯罪准则》(《利雅得准则》)、《联合国保护被剥夺自由少年规则》(《东京规则》)也都明确提出对未成年人应予以特殊司法保护,其中的《北京规则》《东京规则》还对未成年人前科消灭制度作出专门或专章性的条文规定。中国作为国际社会的一员,有必要也有义务遵守条约规定。在我国积极构建和完善未成年人犯罪记录封存制度,是紧跟时代脚步的必然要求,也是顺应国际趋势的有效反馈。

(二)未成年人犯罪记录封存制度建立的可行性

1. 理论依据

一是罪责刑相适应原则。刑事古典学派的报应论主张“以血还血、以牙还牙”的报应思想,以此体现刑罚的本质和目的。而我国对报应论的逐步演化和有限吸取,便形成了中国当代刑事法律的基本性原则——罪刑相适应原则,即行为人将受到的刑罚制裁应当与其所实施的犯罪行为相适应。由此可见,行为人一旦犯了“罪”,就必须受到相适应的“刑”,那么该“刑”执行完毕后,对该行为人所犯之罪的全部惩罚是否也应当就此终结,否则就超出了与“罪”相适应的“刑”的应有幅度,显然与罪刑相适应原则背道而驰。而任由犯罪记录对犯罪人,特别是涉罪未成年人产生否定性评价,影响其正常的求学就业,甚至使其终身背负不利后果,便是对“刑”的一种扩大和衍生,有悖于“一报还一报”、“罚当其罪”。未成年人犯罪记录封存作为一项刑事司法制度,应当得到罪责刑相适应原则的支撑,是该原则的具体体现和外在衍生。

二是犯罪预防理论。从早期的“以牙还牙”到后来的“改造预防”,刑事社会派和刑事人类派的学者基于对刑罚目的的不断认识,从而提出了犯罪预防理论。他们主张对犯罪行为的惩治并不是刑罚的最终目的，而是一种预防犯罪的手段，既包括一般预防，也包括特殊预防。其中，所谓的特殊预防就是指预防曾经犯罪之人再次犯罪。而大肆公开犯罪记录无疑会对犯罪未成年人造成“标签效应”，使他们难以被社会所认同和接纳，不利于他们顺利回归社会，并很可能导致未成年人再次走上犯罪之路，那么特殊预防将无从谈起，刑罚的最终目的也无法实现。因此，未成年人犯罪记录封存制度的构建目的正是为了降低未成年人再次犯罪的可能性，实现特殊预防目的。在当今中国，犯罪预防理论已经得到了法学界的普遍认同，相信与该理论有着共同目标和相同价值取向的未成年人犯罪记录封存制度也能得以落地开花。

2. 法律支撑

(1)刑法及刑事诉讼法。

2011年5月1日，我国《刑法修正案(八)》的正式实施为《刑法》第100条增加了第2款的规定，[①]对于被判处5年有期徒刑以下刑罚的未成年人，明确免除了其前科报告义务。虽然免除的仅是报告义务，犯罪记录依然存在并可被查询，但这已是我国法律对于未成年人特殊保护的巨大进步，也为未成年人犯罪记录封存制度的建立开启了第一步。

紧随其后，新《刑事诉讼法》于2013年1月1日开始施行，该法不仅设置了未成年人犯罪案件诉讼特别程序的章节，并以其中的第275条初步确立了我国的未成年人犯罪记录封存制度，明确对于被判处5年有期徒刑以下刑罚的未成年人，其相关犯罪记录应当予以封存，除了因司法办案需要或根据国家规定查询外，不允许提供给其他任何单位和个人。虽然该条文对于封存的主体及程序、限制查询的具体单位、违规泄露的法律后果尚未作出具体规定，甚至与现存的一些法律法规有所冲突，但这无疑已是未成年人犯罪记录封存制度法治化的里程碑，为完善该制度提供了法律依据和

① 《刑法》第100条第2款规定：犯罪的时候不满18周岁被判处5年有期徒刑以下刑罚的人，免除前款规定的报告义务。

司法保障。

(2)其他法律、法规及规定。

我国对于未成年人保护的相关规定,除上述基本法外,更多的是以《未成年人保护法》《预防未成年人犯罪法》等专门性法律予以体现。例如,《未成年人保护法》第54条、57条以及《预防未成年人犯罪法》第44条、48条,[①]分别规定了对于违法犯罪未成年人应当坚持“教育、感化、挽救”的方针;对于涉罪未成年人,不得在被定罪判刑前开除其学籍;对于免刑、缓刑或服刑完毕后的未成年人不得予以歧视,在学习、工作等方面应当享有与其他未成年人同等的权利。这些法律虽没有明确提及未成年人犯罪记录封存制度,但其立法目的同样是为了减少犯罪记录对未成年人的不利后果,为构建犯罪记录封存制度提供了强有力的立法支撑。

此外,中央政法委在2008年12月《关于深化司法体制和工作机制改革若干问题的意见》中提出要有条件地建立未成年人轻罪记录消灭制度;中央综治委、最高人民法院、最高人民检察院、公安部、司法部、共青团中央于2010年8月也共同出台了《配套工作意见》,要求有条件的地区可以对违法和轻微犯罪的未成年人施行行政处罚和轻罪消灭制度;最高人民法院、最高人民检察院、司法部、公安部、国安部于2012年5月联合制定了《关于建立犯罪人员犯罪记录制度的意见》,明确违规提供、泄露或使用涉罪未成年人员信息必须承担相应的法律责任。可见,未成年人犯罪记录封存制度在我国不仅能得到立法上的确定,也引起了司法及行政部门的重视和关注,并先后制定相关指导性意见对该制度予以具体化、明确化。

(3)国际性公约。

如前文所述,我国作为联合国成员和国际社会的重要成员,已签署并

---

① 《未成年人保护法》第54条第1款规定,对违法犯罪的未成年人,实行教育、感化、挽救的方针,坚持教育为主、惩罚为辅的原则;第57条第3款规定,解除羁押、服刑期满的未成年人的复学、升学、就业不受歧视。

加入了多项国际性公约。其中,《北京规则》第 21 条[①]对未成年人犯罪档案确立了严格保密原则,仅允许处理相关案件或者经正式授权的人员接触档案,且不得用于其成年后的各类诉讼案件中。《东京规则》第 19 条[②]提出了犯罪未成年人的法律记录应当存入保密档案,非特许人员不得进行查阅;其释放时记录应封存,并适时予以销毁。《利雅得准则》第 5 条指出,未成年人被贴上"行为不端"的标签后,很可能会形成不良的惯性模式,这从反面暗示了为减少"标签效应",应当封存未成年人犯罪记录。上述国际性公约或是对未成年人犯罪记录封存制度作出直接性规定,或是提出间接性指引,足以为该制度在我国的建立提供相应的法律渊源。

3. 实践探索

自 20 世纪 90 年代初开始,我国多地人民法院、人民检察院相继就未成年人犯罪记录封存制度进行了有益探索,尽管各地做法不一,在制度名称、主体条件、法律效果等方面均各不相同,但仍积累了不少经验和教训,为未成年人犯罪记录封存制度在我国正式建立提供了肥沃的实践土壤。

1992 年,北京市海淀区人民法院率先探索了未成年人前科限制公开制度,综合未成年人犯罪后的悔罪表现等情况,对其中符合条件的,由人民法院统一保管其相关犯罪档案,对外严格限制公开。2003 年年底,河北省石家庄市长安区人民法院制定《"未成年人前科消灭"实施办法》,明确未成年人被判处 3 年以下有期徒刑或者拘役、管制的,且系初犯、犯罪情节轻微的,在其服刑后可申请前科消灭,并由法官出具文书证明其前科不复存在。2007 年,四川省彭州市人民法院启动了《少年犯"前科消灭"试行方案》,法

① 《北京规则》第 21 条规定:对少年罪犯的档案应严格保密,不得让第三方利用,应仅限于与处理手头上的案件直接有关的人员或其他经正式授权的人员才可以接触这些档案。少年罪犯的档案不得在其后的成人诉讼中加以引用。

② 《东京规则》第 19 条规定:所有报告包括法律记录、医疗记录和纪律程序记录以及与待遇的形式、内容和细节有关的所有其他文件,均应放入保密的个人档案内,该档案应不时补充新的材料,非特许人员不得查阅,其分类编号应使人一目了然。在可能情况下,每个少年均应有权对本人档案中所载任何事实或意见提出异议,以便纠正那些不确切、无根据或不公正的陈述。为了行使这一权利,应订立程序,允许根据请求由适当的第三者查阅这种档案。释放时,少年的记录应封存,并在适当时候加以销毁。

院对符合犯罪情节较轻、非累犯等条件的,经过考验期、确已改过自新的犯罪未成年人,其犯罪记录可予封存。2008 年,山东省青岛市李沧区人民法院也开始推行未成年人前科封存制度,明确被判处有期徒刑三年以下刑罚且系初犯的未成年人,可以缓刑执行完毕或刑罚结束后,向法院申请对其本人的相关犯罪档案予以封存,使犯罪记录对求学就业甚至报考公务员都不再产生负面影响。

上海市检察机关在个别试点的基础上,于 2006 年全面推行未成年人刑事污点限制公开制度,即人民检察院对犯罪未成年人作出相对不起诉决定后,不再将《不起诉决定书》等文书存放于该未成年人的学籍和人事档案,并有条件地予以封存。该制度虽仍存在适用主体少、程序较烦琐、封存对象单一等局限,但仍取得了良好的社会效果。截至 2010 年 3 月,上海市检察机关已限制公开了 91 名未成年人的相对不起诉记录,其中 52 人顺利就业,37 人继续就学,并有 7 人被大学录取,[①]为犯罪未成年人重新回归社会的道路扫清了不少障碍。

二、域内外未成年人犯罪记录封存制度的评述及比较

(一)域外未成年人犯罪记录消灭制度的概述

目前,世界上的许多国家和地区对于未成年人犯罪前科的处置均采用的是消灭方式,将前科予以涂销或销毁,使得未成年人在法律意义上被视为从未实施过犯罪行为,其法律上的地位不会再遭受任何歧视性待遇。[②]各个国家或地区对未成年人前科消灭制度的立法规定,虽在制度名称、适用条件、考察期限等方面均有所不同,但也各有不同的特色和亮点。

1. 法国

法国是世界上最早建立未成年人犯罪前科消灭制度的国家,该国《刑

---

① 陈旭:《建立未成年人轻罪记录消灭制度》,载《中国青年报》2010 年 3 月 9 日版。

② 于志刚:《刑罚消灭制度研究》,法律出版社 2002 年版,第 694 页。

事诉讼法典》第8篇(犯罪记录)的第770条[①](1970年7月17日的70－643号法律)明确规定了未成年人犯罪记录撤销制度。

在法国,自然人的犯罪记录是以登记卡的形式存在的,那么关于如何撤销未成年人犯罪记录登记卡,上述第770条第1～3款即从期限、条件、主体、启动方式、法律效果等方面予以阐明。对未成年人作出裁判决定后满三年(期限),且该未成年人确已悔改,则不论其是否已成年(条件),少年法庭(主体)均可依其本人或检察机关申请或者依职权(启动方式),决定销毁与该未成年人裁判相关的登记卡,不再在犯罪记录中保留相关的记述(法律效果),原诉法院、该未成年人现住所地及出生地法院可受理上述申请(管辖权)。可见,法国是采用法院决定的形式,彻底消灭符合一定期限和条件的未成年人犯罪记录。

此外,法国撤销犯罪记录制度的另一大亮点则体现第770条第4款的规定,将可消灭犯罪记录的对象延伸至18～21周岁的青少年。该年龄段的青少年判刑已满三年,且服刑完毕、罚金已支付、附加刑期限届满的,其犯罪记录亦可被宣告撤销。

2. 德国

德国的未成年人前科消除制度与法国相似,亦是由法官通过裁定形式宣布消除,但在适用条件、期限、启动方式、程序等方面略有不同,《德意志

---

① 《法国刑事诉讼法典》第770条规定:对未满18周岁的未成年人作出的裁判决定,在此种决定作出起后3年期限届满,如该未成年人已经得到再教育,即使其已经达到成年年龄,少年法庭得应其本人申请或检察机关申请或者依职权,决定从犯罪记录中撤销与前项裁判相关的登记卡;少年法庭作出终身裁判,经宣告登记卡时,有关原决定的记述不得保留在少年犯罪记录中;与此裁判相关的登记卡应予销毁。原追诉法院、未成年人现在住所地法院及其出生地法院,对受理申请有管辖权。与对18周岁至21周岁的人实施的犯罪宣告的有罪判决相关登记卡,在被判刑人已经获得重返社会的情况下,自判刑起3年期限届满,亦可宣告撤销。但是,只有自由刑已经服刑完毕,罚金已经支付以及如所宣告的附加刑规定有确定的期间,只有经过此期间后,才能撤销登记卡。参见《法国刑事诉讼法典》,罗结珍译,中国法制出版社2005年版,第612～613页。

联邦共和国少年法院法》第 2 编第 4 章(前科记录的消除)第 97 ~ 101 条[①]对此作出了专章性规定。

在德国,少年法官能够确认被判刑未成年人的行为已无可挑剔,并具备正派品行时(条件),在其执行刑罚已满二年或刑罚被免除后(期限),可依职权或者经该未成年人及其监护人或检察官、帮助机构代表提出申请(启动方式),由对被判刑未成年人负有监护任务的初级法院或其成年后的住所地法院(管辖权)的少年法官,宣布消除未成年人的前科记录。如未成年人被判处两年以下刑罚,其刑罚或余刑因缓刑期届满而消灭后,法官应当直接宣布其前科记录被视为已消除。且少年法官应在宣布消除前科记录前,先对该未成年人进行广泛调查,并听取检察官意见,如认为条件尚不具备,还可最多延迟两年裁判(程序)。

值得注意的是,德国未成年人前科消除制度的突破之处在于其设立了排除性条件,且消除前科记录的宣布可被撤销。对于依据《德国刑法典》第 174 ~ 180 条或第 182 条关于妨害性自决权的部分罪名[②]而被裁判的未成年

---

① 《德意志联邦共和国少年法院法》第 97 条规定:少年法官确信,被判刑少年的行为无可挑剔,证实已具备正派品行时,少年法官可依其职权,或经被判刑少年、其监护人或法定代理人的申请,宣布消除前科记录。亦可经检察官申请,或被判刑人在提出申请时尚未成年,经少年法院帮助机构的代表申请,宣布消除前科记录如涉及依普通刑法典第 174 ~ 180 条、182 条所为之裁判,则不得宣布之。消除前科记录命令只能在执行刑罚两年以后或刑罚被免除后作出,但消除前科记录对被判刑少年显得特别重要的,不在此限。刑罚执行期间或缓刑考验期间不得作出上述命令。

第 98 条规定:负有对被判刑人进行监护教育任务的初级法院的少年法官具有管辖权。被判刑人如已成年,则由被判刑人住所在其辖区内的少年法官管辖。少年法官应优先委托对被判刑人在执行刑罚后进行照料的机构,对被判刑人的行为及考验情况进行调查。少年法官也可自行调查。调查时应听取被判刑人的意见;如被判刑人尚未成年,还应听取其监护人、法定代理人以及学校和主管行政当局的意见。调查结束后,还应听取检察官的意见。

第 99 条规定:少年法官判决消灭未成年人前科记录的形式为裁定。若少年法官认为消除前科记录的条件尚不具备,则可延缓裁判,但延迟的期间最多不得超过两年。可对该上述裁决立即提起上诉。

第 100 条规定:被科处两年以下少年刑罚,因刑罚或其余刑在缓刑期届满后而消灭的,法官应宣布其前科记录被视为已消除。如涉及依普通刑法典第 174 ~ 180 条、182 条所为之裁判,不得宣布之。

第 101 条规定:被宣布前科记录已消除的被判刑人,在消除前科记录之前因犯重罪或故意犯轻罪被判处自由刑的,法官以判决或事后以裁定形式撤销前科记录消灭命令。

上述参见:《德国刑法典》,徐久生、庄敬华译,中国方正出版社 1999 年版,第 278 ~ 279 页。

② 《德国刑法典》第 174 ~ 180 条或第 182 条的罪名,包括对被保护人的性滥用、对儿童的性滥用、强制猥亵或强奸(致人死亡)、对无反抗能力之人的性滥用,促使未成年人为性行为、对未成年人的性滥用。

人，其相关前科记录不得宣布消除。若前科记录已被宣布消除的未成年人，在消除前因犯重罪或故意犯轻罪被判处自由刑的，少年法官可以判决或事后裁定对上述前科记录消除命令予以撤销。

3. 俄罗斯

俄罗斯的未成年人犯罪前科消灭制度是在成年人的基础上作出了更为优惠的期限条件。《俄罗斯联邦刑法典》第86条[①]按照所犯罪行轻重不同，将成年罪犯分为被判缓刑的或被判比剥夺自由更轻刑罚的、因轻罪或中等严重犯罪被判自由刑的、因严重犯罪被判自由刑的、因特别严重犯罪被判自由刑的等五档，分别科以不同的考察期限，后由法院撤销或消灭其前科，至此与前科有关一切法律后果不复存在。而该刑法典第95条[②]则在此基础上，对因轻罪或中等严重、严重犯罪、特别严重犯罪的未成年人，分别大幅缩短其犯罪前科消灭的考察期限。

4. 日本

日本少年司法体系一贯坚持“保护优先原则”，因此与其他国家相比，该国的未成年人前科消灭制度可谓最直接、最简单、最宽松，甚至可以说日本并不存在未成年人犯罪前科。

根据《日本少年法》第60条[③]的规定，刑罚执行完毕后或被免予执行或

---

① 《俄罗斯联邦刑法典》第86条：“……在下列情况下犯罪前科消灭：(1)被判缓刑考验期满；(2)被判处比剥夺自由更轻种类刑罚的人，服刑期满后1年；(3)因轻罪或中等严重犯罪被判处剥夺自由的人，服刑期满后3年；(4)因严重犯罪而被判处剥夺自由的人，服刑期满后6年；(5)因特别严重犯罪被判处剥夺自由的人，服刑满8年……如被判刑的人在服刑期满后表现良好，则法院可以据他本人的请求在消灭前科的期限届满之前撤销前科。前科消灭或撤销后，与前科有关一切法律后果便不复存在”。参见《俄罗斯联邦刑法典》，黄道秀译，北京大学出版社2008年版，第36～37页。

② 《俄罗斯联邦刑法典》第95条：对年满18周岁之前实施犯罪的人，本法典第86条第3款规定的消灭前科的期限应予缩短，分别为：(1)因轻罪或中等严重的犯罪而剥夺自由刑的，服刑期满后经过1年；(2)因严重犯罪或者特别严重犯罪而服剥夺自由刑的，服刑期满后经过3年。参见《俄罗斯联邦刑法典》，黄道秀译，北京大学出版社2008年版，第41～42页。

③ 《日本少年法》第60条：少年时因犯罪被判刑，刑期执行完毕或者免予执行的，在适用于人的资格法令上，将来视为未受过刑罚处分。少年时因犯罪被判刑而接受缓期执行的，在缓期执行期间，可视为刑期期满，适用前款的决定。在前款的情况下，所宣布的缓期执行被撤销，在适用于人的资格法令上，可视为被宣判刑罚者。参见《当代未成年人法律译丛——日本卷》，孙云晓译，中国检察出版社2006年版，第185页。

缓刑执行期间的未成年人,均应被视为从未受过刑罚处分。可见,日本法律在消灭未成年人犯罪前科时,既不需要考虑所涉罪行、适用条件、启动方式,也不需要经过一定的考验期限,更不需要特定的宣告形式,而是随着所判刑罚的终结,犯罪前科便直接被视为不复存在。

5. 我国台湾地区

我国台湾地区在"少年事件处理法"第 83 条中,①初步确立了少年犯罪记录的封存及涂销制度,并以"少年儿童保护事件执行办法"第 31 条的规定,②进一步对涂销少年犯罪记录的适用范围、条件、期限、程序等作出明确。在我国台湾地区,对符合受到转介至福利机构处分的满两年、受到保护处分且执行完毕或被撤销的满三年、受到刑罚处分且执行完毕或被赦免的满三年、受到不付审理、不付保护处分或无罪的自裁决或判决确定起等条件和期限的少年犯罪记录,将被直接视为从未受过上述处分及刑罚。且少年法院应当在规定期限内及时通知保存机构将相关的前科记录及有关资料予以注销,这些记录及资料包括了该未成年人犯罪行为的移送、调查、侦查、审理及执行等环节的记录。即使在注销前,相关的前科记录及资料

---

① 我国台湾地区"少年事件处理法"第 83 条:任何人不得于媒体、资讯或以其他公示方式揭示有关少年保护事件或少年刑事案件之记事或照片,使阅者由该项资料足以知悉其人为该保护事件受调查、审理之少年或该刑事案件之被告。违反前项规定者,由主管机关依法予以处分。

第 83－1 条:少年受第 29 条第 1 项(指的是少年法院依少年调查官调查之结果,认为情节轻微,以不付审理为适当者,得为不付审理之裁定,并为转介儿童或少年福利或教养机构为适当之辅导处分。)之转介处分执行完毕两年后,或受保护处分或刑之执行完毕或赦免三年后,或受不付审理或不付保护处分之裁定确定后,视为未曾受各该宣告。少年法院于前项情形应通知保存少年前科记录及有关资料之机关,将少年之前科记录及有关资料予以涂销。前项记录及资料非为少年本人之利益或经少年本人同意,少年法院及其他任何机关不得提供。

第 83－2 条:违反前条规定未将少年之前科记录或有关资料涂销或无故提供者,处六个月以下有期徒刑、拘役或新台币 3 万元以下罚金。

② 我国台湾地区"少年儿童保护事件执行办法"第 31 条:少年法院于少年有下列情形之一时,应通知各保存少年前科纪录及有关资料之机关(构),将其依主管业务所建立之移送、调查、侦查、审理及执行等纪录及资料涂销之:(1)受本法第 29 条第 1 项之转介处分执行完毕满二年。(2)受保护处分之执行完毕或撤销确定满三年。(3)受刑之执行完毕或赦免满三年。(4)受不付审理之裁定确定。但本法第 29 条第 1 项之裁定,不在此限。(5)受不付保护处分之裁定确定。(6)受无罪判决确定。少年法院应于下列期限前,为前项之通知:(1)不付审理裁定、不付保护处分裁定或无罪判决确定者,裁判确定后 10 日内。(2)受转介处分、受保护处分或刑之执行者,应涂销日期 10 日前。

非为本人利益或经本人同意,少年法院或其他保存机构也不得对外提供。同时,任何人也不得在媒体或以其他公示方式,揭示未成年人保护事件或刑事案件中足以让他人知悉该未成年人身份的照片、记录等。

我国台湾地区未成年人前科消灭制度的另一大特色是“少年事件处理法”第83条之二明确规定了未依法涂销少年前科记录或无故提供者所应承受的制裁后果,为该制度的实施提供了必要的监督依据和法律保障。

(二)我国未成年人犯罪记录封存制度的基本框架

与前述国家或地区不同,根据《刑事诉讼法》第275条的规定,我国对未成年人犯罪记录所持的是“封存”态度,即满足一定条件的未成年人犯罪记录应当予以封存,非特定机关或法定原因,不得对外提供。

1. 犯罪记录封存的适用条件

第275条明确规定了“轻罪”的适用条件,只要未成年人所犯罪行被人民法院判处5年以下有期徒刑、拘役、管制、单处罚金或免予刑事处罚的,其与该罪行相关的犯罪记录即应予封存。而除“轻罪”条件外,对未成年人所犯罪行的罪名或性质、是否系初犯偶犯等情节均无限制,也未将未成年人的悔罪表现、矫正情况等作为适用前提。

此外,人民检察院作出的相对不起诉或附条件不起诉决定,虽非系人民法院作出的有罪判决或刑事处罚,但适用该两种不起诉的未成年人确已实施了犯罪行为,系“构罪而不起诉”,其性质类似于人民法院作出的免予刑事处罚的决定,由此而形成的未成年人涉罪记录仍应当参照适用第275条规定的未成年人犯罪记录封存制度。① 而公安机关作出的行政处罚、劳动教养、强制隔离戒毒等司法处理决定,则属于更为轻种类的违法性处罚,根据“举重以明轻”原理,同样应当参照第275条予以封存。②

---

① 曾新华:《论未成年人轻罪犯罪记录封存制度——我国新〈刑事诉讼法〉第275条之理解与适用》,载《法学杂志》2012年第6期。

② 上海市市委政法委制定并下发《关于未成年人犯罪记录封存的若干问题》,已对适用封存制度的犯罪记录作出扩张性规定。

2. 犯罪记录封存的适用对象

第275条强调了适用犯罪记录封存的对象系“犯罪时”未满18周岁的未成年人，那么行为人只要在犯罪行为发生时符合未成年人的条件，无论其案发时、审判时或执行刑罚时是否已年满18周岁，因该犯罪行为而形成的相关记录仍应当予以封存。而对于实践中跨越18周岁前后实施犯罪行为的情况，笔者认为只要已满18周岁后实施的犯罪行为相较于未满18周岁时的而言，犯罪行为性质轻微、社会危害程度的比重较小、封存后不严重损害国家及社会利益的，应当将成年前后两个年龄段的犯罪行为共同作用而导致的犯罪记录予以整体性封存。①

3. 犯罪记录封存的义务主体

第275条虽未对封存义务主体作出直接性规定，但笔者认为，从条文含义和司法实践来看，对未成年人犯罪记录承担封存义务的主体应当包括：(1)人民法院、人民检察院、公安机关；(2)社区矫正部门、未成年犯管教所、看守所、拘留所等司法行政机关；(3)人力资源及社会保障机关、教育机关等依法保管未成年人信息档案的有关政府部门。此外，其他开展社会调查、社会帮教、监督考察等工作可能知晓相关未成年人犯罪信息的人员，以及因查询而获悉犯罪记录相关单位或个人，虽并不是封存义务主体，但也应当对获取的未成年人犯罪记录信息履行保密义务。

那么，对于刑事案件的自诉人、被害人、附带民事诉讼原告人和被告人等当事人以及辩护人、诉讼代理人等诉讼参与人是否也应当在封存或保密义务主体之列呢？笔者认为，现行法律已经对案件各方当事人给予了合法的处置(对犯罪者一方依法惩治，对被害一方通过附带民事诉讼、调解或刑事和解予以补偿)，不应再因标签效应而加重对犯罪未成年人的惩罚，而且《刑法》第100条也已免除了犯罪未成年人一方的前科记录报告义务。因此，为了有效实现封存效果，刑事案件当事人及诉讼参与人应当对未成年

① 肖中华：《论我国未成年人犯罪记录封存制度的适用》，载《法治研究》2014年第1期。

人犯罪记录严格保密。[①]

4. 犯罪记录封存的适用范围

根据第275条规定,应予封存的是"相关犯罪记录",但具体是哪些记录却未有明确规定。对此,笔者认为相关犯罪记录应当包括:(1)与犯罪事实相关的证据、信息等客观记录;(2)与刑事案件立案侦查、起诉审判、刑罚执行等诉讼程序相关的法律文书、卷宗材料等客观记录。上述记录均既应包括纸质材料,也包括电子信息。

5. 犯罪记录封存的法律效果

第275条对未成年人犯罪记录采用"封存"方式,即封存义务主体应当对记载有符合封存条件的犯罪记录的档案材料采取严格保密措施,除司法办案和法律另有规定外,任何单位和个人查询时,均不得透露被查询人在其未成年时是否曾经犯罪的相关信息。可见,我国对未成年人犯罪记录并非予以"消灭",被封存后的记录也不是不复存在,而只是被放入"密封罐"保密起来,限制对外提供。同时,除办案需要或法律另有规定外,封存义务机关接受查询申请后,经审核发现被查询的未成年人犯罪记录符合封存条件的,均应当对外宣称其无犯罪记录。

6. 犯罪记录封存的例外性规定

第275条规定,被封存的未成年人犯罪记录可对外披露的两个例外情况:一是司法机关为办案需要进行查询,二是有关单位根据国家规定进行查询。

(1)司法机关办案需要的查询。

在我国,"司法机关"并无法律上的明确表述和定义,法学理论上将其严格限定为检察机关和审判机关。但笔者认为,查询犯罪记录往往是侦查机关在案件侦破过程中排查嫌疑对象、抓获犯罪嫌疑人的重要手段,也是司法行政部门进行社区矫正、监管教育的重要依据,故而第275条所指的

① 曾新华:《论未成年人轻罪犯罪记录封存制度——我国新〈刑事诉讼法〉第275条之理解与适用》,载《法学杂志》2012年第6期。

“司法机关”应作广义解释,包括人民法院、人民检察院以及公安机关。[①]

由此,上述司法机关仍可以在立案侦查、审查逮捕、审查起诉和司法审判等刑事诉讼活动中,因与案件办理工作相关的必要需求而对未成年人犯罪记录进行查询,并作为强制措施、定罪量刑、刑罚执行的参考依据;或者在办理民事或行政诉讼案件时因审查工作需要而依法查询未成年人的犯罪记录。

(2)单位根据国家规定的查询。

对于“单位”的范围,参照《刑法》第30条关于单位犯罪的规定,可包括公司、企业、事业单位、机关和团体。对于“国家规定”的界定,根据《刑法》第96条的规定,应是指全国人民代表大会及其常务委员会制定的法律、决定,国务院制定的行政法规、规定的行政措施、发布的决定和命令,但应当排除国务院各部委制定的部门规章、条例、办法以及地方性法规、规章。[②]

(三)域内外未成年人犯罪记录封存制度的比较分析

如本章前两节所述,我国现有的未成年人犯罪记录封存制度,与法国、德国、俄罗斯、日本以及台湾地区等多数域外国家或地区的未成年人犯罪前科消灭制度,虽有着相同的立法目的,但在具体规定方面却存在不少的相异之处。

1. 范围的不同:前科与轻罪

目前,大多数国家或地区对未成年人前科消灭制度的适用范围均秉持着较为宽松的态度。有些国家或地区规定未成年人前科消灭可以适用于所有罪行,对所涉罪名或者罪行轻重并不作出任何限制,如上文介绍的俄罗斯、日本。有些国家或地区也仅排除某些性质的罪行,如德国仅排除适用于部分涉及性侵害未成年人的罪行。有些国家或地区是将特别严重的罪行排除在适用犯罪之外,如法国在未成年人前科消灭制度适用的上限

① 张丽丽:《从“封存”到“消灭”——未成年人轻罪犯罪记录封存制度之解读与评价》,载《法律科学(西北政法大学学报)》2013年第2期。

② 魏再金、田萍:《以检察工作为视角对未成年人犯罪记录封存制度的理解》,载《湖北科技学院学报》2013年第1期。

是:单处监禁的,必须在十年以内;多次被判监禁的,则必须在五年内。① 综上,多数域外未成年人前科消灭制度的适用范围即为“前科”,②并未再为这个“前科”设定更多的限制和条件,未成年人的前科能否消灭与该前科所涉及的罪行轻重并无太多关联。

但我国的未成年人犯罪记录封存制度又被称为“轻罪记录封存制度”,因为现行法律规定,只有被判处五年有期徒刑及以下刑罚的未成年人犯罪记录才被列入封存范围,而且数罪并罚的也以此为上限。可见,就适用范围而言,域外多数国家或地区的法律规定均要比我国更为宽泛。

2. 条件的不同:有条件、有时效地封存与即时封存

除日本等少部分国家或地区直接将犯罪未成年人视为未受过刑事处罚外,绝大多数域外未成年人前科消灭制度均设置了相应的适用条件,或是需要一定的考察期限,或是需要具备一定的表现行为。在考验期限方面,一些国家或地区还针对不同的刑罚种类和刑期,规定了不同年限的考察期,但总体而言在一至三年居多,如前述的德国、俄罗斯。在表现行为方面,主要是考察涉罪未成年人在一段时间内的行为品行以确定其是否已经悔改、品行是否端正、会否再次犯罪。在具备上述前置条件后,才能对犯罪未成年人宣告消灭其前科记录。

相较于多数域外制度设置的适用条件,我国更类似于日本,对未成年人犯罪记录制度的适用方式是直接、即时地予以封存。一般而言,对于被人民法院判处有期徒刑五年及以下刑罚的未成年人,法官则会当庭将可免除前科报告义务以及相关犯罪记录即时封存的权利告知该未成年人,如适用缓刑的,人民法院还将在送达判决文书的同时告知社区矫正机关应当履行未成年人犯罪记录封存义务;而人民检察院作出相对不起诉或附条件不

---

① 朱明:《未成年人前科消灭制度探析》,华东政法大学2012年硕士学位论文,第13~14页。

② 对于犯罪前科的定义,世界各国和我国法学界的观点不一,但此处的前科是指曾经被宣告犯有罪行或被判处刑罚的事实,也就是说只要行为人被定了罪,至于对被宣告人是否处刑、判处何种刑罚、刑罚是否执行,都不影响前科的成立。参见武晓红:《论我国未成年人前科消灭制度的构建》,载《兰州交通大学学报》2008年第5期。

起诉决定时,亦会同时告知未成年人犯罪记录即已随之封存。

前文已述,域外法律对于适用范围大多采取了较为"宽松"的态度,但在适用条件则显得更为"谨慎",而我国对未成年人犯罪记录封存制度的设置却刚好相反。笔者认为,消灭前科是旨在让未成年人更好地重归社会,那么该制度可否适用的重点不应在于其所犯罪是重罪还是轻罪、被判处的刑罚期限是长还是短,而是在于该未成年人是否有积极回归社会的意图和行为,否则有悖于立法本意。

3. 主体的不同:少年法院与负有保管义务的机构

由于域外多数国家或地区均已设立了专门的少年法院或少年法庭,对于犯罪未成年人的前科或经申请或依职权,应由少年法官对符合条件的未成年人宣告消灭其前科。域外法律明确赋予了少年法院或少年法庭消灭未成年人犯罪前科的资格和责任,规定其成为了前科消灭的适用主体。而我国现行法律并未对封存未成年人犯罪的义务主体作出明确规定。从司法实践来看,司法机关(包括公安机关)、司法行政机关以及其他保管未成年人档案资料的机构均应当作为适用主体而承担相应的封存义务。由此可见,与域外单一性的适用主体相比,我国的封存义务主体更为众多、更为分散。

4. 效果的不同:相对封存与绝对消灭

世界范围内,绝大多数国家或地区为了更好地实现前科消灭制度的根本目的,对犯罪未成年人前科均采取彻底消灭的方式,前科一经消灭,记载有该未成年人犯罪内容的档案资料将被彻底涂销或销毁,该未成年人即被视为从未犯罪,甚至有些国家或地区明确规定被消灭的未成年人前科不得引用于其后的诉讼中,使其在刑事、民事、行政等各个领域恢复因前科而被限制的权利。

但我国目前对未成年人的犯罪记录仍持有保留的态度,仅予以相对性的封存。被封存后的未成年人犯罪记录继续记载于各类档案资料中,经法定原因或司法办案需要仍可进行查阅,且如影响其后犯罪行为的定罪量刑时可被引用于相关诉讼文书内。

三、我国未成年人犯罪记录封存制度的现实困境

（一）思想观念的抵制

1. 社会传统观念的局限性

虽然随着时代变迁，社会公众的思想观念不断更新和进步，但五千年的传统积淀已然形成了一种固有的思维模式。也正是这种“民意”，使得我国对于犯罪记录能否封存的问题慎之又慎，在主观上阻碍了我国未成年人犯罪记录封存制度的构建步伐。

（1）传统刑罚思想的影响。

在中国古代封建社会，耻辱刑作为一种被广泛适用的刑罚方式，是指给犯罪之人通过留下永远无法磨灭的象征性印记，将其罪行昭告天下。该刑种最早起源于尧、舜时期，并一直被沿用至明清时期，进入近现代社会后才因其过于残酷而被逐渐废除。虽然，耻辱刑已不复存在，但其对社会公众的刑罚思想却产生了根深蒂固的影响。[①] 即使犯罪之人的身上不再被留下有形印记，但传统刑罚思想仍会使公众对他们产生一种近乎本能的反感和歧视。“一日为贼，终身是贼”的传统思想将受过刑罚之人直接等同于“坏人”，使他们在当今社会仍遭受着“无形之中”的耻辱刑。面对如此顽固的刑罚思想，有效落实未成年人犯罪记录封存制度确实举步维艰。

（2）社会防御心理的影响。

社会越是高速发展，社会公共安全的需求越是倍显迫切。公众往往会单纯地将犯罪记录封存与社会公共安全相联系，认为一旦犯罪记录被封存，自身将无法再获知身边之人是否曾经犯罪，无法对犯罪之人加以防范和警示。那么，犯罪之人是否将失去约束而更容易重新犯罪，自己身处“罪犯之地”后，人身和财产安全又如何得以保障？在诸多的猜疑和恐惧下，即使社会公共安全与犯罪记录封存并不存在实质上的冲突，公众的社会防御

① 刘晓博：《前科消灭制度在中国的构建》，西南政法大学2012年硕士学位论文，第25页。

心理也足以使他们对未成年人犯罪记录封存制度产生抵触情绪。

2. 被害人的抵触情绪

就刑事处罚而言,作为自身权利受到直接侵害的被害人,往往对处罚结果需求最为迫切,也往往对曾经侵犯他们的犯罪之人最为仇恨。正如前文所述,被害人作为知晓犯罪信息的一方当事人,应当有义务对未成年人犯罪记录严格保密,也只有被害人能履行保密义务,才能真正意义上地实现封存效果。因此,如何安抚被害人的抵触情绪、修复被害人的受损权益,是落实未成年人犯罪记录封存制度面临的一大困境。

犯罪未成年人的权利需要考虑和保障,但被害人的权利同样应当予以重视,宽容对待犯罪未成年人必须以被害人的基本权利得到必要保障为前提条件,否则过度的权利倾向只会导致更为扭曲的不公平、不正义。如果被害人的情绪安抚都未予考虑,却一味地强调保护犯罪未成年人,只会愈加触发被害人的抵触和反抗,甚至引发社会公众的不满和反感。如此,再为完善的未成年人犯罪记录封存制度也只能是“纸上谈兵”,并无得以运行的实践土壤。

3. 未成年人的自卑心理

受到中国传统刑罚思想影响,刑罚天生就具有一种耻辱效果,受到刑事处罚之后,不仅社会公众会对其加以歧视和排挤,其自身也会产生“低人一等”“无法抬头挺胸”的强烈自卑感。未成年人本就身心尚未成熟,一时失足而触犯刑法后,身为犯罪之人的这种自卑感更是难以面对和排解。即使一再地被告知犯罪记录已被封存,可以继续如常地求学就业,但他们仍会感到无形的压力,认为周遭的同学、同事、邻居肯定已经知晓或者以后总会知晓,一些未成年人会主动要求转学或休学,一些则开始了自我封闭的生活,甚至有一些会因为极小的误会就情绪失控地叫喊“对,我就是曾经犯过罪”。即使客观意义上犯罪记录已被封存,但自卑心理导致未成年人主观上却未能真正感受到封存的意义,这也使犯罪记录封存制度的实际效果大打折扣。

(二)法律规定的冲突

1. 司法公开与封存制度的冲突

随着司法改革的不断推进,对司法公开化也提出了更高要求。《刑事诉讼法》及相关司法解释不仅规定了判决、不起诉决定应当公开宣告,除审判时被告人不满18周岁等特定案件,一律应当公开审理,[①]还明确了作出不起诉等司法处置决定前,可以采取听证形式听取公众意见。诚然,司法公开化是我国司法体制改革的重要组成部分,有利于提高司法的公信力和公平性,但却也产生了与未成年人犯罪记录封存制度的一定冲突。在《刑事诉讼法》的规定中,一方面要求犯罪时未满18周岁审判时满18周岁的未成年人刑事案件应当公开审理,另一方面又将犯罪时未满18周岁即使案发或判决时已满18周岁的未成年人作为犯罪记录的封存对象;一方面要求一律公开宣判,即使对未成年人也未予例外;另一方面又要求不得对外提供未成年人犯罪记录;一方面要求采用听证方式听取意见,另一方面又要求减少未成年人犯罪案件的公众知晓度。

从某种意义而言,未成年人犯罪记录封存制度就是为了减少有罪结果对未成年人社会生活的负面影响,因而要求司法活动应当尽可能"低调而私密地进行",而司法公开化却是为了增强公众知晓度和参与度,因而要让司法活动"高调地暴露在阳光下"。可见,不论是在根本目的还是实现方式上,未成年人犯罪记录封存制度与司法公开化之间均存在矛盾之处。

2. 档案、户籍规定与封存制度的冲突

目前,我国尚未建立对犯罪信息进行登记、管理和查询的专门机构及制度,行为人的犯罪信息散见于人事档案、户籍登记等各类信息资料中,这对未成年人犯罪记录封存制度的构建和完善提出了严重挑战。

《档案法》第10条规定,对国家规定的应当立卷归档的材料,必须定期向本单位档案机构或者档案工作人员移交。由此,属于惩罚决定的未

---

① 《刑事诉讼法》第174条、183条、196条、274条的相关规定。

成年人犯罪记录应当作为人事档案的重要信息进行定期归档保存。而未成年人犯罪记录封存制度则旨在尽可能限制犯罪记录的知晓范围,降低“标签效应”的负面影响,那么该制度建立后,未成年人犯罪记录应该止步于司法机关,还是仍需要移交档案机构或人员记入档案,尚存在一定争议。

此外,户籍制度是具有我国国情特色的一种社会管理手段,每位公民的出生、就学、工作、婚姻、住所搬迁等无不一定程度地受其制约。而违法犯罪及服刑情况作为户籍登记管理的一项重要记载,存在于整个户籍制度中,则必然影响到公民的各项政治、经济、文化、教育等权利。[①] 在我国户籍制度改革之前,未成年人犯罪记录封存制度的发展将步履艰难。

3. 缺乏统一性的法律体制

从域外国家或地区立法概括可以看出,已构建了较为完善未成年人前科消灭制度的国家,大多都建立了少年司法制度,有独立于成年人且具有专属性的未成年人刑事法律规范,从而为实现未成年人犯罪前科消灭提供了实体和程序上的双重保障,如《日本少年法》《德国少年法院法》。但遗憾的是,我国目前尚未建立专门化的未成年人法律保护体系,未成年人犯罪记录封存制度只能“孤军奋战”。这也就导致了看似已有立法支撑的制度,其概念、外延、制约和监督却又都没有明确而统一的具体规定和执行标准,那么制度在适用过程中引起执行与管理的混乱也就在所难免,构建该制度的初衷也将难以达成。

此外,由于缺乏统一性的少年司法体制,往往会导致上位法与下位法的具体实施细则和考评制度发生冲突。例如,《未成年人保护法》从保护未成年人角度出发,规定了被免予起诉、免除刑事处罚,或宣告缓刑以及被解除收容教养,或服刑期满释放的未成年人,其复学、升学、就业不受歧视,但相关规定在实际执行中,很多学校以考核、管理等各种理由,拒绝招收有前

---

① 刘清生:《规范与事实之间的冲突与弥合:未成年人犯罪记录封存制度的未来走向》,载《中国刑事法杂志》2012 年第 6 期。

科的未成年人或变相劝退犯罪后的未成年人。现行法律法规要求的“封存”“保护”与实际操作制度反馈的“漠视”“拒绝”之间产生了难以调和的矛盾。

(三)操作方式的模糊

1. 封存职责过于分散

《刑事诉讼法》第275条虽未对未成年人犯罪记录制度的封存主体作出明确规定,但基于我国实际情况的考虑,对记载未成年人犯罪记录的档案或资料负有保存职能的国家机关部门,例如人民法院、人民检察院、公安机关、社区矫正部门、未成年犯管教所,都应当是封存主体,主动对未成年人犯罪记录履行封存职责。

可见,就封存主体而言,我国未成年人犯罪记录封存制度采用的是“多元论”,即由多个封存主体共同承担封存义务。主要负责作出定罪量刑或相对、附条件不起诉等判决、决定从而形成犯罪记录的人民法院、人民检察院,需要对各类法律文书和司法程序予以保密,不得公开示明未成年人的犯罪记录;重点承担着向社会提供犯罪记录查询职能的公安机关,需要封存各类记载未成年人犯罪记录的档案,并不得对外提供查询;因执行刑罚而掌握犯罪记录的社区矫正部门、未成年犯管教所等,需要对未成年人犯罪记录的资料予以分类保密保存,并在开展工作中尽可能降低犯罪记录的公众知晓度。不同的义务主体分别承担不同的封存职责、存在不同的封存内容,必然导致各主体所采用的操作方式不尽相同,使未成年人犯罪记录封存这项新生制度的运作显得更为杂乱无序。而这种“多主体、多模式”的现状若持续不变,还可能导致各义务主体间相互推诿责任,那么封存制度也将只能“有法难依”、徒有虚表了。

2. 保密义务未予履行

除上述封存主体外,《刑事诉讼法》第275条也明确被封存未成年人犯罪记录的查询单位应当履行保密义务。但如前文所述,保密义务主体还应当包括其他知晓未成年人犯罪记录的有关组织及个人。在司法实践中,上述有关组织及个人或由于法律上缺乏明确制约,或由于思想上缺乏保密意识，也或由于工作上缺乏规范制度，往往未能切实履行该部分保密义务，甚至在不当泄露了所知晓的未成年人犯罪记录后，也未能意识到自身应当承担保密义务，还认为是工作需要的必然后果。

例如，社会调查员在向犯罪未成年人的学校、单位、社区了解其成长经历和日常表现过程中，一旦向上述组织透露了调查原因或资料，无疑也就泄露了该未成年人的“犯罪者身份”。又如，社会帮教组织及人员在开展定期约谈、组织集体活动过程中，因未对工作记录或人员信息采取必要的保密措施，而造成犯罪未成年人身份或涉案资料的泄露。实践中，类似上述违反保密义务而导致未成年人犯罪记录外泄的情况屡有发生。

3. 记录查询难以规范

如前所述，保存未成年人犯罪记录档案或资料的有关部门并不在少数，但这些部门大多都不对社会公众提供查询，而接受查询申请并出具“有无违法犯罪记录”有效证明的职责主要是由公安机关承担。实践中，查询违法犯罪记录的大致程序是：先由有关单位或个人向公安机关（多为被查询人户籍所在地的派出所）提交书面申请，一般而言个人仅可查询其本人的犯罪记录，有关单位可以基于政审、招录等原因依法查询相关个体的犯罪记录；再由公安机关审核申请条件后，在全国违法犯罪人员信息系统中查询相关记录情况；最后由公安机关出具被查询人员“是否具有违法犯罪情况”的证明，并加盖公章。在整个查询过程中，涉及一个极为重要的查询工具——全国违法犯罪人员信息系统，这是全国各省市相互联网的电子化数据库，以个人为单位记载刑事判决、不起诉决定、强制措施、行政处罚以及劳动教养等信息。只要在数据库中输入个人身份信息，便能获取其与违法犯罪行为相关的各项记录。但遗憾的是，该数据库并未对违法犯罪人员是否系未成年人作出特别标记，也未载明受处罚行为的具体实施时间，往往难以判定被查询人员的违法犯罪记录中是否存在应当予以封存的部分。

自新《刑事诉讼法》实施后，由于查询系统的自身局限性，而导致未成年人犯罪记录违规泄露的情况时有发生。如2014年年初，竺某[1]向检察机关反映其向户籍所在地派出所申请查询是否曾有违法犯罪记录时，该派出所出具了“其曾于1990年被作出免予起诉决定”的证明，使其再就业时未能被用人单位（不属于国家规定的例外性情况）录用。竺某表示其作案时系未成年人，应当符合封存条件，但派出所则表示在全国违法犯罪人员信息系统中仅显示作出免诉决定的具体时间，该时竺某已成年，而系统中也无法查知其作案时间或免诉决定书，故而出具了其曾有被免诉的证明。由于全国违法犯罪人员信息系统所涉及的地域范围广、信息数量多、时间跨度大，上述局限性尚无法在短时间予以改善，这也成为阻碍未成年人犯罪记录封存制度有效落实的一大现实问题。

（四）封存效果的表象性

1.“按国家规定查询”的例外规定

如前文所述，我国未成年人犯罪记录封存制度采用“相对封存”的方式，《刑事诉讼法》第275条对适用封存的对象作出“根据国家规定查询除外”的例外性规定，有关单位根据这些“国家规定”即可查询已被封存的未成年人犯罪记录，导致该部分未成年人仍在从业资格方面受到一定的限制和歧视，从而丧失部分民事或行政权益。

我国《公务员法》《律师法》《法官法》《检察官法》《教师法》《执业医师法》《公司法》《商业银行法》《证券法》等法律都有“曾因犯罪受过刑事处罚的”人员将被限制或禁止相应从业资格的明确规定：（1）剥夺准入资格，即禁止犯罪之人进入某些行业的任职资格，这些行业大多是国家机关或部门。例如，《公务员法》第24条规定曾因犯罪受过刑事处罚的不得录用为公务员。《法官法》第10条、《检察官法》第11条、《警察法》第26条同样分别规定了曾因犯罪受过刑事处罚的人员不得担任法官、检察官或人民警察。（2）撤销已获取的从业资格，即禁止犯罪之人继续从事某些行业的执业资格，这些行业大多具有特定的社会职能。例如《教师法》第14条规定，

---

① 上述竺某事件为真实案例，但为保护其合法权益，此处隐去其身份信息。

被剥夺政治权利或者故意犯罪而受有期徒刑以上刑事处罚的，丧失已经取得教师资格的。《执业医师法》第 16 条规定受刑事处罚的，卫生行政部门应当注销注册，收回医师执业证书。(3)限制从业资格，即一定时期或范围限制犯罪之人在某些行业或岗位的任职资格。例如《公司法》第 147 条规定，因贪污、贿赂、侵占财产、挪用财产或者破坏社会主义市场经济秩序，被判处刑罚，执行期满未逾五年，或者因犯罪被剥夺政治权利，执行期满未逾五年，不得任职公司董事、监事及其他高级管理人员。

可见，对犯罪之人从业资格作出剥夺或限制的条文几乎涵盖了所有与职业资格相关的法律规定，[①]且这些法律大多由全国人大及其常委会或国务院制定，属于“国家规定”，可被作为查询未成年人犯罪记录的“合法依据”。由此，犯罪未成年人在实际就业过程中仍可能被不少行业拒之门外，无法在就业、入伍方面得到平等对待，那么，以“消除标签效应、帮助犯罪未成年人重回社会”为目的的封存效果也就无法实现。

2. 言论自由的口头化传播

从某种意义上说，“标签效应”并非来源于“犯罪记录”本身，而是更多地源自于社会公众对犯罪未成年人和其犯罪行为的敌意和谴责，以及由此产生的远离犯罪未成年人的自我保护和防范意识，它和客观上纯粹对未成年人犯罪事实进行的记录并无关系。[②] 而我国现行的未成年人犯罪记录封存制度，注重的是对上述静态存在的犯罪记录予以封存，防止记录被更多的公众知晓，但对于已经知晓记录的公众继续口头传播犯罪记录的情形却束手无策。

实践中，一部分在犯罪记录被封存前就已知晓犯罪信息的人员，如案件当事人、社会调查员、帮教社工，或者在封存后因查询而获悉犯罪信息的人员，如负责招录工作的人，往往就可能在言谈之间有意或无意地透露了未成年人犯罪记录的信息，从而扩大了记录的公众知晓面，使更多的人对

---

① 于志刚:《前科消灭制度司法探索模式的批判性反思》，载《法学评论》2013 年第 3 期。

② 于志刚:《前科消灭制度司法探索模式的批判性反思》，载《法学评论》2013 年第 3 期。

犯罪未成年人产生谴责和评价，导致产生标签效应的可能性增强。如此，犯罪记录的封存效果也就“事倍功半”，甚至可能完全被抵消。

3. 媒体报道的不当性披露

本着对“时效性”的追求，媒体一般都会在第一时间内找寻、掌握并报道新的资讯，虽然对于未成年人的媒体报道，相关法律规定和行业准则都作出了一定的限制，但实际情况却并不尽如人意。媒体仍会在不少报道中泄露了未成年人的身份信息和违法犯罪记录，有些是由于工作疏忽而致，有些则是为吸引眼球而有意为之。例如，在李某事件中，[①]其先后两次的违法犯罪行为时均系未成年人，但却由于媒体的过早介入而导致其犯罪记录甚至早在正式形成前就已经被“广而告之”。或许在李某强奸案中，因其最终被法院判处十年有期徒刑而不符合未成年人犯罪记录封存条件，媒体铺天盖地和全程跟踪式地报道还“情有可原”。那么，对李某寻衅滋事行为的媒体报道则无疑是对未成年人违法犯罪信息的不当披露，与封存制度的要求和价值完全背道而驰。虽然有些媒体作出“已隐去真实姓名”的狡辩，但对其姓氏和系我国著名音乐家之子的身份信息的报道，仍足以让社会公众推知其真实身份，实质上已向公众不当披露了未成年人犯罪记录。如此的媒体披露行为，是未成年人犯罪记录封存制度在实践中遇到的一大突出障碍，大大减弱了实际封存效果。

（五）法律监督的薄弱

在我国，人民检察院作为对法律规范的适用和执行依法进行监督的职能机关，也应当就各义务主体对未成年人犯罪记录封存制度的落实情况予以监督。但实践中，受到制度自身设计、检察机关身份以及职能等因素的限制，对封存制度的法律监督工作尚无法有效开展。

---

① 李某系我国著名音乐家李某江之子，1996年4月出生。2011年9月6日晚，15岁的李某伙同他人在北京市海淀区亿城西山华府小区门口，将该小区内业主彭姓夫妇打伤，同年9月15日，其被收容教养一年。2013年2月17日晚，在北京市海淀区湖北大厦宾馆房间内，16岁的李某某又伙同另外四人对一名女子实施轮奸，同年9月26日，其因强奸罪被判处有期徒刑十年。

1. 监督依据缺失

一般而言,一项完整的法律规范由假定条件、行为模式和法律后果三个组成部分,假定条件是指适用该规范的条件和情况,行为模式是就如何具体行为作出规定,而法律后果则是指作出符合或者不符合行为模式之行为时应当承担的合法或违法后果。特别是其中的行为模式和法律后果,应当是不可或缺的两部分。而《刑事诉讼法》第 275 条对未成年人犯罪记录封存制度规定了“被判处五年有期徒刑以下刑罚的未成年人”的假定条件,也规定了“应当封存”和“应当保密”的行为模式,但对至关重要的与行为相对应的法律后果却未予明确,以至于影响了犯罪记录封存制度这项法律规范应有的完整性。

“不以规矩无以成方圆”,一项规范性制度如果没有了法律后果,也就没有了相应的责任,既然为与不为都不会产生任何后果或责任,那么为与不为也就变得无法约束或制裁。对未成年人犯罪记录予以封存和保密,只是法律规定的一种应然状态,但在缺乏相应法律后果的情况下,不做或做不到这种应然状态却不需要承担任何的后果,那么国家将依据什么监督该项制度的实施,又应当如何督促义务主体乃至社会公众切实履行封存和保密义务呢?

2. 监督途径狭窄

从未成年人犯罪记录封存制度的适用和落实情况来看,公检法虽均被列为封存义务主体,但实则对外提供犯罪记录查询的往往就仅是公安机关。也就是说,人民检察院、人民法院是作为犯罪记录封存的决定者而主要承担静态的封存犯罪档案信息的义务,而公安机关则是作为犯罪记录封存的实施者而主要承担动态的禁止对外提供犯罪记录信息的义务。如此的职能划分,也就导致检察机关在监督途径方面的两大问题:

一是难以掌握违法提供查询的情况。如上所述,对外提供犯罪记录查询的公安机关,实践中,不当泄露应予封存的未成年人犯罪记录的情况,往往都产生于对外提供记录查询的过程中,而这个过程又主要发生在公安机关内部。就我国法制现状而言,检察机关无法直接“旁观”到公安机关的工作全过程,因此获悉是否存在违法或不当泄露犯罪记录的情况,尚只能通过被泄露者主动向检察机关举报或申诉。然而,由于社会公众法制知识和维权能力有限,积极向检察机关“寻求帮助”的案例少之又少。二是监督方式存在滞后性。正如上述所言,检察机关在大多情况下的法律监督,都是在被泄露者的“主动告知”之后,这也就决定了目前对于未成年人犯罪记录封存制度采用的是事后性监督方式,等“亡了羊”方才予以“补牢”,但封存的犯罪记录已经被泄露,甚至已经对犯罪未成年人产生实际的负面后果,此时再监督的意义也就大为减半了。

3. 监督效果不佳

目前,对于发现的违法或不当泄露未成年人犯罪记录的行为,检察机关大多会通过制发问题通报、检察建议、纠正违法通知书等方式,对上述行为的责任单位予以警告,并要求其提高相关的封存意识和执行能力。但这种类似“行政化”的监督,也只能在考核制度下对违法或不当泄露行为的责任单位或个人产生一定的警示作用,却无法科以实际的法律后果。

而真正有效的法律监督应当起到三个层面的效果:一是能提高执法司法行为的规范性,二是能追究违规违法者的法律责任,三是能切实维护因违规违法情况而受侵害者的合法权益。可见,检察机关对未成年人犯罪记录封存制度的法律监督,只能勉强实现第一个层面的监督效果,尚难以产生显著而切实的监督成效。

四、我国未成年人犯罪记录封存制度的未来发展

未成年人犯罪记录封存制度在我国尚属于一个初生阶段,施行过程中也遇到了各种障碍,但这并不代表着该项制度就不具备其建立意义和基础,遭遇困境更能说明制度尚有更大的未来空间可以发展。笔者认为,学习域外各国或地区关于未成年人犯罪前科消灭制度的已有经验,并在结合我国社会现状的基础上,予以取舍和借鉴,必能进一步发展和完善未成年人犯罪记录封存制度,使该制度成为我国未成年人法律制度体系的重要组成部分。

（一）转变观念

1. 增强社会公众的认同

对犯罪未成年人教育、感化和挽救并不是一个单纯性的法律问题，而是一个综合性的社会问题。同样，未成年人犯罪记录封存制度也不可能仅仅依靠法律保障而得以实现，更重要的是社会公众的接纳和支持。但在当今社会，受传统刑罚观念的影响，"江山易改、本性难移"的思维模式根深蒂固，公众对犯罪之人的歧视心理普遍存在。因此，为保障未成年人犯罪记录封存制度的落实效果，我国应当从淡化报应观念入手，加强宽容文化和人道理念的宣扬和培育，不断提高社会公众对封存制度的主动性和认同度，为封存制度的具体实施营造良好的社会氛围。

我国的未成年人犯罪记录封存制度要从一项法律制度到最终被社会公众所认同并执行，肯定需要一个漫长的过程。在这个过程中，至关重要的部分就是社会大众对前科消灭制度从被动要求到主动认同。而观念的转变和革新，就要求立法者、司法者、法律宣传教育者、社会工作者等充分利用舆论的力量，通过对法律制度的宣教、对成功案例的宣扬等多种形式大力宣传慈爱和关怀，引导社会公众在潜移默化中逐步接受封存未成年人犯罪记录的价值和意义，体会该制度的人道性和光辉性。

同时，还应当积极培养社会公众的人道文化和宽容理念，以博大胸怀接纳犯罪未成年人。报应观念是一种客观的存在，但它却不应是人类理性的选择。只有逐步引导社会公众从社会理性和人道主义的角度出发，克制个体感觉和义愤情绪，以宽容的眼光看到这些"迷途的羔羊"，为他们的"归途"创造轻松的社会环境，才是未成年人犯罪记录封存制度的真正落实，才是切实保护未成年人合法权益的治本之策。

2. 提高诉讼当事人的认识

（1）增强犯罪未成年人的自强意识。

随着犯罪未成年人对错误行为的认知，其就会产生一定悔恨心理，但基于心智不成熟、情感较脆弱等未成年人特点，这种心理可能又会转变为内疚、自责、自卑甚至自暴自弃，导致未成年人不愿重新融入社会。这种情况下,未成年人自身成为了阻碍犯罪记录封存制度有效落实的因素之一。由此,在关注未成年人犯罪记录封存制度适用的外部环境时,也应当重视未成年人的思想认识、心理健康和人格意识方面的教育和培养。通过司法办案人员、心理咨询师等专业人员的引导,使犯罪未成年人了解封存制度的价值和意义,减少他们的自卑心理和逃避意识,帮助他们重燃对未来人生的希望,才能为未成年人犯罪记录封存制度的有效落实提供内部保障。

(2)引导被害人的保密意识。

未成年人犯罪案件的被害人具有一个尴尬的"双重身份":一方面,被害人因犯罪行为而权益受损,应当获得精神及物质的补偿或赔偿;另一方面,被害人又因参与刑事诉讼而知晓未成年人犯罪记录,应当承担保密义务。因此,如何做好被害人的利益赔偿和情绪安抚,是惩戒犯罪、平衡利益的必然要求,是促使被害人切实履行保密义务的必要条件,也是未成年人犯罪记录封存制度有效落实的必备前提。笔者认为,只有通过刑事附带民事诉讼、刑事和解、人民调解等方式先行补偿或赔偿被害人损失,或通过赔礼道歉、真心悔过等方式取得被害人谅解,并由司法机关对被害人加以安抚和引导,才可能使被害人"心甘情愿"为未成年人保密犯罪记录,也才能够真正实现封存效果。

(二)完善制度

1. 统一法律制度体系

《刑事诉讼法》第275条虽已确立了我国的未成年人犯罪记录封存制度,但目前仍缺乏保障该制度具体实施的统一性法律制度体系。一部分法律要求封存未成年人犯罪记录的同时,另一部分法律却仍对曾有犯罪的未成年人予以不平等对待,以至于"帮助犯罪未成年人顺利回归社会"的制度目的无法实际达成。因此,如何建立相互协调、完整统一的法制体系,成为了一个迫在眉睫的工作。

(1)解决法律之间的冲突。

为了使未成年人犯罪记录封存制度更加完善并落实到位,我们必须要解决法律法规之间的冲突问题。首先,在《刑事诉讼法》第275条的基础上,为未成年人犯罪记录封存制度出台立法及司法解释,进一步明确各冲突法律之间的位阶顺序和具体适用准则,从而为该制度的良性发展提供土壤和空间。其次,必须对现行的刑事、民事、行政等各部门法律法规进行梳理,删除或修改其中与封存制度相矛盾的内容,在整个法律体系构建统一化的未成年人犯罪记录封存制度。最后,鉴于我国法律体系的"一元化"模式,刑法与其他法律、行政法规的冲突,就应当采用修改"上位法"——宪法的方式予以解决,因此将"未成年人犯罪记录封存制度"作为基本人权保障的内容,纳入宪法条文,突出其最高效力和地位,既是对宪法的平等权原则的具体体现,也是对封存制度长期发展的有力保障。

(2)构建独立的未成年人法律体系。

笔者认为,为有效保护犯罪未成年人的合法权益,应根据未成年人的身心特点,在学习和借鉴域外立法经验的基础上,制定具有我国特色的、涵盖刑、民、行政等各方面的单独性"未成年人法",并将该法作为维护未成年人权益的最高法律准则,与该法相冲突的各种规定将不再适用。在自成一体的"未成年人法"中,不仅应当为未成年人规定不同于成年人的定罪量刑标准、刑罚执行方式,也应当对未成年人犯罪记录封存制度制定详细的适用条件和程序,更应当对未成年人的其他民事、行政等权利作出统一规定。

2. 健全档案管理制度

从一定意义上讲,对未成年人犯罪记录予以封存,也就是对载有该未成年人犯罪信息的相关档案资料进行保密,不予对外透露,以此杜绝公众对犯罪信息的知晓和传播。因此,如何管理档案及如何限制查询成为了未成年人犯罪记录封存制度具体实施过程中的一项重要内容。

(1)档案保管制度的完善。

为避免犯罪记录流入社会,尽可能缩小犯罪记录的负面影响,人民检察院、人民法院、公安机关、司法行政机关等,均应当分别为未成年人建立专门的犯罪档案库,分门别类地将未成年人犯罪记录予以归档,设置专门机构、专门管理人员进行管理,执行严格的存档管理制度与保密制度,不得对外泄露档案信息。当然,鉴于各种限制条件和现实可能性,各地方的司法机关也可能采取不同的操作方式。例如,上海等一些发达地区,完全有条件也应当建立有别于一般案件的未成年人犯罪档案库;而另一些条件受限的地区,仍可以尝试将未成年人的犯罪记录予以单独管理或单独标记,以便完成记录封存工作。

(2)档案查询制度的完善。

秘密保管后的未成年人档案还存在一个查询问题,而实践中也往往是在对档案进行查询时最容易泄露未成年人的犯罪记录。因此,限制查询是保障未成年人犯罪记录封存制度有效落实的重要措施之一。现今的档案一般分为纸质档案和电子档案,纸质档案的限制查询还较易实现,只要保管机关除非是经法定程序不得对外公开即可,而电子档案则因其广泛流通、部分截取录入等特性而具有一定的封存难度。以前文所述的全国违法犯罪人员信息系统为例,公安机关应当尽快调整电子查询系统,对犯罪时系未成年人的犯罪信息予以特别标记,并设置相应的访问和查询权限。此外,对负责查询工作的人员应当进行统一化培训,使其明确知晓未成年人犯罪记录封存制度的法律规定,提高其封存意识和防范意识,审慎处置可能涉及未成年人犯罪记录的档案查询申请。

3. 建立相关配套体制

(1)少年法院的成立。

少年司法具有不同于成年司法的诸多突出特点,因而也被称作集法学、教育学、心理学于一体的“柔性司法”。少年司法权除行使一般意义上的裁判权能外,同时应当具备保护和教育权能,并且更加注重发挥保护和教育权能的作用。① 因此,对未成年人刑事司法工作应当尽量由专门的审判组织予以特别处理。虽然,我国已在不少基层法院设立了少年法庭,但没有“真正分家”的少年法庭仍可能将审理成年人案件的固有思路带入未成年人案件的审判中。而少年法院的设立则是对未成年人审判工作的专

① 姚建龙:《长大成人——少年司法制度的建构》,中国人民公安大学出版社2003年版,第33页。

门化,有利于缩小犯罪记录的公开范围,有利于实现对未成年人犯罪的特殊预防,为其重回社会打下基础。此外,单独的少年法院还有利于明确未成年人犯罪记录封存制度的实施主体,有利于加强与学校、档案管理机关等部门或单位之间的协调合作。

(2)社会配套机制的健全。

由于我国存在户籍登记和人事档案制度,每个人出生便有了户籍资料,其后的学习、工作情况还将形成各类人事资料,而个人的犯罪记录也将被记入其户籍登记和人事档案中。从某种意义上讲,保存在司法机关内的档案随着刑事司法程序终结也就“告一段落”,而户籍登记却将伴随终身,人事档案也会对个人的升学和就业产生深远影响。因此,我国应当对户籍登记和人事档案进行适度的调整,逐步将其中记载的犯罪记录剥离出来,单独予以保存和管理,使得户籍仅用作显示个人身份信息,人事档案仅用作表明求学就业的个人经历,从而实现对外开放查询的户籍登记、人事档案均不得再记有未成年人的犯罪记录,[①]从源头上减少甚至杜绝不当泄露未成年人犯罪记录的可能性。

(三)规范适用

1. 增设悔改条件

现行的未成年人犯罪记录封存制度将“被判处较轻刑罚的罪行”作为适用条件之一,但却没有将犯罪未成年人被处罚后的悔改表现作为是否适用该制度的考量依据。笔者认为,这与封存制度的设立初衷并不吻合。封存犯罪记录是为了帮助犯罪未成年人更顺利地回归社会,而不是为让其“好了伤疤忘了疼”。只有那些确已认识自身错误并真心悔改的未成年人,才会愿意并努力地重新融入社会,对其适用封存制度也才具有实际意义。相反,那些毫无悔改之意的犯罪未成年人,犯罪记录的封存只会使他们越发地肆无忌惮,而帮助一个仍带着犯罪习性的未成年人回归社会,是对其本人和社会的不负责任,且容易引起社会公众对未成年人犯罪记录封存制

---

① 于志刚:《关于构建中国犯罪记录查询制度的思考》,载《中国司法》2008 年第 10 期。

度的质疑和不满,以致阻碍了该制度的发展和完善。悔改条件的增设,既是有利于实现封存制度的根本目的,也能兼顾到保护犯罪未成年人权利与维护社会公众利益之间的相互平衡。

因此,为进一步落实未成年人犯罪记录封存制度,我国应借鉴域外有益经验并结合我国国情,设置一定的悔改条件作为是否适用该制度的依据。具体而言,可在一定期限内考察犯罪未成年人是否具有以下表现:第一,有无故意实施犯罪行为或者从事其他违法事项;第二,考察期内能否真心向被害人赔礼道歉,积极弥补被害人的损失,主动取得被害人的谅解;第三,能否认真遵守考察机关的各项规定,积极参与社区的各项公益活动;第四,是否积极改变原有的不良习性,是否试图尝试以复学、就业等方式重回社会。[①] 如果犯罪未成年人确能彻底悔改,并积极端正品行,那么再对其犯罪记录予以封存。而且,悔改条件的设置还能从一定程度上督促犯罪未成年人进行自我改造,使其能有改过自新的目标和动力,减少其自我放任、自暴自弃的可能性。

2. 多元化启动模式

现行的未成年人犯罪记录封存制度采用"依职权主动封存"的启动模式,即一旦人民法院作出生效裁判、人民检察院作出不起诉决定或是公安机关作出行政处罚后,就应当主动对相关符合封存条件的犯罪记录予以封存,但制度却未对该启动模式的具体操作方式予以明确。笔者认为,上述作出决定的司法机关对犯罪未成年人的定罪量刑情况最为熟悉,也能最先掌握"第一手资料",因此应当由其在作出决定后直接依职权启动封存制度,并制作《未成年人犯罪记录封存决定书》送达其他可能知晓该犯罪记录的有关单位和个人,告知这些主体应当履行封存或保密义务,并由这些主体在实践中予以实施。[②]

此外,若为犯罪记录封存增设悔改条件后,"依职权自动封存"的模式

① 于志刚:《刑罚消灭制度研究》,法律出版社2002年版,第711~713页。

② 郑洁:《未成年人犯罪记录封存制度的价值及完善》,载《湖北警官学院学报》2013年第9期。

就显得较为被动，应当配套式地增加“依申请决定封存”的启动模式。对于经考察确已悔改的未成年人，可以由其本人或法定代理人向原作出决定的司法或行政机关申请或者由原作出决定的上述机关依职权，决定对符合悔改及其他封存条件的犯罪记录予以封存，并应当如上所述的制作记录封存决定书送达相关单位，由其等具体落实对犯罪档案的封存及保密工作。

3. 限制例外情况

诚然，根据《刑事诉讼法》第 275 条中的例外性规定，有关单位仍可以依据国家规定对依法被封存的未成年人犯罪记录进行查询，但这种“解封”未成年人犯罪记录是一种逆向操作，是一种特定的例外，必须予以有效规制。

如今，理论和实务界的主流观点已经将地方性法规和行政规章排除在“国家规定”之外，但实践中可被作为查询依据的“国家规定”却几乎涵盖了所有与职业资格相关的法律性规定，而且会在招录时查询被招录人员犯罪记录的有关单位通常总能找到相应的“国家规定”，以查询获知其未成年时的犯罪记录，从而导致封存制度名存实亡。因此，极有必要对查询依据和内容进一步予以限制，有关单位依据国家规定仅可以查询涉及部分罪行的未成年人犯罪记录。笔者认为，主要有以下几类犯罪行为：(1)曾因危害国家安全犯罪的未成年人犯罪记录。为了更好地保护国家利益、维护国家安全，平衡社会公众利益，仍应当将上述未成年人的犯罪记录列入可被查询的范围之内。(2)惯犯及瘾癖性犯罪的。这两种类型的犯罪，行为人即使尚未成年，但其主观恶性仍相对较大，且对犯罪有心理依赖，一般难以真正具备“悔改条件”，故而可以在特定情况下“解封”其犯罪记录。(3)与特定行业相关的犯罪记录。例如，医院可以依据《执业医师法》，查询将被授予执业资格之人是否有与非法行医相关的未成年犯罪记录；企业可以依据《公司法》，查询拟录用的董事、监事及其他高级管理人员是否在其未成年时曾因侵占或挪用公司资产或者破坏市场经济秩序等罪行被判处刑罚的犯罪记录等；国家机关或军队可以根据《公务员法》等，查询是否曾在未成年时犯有严重危害国家安全或社会利益等罪行的犯罪记录。

(四)保障效果

1. 落实保密义务的履行

实践中,犯罪记录并不仅限于一纸静态的信息资料,而是往往被记入各类信息资讯中,呈现出一种可流通的动态形势。如果未成年人犯罪记录封存制度仅关注于司法、行政等机关的封存义务,而忽视社会中其他知晓或掌握未成年人犯罪信息的主体义务,则很可能无法保障制度的封存实效。因此,除封存主体义务外,还应当对其他主体应当履行的保密义务提出具体要求。

(1)对于媒体报道的禁止。

一方面,应当加强司法机关的制度建设和内部控制,对司法办案人员接受媒体采访或访谈、提供在办案件中犯罪未成年人资料等信息披露行为予以限制,减少媒体对未成年人案件的介入及参与,①从源头上尽可能断绝媒体过早或过多知晓个案中的未成年人犯罪信息,确保尚未完全形成的犯罪记录在刑事诉讼过程中始终处于"封存状态"。另一方面,应当根据《预防未成年人犯罪法》第45条的规定,②对未成年人犯罪案件的传播权限作出必要限制,要求媒体在采访报道前应当征得该未成年人及其法定代理人的同意,绝不得以偷拍手段进行采访,并且最终所制作完成的作品必须具有"受众无法通过该作品知晓该未成年人身份"的播放标准。

(2)予以隐私权的保护。

司法实践中,由于"口口相传"而导致未成年人犯罪信息被公众知晓的情况最为常见,也是保障封存实效的最大障碍之一。因此,应当对未成年人犯罪信息的言论自由进行一定限制,将犯罪记录作为未成年人的一项隐私权予以保护。③ 第一,应当要求社工人员在社会调查、帮教矫正过程中,尽可能地保护犯罪未成年人的隐私,一般不得随意谈论或外泄未成年人的

① 莫湘益:《犯罪记录封存的制度规范和功能延伸》,载《湖南警察学院学报》2012年第3期。

② 《预防未成年人犯罪法》第45条第3款规定:对未成年人犯罪案件,新闻报道、影视作品、公开出版物不得披露该未成年人的姓名、住所、照片及可能推断出该未成年人的资料。

③ 于志刚:《前科消灭制度司法探索模式的批判性反思》,载《法学评论》2013年第3期。

身份和案件信息，并对相关工作予以低调和保密处理，防止他人对该成年人被调查或被帮教原因的猜疑和揣测。第二，应当告知未成年人刑事案件各方当事人及诉讼参与人对未成年人犯罪记录予以保密。对于辩护人、诉讼代理人等，可以要求其不得将获知的犯罪未成年人信息对外泄露；对于被害人、自诉人及附带民事诉讼原告等，在其权益得到必要保障的前提下，可以引导其不再对外宣扬犯罪未成年人的信息。以保护隐私权的方式来“封存”未成年人犯罪记录，更能保障犯罪记录被封存后不会再被社会公众肆意地宣扬和流转，从而隔断公众知晓犯罪信息的源头，杜绝犯罪记录以及其所形成的不良社会评价的继续扩散。

2. 从“封存”向“消灭”的演变

“封存”是指将犯罪记录处于保密状态，多数情况下限制社会公众知晓；而“消灭”是指被国家审判机关依法宣告有罪或者判处刑罚的法律事实不再存在。[①] 也就是说，封存制度意味着未成年人若再次犯罪，其先前的犯罪记录都可以被司法机关查询，并作为考量其人身危险性的重要依据，而该未成年人若不再犯罪，当其先前的犯罪记录仍可以依据国家规定被查询，使其失去某些工作的平等就业机会；但消灭制度则意味着未成年时的犯罪记录将不得出现于其成年后的犯罪案件中，基于未成年时犯罪行为的一切不利后果均予消灭，从此被视为“清白之人”，其应有的合法权益均得以恢复，享有和其他未成年人同样的权利。可见，犯罪记录封存制度未能对犯罪未成年人实现彻底性保护，未成年人仍可能在一定情况下受到歧视、遭遇不平等待遇。

笔者认为，为了真正实现“保障犯罪未成年人合法权益”的根本目的，为更有效地贯彻“教育、感化、挽救”方针，我国应当在借鉴域外经验和区域性实践探索的基础上，将未成年人犯罪记录封存制度向“犯罪记录消灭”层面进行演变和完善，最终达到全面性、彻底性的“封存”效果。这种效果具体而言，应当包括：(1)犯罪记录消除后，该犯罪未成年人在法律上直接被

---

① 马克昌：《刑法学全书》，上海科学技术文献出版社1993年版，第684页。

视为未曾犯罪，在其犯罪档案、户籍登记、人事档案中均不得再作相关记载；(2)不再履行前科报告义务，无须在求学、就业、入伍的时候依法向单位报告自己曾经有违法犯罪的事实和行为；[①](3)因犯罪记录导致的刑法意义上的后果也同时归于消灭，不仅不再构成累犯，[②]而且不能将该犯罪记录作为之后犯罪判决的定罪量刑情节予以考虑；(4)因犯罪记录所导致的民事、行政上的不利后果一并依法消灭，即该犯罪未成年人将与其他普通公民一样，平等地依法享有同种权利和履行相同义务，该犯罪未成年人因犯罪记录而被限制或被剥夺的公民权利依法应当得以恢复；(5)任何企事业单位、机关、团体、学校或者个人，依法不得以未成年时的犯罪记录为由，对其求学、就业、入伍等予以歧视。

(五)有效监督

强有力的监督机制和措施，才能真正保障未成年人犯罪记录封存制度得到有力执行，才能真正帮助犯罪未成年人以平等的身份早日重回社会生活，也才能真正实现犯罪记录封存的制度价值。

1. 建立责任追究制度

现行未成年人犯罪记录封存制度的一大缺陷，即是缺乏对应封存而未封存或者无故拖延封存时间或者不当泄露行为的责任追究制度。对此，司法机关正在极力弥补，如《关于建立犯罪人员犯罪记录制度的意见》已对违规处理犯罪人员信息作出追责规定，但具体追究谁的责任又应当追究何种责任，仍处于法律上的空白地带。笔者认为，我国亟须建立统一而明确的责任追究制度，首先明确封存及保密义务主体的涉及范围，其次明确违法提供查询或不当泄露未成年人犯罪记录行为的内涵及外延，最后明确按照所造成情节或后果严重性的程度不同，对责任单位或个人应当处以纪律处分、行政处罚甚至刑事处罚，以追究其违法或不当泄露行为的责任。

---

① 根据《刑法》第100条第2款的规定。

② 根据《刑法》第65条的规定：被判处有期徒刑以上刑罚的犯罪分子，刑罚执行完毕或者赦免以后，在五年以内再犯应当判处有期徒刑以上刑罚之罪的，是累犯，应当从重处罚，但是过失犯罪和不满18周岁的人犯罪的除外。

2. 健全司法救济机度

对违法或不当泄露未成年人犯罪记录行为在行政及刑事方面予以责任追究,确实能强化义务主体的职责意识和工作态度,但仍无法实现对该未成年人受损权益的恢复和补偿。笔者认为,在司法体制不断完善的前提下,我国应当健全相关的司法救济制度,针对应予封存的未成年人犯罪记录被违法提供或不当泄露的问题建立民事损害赔偿机制。在未成年人因犯罪记录被违法或不当泄露而遭受不公待遇或社会歧视时,应当赋予被侵权的未成年人及其法定代理人提起对民事侵权诉讼的权利,要求相关责任单位和个人停止侵害、赔礼道歉及赔偿损失,而法院也应当对相关诉讼予以受理并作出裁决。

此外,对于恶意宣扬未成年人已被封存的犯罪记录,或是在入学、就业等方面故意予以歧视及变相歧视的单位和个人,还应当允许该未成年人及其法定代理人提起反歧视诉讼,要求上述单位和个人根据受损害的程序不同,对其予以惩罚性的赔偿,或赋予该未成年人及其法定代理人提起刑事自诉的权利,追究上述单位和个人的刑事责任。

3. 加大检察监督力度

没有对制度的有效监督,就无法保障制度的切实执行。检察机关作为法律监督机关,承担着对刑事诉讼活动进行法律监督的法定职责,依法对司法及行政机关封存未成年人犯罪记录的行为进行监督,正是检察机关履行法律监督职责的必然要求。在监督途径上,知晓违法提供或不当泄露未成年人犯罪记录封存行为的方式可以是“被动式”地通过来信来访或民众举报等,也可以是“主动式”地查阅有关档案保存情况或直接向犯罪未成年人了解信息。在监督方式上,可以采用问题通报、纠正违法、检察建议等事后监督的方式;也可以采用主动告知犯罪未成年人依法享有相关权利、督促有关机关做好档案保管工作等事前监督的方式。在监督内容上,既应当监督法律适用是否正确,对人民法院作出的刑事判决、人民检察院作出的不起诉决定,重点监督未成年人的主体身份、定罪量刑等情况是否符合犯罪记录封存的适用条件;也应当监督制度执行是否规范,对公安机关、司法行政机关、教育部门及学校、用人单位、街道及社区基层组织等职能部门和单位，重点监督其是否及时封存相关档案材料、是否采取有效的保密措施、是否依法对外提供查询。[①]

结论

犯罪未成年人只是一时迷途的孩子，他们更需要社会的宽容和关心，更期盼社会的信任和支持。我们不应该放弃任何一个孩子，因为每个孩子都是社会的未来，都应当得到全社会的关怀和帮助。而犯罪记录的封存，正是为了给犯罪未成年人“迷途知返”的希望和机会，让他们以“清白之身”返回正常轨道，重新开启人生的新篇章。

未成年人犯罪记录封存制度作为刚刚“落户”我国的一项新兴制度，我们应当意识到制度本身尚有不少缺陷，实践过程中也障碍重重，但作为未成年人法律保护体系的重要组成部分，仍有其重要的存在意义和制度价值。因此，我们应当对未成年人犯罪记录封存制度进行进一步完善，以求消除标签效应的负面影响，帮助犯罪未成年人重归社会，降低其重新违法犯罪的可能性，维护犯罪未成年人及全社会的共同利益。限于笔者个人的知识储备水平，本文对未成年人犯罪记录封存制度的分析和见解尚显得单一、肤浅，但仍希望能够为该制度的未来发展提供些许借鉴之用，也希望能够使该制度获得更多的社会支撑和公众认可。

---

① “未成年人犯罪问题研究”课题组：《未成年人犯罪记录封存制度的构建与检察监督》，载《政治与法律》2012年第5期。

未成年人刑罚执行监督机制研究*

引言

未成年人是祖国的未来,他们的健康成长关系着千家万户的幸福和社会和谐,更关系着国家未来和民族希望。党和国家一直将未成年人保护问题放在首要地位。近年来,随着社会的进步和法制的完善,《刑法》《刑事诉讼法》《未成年人保护法》《预防未成年人犯罪法》等法律法规的制定和修改,对未成年人的保护力度也在不断加强,探索处理未成年人犯罪的司法制度成为司法改革中的一项重要内容。然而,未成年人犯罪却始终呈上升趋势,团伙化、暴力化、手段成人化、低龄化等特点进一步凸显,与贩卖毒品、环境污染一道被称为"世界三大公害"。

我国刑法理论中所指的未成年人犯罪是指已满14周岁不满18周岁的人所实施的危害社会、触犯刑法并应当受到处罚的行为。如何最大限度地挽救涉罪未成年人,最大限度地预防未成年人犯罪,保障未成年人健康成长,依法保护未成年人合法权益,成为社会各界的关注热点,也对公、检、法、司等相关部门提出了更高的要求。

2012年,最高人民检察院出台《关于进一步加强未成年人刑事检察工作的决定》,充分肯定了多年来各级检察机关对未成年人刑事检察工作的探索和成果,但也指出了仍然存在"思想认识不到位、组织领导不够有力、工作开展不平衡、办案工作配套机制不完备和帮教预防社会化体系不健

---

* 黄冬生,上海市人民检察院;顾琤琮,上海市浦东新区人民检察院。

全”等问题，进而全面提出了加强未检工作的多项具体措施，要求各级检察机关建立未检工作的专业机构，并实行“捕、诉、监、防”一体化——审查批捕、审查起诉、法律监督和犯罪预防四方面检察工作均由专门的未检部门负责。多年来，上海检察机关在全国未检工作的探索实践中，早已实现“捕、诉、防”及“捕、诉”工作中的全程法律监督（“监”）高度一体化。根据上海检察机关的实际情况，在《关于进一步加强未成年人刑事检察工作的决定》的指导下，上海未检工作进一步的探索重点确定为法律监督工作的突破，进一步扩充“捕、诉、监、防”一体化工作中“监”字的内涵，将未检的法律监督向后延伸到未成年人刑罚执行阶段。

刑罚执行是刑事诉讼的最后一道程序，也是关系到犯罪人是否能够顺利接受改造，走向社会的关键程序。刑罚执行是否合法、到位，不仅直接关系到整个刑事诉讼活动是否完整，而且是刑法惩罚犯罪、保护人民、保障人权的宗旨是否实现的重要保障，①是依法治国的理想目标能够实现的重要保证。

刑罚执行监督，是指人民检察院依法对国家刑罚执行机关执行人民法院已经发生法律效力的刑事判决、裁定的情况以及刑罚执行活动是否合法所进行的法律监督活动。在整个刑事诉讼法律监督程序中，刑罚执行监督是一种终结性的监督工作，这一监督不到位，侦查监督、审判监督的效果难免落空。

基于未成年人身心发展特点和教育改造的需求，未成年人刑罚执行相比成年人刑罚执行，具有相当的特殊性。因此，对其进行法律监督的机制和措施也应当充分凸显其特殊性与专业性。只有真正建立一套适合未成年人的专业化的刑罚执行和监督机制，才能更好地实现对涉罪未成年人的挽救、教育和改造，帮助他们更快、更好地走上正轨、回归社会。因此，深入探索研究未成年人刑罚执行监督机制的工作是很有必要且迫在眉睫的。这一制度的探索、实践，也是进一步加强未检“捕、诉、监、防”一体化的建

① 麻晓丽：《刑罚执行的法律监督问题研究问题》，载《才智》2011年第3期。

设,促使未检工作专业化、制度化建设,乃至促进健全政法机关办理未成年人刑事案件配套工作体系和未成年人犯罪社会化帮教预防体系建设的一个重要环节。

一、未成年人刑罚执行的特殊性

未成年人刑罚执行与成年人刑罚执行相比,具有相当的特殊性。将两者混为一谈、不加以区分,采用简单划一的教育改造方式,是违背基本刑罚理论、不适应未成年人身心发展特点、不符合世界通行及我国现行的各项法律规定及刑事司法政策的。

(一)未成年人特殊刑罚执行的理论依据

虽然各国刑法、刑罚理论受本国历史传统和国情的影响而不尽相同,有些甚至相差甚远,但国际社会对未成年人的刑事司法价值取向却逐渐趋于一致。这也充分体现出各国对于未成年人特殊性的认识不断趋同,值得互相借鉴。

1. 未成年人特殊性理论

(1)青春期未成年人的身心状态的特殊性。

多年来,无数的国内、国外心理学家研究结果都表明——未成年人不是缩小版的成人,而是身心完全迥异的特殊主体。应当注意到,未成年人,特别是正处于14~17岁青春期的未成年人,正处于犯罪心理学家称之为“危险年龄”的阶段。

这一时期的未成年人在生理上快速发育,心理上也在剧烈的变化。在体力充沛、精力旺盛的同时,他们常常表现出敏感自尊、好斗好胜、思想偏激的特点,并容易产生诸如摇摆不定、烦躁不安、易于激动和兴奋等情绪状态。正因为儿童期的安定和均衡状态被打破,他们更容易产生一些反抗、胡闹、攻击和破坏行为,所以青春期又被称为第二反抗期或“心理断乳期”,也有学者用“疾风怒涛”般的不平静和动荡不安来形容这一时期的未成年人心理状态。随着自我意识的增强,他们渴望表现自我,被认可、被尊重,但尚未形成正确的是非观、自制力和判断力,易于关注或接受具有刺激性的、新奇性的、冒险性的、反叛性的负性诱因，模仿性很强，容易感情用事、行为过激。

青春期是青少年人格形成和发展的非常关键的时期，青春期发展的问题如果没有得到很好的解决，不仅会造成个人的不自信、社会的不认可，对成人期的发展也会带来非常不利的影响。但学校、家庭和社会却时常忽略了这一点。例如，许多学校在初高中阶段不断追求升学率，重视文化课程的教育，却忽略能够满足这一年龄段的学生心理与生理需求的文体活动。许多父母基于各种原因，或漠视孩子的心理需求，或只关心孩子的文化课学习而抑制其他正当需求，不能给孩子提供正确的行为引导。同时，社会上又存在许多对未成年人极具诱惑力、易于上瘾并产生不良影响的电子游戏、网络游戏甚至毒品等。

如果易于产生不良行为倾向的未成年人，得不到学校、家庭以及社会的正向影响，反而在自身生活的环境中体验到孤独、苦闷、压抑甚至仇恨等负性情绪与情感，则“问题少年”由此便会大量产生。许多甚至会就此走上违法、犯罪的道路。

（2）未成年人犯罪的特殊性。

正是因为处于青春期的未成年人在身体、心理上均处于特殊时期，未成年人犯罪体现出明显的特殊性。

①未成年人犯罪普遍恶性较小、危害性较轻。

涉罪未成年人生理、心理发育不成熟，世界观人生观还未形成，社会经验不足，辨别是非的能力较差，自制能力弱。犯罪是具备辨认控制自己行为的能力者在其主观意识和意志支配下实施的危害社会的行为，没有该能力就不可能有犯罪的故意与过失，当然就不对其行为承担刑事责任。而涉罪未成年人的辨认、控制能力低，其主观恶性就较小，社会危害性相应也轻，因而对未成年人应科处比成年人更轻的刑罚。①

① 董启海：《论我国未成年人犯罪刑罚制度的完善》，苏州大学2007年硕士学位论文。

②未成年人犯罪往往受社会不良影响。

未成年人犯罪固然有个人主观的原因，但也是社会上各种消极因素、不良影响、制度缺陷、恶劣环境等交互作用的结果。统计资料表明，几乎所有的涉罪未成年人，在走上犯罪道路前，其所处的环境都是恶劣的。因而社会对涉罪未成年人负有不可推卸的责任。让涉罪未成年人对犯罪行为负全部责任是不公平的。[①] 因此，社会责任在涉罪未成年人所应负的刑事责任中占据重要位置，涉罪未成年人并非完全自由意志的产物，环境的影响很大。

③犯罪的未成年人改造难度小，重归正途可能性高。

涉罪未成年人尚处于成长发育时期，具有相当大的可塑性，易于接受教育感化，改造难度小，重归正途的机会大，再犯的可能性小。刑罚虽具有积极功能，但拘束自由、剥夺财产乃至生命本身是消极的。相对成年人来说，未成年人对刑罚这种最严厉的处罚措施的承受力较弱，刑罚的副作用更大一些。涉罪未成年人正处于接受正常的学校、家庭与社会正面教育的时期，对他们判处刑罚施以较重的自由刑，在监狱易受到不良习气的熏染，导致人格异常，甚至交叉感染。因而，在与成年人同罪的情况下施以同罚，很难收到明显的积极效果，甚至适得其反，有悖刑罚目的。

(3)刑事诉讼过程应适应未成年人的特殊性。

对于涉罪未成年人，政法工作人员、刑罚执行人员、社会工作者应当充分了解并理解其内心世界发生的剧烈变化，针对未成年人犯罪的特殊性，既矫正其错误行为、对其实施教育，并能够宽容地对待他们在特定时期的心理失调和部分不良行为，在刑事诉讼的过程中，尽可能地挽救他们，帮助他们顺利度过这一社会化中的特殊经历、特殊时期。

2. 国家监护理论

国家监护理论，亦称“国家亲权理论”，是英美法系国家关于未成年人刑事司法制度的理论基石。从历史源流来看，罗马法采取“绝对亲权”的观

---

① 许芸：《我国未成年人违法犯罪的社区矫正模式研究》，南京师范大学2006年硕士学位论文。

念,即子女被视为家长的绝对私有财产,家长的处分行为并不受限制。上述观念为英国法所部分继承,并在不断的演化中形成了“国家系未成年人的最高监护人”的衡平法理论。后来这一理论也成为英国未成年人刑事司法制度的指导思想,而美国独立后亦继承了它,这也直接促成了美国第一个独立的未成年人法庭的建立,以及世界范围内的未成年人法庭运动。

在当代,该理论主要包含静态与动态两层含义:其一,权利的来源。未成年人向国家“让渡”一定的权利,由国家代为行使这一权利,以实现对未成年人的照顾责任。其二,权利的行使。作为权利受让主体,国家应当积极行使上述权利,以实现对未成年人权益的保护。简言之,作为未成年人的最高监护人,国家应像其父母一样,将未成年人的利益置于首位,全心呵护之。在未成年人刑事司法领域,这一理论具体表现为,国家对未成年人的积极保护责任,即在超越“报应刑”的理念之外,遵循“未成年最大利益原则”来处置未成年人的涉犯罪行为。

3. 教育刑理论

近现代以来,人们对刑罚不断进行自我反思和自我变革。教育刑成为刑罚变革中最具有代表性的刑罚理念。简单概括,教育刑理念即以教育为刑罚本质、把教育作为刑罚目的、强调教育贯穿刑罚实践全过程的一种刑罚执行理念。在这一理念的引导下,刑罚个别化理论和行刑社会化理论亦得到了很大的发展。无疑,这种以教育为先的刑罚价值取向与未成年人刑罚执行的本质和目的是一致的,非常适合贯彻于未成年人的刑罚执行。

(1)行刑个别化理论。

刑罚个别化,顾名思义,对被追究刑事责任的犯罪行为人,量刑与行刑应因人而异。具体而言,刑罚不再仅仅是对犯罪行为所导致的结果的报应或惩罚,而是对个别犯罪行为人的反社会性的否定,亦即对特定的犯罪行为人施以人格矫正。在未成年人刑事司法领域,该理论认为,未成年人的自我控制能力较差,多数犯罪行为已超出其控制能力,学理上称为“临时性犯罪人”,由于其主观恶性较小,更易于矫正,故有必要采取区别对待的态度,以解决其刑事责任问题,对其进行个别化的量刑以及个别化的行刑。

在当代,随着教育行刑论的兴起,刑罚个别化逐渐成为犯罪行为矫正的一般原则。这一原则也在一定程度上被我国未成年犯罪行为人监狱矫正的立法和实践所采纳。例如,我国《监狱法》第 61 条规定,教育改造罪犯,实行因人施教、分类教育、以理服人的原则。又如,《未成年犯管教所管理规定》第 4 条规定,对未成年犯的改造,应当根据其生理、心理、行为特点,以教育为主,坚持因人施教、以理服人、形式多样的教育改造方式。

(2)行刑社会化理论。

行刑社会化,系与监禁刑相对的概念。具体而言,这一制度旨在避免和克服监禁刑存在的某些弊端,使刑罚执行服务于犯罪行为人再社会化的目标,而应慎用监禁刑,尽可能对犯罪行为人适用非监禁刑,在日常生活中,通常表现为社区矫正等形式,使其在社会上得到教育改造,并使社会最大限度地参与犯罪行为人的矫正事业,从而使刑罚执行与社会发展保持同步,为犯罪行为人顺利回归社会创造有利条件。

在未成年人刑事司法领域,相对于已成年的犯罪行为人而言,未成年人的主观恶性通常较小,社会危害性较轻,加之未成年时期是人生重要的转折点,更应尽量避免监禁刑对于未成年人留下的心理烙印。因此,对未成年人,行刑社会化应包含两层含义。简言之,除了应尽可能地适用非监禁刑等社会化的刑罚方式外,还应将其区别于成年犯罪的行刑社会化,以更好地实现对于未成年人的矫治。①

(二)未成年人特殊刑罚执行的政策依据

无论是国家监护理论、教育刑理论还是未成年人特殊身心特点的心理学理论,都主张应当建立充分体现未成年人特殊性的刑事司法体系。在一国,常常由刑事司法政策、方针、原则等对这种特殊性予以体现并引导、推动整个未成年人刑事司法体系的建立。

在我国,"教育、感化、挽救"和"教育为主、惩罚为辅"即是贯穿于我国未成年人刑事司法的全过程的重要方针和原则。既然贯穿于全过程,自然

① 周映澜:《未成年人犯罪行刑社会化问题研究》,西南政法大学 2007 年硕士学位论文。

也是适用于未成年人刑罚执行阶段的。

1. “教育、感化、挽救”方针

“教育、感化、挽救”是我国现阶段未成年人刑事司法的重要方针。我国《未成年人保护法》和《预防未成年人犯罪法》对此都有明确的规定，在《中国儿童发展纲要》中也有所体现。这种以法律形式明确规定的诉讼原则是贯彻于整个诉讼过程中的。在刑罚执行阶段，实行“教育、感化、挽救”的方针，应立足于教育，着眼于挽救，即要做到“三像”——像老师对待学生、父母对待子女、医生对待病人那样，耐心地帮助未成年犯罪行为人改恶从善。

刑罚，不仅作为对犯罪行为的惩罚，更应被视为一种对未成年犯罪行为人的教育。这是一种特殊的教育，是对有一定犯罪行为而被追究刑事责任的未成年人的强制性教育。通过这种教育，旨在促使他们转变思想，矫正恶习，培养新品德，成为遵纪守法的公民。因此，教育在未成年犯罪行为人的刑罚执行工作中应居于首要地位，起主导作用，贯穿于整个工作的始终，体现在工作的方方面面。具体而言，其主导地位体现为，教育的内容要以思想政治教育和法制教育为主，这也是由未成年犯罪行为人刑罚执行工作的任务和未成年犯罪行为人教育的特殊性所决定的。要在有利于未成年犯罪行为人转变思想、矫正恶习的前提下，组织他们学法律、学文化、学技术。一切工作都要服从和服务于改造人、造就人这个总目标。做未成年犯罪行为人的思想转化工作，要坚持以教育为主的原则。学会用适应于未成年人特殊性的教育和引导方法来解决思想问题。要疏导，不要堵流，要说服，不能压服，要摆事实，讲道理，以理服人，尤其不能简单粗暴，以势压人。

2. “教育为主、惩罚为辅”的原则

在未成年人刑事司法领域，采取“教育为主、惩罚为辅”的原则，旨在强调惩罚只是未成年人刑事司法的辅助手段，教育和挽救才是其根本的目的。在更深层次上，这一原则进一步体现了在刑事司法领域对未成年人采取特殊保护的重要的立法思想。

在刑罚执行阶段，“教育为主”体现为，司法机关应充分考虑到未成年人特有的年龄特征及生理、心理特征，在刑罚执行过程中对未成年人进行有针对性的教育，以达到“感化和教育”的目的。同时，“惩罚为辅”并不意味着不惩罚，而是强调刑罚的惩罚目的是为了使未成年犯罪行为人吸取教训，改过自新，重新回归社会。因此，在贯彻“教育为主、惩罚为辅”的原则时，应当充分考虑到“保护未成年人”这一深层次的内涵，不能只是为了教育而教育，为了惩罚而惩罚，而全然忽略了对未成年人的保护。总之，“教育为主、惩罚为辅”原则是一项比较灵活的法律原则。在当前的历史条件下，充分保护未成年人的合法权利，通过教育来感化和挽救未成年犯罪行为人，是“教育为主、惩罚为辅”原则最核心的内容。

3. 坚持“惩罚和改造相结合，以改造人为宗旨”

“惩罚与改造相结合，以改造人为宗旨”是我国监狱工作的方针，未成年犯管教所作为监狱的一种类型更应当严格贯彻执行这一方针，[①]并应结合未成年犯的具体特点，有针对性地适用这一监管方针。

鉴于未成年犯不同于成年罪犯的自身特点，决定了对其的刑罚执行更加关注刑罚的实效性和优质性。据此，对未成年犯的改造，应当根据其生理、心理、行为特点，在对其犯罪行为进行惩罚的同时，以改造人为宗旨，以对其进行具有实用性和针对性的教育和培训为主要手段，开展岗位技术培训和职业技能教育，把教育的重点放在矫正恶习、转变思想、增长知识、培养技能上。对未成年犯的教育，应当以思想和法制教育为核心，以文化教育为基础，以技术教育为重点，以情感教育为依托，坚持因人施教、以理服人、形式多样的教育改造方式，实行依法、科学、文明、直接管理，将未成年犯改造成为具有一定文化知识和劳动技能的守法公民，在惩罚和改造双轨并行的前提下，尽最大可能教育、感化、挽救罪错未成年人，帮助其重塑人生。

---

① 刘世恩：《未成年犯执行刑罚工作的现实问题及完善》，载《法治论丛（上海政法学院学报）》2007 年第 5 期。

（三）未成年人特殊刑罚执行的法律依据

当然，在理论和政策的指导下，法律、法规也对未成年人刑事司法的特殊性作出了许多原则性的规定和具体措施的要求。其中，特别针对未成年人刑罚执行的条款亦为数不少。

1. 国际法依据

从国际法层面，《北京规则》《东京规则》等都对未成年人刑罚执行作出了最低限度的规定，要求各国在本国立法、司法和执法过程中予以保障。

例如，在刑罚执行指导理念方面，未成年人刑事司法国际准则均强调"未成年人福祉"原则，应享有优于成年人享有的待遇。

《公民权利和政治权利国际公约》规定，"对未成年人的案件，在程序上应考虑到他们的年龄和帮助重新做人的需要"。联合国人权事务委员会对该公约的一般评论则强调，在刑罚执行阶段，未成年犯除了受三个公约的保护外，还适用《囚犯待遇最低限度标准规则》中规定的待遇。而《北京规则》则规定，"未成年人司法制度应强调未成年人的福祉，并确保对未成年人作出的任何反应和措施都应与其犯罪和违法情况相称"。

又如，在刑罚执行方式方面，未成年人刑事司法国际准则均强调对未成年人刑罚执行的灵活化方式，如半监禁半自由方式。《北京规则》强调，主管当局应采用多种处理措施，最大限度避免监禁，适用缓刑、社会服务、罚款、补偿和赔偿、参加集体辅导等。

再如，在刑罚执行的要求方面，未成年人刑事司法国际准则具体规定了"分别关押""个别化行刑""生活待遇特殊化""教育优先"等许多措施和制度。

我国作为这些国际公约的签署国，自然也要遵守其最低限度的标准，并可以在国内的刑事司法过程中将其作为国际法渊源予以引用和参考。

2. 国内法依据

在国内法层面，从刑罚的适用、程序和执行全过程来看，我国的法律规定和司法实践对未成年人的刑罚价值取向是与国际社会通行的价值取向相一致的。

自新中国成立以来,未成年人刑罚执行工作取得了一定的发展,在实践中渐渐明确了未成年人刑罚执行工作的方针、基本原则以及一些具体措施,这都体现在各相关的法律、法规之中。

最早于 1954 年通过的《劳动改造条例》(已废止)就设专节对少年犯管教所收容的对象、管理教育、设置、人员等作了具体规定,第一次将少年犯与成年犯的矫正予以区别。之后的《刑事诉讼法》《预防未成年人犯罪法》《未成年人保护法》《监狱法》《社区矫正实施办法》最高人民法院《关于办理减刑、假释案件具体应用法律若干问题的规定》《人民检察院办理未成年人刑事案件规定》等法律、法规、司法解释中都有关于不同于成年人刑罚执行的,未成年人刑罚执行的单独规定,其中 2012 年新修订的《刑事诉讼法》更是增设了关于未成年人犯罪的专章。另外,《未成年犯管教所管理规定》则是完全关于未成年人刑罚执行的单行法规。

毋庸置疑,理论基础、政策和法律依据都反复强调和突出未成年人刑罚执行的特殊性。只有充分认识这种特殊性,才能建立起真正适合未成年人,能够尽最大可能挽救涉罪未成年人的刑罚体系。同时,这种特殊性也决定了检察机关对其进行法律监督时也应有足够的针对性,不能简单采取统一的刑罚执行监督机制和方式来对待成年人和未成年人的刑罚执行。刑罚执行监督是检察机关发挥法律监督职能的重要组成部分,是实现国家法律统一正确实施、维护社会公平正义的重要保障,而未成年人刑罚执行的特殊性,正决定了检察机关开展未成年人刑罚执行监督的专业化发展方向。

二、未成年人刑罚执行监督的专业化

(一)未成年人刑罚执行监督的特殊性

1. 价值取向的特殊性

检察机关作为国家法律监督机关,其职责涉及未成年人刑事案件诉讼的全过程。在未成年人刑罚执行监督中,仍然应当坚持双向保护与未成年人利益最大化的特殊价值取向。

(1)未成年人刑罚执行中的价值冲突。

①传统刑罚理论。

传统意义上,刑罚被认为是被动应对已经发生的犯罪行为,刑罚的轻重与犯罪行为的客观危害和行为人的主观罪责的大小相称,故其惩治犯罪的功能尤为突出,但在预防犯罪方面,则显得有些捉襟见肘。在这种刑罚理论之下,刑罚执行监督当然也更偏重于实现其惩治功能,以此来维护社会的法秩序,以实现社会利益的保障。

②教育刑理论的发展。

在当代,按照教育刑理论,刑罚不是为惩罚而惩罚,而是为了矫治犯罪行为人,使其重返社会,刑罚的轻重应以行为人的人身危险性为基点。[①] 简言之,量刑时应因人而异,行刑时更应因人施教。由此可见,这种由重视犯罪到重视罪犯的转变,以及由消极惩罚到积极预防的自觉,反映了刑罚价值观的进步与转变。在这种刑罚理论之下,刑罚执行监督的侧重当然也有所转变,偏重于实现刑罚的教育功能,以实现对被刑罚执行对象的教育、帮助,在未成年人刑罚执行领域,也即实现对未成年人的保护。

③价值冲突。

在对未成年人犯罪施以刑罚的活动中,存在社会利益与未成人利益的价值冲突。学理上,刑法应同时具备保护与保障功能,但两者的相互协调是一种理想状态,在实践中难以达到完全平衡。对于双向保护原则而言,虽然可以在互动中求得平衡,但是就一国来说,在不同的发展时期,针对未成年人犯罪的不同情况以及立法者的价值取舍和司法官员的素质,可能会有不同的侧重。

(2)双向保护原则与未成年人利益最大化。

①双向保护原则。

保障社会利益与保护未成年人的双向保护原则,是未成年人刑事司法

---

① 赵丙贵:《对少年犯司法保护应确立的几个理念》,载《辽宁大学学报(哲学社会科学版)》2005年第7期。

领域的特有原则，体现了在对未成年人的量刑与行刑中保障与保护的统一。这一原则源起1985年联合国大会第40届会议通过的《北京规则》第5条的说明部分，具体表述为对未成年人适用刑罚“不仅应当根据违法行为的严重程度而且也应根据本人的情况来对少年犯做出反应……应当确保对罪犯的情况和违法行为，包括被害人的情况所做出的反应也要相称。”这一原则的提出，蕴含着对刑罚价值观的重大转变和对未成年人犯罪的重新审视。

②国际社会对未成年人刑罚价值取向。

前文已经对未成年人身心和未成年人犯罪特殊性作了具体分析，正是基于对这些的考量，国际社会在未成年人犯罪时的刑罚价值取向上几乎采取了一致的做法：大大弱化刑罚的报应观念，以教育刑论为基本取向，重视刑罚的个别化，以轻缓的刑罚或多种非刑罚方法来处理未成年人犯罪问题。在价值取向上，以此来实现未成年人利益最大化。

③以未成年人利益最大化为基础，兼顾社会利益的保护。

如何协调好双向保护原则，并使之充分发挥功能，对于司法机关而言，任重而道远。由于双向保护原则是针对未成年人犯罪所确立的特别原则，而这一原则的确立又是奠基于涉罪未成年人所具有的特殊性，因此，双向保护原则要想体现针对未成年人犯罪的刑罚价值取向这一理论基础，必须坚持以保护未成年人为主，兼顾保护社会利益和法秩序这样一个理念，尤其是当两者发生冲突时更应如此。否则，双向保护原则就因没有侧重而变得没有实质意义，也不能在刑事立法和刑法司法中贯彻对未成年人犯罪予以特殊保护之精神。[①] 简言之，以未成年人利益最大化为基础，兼顾社会利益的保障，才是双向保护原则所蕴含的深层次的含义。

2. 工作定位的特殊性

在工作定位上，未成年人刑罚执行监督亦存在特殊性。

---

① 陈令春：《论我国的累犯制度》，吉林大学2009年硕士学位论文。

(1)刑罚执行监督工作的基本现状。

①履行监督职责的部门。

就目前而言,检察机关内部负责刑罚执行监督的部门主要为监所检察部门以及各派驻监管场所的检察室。在社区矫正监督方面,监督职责的具体履行部门则存在由监所检察部门向社区检察部门转移的趋势。

②监督方式。

一般而言,检察机关对于刑罚执行的监督方式更多地体现为一种事后监督。也就是说,检察机关的主要监督方法是对已经发生的违法行为发出《纠正通知书》《检察建议书》《检察公函》等文书,或以口头纠正等方式向有关单位提出纠正意见。

③存在不足。

虽然目前检察机关与执行机关联席会议制度、信息网络系统建设仍在不断完善,已大大推动了信息及时获取,上海检察机关多年来在刑罚变更执行监督中建立的全程同步检察监督制度也卓有成效,在很大程度上提高了执行监督的时效性,但这种方式仍然不可避免地存在一定的滞后性,有时即使检察机关发现执行行为违法,也提出了纠正意见,但却因为执行人已经脱离了执行机关的监管,已难以纠正并恢复到违法行为之前的状态。另外,《纠正违法通知书》等文书并不具有法律意义上的强制力,检察机关的纠正意见能否在实际工作中得到及时的采纳和落实,很大程度上取决于执行机关对自身违法行为的认知程度和进行纠正的自觉性。

更突出的问题在于,由于未成年人刑罚执行监督工作并未交由专门的检察业务部门来开展,而是混同于成年人刑罚执行监督工作,造成了未成年人刑罚执行方面的一些特殊规定和特殊待遇未能得到充分重视,未成年人的特殊性和刑罚执行措施的针对性被忽视,刑罚执行的效果难以保证。

(2)未成年人刑罚执行监督的工作定位。

基于上述种种未成年人刑罚执行的特殊性,这种监督方式存在的弊端对未成年人刑罚执行的完善尤为不利。长期以来,创新都是未成年人刑事司法制度的一大特点,社会调查制度、心理测试制度、法定代理人、合适成年人到场制度、犯罪记录封存制度等如今已经被《刑事诉讼法》明确规定的制度都来自于实践中的探索创新。在落实现有制度的基础上，不断探索、建立新的未成年人案件办理机制、制度也是《关于进一步加强未成年人刑事检察工作的决定》中的明确要求。所以在未成年人刑罚执行监督中，追求适当的突破、探索新的监督方式是存在一定的空间和意义的。

对未成年人刑罚执行监督而言，检察机关在立足于监督本职的基础上，还应当积极拓宽信息渠道，适度参与未成年人刑罚执行程序的全过程。在适度参与时，检察机关不能仅仅着眼于一般刑罚执行监督中最重要的违法行为纠正，而且应当充分发挥未检工作的专业性和创新性，积极运用检察建议权，适度引导、配合执行机关提高认识，落实好各项未成年人特殊的执行措施，并积极探索、建立新的更有利于未成年人教育改造的执行措施、方法和机制。

3. 工作目标的特殊性

未成年人刑罚执行监督的价值取向要求做到双向保护及未成年人利益的最大化，未成年人刑罚执行监督的工作定位要求在监督的基础上适度参与，这也决定了未成年人刑罚执行监督的工作目标亦不同于一般的刑罚执行监督，重点应在落实特殊政策、维护合法权益、促使顺利回归这三点上。

未成年人刑罚执行直接剥夺或限制了涉罪未成年人的某些权利甚至是自由，其执行的正当性直接涉及未成年人的其他合法权益。因此，对其加强法律监督，确保各项保护未成年人的特殊政策得到完整、准确的实施，对于确保国家法律价值、人权保障的实现有非常重要的意义。

在未成年人刑罚执行中，教育挽救效果应尤为强调。刑罚执行是否适当，是否有针对性，是否适合未成年人的特殊身心特点，是否能够帮助其在接受惩罚中真正被教育、被挽救，是否有利于未成年人更快更好地顺利回归社会，都是法律监督应当重点关注并帮助完善的。

（二）未成年人刑罚执行监督的主要范围

在世界上大多数国家，未成年人司法制度与成人司法制度的最初分离都开始于收容矫正违法犯罪未成年人的专门机构的建立。我国也不例外。以矫正对象为标准,可以将我国未成年人矫正机构分为两类:一类是专门矫正未成年犯罪行为人的机构,另一类则是专门矫正实施了严重不良行为的未成年人的机构。前者也包括两种类型:一种是监禁刑的矫正机构,另一种是非监禁刑的矫正机构。监禁刑的矫正机构主要为未成年犯管教所;非监禁刑的矫正机构主要指社区矫正机构,但目前尚无专门针对未成年人的社区矫正机构。

既然检察机关的法律监督职责涉及未成年人刑事案件诉讼的全过程,那么未成年人刑罚执行的监督也应该包括所有涉及未成年刑罚执行的程序、环节和场所。

1. 未成年人社区矫正监督

(1)社区矫正制度的发展。

社区矫正是指不使罪犯与社会隔离并利用社区资源教育改造罪犯的一种刑罚执行方式。

2003 年 8 月,最高人民法院、最高人民检察院、公安部、司法部联合印发《关于开展社区矫正试点工作的通知》使得这一制度在我国正式落地。经过近 10 年的探索、实践,2011 年《刑法修正案(八)》明确规定对判处管制、缓刑以及假释的罪犯依法实行社区矫正,2012 年《社区矫正实施办法》出台,正式明确了社区矫正的法律地位、相关机构的作用、具体实施办法等。社区矫正制度的正式确立,是贯彻落实宽严相济刑事政策、化解社会矛盾、加强和创新社会管理的重要举措,有着空前崇高而崭新的政治使命。

(2)社区矫正的功能和对未成年人的适用。

作为与监狱矫正相对应的非监禁刑罚执行措施,社区矫正的职能是惩罚和改造社区服刑人员,工作目标是通过对社区服刑人员的监督管理、教育矫治、行为矫治、心理矫正等途径,最大限度地防范和减少社区服刑人员重新违法犯罪,具有惩罚、教育、塑造、感化、治疗、控制几大功能。

出于对未成年人特殊保护的考虑,在刑罚的适用上,我国《刑法》对未成年人规定了不适用死刑和从宽处罚两项重要原则。在程序上,《刑事诉讼法》和相关司法解释都特别强调对羁押措施的慎用、少用。在刑罚具体运用时,则强调缓刑、减刑、假释等量刑和刑罚变更执行措施的积极运用。而且未成年人犯罪本身危害程度通常小于成年人犯罪,所以在实践中,因被判处管制或适用缓刑或者服刑后获得减刑、假释,而符合社区矫正条件的涉罪未成年人占有相当的比例。随着相关理念的发展、制度的完善、机构的建设,最终被适用社区矫正的未成年犯罪行为人占全体涉案未成年人的比重也正逐年提高。

(3)对未成年人社区矫正实施监督的重点和具体内容。

对于未成年人的社区矫正实施全程法律监督是未成年人刑罚执行监督中的重要组成部分。对于检察机关而言,对未成年人社区矫正的监督,重点在于考察社区矫正机构的监管、矫正工作是否依法、公正地进行,各项工作措施是否落实。

检察监督的具体内容为:一为是否对接管的社区矫正未成年人的情况及时登记入册、建立社区矫正未成年人的档案。二为是否建立社区矫正未成年人的监督考察组织、落实监督管理责任制。三为是否对接受的社区矫正未成年人宣布服刑期间必须遵守的法律、法规,告知其权利、义务。四为是否及时、严格落实社区矫正未成年人行为报告制度。五为是否落实对社区矫正未成年人的监督管理措施。六为是否向同级人民检察院及时报告社区矫正未成年人的监督管理情况。七为是否出现脱管、漏管情况。八为是否存在执行机关、执行机关工作人员侵害社区矫正未成年人的合法权益之现象。

(4)对禁止令执行的监督。

①禁止令制度在我国的发展。

在英美法系中,禁止令制度起源于衡平法上的一种救济手段。在法理上,法官签发或法庭下达的禁止当事人实施某种行为的指令即为禁止令。经过长期的发展,禁止令的种类和形式得到了扩充。

“他山之石,可以攻玉。”在我国,2011 年的《刑法修正案(八)》中首次规定了禁止令制度,并将适用对象限定于判处管制、宣告缓刑的犯罪分子,即法院可以根据犯罪情况,对犯罪分子在判处管制、宣告缓刑的同时禁止其在管制执行期间、缓刑考验期限内“从事特定活动,进入特定区域、场所,接触特定的人”。随后,最高人民法院、最高人民检察院、公安部、司法部共同出台了《关于对判处管制、宣告缓刑的犯罪分子适用禁止令有关问题的规定(试行)》,在法律条文的基础上,作出了具体、细化的规定。

这种禁止令并非一种新刑种、新刑罚,只是辅助并监督管制、缓刑这种非监禁性刑罚顺利执行的一种有效措施,应当得到充分的运用。对于被判处管制、缓刑而进入社区矫正的未成年人来说,禁止令可以帮助他们进一步明确自身行为的界限,树立对法律权威性的敬畏,有助于更好地遵守社区矫正的各项规定。因此,依法、准确运用禁止令也是保障未成年人社区矫正依法、准确施行的重要环节。对此,检察机关应当依法加强监督。

②对禁止令执行监督的重点。

在分工上,法院是发出禁止令的决定机关,而检察机关则拥有检察建议权。对于未检部门而言,在一定程度上,可以将用好建议权作为对禁止令的实施进行法律监督的起点。

具体而言,检察监督的主要内容主要应当包括以下几个方面:

一是法院宣告禁止令的决定在实体和程序上是否合法,是否及时、完整地送达相关法律文书。

二是社区矫正机构是否依法、准确执行禁止令。主要内容为:对于被宣告禁止令的社区矫正人员,社区矫正机构是否对其进行了相关的教育、告知,是否严格监督其遵守禁止令等。

三是对违反禁止令的罪犯,有关部门是否依法、及时、准确地进行了处理。包括对违反禁止令的管制罪犯以及违反禁止令尚未达到情节严重的缓刑罪犯,社区矫正机构所在地的公安机关是否及时、准确地对其依照《治安管理处罚法》进行了处理;对于违反禁止令情节严重的缓刑罪犯,社区矫正机构是否及时、准确地提请法院撤销缓刑,法院作出的裁定在实体和程序上是否合法等。

四是对减刑的社区矫正人员，法院是否依法相应缩短禁止令的期限，作出的裁定在实体和程序上是否合法。

对于未成年人社区矫正（包括禁止令执行在内）而言，以上即为检察机关作为刑罚执行的监督机关所应关注的工作内容及其重点。

2. 未成年人监内执行监督

（1）监内执行。

未成年人监内执行只是在监狱内执行对未成年人的刑罚。虽然未成年人刑事司法的各项原则都主张对未成年人应当尽可能采取非监禁刑，以最大可能减少“交叉感染”、脱离社会等进一步的心理失衡对未成年人的教育改造不利的因素，最大限度地让其在社会化、个别化的行刑中得到挽救和教育，但毕竟仍有一些犯有相对严重罪行的未成年人不得不被判处监禁刑，必须进入监狱内进行教育改造。

监内执行几乎完全剥夺了这些未成年人的人身自由，对其各方面影响极大。为此，应当进一步加强检察机关对未成年人监内执行的监督，全面维护未成年人的合法权益，保障其人权，确保刑罚被严格依法、准确无误并文明规范地执行。

（2）监内执行监督重点应在“特殊规则”的落实。

在实施中，除了对监内刑罚执行的一般监督以外，对未成年人监内刑罚执行的监督还应当充分注意对“特殊规则”落实情况的监督，如《联合国儿童权利公约》《北京规则》等国际公约都反复强调儿童不仅享有对成年人所保障的一切人权，而且应当适用一些特殊规则。例如，被拘禁的儿童应受到增强其尊严和价值感方式的待遇，便利于他们与社会重新融合，体现儿童的最高利益，并考虑他们的需求；儿童不应被处以体罚、判处死刑或无释放可能的无期徒刑；被拘禁的儿童应当与成人囚犯分开；特别要争取让被拘禁儿童能接受家庭成员探访和与家庭成员通信；被拘禁的儿童的隐私应予尊重，保留完整和安全的档案，并予以保密；应受义务教育年龄的少年有权接受教育和职业培训；在羁押少年的监禁处不应携带武器，纪律整肃程序应当尊重儿童的尊严，并旨在树立儿童的正义感、自尊感和尊重人权的意识;少年的受押、转押、释放、患病、受伤或死亡都应通知家长。[①] 这些特殊规则在我国《刑法》《刑事诉讼法》《监狱法》《未成年犯管教所管理规定》等法律、法规中已有明确的规定。因此,在监督中应当特别注意执行机关对这些措施的具体落实情况。

(3)监内执行监督的具体内容。

在对未成年人监内执行的监督工作中,检察机关应当特别注重人权保障,通过不断加强日常巡监、谈话教育、同步监督、检察官接待、约谈等具体方式,来落实相关工作的重点。具体而言,监督重点主要集中在下列几个方面:

①对分押、分管的检察,即执行机关是否严格落实未成年犯与成年犯分别关押、分别管理的规定。

②对教育改造情况的检察,即执行机关对未成年犯思想、文化、技术教育活动是否符合规定,收、入监教育措施是否落实。

③对生活卫生情况检察,即执行机关对未成年犯是否严格按规定执行餐饮、生活、医疗标准,是否严格执行各项对未成年犯特殊劳动工种、工时的规定。

④对警戒具使用、禁闭严管措施的检察,即执行机关对未成年犯是否严格、审慎、按规定使用警戒具或严管、紧闭等措施,以及使用手续是否完备、使用期限和方式是否符合规定并人性化、有无体罚虐待等情况。

⑤对会见的检察,即执行机关是否按规定安排未成年犯与亲属的会见。

⑥对刑罚变更执行的监督,下文将作专门介绍,在此不再赘述。

⑦对控告、申诉、举报、再犯罪案件的审查,即检察机关应认真受理、审查未成年犯提出的控告、举报、申诉案件,认真办理未成年犯狱内再犯罪案件。

⑧对安全及事故的检察,即检察机关应重点检查狱内各项安全防范措

---

① 周伟:《未成年犯刑罚执行与检察监督》,载《人民检察》2006年第3期。

施的落实;对未成年人伤亡、群体病疫等事故进行调查,查明原因,明确责任,及时处理等。

相对于未成年人社区矫正的执行监督,未成年人监内执行的监督工作具有自身的特点,这是作为监督主体的检察机关所不能忽视的。

3. 未成年人刑罚执行变更监督

(1)刑罚执行变更制度。

刑罚执行变更是指在刑罚执行过程中,对于符合法定条件的罪犯,对其原判刑罚进行期限、执行方式等方面的变更,包括死刑执行的变更、减刑、假释、暂予监外执行、赦免等,是刑罚执行中非常重要的一个环节,一向是刑罚执行监督的重点。本文所论及的对未成年人刑罚执行变更的监督主要涉及对减刑(包括缓刑的减刑)、假释和暂予监外执行这三类情形的监督。

(2)未成年人刑罚执行变更的特殊性。

对于未成年人而言,刑罚执行的变更不仅在一定程度上直接体现了未成年人刑罚执行效果,也是其能否尽早回归社会的关键环节。尤其是对于被判处监禁刑的未成年犯,既然将其投入监狱已是万不得已的选择,在惩罚的效应得到体现之后,应当采取各种措施,促使其尽快摆脱监禁的状态。根据其具体表现与在监内的实际情况,对于符合减刑、假释或暂予监外执行法定条件的未成年人,执行机关应当严格依法、及时、准确地向有关部门提出申请,而有关部门亦应当严格依法、及时、准确地作出相应的裁定或决定。

(3)对未成年人刑罚执行变更的监督重点。

在监督重点上,与一般意义上的成年人刑罚执行变更的监督不同,对于未成年人刑罚执行变更的监督,除了对不符合法定程序和法定条件的执行机关的提请和有关部门的裁定、决定进行及时纠正之外,还应当特别关注对于符合条件的未成年人,执行机关是否及时进行提请、有关部门是否及时裁定或决定。换言之,就是不仅要及时纠正不符合被减刑、假释、暂予监外执行的条件,却进行刑罚执行变更的情况,也要及时发现应当被减刑、假释、暂予监外执行的未成年人，并纠正其未被施以刑罚执行变更的情况。特别是对处于社区矫正的未成年人进行刑罚执行变更，在实践中极为少见，但实际上，法律对缓刑的减刑有明文规定，符合法定条件的社区矫正的未成年人确实应该得到减刑的机会。对此，检察机关也有必要加强监督。

综上所述，对未成年人刑罚执行变更进行监督，是未检部门业务范围内一项重要的工作内容。其中，对于监内执行的未成年犯，其罪过程度、改造难度大于社区矫正的未成年人，对其进行矫正、改造所投入的精力与成本亦高于后者，相应地所取得的效果也强于后者，故其刑罚执行变更的监督尤为重中之重。同时，还应兼顾社区矫正中未成年人刑罚执行变更的监督，对此亦不能有所偏废。长此以往，方能推进未成年人刑罚执行变更监督业务的长足发展。

（三）未成年人刑罚执行监督的专业化要求

未成年人刑罚执行监督的专业化主要对以下七个方面提出了具体要求。

1. 通过监督推动未成年人刑罚执行机构与人员专业化

在组织层面上，推动未成年人刑罚执行机构与人员专业化是推进未成年人刑罚执行监督的专业化的重要保障。

（1）未成年人刑事司法国际准则的要求。

未成年人刑罚执行机构和人员专业化的重要性早已被国际法渊源和各国司法实践一再证明。

例如，《联合国保护被剥夺自由少年规则》第 81 条规定，管理人员应具适当的条件并包括足够数量的专家，如教育人员、职业教导员、辅导人员、社会工作者、精神病专家和心理专家，这些专家及其他的专门人员一般应长期聘用。第 82 条规定，管理当局应认真挑选和聘用各级和各类的工作人员，因为各拘留所是否管理得好，全靠他们的品德、人道、处理少年的能力和专业才能以及个人对工作的适应性。第 85 条规定，所有管理人员应受适当培训，以便能够有效执行其责任，尤其包括关于儿童心理、儿童福利和国际人权和儿童权利标准和规范，包括本规则各项内容的培训。所有管理人员应通过参加在其任内定期举办的在职人员进修班，保持并提高其专业知识和业务能力。

又如，在司法实践中，在美国，对未成年犯的社区矫正均设有不同于成人的专业化管理人员。专业人员有比较严格的准入和考核制度，他们需要扮演法律执行者和未成年犯矫正者的角色。由此可见，与一般的社区工作人员相比，国际社会对于未成年人社区矫正工作者提出了更高的要求。

(2)我国执行机构和人员专业化发展的现状。

目前，对我国的未成年人监禁刑的执行，虽然专业化仍有待进一步提高，但已有专门的执行机构和人员。全国各省、直辖市都设有未成年人管教所专门矫正监内执行的未成年人。而对社区矫正来说，虽然实践了多年，但《社区矫正实施办法》实施时间还不长，可以说社区矫正的法律化、制度化、规范化仍处于起步阶段，未成年人社区矫正更是少有专门的试点和研究成果，专业的执行机构建设尚未有眉目。虽然《社区矫正实施办法》第33条规定，未成年社区矫正人员的矫正小组应当有熟悉青少年成长特点的人员参加，但具体实践中，大多数地方的未成年人社区矫正非但没有专业机构甚至没有配备专业的矫正人员。将未成年人的矫正混同于成年人的矫正的实践经验已经证明，这种混同既不利于未成年人的矫正，又影响了社区矫正整体工作的效率。

我们认为，未成年人矫正工作者除了具有一般矫正工作人员的素质外，还需要特别的素质以适合进行未成年人的矫正工作。缺乏专业素质的矫正人员，无法针对未成年人的身心特点，制订、推行有效的矫正计划。因此，应针对未成年人的心理和生理特点，配备熟悉未成年人特点，善于做未成年人思想教育工作的专业的未成年人社区矫正人员。对未成年人的矫正人员配备来说，应当比一般的矫正人员有相对较高的门槛、更为严格的准入与考核制度。一般而言，工作人员除了具有法学、社会学、心理学等专业知识以外，还要适合未成年人矫正工作，如性格温和、细致，擅长和未成年人进行交流，具有良好的个人道德修养。

在人员专业化不断提高的基础上，适时地将未成年人社区矫正单独分列,成立专门的机构并不断提高该机构本身的专业性,在专门机构的基础上,还要充分发挥社会力量的作用,进一步提升矫正效果。

(3)通过监督推动机构和人员的进一步专业化。

检察机关在未成年人刑罚执行监督过程中,应避免仅仅立足于检察执行机关是否依照现有法律进行执行,也要以小见大,适度参与社会管理创新,创建平台,通过各项监督措施、检察建议措施,积极引导、推动未成年人刑罚执行机构和人员的专业化。同时,对于矫正人员的实际工作量和工作效果,也应当推动专业的评估机制介入,并在此基础上,积极协调各方,推动矫正人员行为规范、行为准则之类的规范化文件出台。

2. 监督执行机关制定专业化、个性化的矫正方案和措施,并确保教育内容和形式符合未成年人特点

在内容上,监督制定专业化、个性化的矫正方案和措施,并确保教育内容和形式符合未成年人特点是推进未成年人刑罚执行监督的专业化的首要途径。

(1)我国矫正方案专业化、个性化发展的现状和不足。

①监内执行方案个性化体现不足。

应该说,我国的未成年人监内执行从20世纪50年代发展至今,基本明确了矫正的工作方针、建立了矫正原则,并探索出一些适合未成年人的狱内矫正办法,矫正方案和措施的专业化程度相对较高,但个性化体现仍相对不足。

②社区矫正方案针对性不强。

传统上,我国未成年人社区矫正的主要项目有公益劳动、思想教育、法制教育、社会公德教育、技能培训、心理矫正以及就业指导、生活指导等。这些项目虽然在矫治涉罪未成年人、预防涉罪未成年人重新犯罪方面发挥了一定的效用,但由于缺乏对于特殊矫正对象的针对性,也在一定程度上难以有效约束未成年矫正对象,影响矫正效果的实现①。

---

① 龚俊杰:《未成年犯罪刑事和解制度构建》,南昌大学2013年硕士学位论文。

(2)矫正方案的专业化和个性化有利于矫正效果提升。

我们认为,无论是未成年人管教所对监内执行的未成年人还是司法行政机关对社区矫正的未成年人,都应当充分考虑未成年人的特点,制定更专业化、更个性化的矫正方案。对于矫正方案的制订过程和实际内容,检察机关应当主动进行了解,实施监督,并充分发挥建议权,促进合适的矫正方案组最终形成。

(3)通过监督推动专业化、个性化的矫正方案形成。

为了实现对未成年犯罪行为人的专业化、个性化矫正,就应当根据其特点制定适合的矫正方案。只有充分了解该未成年犯罪嫌疑人的详细情况,例如其性格特征、家庭情况、犯罪原因、教育程度,办案部门才能及时、准确、全面向执行机关提供办案过程中了解到的未成年犯罪行为人的各种情况并移交相关材料就显得尤为关键。检察机关首先应加强对这一点的监督,当然办案部门也应及时向社区矫正部门移送相关的材料。

此外,对于社区矫正的未成年人,《社区矫正实施办法》中对于矫正方案和措施的针对性也提出了一些相关的要求。检察机关在监督过程中可以以这些要求为切入点。较合适的矫正方案和措施应当是针对其本人的情况,采取“定制式”的社区服务,由司法行政机关社区矫正工作人员督促其定期汇报学习、生活情况,安排合适的法制教育、技能教育、基础知识教育等教育活动,组织适量的有利于矫正其行为的社会公益劳动,由专业的矫正社工落实观护帮教并提供心理疏导、学业、就业咨询等各种服务。对于其在学校和社会上的表现如何,司法社工、家庭、学校、社区等也积极参与、反馈并能形成多元且全方位的监督。

3. 监督“分开执行”原则的落实

“分开执行”原则,即关于“未成年人与成年犯分开执行刑罚”的原则,也是未成年人刑罚执行中最基本的原则之一。在国际法方面,《北京规则》《东京规则》《儿童权利公约》等都有明确规定,在国内法中也有所体现。在刑罚执行过程中,积极落实这一原则是推进未成年人刑罚执行监督专业化的重要举措,也是检察机关刑罚执行监督中的一项重点。

(1)我国目前监内执行中的“分开执行”。

①法律依据和具体规定。

在传统上,我国早在20世纪50年代的《劳动改造条例》(已部分废止)已经规定这一原则。这一原则也在之后的一系列法律、法规中得到确认。《未成年人保护法》第57条规定,对羁押、服刑的未成年人,应当与成年人分别关押。《监狱法》第39条规定,监狱对成年男犯、女犯和未成年犯实行分开关押和管理;第74条规定,对未成年犯应当在未成年犯管教所执行刑罚。这一条也正是我国未成年犯管教所设立的法律依据。

②存在不足。

目前我国基本上每个省、市、直辖市均设置有未成年犯管教所。虽然未成年犯管教所最早在我国未成年人司法机构领域中实现了“独立化”,但在设置上仍有需要进一步完善之处。

首先,实践中仍有一定数量的成年罪犯被关押在未成年犯管教所。除了在服刑过程中年满18周岁而余刑不足两年的成年犯,仍可在未成年犯管教所服刑的成年罪犯以外,也有一些成年罪犯因各种特殊情况经监狱管理局等上级主管部门统一调配而被安排到未成年人管教所服刑。对于这一类罪犯,应当设立单独的监区或分监区,在执行过程中应始终严格与未成年人分开执行。

其次,在未成年人中也应该进一步地细化分类管理。虽然《监狱法》第39条规定,监狱根据罪犯的犯罪类型、刑罚种类、刑期、改造表现等情况,对罪犯实行分别关押,采取不同方式管理,但是《未成年犯管教所管理规定》却并没有就未成年人管教所内如何实现“分别关押”作出规定。实践中,也有不少未成年人管教进行分监区的管理,但更多地考虑管理方便而非体现未成年人特点。例如,对于身心发展出现问题,犯罪倾向性较大、精神异常的未成年人等应当考虑特别的收容场所。

③监督重点。

我们认为,检察机关在未成年人刑罚执行的监督中,应当始终高度重视分开执行原则落实情况的监督。日常应当及时通过巡监检察、罪犯名册的查阅、出入监法律文书的检察、对罪犯的个别谈话教育等方式主动了解情况，监督执行机关是否按规定、依未成年人特殊情况进行“分押、分管”。

(2)社区矫正中的“分开执行”。

①法律依据和具体规定。

《社区矫正实施办法》第33条第1款同样规定了“对未成年人的社区矫正应当与成年人分开进行”。

②存在不足。

但在实践中，各地普遍没有设立专门的未成年人社区矫正工作人员。司法行政机关设立的社区矫正工作人员往往既负责对成年人的社区矫正又负责未成年人的社区矫正。

社区矫正不同于监内执行，可以将成年人与未成年人分别关押在不同监狱、不同监区，社区矫正中的人员是不脱离社会生活的。因此，在同一矫正工作人员的安排下，成年人和未成年人在去司法所报到、参加公益服务、参加教育活动等过程中，偶尔仍会发生同时出现、同时参加服务、活动等情况。此外，由于具体的社区矫正工作是由街道、乡镇一级的司法所牵头开展，而每个街道或乡镇中的未成年社区矫正对象的数量往往是个位数，单独开展社区矫正工作存在效率低、成本高的问题，造成社区矫正机构往往有意无意地将未成年社区矫正对象混同于成年社区矫正对象，一并开展矫正工作。

③监督重点。

对于这些情况，检察机关应当高度重视，通过日常访查、信息反馈、个别谈话教育等各种渠道及时发现、及时运用监督措施进行纠正。例如，上海市崇明县人民检察院未检科，就通过参与各乡镇司法所组织的社区矫正活动，发现存在未成年人与成年人混同矫正的问题，及时制发相关纠正违法的书面意见，促使社区矫正机构进行整改。同时，针对由司法所进行矫正存在的弊端，可以建议在区县一级社区矫正机构设立专门的未成年人社区矫正机构，负责辖区内所有未成年社区矫正对象的集中矫正活动，避免分散矫正造成的低效率、高成本，同时提高专业性和针对性。

4. 监督纠正对未成年人受教育权、就业权的侵害行为

在刑罚执行过程中，除应积极落实保障未成年人权益的各项政策外，还应关注刑罚执行过程中，一些潜在的消极方面。对于未成年人的刑事诉讼全过程而言，“教育为主、惩罚为辅”始终是第一原则，在刑罚执行阶段亦不例外。保障未成年犯罪行为人在刑罚执行过程中和过程后受教育权和就业权不受侵害亦是十分重要的监督内容。如有侵害行为发生，及时监督纠正，努力消除负面影响就显得尤为重要。

(1)法律依据和具体规定。

国际法方面，《东京规则》等都强调未成年犯罪行为人在刑罚执行中有接受教育，获得学识和生活生存技能、职业技能培训的权利。我国《未成年人保护法》第54条、《预防未成年人犯罪法》第44条、《监狱法》第75条等也都体现了相关内容，如《未成年犯管教所管理规定》要求对未成年犯“实行集体教育与个别教育相结合、课堂教育与辅助教育相结合、所内教育与社会教育相结合的方式”，“加强对其的法制教育、职业技能教育，对没有完成义务教育的未成年犯要保证其继续接受义务教育”，并保障“解除羁押、服刑期满的未成年人的复学、升学、就业不受歧视”等。这些规定充分考虑了未成年人身心发育不成熟、可塑性强的特点并强调教育在未成年犯改造中的优先地位，教育要渗透到未成年犯矫正的各个环节。

无论是对监内执行还是社区矫正的未成年人，检察机关都应当重点监督未成年人“受教育权”“就业权”不受侵害。

(2)保障“受教育权”的监督重点。

未成年犯的文化教育是列入当地教育发展的总体规划的，刑罚执行机关不仅应当在矫正过程中，不断提供有利于增进未成年人健康、自尊心、责任感、生存技能等方面的课程和活动，更应当配合国家、社会、学校等教育机构，为未成年犯接受义务教育提供必要的条件。

在刑事诉讼过程中，对于一些学校劝退甚至开除涉案学生的情况，对于在刑罚执行过程中，剥夺未成年人接受义务教育权利等各种行为的，检察机关应当通过信息反馈、谈话教育、走访调查等方式发现和核实，及时进

行纠正。

(3)保障“就业权”的监督重点。

未成年人刑罚执行的根本目的是通过矫正,帮助其更好地回归社会。就业就是其通过矫正回归社会后自食其力、重新融入社会的重要环节。各地统计数据、调研报告都一再证明,刑罚执行完毕的未成年人如果就业安置情况不理想,重新犯罪可能性就相对较高。就业率与重犯率两个数据之间有一定的关联。因此,执行机关在矫正过程中应当有针对性地帮助其提高就业技能,而非仅为经济效益而要求未成年人反复从事无技能或低技能的劳动改造。同时,执行机关也应进一步结合社会各方面的资源,为即将执行完毕的未成年人提供就业咨询、落实就业机会等帮助。例如,《社区矫正实施办法》第33条第6项就规定矫正机关应当协调有关部门为未成年社区矫正人员就学、就业等提供帮助。检察机关除了监督执行机关做好以上种种之外,对于发现在就业招工中歧视刑满释放、解除羁押的未成年人的行为,也应当通过多种手段及时监督纠正。

总而言之,基于“教育为主、惩罚为辅”的原则,对未成年犯的受教育权、就业权问题,一方面,检察机关应积极参与权利实现的各个环节,推动权利保障的真正落实;另一方面,作为监督机关,检察机关更应当及时纠正侵害未成年犯就业权的各种行为,消除负面因素带来的消极影响。

5. 监督纠正违法披露未成年人犯罪记录和隐私的行为

如上文所述,要使刑罚执行完毕的未成年人更好地回归社会,则有必要采取帮助落实就学、就业的措施以消除其后顾之忧,而这一点与保护未成年人隐私、不披露其犯罪记录有密切的关系,同时,也是防止消极因素影响未成年人矫正效果的重要方面。

(1)法律依据和具体规定。

从国际法来看,《联合国非拘禁措施最低限度标准规则》即强调应尊重罪犯以及其家庭成员的隐私权。对于未成年人来说,这一点尤为重要。生活实践中,一旦某人被公开标定为“犯罪人”,就非常容易受到社会歧视,就学、就业机会很可能因此失去。而对未成年人来说,遭遇这种歧视会更容易产生自暴自弃的消极心理,难以重新融入正常的社会生活,绝对有违儿童利益最大化的原则。《北京规则》《东京规则》也有相关的规定,如“不应公布任何可能会导致使人认出某一未成年人的资料”,包括“法律记录、医疗记录、法律程序记录以及与待遇形式、内容和细节有关的其他所有文件”。

这些也都体现在我国的相关法律、法规中,它们均强调“任何组织和个人不得披露未成年人的隐私”。近年来,我国多项其他法律的修改,进一步完善了对未成年人隐私权的保护。例如,在《刑法修正案(八)》中,即明确规定了犯罪行为时不满18周岁被判处五年有期徒刑以下刑罚的犯罪人,免除其前科报告义务。又如,新修订的《刑事诉讼法》则进一步设定了对未成年人犯罪记录的封存制度。

在社区矫正等监外执行中,如何保护未成年人的隐私,也是一项值得关注的问题。对此,《社区矫正实施办法》第33条明确规定,对未成年社区矫正人员给予身份保护,其矫正宣告不公开进行,其矫正档案应当保密。

(2)监督重点。

从监督工作的实践经验来看,检察机关在未成年人刑罚执行监督中应当高度关注以下措施的具体落实。例如,通过日常巡监检察、罪犯个别谈话教育、出入监检察等各个环节,监督执行机关是否严格管理未成年犯的档案。又如,应当及时纠正公开、传播或向管理教育和办案无关的人员泄露的行为。再如,未成年人的外部接触也是重点监督环节,要认真检查对其采访、报道是否严格依法须经省、自治区、直辖市监狱管理局批准,程序是否合法,采访报道中是否有披露其姓名、住址、照片及可能推断出该未成年犯的资料等行为。此外,在社区矫正的具体过程中,检察机关也应当时刻注意,方方面面是否严格落实了保护未成年人隐私的相关规定。例如,在参加公益劳动过程中,是否让未成年犯以社会志愿者的身份出现,对其犯罪记录是否严格封存。

6. 监督维护未成年犯获得各种特殊优待的权利(未管所)

基于未成年人自身生理与心理问题的特殊性,因此,有必要对未成年人刑罚执行监督中有别于成年犯的特殊问题,进行深入的探讨与研究。

（1）法律依据和具体规定。

国际法方面，《北京规则》《东京规则》等都明确规定了未成年犯罪行为人所应享有的特殊待遇，例如，“经适当制作并在正常用餐时间提供的食品，质量和数量都应满足营养、卫生和健康标准，且考虑到其宗教和文化的要求”；又如，“随时提供清洁饮水”；再如，“禁止对未成年人使用束缚性工具和进行体罚”。

在我国，根据相关法律法规，在未成年犯的监督管理、教育改造、劳动改造方面，未成年犯管教所的制度体系相对比较完备，形成了与成年人监狱矫正有所区别的特殊体系，未成年犯的待遇以及生活、改造条件等方面均优于成年人。比如，为了保证未成年犯的身体发育、身心健康，在未成年犯的作息时间、饮食管理、被服管理、监舍管理、医疗卫生方面都充分考虑未成年人的身心特点，建立起了严格的制度。对于这些未成年犯获得特殊优待的各项权利，检察机关也应当重点监督执行机关是否严格落实并积极维护。

（2）监督重点。

具体而言，检察机关的监督首先应当掌握所有涉及未成年犯特殊待遇的相关法律、法规、规定，并在此基础上采取以下措施，加强相关监督工作。

例如，检察监督未成年人的劳动改造是否符合相关规定，有无违法情形。据《未成年犯管教所管理规定》第43条规定，组织未成年犯劳动，应当在工种、劳动强度和保护措施等方面严格执行国家有关规定，不得安排未成年犯从事过重的劳动或者危险作业，不得组织未成年犯从事外役劳动。未满16周岁的未成年犯不参加生产劳动。未成年犯的劳动时间，每天不超过4小时，每周不超过24小时。

又如，检察监督未成年人的会见时间和次数是否比照成年犯进行了适当放宽，对改造表现突出的，是否准许其与家属一同用餐或者延长会见时间等；是否对符合条件的未成年犯开展社会教育，采取社区参观或参加公益劳动等。

再如，对于未成年人特殊的开放性处遇制度是否严格落实，对于符合条件的未成年人是否及时给予外出归假待遇，是否设立了开放式或半开放式监区，适用开放性处遇的程序和内容是否合法，等等。此外，对于未成年人刑罚执行中的处罚措施，包括适用严管禁闭措施、使用警戒具等，也都应当重点监督，《未成年犯管教所管理规定》第 20 条规定，对未成年犯原则上不使用戒具，监督中应当严格审查、限制并规范执行机关对未成年人使用处罚措施，尽可能避免对未成年人身心的伤害。

通过对未成年犯特殊优待的监督，突出未成年犯与成年犯刑罚执行的差异，更有助于取得促进未成年犯早日回归社会的良好效果。

7. 监督落实未成年人刑罚执行变更的宽缓政策

刑罚执行变更是刑罚执行中非常重要的一个环节，也是未成年人刑罚执行监督中值得关注的特殊问题之一。

（1）未成年人刑罚执行变更的相关规定。

对于未成年人的刑罚执行变更这一特殊问题，最高人民法院已于 2006 年 1 月 23 日正式颁布了《关于审理未成年人刑事案件具体应用法律若干问题的解释》，体现了相对宽缓的政策。例如，其中规定，对未成年罪犯的减刑、假释，在掌握标准上可以比照成年罪犯依法适度放宽。未成年罪犯能认罪服法，遵守监规，积极参加学习、劳动的，即可视为确有悔改表现予以减刑，其减刑的幅度可以适当放宽，间隔的时间可以相应缩短。符合《刑法》第 81 条第 1 款规定的，可以假释。未成年罪犯在服刑期间已经成年的，对其减刑、假释可以适用上述规定。

在制度层面，经过多年实践，对于一般意义上的刑罚执行变更，检察机关在这一环节的监督正在由事后监督向事中监督转变。例如，2012 年的《刑事诉讼法》规定了执行机关提请刑罚执行变更时，应将相关材料抄送检察机关。

（2）上海经验。

在程序运作的细节方面，上海检察机关的经验和做法极具推广意义。以往，对于刑罚执行变更何时监督、怎样监督，法律没有明确的规定。各地检察机关普遍只能事后对法院的减刑、假释裁定或监狱管理部门的暂予监外执行决定进行监督，如确有错误的通过《纠正违法通知书》《检察公函》等方式提出意见。而上海检察机关则通过与相关部门签订协议、会议纪要等方式，达成一致，并在多年的实践中初步形成了全程、同步监督的具体做法，成效显著。具体流程为：执行机关在向有关部门提请刑罚执行变更前，先向检察机关提请，检察机关审查后其提请是否符合法定程序和法定条件，将检察机关出具的《检察意见书》与执行机关的提请一并提交有关部门作为参考，然后检察机关再对有关部门的裁定或决定是否符合法定程序和法定条件。同时，上海检察机关也对刑罚执行变更的庭审模式进行了颇有成效的探索和实践。

(3)对未成年人依法从宽把握减刑、假释条件，依法从严把握收监执行条件。

通过对实践经验的总结，我们认为，对于未成年人的刑罚执行变更监督，检察机关更应当全程同步监督检察，一方面，监督落实针对未成年人的宽缓政策严格依法落实，适当地从宽把握减刑、假释的条件，从严把握收监执行的条件；另一方面，及时纠正执行机关提请、决定机关决定或法院裁定刑罚变更中确有违法或不当的行为。在监督过程中，检察机关也可以适时运用建议权，推动“特殊假释制度”的实行，也就是结合一些开放性处遇，让符合条件的尚未进入刑罚执行变更程序的未成年人在观护帮教措施下进行一定的试工试学，以便更好地考察其表现，推动刑罚执行变更程序特别是假释程序的启动和最终落实。

三、未成年人刑罚执行监督工作面临的问题及对策

(一)未成年人刑罚执行监督机构和人员的专业化

1. 当前存在的专业化不足问题

目前，在未成年人刑罚执行及其监督活动中，尚存在两方面的主要问题。

(1)刑罚执行机构和人员专业化有待进一步提高。

对于刑罚执行机关而言，无论是刑罚的监内执行，还是监外执行，未成

年犯刑罚执行的专业化程度都亟待进一步的提高。

①监内执行机构和人员情况。

在监内执行中,在机构职能上,虽然已由专门改造未成年犯的未成年犯管教所承担矫正职责,但在实践中,仍然存在对未成年犯使用成年化管理模式的问题。主要体现在监狱管理设施“成年化”、监所管理措施“成年化”、监管人员构成“成年化”三个方面。就上海市的情况而言,上海市监狱局目前下属有13所监狱,只有1所未成年犯管教所,押犯量在400左右,占全市押犯总数比例不到2%。相关部门在制定政策时很少单独考虑未成年犯,不仅在监舍和监狱布局方面,在管理规定、管理措施方面,如罪犯的计分考评、处遇等级,未管所都与其他监狱几乎无异。同时,有教育类相关专业背景的管教民警在未管所全所民警中所占比重也很低,普遍缺乏有针对性的教育方式和方法,多沿用管理成年罪犯的方法管理未成年犯。

②社区矫正机构和人员情况。

国外的社区矫正历史显示,大部分国家的社区矫正制度都经历了由未成年罪犯向成年罪犯逐步推进的过程。与此恰恰相反,在我国的实践中,虽然未成年犯作为适合于社区矫正的群体已有所提及,但我国始终未能建立起专门化的制度以及专业化的矫正机构和队伍。

(2)监督机构和人员专业化尚有待建设。

作为未成年犯刑罚执行的监督机关,检察机关对未成年人刑罚执行的监督也存在专业化不足的问题。

长期以来,刑罚执行监督的职能主要是由各地、各级监所检察部门所承担的。实务中,普遍未能建立起相对独立的机构或队伍,来实现对未成年人的监内和监外刑罚执行的监督。对于监所检察部门而言,无论是在日常业务活动中,还是在分析调研工作中,或者是业务培训活动中,都很少将此项未成年人刑罚执行的法律监督工作单列出来,仍将之与成年罪犯的刑罚执行监督工作视为一体。实践中,鲜有检察机关能选配专人负责未成年人的刑罚执行监督工作。

①监内执行的监督机构和人员情况。

在监内刑罚执行监督方面，各地检察机关普遍采用派驻检察制度，由一定的数量检察人员形成派驻监狱检察室，在监狱内工作，全面开展检察监督职责。但在派驻监狱检察的实践中，也鲜有充分考虑未成年人管教所和其他监狱的不同，而随之选派具有专业化的检察干警派驻的情况。在整个监督过程的措施、方法、机制以及对于监督工作的考核评价上，乃至对检察干警的业务培训等方面，均鲜少考虑到未成年人刑罚监督的特殊性，而几乎照搬与成年人监内刑罚监督完全相同的模式。

如以上海为例，对地处松江区泗泾镇的上海市未成年人管教所的法律监督职责是由上海市人民检察院的派出院——青东农场区人民检察院派驻检察室进行履行。目前，驻未管所检察室由四名检察干部组成。由于青东农场区人民检察院的干部采取全市轮换方式到岗，检察室内干部往往来自于不同的区院、不同的部门，其中了解、熟悉未成年人特点或者长期从事监所检察工作的少之又少。而当工作一段时间，专业化水平有所提升后，往往已经轮换期满，又换来新派驻的检察干部，检察室派驻干部常年处于轮换状态。

②社区矫正的监督机构和人员情况。

在社区矫正监督方面，《社区矫正实施办法》出台运行至今一年有余，各地仍在以往试点的基础上熟悉、适应新的规定，逐步推进社区矫正机制的建设。检察机关仍在探索社区矫正监督工作的开展模式、工作方法，甚至职能划分也还未完全确定，尚未形成成熟的工作机制。其中，对于未成年人的社区矫正监督，也没有形成与成年人社区矫正监督不同的工作方式，仍未能充分体现出未成年人和未成年人刑罚执行的差异。以上海的情况为例，在设立社区检察室之前，各区县人民检察院监所检察部门往往由一名至数名同志负责全区的监外执行监督工作，工作量相对较大。在未成年犯监外执行监督工作中，对于具体的举措和方法，鲜有具有专业背景的工作人员投入精力，做过深入思考。随着社区检察室在部分区县院的成立，在社区矫正监督工作的具体职责上，上述机构又与监所检察部门产生了交叉，甚至出现了“重复管”和“都不管”的两种极端现象。

（3）机构和人员的专业化是工作专业化的基础。

我们认为，专业化的机构和人才队伍，是工作专业化发展的基本保障。只有充分考虑未成年人犯罪、未成年人刑事诉讼以及未成年人刑罚执行的特殊性，不断增强监督机构和人员的专业化，才能真正做到从意识上有所转变，在业务上有所针对，使监督不仅仅侧重于发现违法行为，从而强调刑罚的惩罚功能，而是注重于对未成年人特殊保护措施是否落实的监督，强调在发挥惩罚功能的同时，刑罚亦具有对未成年人的教育挽救功能，以此真正提升监督的实效，并进一步推动未成年人专门的刑罚执行机制的建设和完善。未成年人刑罚执行应由专业机构和人员实施，以适合未成年人可塑性较强、对外界认识较为简单、渴望成长、渴望社会对其认同等特点，并能使违法犯罪行为对这些未成年人身心发展所可能造成的影响尽可能地降到最低。在刑罚执行过程中，应当始终强调对未成年人的再教育，以促使其尽快以蓬勃、昂扬的朝气走上正轨、回归社会。

2. 由未检部门归口负责未成年人刑罚执行监督的必要性分析

（1）我国未检工作的专业化发展。

在我国，作为国家的法律监督机关，检察权的核心在于法律监督以确保国家法律得以统一、正确的实施。同时，检察机关又是集自侦、刑事批捕、公诉和法律监督职能为一体的职能部门。随着未成年人犯罪形势发展的需要，法院与检察院先后在20世纪80年代设立了专门办理未成年人犯罪案件的机构，走上了未成年人案件办理专门化的道路。这些年来，作为专门在检察机关中审理未成年人案件的未检部门得到了快速、全面的发展，早已全面承担着对未成年人犯罪案件在检察环节的批捕、起诉和犯罪预防工作，其工作职能仍在不断延伸、拓宽之中。

（2）未检部门承担未成年人刑罚执行监督职责的优势。

我们认为，由未检部门及其干警介入、承担未成年人刑罚执行监督工作能快速、大幅度地提高这一工作的专业化程度，并有利于未成年人刑罚执行的不断完善，确保在未成年人刑事诉讼全过程中都能始终贯彻“教育为主、惩罚为辅”的原则，真正提升未成年人刑罚执行的效果，帮助其更好地回归社会，减少重犯率，预防未成年人犯罪。

①未检干警专业化水平高。

相比其他检察机关内设部门，未检部门在选派干警时已充分考虑其是否适合与未成年人打交道，是否具有相应的知识和技能。而且在长期工作实践和岗位业务培训中，未检部门始终强调有针对性的、充分考虑未成年人犯罪的特殊性开展工作和培训，使得未检干警普遍得到了专业化程度较高的工作经验积累和业务能力增强。相比其他检察干警，未检干警不仅熟悉未成年人身心特点，而且熟练掌握关于未成年人刑事诉讼的特殊方针政策和教育挽救的专业技能。由未检部门及其干警介入、承担未成年人刑罚执行监督工作具有得天独厚的优势，更容易和未成年人建立起信任关系，有利于刑罚执行监督工作的开展和效果提升。

②未检干警在办案过程中已掌握诸多有利于提高刑罚矫正效果的要素。

在刑事诉讼过程中，未检干警承担着从最初审查批捕到审查起诉以及出庭公诉的职责并在全过程中全面履行法律监督职责，在这前后累计数月的审查期间，未检干警与该未成年人建立了较多的联系，相比在刑罚执行阶段才开始与未成年人接触的监所检察人员或检察人员，未成年人显然对未检干警更容易产生心理认同感，这是开展教育、感化、挽救工作的良好基础。同时，在案件审理过程中，未检干警不仅通过自身的判断和了解，而且已经整合了许多社会资源开展工作，例如，通过青保部门、社工组织、志愿者协会等开展社会调查、心理测试、观护帮教考察，等等。未检干警不仅熟悉、掌握相关全部案情，而且对于该未成年人的成长经历、家庭环境和心理特性等方面都掌握了翔实、充分的第一手资料。将这些信息、资料利用到刑罚执行监督过程中，将非常有利于有针对性的、个别化的矫正方案的制订和实施，提升刑罚执行的效果。

③由未检部门和人员开展未成年人刑罚执行监督，有利于提高工作的延续性和整体性。

刑罚执行是刑事诉讼全过程中的最后一个环节，其执行效果对于整个刑事诉讼能否最终实现惩罚犯罪、保护人民、维护社会秩序等根本目的有至关重要的影响作用。目前而言，诉讼阶段的职责履行主要是公、检、法三家分工协作，相互制约，而刑罚执行阶段的职责主要由监狱、司法矫正部门等履行，不同的职责承担主体导致两个阶段之间的延续性和整体性相对较差。在这种情况下，检察机关应顺应时代发展的要求，要全面履行职能，预防和减少犯罪，不仅需要通过办理案件，更需要通过监督推动改造（包括帮教、矫治）等多种措施真正落实才能实现最佳效果，其中任何一个环节的缺失或不足都难以达到最优效果。① 尤其是对于未成年人来说，仅仅强调对未成年人犯罪的批捕、起诉和预防工作还远不能适应新形势下未成年人法治工作的特点和要求，未检工作职责适度向刑罚执行监督延伸将使得两个阶段结合更为紧密，衔接更为顺畅，而且能够充分利用前一阶段的各种信息、资源和成果，推动下一阶段的工作，体现司法资源的优化配置，符合司法经济性的原则。例如，在案件办理过程中，未检干警已采用适合未成年人特点的侦查、讯问、审判以及监管方式，重点教育其充分认识自身犯罪行为的严重性和危害性，促使其悔悟。而如果未检干警开展刑罚执行监督工作，则可以在前阶段进行教育挽救的基础上，督促刑罚执行机关落实有针对性的矫正方案，一方面，加强对其的法律知识、基础知识以及生活、工作技能的提升；另一方面，通过劳动和教育改造进一步促使其深化认识，掌握重新回归社会必需的知识和技能，做好心理准备，还可以落实刑罚执行完毕后的帮教衔接工作。同时，还应建立信息档案，落实专人开展跟踪帮教，防止和预防特定工作对象的重新犯罪。未检部门及其干警开展未成年人刑罚执行监督工作将既有利于实现淡化涉罪、违法未成年人刑罚执行的惩治色彩，注重对涉罪、违法未成年人的保护的目的，又有利于刑罚执行教育矫正功能的实现。

---

① 张宇，邵爱红：《探索未成年人“捕、诉、监、防一体化”办案机制》，载《预防青少年犯罪研究》2012 年第 10 期。

3. 由未检部门归口负责未成年人刑罚执行监督的可行性分析

我们认为,由未检部门归口负责未成年人刑罚执行的监督工作,不仅是必要的,而且是可行的。

刑罚执行监督权,是检察机关的权力,而不是检察机关某个业务部门的专属权力,应当根据实际需要进行优化配置。同时,根据检察一体制的理论,检察权的行使必须保持整体的统一,内部的协调统一是检察权行使的特点,是保证检察活动有效性的重要条件。因此,检察机关各业务部门在工作中相互配合,协调一致,共同完成检察任务,确保检察机关对外是一个统一的整体。所以,由未检部门归口负责未成年人刑罚执行的监督,可以在与其他职能部门协作的基础上逐步开展。

(1)与其他职能部门的配合。

根据目前的实践情况,对于未成年人社区矫正的监督,未检部门已经有独立开展工作的基础和条件,必要时可以与监所监察部门、社区检察部门协作,进行分工配合或者联合开展。而对于未成年人监内执行的监督,目前独立开展的条件尚不成熟,可以与监所检察部门联合开展,一方面充分发挥未检部门及其干警熟悉未成年人特点、善于与未成年人打交道、长于对未成年人的教育挽救等特长,另一方面也能继续发挥监所检察部门及其干警对监内刑罚执行监督长期的工作经验。未检部门与相关部门的配合方式和内容可以在实践中进一步探索,在条件成熟的情况下,上级检察机关应当以书面协议或规定的形式予以明确,以便自上而下地理顺关系,便于更规范地开展工作。

(2)与相关单位的衔接。

在检察机关内部,我们强调与各业务部门的配合协作,统一整体。在与外部其他相关单位的联动方面,我们认为,检察机关应建立与审判机关、刑罚执行机关的配合衔接机制。例如,可以采用相关文书在送交有关单位、相关部门的同时抄送未检部门的方式。为确保与相关单位实现高效的配合衔接,应该保持检察机关对外接口的集约化,防止多头联系造成的混乱无序,但内部应当做好分工配合的工作。

(3)队伍专业化的建设。

未检部门及其干警在未成年人刑事诉讼方面专业化程度较高,但在刑罚执行监督方面,毕竟涉及较少,经验较为缺乏。我们认为,可以在未检部门配置熟悉刑罚执行监督业务的干部,或者在未检部门开展刑罚执行监督业务培训,不断提升未检部门在刑罚执行监督方面的专业化水平。当然,就目前案多人少矛盾较为突出的现状而言,增加未检部门人员配置,特别是增配熟悉刑罚执行监督业务的干部显得更为可行,也能取得更好的效果。

(二)未成年人社区矫正监督的问题及对策

1. 未成年人社区矫正理念

对未成年人的社区矫正,通常有三种观点:第一种观点强调其作为一种刑罚执行方式的惩罚特点;第二种观点则强调其作为犯罪心理和行为矫正的方式,将其视为一项社会工作或社会福利;第三种观点则结合前两者,一方面肯定其与社会福利存在的相同点,另一方面也强调其惩罚和矫正结合的本质。

显而易见,对未成年人社区矫正应采取第三种观点,本文之前关于双向保护原则与未成年人利益最大化的分析也说明了这一点。在这种理念基础上,应当认识到社会工作的价值理念和方法对未成年人社区矫正工作应当有一定的指导作用。突出社区矫正工作者与未成年犯罪行为人之间的互动,一方面强化矫正机构和人员的专业化,提供专业化、个性化的矫正方案,另一方面也应当帮助未成年人自立,实现其自助。

2. 我国未成年人社区矫正目前存在的问题

从实际情况来看,我国的未成年人社区矫正的监督工作目前存在以下问题。

(1)未成年人社区矫正机构及人员专业化水平不足。

如上文所述,在我国近年来社区矫正的实践中,尚未形成专业化的未成年人社区矫正机构,矫正人员的专业化也大为不足。目前的社区矫正组织内部的分工,多采取“地域管辖”的方式,通常由某一个或某一组矫正人员对口负责所在或临近的几个街镇所有被矫正人员的矫正工作,几乎没有将成年人及未成年人分类由不同人员负责的实例。而目前的矫正人员主要是在职的司法行政人员,具备心理学、青少年行为分析学、社会学等教育背景的人员相对较少,工作中常常不能充分考虑未成年人的特殊性。虽然有一定数量的青少年事务社工参与到社区矫正,但他们的队伍中也存在人才流失、年龄比例不合理、准入和考核机制待完善等问题,社工队伍仍有待优化、待遇有待提高。

(2)外来未成年人社区矫正落实难、效果差,易流于形式。

随着我国城镇化进程的快速、深入发展,人口流动越来越频繁,规模越来越大。在上海、北京等大型城市、特大城市,外来人员数量不断上升,其中包括相当比例的未成年人,他们背井离乡或独自外出打工,或跟随父母在外就读、工作。相比本地未成年人,他们普遍受教育程度较低,家庭监管比较缺失,更容易受到不良影响,走上歧途。由于我国长期实施以户籍地为依据的管辖机制,而这些外来未成年人一方面远离户籍地社区,另一方面又不能完全融入居住地的社区,所以往往较少有条件获得被采取非羁押措施包括社区矫正的机会。即使被社区矫正,也往往因为他们在居住地社区融入度较低,容易脱离矫正,而实际矫正效果很难保证。刑罚执行完毕后,他们往往又更难重新找到学习、工作的机会,自控力较弱的未成年人极易再次走上犯罪道路。例如,在上海的办案实践中,早已反映出外来未成年人涉案所占比重极高、重新犯罪率也远远高于本地未成年人的趋势。

(3)社区矫正监督途径有限。

实践中,对于社区矫正的监督,检察机关往往采取走访巡视、联系沟通等方法开展工作,很难掌握一手资料,监督途径有限。出现脱漏管或者其他违法情形等情况时,往往要通过其他部门或人员信息反馈才能得知,往往存在一定滞后性。

3. 解决方法和对策

(1)提升未成年人社区矫正机构及人员专业化水平不足。

针对矫正机构和人员专业化不足的问题,我们认为可以分三个层面逐步解决和完善。

首先，当务之急是不断加强对矫正工作人员的专业化业务培训。对于需要承担未成年人社区矫正工作的人员应当对他们加强关于未成年人身心特点、未成年人犯罪特殊性等方面的教育培训，增强其专业知识储备，掌握有针对性的教育挽救技能。

其次，当前可行的是整合各种社会资源，让更多的专业力量参与到未成年人社区矫正工作中来。例如，在上海等地，青少年事务社会工作开展较早，已经积累了相当的经验、培养了较为成熟的青少年事务社工队伍，也取得了卓有成效的工作成果。采用政府购买服务的方式，购买青少年事务社工组织的专业化矫正服务，发挥这支队伍专业性强、经验丰富等优势，让他们更多、更好地参与社区矫正工作中，对于提升未成年人社区矫正的矫治效果是非常有帮助的。

最后，在矫正机构的内部分工方面，应在有条件的地区逐步进行试点和改革，改变单纯的以地域为划分标准的分工方式，逐步建立起专业化的未成年人专业化矫正队伍。

(2)对外来未成年人同等保护。

针对外来未成年人社区矫正难的问题，我们认为，首先，要转变意识，从对外来未成年人平等保护的角度深入思考这一问题，不断改变户籍地为依据的管辖机制，更多地探索居住地管辖的方法和措施。其次，要建立与户籍地的异地矫正配合衔接机制。彻底摆脱两边“都不管”或两边“交叉管”的踢皮球、扯皮现象。最后，要充分借助社会各方的资源。以上海为例，观护基地资源建设相对较好，可以充分发挥观护基地资源，必要时提供中途之家作为未成年人的暂时居住地和矫正地，提供在沪矫正的条件。

(3)扩充社区矫正监督的方式方法。

针对监督途径优先的问题，检察机关应当主动出击，适度参与社区矫正各个环节，充分运用监督手段，充分发挥检察建议的作用，必要时也应适度在各个部门之间起到牵头、搭建平台、畅通渠道的推动作用。

首先，检察机关应当采取同步监督的方式，从积极参加“入矫”“解矫”的宣告仪式等有特殊意义的重要环节开始，逐步适度参与到社区矫正的全过程中去。

其次,检察机关应不断建立、完善与审判机关、社区矫正部门等相关职能部门和矫正工作人员、矫正社工等之间的信息沟通和配合衔接机制。例如,在上海的实践中,一般将未成年人社区矫正工作划分为三个阶段:初期矫正阶段、分级矫正阶段和期满前矫正阶段。这三个阶段之间的衔接问题至关重要,不仅要求妥善处理好各矫正项目之间的先后交接,而且要求加强检察机关与法院、公安机关、未管所与社区矫正机构等职能机关之间的协作,这也是实现社区矫正的效果,提升检察监督实效的重要前提。对此,我们认为,检察机关可以采取定期联席会议、法律文书同时抄送、不定期的信息反馈,以及信息共享网络平台的研发应用等方式,来扩大信息来源,拓展监督渠道和措施。

最后,检察机关应建立与未成年社区矫正人员及其法定代理人的信息沟通机制,加强回访和个别谈话教育,及时掌握被矫正人员的矫正情况,便于发现矫正工作中存在的问题。对此,上海检察机关已经制定了《参与社区矫正工作试点办法》,明确了“职能衔接、矫正介入、执行变更、期满宣告”四个主要矫正环节的检察内容和操作程序,还牵头相关职能部门从社区矫正的判、交、送、接、管、帮、罚等环节建立了相应的衔接制约机制。

4. 对社区矫正进行检察监督中存在的现实难点

目前,在社区矫正监督的实践和研究中,仍然存在一些现实难点。

(1)社区矫正条件不佳。

第一个难点在于,因社区矫正条件不佳,从而影响一部分矫正对象的矫正效果。这一问题的监督难点主要在于它不仅涉及矫正过程,而且涉及矫正决定的作出。

我们认为,要破解这一难点的关键在于两个方面。一方面,应将社会调查前移至侦查阶段,将社区矫正意见征询前移至审查起诉阶段,并与未检部门的审判监督权结合,确保监外执行对象均能符合社区矫正条件,从决定阶段卡住关口。另一方面,在社区矫正执行过程中,应不断加强跟踪监督,对于出现脱管漏管现象的被矫正人员,检察机关应当及时建议收监执行。

(2)未成年人隐私保护难。

第二个监督难点在于,社区矫正的社会化与未成年人隐私保护所存在的矛盾。社区矫正的目的就是让被矫正人员在不脱离社会的情况下接受刑罚的惩罚和教育,是一种社会化的行刑方式。对于未成年人而言,对其隐私进行特殊保护是未成年人刑事诉讼全过程中始终需要落实的重要政策。行刑社会化,意味着各种社会力量都可以参与到矫正工作中,必然带来未成年矫正对象隐私的扩散,两者之间天然存在一定的矛盾。

我们认为,针对这一监督难点,除了严格依法落实未成年人犯罪记录封存等制度、及时纠正泄露未成年人隐私的各种违法行为以外,检察机关也要不断组织、督促、加强对各参与社区矫正的职能机关及其工作人员的保密教育,重申对被矫正人员档案、材料等严格保管的保密纪律。在矫正的过程中,可以将一些矫正项目、矫正活动与正常青少年社区活动相结合,在活动中让被矫正人员以志愿者身份出现,避免其涉案身份和信息泄露而导致未成年人的被"标签化"。

(3)禁止令执行的监督难。

第三个监督难点是对禁止令执行的监督。禁止令的执行需要各机关、部门的紧密配合,否则很难及时发现未成年人违反禁止令的情况。为完善禁止令的判处和执行,我们建议采取以下措施:

①完善禁止令宣告的审前调查程序。通过未成年人基本情况的实质性调查,保证禁止令的宣告符合针对性、必要性的原则。

②宣告执行禁止令应与保证未成年人合法权益间寻求平衡。公、检、法、司各部门均应积极与未成年人及其法定代理人、监护人保持沟通、联系,使其了解禁止令判决的依据和具体注意事项,并充分听取其意见,要求其协助执行,并了解执行情况。

③完善多元化的监管体系。公、检、法、司各部门应与社区矫正机关紧密联系,主动协调信息交换和落实禁止令执行,构建一个积极引导和督促的教育跟踪网络。

在检察监督方面，可以从以下几个方面创新执行监督方法：

①检察机关在提起公诉时，对可能社区矫正的未成年人可以同时提出适用禁止令的建议。

②对社区矫正机构执行活动应全面监督，包括禁止令有无交付执行、有无建立禁止令执行档案、执行人和责任人是否明确以及跟踪机制是否建立等。发现有违反规定的情况，应当通知矫正机构及时纠正。同时可以借鉴国外的实践经验，适时引入精确的电子监控措施，如电子手环、电子脚环、手机定位等措施，一旦未成年人违反禁止令进入被禁止进入的场所，电子监控设备将及时发出警告并向有执行机关、监督机关反馈信息，便于执行机关和监督机关及时掌握情况，并作出处理。

③积极配合矫正机关对未成年人开展法制宣传和思想教育工作，掌握其思想动态。

④净化未成年人生活环境，积极参与社会管理，与相关部门联手整治酒吧、网吧、游戏机房等行业中存在的不规范行为。

（三）未成年人监内执行监督的问题及对策

对于未成年人的监内执行监督，未检部门参与、承担监督职责的问题则主要在于如何与监所检察部门特别是派驻检察室联合开展工作，具体表现在两个方面。

1. 多个未检部门与未管所的工作对接

以目前的实际情况，全国各省、直辖市通常仅设立有一处未成年人管教所。以上海为例，全市仅在松江区泗泾镇设立有一处未管所，不同于监所检察部门的直接对口，特别是派驻检察室直接在未管所内办公的现状，未检部门要进行监督必然存在全市各级、各区县院的多个未检部门如何与一所未管所对接的问题。

就目前而言，我们认为建立属人管辖机制比较合理，即“谁办理、谁跟进”，由原承办该案件的未检部门和承办检察官继续负责对该未成年人刑罚执行的刑罚执行监督工作，延续教育挽救工作。分院未检部门除了跟进分院办理的第一审案件的未成年人刑罚执行监督之外，也应当充分发挥优势,与基层院共同开展工作。对于第二审案件,仍以最初办理案件的基层院跟进刑罚执行监督为宜。

2. 监内执行转为监外执行或者刑满释放后的衔接问题

对于未成年人而言,脱离监内执行,或因特殊情况被处以暂予监外执行,或因符合假释条件而被裁定假释,都需要转入社区矫正,仍然不能放松对其的监管和引导。即使是刑满释放,也应当继续对其进行帮教和引导。否则,未成年人无法正常回归社会,重新犯罪的概率将大大上升。因此,在这一环节中的工作衔接至关重要。

我们认为,检察机关在监督过程中,应当主动推动并积极参与释放前教育和护送机制的建立、完善。通过这一制度让监内执行和社区矫正执行、刑罚执行完毕后的继续观护帮教相衔接、贯通,起到承上启下的作用。教育方面应当以个别教育为主、集体教育为辅,进行总结教育、思想教育、法制教育和心理辅导。护送方面应当以与相关职能机关和工作人员的工作联系衔接为基础,以充分挖掘、利用社会各种资源为方式,向未成年人提供心理辅导、就业就学信息咨询等各种帮助,帮助其做好程序转换的各方面准备并推动落实进一步的观护帮教措施。

(四)成年人刑罚执行变更的问题及对策

在现行的正式法律渊源内,涉及未成年人刑罚执行变更的依据主要为2012年最高人民法院颁布的《关于办理减刑、假释案件具体应用法律若干问题的规定》。在该司法解释第19条规定中明确未成年犯的刑罚执行变更"可以比照成年罪犯依法适当从宽"。同时,该条还对"未成年罪犯"这一法律概念的定义,作出了明确的规定,即特指"减刑时不满18周岁的罪犯"。这些变化在理论上和实践中均产生了一些争议。

1. 关于刑罚执行变更中"未成年人"认定标准的争议

有观点认为,现行司法解释关于"未成年人"的认定标准过于严苛,仅限于减刑时未满18周岁的罪犯,难以体现对未成年人的特殊司法待遇。从1997年最高人民法院颁布的《关于办理减刑、假释案件具体应用法律若干问题的规定》(已被上述2012年规定所取代)来看,这一观点不无道理。

原司法解释第13条规定:“对犯罪时未成年的罪犯的减刑、假释,在掌握标准上可以比照成年罪犯依法适度放宽。未成年罪犯能认罪服法,遵守监规,积极参加学习、劳动的,即可视为确有悔改表现予以减刑,其减刑的幅度可以适当放宽,间隔的时间可以相应缩短,符合刑法第八十一条第一款规定的,可以假释。”两相比较,显而易见,最高人民法院是收紧了对未成年人减刑、假释优惠待遇的适用范围。从司法实践来看,涉罪未成年人大多为17周岁左右,经过刑事诉讼程序后进入刑罚执行阶段大多已经接近或超过18周岁,难以享受到未成年人应有的减刑、假释方面的特殊待遇。

2012年司法解释的起草者对这一修改的理由作如下解释:将减刑、假释中的未成年罪犯明确为“减刑时”不满18周岁的罪犯,既体现了对未成年罪犯从宽掌握的基本原则,也尊重了未成年罪犯在执行过程中成年后,应与普通罪犯平等对待和平等改造的一般原则和客观要求;同时,堵住了未成年罪犯的减刑、假释在司法实践中出现不公的可能,为未成年罪犯改造创造了良好的司法环境。[①] 上述理由其实是强调即使是犯罪时未成年的罪犯,在服刑过程中成年的,就应当被视为成年人来对待,对于其犯罪时未成年的特殊性不再予以考虑。我们认为,这一观点极其不利于刑罚执行阶段未成年人合法权益的保护。对涉罪未成年人的“教育、感化、挽救”方针和“教育为主,惩罚为辅”原则以及刑法中关于对涉罪未成年人“应当从轻或减轻处罚”的规定,都应当延续适用到刑罚执行阶段,而且应当采用犯罪时未满18周岁的统一标准。

2. 关于“放宽”标准的争议

还有观点认为,现行司法解释虽然规定未成年犯在减刑、假释的适用幅度上可以相对扩大,但是具体可以放宽多少没有一个明确细化的标准,内容规定不细致,缺乏可操作性。其实,在法院系统开展量刑规范化改革

---

① 黄永维等:《〈关于办理减刑、假释案件具体应用法律若干问题的规定〉的理解与适用》,载《刑事审判参考》2012年第1集。

之前，对于未成年人应当从轻或者减轻处罚的幅度，也没有一个明确细化的标准。要解决未成年犯减刑、假释从宽幅度不明确的问题，可以借鉴量刑规范化的经验，制定区别于成年犯的未成年犯特殊减刑幅度，在成年人减刑幅度基础上设置必要的比例，适当予以放宽，更具有可操作性。

3. 关于社区矫正是否能执行变更的争议

在《社区矫正实施办法》出台之前，对于社区矫正人员是否能够适用减刑并无立法依据。虽然第28条原则性规定了对社区矫正人员提请减刑的具体程序和期限规定，但国家立法以及最高人民法院关于减刑、假释的各项司法解释均未对假释罪犯、暂予监外执行罪案是否适用减刑作出规定。这种粗疏的规定，不仅造成对社区矫正人员是否可以适用减刑、如何适用减刑的机制不完备、配套体系不健全，实践中也几乎没有社区矫正人员被适用减刑的实例。

我们认为，社区矫正法律制度的确立已经为社区矫正人员适用减刑奠定了制度基础，而且对社区矫正人员适用减刑不仅符合自由刑执行可变属性，而且是统一实施减刑标准的必然要求。应当先从未成年人开始，具体细化标准，及时出台司法解释，对于缓刑类、管制类的未成年人，特别是缓刑考验期较长的，应当开始试点、探索减刑及同步监督工作，并以此为基础逐步扩展到对假释类、暂予监外执行类的罪犯，对成年罪犯的减刑及同步监督工作。

结论

综上所述，未成年犯刑罚执行的监督工作是未成年人刑事诉讼活动中极为重要的一环，同样应当符合未成年人的身心特点并适用未成年人特殊刑事政策和法律规定。由于未成年人与成年人之间存在明显的差异，因此，与成年犯相比，未成年犯的刑罚执行及其监督活动，更具有自身显著的特征。同时，未成年犯刑罚执行的监督涉及监内执行与监外执行两个方面，是一项复杂而艰巨的任务。基于此，有必要对刑罚执行的监督工作予以细分，使针对未成年犯的刑罚执行监督活动在检察业务中取得相对独立的地位。作为监督主体的检察机关，尤其是未检部门，更应当勇挑重担，积极主动地探索研究未成年犯的刑罚执行监督活动，并积极推动建立未成年人刑罚执行监督特殊工作机制，充分发挥刑事诉讼和刑罚执行的有机衔接，巩固并放大“教育、感化、挽救”效果，实现未检部门真正意义上的“捕、诉、监、防”一体化。

涉罪未成年人社会观护体系的构建与完善*

观护，顾名思义，即观察看护之义，系英文 Probation 的中文译语，源自拉丁文语根 Probatio，本意指“一段期间的试验或证明”，最早用于教会对教友的考验。19 世纪欧美社会的有识人士感于刑事政策的严酷，加之对监狱效果的怀疑，遂有教育刑的主张，同时又认为刑事诉讼的犹豫执行制度，若无任何适当的辅导监督，任其自由行动，对释放者也不易发生改悔向善的效用，于是 Probation 被赋予了刑事法律内涵。后经立法确认，观护成为一项暂缓判决或刑罚执行、考察涉罪人员的制度，并在少年司法中大加运用。如今，观护已经成为国际少年司法的趋势和潮流。

一直以来，我国未成年人法律制度中并未出现过“观护”一词，使用较多的是“矫治”“管教”“帮教”等用语，但上述用语的强制色彩比较浓烈，具有强硬感，与未成年人教育、感化、挽救的司法理念存在一定差距，未成年人特色不突出。真正将“观护”一词用于未成年人特殊司法制度的是《北京规则》在第 11 条的说明部分，“观护办法，包括免除刑事司法诉讼程序并且经常转交社区支助部门，是许多法律制度中正规和非正规的通常做法。”涉罪未成年人观护，意指在刑事司法过程中对涉罪未成年人采用各种考察、帮助、教育、看护等方法、措施的总称。我国未成年人刑事司法实践中，各地司法机关、政府机构及社会力量都在不断探索试行各种观护办法，并在行之有效后将其逐渐发展为常态化、制度化工作措施，形成了具有中国特

---

* 吴燕，上海市人民检察院；陆海萍，上海市长宁区人民检察院；周春燕，上海市人民检察院第三分院。

色的未成年人社会观护工作。但是,由于各地观护工作发展不同步、不平衡,且观护的开展需要联合司法、行政、社会的各方力量,制约因素较多,尤其存在立法上的欠缺,观护工作的发展遇到不同程度的困难和瓶颈。因此,本文在阐述建立未成年人社会观护体系的必要性和可行性的基础上,对当前涉罪未成年人社会观护工作的实践探索、发展历程、面临的问题予以介绍,从而为建立规范化、长效化、制度化的涉罪未成年人社会观护体系提出解决路径。

一、建立涉罪未成年人社会观护体系的必要性与可行性

目前,我国正处于"转型时期",社会结构和社会运行机制正在由传统模式转向现代模式,原有的价值观念和社会规范已不再适应转型社会的需要,而新的价值观念和社会规范尚未完全确立,导致"失范状态"的产生,犯罪也因此大量增加。同时,由于户籍制度和其他相关制度的改革尚不到位,人口的高流动性和高匿名性使得社会控制能力相应减弱。伴随着经济高速发展,无论城市还是乡镇都暗藏着实施各类犯罪的丰富机会。[①] 在这样的社会背景下,我国未成年人犯罪问题也呈现出严重化和复杂化的态势。

现阶段我国未成年人犯罪,在主体上呈现出低龄化、文化层次偏低、女性罪犯增多、闲散青少年违法犯罪凸显、农村青少年及留守青少年犯罪增多等特点;在犯罪手段方面,暴力化、恶性化程度加剧,并逐渐呈现出凶残化、智能化、团伙化等特点;在犯罪类型上,财产犯罪、暴力犯罪和性犯罪成为未成年人犯罪的主要形式,涉毒案件数量剧增;在犯罪动机上,一时冲动型犯罪较多,受外界刺激后的再犯可能性大。[②] 就上海而言,未成年人犯罪形势的突出变化主要集中在两个方面:一方面,进入 21 世纪以来未成年人犯罪数量激增,年均增速达 20% 以上,同时羁押和监禁刑造成的"交叉感

---

① 郝银钟:《遏制青少年犯罪新思维》,中国法制出版社 2012 年版,第 122 页。

② 郝银钟:《遏制青少年犯罪新思维》,中国法制出版社 2012 年版,第 16 ~ 22 页。

染”导致矫治难度与重犯可能性增加，这些都对传统监禁模式提出了挑战；另一方面，外地来沪未成年人犯罪比重持续上升，从 2001 年的 30.7% 逐年提高到 2014 年的 87.9% 。以户籍为依据的传统社会管理模式显然不能提供良好的监护、帮教条件，由此带来的外地来沪与本市籍未成年人司法保护不平等，严重影响未成年人刑事检察工作的法律效果和社会效果。① 因此，我们需要依靠多方位资源和力量，建立更为科学、平等、行之有效的未成年人犯罪矫治和预防模式。涉罪未成年人社会观护体系，区别于一般刑事司法制度单纯追诉和惩罚的功能，以其独特的价值和意义，满足了当前社会形势下未成年人刑事司法制度的需求，符合国际少年司法的趋势。

（一）涉罪未成年人社会观护体系的价值和意义

涉罪未成年人社会观护体系，是对涉罪未成年人采取非监禁措施，将其置于自由社会，交由司法机关、政府机构、专门观护组织、社会力量共同组成的整体，对其开展辅导、监督、观察、矫正、保护、管束，以达到改善行为、预防再犯、保证诉讼顺利进行的目的，并为司法处理提供依据。因此，建立涉罪未成年人社会观护体系，具有重要的司法价值，对社会综合治理具有重要意义：

1. 建立涉罪未成年人社会观护体系，有利于保证刑事诉讼的顺利进行

在我国刑事诉讼制度中，取保候审和监视居住均属于非监禁性强制措施。现代少年司法理念及我国未成年人刑事司法政策，均要求对涉罪未成年人优先适用非监禁措施。但是，在司法实践中，我国未成年人案件的取保候审和监视居住适用率较低，而羁押性强制措施适用普遍，这与未成年人刑事司法要求极不吻合。引发这一司法现状的原因，固然有对未成年人特殊司法保护的理念认识不够深入等因素，但主要动因是司法机关担心对未成年犯罪嫌疑人特别是异地未成年犯罪嫌疑人适用取保候审或监视居住措施后会发生脱逃、重犯，从而导致诉讼无法顺利开展。同时，我国取保

① 上海市闵行区人民检察院课题组：《新刑事诉讼法框架下未成年人社会观护制度的深化和完善》，载《上海公安高等专科学校学报》2012 年第 5 期。

候审、监视居住等非监禁措施的执行方式缺乏丰富性和多样性，也是造成司法机关较少适用的重要原因。而未成年人社会观护体系的建立，恰好可以弥补当前非监禁措施执行方式的不足，为采取取保候审或监视居住的未成年人提供全方位的观护方案，制定各种有针对性的帮教措施，采取思想交流、法制教育、生活辅导、职业培训等多种形式，对未成年人予以考察、教育、帮助和指导，使得未成年人在非监禁期间得到充分的关注和教育，不至于在较长的取保候审、监视居住期间再次涉罪或脱逃，从而确保刑事诉讼的顺利进行。

2. 建立涉罪未成年人社会观护体系，有利于避免因羁押造成的交叉感染，保护未成年人的身心健康

未成年人作为特殊群体，即便是实施了危害社会的行为，也需要予以保护。现代少年司法制度以保护未成年人身心健康及未来发展为最高价值目标，超越传统报应主义观念，凸显教育、保护功能。涉罪未成年人社会观护体系的建立，迎合了这一司法理念。从观护的前提条件来看，观护以非监禁性措施适用为前提，确保未成年人免受羁押，避免身心尚未健全成熟的未成年人受到不良影响。西方社会较早就发现监禁措施对于罪犯矫正及犯罪预防的局限性，羁押会使得涉罪人员相互交往增加从而导致犯罪泛滥，尤其当涉罪人员是未成年人时，由于缺乏良好的自我矫正和自我塑造能力，更容易受到不良思想的浸染。从观护内容来看，观护将未成年人的身心健康作为首要出发点，以心理辅导、教育训诫、知识学习、职业培训为主要内容，注重涉罪未成年人的身体、心理和人格的建设与塑造，帮助未成年人树立正确的人生观和价值观，重新找回自尊心和自信心，引导他们健康成长。

3. 建立涉罪未成年人社会观护体系，有利于对涉嫌轻微犯罪的未成年人非刑罚化处理，避免标签效应

刑罚并不能有效控制和预防犯罪，尤其是刑罚带来的标签效应，使得犯罪改邪归正、浪子回头的概率愈加下降。涉罪未成年人社会观护体系的建立，正体现了现代少年刑法制度的价值取向，为非刑罚化处理创造了条

件。尤其对于初犯、偶犯和轻微犯罪的未成年人，观护给了他们一个在判处刑罚前接受教育、考察并改正的机会，从而有助于司法机关对其做非刑罚化处理，避免产生标签效应，更好地帮助未成年人回归正途。

4. 建立涉罪未成年人社会观护体系，有利于预防未成年人重新违法犯罪

《利雅得准则》第 1 条即明确指出："预防少年违法犯罪是社会预防犯罪的一个关键部分。"犯罪学研究成果表明，未成年人初次违法犯罪后，如果不能对其进行有效的矫正挽救，其往往会再次实施违法犯罪行为，并在成年之后变本加厉，成为累犯、惯犯、职业罪犯等违法犯罪的主要群体，严重危害社会。而预防再犯是一项社会系统工程，既需要专业化的司法处理，也需要专业化的矫正帮教，这些都离不开社会力量的共同参与。从目前的实践来看，在未成年人社会观护体系中，司法机关会从法律角度提醒涉罪未成年人某些禁止性命令及违反规定的后果；社区、学校、企业、志愿者组织等，则会提供各种教育、培训机会；团委、妇联、专业社会工作者、心理咨询师等，则可以提供心理疏导和进入社会前的辅导；观护工作的政府专职部门，则负责组织协调，并对观护工作予以监督和评定。因此，社会观护将涉罪未成年人纳入预防犯罪工作体系中，通过整合各方资源，充分发挥各方人士在考察、教育工作中的专业化特点，有助于从源头上实现对犯罪的预防和控制。

5. 建立涉罪未成年人社会观护体系，有利于实现平等司法保护

法律面前人人平等，是现代法治社会的基本原则。这要求实施法律时，对不同地区、不同民族、不同宗教的涉罪人员，必须提供相同的司法待遇。但是在司法实践中，由于犯罪地缺乏有效的监护、帮教条件，或者监护、帮教条件被户籍制度所局限，较大一部分原本可以通过观护途径司法转处的异地涉罪未成年人，被批准逮捕并起诉至法院判处监禁刑，这与司法平等保护原则极为不符。因此，建立跨区域、多层次的未成年人观护体系，突破户籍限制，实现对涉罪未成年人的异地监护、帮教，为涉罪未成年人的特殊司法处遇和平等保护提供支持保障，具有极为重要的程序公正

意义。

6. 建立涉罪未成年人社会观护体系，有利于形成家庭、学校、社会共同预防未成年人犯罪的格局

《利雅得准则》从家庭、教育、社区、大众媒介及社会政策等几个方面提出未成年人犯罪预防体系。未成年人社会观护体系的运作需要整合各种资源和力量，走的正是家庭、学校、社会共同预防的途径。例如，在观护之前需要对涉罪未成年人采取取保候审或监视居住等措施，这就要求未成年人的家长作为保证人，保证其遵守取保候审或监视居住的各项规定，当家长无法担任保证人时，可能需要老师或者村委会、居委会干部等作为保证人；而公检法机关需要借助社区力量进行社会调查，从而对非羁押性措施的适用开展调查研究，做好风险评估；在观护人员的确立上，除了专业的社工作为直接的观护人之外，司法办案人员均负有监管职责，在具体操作中，还可能借助社会力量，如心理咨询师对未成年人开展心理疏导，企业对未成年人予以职业培训，社会志愿组织和人员对未成年人定期走访、帮教，等等。因此，涉罪未成年人社会观护体系的建立，需要家庭、学校、社会力量的共同投入，这有助于推动并形成共同预防的格局。

综上所述，涉罪未成年人社会观护体系的建立，无论从司法层面来看，还是从社会层面来看，均具有重要的现实意义。

（二）建立涉罪未成年人社会观护体系的法理依据

虽然建立涉罪未成年人社会观护体系具有重要意义，但是任何一项制度的建立并非一蹴而就，尤其是刑事司法制度的建立，还要考虑其是否存在法理依据，是否依法而行，是否具有合理性和可操作性。就法理层面而言，建立涉罪未成年人社会观护体系是有充分理论依据和切实的政策法律基础的。

1. 理论依据

涉罪未成年人社会观护体系是以国家为主导的对涉罪未成年人予以观察、矫正和保护，其理论依据根植于国家监护理论。

国家监护，来源于拉丁语“parens patriae”，其字面含义为 father of the

country,也被翻译为“国家亲权”。国家监护最早起源于罗马法,“用来指称国家对其人民承担的责任”,“首先表现为国家在自然父亲缺位的时候顶替其角色,其次表现为为了国家的利益以国家亲权干预或阻却自然亲权”。[①]英国吸收罗马法的国家监护理论,在其法律和裁判中体现国家监护理念——“父母只是一家之主。而国王则是一国之君。他是他的国家和全体国民的家长。因此,他有责任也有权利保护她的臣民,特别是必须保护那些没有能力照管自己及财产的儿童。”[②]到15世纪前后,英国逐渐形成了“国家是少年儿童最高监护人,而不是惩办官吏”的衡平法法学理论。[③] 作为英国殖民地时期的美国各州,在少年司法制度上承续了国家监护理念。

国家监护理论一直被视为少年司法的理论基础之一。有学者总结了国家监护理论的三个基本内涵:首先,认为国家居于未成年人最终监护人的地位,负有保护未成年人的职责,并应当积极行使这一职责;其次,强调国家亲权高于父母的亲权,即便未成年人父母健在,但是如果其缺乏保护子女的能力以及不履行或者不适当履行监护其子女职责的时候,国家可以超越父母的亲权而对未成年人进行强制性干预和保护;最后,主张国家在充任未成年人“父母”时,应当为了孩子的利益行事,即应以孩子的福利为本位。[④]

“未成年人司法制度的创制是国家亲权的必然逻辑。”[⑤]涉罪未成年人社会观护体系作为未成年人司法制度的一部分,正是建立在国家监护理论的基础上,在父母无法完全对未成年人进行有效监护和教导的情况下,国家以监护人的身份介入,派出其代表(少年保护官、社会观护员等)对涉罪未成年人进行引导、教育、保护和管理,使其重归社会。美国著名的少年法

---

① 徐国栋:《普通法中的国家亲权制度及其罗马法根源》,载《甘肃社会科学》2011年第1期,转引自郝银钟:《遏制青少年犯罪新思维》,中国法制出版社2012年版,第147页。

② 康树华、郭翔主编:《青少年法学概论》,中国政法大学出版社1988年版,第268~269页。

③ 肖建国:《中国少年法概论》,中国矿业大学出版社1993年版,第112页。

④ 姚建龙:《国家亲权理论与未成年人司法——以美国未成年人司法为中心的研究》,载《法学杂志》2008年第3期。

⑤ 郝银钟:《遏制青少年犯罪新思维》,中国法制出版社2012年版,第150页。

院运动代表人物朱利安·马克法官曾指出："为什么我们不应像贤明和慈悲的父亲对待其错误尚未被当局发觉的子女那样对待没人管的儿童呢？这样处理少年犯又有什么不正确、不恰当呢？国家的责任不应该只限于查问这个男孩子或那个小姑娘是不是犯了哪种罪，而应该进一步查明他在身体、精神、道德方面是什么情况。如果发现他走向犯罪道路并被控告，则不应一味地予以惩罚，而应该实行改造；不是让他从此堕落下去，而是要他振奋起来；不是要把他摧垮，而是要他发展；不是要把他变成罪犯，而是要把他造就成为有益于社会的公民。"①

因此，国家监护理论的精髓在于其以"保护"优于刑罚的立场来处理问题少年的犯罪行为，为刑事司法制度的革新提供了理论支持。涉罪未成年人社会观护体系，是由国家出面、以国家为主导对涉罪未成年人开展观护，这正是以国家监护理论为基础的。

2. 政策依据

当一项措施或制度具有理论依据时，它就有了合理性的基础，但是在实践操作中，还要考量该措施和制度的事实是否与现行法律相悖，是否具有法律依据。在我国刑事司法政策中，虽然没有使用"观护"这一表述，但是在相关政策的字里行间，对"观护"这一概念是认可和支持的。因此，观护工作的开展、涉罪未成年人的社会观护体系的建立，是有政策基础的。

《未成年人保护法》第 54 条规定，"对违法犯罪的未成年人，实行教育、感化、挽救的方针，坚持教育为主、惩罚为辅的原则"。因此，"教育、感化、挽救"和"教育为主、惩罚为辅"成为我国未成年人刑事司法制度遵循的基本方针、政策。涉罪未成年人社会观护体系在处置思想上与上述方针、政策完全相符。对涉罪未成年人开展社会观护，将陷入刑事诉讼的未成年人暂时拉离诉讼，集合社会力量对涉罪未成年人予以帮助、教育和指导，让涉罪未成年人在相对自由且不脱离社会的状态下接受观察、看护和管理，促

---

① 转引自吴作群等：《少年刑事犯罪案件中社会调查员制度的构想与实践》，载《人民司法》2003 年第 11 期。

使涉罪未成年人认识到其罪行的严重性，重塑自己的人生观和价值观，培养重归社会的能力，这恰恰是“教育、感化、挽救”方针在实际工作中的具体表现。当然，社会观护在给涉罪未成年人机会的同时，也以惩罚作为最后手段，对于不接受观护，或者在观护过程中不遵守有关规定，再次违法犯罪的未成年人，将结束观护转入刑事诉讼程序，或者以羁押性措施代替直至审判结束。这也是“教育为主，惩罚为辅”原则的贯彻与落实。

另外，建立涉罪未成年人社会观护体系，也符合中央政法委“重点人群、特殊群体管理”的方针政策。未成年人具有其特殊性：一方面，未成年人是国家未来的建设者，是国家前途和命运的希望所在，是社会发展的生力军。“少年强则国强”充分说明未成年人群体的重要性。另一方面，未成年人在思想上、身体上均没有完全成熟和稳定，存在生理和心理发展的不平衡以及心理结构内部认识因素和意志因素发展不平衡的客观状况，且未成年人知识结构不完整，社会阅历有限，具有认识局限性、易情绪化和易受诱惑等特点，较容易发生冲动性犯罪、受教唆犯罪、群体性犯罪。因此，未成年人是一个特殊且具有弱势性的群体。建立涉罪未成年人社会观护体系，充分体现出国家对于未成年人这一特殊群体重视，在充分关注未成年人身心特点、发展特征的基础上，对涉罪未成年人开展有别于成年人、有针对性的管理和处置模式，达到既保障未成年人健康发展，又促进社会良性循环的“双赢”效果，实现未成年人保护与社会秩序维护之间的平衡。

3. 法律依据

我国法律中虽然没有“观护制度”“观护体系”的提法，但是对社会各界共同开展涉罪未成年人教育、感化、挽救工作，是有明确法律规定的，这成为涉罪未成年人社会观护体系建立、开展的法律依据。

(1)国内法律及规定。

建立涉罪未成年人的社会观护体系需要社会各界力量的共同投入，是一项全社会参与的综合性制度、措施，相关法律在未成年人保护及预防犯罪上，明确了社会各界共同参与的原则。《未成年人保护法》第 6 条规定，“保护未成年人，是国家机关、武装力量、政党、社会团体、企业事业组织、城乡基层群众性自治组织、未成年人的监护人和其他成年公民的共同责任……国家、社会、学校和家庭应当教育和帮助未成年人维护自己的合法权益,增强自我保护的意识和能力,增强社会责任感”。《预防未成年人犯罪法》第3条规定,“预防未成年人犯罪,在各级人民政府组织领导下,实行综合治理。政府有关部门、司法机关、人民团体、有关社会团体、学校、家庭、城市居民委员会、农村村民委员会等各方面共同参与,各负其责,做好预防未成年人犯罪工作,为未成年人身心健康发展创造良好的社会环境”。上述这些规定明确了家庭、学校、政府、司法机关、社会各界在保护未成年人、预防未成年人犯罪中具有的法定职责,为集结全社会力量开展未成年人观护工作提供了明确的法律依据。

不仅如此,我国相关法律还就社会各界如何共同开展未成年人的教育、感化、挽救工作作了具体规定,这些规定为社会观护工作如何开展指明了具体方向。例如,《预防未成年人犯罪法》第47条规定:“未成年人的父母或者其他监护人和学校、城市居民委员会、农村村民委员会、对因不满十六周岁而不予刑事处罚、免予刑事处罚的未成年人,或者被判处非监禁刑罚、被判处刑罚宣告缓刑、被假释的未成年人,应当采取有效的帮教措施,协助司法机关做好对未成年人的教育、挽救工作。城市居民委员会、农村村民委员会可以聘请思想品德优秀,作风正派,热心未成年人教育工作的离退休人员或其他人员协助做好对前款规定的未成年人的教育、挽救工作。”2010年,中央综治委预防青少年违法犯罪工作领导小组、最高人民法院、最高人民检察院、公安部、司法部、共青团中央联合下发的《配套工作意见》中明确,“各级公安机关、人民检察院、人民法院、司法行政机关应当在办理未成年人刑事案件的各个阶段积极采取有效措施,尊重和维护涉案未成年人的合法权益。未成年犯罪嫌疑人、被告人入所后服从管理、依法变更强制措施不致发生社会危险性,能够保证诉讼正常进行的,公安机关、人民检察院、人民法院应当及时变更强制措施;看守所应提请有关办案部门办理其他非羁押性强制措施。公安机关、人民检察院、人民法院、司法行政机关在办理未成年人刑事案件和执行刑罚时,应当结合具体案情,采取符合未成年人身心特点的方法,开展有针对性的教育、感化、挽救工作……应当配合有关部门落实社会帮教、就学就业和生活保障等事宜,并适时进行回访考察”。

检察机关作为未成年人案件的办案机关和法律监督机关,十分注重联合政府、社会团体等力量对涉罪未成年人开展考察、教育、挽救,并在一系列办案规定、司法文件中都予以明确。最高人民检察院在《人民检察院办理未成年人刑事案件的规定》第 6 条第 2 款规定,人民检察院应当加强同政府有关部门、共青团、妇联、工会等人民团体,学校、基层组织以及未成年人保护组织的联系和配合,加强对违法犯罪的未成年人的教育和挽救,共同做好未成年人犯罪预防工作。2012 年,最高人民检察院在《关于进一步加强未成年人刑事检察工作的决定》中进一步指出,要着力促进政法机关办理未成年人刑事案件配套工作体系和未成年人犯罪社会化帮教预防体系建设,要加强与综治、共青团、关工委、妇联、民政、社工管理、学校、社区、企业等方面的联系配合,整合社会力量,促进党委领导、政府支持、社会协同、公众参与的未成年人权益保护、犯罪预防帮教社会化、一体化体系建设,实现对涉罪未成年人教育、感化、挽救的无缝衔接。有条件的地方要积极建议、促进建立健全社工制度、观护帮教制度等机制,引入社会力量参与对被不批捕、不起诉的未成年人进行帮教。2014 年、2015 年最高人民检察院又相继下发了《关于进一步加强未成年人刑事检察工作的通知》和《检察机关加强未成年人司法保护八项措施》,均提出了检察机关要进一步加强与政府各部门、未成年人保护组织的联系,大力支持青少年事务社会工作专业人才队伍建设工作,以政府购买服务等方式,将社会调查、合适成年人参与未成年人刑事诉讼、心理疏导、观护帮教、附条件不起诉监督考察等工作,交由专业社会力量承担,逐步建立司法借助社会专业力量的长效机制。这些规定都为检察机关建立涉罪未成年人社会观护体系提供了政策支持和指导。

(2)国际公约。

国际上对涉罪未成年人开展社会观护已经形成共识,并写入了具有权威性和指导性的国际公约,我国是这些公约的缔约国或者签署国,这些国际公约理所当然成为我国的法律渊源,为我国建立涉罪未成年人社会观护体系提供法律支持。

第一,《北京规则》第1条第3款规定,“应充分注意采取积极措施,这些措施涉及充分调动所有可能的资源,包括家庭、志愿人员及其他社区团体以及学校和其他社区机构,以便促进少年的幸福,减少根据法律进行干预的必要,并在他们触犯法律时对他们加以有效、公平及合乎人道的处理”。该规定“旨在尽可能促进少年的幸福,从而尽量减少少年司法制度进行干预的必要”。第11条明确规定了“观护”内容:“应酌情考虑在处理少年犯时尽可能不提交下面规则14.1中提到的主管当局正式审判。应授权处理少年犯案件的警察、检察机关或其他机构按照各法律系统为此目的规定的标准以及本规则所载的原则自行处置这种案件,无须依靠正式审讯。任何涉及把少年犯安排到适当社区或其他部门观护的办法都应征得少年、其父母或监护人的同意,但此种安排决定在执行前需经主管当局审查。为便利自行处置少年案件,应致力提供各种社会方案诸如短期监督和指导对受害者的赔偿和补偿,等等。”《北京规则》在“说明”中指出:“观护办法,包括免除刑事司法诉讼程序并且经常转交社区支助部门,是许多法律制度中正规和非正规的通常做法。这种办法能够防止少年司法中进一步采取的诉讼程序的消极作用(如被定罪和判刑带来的烙印)。许多时候不干预可能是最佳的对策。因而,在一开始就采取观护办法而不转交替代性的(社会)部门可能是适当的对策。当罪行性质不严重,家庭、学校或进行非正规社会约束的其他机关已经以或可能会以适当的和建设性的方式做出反应时,情况尤其是如此。”《北京规则》并指出,观护办法可以在警察、检察机关或法院、仲裁庭、委员会或理事会等其他机构作出决定的任何阶段采用。可见,《北京规则》对观护等一切有利于未成年人的办法和措施是予以肯定和鼓励的,且明确在刑事诉讼的任何一个阶段都可以开展观护。涉罪未成年人社会观护体系作为暂缓刑事处理、调动全社会力量对涉罪未成年人进行更加有效且合乎人道处理的制度措施,与《北京规则》的规定和精神完全吻合。

第二,《儿童权利公约》第 37 条规定,“缔约国应确保……(B)不得非法或任意剥夺任何儿童的自由。对儿童的逮捕、拘留或监禁应符合法律规定并仅应作为最后手段,期限应为最短的适当时间”。第 40 条规定,“缔约国应致力于促进规定或建立专门适用于被指称、指控或确认为触犯刑法的儿童的法律、程序、当局和机构,尤应……(B)在适当和必要时,制订不对此类儿童诉诸司法程序的措施,但须充分尊重人权和法律保障。应采用多种处理办法,诸如照管、指导和监督令、辅导、察看、寄养、教育和职业培训方案及不交由机构照管的其他办法,以确保处理儿童的方式符合其福祉并与其情况和违法行为相称”。因此,该公约确立了对儿童尽量采用非监禁性措施,尽量不诉诸司法程序的处理原则。涉罪未成年人社会观护体系恰恰是以降低司法处理为宗旨,对未成年人以非监禁方式开展教育、察看、指导,完全是《儿童权利公约》所期待的制度、措施。

第三,《利雅得准则》第 6 条提出以社区为基础的预防少年犯罪方案,“在防止少年违法犯罪中,应发展以社区为基础的服务和方案,特别是在还没有设立任何机构的地方”。《利雅得准则》第 9 条、第 60 条提出利用全社会力量开展未成年人犯罪综合预防,“……(7)国家、州省和地方政府之间开展密切的跨学科合作,吸收私营部门、所针对社区的公民代表,劳工、儿童保育、卫生教育、社会、执法、司法机关等部门参加,采取协调一致共同行动防止少年违法和犯罪行为……”“应做出努力并建立适当机制,以促进各经济、社会、教育和卫生机构和服务、司法系统、青少年、社区和发展机构及其他有关机构之间开展多学科和部门内的协调和配合。”未成年人社会观护体系正是调动全社会力量并以社区为主要依托,对涉罪未成年人开展考察、教育和管理,预防再次犯罪,这与《利雅得准则》的要求相吻合。

可见,涉罪未成年人社会观护体系是以国家监护理论为基础,与国家政策法律规定和精神相契合,并符合国际少年司法潮流和趋势的制度架构,这为实践探索和建立未成年人社会观护体系提供了充分的法理依据。

（三）域外少年观护制度的借鉴

西方发达国家的少年司法制度起步较早，发展至今已经较为成熟，其中未成年人观护也很早就开展，已经形成制度化、体系化的观护模式。我国香港地区、台湾地区的未成年人观护工作也已经形成成熟经验。这些均可为我们建立涉罪未成年人社会观护体系所参照、借鉴。

1. 英美法系国家的少年观护制度

（1）美国。

美国是观护工作开展较早的国家。1841 年，被誉为“观护之父”（又称为“缓刑之父”）的波士顿鞋匠约翰·奥古斯塔（John Augustus）自愿向法院提出为一名犯罪的酗酒者做担保，保证使其改变恶习，否则承担相应的责任，法院接受了他的请求，推迟判决并将该酗酒者交给奥古斯塔管理，最终奥古斯塔成功改造该酗酒者。奥古斯塔以担保方式暂缓司法诉讼并对被告人进行监管改造，这可以视作美国观护工作的开始。奥古斯塔在此之后继续开展类似的工作，共观护近 5000 名违法犯罪人员，且他划时代的行为直接推动了美国观护制度的建立。[①] 1869 年，美国马萨诸塞州确立了观护制度；1878 年，观护制度被立法予以确认；到 20 世纪中期，观护制度在全美展开。[②] 据统计，在美国，经少年法院审理并被判决有罪的少年中，大约 60% 适用观护。[③] 观护令一般要求未成年人遵守法律、按时上学、定期会见观护官、在社区范围内活动、夜间在指定时间段内不得外出等。

美国的观护形式比较多样，主要根据未成年人犯罪的性质、社会危险程度形成有针对性的观护方案。例如，犯罪轻微且需要父母关爱，但其父母不适合监护的未成年人，可以通过养育之家（Foster Homes）的形式开展观护，即法院将未成年人安置到一个替代的养育家庭，让替代的“父母”照

① 刘强编著：《美国犯罪未成年人的矫正制度概要》，中国人民公安大学出版社 2005 年版，第 25～26 页。

② 刘强编著：《美国犯罪未成年人的矫正制度概要》，中国人民公安大学出版社 2005 年版，第 26～27 页。

③ 郝银钟著：《遏制青少年犯罪新思维》，中国法制出版社 2012 年版，第 198～199 页。

顾未成年人，短则几天，长则几年。[①] 家中有监护条件的未成年人，可以对其开展日处遇项目(Day Treatment Program)的观护，就是让犯罪未成年人白天到社区的一个特定场所参加矫正项目，晚上返回自己家中，限定他们无计划的空闲时间。[②] 20世纪90年代，美国在观护制度中加入社区赔偿项目和社区服务等内容，进一步丰富观护形式。同时，美国还采用了政府购买服务的方式开展观护，即负责观护工作的政府部门与私人运作的社区矫正项目组织签订合同，让专业团队对未成年人进行具体观护。[③]

美国的观护所适用和开展的阶段范围比较广，并不仅限于刑事诉讼中。美国少年司法中有转处(diversion)措施，即尽可能不让未成年人进入正式的司法执法体系，由社会福利部门的咨询、工作训练、就业帮助等代替警察和法院的活动措施。转处可在三个阶段适用：在警察接触之前、在警察进行正式处理之前、在法院进行正式处理之前。因此，观护工作可以在司法介入前开展，具有犯罪预防的性质。

(2)英国。

英国也较早就开展对青少年违法犯罪的观护矫正工作，其观护制度具有两个显著的特性：

一是观护措施的多样性。根据青少年行为性质的严重性，有不同的观护措施，比较典型的有：①管护中心令(Attendance Centre Order)，即未满21岁的犯罪青少年根据法院的要求按时到管护中心，在监督下接受教育，管护中心大多由警方管理，提供体育锻炼、克服困难练习等活动，兼顾惩罚和教育。②移交令(Referral Order)，法庭发出该令后，“青少年犯罪工作队”(Youth Offending Team，简称YOT)负责为该少年成立一个少年犯事务委员会，委员会成员由YOT负责招聘及培训，最少包括两名从当地社区招聘的

① 刘强编著：《美国犯罪未成年人的矫正制度概要》，中国人民公安大学出版社2005年版，第92页。

② 刘强编著：《美国犯罪未成年人的矫正制度概要》，中国人民公安大学出版社2005年版，第105页。

③ 刘强编著：《美国犯罪未成年人的矫正制度概要》，中国人民公安大学出版社2005年版，第29页。

成员以及一名 YOT 小组的顾问,委员会与犯案青少年议定合约,其中包括向受害人或社会作出补偿安排,以及以避免再次犯罪为目标而制订的活动计划。③行为计划令(Action Plan Order),系由 YOT 制定一个帮助未成年人改正不良行为的计划,要求未成年人在三个月内遵守特定的行动计划,遵守监督员的指导。④社区服务令(Community Service Order),要求年龄在 16～17 岁的犯罪未成年人进行指定时数的社会工作,包括环境保护、做木工、为老年人和其他弱势群体服务等。⑤社区感化令(Community Rehab Order),年龄在 16～17 岁的青少年接受 YOT 感化人员为期六个月至三年的监管,要求其加一些诸如修复犯罪行为危害、认识犯罪行为影响的活动或者“集中监督和监视”。上述观护措施可以单独或者重叠交叉使用。[①]

二是观护组织机构的专业性以及观护组织机构之间的密切配合性。英国青少年观护工作的官方执行机构是观护局,该局设于罪犯管理局下,主要负责判决前对未成年被告人的调查报告,对犯罪未成年人制定管理方案并进行监督,与社会福利机构、医疗服务机构、劳工组织、企业家联合会以及其他社会团体建立紧密联系,共同开展心理治疗、技能培训、就业服务等社会观护工作。[②] 还有一个半官方的机构是“青少年司法执法委员会”(Youth Justice Board),于 1998 年由内政部出资且由内政大臣任命 10～12 名成员组成的非政府机构,负责对英格兰和威尔士青少年司法执法的政策研究、咨询和协调,负责跟踪观察观护工作的运作和实施,就制定 YOT 工作标准和未成年人安全等级等问题向内政部提出建议,发现和推广优良的社会观护做法。因此,该非政府机构事实上承担了部分政府职能。[③] 最后,英国观护工作中不可或缺并实际承担观护职责的组织是 YOT。这是地方政府于 1998 年牵头,将警察、社会福利机构、卫生部门、教育部、志愿机构等方面人士联合组织起来,预防和干预辖区内青少年犯罪的专门机构。YOT

① 刘强:《英国青少年社区刑罚执行制度及借鉴》,载《青少年犯罪问题》2012 年第 3 期;郝银钟:《遏制青少年犯罪新思维》,中国法制出版社 2012 年版,第 205～207 页。

② 刘强:《英国青少年社区刑罚执行制度及借鉴》,载《青少年犯罪问题》2012 年第 3 期。

③ 刘强:《英国青少年社区刑罚执行制度及借鉴》,载《青少年犯罪问题》2012 年第 3 期。

有规范的工作章程、固定的办公地点、稳定的经费来源,成为官方监督和执行机构的有力补充。现在英格兰和威尔士有154个这样的机构。[①] 上述三个机构组织并非英国观护机构的全部,但是无论是官方机构还是社会组织,都各司其职,并在所负责的领域内保持专业,同时官方机构与社会组织之间保持密切的配合与协作,以青少年的利益为最高宗旨,共同开展观护工作。

可见,英、美两国根据青少年违法犯罪性质的严重程度,采用监督力度不同、有针对性的观护措施,观护的手段和形式丰富多样,观护介入的时间也非常灵活,既可以在刑事诉讼启动后,也可以在刑事诉讼启动前,形成一个全方位、多层次且灵活弹性的青少年观护体系。而美国采取购买服务的方法让专业团队进行观护工作,英国设置专门机构和组织负责观护工作,两种方式殊途同归,使得观护工作执行力度更强,观护内容更具专业性,观护效果更为显著。

2. 大陆法系国家的少年观护制度

(1)德国。

《德国少年法院法》规定,对于犯罪少年应优先适用教育处分。因此,德国少年观护制度的最大特点就是通过教育处分开展观护,观护工作主要体现在教育处分措施中。

教育处分包括两种:给予指示和教育帮助。所谓指示,是指调整和规范犯罪少年生活的各项要求和禁令,但不得对少年生活方式提出不可能实现之要求,其目的在于以此促进和确保对他的教育。《德国少年法院法》第10条特别列举了九种指示,均与观护工作内容相一致。例如,遵守其有关居住地所应遵守事项的指示,这与刑事观护中被取保候审的青少年应履行的义务有相似性;命令其在某一家庭或教养院居住,命令将其置于特定之人(照料帮助人)的照料和监督之下,这两种指示本身就具有观护本质;命令其参加培训或劳动、参加社会训练、努力与犯罪被害人和解(犯罪人——

---

① 张潘仕:《英国的青少年犯罪与少年司法》,载《青少年犯罪问题》2002年第2期。

被害人和解)、参加交通课程学习、不与特定之人交往,或不得光顾酒馆或其他娱乐场所,这些都是常用的观护手段。法官可以根据青少年特点及实际情况的需要,采用弹性的指示,交付少年署执行。指示的履行期间由法官规定,一般最长不超过两年。所谓教育帮助,是常用的非居住性措施,由青少年福利局的社会工作者执行监管任务。[①] 这也是观护工作的另一种具体形式。

可见,德国的观护制度就是教育处分的执行制度,即在执行教育处分的过程中体现对青少年的观护。由于教育处分是一种非刑罚措施,这与观护工作的非刑罚化追求显然是一致的。

(2)日本。

日本法律制度以大陆法系为基础,但在第二次世界大战后也吸收了许多美国的法律制度,兼容并蓄。因此,日本的观护制度同时具有两大法系的特点。

日本的观护制度分为审前观护及审后观护。审后观护主要是指保护处分措施的执行,这与大陆法系国家观护制度相同。1948 年,《日本少年法》规定了保护观察、移送教养院或养护设施、移送少年院三种保护处分措施。其中,保护观察具有显著的观护性质,即把少年放在社会里,由保护观察官和保护司进行监督、指导,使其不再重犯,在正常生活中悔罪自新。[②] 保护观察的处遇内容主要有遵守事项、指导监督及辅导援助。一般遵守事项是指“居住于固定的住所、从事正业”“保持良好的品行”“不结交有犯罪性之人或者素性不良者”“变换住所或者进行长期旅途时,要事前征求保护观察实施者的同意”等。指导监督方法是监视少年的情形与品行,为使其遵守所定事项而给予适当的指导。辅导援助的方法有援助教养训练、辅导

---

① 姚建龙:《少年刑法与刑法变革》,中国人民公安大学出版社 2005 年版,第 179~181 页。

② [日]宫泽浩一:《少年违法犯罪与违法犯罪少年的处遇》,载[日]西原春夫主编:《日本刑事法的形成于特色》,法律出版社、成文堂出版社 1997 年版,第 195~196 页;转引自郝银钟:《遏制青少年犯罪新思维》,中国法制出版社 2012 年版,第 212 页。

职业、援助就职等。[①] 日本专设保护观察所,负责保护观察措施的执行。移送教养院或养护设施,原则上属于开放性收容处分,是指于集体宿舍制或寄宿制的设施内,在宿舍长“教监”及其妻子“教母”的指导下,过一种充满教育性气氛的共同生活。教养院的处遇内容由生活指导、文化教育、职业训练协同进行。

审前观护主要是指试验观察,即法官在办理青少年犯罪案件的过程中,根据检察官和警察送来的书面材料无法决定对少年判处何种处分时,可在决定之前设定保留期间,即附上一些条件,让家庭裁判所的调查官在这期间观察这个少年在这种条件之下的生活状况和态度。这与英美法系国家“转处”措施中的观护是类似的。试验观察是家庭裁判所作出终极决定之前的临时措施,不需要很长时间,一般是1~6个月。在试验观察阶段,家庭裁判所调查官都要和少年进行很多的接触,进行辅导和教育,是一种很密切的“一对一”的教育活动,所以调查官必须和社区有密切的联系,扎根于本地区。熟悉地区的情况才能找到辅导委托的对象,才能和少年的家属、亲属,包括周围的人有密切关系,能够向他们多做一些说服教育的工作。试验观察结果出来后,如果觉得该少年身上的一些问题已经得到缓和或者已经解决,就不需要再剥夺他的自由了。法官可以在这个时候开庭审判作出不处分的决定,或作出一个适当地给予保护观察的决定。[②]

可见,大陆法系国家的观护制度是建立在教育处分或保安处分等非刑罚措施上的,通过处分的执行进行观护。虽然我国没有类似保安处分的制度措施,但大陆法系国家教育处分的执行内容与观护工作性质吻合,完全可以参照借鉴,尤其是日本的试验观察,与我国的附条件不起诉制度有极为相似之处,可以进行吸收借鉴。

---

① 尹琳:《日本少年法研究》,中国人民公安大学出版社2005年版,第169~170页;转引自郝银钟:《遏制青少年犯罪新思维》,中国法制出版社2012年版,第212页。

② 罗建河:《日本青少年犯罪的防治措施及其启示》,载《青少年犯罪问题》2011年第3期。

3. 我国香港和台湾地区的少年观护制度

(1)香港地区。

香港地区的少年观护制度在很大程度上吸收英国的制度和做法。例如,香港地区政府有关部门建立了由专业人员组成的青少年罪犯评估专家小组,负责向法院提供有关25岁以下青少年犯罪人的个人情况调查报告,并推荐最适合其本人的自新计划,供法庭判决时参考。这是参照了英国的YOT观护组织。另外,香港地区的观护措施如感化令、感化院、社区服务令,也与英国相类似。

但是,香港地区少年观护制度也具有强烈的港式特色,即香港地区成熟的社工组织、社工服务制度,使得观护工作对社会力量的利用更加有效。虽然香港地区有专门的政府机构负责观护工作,但是在实际执行中,社工是观护的主要力量,发挥了重要作用,一些最新的观护措施也是以专业社工为依托而开展的。香港地区的观护工作通过社工体系,调动所有可能的资源,包括家庭、学校、志愿人员、社区团体和机构,以有效、公平和合乎人道的方法帮助青少年犯罪者。因此,香港地区观护制度中成熟的社工制度,对于我国利用社会力量开展社会观护具有良好的借鉴意义。

(2)我国台湾地区。

我国台湾地区的观护制度,具有更加显著的大陆法系特点。我国台湾地区"少年事件处理法"第42条规定:"少年法庭审理事件,除为前二条处置者外,应对少年以裁定谕知下列之保护处分:(一)训诫,并得予以假日生活辅导。(二)交付保护管束并得命为劳动服务。(三)交付安置于适当之福利或教养机构辅导。(四)令入感化教育处所施以感化教育。"[①]可见,我国台湾地区的观护工作也是通过保护处分的执行而展开,这与德国和日本相似。

所谓训诫是通过言词的方式当面开导、教育少年,指明其不良行为,告知将来应当遵守的事项,并可以要求立悔过书。必要时,训诫可以附加假日生活辅导。假日生活辅导由少年法院交付少年保护官执行,或者根据少

① 姚建龙:《少年刑法与刑法变革》,中国人民公安大学出版社2005年版,第204页。

年保护官的意见，将少年交付适当的机关、团体或个人执行，并受少年保护官的指导，主要内容是在少年不上课、不工作或者没有其他正当事情做的时间，对少年施以个别的或群体性的品德教育、课业辅导、习艺辅导和勤劳辅导。假日生活辅导为3~10次，具体执行次数由少年保护官根据辅导成效而定。① 保护管束是一种典型的社区性保护处分，类似于日本与英美国家的保护观察。保护管束由少年保护官负责执行，也可以根据少年保护官的意见将少年交付适当的福利或教养机构、慈善团体、少年的最近亲属或者其他适当的人执行，但这种执行也要受少年保护官的指导。执行人员应告诉少年应当遵守的事项，和少年经常保持接触，注意其行动，随时加以指示，并就少年的教养、医治疾病、谋求职业及改善环境，予以相应辅导。保护管束的期限不得超过三年，至多执行到满21岁为止。

我国台湾地区的少年保护处分可以在以下五个程序阶段采用：一是在少年保护事件审理终结后，由少年法官裁定保护管束，必要时可以同时附加劳动服务。二是在少年执行感化教育超过六个月，认为没有继续执行的必要而停止执行时，对所余执行期间，由少年法院裁定保护处分。三是在检察官根据侦查结果不起诉后，移送少年法院按照少年保护事件审理时，由少年法官裁定保护处分。四是在免除少年刑罚后交付保护管束。五是少年在缓刑或假释期交付保护管束。② 因此，我国台湾地区的保护处分并非简单的刑罚替代，凡不需要入刑或者入刑后暂缓处罚、中止处罚的，都可以适用保护处分，因此更趋向于一种具有观护性质的少年处置措施。

从上述国家和地区的少年观护制度来看，虽然观护内容和观护阶段有所差异，但是具有一个共通点，就是均有专门的机构和组织负责观护工作，官方机构和社会团体、组织分工配合，协同开展，充分调用社会力量加入观护工作，观护手段有针对性和层次性，充分考虑了未成年人的特点和案件实际情况，将监禁作为最后、不得已的选择，尽量给未成年人以非刑罚化处

---

① 姚建龙：《少年刑法与刑法变革》，中国人民公安大学出版社2005年版，第204~205页。
② 姚建龙：《少年刑法与刑法变革》，中国人民公安大学出版社2005年版，第205~206页。

理。因此,我国在建立未成年人社会观护体系过程中,可以将这些共性内容作为必备项目,同时根据我国法律制度的特点和司法实践情况,将各国观护制度的特色作为参考项目进行有针对性的吸收借鉴,形成有中国特色的未成年人社会观护体系。

二、涉罪未成年人社会观护体系的探索与实践

(一)上海市涉罪未成年人社会观护体系的发展历程

1. 观护体系的初创和建立

1992 年 5 月,上海市长宁区人民检察院率先开始探索观护员制度,为未成年犯在免诉以后的考察期或暂缓起诉对象在考验期中创造良好的改造环境。随后,以闵行区人民检察院为代表的各基层检察院在此基础上,结合实际情况开始了观护工作的探索。

2003 年 5 月,闵行区人民检察院与闵行区莘庄镇青保办在莘庄镇设置了首个未成年人取保候审观护点,试点招募志愿者对涉罪少年进行为期 3 ~6 个月的观护帮教,观护内容包括与涉罪未成年人谈心沟通,适时辅导涉罪未成年人学习,安排参加公益劳动,帮教人员及时记录其思想动态、学习劳动、权益保护等观护帮教情况。检察机关综合案件情况及涉罪未成年人在观护帮教期间的表现,对未成年人作出最终的司法决定。取保候审观护点的探索使以往对涉罪未成年人单一的监督模式,向监督与教育、考察与辅导并重的模式过渡,既有效避免失足未成年人在监管场所受到“交叉感染”,又通过社会化的帮教形式帮助其顺利回归社会。试点过程中,被纳入取保候审观护点的涉罪未成年人无一脱保、无一重新犯罪,成效明显。2004 年上海检察机关根据市委“构建预防和减少犯罪体系”的总体部署,以政府出资购买社会服务、建立专业社工队伍为契机,提出了“办案专业化与帮教社会化相结合”的工作思路。闵行区人民检察院根据这一工作要求,推动建立了由区综治办牵头,区预防办、未保委、教育局、团区委、妇联、学校、社会工作者组织、志愿者组织、基层组织、社区、企业等各方力量共同参与的涉罪未成年人社会观护体系,观护体系覆盖全区 13 个街、镇、工业

区。在3~6个月观护期间,由检察机关案件承办人会同未成年犯罪嫌疑人家长、社工等帮教人员签订观护帮教协议,组成帮教小组,具体负责对未成年犯罪嫌疑人的观护帮教工作。各参与方按照各自的职能,做好协调配合与配套衔接工作,并借助社会力量开展帮教工作。其中,综治、预防、未成年人保护委员会等党政职能部门负责牵头协调组织;在校涉罪未成年人的观护帮教工作,由教育局负责管理,学校教师、青保干部具体操作;非在校涉罪未成年人的观护帮教工作,则由团区委负责管理,具体由设置在各街、镇的社工站派遣专业社工进行帮教;居(村)委会、社区则协助检察机关、公安机关派出所、司法行政机关的司法所等开展日常监管工作,并配合开展帮教;妇联开展对涉罪未成年人家长的培训,完善其家庭教育;企业则配合对其涉罪未成年员工开展观护帮教,或者为"三无"涉罪未成年人提供食宿和帮教条件。

上海市检察院在总结"闵行经验"的基础上,形成了具有上海特色的观护模式。

一是明确观护体系的定位和功能。在涉罪未成年人社会观护体系建立和运行后,结合工作实践,逐步明确观护体系就是未成年人刑事司法活动的社会支持体系和未成年人犯罪预防的社会保障平台这一功能定位。观护体系的功能:(1)监管,即由观护帮教小组配合公安机关执行取保候审,有效防止未成年人重新违法犯罪或出现弃保脱逃等妨碍诉讼情形,为司法机关对其适用非羁押措施创造条件,打消顾虑;(2)考察,即由观护帮教小组对未成年人的日常表现和矫正效果进行客观评估,为司法机关判断其人身危险性和判处刑罚的必要性,是否适用(附条件)不起诉、缓刑等司法处理决定提供依据;(3)矫正,即通过帮教,使未成年人克服不良心理和行为,认同主流社会价值观,恢复正常生活,顺利回归社会,并不再危害社会。

二是形成观护工作流程和固定做法。检察机关在审查逮捕时认定未成年犯罪嫌疑人的犯罪事实清楚,情节较轻、认罪悔罪,但在沪缺乏有效监护条件时,即可及时与所在区观护工作总站沟通,与其就读的学校、住所地观护点或工作单位等人员组成帮教小组并制定帮教方案。在落实帮教措施后，检察机关对其作出不批准逮捕决定，将其交由帮教小组开展观护工作，并在观护期满后将其表现反馈检察机关，作为司法处理的参考。审查起诉阶段，检察机关通过上述方式为涉罪未成年人落实观护帮教条件后，如果其在押，则及时将逮捕措施变更为取保候审措施，并将其交由帮教小组开展观护工作；如果其符合附条件不起诉适用条件的，则可对其作出附条件不起诉决定，并由原观护组织配合检察机关开展监督考察工作；如果其犯罪情节轻微，且经观护考察不需要判处刑罚，则可以作出不起诉决定；如果其犯罪情节相对较重，但主观恶性不大，不致再危害社会，且有必要的观护帮教条件，可以在提起公诉的同时建议法院判处缓刑。

三是建立全市范围的观护体系。观护工作在闵行等区的试点运行取得了良好效果，并得到了上海市政法委、市政协相关领导的高度肯定。在此基础上，上海市检察院要求各区县检察院结合本地区的特点，通过各种途径和方式，全面开展涉罪未成年人社会观护工作，并以全市各个观护点、观护站为基础，推动建立网络化观护体系。2010 年第一季度，上海市各区、县均建立了社会观护体系，形成了覆盖全市所有街、镇的网络化社会帮教体系。上海市检察院制发《关于进一步规范涉罪未成年人社会观护工作机制的若干意见》，对观护工作的基本概念和原则、适用条件、帮教方式、操作流程和配合衔接机制等作出明确、细化的规定，并制发观护工作文书，对其种类、格式、流转和制作要求予以明确，指导实践操作。

2. 涉罪未成年人社会观护体系的组织架构

（1）观护体系的组织部门。

“观护体系”，意指对符合条件的涉罪未成年人采取非羁押措施，由政府机构、司法机关、社会力量等共同组成专门组织，对涉罪未成年人开展教育、考察、监督、矫正、保护、管理工作。在地区层面，观护体系一般由政法委统一领导，综治办负责总体协调工作。

观护组织，是开展观护工作的直接力量，对观护人员承担组织、协调、管理和培训等职责，并指导观护人员开展日常教育考察、帮教矫正工作。观护组织一般隶属于各地区的社会治安综合治理等相关政府职能部门，可设置为观护站、观护点上下两级组织模式,由观护站统筹协调观护工作,并根据区域特点,在各街镇、社区内设置若干观护点。

具体而言,公安机关负责侦查阶段对观护对象资格的审查,指导观护工作并根据观护对象在观护期间的综合表现作出相应的处理决定;检察机关负责审查逮捕、审查起诉阶段对观护对象资格的审查,指导观护工作并根据观护对象在观护期间的综合表现作出相应的处理决定;团委负责对青少年事务社会工作者的观护工作提供指导,并协调镇(街道)团工委给予积极的支持;司法局负责对社区矫正社会工作者的观护工作提供指导,并协调镇(街道)司法所给予积极的支持;青保办负责协助有关职能部门共同做好观护工作。同时,也可以组建专门的观护社团组织,吸纳富有社会责任感和观护能力的企事业单位、工读学校、救助中心、社区活动中心、志愿者组织等作为社团成员,为观护对象提供食宿、文化知识学习、法治教育、劳动技能培训等帮教条件。

(2)观护体系的相关人员。

"观护人员",是指在观护组织的管理下,对涉罪未成年人进行日常教育考察、帮教矫正工作的人员,一般以专业社会工作者作为主要成员,居(村)委会干部、社区民警、青保老师、共青团干部及志愿者等作为辅助成员。

青少年事务社会工作者是观护体系的主要力量,负责在观护期间对观护对象进行考察、帮助、教育。其工作主要包括对观护体系辖区内涉嫌犯罪的未成年人开展社会调查;根据观护对象的实际情况,制定个案服务计划书;定期记录观护对象的思想动态、学习情况、劳动表现及在社区内的综合表现等情况;为观护对象提供学习辅导、工作见习等服务。社区矫正工作者也可以提前介入观护阶段,配合青少年事务社会工作者共同开展对观护对象的观护工作。

"观护对象",也即观护体系工作的对象,主要指作案时未满 18 周岁,有证据证明其涉嫌犯罪,并具备适用非羁押强制措施条件的未成年人。具体包括三类:一是涉嫌犯罪且符合非羁押强制措施适用条件的"三失"(失学、失业、失管）未成年人，二是涉嫌犯罪且符合非羁押强制措施适用条件的暂居在观护体系辖区内的外省市籍未成年人，三是其他符合观护条件的未成年人。

3. 观护工作的流程和内容

（1）观护工作流程。

未成年人社会观护工作流程分为观护资格的确认、文书的流转及衔接、对象的日常观护、评定考核、跟进帮教五个主要环节：

一是观护资格的确认——由司法机关对涉罪未成年人作羁押必要性评估，审查其是否有采取非羁押强制措施的条件，并在征得观护组织同意后，对符合观护条件的涉罪未成年人作出观护的决定。

二是文书的转接及衔接——司法机关对涉罪未成年人采取非羁押强制措施并作出观护决定后，将观护对象的基本资料及《帮教记录卡》等有关文书转交至观护站，由观护站接受后指派观护人员组建帮教小组，与观护对象签订观护帮教协议。

三是对象的日常观护——观护人员负责观护对象的日常观护工作，观护期一般为3～6个月；日常观护是观护工作流程中的核心环节，具体内容包括教育考察、心理矫正、行为矫正、团体活动、公益劳动、知识学习、技能培训等。

四是评定考核——观护期满后，观护人员应根据观护对象在观护期间内的综合表现，制作观护帮教情况报告并提出处理建议，报经观护站审核后，提交检察机关。检察机关综合案件及观护帮教情况，对观护对象作出司法处理决定。

五是跟进帮教——作出处理决定后，检察机关应及时将结果反馈观护站，便于跟进观护工作的衔接。被相对不起诉或附条件不起诉监督考察后不起诉的观护对象，应由原观护人员继续开展跟进观护工作，也可以转介至专门从事社区矫正工作的观护人员开展跟进观护工作。

（2）观护工作的主要内容和方法。

对观护对象的日常观护工作主要包括教育考察、心理矫正、行为矫正、团体活动与公益劳动、知识学习与技能培训五个方面：

一是教育考察——可由观护人员结合心理测评、社会调查等情况制订个性化的教育矫正工作计划，主要内容包括法治教育、思想道德教育、社会保障政策教育、认罪服法教育、心理健康教育、生活辅导、期满总结教育等。

教育考察，主要有集中教育和个别教育两种形式。集中教育可采用授课、读书、座谈、讨论、参观等形式，个别教育主要通过个别谈话、家庭走访等形式进行，电话方式仅限于特殊情况下使用。一般情况下，集中教育每月不少于一次，每次不少于一小时；个别教育每半个月不少于一次，每次不少于半小时；观护对象每半个月进行书面情况报告一次，每月精读一本好书并撰写一篇读后感，原则上不得外出或者迁居，如有特殊情况必须请假或迁居的，需提前五个工作日向观护站、检察机关递交书面请假报告。

二是心理矫正——由观护人员或专业心理咨询师，运用心理学专业方法和手段，通过沟通、疏导和心理干预、治疗等形式，矫正认知偏差和心理问题，帮助观护对象树立正确的人生观和价值观，缓解其与社会的对立情绪，消除融入社会的心理障碍。

观护人员自接收观护对象后，应对其进行专业的心理测评，了解观护对象的心理状态和人格特质，并以此为基础制订科学合理的矫正计划。对心理测评不存在严重问题的观护对象，可由观护人员采取个别面谈的方式进行心理疏导，观护站根据实际情况，组织观护对象进行集体心理健康教育，通过心理学讲座、小组心理辅导等活动，普及心理健康知识；对经测评有明显心理疾病症状、严重行为偏差及存在心理危机的观护对象，则可转介至专业心理咨询师或心理医生进行危机干预处理或临床心理治疗，以消除观护对象的心理障碍，矫正其心理问题。

三是团体活动与行为矫正——观护工作中的团体活动，其实质是团体治疗，将观护对象纳入正常青少年群体，或由不同类型观护对象组建的群体，开展各种团体活动，以实现行为矫正的最终目标。团体治疗所创造的特殊环境，让每个观护对象在团体中有机会去增强与他人沟通交流的能力，同时也被引导如何去做，如何去建立并遵守团体行为规范，以得到他人的肯定。此外,还可以借鉴社会工作中的"小组治疗模式",将一些符合社会行为及反社会行为的观护对象容纳在一个小组内,通过游戏、公益劳动等活动,让组员之间进行交流和分享,使那些有反社会行为的观护对象能够反思自己的行为模式,有效减少及控制不良行为,增进团体的正面成长,有效实施行为矫正,预防、减少犯罪的再次发生。开展团体活动,一方面,对具有行为偏差的未成年人进行行为矫正,戒除或缓解其不良行为倾向;另一方面,淡化标签效应,强化观护对象融入社会的能力,为观护对象建立社交平台,让观护对象在团体活动中充分交流,学会尊重他人、沟通与分享。

四是公益服务——采取集体公益服务的形式,在每月固定的时间、固定的基地开展相关公益服务,如至敬老院关爱老年人,陪老人聊天,帮助老人做事;至阳光之家为智障人士提供服务,协助智障人士进行康复治疗、体能锻炼,帮助其融入社会;在法治宣传日、禁毒日、消防日等开展义务宣传服务以及参与公共场所清洁、环境保护等辅助性劳动。从事公益服务使观护对象在帮助他人的同时,体验到自身的被认同感,在体现自身的价值的同时也能够培养观护对象的社会责任感,促使其认同社会主流价值观,以更快地重新融入社会。

五是知识学习与技能培训——观护对象大多数受教育程度低、缺乏谋生技能,因此有必要依托政府学历、技能培训平台及特殊观护基地成员单位的资源,为观护对象提供文化知识、法律知识、劳动技能的培训机会或工作实习岗位,帮助观护对象在观护期内学会一项劳动技能,提高其社会生存能力,减少因生活无着而造成的再次犯罪。在上海实践中,接受观护的未成年人均可与普通社区青少年一样,纳入政府学历技能培训项目、就业服务计划;对在本地无监护人、无固定住所、无经济来源的观护对象则可纳入特殊观护基地进行帮教,并为其提供免费工作实习的机会。

4. 观护工作的效果评估

自 2004 年试点建立涉罪未成年人社会观护体系至 2014 年,上海检察机关在全市各区共设立观护总站 17 个,在各街镇设立观护点 215 个,建立观护基地62个，纳入观护帮教的涉罪未成年人达到1855名。随着观护体系的不断完善，涉罪未成年人的不捕率、非羁押直诉率逐年上升，2007年全市涉罪未成年人的不捕率和非羁押直诉率分别为8.4%和19.5%，2014年则分别增长至22.2%和39%。在被纳入观护体系进行帮教考察的涉罪未成年人中，相当部分因情节轻微，不需要判处刑罚而被不起诉或经附条件不起诉监督考察后作出不起诉决定。全市涉罪未成年人的不起诉率2007年为2.2%，至2014年则达到19.8%。经过回访考察发现，97%的涉罪未成年人没有重新违法犯罪，有近80%的涉罪未成年人顺利就学、就业。近年来的未成年人犯罪数量逐年下降，2014年全市受理审查起诉的涉罪未成年人较之2007年受理审查起诉的涉罪未成年人人数下降了61.7%。

2011年，最高人民检察院检察长曹建明、副检察长朱孝清等领导，先后视察了上海未检工作，对涉罪未成年人社会观护工作给予高度肯定，认为上海检察机关充分发挥刑事检察职能，整合社会各方面力量，创设了涉罪未成年人全程衔接的帮教体系，实现了检察机关专业化办案和社会化帮教的有机结合，推进了未成年人特殊保护及犯罪预防工作，对促进社会管理创新具有十分重要的意义，并希望上海继续深入探索和实践，认真总结工作经验，向全国检察机关推广。

（二）全国各地涉罪未成年人观护体系发展情况及模式比较

1. 江苏省无锡市——管护基地

无锡市检察机关自2008年开始探索建立涉罪未成年人管护教育基地，在符合条件的社区、企业和社会福利机构等单位中择优确定管护教育基地，对涉罪外来人员进行管护教育，为其取保候审、判处非监禁刑、落实矫正帮教创造条件。2010年9月，无锡市委、政法委、市检察院等12个职能部门共同签署了《无锡市涉嫌犯罪外来人员管护教育基地建设若干意见（试行）》，无锡市人民检察院起草了《涉嫌犯罪外来人员管护教育基地工作条例（建议稿）》，对管护基地设立的条件和程序、进入基地的条件和程序等作了规定。

管护模式的基本特征：首先，适用的案件范围主要是可能被判处三年以下有期徒刑的侵财型或轻微人身伤害的刑事案件;其次,入驻管护基地前,须对涉罪未成年人进行综合风险评估,通过其家庭情况、个人品质、心理行为轨迹等来确定其风险程度,进而决定是否对其采取取保候审措施以及管护关爱工作计划,从而确保入驻后不致发生社会危险性;最后,涉罪未成年人入驻管护教育基地的前后,均由检察机关承办人员、侦查机关办案人员、基地辅导员、社区矫正人员组成的管护教育小组进行严格管护,对其思想、学习、工作、生活等进行日常性帮助、教育、管理和监督,并根据实际情况需要及时开展有针对性的重点帮教。

2. 北京市海淀区——“4 + 1 + N”模式

北京市海淀区的“4 + 1 + N”模式,是指检察机关发挥审查批捕、审查起诉、监所检察、犯罪预防四项检察职能,依托一支社工队伍对涉罪未成年人进行专业化、科学化、全面化的帮教工作,借助 N 方资源力量构筑挽救涉罪未成年人的社会网络。司法社工的工作内容主要有:到涉罪未成年人居住地、学校或工作单位对其居住环境、家庭背景、成长经历、职业情况、受教育情况等进行社会调查;对涉罪未成年人是否具有社会危害性、人身危险性、再犯可能性等进行风险评估;通过与涉罪未成年人进行深入访谈,根据其需求制订有效的介入计划,并利用个案、小组、社区等专业方法帮助、引导、教育涉罪未成年人;为有诸如心理矫治、就业安置、接受再教育等特殊需求的涉罪未成年人提供转介服务;对被不起诉的涉罪未成年人进行定期跟踪回访,以帮助其实现积极的再社会化。

3. 重庆市沙坪坝区——未成年人刑事检察工作沙区模式

重庆市沙坪坝区人民检察院探索建立了“管理统一化、帮教社会化、职责规范化”的未成年人帮教体系。检察机关与公安、司法、教育、民政、共青团、机关工委、学校、社区等多部门密切配合,未成年人的监护人、所在学校、工作单位或者关爱基地的相关人员,对不捕、不诉的未成年人进行帮教管理,通过政治思想教育、道德法制教育、心理健康教育等方式,矫正涉罪犯罪未成年人的不良心理和行为,同时也通过各种渠道解决其在学习、就业、生活、心理等方面遇到的困难。2011 年 4 月,沙坪坝区人民检察院首次尝试将村委会纳入社会帮教管理体系,由村委会承担监督帮教、履行帮教协议的职责,充分发挥村委会基层组织的优势。

(三)开展观护工作的若干瓶颈问题

1. 工作开展缺乏统一规范

从前文的介绍可以看出,各地关于观护工作的职能定位、观护的具体流程和内容都各不一致,缺乏规范。同时,由于缺乏统一、科学的评估机制,观护人员往往根据主观印象对观护对象的表现进行评定,在一定程度上削弱了观护结果对司法机关最终处理决定的参考作用。

2. 观护对象的适用具有局限性

目前,观护工作主要针对涉嫌犯罪且符合非羁押强制措施适用条件的未成年人而开展。但是,不少涉罪未成年人由于缺乏有效的保证措施无法适用非羁押措施,从而难以被纳入观护体系,不能成为适格的观护对象。例如,不少来沪未成年人犯罪后无力缴纳保证金,又无法提供保证人,因不具备取保候审条件而无法被纳入观护体系。虽然刑事诉讼法规定了监视居住作为取保候审的替代措施,但由于监视居住需要耗费大量的人力、物力,因而实践中较少适用;同时监视居住对象不得离开住所或指定的居所,难以对其开展社会化的帮教,因此,监视居住措施同样无法破解观护对象适用局限性的难题。

3. 观护队伍的稳定性和专业性难以保证

观护帮教是一项对专业性要求极高的工作,需要观护人员具有社会责任感,熟悉未成年人身心特点,还要掌握法学、心理学、教育学、社会学等方面的知识,因而建立一支稳定的专业化观护队伍是观护工作得以规范、有效开展的基本保证。以上海为例,涉罪未成年人的观护工作主要依赖于青少年事务社工队伍。但由于薪资待遇、职业保障等方面的问题,社工队伍的流动性较大,社工工作调动或离职后,需要对服务对象进行转介,给观护工作的成效带来了负面影响。并且,社工组织主要采用政府购买服务的形式运作,政府机关购买社工服务的初衷是为了本市户籍居民提供服务,因此也主要以本地户籍人口为基数确定社工数量,在来沪未成年人犯罪率逐年增长的形势下,出现了社工数量配比不足及向来沪未成年人提供服务的积极性不高等现象。

4. 缺少专门的观护组织、机构

我国的社会观护制度大多借鉴英美等国的成熟经验,并结合国情,将参与社会观护组织分为决定机关和执行机构两大类。在决定机关的设置上,我国与英美等国并无太大差异,均是由司法部门承担。在执行机构上,相较于英美等国家设立专门机关的较为完善的执行机构体系,我国至今未确立统一的执行机构,由各地检察机关根据工作需求联系相关部门开展观护,强制性及规范性均受到影响。

5. 尚未建立观护法律制度

我国现行法律制度中,无论是国家立法层面还是地方立法层面,无论是刑事立法还是未成年人保护的相关立法,均无观护工作的相关规定,即使是一些专门性的配套衔接规定,也语焉不详。尽管各地对观护制度进行了各种探索,但目前的观护工作处于缺乏约束力、各地模式不一致、职能定位不同的境地。观护工作的发展面临着法律瓶颈。例如,有些地方要求观护对象不得离开基地,有些地方对于观护对象的活动范围限制是不得离开其所居住的区县;有些地方的观护工作侧重点在于管理,有些地方更注重观护对象的社会调查结果、观护帮教的综合表现。再如,一些公安机关承办人员就因为观护工作耗费太多心力并致诉讼期限大大延长,因此对将涉罪未成年人纳入观护体系帮教持消极态度。

三、涉罪未成年人社会观护体系的完善与展望

涉罪未成年人社会观护制度是福利制度、教育制度和惩罚制度相结合的产物。未成年人在青春期发生一些不良行为通常被认为是一种"正常"的成长现象,因为绝大多数未成年人在度过青春期后会自愈,并不会把不良行为带入成年期。有的专家甚至认为,"那些在青少年时从未参与过任何犯罪或越轨行为的人存在某些生活或心理缺陷。比如说,缺乏社会交往

技巧，个性孤僻，不善于交友”。[1] 未成年人观护制度并非把观护对象作为罪犯对待，而是把他们看作因为环境的不良影响而犯错，需要特殊扶助、辅导或监督的孩子，通过观护制度帮助他们在观护期间继续保持原有的社会人际关系，并在观护人员的扶助、辅导或监督下通过纠正不良行为，保护其平稳地度过青春期，并逐步建立较为完善的人格。相比机构式看管等强制性控制手段，运作良好的观护制度不仅不会使观护对象受到机构内强制措施的威胁，还因为他们生活在一定的社会环境中，能弥补家庭监护和学校教育的不足。观护人员的陪伴、关爱、教育，以及在知识和技能培育方面给予观护对象提供的帮助，有助于未成年人情感的和谐与平衡，为其今后的自强自立奠定了基础。此外，在避免标签效应的影响、促进未成年人康复和回归社会、修复社会关系、减少刑罚所带来的负面效应等方面也有不言而喻的优势。如前文所述，在我国，与观护制度有关的实践得到了司法实务界和大众的认同，已经获得了良好的效果，但是也面临一些困境。国外少年观护制度经历一个多世纪的发展，积累的经验教训值得我们借鉴。因此，本文拟结合上海近 20 年的司法实践，借鉴相关国家的经验，就我国涉罪未成年人社会观护制度的发展和完善提出建议和展望。

（一）涉罪未成年人观护体系的规范化建设

通过借鉴域外少年观护制度的演变进程，以及回顾我国涉罪未成年人社会观护体系的发展历程，我们不难想见，要在我国建立相对稳定、较为完善且切实有效的观护体系必将经历一定的发展过程。笔者以为，在这个发展过程中，观护制度作为一个“舶来品”，既可以在充分本土化的基础上因地制宜地移植某些域外成熟经验，同时也必须重视从中国传统文化和实践探索经验中汲取养分，本文拟就现阶段涉罪未成年人社会观护体系的规范化建设谈些浅见。

---

① 陈晓进：《生命历程理论：个体犯罪行为的持续性和变迁》，中国人民大学出版社 2008 年版，第 53 页。

1.完善观护工作方式、内容及配套工作机制

未成年人犯罪总是受到自身人格、家庭教育、学校或社区环境等因素的交叉影响,这些因素彼此作用,也影响着其再次犯罪的可能性。为了确保观护工作的成效,有必要结合上述关键因素,设置符合涉罪未成年人身心特点和有针对性的观护方式和内容。

观护方式的选择:针对家庭和社区环境良好,只是出于青春期身心矛盾冲突引发的未成年人犯罪,如聚众斗殴的积极参加者,不需要过度的帮教矫治,只需要引导其承担行为后果,并吸取教训,将这一事件转化为成长的动力;对于因自身人格因素导致犯罪的未成年人,则必须辅以心理疏导和行为矫治,纠正其心理行为模式;对出于恶劣家庭环境而导致犯罪的未成年人,则应加强家庭教育指导,确有必要的,也可以采取将其暂时带离家庭环境,交由相关机构进行监护教育的观护模式;对因不良社会环境而诱发犯罪的未成年人,则可通过将其置于环境良好的观护基地或设置相应行为禁止令的方式,使其脱离不良环境。

就具体的观护内容而言,可以从以下几个方面考虑:

首先,可以运用我国传统文化精髓帮助涉罪未成年人树立正确价值观。例如,让涉罪未成年人从诵读《弟子规》入手,帮助他们树立孝顺父母、言行守信、亲贤远恶、踏实学习等基本的行为规范。从善如登,从恶如崩,未成年人如果在内心没有建立正面的价值观,那些在口头教育下临时建立的"好习惯"是经不住考验的。

其次,可以让涉罪未成年人在参加公益性活动的同时,由观护人员对其在就学、就业、医疗、自我管理和成长规划等方面进行辅导,协助未成年人复归社会。

再次,要求涉罪未成年人在观护期间遵守一定的规则。例如,要求其居住于固定的居住地、从事正当职业、禁止与品行不良者交往、转换住所或长期旅行时必须经过观护人员的许可。此外还可以根据涉罪未成年人的具体情况,要求其养成良好的生活习惯、达成特定的学习工作目标和避免发生禁止事项等。观护人员在观护过程中根据具体情况,可以再制定适合

个体的行为准则。

最后,要求涉罪未成年人的监护人严加管教。如果发现涉罪未成年人的行为主要是由其监护人对其教养的忽视而造成的,观护人员应当敦促其监护人承担应尽的管教责任,可以要求其定期参加家长学校,给予其在家庭教育方面的辅导和建议。

观护工作的配套机制:

一是社会调查和心理测评机制。在观护帮教开展前,可以根据青少年的主观恶性和犯罪情节,先通过心理测试和社会调查报告来确定涉罪未成年人的观护方式。

二是隐私保护机制。在观护过程中,尤其要引起重视的是涉罪未成年人的隐私保护问题。《儿童权利公约》规定:缔约国尤应确保,被指称、指控或认为触犯刑法的儿童的隐私在诉讼的所有阶段均得到充分尊重。在观护帮教过程中,隐私保护一直是一大难题。因为无论是前期的社会调查工作还是后期的帮教考察工作,均牵涉一定的社会人员,整个观护周期往往也比较长,这就需要所有的工作人员均以高度的责任心避免相关信息泄露。为达到保护隐私的目的,可以签订保密协议,在观护场所的选择上也可以作些保护性的设计,如避免在涉罪未成年人居住的社区进行观护。

三是国家监护机制。当涉罪未成年人的家庭难以完成对未成年人的监护任务时(包括未成年人犯罪与家庭有密切关系的,以及家庭不能监护或监护不力),则启动国家监护程序,经评估后由国家选任无利害关系第三人或有资格的机构对未成年人进行有效监护。

2. 整合各地资源,实现平等观护

实践中,观护工作的适用范围往往受限于家庭监护状况和社会帮教条件,难以实现对来沪涉罪未成年人平等保护的目标。例如,沿海经济发达的大城市普遍存在随着外来人口大量迁入而引起的外来流浪未成年人犯罪居高不下的问题,这些未成年人往往因为在案发地缺乏监护条件而无法纳入观护体系。对此,我们认为可以参考上海某些区域的做法,“以属地观护为主体、就近协作为补充”,建立“就地观护、跨区协作、异地委托”的三层立体式涉罪未成年人观护体系。对那些符合取保候审条件、无前科劣迹、在本地无固定住址的外来未成年人,如果监护人提出回原籍观护并自愿签立监护保证书,可以联系、委托居住地的相关职能部门,如团委、妇联、青保办、法律援助律师、志愿者团体等派员担任社会观护人员对其进行观护帮教,使未成年人尽可能得到家庭的照料和保护。对于那些在原籍没有观护条件的外来流浪未成年人,案发地要通过积极建立可提供食宿的特殊观护基地,创造条件对其开展观护帮教。此外,为了配套国家监护程序,还需要培育和设立能够安置涉罪未成年人的临时家庭或临时机构。

3. 建立高素质观护队伍,实现相关职能部门间的协作配合机制

涉罪未成年人往往在家庭关爱、人际交往等方面都有所缺失,在人格上普遍存在低自尊、缺乏自信等问题。观护人员要通过辅导、观察、保护、管束等来达成改善其行为、预防再犯、保证诉讼顺利进行等目的,可想而知工作负荷大、难度高。这就需要观护人员具有比较全面的能力和较大能量的爱心和热忱,甚至对于其心量的宽广接纳、个性的弹性包容均有一定的要求。例如,有的未成年人需要观护人员给予衣食住行全方位的指导,并在第一时间帮助其解决危机。在这种情况下,观护人员必须全身心地投入工作,而且必须具备应付突发事件的综合能力和吸引青少年的人格魅力。另外,观护人员的年龄、性别、特长等配比也要合理,这样可以针对不同的观护对象选择最合适的观护人员。例如,对于来沪流浪涉罪未成年人来说,由于缺失父母、家庭等监护及社会支持系统,可能就会需要一名已婚并有子女、责任心很强、具有一定社会阅历、经验丰富的中年观护人员来承担监护责任。但是对于父母管教比较严厉、因结交不良团伙而涉罪的本地未成年人而言,一名充满朝气活力、了解时尚潮流、熟悉网络语言、能够吸引未成年人亲近的年轻观护人员可能更能走入未成年人的内心,给予其正面的影响。

要满足以上条件,光靠志愿者的爱心奉献还不够,必须要建立专业化的观护人员队伍。目前,我国专业社工队伍正在逐步扩大,但是在政策体系、配套制度、岗位设置、人才队伍建设等方面还存在不少瓶颈问题,其中

最为突出的就是职业保障问题。在德国等欧美国家,从事涉罪未成年人观护帮教的专业社工的工资一般在税后每月3000欧元以上,在当地亦属高薪。反观我国,社工收入仍在低位徘徊致使人才流失严重。流失的往往还是比较优秀的社工,因为考上了公务员或事业单位而离开。有的社工表示其实很热爱这份工作,也能在工作中获得成就感,但是待遇太低了,也没有上升空间,不得已而放弃。因此,必须提高专业观护人员的待遇,从而确保涉罪未成年人观护帮教工作的成效。

4. 提高未成年人司法人员的专业化水平

司法人员的专业资格和个人素养是确保公正有效地执行少年司法的一个重要因素。经过多年来的未成年人司法专业化探索,我国已经基本拥有了一支专业化办理未成年人案件的司法队伍:法院有少年庭,检察院有未检部门,有些地方的公安机关有未成年人案件专办民警,也建立了未成年人援助律师队伍。但是未成年人社会观护制度不仅专业性强,而且对非羁押、不起诉、判缓刑等司法处遇的执行对象和制度设计都具有一定的选择性,这将带给相关的司法人员过大的自由裁量权,可能导致不公平现象,甚至引发公众司法腐败的质疑。这就需要除了在制度设计上引入监督制约机制外,还要严格警官、检察官、法官、律师的遴选,提高司法人员的素质。借鉴西方发达国家严格的法官、检察官遴选和培训制度,改进办理未成年人案件司法人员的聘用、晋升、专业和职业培训工作,进一步提高专业化水平,保障有效履职,避免权力滥用。

5. 司法机关和社会组织在观护工作中加强协调和配合

我国司法机关拥有较为强大的公权力,造成现有观护体系中司法机关占主导地位的局面,公检法不仅可决定对未成年人是否适用观护帮教,也拥有掌控观护过程及决定观护起止期限的权力。但是,观护制度的建立和实施需要国家力量和社会力量的通力合作,才能使该制度发挥应有的功效。司法机关和社会组织在观护工作中分工不同,但地位同样重要,随着观护制度的健全,社会组织的重要性会进一步凸显。因此,司法机关要加强与社会组织的协调和配合,按照专业分工的原则,做到各司其职,避免角色冲突。

(二)建立涉罪未成年人社会观护体系的长效机制

建构我国涉罪未成年人社会观护体系应当在实践基础上不断完善,形成长效机制。具体而言,可以通过三项机制建设逐步形成切实有效的观护体系,即在观护组织的建立上,需要有准入机制;在观护工作的运行上,需要有鼓励支持机制;在观护成效的保障上,需要有检查监督机制。

1. 建立运营机制,规范观护组织的设立

观护组织是代表国家履行对未成年人的监护职责,因此有必要建立以政府为主导的观护运营机构。首先,可以借鉴西方国家的成熟经验,建立专门的"观护工作委员会"作为执行机构,负责管理和指导各乡、镇、街道的观护站、观护点和观护基地。"观护工作委员会"可以帮助各观护站、观护点和观护基地建立和完善工作规范,解决观护工作中出现的困难,监督观护企业或组织的运行和观护人员的工作开展,并培训观护人员。其次,建立以政府出资为依托,辅之以民间资金参与的资金保障机制。一方面,对涉罪未成年人的教育矫治是国家责任,不能完全推给社会,所以要由国家给予经费保障,以保障观护机制的长效性、稳定性和可靠性;另一方面,观护工作需要充分调动社会组织的力量,引入民间资金支持,既可以缓解政府的压力,也为社会慈善人士提供一个正规、有效的慈善资金流出渠道。

除了观护组织的运营机制,观护人员的配备也非常重要。台湾地区有感于公职观护人员的不足及政府投入的艰难,建立了荣誉观护人员制度,吸收社会热心人士汇入观护工作行列。考虑到大陆和台湾地区习俗、文化的相似性,我们可以借鉴该项制度,由司法部门聘用志愿者为观护人员,并给予相应身份。但以经济发展及社会工作经验水平的差异而论,单单引入荣誉观护人员制度恐怕并不能解决根本问题,在无适当经济补助的情况下,不易有足够数量的志愿者来辅助公职观护人员开展庞大的观护工作。为此,还应吸收有志于帮助罪错少年的志愿单位参与观护工作,借社会力量来弥补政府力量的不足。

2. 建设鼓励支持机制，保障观护组织的运行

目前，全国各地的观护机构大部分由爱心企业或社会组织承担，总体数量偏少、发展也很不平衡。有的参与观护时间早，无论是观护人员的配置还是观护场所的建设都比较完备，而且通过长期的经验积累，已经形成了比较规范有效的观护机制。但绝大多数的观护机构还处于起步摸索阶段，如不能形成良好的运作模式，可能会知难而退。因此地方政府和司法机关应当给予这些社会观护机构以更多的支持，帮助它们建立良好的观护模式。另外，考虑到相关爱心企业承担了额外的社会责任，在人力、物力上都有较大的投入，地方政府可以考虑给予一些政策方面的倾斜，如给予税收优惠。特别是对于那些运行良好的单位，还应当予以资助和表彰，鼓励其热心公益、奉献爱心的行为，帮助其赢得更好的商誉，这样也可以鼓励其他企业或组织更为主动地参与到观护体系之中。

此外，为了破解对不能提供保证人也无力缴纳保证金但犯罪情节轻微的未成年人的非羁押难题，还可以采取由观护机构提供保证人的方式为涉罪未成年人创造观护条件，如上海检察机关正在探索实行的“无利害关系人担任保证人”的制度。由于这些保证人与观护对象没有约束关系，能够承担起此类保证职责对保证人的要求更高。对于这些保证人，地方政府和司法机关不仅要协助其共同承担保证人职责，还要帮助其承担可能存在的风险，如免除其承担被保证人脱逃的责任。

3. 建设培育监督机制，促进观护组织的成长

观护制度依靠具有极高素质和知识水准的观护人员开展具体的观护帮教工作，如果观护人员的能力素质不足，就可能造成失误和拖沓，甚至可能影响对被观护人的权益保障。这就需要建立监督机制，以降低过于依赖“人”而引发的负面效应，并指导解决各观护站、观护点、观护基地在观护工作中出现的困难，运用定期检查、不定期抽查等方式，对观护组织开展监督，确保观护体系良性发展。

国际非营利性组织专家莱斯特·萨拉蒙认为，社会组织成长的最具决定性的因素是它所能锻造的同国家的关系，在得到政府足够的法律和财政

支持的同时，又保持相当程度的独立性和自主性。[①] 政府既是购买者、监督者，又是制度供给者。当前阶段，政府有责任对观护组织加强分类指导：一是在组织形式上，观护组织可以加入地区社会组织联合会，及时了解政府促进社会组织建设的政策信息和工作动态；二是在政策资源上，可以由社会参与部牵头，组织部、民政局、社工委、财政局、税务局、司法局等部门共同参加，加强对观护组织的一揽子支持性政策的研究，包括注册登记、运营补贴、税费减免、人才吸引、鼓励捐赠等；三是在日常工作中，建议由上述部门骨干力量组成专家指导团队，在观护组织运作之初的一年时间内加强对其规范化运作的指导，帮助其尽快成长。

（三）推动涉罪未成年人社会观护制度上升到立法

观护制度作为少年司法制度的重要一环，已经成为国际社会通行做法，但由于我国尚未建立完备的少年司法体系，未成年人观护制度面临缺少上位法支撑的尴尬境地。随着实践探索的不断深入，传统司法制度已经成为制约因素，只有制定有别于成年人的法律规定，以立法的形式加以确认，才能解决观护制度中机构设置、人员配备等体制问题，理顺各部门之间的协作关系，实现观护工作法治化。《儿童权利公约》第 40 条第 4 款也要求缔约国对触法少年“应采用多种处理办法，诸如照管、指导和监督令、辅导、察看、寄养、教育和职业培训方案及不交由机构照管的其他办法，以确保处理儿童的方式符合其福祉并与其情况和违法行为相称”。为了更好地保护涉罪未成年人的合法权益，我们亟须建立健全体现保护性、具有适当惩戒性，集保护、预防、矫治和改造于一体的少年司法制度。在未成年人社会观护制度方面，可以参考台湾地区的经验，制定相关条例，以从根本上解决观护工作的机构设置和人员配备等问题，理顺各部门之间的协作模式。立法内容可涉及对涉罪未成年人的生活辅导、保护管束、劳动服务等保护处分，且为了不影响未成年人将来就学或就业，保护处分执行完毕经过一

① 曾永和：《社会组织发展支持体系研究——以上海为例》，载《中共青岛市委党校、青岛行政学院学报》2011 年第 1 期。

段期间后，相关刑事记录也予以消除。为保证审前交付观护的正当性，尽管从程序上不必拘泥于普通刑事诉讼的做法，但审前交付观护的案件可以交由法院审查其适当性和公正性。

总之，涉罪未成年人社会观护体系的完善和发展必须多管齐下、整合资源、优化环境，才能标本兼治。这一切都需要极大的投入，不仅需要司法机关和相关部门尽心履职，还要积极依靠和培育社会力量，寻求更大量、更广泛的社会支持。

在社会管理创新中加强未成年人司法保护研究*

一、社会管理创新与加强未成年人司法保护的关系

改革开放30多年来,我国经济实力和综合国力显著增强,但社会建设和管理水平却相对滞后,由此形成我国当前发展机遇和社会矛盾凸显期叠加的局面,保持社会和谐稳定、长治久安面临日益严峻的挑战,对社会管理提出新的课题。

(一)社会管理创新的内涵和外延

社会管理是政府规范和协调社会组织、社会事务和社会生活的活动。[①]加强和创新社会管理是构建社会主义和谐社会的必然要求,是维护最广大人民群众根本利益的必然要求,是提高党执政能力和巩固党的执政地位的必然要求,也是维护社会稳定的必然要求。[②] 党的十八再次强调,加强和创新社会管理,总的要求是要提高社会管理科学化水平,具体要做到:(1)改进公共服务方式,依靠群众参与社会管理的作用;(2)完善服务流动人口和特殊人群管理;(3)正确处理人民内部矛盾,完善信访、调解工作体系,畅通和规范群众的利益诉求;(4)完善立体化社会治安防控体系,强化司法基本保障,依法防范和惩治违法犯罪活动。集中体现了以下四个特点。

---

* 叶国平、陆海萍、尤丽娜,上海市长宁区人民检察院。

① 可平:《推进社会管理体制的改革创新》,载《学习时报》2007年4月23日版。

② 王勇:《社会管理创新的主要原则》,载《行政管理改革》2011年第6期。

1. 改变传统观念，管理公开、透明

具体来说，就是要实现“三透一顺”：政府组织透明，即政府机关的设置体系公开，各个政府机关的职能分工明确，政府机关的办事规则与要求以及政府公务人员的职权范围透明；政府管理透明，即政府的具体行政行为活动过程及其具体结果公之于众；政府决策透明，即政府决策的方式、步骤、顺序、政府决策结果应向社会公众公开；理顺公开政府信息的具体程序，即在常态化的社会管理活动中，政府的行为和权力行使不仅可以达到一种公开透明的状态，并且当出现社会问题时，可及时疏导公众情绪，化解社会矛盾、促进社会稳定，举凡各地对群体性事件处理较好的当政者，均能做到公开透明、舆论自由，特别尊重媒体监督的权利。

2. 重视关心群众利益

加强和创新社会管理要以人民群众利益为重，着力解决好人民最关心、最直接、最现实的利益问题，始终保持党同人民群众的血肉联系，“感人心者，莫先乎情”。由于经济发展和社会发展不太协调，今后解决社会管理领域存在的问题既要长期努力，又要增强紧迫感；既要完善社会管理格局，又要创新具体工作方式；既要善于在工作中总结规律，又要在工作中普遍运用规律，不断实现好、维护好、发展好最广大人民群众的根本利益。

3. 化解激烈矛盾，促进社会和谐

当前我国社会管理领域存在的问题，是经济社会发展水平和阶段性特征的集中反映，是社会主义初级阶段主要矛盾在社会领域的反映。对当下的中国来说，最紧迫需要解决的问题，并非是政治问题，而是那些与人民群众的直接利益联系非常紧密的事情，如住房、医疗、教育、社保、土地、拆迁，只有群众表达出自己的利益诉求，政府才能有改进服务的空间。要加快构建党委领导、政府负责、社会协同、公众参与的矛盾化解新格局，按照早发现、早报告、早处置的要求，深入基层、深入群众，了解诉求，建立有效的预警和应急处置机制，确保第一时间把矛盾和问题化解到第一现场，用“对话”来代替“对抗”，用“维权”来促进“维稳”。

4. 创新社会管理

创新社会管理，说到底是在经济社会发展过程中不断发现人民的需求和期待，不断发现矛盾的问题，然后不断满足人民的需求和期待，寻找或创造方法去解决。加强和创新社会管理，是一项复杂的系统工程，更是考验我们基层工作人员的试金石，必须统筹经济发展、民生改善、社会稳定等问题稳步推进，让人民群众享受到更多亲情化管理和人性化服务，安全感、幸福感进一步提升，促进社会公平正义，维护社会和谐稳定，一起创造幸福和美家园。

（二）社会管理创新对未成年人保护提出更高、更新的要求

1. 如何对待犯了罪的未成年人

依法少捕、慎诉、尽量非监禁化是为了给涉罪未成年人回归社会创造条件。坚持依法能不捕的不捕，能不诉的不诉；必须起诉、符合判非监禁刑条件的，建议判非监禁刑。最大限度地降低涉罪未成年人的批捕率、起诉率和监禁率，最大限度保护未成年人的合法权益。以长宁区检察院为例，近五年里，每年平均办理未成年人案件近 60 件，其中受理公安机关报捕约 20 余件 50 多人，自 2010 年以来，公安机关报捕案件明显减少，取保候审后直接移送起诉大幅度上升，相对不起诉率大幅提升，尤其是 2012 年，涉罪未成年人相对不诉率已达 56.5%，同比上升了 33.44 个百分点。

第一，细化少捕、慎诉、非监禁化执法标准，即以是否有利于对涉罪未成年人教育、感化、挽救为目的，综合犯罪事实、情节和帮教条件等因素，明确工作要求。

对于涉罪未成年人进行宽缓的处理，笔者认为，有关的具体规定已经体现于最高人民检察院和市检察院明确的未成年人案件办理的相关规定里。但在办案实践中，却存在个别办案人员往往将犯罪嫌疑人是否可能适用缓刑作为判断是否有羁押必要的唯一标准，凡不可能判处三年以下有期徒刑的犯罪嫌疑人，就认为有羁押必要。因此，如何细化少捕、慎诉、少监禁的执法标准十分必要。首先，在审查报捕时，根据最高人民检察院《关于进一步加强未成年人刑事检察工作的决定》，对于涉罪未成年人要严格限

制逮捕的适用。对于罪行较轻,具备有效监护条件或者社会帮教措施,没有社会危险性或者社会危险性较小的,一律不捕;对于罪行较重,但主观恶性不大,真诚悔罪,具备有效监护条件或者社会帮教措施,并具有一定从轻、减轻情节的,一般也可不捕;对于已经逮捕的未成年犯罪嫌疑人,要加强对继续羁押的必要性审查,严格把握延长侦查羁押期限条件,只要具备监护条件,不需要继续羁押的,要及时建议变更强制措施。对于不具备有效监护条件或者社会帮教的涉罪未成年人,办案机关也应当积极创造条件。其次,在审查起诉时,通过对犯罪事实、情节、犯罪原因、犯罪后态度、一贯表现以及社会调查报告等的仔细审查,慎重考量移送法院起诉的必要性。对于犯罪情节轻微的初犯、过失犯、未遂犯、被诱骗或者被教唆实施犯罪,确有悔罪表现的,可以依法不起诉;对于必须起诉但可以从轻减轻处理的,要提出从轻减轻的量刑建议;对于可以不判处监禁刑的,要提出适用非监禁刑的建议。只有对涉及严重犯罪的未成年人,特别是对国家和社会造成重大经济损失或产生恶劣影响的,要依法惩治。但是,惩治的目的也是挽救涉罪未成年人。

第二,健全少捕、慎诉、非监禁化的办案机制。少捕、慎诉、非监禁化办案机制是一个系统工程。在具体的操作上,实现对涉罪未成年人重在挽救的目的,要从严把握未成年人羁押强制措施的适用。在诉讼程序层面,审查逮捕阶段要明确逮捕必要性的证据裁判原则和证明标准以及公安机关的证明责任,建立审查逮捕全面听取公安机关与犯罪嫌疑人及其法定代理人、律师以及被害人一方意见的制度,并强化审查逮捕说理机制;即使被逮捕之后,如没有继续羁押必要的,也应该依法及时改变强制措施;在审查起诉阶段,则要落实继续羁押必要性审查机制和变更强制措施机制,以切实降低羁押率,并推动建立附条件不起诉制度,放宽未成年人不起诉的适用条件,加强起诉前的考察帮教工作,准确行使不起诉裁量权,以切实降低起诉率;在提起公诉和出庭阶段,应提出合适的量刑建议,收集是否具备非监禁刑适用条件的证据和尽量适用非监禁刑的利弊情况。对于符合缓刑条件的未成年人,应当明确提出适用缓刑的建议,并有针对性地提出运用禁止令的建议。

第三,建立少捕、慎诉、非监禁化的配套保障:一是建立取保候审和不起诉的风险评估机制。办案人员综合考量各相关信息,对未成年犯罪嫌疑人(未成年被告人)的人身危险性、社会危害性、再犯可能性以及可矫正程度等作出评估,并形成书面的风险评估报告,以此作为是否对涉罪未成年人进行逮捕、起诉以及定罪量刑的参考依据。以长宁区人民检察院为例,自2006年以来,对于批准逮捕的涉罪未成年人,通过到看守所找其谈话、向监管民警了解其羁押期间表现和调阅查看实时监控录像等方式,综合评判其有无悔罪表现、是否有继续羁押的必要以及是否对其作出起诉决定或提出起诉的量刑意见。对取保候审的未成年犯罪嫌疑人,通过社会调查、取保候审期间考察等方式,综合评判其人身危险性,最大限度地挽救涉罪未成年人。二是建立取保候审、监视居住等社会支持机制。吸收家长、学校、社区、企业等社会力量进行取保候审和监视居住的共同监管。例如,上海市的未成年人社会观护体系,江苏省常州市、无锡市、江阴市的管护教育基地,已经积累了较为丰富的经验,且实践效果较好。三是完善对未成年人案件的相关考核指标。实践中导致未成年犯罪嫌疑人(未成年被告人)的批捕率、起诉率和监禁率比较高的一个重要原因,是对办案人员的业务考核指标不够合理。笔者认为,办理未成年人刑事案件,不应以拘留率、逮捕率、起诉率或实刑判决率作为业务考核指标。要加强与公安、看守所等部门的协作,会同公安专办人员共同学习未成年人刑事办案法律政策,特别是新刑事诉讼法特别程序中有关未成年人案件办理和诉讼程序要求,规范未成年人案件办理流程,提升办案质量。四是借助科学方法不断提升评估与控制风险的能力。在上级院的支持下,长宁区检察院自1993年以来逐步引入心理测试等方法,2012年总结了近20年“MMPI”和“16PF”心理测试量表的运用情况,积极开展调研论证,与国家重点院校合作探索开发“涉罪未成年人心理评估与风险控制系统”软件,力争提高未成年人非羁押措施风险评估的实效。

2. 如何预防未成年人犯罪

目前我们国家预防犯罪的重心,仍然侧重于已有严重不良行为、犯罪行为的孩子。针对有身份违法行为的未成年人和家庭失灵的未成年人的干预机制是有迫切需求的,但是政府和决策者似乎对此还没有足够重视。“禁止令”的规定就是忽视这种转化的一个典型例证,综观《刑法修正案(八)》及相关规定中有关禁止令的规定,没有体现未成年人身心特点的专项措施。因此,上海市长宁区“未经矫正部门批准在外过夜”的首份未成年人禁止令,对现行法律规定是有一定突破的。但正是这种突破,标志了中国少年司法成长的勇气和信心,也是我们成年一代对强加于未成年一代的所谓“成年人理性”的救赎。

身份违法,指如果换了成年人实施,不被法律处罚,但是对于未成年人而言,如果实施了这些行为,就需要政府或司法干预,这些行为包括离家出走、逃学、饮酒、不服管教、违反宵禁等。[①] 我国的立法者和整个社会也意识到未成年人身份违法与犯罪之间的紧密关系。我国于 1999 年颁布的《预防未成年人犯罪法》(2012 年修正)首次正式将“不良行为”作为一个专属于未成年人的法律术语使用。该法所规定的不良行为可以分为严重违背社会公德的一般不良行为(第 14 条)和具有严重社会危害性但尚不够刑事处罚的严重不良行为(第 34 条)两类。根据《预防未成年人犯罪法》第 14 条规定,少年的一般不良行为主要包括以下几种:

(1)旷课、夜不归宿。

(2)携带管制刀具。

(3)打架斗殴、辱骂他人。

(4)强行向他人索要财物。

(5)偷窃、故意毁坏财物。

(6)参与赌博或者变相赌博。

(7)观看、收听色情、淫秽的音像制品、读物等。

---

① 张文娟:《中美少年司法制度探索比较研究》,法律出版社 2010 年版,第 302 页。

(8)进入法律、法规规定少年不宜进入的营业性歌舞厅等场所。

(9)其他严重违背社会公德的不良行为(如吸烟、酗酒、与有犯罪习性的人交往)。

其中有三类行为是很特殊的,仅是未成年人不能实施的,类似于美国的身份违法行为:一是旷课、夜不归宿;二是观看、收听色情、淫秽的音像制品、读物;三是进入法律、法规规定未成年人不适宜进入的营业性歌舞厅等场所。

美国对有一定风险的少年的干预,即在发现有些少年有某种不良行为,如果不干预可能会犯罪,而父母或学校又缺乏这种干预能力时,由政府或司法部门予以干预的一种制度。早期干预的犯罪预防模式,在一定程度上比"亡羊补牢"后的悔恨和无奈要更具理性,更何况在中国这样一个"望子成龙""父以子贵"的小宗族式家庭模式占主导地位的国家,一个孩子的违法犯罪关系的就不仅仅是一个人,而是一个家庭,甚至是一个家族的命运。

近年来,英国涉罪未成年人数逐渐减少,英国司法机构采取减少羁押未成年人的管理模式成效显著。但 2011 年"伦敦骚乱"表明,不能忽视弱势青少年群体的声音。我国有关专家认为,从英国的经验和教训来看,在进一步完善未成年人司法工作中,宜继续推行宽严相济的刑事政策,在加强未成年人权益保护的同时,注重责任并重,提高司法系统在预防未成年人犯罪与再犯罪方面的效率。根据英国司法部门的统计,2009 ~ 2010 年度,英格兰和威尔士地区触犯法律的 10 岁至 17 岁的未成年人数为 24 万人,占地区犯罪总人数的 17%,在 10 岁以上人口中的比例为 11%。针对未成年人违法或"反社会"行为,英国司法机构采取尽量减少羁押的指导方针,按照违法行为的严重程度以及违法次数设置一系列轻重不一的惩戒项目,以防范未成年人采取进一步的不法行为而沦为"囚犯",引导他们走上正确的人生道路。英国曾做过调查,每当一名少年犯被判刑,社会必须每年为他付出 2500 英镑,因此预防犯罪比打击犯罪更有价值。当未成年人在英国犯有轻微不法行为时,通常首先会受到警方训诫,被警察局记录在案;如果这名未成年人再度违法,则会受到最后警告;如果该未成年人第三次犯法,那就要进入司法程序,交由法庭处理。进入司法程序后,法庭视情况可对有关未成年人作出如下判决:罚款、有条件释放、转移令、赔偿令、青少年矫正令。如果这些方法都不见效,那么法院将拿出最后的"撒手锏"——"羁押"。①

3. 如何维护未成年人的民事权益

未成年人的生理、心理发育都不成熟,世界观、价值观、人生观均未形成,辨别是非和自我保护的能力都不强,未成年人在合法权益受到不法侵害时,往往意识不到,甚至错误地认为本来就该如此。这些特点都决定了他们需要由专门的人员给予特殊保护。司法实践中存在不少由于监护人不履行监护职责,甚至监护人侵害未成年人权益的情形,因为未成年人本身没有民事诉讼行为能力,而法院根据不告不理原则,不能主动审理,致使未成年人的合法权益无法得到司法救济。

以长宁区为例,我们通过对长宁区人民法院少年综合庭2007~2011年受理的涉少民事案件进行分析,发现这五年来的涉少民事案件体现出以下三个特点:

(1)涉少民事案件矛盾容易激化。据统计,涉及孩子抚养问题的变更抚养关系纠纷、抚养费纠纷、探望权纠纷、同居关系子女抚养纠纷案件占案件总数的80%以上,由于父母双方或是仍然存在感情纠葛,或是就孩子抚养问题存在严重分歧,往往无法冷静理智地参与诉讼,一些攻击性的语言和行为难免成为矛盾激化的导火索。

(2)涉及非婚生子女权益保护的案件上升趋势明显。2011年少年综合庭受理该类案件12件,与2010年相比在数量上增加了5倍。此类案件由于父母双方性观念较为开放和随意,感情基础也较为薄弱,基本上都是"同居后""婚外恋""一夜情"的产物,导致当事人双方就亲子关系的认定、

---

① 张越男、涂铭:《"伦敦骚乱"事件对我预防未成年人犯罪的启示》,载《内参选编》2012年第22期。

抚养费的支付等都存在较大的争议。

(3)监护权缺失的未成年人案件无法通过诉讼解决。据了解,长宁区近3年来每年有一至二例因父母不能、不愿或怠于履行监护职责,而致使未成年人的民事权益受到侵犯甚至流离失所。长宁区人民检察院与人民法院少年综合庭以及民政、青保、街道、居委、学校等就此类纠纷的诉讼程序进行过研讨,但少年综合庭碍于现行相关法律规定不具体等原因,尚不能立案。

通过案件分析,我们发现法院少年综合庭处理的涉少民事案件中调解撤诉占了较大部分,其中有部分案件不出具法律文书,而进入判决程序的仅占30%。虽然绝大多数案件做到案结事了,但也确实存在些问题。

(三)现今未成年人权益保护的现状

1.一系列不利于未成年人成长的情况被忽视

(1)留守儿童。

根据2011年新华网报道的数据显示,到2010年年底,我国留守儿童的数量已经超过5800万人。对农村留守儿童权益的保护与一般的儿童权益保护相比更具有特殊性:第一,农村留守儿童与其父母分离,这就不可避免地导致农村留守儿童的权益更容易遭到侵犯,并且遭到侵犯后很难及时得到有效的保护。第二,农村的社会保障制度较城市来说并不完备,留守儿童享受的各种福利待遇使其在客观条件下很难得到保护。第三,农村本身在医疗卫生、文化教育等方面就存在先天不足,这对于留守儿童来说更是雪上加霜。

犯罪现象较为严重。农村留守儿童因缺乏适当的引导和教育容易变成"问题孩子",甚至走上犯罪道路。据统计,福建省留守儿童在青少年犯罪中比例已高达20%。[①] 河南省检察院对全省2005~2007年三年间所批捕、起诉的农村留守儿童犯罪情况进行了统计分析:2005年443件,2006年

---

① 何春中:《福建省青少年犯罪20%是留守孩子所为》,载《中国青年报》2006年7月12日第3版。

475件,2007年460件,分别占当年未成年犯罪批捕数的7.03%、7.21%和6.45%。[①] 安徽省肥东县检察机关在2005年1~8月共批捕犯罪嫌疑人233人,其中不满18周岁的未成年人27人,10人属农村留守儿童,占未成年人犯罪的37%。[②] 而且,据南京市检察院、市法院的调查表明,留守儿童犯罪案件数量逐年上升。2005年与2004年相比,留守儿童犯罪案件占整个刑事案件的6%;2006年与2005年同期相比,则上升到了10%。[③]

容易受到外界侵害。因祖(外祖)父母照料不力,加之农村留守儿童自理能力较差,缺乏自我安全保护意识和能力,为犯罪分子提供了可趁之机。因此,农村留守儿童,尤其是留守女童极易成为犯罪分子的侵害目标。据全国妇联2007年留守儿童课题研究报告显示,被拐卖儿童中,流动儿童居第一位,留守儿童居第二位。[④] 另据《河南日报》报道,该省淅川县人民检察院2005年以来所办理的62起强奸、猥亵儿童案件中,针对留守女童的性侵犯案件共21起。[⑤] 此外,重庆市政协于2008年12月的一份社情民意调查也反映出农村留守儿童受侵害的严重程度。该调查以某区县为例,仅2008年以来,人民法院共办理对农村留守儿童实施犯罪案件15件33人。其中强奸(包括奸淫幼女)12件13人,受害留守女童15人,猥亵女童2件2人。[⑥]

健康成长受到影响。农村留守儿童正处于发育成长阶段,家庭对其健康成长有着十分重要的意义和影响。因父母常年不在身边,缺乏亲情关爱和规范教育,他们往往会对家庭其他成员和周围的人缺乏信任,在心理上

---

① 裴小梅:《"留守儿童"犯罪的社会干预——"留守儿童"犯罪引发的思考》,载《河南师范大学学报(哲学社会科学版)》2008年第2期。

② 黄勇:《安徽教育界部分政协委员呼吁:尽快成立"留守儿童"专管机构》,载《中国青年报》2006年1月28日第4版。

③ 殷学兵、帅勇:《"留守儿童"问题凸现犯罪案件上升》,载《南京日报》2006年10月15日第2版。

④ 陈丽平:《农村留守儿童达5800万新数字新问题催生新建议》,载《法制日报》2008年4月20日第2版。

⑤ 苏国俊、王玉信:《河南淅川1年发生62起幼女强奸案1/3是留守女孩》,载《河南日报》2007年3月23日第2版。

⑥ 李伟:《留守女童性侵害严重》,载《重庆晚报》2008年12月15日第6版。

产生了不应有的不适应感和不安全感，不愿与外界接触。长此以往，留守儿童就会变得十分内向，并容易产生自卑、孤僻、抑郁等不良心理，造成任性、固执、暴躁等性格缺陷，以致影响学习而出现成绩下降，乃至厌学、逃学或辍学等不良现象。更有甚者，影响其正确的人生观和价值观的形成，致使他们很难成长为高素质的社会公民，进而可能无法适应未来日新月异的变革时代，在未来的社会中因难以找到属于自己的位置和适合自己发展的空间而最终被社会所淘汰。这极可能导致其在成年后对社会产生逆反心理，从而产生怨恨报复社会的极端行为，为整个社会带来不安定因素。[①]

(2)“民工二代”。

随着1978年中国结束“文革”，走上改革开放之路，大量农村富余劳动力向城市转移。其中有些人进入城市时把孩子留在了农村，这就是“留守儿童”，而另一些人把孩子也带到了城市，这些孩子就成了“城市新移民”第二代。作为历史遗留问题的户籍制度在中国依旧存在，即以国家权力对其所辖范围内的户口进行调查、登记、申报，并按一定的原则进行立户、分类、划等和编制。从总体上看，户籍制度仍保留有大量传统的统治色彩。如户籍带有深深的身份烙印，城市户口和农村户口之间存在等级差异性，享受的待遇明显不同；户籍被打上世袭的烙印，农村居民的子弟除考学等少数途径外，绝大部分都承袭父母的农村户籍。这就意味着这些随同父母来到城市的孩子无法和有城市户籍的儿童享受同样的教育资源和机会，而这个群体的人数是不可忽略的。

上海市青浦区人民检察院未检科梳理了2009年至2011年3年间的办案数据，走访调研教育、公安、综治等相关部门，分析归纳近3年青浦地区随迁子女的犯罪情况。2009年至2011年间，青浦区人民检察院共计受理未成年人犯罪案件253件，涉罪未成年人343人。其中，来沪涉罪未成年人293人，占涉罪未成年人总数的85.4%；来沪未成年人中208人系随迁子

① 卢文捷、李林凤：《我国农村留守儿童权益保护探讨》，载《十堰职业技术学院学报》2011年第1期。

女,占来沪未成年人的71%。由于文化程度低、法制观念淡薄、生存技能差等原因,随迁子女的涉嫌罪名较为集中,在近3年来涉罪随迁子女的208人中,有盗窃84人、抢劫54人、寻衅滋事22人、聚众斗殴20人。近年来,随迁子女犯罪以团伙作案形式居多,共同犯罪比例较高。在团伙犯罪中,有许多嫌疑人是曾经就读于民工子弟学校的随迁子女。2009~2011年间,有记录可查的就读于本地学校的随迁子女有70人,其中民办学校29人、职技校28人、公办初高中13人,民办学校的教育管理亟须加强。

这些不愿意重复自己父辈人生轨迹的孩子们,城市能不能给他们舞台,他们的梦想会不会碰壁,当他们遇到挫折的时候,如何自我调整,如何面对很快就要到来的青春期的冲动和焦虑?在马加爵案中——一个淳朴勤奋的农村孩子,在大学里因为受到同学的歧视而犯罪。虽然是一个个案,但更应引起人们的警醒,长期的被歧视感、被边缘化的挫折感,也许会以让人痛心的方式爆发。美国社会学家帕克曾指出边缘化群体的特点:"他们寄托在两个不同的群体当中,但又不完全属于任何一方,他们的自我概念是矛盾的,不协调的。其生存状态呈现出既有希望也有失望,既继续选择又别无选择,既要为适应新环境而进行冒险,又要为承受传统而付出忍耐,痛苦与憧憬并存,颓废与发奋共在。"①

(3)流浪儿童。

流浪儿童的"儿童"和"流浪"(无人监护)的特点,使其无法进行自我的微观保护,更缺少家庭、学校等中层的监管保护,无法有效适用正常儿童的权利保护的法律,他们是社会中最为弱势的群体,必须由国家进行特殊的立法保护。但是,目前对我国流浪儿童权利的立法保护是明显不足的,甚至可以说是缺失的。随着国家政府对个体流动自由和市场竞争的松绑,一些本该坚持和发展的社会保障义务措施并没有跟上。在社会经济生活中失势的最底层者,没有享受到足够的制度化救济。这里有一个背景是,目前农村地区已经免除了农业税,在免税之前,这些地区甚至还通过税收

---

① 郭宇宽:《野蛮生长的"农二代"》,载《经济观察报》2010年6月24日版。

形式与国家的政府部门保持着某种关系，但一旦这种税收被取消，既有的社会保障未能很好地兑现，客观上他们甚至还失去了最后得到关注的机会。特别是在一些偏远、资源缺乏的地区，几乎被完全遗忘在主流社会关注之外，可以从以下三个方面看出：①

第一，流浪儿童的生存权、参与权、发展权、受保护权等权益的专门保护立法缺失或缺位。表现在法律制度上，就是有关流浪儿童权益保障的专门立法缺失。具体表现为：①缺少有关流浪儿童权益保障的专门性立法。我国有关流浪儿童的立法大多是以对流浪儿童管理为出发点和归宿的，很多时候只将流动儿童视为法律保护的客体，而忽视了流浪儿童独立存在的主体价值。因为在传统观念中，儿童往往是被保护的对象，很少谈及权利，更谈不上对流浪儿童的权利保护，因而在立法技术方面，很少有专门针对流浪儿童权利保护的立法。流浪儿童权利的保护主要散见于一些政府的政策、文件之中，比较笼统。②立法层次过低，内容单一，可操作性不强。我国现行有关流动儿童的立法大多为一些低层次政府部门的规章、决定、意见等，如保障流浪儿童教育权实现的《流动儿童少年就学暂行办法》就是一个部门规章。在内容上则多集中在流动儿童受教育权方面，缺乏对流动儿童其他权利的关注。即便是有关于流浪儿童权利的条款，但都是以意识形态的宣扬为主，缺少流浪儿童权利保护的具体规定，可操作性不强，这就使得流浪儿童权利保护很难落到实处。③缺少有关保障流浪儿童权利实现的社会保障制度。受传统的"对儿童的照顾是家庭的责任"观念影响，我国现行社会保障制度缺少对儿童社会保障的有关规定，更没有流浪儿童权利实现的社会保障制度，而这些儿童由于自身、家庭、环境等条件的限制，他们权利的实现更需要社会为其提供可靠保障。立法的缺失将流浪儿童排除在社会保障之外，流浪儿童权利得不到保护。贵州省毕节市发生的5名流浪男孩垃圾箱中取暖致死事件，引起了第十一届全国人民代笔大会代

---

① 李超、毕荣博：《从未成年人保护看国家监护制度的构建》，载《青少年犯罪问题》2004年第4期。

表、民盟浙江省委副主任卢亦愚的关注,11 月 22 日卢亦愚接受《检察日报》专访时呼吁早日出台"儿童福利法",对不尽责的监护人依法剥夺其监护权。①

第二,监护责任履行、监督机制不完善监护责任履行、监督机制、责任机制的不足,也是影响流浪儿童社会问题有效解决的重要方面。我国现行立法对监护监督内容只作了简要的规定,既不完备也缺乏一定的合理性。例如,《未成年人保护法》并未明确规定父母及其他监护人的职责,也未提出要建立什么样的制度来保障和监督监护人履行职责,更未涉及应该怎样惩戒不履行监护责任的监护人。另外,《民法通则》第 16 条规定,被监护人父母所在的单位和所在的村(居)民委员会既可以担任监护人又可以与人民法院同时履行监护监督职责。从规定中我们明显看出,我国的监护执行主体和监护监督机关发生重合,难免会出现"自己对自己行为监督"的现象,这样的监督机制很难落到实处。同时,让法院充当监护的监督主体不具有合理性,因为我国法院对民事案件采取的是"不告不理原则",将监护监督放置于司法消极干预之中,显然不具有合理性。修改后的《未成年人保护法》对监护监督作了相应的补充,第 62 条规定:"监护人所在单位或基层群众性自治组织和公安机关可以对监护人的违法行为予以劝诫、制止和行政处罚。"但以上规定未将监督职能具体到各部门,监督机构如何行使监督权也没有实质性的规定,仍未改变缺乏专门监护监督机关的现状。监督制度的不完善,导致实践中监护人滥用监护权和怠于行使监护权的现象时有发生,进而导致儿童外出流浪,流浪儿童重复流浪现象严重。云南省家馨社区儿童救助服务中心助理主任龙丽辉告诉我们,"从 2004 年至今,中心共对 1300 多名流浪儿童进行过不同方式的救助,其中 90% 的流浪儿童有家庭,但是普遍存在家庭问题,孤儿在外流浪的特别少。"②

第三,民事监护制度对流浪儿童权益有效保护上的局限。从监护制度

---

① 郑赫南:《对不履行监护职责的父母,要剥夺其监护权》,载《检察日报》2012 年 11 月 26 日第 5 版。

② 吉哲鹏:《流浪儿童更需要心的"回归"》,载《新华每日电讯》2012 年 12 月 10 日版。

角度完善解决流浪儿童社会问题需要考虑的另一个重要问题，是民事监护制度对流浪儿童权益有效保护上的局限。从理论上讲，如果流浪儿童的权利保护能够在私法体系中得到完美的实现，那么国家就应该扮演“支持者”而非“替代者”的角色。但是，现实中纯粹的以民事监护制度为中心的私法途径并不能解决好流浪儿童的权利保护问题，流浪儿童监护公法化是法律发展的趋势。我国现有的监护制度以家庭监护为中心，而事实上我国当前大量存在监护人缺位和监护人没有尽到监护职责的情况，甚至出现了监护人严重侵害被监护人合法权益的情况。学者们普遍认为，造成儿童流浪的原因主要就是由于家庭对儿童的监护缺失，而国家又没有及时给予有效的监护救济所致。家庭监护缺失，一方面，表现为监护义务主体的缺失，包括因家庭破裂、父母离异、双方都不肯抚养子女，或者父母一方或双方犯罪被判刑无人抚养等情况，也包括由于残疾、被父母遗弃或被拐卖后逃出、无家可归等非正常因素；另一方面，表现为监护内容缺失和偏差，包括监护人不能正确履行监护职责、没有尽到监护职责和监护人严重侵犯儿童的人身权和财产权等情况，如受父母或其他监护人的虐待或漠视，导致儿童离家流浪。[①] 法院处理与儿童监管相关的问题时，必须考虑所涉及民事法律的有效性。例如，剥夺或转移监护权是杜绝家庭暴力和虐待、阻止儿童走上街头流浪的方法之一。但是，这种处理方法很可能会被滥用，如果儿童的父母或者监护人想逃避责任却刚好知道这个制度，那么他们可能会制造一些错误的信息和证据误导法院剥夺他们的监护权之后便可以逃避责任。这种情况一旦出现，民事监护权制度也会受到巨大的挑战。由此，在转移监护权时，我们必须严格规定父母或者监护人所应该承担的责任，如果他们不遵守就必须承担相应的民事甚至刑事责任。但是，如果儿童已经流浪而无法找到，这些责任的追究就会因无法取证而无法实际进行。因此，民事法律在流浪儿童的监护权问题上，或者说在整个流浪儿童的法律问题上，常常只是作为一个可供选择的策略而已。法院或者执法机构还必须正确

---

① 钟钢、李小玲:《流浪儿童之法律保护》，载《公民与法》2011 年第 3 期。

鉴别不同的情形。总之,在处理流浪儿童问题上,民事法律所发挥的作用是比较有限的。特别是艾滋家庭、吸毒家庭、恶性犯罪家庭等存在严重有害于儿童的家庭监护的情形,国家公权力就应该积极介入和干预,对未成年人包括流浪儿童的合法权益予以必要救济。但我国民事法律体系是缺乏国家公权力主动介入和干预的制度设计的。

由于长期处于社会的边缘和底层,生存能力的低下和可支配资源的匮乏,“底层竞争”之激烈可想而知。徘徊在求生线上,所谓道德和法律意识,自然也退到了社会平均之下。这里有的不只是贫穷,从这里几乎可以看见社会阴暗面的所有雏形。统计表明,有46%的流浪儿童曾被教唆犯罪,其中80%有盗窃、抢夺等违法行为,45%的儿童常年以违法行为为生。[①] 因此,流浪儿童其实最需要心的“回归”。

(4)雇用童工问题。

2012年12月10日,有网友发帖称,洛阳市一名11岁的童工,被一家馒头店的老板殴打,“肋骨被打断,伤及内脏”,“送往医院后,抢救无效死亡”。随后,有网友制作视频讲述该事,被大量转载。洛阳市公安局目前证实,该店铺老板已经被刑事拘留,具体的细节正在求证。[②]

文明社会,“谁都不是一座孤岛,任何人的死亡都使我受到损失”,尤其是作为祖国的花朵、民族的未来,每一位儿童的受伤乃至死亡,总能令整个社会陷于难以名状的悲痛情绪之中。但即便如此,“未曾绽放便枯萎”的悲剧仍不时在你我身边上演,甚至成为一些儿童难以逃避的宿命:先是贵州毕节5名流浪儿童“闷死”垃圾箱,现在又发生11岁童工惨死老板手下,若再算上那些遭虐待、被砍伤的幼童、学生,这个社会寒冷得令人内心颤抖。

每每发生此类悲剧,媒体上、网络中,公众除了留言、哀悼祈祷,便是铺天盖地的批评、反思。从反思家庭到批评社会再到指责政府,从呼吁制定“虐童罪”到要求完善流浪儿童救济制度,各种反思不可谓不深刻,各式“药

① 朱昌俊:《“流浪比留守强”的社会之痛》,载《新华每日电讯》2012年12月7日第3版。

② 载《新京报》2012年12月18日版。

方”不能说不全面。就拿此次“馒头店老板打死11岁童工”的悲剧来说，紧跟新闻报道脚步的同样是一连串的质疑与思考：这名儿童的监护人在哪里，为何要将未成年的子女交付给如此歹毒的老板？这样明目张胆地使用童工，为何当地的劳动监察部门没有发现制止？眼见童工挨打、受冻、睡三轮车，为何没有人上前阻止、打电话报警？然而，事后当我们再度回望这些悲剧，却总是悲哀地发现，那一声声的控诉、一个个拷问最终大多未能走出报端与屏幕，尽皆沦为空谈；不仅无法慰藉那些已然消失的幼小生命，对于生者亦常常力不从心。围观者照样冷漠，政府官员依旧不作为，甚至连坏事当好事报的“作风”也一点没变。例如，在发生严重砍童案的河南光山，当地政府一面禁止教师接受采访，一面却又在赶写英雄人物稿件——这种根深蒂固的对生命的轻视、对他者的冷漠，令多少人的心头涌上言说的无力感。相比八股式地“反思”悲剧的成因、根源，“探讨”解决方案，真正应该反思的是如何将这些“反思”落脚到实干层面？只有解决了这个问题，“冬天来了，春天还会远吗”才不会只是一句诗歌，童工的悲剧才能真正画上句号。河南禹州市人民检察院的正义之举给我们指出了一种解决途径：该院在审查案件中发现一未成年犯罪嫌疑人小靖在酒吧打杂，不仅严重影响了睡眠，还被拖欠工资，变得郁郁寡欢，在和同事的一次纠纷中被打成轻伤。该院敏锐地发现了该酒吧非法雇用童工严重危害了未成年人的身心健康，便向该市政府提出三项检察建议，即建议市政府组织相关执法部门，对消费娱乐场所使用童工现象开展一次专项检查；建议对消费娱乐场所经营者开展专题法制教育；建议由政府法制办公室牵头，进一步完善联合监管的长效机制。检察建议得到了市委市政府的高度重视，5月24日该市公安局、人社局联合对消费娱乐场所违法使用童工情况开展拉网式专项检查，共发出整改通知26份，行政处罚12人次。[①]

2. 城市化进程中未成年人犯罪形势不容乐观

近五年来，全国检察机关平均每年批准逮捕未成年犯罪嫌疑人71,000

---

① 罗向阳、闵丽娜：《酒吧再用童工，查！》，载《检察日报》2012年12月8日版。

多人，提起公诉85,000多人，犯罪总量仍在高位徘徊。[①] 特别是随着城镇化、工业化、信息化推进，流动、闲散和留守未成年人犯罪、未成年人涉网犯罪问题日益突出，未成年人犯罪组织化程度增强，犯罪低龄化和作案手段成人化、暴力化倾向明显，恶性极端案件时有发生，给社会和谐稳定带来了消极影响。这些未成年人大多是独生子女，一人犯罪，几代人、多个家庭为之纠结。这些犯罪的未成年人进入刑事诉讼程序，直接影响到几十万个家庭的幸福安宁。家庭是社会的细胞，家庭不幸福安宁，社会也难以和谐幸福安宁。因此，未成年人犯罪是影响社会和谐稳定的源头性、基础性问题之一。

以上海为例，上海未成年人犯罪的特点呈现以下情况：

(1)来沪未成年人的比重较高且呈上升态势。2007年至2011年，本市检察院未检部门审查起诉的涉罪未成年人中，来沪未成年人比重分别为74.2%、76%、75.8%、82%和81.7%，在嘉定、青浦、松江、奉贤等郊区，这一比重已超过95%。涉罪来沪未成年人具有以下特点：一是文化程度低，初中未毕业的占到95%；二是缺乏谋生技能，盲目来沪，无监护人、无固定住所、无经济来源的“三无”涉罪未成年人比例达到70%以上；三是多以同乡关系为纽带，团伙、流窜作案较为普遍。

(2)犯罪手段呈现成人化、暴力化和智能化倾向。近年来，未成年人犯罪中出现了以成人化手段实施的票据诈骗、非法经营、侵犯知识产权等经济犯罪和组织卖淫、开设赌场等有组织犯罪，而且部分涉罪未成年人已成为共同犯罪中的主犯、犯罪团伙中的骨干甚至是组织者；未成年人实施故意伤害、寻衅滋事、聚众斗殴、抢劫等暴力犯罪时，手段已由以往的口头威胁、拳脚相加发展到持棍棒、刀具甚至持枪作案，往往造成严重伤亡后果，如静安区人民检察院办理的“江宁路自助银行抢劫案”中，15周岁的行为人见被害人取款后，立即持刀捅刺被害人10余刀，致其死亡；未成年人利

① 参见最高人民检察院副检察长朱孝清在“全国检察机关未成人刑事检察工作会议”(2012年5月23日)上的讲话。

用互联网犯罪的案件频发，犯罪的智能化程度提高。例如，徐汇区人民检察院办理的一起窃取信用卡信息案中，未成年犯罪嫌疑人利用黑客技术，通过互联网破解某日本购物网站漏洞，窃取该网站客户的6000余张信用卡信息。

(3)共同犯罪居多，互联网成为重要犯罪工具。2007年至2011年，本市检察院未检部门审查起诉的涉罪未成年人中，有73.7%的案件是采用共同犯罪的方式，而且主要是与成年人结伙，未成年人与成年人共同犯罪的比例占共同犯罪总量的70%左右。互联网聊天工具、网络群组等已成为未成年人与共犯进行犯意沟通的重要途径。例如，原卢湾区院在办理一起寻衅滋事案中，深挖出一个网上结社勾连、网下共同犯罪的未成年人互联网社团“尊龙名社”，该社团下设7个分堂，在网上发帖引诱未成年人加入该社团，注册者达169人。经查证，该社团成员多次结伙在市中心区域实施抢劫、敲诈勒索、寻衅滋事等9起犯罪。

(4)侵犯财产权和妨碍社会管理是主要犯罪类型。2007年至2011年，检察机关审查起诉的涉罪未成年人中，涉嫌罪名的前五位分别是，盗窃罪(占34.8%)、抢劫罪(占31.4%)、寻衅滋事罪(占10.7%)、聚众斗殴罪(5.3%)和故意伤害罪(4.9%)。仅盗窃和抢劫两种侵财类犯罪就占未成年人犯罪总量的66.2%，贪财是未成年人最主要的犯罪动机。此外，寻衅滋事、聚众斗殴等妨碍社会管理秩序犯罪占未成年人犯罪总量的16%。此类犯罪与未成年人的活动场所有关，大多发生在校园周边以及网吧、酒吧、舞厅等娱乐场所，严重影响公共场所的社会秩序。

对今后一个时期上海未成年人犯罪形势预判：

一是未成年人犯罪总量将稳中有升。近年来，未成年人犯罪下降与14～18周岁未成年人人口基数的自然下降有一定关系，随着下一波生育高峰的到来和来沪未成年人的大量导入，14～18周岁年龄段的人口基数将上升，未成年人犯罪数量会有所反弹。

二是来沪未成年人犯罪将依然突出。上海作为外来人口导入型城市，来沪未成年人的数量和比重仍将上升，而这一特殊群体普遍存在文化素质不高、谋生技能缺乏、归属感不足、易受外界不良环境影响等易导致违法犯罪的因素,故仍将是上海地区未成年人犯罪的主要群体。

三是未成年人犯罪手段成人化和智能化倾向将进一步强化。未成年人身心特点和经济条件决定了未成年人犯罪仍将以侵犯财产权犯罪和妨碍社会管理秩序罪为主,但随着未成年人生长发育提前、影视大片和网络媒体对未成年人的负面影响以及高科技产品的普及,未成年人采用成人化、智能化犯罪手段的可能性在加大。

3. 社会对未成年人社会权益保护的途径捉襟见肘

2012 年 12 月,长宁区人民法院少年庭开庭审理了一起牵涉 11 个未成年人的盗窃案件,这 11 人于 2012 年 7 月暑假期间,结名为“龙兴社”,以本市一家黑网吧为据点,多次实施助动车、电瓶车盗窃犯罪,所得赃款数千元。这 11 人平均年龄 16 岁,犯罪原因多为父母忙碌、家庭失和。[①] 更有甚者,“不懂事的孩子们购买仿真枪玩,钱都是跟家长要的,家长也都知道孩子要去买仿真枪枪是违禁品,国家历来严格管制,家长还给孩子钱去买枪,实在不可思议”。[②] 以上案例都体现了现在未成年人社会权益保护方面的一大重要难点:家长监护不力怎么办的问题。其实我们不难发现,社会对未成年人权益保护的途径缺失体现在很多方面,以下结合近期发生的一些真实事件,选取几个典型的角度分析:

(1)校园安全问题。

2012 年 12 月 14 日 7 点多,河南省光山县文殊乡邹鹏村完全小学发生惨案:36 岁的文殊乡邹鹏村村民闵应军手持菜刀冲入校园,冲进教学楼,从一楼砍到三楼,砍伤 22 名学生,1 名老人命在旦夕。这一事件发生后光山县当地封锁消息,官方集体失声,甚至有当地干部在办私事、玩游戏,称“探讨没意义”。据记者调查,光山县“12·14”校园惨案已经是当地一年多来的第三起校园学生伤亡事件。2011 年,光山县 17 岁、父母外出打工的高二

---

① 王夏迎、钱晓峰:《11 人少年盗窃团伙落网平均年龄 16 岁,犯罪原因多为父母忙碌家庭失和》,载《长宁时报》2012 年 12 月 11 日第 5 版。

② 翟兰云:《孩子买枪,家长给钱不阻止》,载《检察日报》2012 年 12 月 13 日第 4 版。

学生刘鹏在学校被同学捅死，光山县18岁的高三学生程前被刺死在学校门口，正对面就是光山县教体局。[①] 透过媒体碎片化的报道，一个事实却也渐渐清晰：光山悲剧，是留守儿童之殇、失衡发展之痛。城乡隔离、村庄空心，老人失养、儿童失护，这绝不是健康的现代化、城镇化。孩子的伤口警示我们：美丽中国，应为这块上的所有人群存续梦想和希望。根据新华微评显示：全国中小学每年非正常死亡人数达到16,000多，意味着每天有一个班级消失。这些悲剧的发生，除了社会治安、安全防护和教育问题，我们还应该看到背后的深层次社会原因，如人性关怀的不够和道德底线缺失，不要再选择忽略。[②]

反思校园伤害案件的原因，既需要有"内归因"：犯罪者的人格、动机、情绪等；也需要有"外归因"，即社会背景。河南的伤害案件中，为何300多个孩子生活其中的校园无人看守？为何有社会危害的疑似精神病人能"经常出去乱跑"？而当地拒绝采访、封锁消息等回应方式，都折射出恶性事件背后的必然。在社交媒体中，许多人在据此指责地方政府"冷应对""封锁消息"的同时，也批评中国媒体对国内的这起事件不够重视甚至是有意回避。如果每次类似事件发生后，公众的态度都仅仅停留在对媒体或政府进行指责的层面，对避免悲剧再次发生恐怕远远不够。而媒体如果只停留在报道惨案本身，不对暴力事件背后的深层问题进行揭露和挖掘，对促进社会改善的作用也会非常有限，将不断受到公众的质疑。

显然，不断发展的社会制造了很多社会问题，从而使社会中的精神疾病患者大为增加。据2009年美国研究人员菲利普斯和同事在医学期刊《柳叶刀》上发表的一篇论文显示，中国有1.73亿人（约占总人口的17%）患有心理疾病，其中只有5%的人咨询过心理健康专业人士。他们在对中国四个省份的6.3万人进行调查得出这样的结论。另据美国国家心理健康研究院的数据显示，美国每年有5570万成年人（约占总数的26%）被诊

---

① 《当地封锁消息，干部办私事玩游戏》，载《时代报》2012年12月7日第4版。

② 李菲的新华微评，转引自姚建龙的新浪微博，访问时间：2012年12月18日。

断出患有心理疾病。可以说,不论中国还是美国,心理疾病已经成为威胁社会安全的重大隐患。

中国已经进入社会问题多发期,贫富差距、社会不公、生活压力、环境污染、信任关系削弱、虚拟生活增多导致现实交往减少等许多社会问题正不断给人增添更多的思想困惑与精神负担。对暴力事件,有心理专家指出该类事件可能引发"模仿效应"。12 月 16 日,姚建龙教授就在他的新浪微博中大声疾呼:"12 月 14 日中、美同时发生两起恶性校园屠童事件,分别伤、死二十余儿童,其惨烈程度令人愕然,而我最担心的是此类校园屠童事件曾在 2010 年显示了令人恐怖的'触发'后'传染'效应,从福建南平至少连发数十起校园屠童事件。故紧急呼吁中小学幼儿园、警方、家长等近期务必高度警惕,媒体勿渲染屠童细节。"①社会成员、家庭、学校、媒体、企业和政府都在这个社会系统中对该类事件的发生承担着一定的责任,只有多方协同努力,才有可能取得成效,从而减少暴力事件的发生。江苏泗洪县教育局的做法也不失为一种良策:泗洪县教育局在该县教育系统开展了"关爱儿童,共建和谐社会"的专项治理活动,组织专人对全县 23 个乡镇的幼儿园进行了摸底排查,通过明察暗访,对八家没有取得资质的非法幼儿园依法取缔,此外还通过法制讲座、法律知识竞赛等活动,为幼儿教师和学生家长作普法宣传。②

(2)未成年人性侵犯问题。

对性侵害严重程度的说明一般使用发生率这个指标,发生率(incidence)是指每年出现的新个案的数量,由官方报告得出。官方统计数据来源于三个方面:社会服务机构的报告;儿童保护工作者的调查;通过司法程序起诉的案件。大多数情况下,从官方机构得到的数据被认为只是冰山一角,特别是在我国,由于受传统文化的影响,性在人们心目中充满着神秘感和隐蔽性。目前对于儿童性侵害的研究,大多数学者采用定量研究的问卷收集

---

① 摘自姚建龙新浪微博,访问时间:2012 年 12 月 17 日。

② 解宝虎、卢志坚:《8 所非法幼儿园被取缔》,载《检察日报》2012 年 12 月 10 日版。

的方式进行调查分析，其主要的研究对象是在校的大学生、大专生或中专生，以调查他们遭受性侵害的经历为研究内容。孙言平、段亚平等学者对606名成年男性儿童期性虐待发生情况调查显示，侵害者中亲戚占4.5%、师生占14.6%、邻居占21.3%、同乡占46.1%。[①] 李长山、段亚平、孙言平等对701名成年女性儿童期性虐待发生情况的调查显示侵害者中熟人占47%，其中亲戚占21.3%。[②] 李成齐的研究表明侵害者中熟悉的人占62.1%。[③] 从收集的资料中可总结出，犯罪人相当多是儿童被害人的家庭成员、老师或所熟悉的人。在这种情况下，犯罪人非常容易接近被害人，再凭借其体力上的优势和对被害人的特殊身份或地位，使得对儿童被害人的侵害容易得手。可以说，我们要十分准确地评价儿童性侵害的发生率相当困难，但是一些基本的问题已经很清楚，不会受到后续研究的质疑：第一，性侵害发生于相当一部分儿童身上；第二，在每个已经进行过研究的地区，普通群体中受过性侵害的人群数量比预想的大；第三，女性受性侵害的可能性高于男性，但男性也容易受到伤害；第四，以当局已知案例为基础的估计值不能涵盖受害的全部范围。[④]

（3）未成年人家庭暴力。

2011年3月11日上午9时左右，广州番禺某小区一栋楼的301房传出打骂声及孩子的哭叫声。11时左右，警察赶到现场，发现房门反锁，屋主邓某的妻子拿着钥匙也打不开门，警察只好破门而入。进到房内后，大家发现一名小男孩躺在血泊中，一动不动，送医院后证实死亡。而孩子的父亲邓某则挥刀自残。尸检结果显示，小男孩是被父亲活活打死的。儿童享有生命权，儿童的生存权、发展权、受保护权等受国家的特殊、优先保护。

---

① 孙言平等：《606名成年男性儿童期性虐待发生情况调查》，载《中国行为医学科学》2004年第13卷。

② 李长山等：《701名成年女生儿童期性虐待发生情况及危险因素分析》，载《中国性科学》2004年第13卷。

③ 李成齐：《大学生儿童期遭受性侵害的回顾性调查研究》，载《中国特殊教育》2008年第4期。

④ ［美］David Finkelhor：《美国儿童性虐待的减少：我们可以从中学到什么?》，石泽锋译，载《中国性科学》2008年第17卷。转引自陆士桢、李玲：《儿童权益保护：家庭性侵害研究综述》，载《广西青年干部学院学报》2009年第23卷。

家庭暴力绝不是家庭的私事，针对儿童的暴力是严重的违法犯罪行为，应受到舆论的谴责和法律的严惩。对于侵害儿童合法权益的违法犯罪行为，任何人都有权劝阻、制止或者向有关部门举报。

我国《宪法》规定：儿童受国家的保护，禁止虐待儿童。《未成年人保护法》规定：禁止对未成年人实施家庭暴力；对未成年人提供家庭保护、学校保护、社会保护和司法保护。此外，婚姻法、治安管理处罚法、刑法等法律也都有关于禁止家庭暴力、保障未成年人合法权益的规定。尊重和保护儿童权益是我国法律确定的重要原则。然而，在实际生活中，对儿童实施家庭暴力、伤害儿童人身权益的案件屡有发生。究其原因，施暴人思想认识落后、法制意识淡薄是根本因素，但是，反对家庭暴力的专门法律欠缺、现有规定操作性不强、儿童权益保护制度不完善等也是重要因素。现有反对家庭暴力的规定散见于不同的法律和政策当中，而且，什么是家庭暴力一直没有明确的法律界定，对于家庭暴力发生后应当由谁来处理以及如何处理，尚缺乏实质性的内容，实践中各地各部门做法不统一，处理结果往往大相径庭。种种现实表明，迫切需要制定专门立法，为反对家庭暴力提供切实有效的法律依据。

国家应尽快制定出台反对家庭暴力的专门法律。明确家庭暴力的概念和范围，树立预防为主、及时干预、有效制止的原则，建立家庭暴力的预防体系，强化社区、乡村的预防功能，规范对家庭暴力的处置程序，将对受害人的救助，对施暴者的教育、矫治和惩罚相结合，明确法律责任，为各地各部门预防和制止家庭暴力、保障未成年人合法权益提供可操作性指引，切实保障未成年人合法权益。全社会都要树立反对家庭暴力、保护儿童的责任意识。政府部门要重视和加强反家暴工作，建立健全多部门合作、协调联动的工作机制。司法机关要严厉打击侵害未成年人权益的违法犯罪行为，严肃惩处暴力伤害未成年人的恶性案件。社区、乡村要及时排查化解矛盾纠纷，把不安定因素解决在萌芽状态。亿万家庭也要学法、懂法、守法、用法，为儿童创造良好、和睦的家庭环境。

二、社会管理创新中加强未成年人司法保护的特点

(一)国外未成年人司法保护的基本规律

各国少年司法制度无不起源于福利原型模式或者刑事原型模式。在百余年的演变过程中,各国少年司法制度的发展虽然各具特色,但基本上都是摇摆于福利与刑事之间,试图寻求符合本国特点的最佳模式。① 据笔者查询相关资料显示,近十年来,世界上一些经济发达国家的未成年犯罪情况出现了不少新的变化,其中变化之一是未成年人犯罪案件有上升和严重的趋势,随之这些国家在未成年人的立法和司法方面也发生了相应的调整。国外少年司法制度的趋势特点:

一是强化少年司法机构的专业性。各国对专业的少年司法机构的建立和完善都很重视,无论在机构设置、体制完善还是资源配置上都给予了充分的保障,且都形成了一套行之有效的工作模式,以适应未成年人的特殊情况,保证少年司法的实质公正性。同时,要求少年司法人员具备丰富的工作经验,要求符合一定的性别配比,并具备心理学、教育学技能的资格。

二是专门立法和丰富的法律体系。用专门法规制少年案件的审前、庭审及执行程序,是各国的普遍做法。例如,美国、英国、加拿大、澳大利亚、德国、日本,都已经制定了相应的少年或儿童法,在刑事诉讼程序之外设定适合未成年人的特别程序,如庭审中少年回避制度(避免不良陈述的污染)、"适当成年人"在场制度,其他有关法律也加强了犯罪的预防和矫正。

三是立法和司法理念上及时调整。英美法系少年司法以"国家亲权"为理论基础,瑞典奉行绝对保护。在传统上,基本上都可归于福利模式,都强调国家、社会对少年犯及屡犯少年的教育及管束义务,并通过近代以来大量的非监禁刑、非犯罪化处遇、感化治疗设施使之重返社会。美日等国针对社会少年违法犯罪现象日益严重,加强了对未成年人犯罪的打击惩罚

① 姚建龙:《长大成人:少年司法制度的构建》,中国人民公安大学出版社2003年版,第307页。

力度，已经出现了对少年犯加强抑制和惩罚的趋势，从单纯的福利主义转向教育与惩罚的平衡，但总体上，依旧是刑罚辅之以矫正。

（二）我国未成年人司法保护已进入新的发展阶段

1. 司法理念不断创新

（1）传统理念的贯彻。

①特殊优先。全国人大通过的《国民经济和社会发展第十一个五年规划纲要》以及国务院颁布的《中国儿童发展纲要（2001－2010年）》均规定，坚持儿童优先原则，保障儿童生存、发展、受保护和参与的权利，改善儿童成长环境，促进儿童身心健康发展。儿童优先特殊保护原则的基本含义是：对儿童的权利，对他们，包括生存、保护和发展给予高度优先，无论任何机构、任何情况下，都应把儿童放在最优先考虑的地位。公民的生命健康权利是平等的，无论是成年人还是未成年人。但是，与成年人相比较而言，未成年人在突发事件中的应变能力、保持镇静的能力和自我保护的能力更差，尤其是在缺乏成年人进行有效组织、协调的情况下，更容易秩序混乱，扩大危害后果。从这个意义上讲，在遇到突发事件时，未成年人比成年人更需要及时接受救护，在顺序上应优先于成年人。从道德层面上讲，在遇到突发事件时，优先救助妇女、儿童也是当今世界所公认的优良品质。从理论上讲，对未成年人的特殊保护是法律为了体现公平原则对限制未成年人行为的法律意义的对价。实际上讲，是为了公平而对未成年人能力不足的补充。最后，也是对未成年人相关主体权利以及社会总体利益的维护。将特殊、优先保护未成年人的原则与我国实际相结合，有利于在全社会树立起未成年人利益优先的观念，以在最大程度上保障和维护未成年人的利益。通过确立这项原则，力图在全社会进一步形成尊重未成年人、爱护未成年人的良好社会风尚。①

②全面保护。相关单位都认真学习宣传未成年人保护法，营造全社会尊重和保护未成年人的良好氛围。通过未成年人保护法的宣传，推动党政

① http://www.chinachild.org，访问时间：2012年12月27日。

机关在决策中体现“未成年人优先保护”的理念，提高未成年人的自护本领，增强单位和个人依法保护未成年人的意识和能力。国家加快制定了配套法律、法规和政策，完善未成年人保护工作的法律和政策体系，加快制定了配套的行政法规、部门规章、司法解释和地方性法规，充分发挥各种政策的作用，为未成年人的成长发展提供必要的公共资源和便利条件。司法机关不断强化了司法和执法工作，把法律的各项规定落到实处，从未成年人最关心、最直接、最现实的利益问题入手，推动解决一批重点和难点问题，准确理解和正确运用未成年人保护法，同时探索符合未成年人身心特点的工作载体和工作模式。扎实做好公共服务和社会服务，为未成年人办好事、办实事，孤残、流浪、留守、贫困等重点未成年人群体的救助保护工作被提上议事日程，加强未成年人活动阵地的建设，发展健康向上的少儿传媒和文化产品，帮助他们解决网络成瘾、心理偏差、体质不良、学习负担过重、家庭暴力伤害等影响身心健康的突出问题，优化成长环境。①

③权益最大化。全国人大常委会 1991 年批准的《儿童权利公约》第 1 部分第 3 条规定，有关儿童的一切行为，不论是由公私社会福利机构、法院、行政当局还是立法机构执行，均应以儿童的最大利益为一种首要考虑。该公约还明确对于影响儿童的任何司法和行政诉讼中，应当保障他们以符合法律的形式，通过代表或者直接陈述意见。该公约还明确规定：“关于儿童的一切行动，不论是由公私社会福利机构、法院、行政当局或立法机构执行，均应以儿童的最大利益为一种首要考虑。”《联合国少年司法最低限度标准规则》明确指出：“应努力在每个国家司法管辖权范围内制定一套专门适用于少年犯的法律、规则和规定，并建立受权实施少年司法的机构和机关。”对未成年人利益最大化原则的理解，至少应当涵盖以下几个方面：第一，在处理涉及未成年人事务时，应以未成年人为本位，从其根本利益、长远利益出发分析和解决问题。第二，应当将未成年人作为一个独立的法律个体理解，而不是作为家庭或者学校的附属部分，强调其独立性的基础上，

---

① 《全面实施未成年人保护行动》，载《中国青年报》2007 年 5 月 25 日版。

实现利益位阶的提升，对于涉及未成年人的权益、利益予以特别关注。第三，未成年人利益与其他个体利益甚至局部社会利益发生冲突时，应当优先考虑未成年人生存、学习需要。第四，未成年人利益最大化原则还要求关注儿童本身的愿望或要求，保障其参与家庭、文化和社会生活的权利，顺畅其表达权利诉求的渠道。

(2)创新理念的介入。

①提前干预化，即对家庭教育的及时指导和介入。2010年长宁区人民检察院专门对115名未成年犯进行调查，发现有49.5%的外来流动未成年犯表示对家庭没有什么印象或认为父母对自己没有亲情等；在教育方式上，有54.7%的外来未成年犯选择父母对其训斥、打骂。为加强对涉及犯罪的外来流动人口中的未成年人家庭教育，结合办案参与社会治安综合治理，经过对未成年人犯罪个案研究和项目试点，通过创新的方法，配合家庭教育，教育、感化、挽救涉罪外来流动人口中的未成年人的几种方法：

一是异地委托观护。为尽可能地给涉罪的外来流动人口中的未成年人非羁押、非监禁提供机会和条件，寻求帮助、教育的新途径，一些基层检察院探索建立了"就地观护、跨区协作、异地委托"的三层立体式涉罪未成年人观护体系。"就地观护"就是在辖区成立未成年人社会观护站，对符合观护条件的外来涉罪未成年人提供生活、培训、学习、劳动等支持和保障。"跨区协作"就是对外来流动人口中的涉罪未成年人，委托其居住地的专业社工作为社会观护员，进行观护帮教工作。"异地委托"就是与有关未成年人保护专业委员会签订异地观护的协议，对于符合观护条件、无前科劣迹、在某地无固定住址的外来未成年人实行回原籍观护，委托居住地专职援助律师作为社会观护员牵头就地组织帮教小组，对观护对象的思想状况、学习情况、劳动情况等综合表现提出全面、客观、公正的评价意见，经检察机关评审后依法作出相应的处理决定。"异地委托"特别是强调亲属，即借助异地社会观护员的介入和协助，使未成年人尽可能得到家庭的照料、教育和保护，同时帮助父母有效提升管束涉罪未成年人的能力，积极促使未成年人尽快回归社会。

二是“一路阳光”护送。根据我国的未成年人保护法和预防未成年人犯罪法的精神，贯彻好民政部、最高人民检察院等 19 部门《关于加强流浪未成年人工作的意见》的通知，帮助不起诉或从看守所刑满释放的“三无”未成年罪犯回归社会，预防重新犯罪，联合法院少年庭以及区救助管理站、区看守所共同开展“一路阳光”——“三无”未成年罪犯刑满释放专项护送活动，即对非本市户籍的、父母或者其他近亲属非暂住本市的、无能力返回原籍的刑满释放少年（即在沪无家可归、举目无亲、身无分文），经协调配合后，由政府的救助管理站联系监护人后护送回原籍。

三是举办家长学校。位于长宁区西侧城乡结合部的北新泾街道，随着城市发展和建设的需要，外来流动人口中的务工人员不断增多，他们的子女也随同父母来到上海，成为新上海人。据统计，辖区内中小学外来学生已占 60% 以上。这些外来流动人员及其子女，就如蒲公英，随风飘舞，随遇而安。然而，在不确定生存状态的表象之下，还有着深深的横亘在外来流动人口之间的心理壁垒，他们有着农村文化血脉又试图融入城市文化脉络，承受着从观念到习惯的巨大转型压力。为了帮助外来流动人口中未成年人的家长学习正确的家庭教育方式、切实提升外来父母对子女的教育能力与水平，增强他们与子女沟通的技巧和能力，检察机关与妇联合作，联手相关部门以项目化运作、实事化服务的管理形式，举办“蒲公英家长学校”，选择居住在北新泾街道的非本市户籍中学生的家长作为服务的拓展人群，以某中学为试点，选择预备或初一年级组外来务工家庭 100 户为目标人群，活动以小组形式进行，每组 10 户，依次循环开展。

②司法分流化。即坚持“非犯罪化、非刑罚化、非监禁化”的理念，不捕不诉为原则。首先，对于犯罪情节轻微的未成年人，尽量作非犯罪化处理，避免定罪而带来的“阴影”，确保其顺利回归社会。其次，对于不需要判处刑罚或免除刑罚的未成年人，依法适用不起诉。未成年人不诉率从 2007 年的 3.0% 提高到 2011 年的 7.7%，其中相对不诉的比例从 88.9% 提高到了 91.2%，提起公诉的未成年人被判处免予刑事处罚的比例则从 2.6% 下

降到0.7%。再次,尽量避免对未成年人不必要的羁押,防止因羁押期间受到“交叉感染”而增加教育挽救的难度。未成年人的不捕率从2007年的8.4%提高到2011年的15%,其中相对不捕的比例从33.7%提高到59.6%,未成年人的直诉率则从19.5%提高到33.9%。最后,对于必须追究刑事责任的未成年人,起诉时尽量建议适用非监禁刑。未成年人的非监禁刑适用率从2007年的19.5%提高到了2011年的32%。

③帮教社会化。21世纪初,上海市未成年人犯罪案件出现大幅攀升的态势,检察院未检部门的办案任务和案外帮教、预防的工作量急剧增加,传统的由检察机关既承担未成年人刑事案件办理又负责涉罪未成年人帮教的工作模式不堪重负。对此,上海检察机关审时度势,于2004年提出了“办案专业化和帮教社会化相结合”的工作思路。一方面,继续坚持未检工作的专业化发展方向,强调针对未成年人的身心特点和教育挽救的需要,建立健全特殊检察工作机制,为教育挽救涉罪未成年人提供必要的司法处遇条件;另一方面,则积极推动构建社会化的涉罪未成年人帮教体系,并逐步依托社会力量来开展案外帮教、预防工作,完善教育挽救涉罪未成年人的社会支持保障条件;同时,适度延伸工作,加强专业化未检体系与社会化帮教体系的配合衔接,促使二者各司其职,互相促进,在为未检工作减轻负担、提供保障的同时,积极参与加强和创新社会管理。上海的涉罪未成年人社会观护体系就是遵循这一工作思路才应运而生的,相关的社会管理创新做法和经验得到了最高人民检察院曹建明检察长的充分肯定。

2.法律制度不断完善

我国是《儿童权利公约》的缔约国,党和政府历来对儿童问题十分重视。在国内立法上,形成了以宪法为基础,以基本法律为主干,以行政法规、规章为补充的儿童权利保护体系。具体而言体现在:

一是宪法明确了对儿童权益的特殊保护,主要是《宪法》的两条原则性条款:第46条第2款:国家培养青少年、少年、儿童在品德、智力、体质等方面全面发展;第49条第1款:婚姻、家庭、母亲和儿童受国家的保护。

二是专门法律方面的体现,主要是《未成年人保护法》和《预防未成年人犯罪法》的相关规定，同时在各类基本法律中，也对儿童权利进行了各方面的保护，如《民法通则》《刑法》《刑事诉讼法》《民事诉讼法》《婚姻法》《收养法》。通过专门性法律的针对规定与一般性法规中对涉及方面的具体规定，构建起一个相对完善的法律保护网，将绝大多数的常见儿童保护问题容纳于其中。

三是行政法规与规章方面，主要体现在《禁止使用童工规定》，《未成年犯管教所管理规定》，《互联网上网服务营业场所管理条例》，《幼儿园管理条例》，《学校卫生工作条例》，《全国中小学勤工俭学暂行工作条例》，国家教委《关于严格控制中小学生流失问题的若干意见》，文化部、公安部《关于加强台球、电子游戏机娱乐活动管理的通知》等相关规章制度中。①

3. 专业机构不断加强

早在1998年，时任最高人民法院副院长祝铭山就强调："今后，要把推动'两条龙'工作体系，特别是'司法一条龙'的落实作为工作的一个重点，列入重要议事日程。要积极争取党委的支持，主动加强同人民检察院、公安机关、司法行政部门的联系，推动配套工作体系的建立和完善，使之切实发挥作用。"②

全国检察机关未成年人刑事检察工作会议于2012年5月23日至24日在上海召开。最高人民检察院曹建明检察长向会议致信，朱孝清副检察长作重要讲话。会议总结分析了当前全国未成年人刑事检察工作的现状和取得的成效，明确了未检工作的发展方向和工作任务，下发了最高人民检察院《关于进一步加强未成年人刑事检察工作的决定（讨论稿）》《人民检察院办理未成年人刑事案件的规定（讨论稿）》等文件进行讨论，对于做好当前和今后一个时期的未检工作，具有重要的指导意义。

---

① 周虹：《对中国儿童权利保护现状的思考——从立法不足及完善谈起》，载《福建政法管理干部学院学报》2008年第12期。

② 祝铭山：《在全国法院第四次少年法庭工作会议上的讲话》，载上海长宁区人民法院编：《少年法庭之路（三）（1998－2002）》，第14页。

（1）从无到有——上海未成年人案件检察官的诞生。

20世纪80年代中期，我国步入改革开放的历史时期，经济、社会在高速发展的同时，刑事犯罪尤其是未成年人犯罪呈现出日趋严重的态势，引起了上海社会各界的广泛关注。伴随上海法院系统少年审判工作的改革，[①]1986年6月，全市第一个“少年起诉组”在上海市长宁区人民检察院成立，该“少年起诉组”有三名成员，标志着上海检察机关迈出了对未成年人进行特殊司法保护的第一步。

（2）从点到线——上海未成年人案件检察官的成熟。

1990年年底，上海所有基层院（当时上海有20个区县检察院）相继在起诉科内设立了少年起诉组，共配备了55名专职干部，主要承担未成年人刑事案件的审查起诉、出庭公诉和预防犯罪等工作，形成了未检机构与队伍的雏形。1992年8月，上海首个集未成年人刑事案件审查批捕、审查起诉、犯罪预防等检察工作于一体的“未成年人刑事检察科”在虹口区人民检察院成立。至1996年6月，上海全市所有区县检察院均成立了独立建制的未检科（处），并配置了100余名未检干部，承担未成年人刑事案件的审查批捕、审查起诉、出庭公诉和参与预防未成年人犯罪的社会治安综合治理等工作，上海市检察院第一、二分院也实行了未成年人案件专人办理制度。此后，根据最高人民检察院刑检厅的建议，市检察院还设立了未检业务指导科，以加强对全市未检工作的协调和指导。自此，标志着上海市各级检察机关未成年人刑事检察部门经过十年的不懈努力、开拓和探索，已在全国检察系统率先全部实现独立建制。

（3）由线到面——上海未成年人案件检察官的整合。

2009年11月，中国首家省级检察机关未成年人刑事检察专门机构——上海市检察院未成年人刑事检察处成立。至此，上海已形成区县、

---

① 上海市长宁区人民法院于1984年年底在刑庭的五个合议庭中，选择了一个合议庭，先是指派一名具有审判经验、热心做失足少年教育感化工作的老审判员，同两名人民陪审员一起组成“少年犯合议庭”，后挑选一名懂得心理学、犯罪学等相关知识的女审判员，担任合议庭审判长，集中审理未成年人犯罪案件。

市检察分院、市检察院三级专门工作机构，从而成为中国首个未成年人刑事检察机构全覆盖的省级城市。

三、未成年人司法保护工作的完善和发展

近年来，我国未成年人司法保护工作在全社会的共同努力下，在维护未成年人合法权益、预防和减少未成年人犯罪、加强对涉罪未成年人服务管理等方面进行了大量卓有成效的探索，取得了显著的进步，但必须清醒地看到，根据创新社会管理的要求，还有一些问题亟待解决。

（一）未成年人司法保护工作存在的问题

1. 立法不完善

未成年人司法保护工作一直受到党和国家的高度重视，中央司法体制和工作机制改革将探索处理未成年人犯罪的司法制度作为一项重要内容进行了部署。全国人大常委会先后颁布实施《未成年人保护法》《预防未成年人犯罪法》等法律，《刑法修正案（八）》从立法上明确了免除未成年人前科报告义务，这次刑事诉讼法修改又设专章规定未成年人刑事案件诉讼程序，对办理未成年人刑事案件的方针、原则、程序等作出具体规定，进一步完善了未成年人刑事诉讼制度。但是，我国还没有形成系统完备的少年司法制度，制约了对未成年人实现全面、实质性司法保护的目的。例如，《未成年人保护法》第5章8个条款专门规定了对犯罪未成年人的司法保护，但是这些规定因缺乏相关配套规定而难以操作。法院办理未成年人的案件，从来也没有引用过《未成年人保护法》来进行审判。再如，对于未成年人适用的刑事法律，虽然最高人民检察院曾出台过数条司法解释，针对未成年人犯"盗窃罪""抢劫罪""强奸罪"等罪的定罪上作特殊处理，但大多数条款同成人定罪标准相同。又如，对于父母作为未成年人的法定监护人不尽监护职责，甚至侵害未成年人合法权益的情况，缺乏具有可操作性的法律规定。

2. 机构不完备

20世纪80年代中期，我国首个未成年人刑事案件合议庭和少年起诉

组在长宁区人民法院和长宁区人民检察院先后成立。20多年过去了，少年司法机构在全国遍地开花，在全国各级法院、各级检察院逐步形成了一些办理未成年人犯罪案件的专门机构。但是，对未成年人的关注或者保护更多体现在对未成年人犯罪的打击、指控过程中，检察机关的法律监督活动也仅仅局限在刑事诉讼领域，对涉及未成年人切身利益的抚养、监护等民事、行政方面的合法权益保护不力。此外，公安机关在未成年人专门机构的设立和保障方面还处于起步阶段，专业的未成年人矫正机构、未成年人律师机构也属凤毛麟角。

3. 发展不平衡

一方面，一些地方的未成年人司法保护工作起步早、发展快、成效好，对未成年人的特殊执法理念已经转化为自觉的执法行为，机构专门化、队伍专业化得到很大的发展，社会化辅助支持体系也普遍建立；另一方面，我国许多地方的基层法院、基层检察院还没有设立少年法庭和未成年人刑事检察机构，司法资源对未成年人投入不足。有相当多地方的工作停留在按照传统方法把未成年人犯罪案件办结上，未能充分关注未成年人的身心特点，至于队伍专业化、工作特别化、帮教社会化等更是无从谈起。一些省级部门也缺乏专门机构，对未成年人司法保护工作缺乏专门部署和检查、督促；对实践中的一些改革探索，及时总结、推广不够。

4. 工作不衔接

首先，政法机关之间在执法思想、办案标准、机制构建等方面还存在一些不一致、不衔接的问题。我国目前在司法人员培训上并没有专门针对未成年人犯罪处理进行培训，所以一些司法人员在处理未成年人犯罪案件时往往出现观念陈旧、重视不足，在适用法律时往往忽视了专门针对未成年人的立法规定，缺乏特殊保护。其次，司法机关与其他未成年人保护机构的工作衔接存在问题。少年司法有一个重要任务，就是运用司法力量给未成年人提供一个健康向上的社会环境，这需要全社会的共同努力，各个职能部门之间互相配合、协力完成。但在司法实践中，司法部门在依法履行未成年人犯罪预防工作时往往因为与相关机构，如综治、共青团、关工委、妇联、民政、学校等机构工作不衔接而造成资源浪费、工作成效不明显的局面。

5. 社会力量不到位

在我国未成年人司法保护领域,各方社会力量的参与和支持仍存在众多空白,从而导致对涉罪未成年人帮教和预防工作开展乏力,不仅基层基础设施建设薄弱,还缺乏专业人员和配套机制,与司法机关的相关工作难以有效衔接。

(二)完善未成年人司法保护工作的建议

未成年人司法保护工作的发展程度与区域政治、经济、文化的发展水平紧密相关,与当地司法机关、司法人员和居民的客观情况紧密相关,这些因素在全国范围内因区域不同而具有明显的地区差异。与全国平均水平相比,上海有一定的优势条件。笔者立足上海区域实际,就如何完善未成年人司法保护工作提出两点建议:

1. 完善未成年人司法保护体系

首先,相关司法部门在办理未成年人刑事案件时要着力贯彻"教育、感化、挽救"方针和"少捕慎诉非监禁""双向保护"目标。由于我国刑事立法仍然存在缺陷,因此,对未成年人案件的处理要格外谨慎,要重视发掘我国传统文化渊源和借鉴国外的先进经验,不断探索采用区别于成年人的未成年人保护特殊方法和标准,在刑事诉讼程序中给予未成年人特殊保护措施,以使他们尚未成熟的心理不受到伤害、人格尊严得到保护与尊重。

其次,要重视对未成年人民事、行政等方面合法权益的保护。司法部门要突破司法保护仅仅针对未成年人刑事犯罪的片面理解,进一步扩大未成年人司法保护的范围。除了法院开展少年综合庭的改革探索外,检察机关也应注重探索未成年人民事、行政等方面合法权益的专业化保护,以达到未成年人案件办理法律效果和社会效果的统一。

最后,要加强专门机构建设。除了法院、检察院成立独立建制的未成年人保护机构外,公安机关、司法矫正部门等单位也应早日形成一支专门从事未成年人司法保护的队伍，并配备懂得未成年人心理、富有爱心、具有心理学等相关知识的具有一定社会阅历的高素质工作人员。

2. 整合社会各方资源参与涉罪未成年人的教育矫治

《未成年人保护法》规定：“保护未成年人，是国家机关、武装力量、政党、社会团体、企业事业组织、城乡基层群众性自治组织、未成年人的监护人和其他成年公民的共同责任。”2012 年《刑事诉讼法》也明确规定，对犯罪的未成年人坚持教育为主、惩罚为辅的原则，因此，对涉罪未成年人更强调预防而不是惩罚，更注重对其进行教育矫治，而不是定罪量刑，而这些工作的完成都离不开全社会的参与和支持。此外，一个有利于未成年人发展的社会大环境需要政府部门、司法机关和其他社会组织的共同努力。例如，我国社区矫正制度自 2002 年起在上海试点，十多年来，正是由于行政、司法、执法部门，家庭、社会工作者、非政府组织等各方力量和资源的合作发展和全力支持，才能使得未成年人对象在正常的社会中进行矫正，能够让他们与社会保持紧密联系，同时通过公益劳动与文体活动使他们在周围环境的感化下自觉悔悟，避免和社会脱节，取得了较好的矫治效果。因此，涉罪未成年人教育矫治工作要取得实效，必须形成政府支持、社会协同、公众参与的社会化体系，争取社会力量的有力支持，实现无缝衔接。

四、在推进社会管理创新中探索加强对未成年人司法保护的几个重点问题

做好未成年人司法保护和预防犯罪工作，关系到广大未成年人的健康成长和亿万家庭幸福安宁，关系到社会和谐稳定和国家未来，我国未成年人司法保护还有很大的创新发展空间。笔者结合司法实践，就探索推进社会管理创新，加强对未成年人司法保护的几个重点问题谈些浅见。

（一）运用心理学方法对罪错未成年人进行教育矫治

心理学是一门社会科学和自然科学的交叉学科，旨在揭示人类心理和行为活动发生、发展的规律。心理活动包括认知、情感、意志等基本的心理过程和气质、性格、能力、信念、世界观等基本的心理特征和心理倾向。人

所从事的一切社会实践都不能脱离上述心理活动的范畴，也不能脱离支配上述心理活动的基本规律。与成年人相比，未成年人的心理活动具有特殊性；与普通未成年人相比，罪错未成年人的心理活动具有特殊性。因此，要切实提高对罪错未成年人进行教育矫治的效果，就必须运用心理学方法，了解其基本心理状况，遵循其一般和特殊的心理及行为规律，有针对性地给予帮助教育和心理矫正，帮助罪错未成年人认识自身，激发其寻求改变的愿望，促进其人格成长和自我完善。

运用心理学方法对罪错未成年人进行教育矫治要求在全面了解未成年人心理状况的前提下进行，与此同时，未成年人的心理矫治具有周期长、存在反复性等特点，需要加强以下几方面工作：

首先，要为罪错未成年人制订有针对性的矫治计划。未成年人对事物的认知存在片面性和不彻底性，情感波动大，自制力较薄弱，容易受到不良社会意识的影响或是对周围的人和事物产生强烈的不满和反感。笔者在办案中发现，有的未成年人因一时的冲动或基于哥们义气而激情犯罪，事后自己也觉得不可思议；有的未成年人不清楚自己的行为会导致那么严重的后果，后悔莫及。案件进入司法程序后，他们有的难以接受现实，有的感到前途无望，有的则有破罐破摔的想法，他们情绪的波动往往比成年人激烈很多。因此需要根据未成年人的身心特点和犯罪的特点，制定心理矫治计划。

其次，要为有严重心理偏差的罪错未成年人建立心理档案。心理档案，是关于个人的心理活动和心理健康状况的各种记录，是一个动态发展的档案，记录了罪错未成年人心理成长的轨迹：既包括他的个人资料，也包括他的家庭和社会情况；既包括他的过去，也包括他经过矫治后的状况以及对将来发展的预测。心理档案的内容应当由未成年人的基本情况、家庭状况、对个人生活有影响的重大社会生活事件、心理测试情况、心理咨询记录以及心理发展的动态资料等方面内容组成。对有严重心理偏差的罪错未成年人，除了在诉讼期间对其进行心理干预外，还应将心理档案移送刑罚执行机关，以便进一步跟踪矫治，巩固效果，帮助其建立良好的心理秩序，早日回归社会。

再次，加强心理学培训，配备具有专业资格的办案人员从事罪错未成年人教育矫治工作。传统的教育方法以灌输、强制的方法较多，办案人员单纯使用说服、训斥的教育方法，涉罪未成年人表面上可能会服从，可是不一定能够使他们心服口服。而具有心理学专业资格的办案人员运用心理学方法，引导涉罪未成年人自我觉察、自我成长，有利于帮助其修复人格，促使其真正悔过自新。因此应当组织办理未成年人案件和从事未成年人教育矫治工作的司法工作人员参加专门的心理学培训。

最后，加强效果验证，确保运用心理学方法进行涉罪未成年人教育矫治工作的实效。相对发达国家，我国运用心理学方法对涉罪未成年人进行教育矫治工作尚处于起步阶段，在未成年人心理健康领域，不论是硬实力还是软实力，都相对落后。在许多地区，特别是经济欠发达的地区，仍处于空白状态。即使在经济比较发达的地区，相对于硬件设施的改善，有关司法部门对运用心理学方法进行教育矫治的效果验证的投入和重视远远不够。需要指出的是，运用各种心理学方法对涉罪未成年人进行教育矫治，究竟起到何等程度的效果，如何根据我国国情，采用合适的方法，循序渐进地发展，都需要通过验证，才能使工作既不流于形式，又不浪费资源，真正起到专业的效果。

（二）加强外来未成年人家庭教育指导

随着上海市的发展，外省市流动人口逐渐成为经济社会发展的重要力量和人口结构变化的主要因素。与此同时，外来流动人口中的未成年人涉罪情况一年比一年严重，且形成了上海的未成年人犯罪主要是外来未成年人犯罪的态势。笔者通过对外来涉罪未成年人及其家长进行问卷调查，到外来人口较密集的社区、学校老师了解情况等方式，发现外来未成年人犯罪与家庭教育密不可分，主要存在以下三方面问题：

首先，生活环境的落差与家长的教育误区，使外来未成年人无法找到合适的生活目标。在调查中发现，90% 以上未成年犯是农村户籍，为向往更好的生活，其中一半左右的未成年人在 15 岁以前随父母至上海生活。

但他们生活条件艰苦，有七成是多子女家庭，且家庭月收入在3000元以下，租住的多数为月租300元以下的房屋，居住环境混杂。外来涉罪未成年人在上海读书的占到总数的一半，但是仅限于义务教育阶段，超过90%的涉罪未成年人的文化程度在初中及初中以下，这与上海大城市用工、选人的要求相差甚远。基于上述原因，许多外来流动人口中的家长在教育子女时过分强调“做个有钱人”，而应该有的基本素质、道德标准是什么却不明了。这些新生代城市外来青少年，一方面沿袭父辈传统的农村社会生活和社会习俗，另一方面又在繁华的大都市耳濡目染现代化的生活方式，特别是经历自身劳动的所得还远不及城市的生活水平时，心里容易产生不平衡。这对他们的心理和行为会产生重要影响，使处于下层的青少年有种强烈的挫折感和愤怒，进而引发犯罪。

其次，父母不重视或无能力及时干预，使未成年人的不良行为难以纠正。父母是未成年人接触最多的对象，同时，父母与孩子的亲情，使父母成为纠正孩子错误的第一人选。未成年人犯罪多是临时起意，不计后果。如看到钱的一刹那萌生了“顺手牵羊”的念头，而这些坏习惯是逐步养成的。一些父母在调查中表示曾经发现过孩子的异常举动，但其却因忙于打工而疏于制止或加以教育。绝大多数涉罪未成年人的父母是初中以下文化水平，无能力根据子女的成长规律进行沟通教育。同时在调查中我们还发现这些父母最大的娱乐方式是搓麻将、打牌、上网、喝酒，像这类带有小赌性质的娱乐方式很容易使孩子耳闻目染，且这类活动都相当吵闹，易引起参与者情绪波动，而父母往往将不满施加在孩子身上。由于家庭教育没有及时跟进，加上自我约束力差，外来青少年大多形成了不良的生活习惯，生活无规律，是非观念不清、法制观念淡薄、缺乏鉴别力，交结朋友成分复杂，喜好结成不良的生活圈子，成为违反犯罪的后备军。

最后，合理的社会保障体系和社会支持系统的缺失，使家庭教育陷入两难境地。笔者发现，一半以上的受调查父母被问及“在孩子教育方面，你希望得到什么样的帮助”时，普遍都感到需要帮助，但不知自己需要的是哪方面的帮助。绝大部分家庭表示，在孩子成长过程中，没有单位或个人在教育方面给予帮助,即便有,也主要是亲属的帮助,造成父母想有所改变,但改变无门的现状。

针对以上情况,笔者建议政府职能部门应将外来青少年家庭教育指导工作纳入社会治安的长效管理之中,从以下几方面发挥工作职能,探索建立外来流动人口家庭教育的支持体系:

一是加强与社区的联系,依托家长学校,将科学的教育理念、合理的教育方法扎根到每一个外来流动人口家庭。外来流动人口家庭所居住的社区是这一弱势群体最重要的支持主体,以居住地社区为平台,整合各方力量为外来流动人口家庭提供各类家庭教育指导,以提高家长素质、强化家庭教育、改善家庭环境,不失为一个行之有效的途径。有必要对于外来流动人口家庭集中的社区建立家长学校,在办学时,要考虑到这一特殊群体的特别需求及突出问题,有针对性地设计教学内容、教学方式、教学时间。如根据外来流动人口中的未成年人情况,分三个层次提供家庭教育指导。第一层次是面对社区所有外来流动人口中的未成年人的一般指导。第二层次是面对社区内外来流动人口中的未成年人家长有特殊情况(如严重不良嗜好、残疾、离异单亲),或者外来流动人口中的未成年人有一定的行为偏差需要及时干预的情形,分类别提供临界指导。第三层次是面对涉罪外来流动人口中的未成年人的家长,建立家庭教育档案,提供一对一的个别指导,并做好长期跟踪记录,进行横向、纵向对比。

二是整合资源,建立长效机制,构建促进外来流动人口家庭教育的网络。除了以外来流动人口家庭所在社区作为平台,提供家庭教育指导外,也要整合全社会的各种力量,协调资源,形成合力,充分发挥其作用,建立常规化、制度化、长效化平台,对外来流动人口家庭教育提供支持。例如,在利用中小学资源方面,可定期召集家委会活动,邀请部分优秀家长,现身说法交流育儿的心得体会;开展相应问卷调查及收集统计工作,为家长学校活动确定临界指导或个别指导对象提供依据;开展对外来务工人员子女家庭普访及随访活动,巩固家庭教育成果,指导和协助家长转变家庭教育观念,掌握科学的家庭教育方法。例如,在利用非政府组织资源方面,可大力发挥非政府组织的支持作用，承接外来流动人口家庭教育指导的社会服务功能。进行公益、互助和慈善活动，特别是对弱势群体的社会服务与社会保障，可以部分地弥补市场和政府功能的不足。还可以组织社区内有能力、有爱心的热心人士建立志愿者队伍，提供义务教育辅导服务；针对外来家长无条件为孩子购买课外图书的问题，可以发动社会捐赠书刊；针对单亲外来家庭父母一方“角色缺失”的问题，可以招募志愿者担任“代理家长”。

三是以探索项目化及立法的方式，保障家庭教育的可持续发展。将外来流动人口家庭教育工作任务制定成项目，争取政府对此项工作的资金投入。通过各职能部门和社会力量的参与，争取家庭教育指导人力、物力和财力资源的最大程度地利用和开发，实现家庭教育指导社会资源的合理配置，推动家庭教育工作的健康发展与深化。还可加大呼吁力度，促进以立法形式，将家庭教育制度化。强调父母承担起教育孩子的义务和职责，并保障父母接受家庭教育指导的权利，同时对于基本丧失教育能力的外来流动人口家庭，政府应当通过社会救助系统和政府专项经费，将其未成年子女送进全日制寄宿学校或交给有监护能力的其他法定监护人，保障其接受九年制义务教育，防止其因辍学流浪而引发的不良行为。同时，重视发挥民政部门慈善组织和合适成年人作为临时家长的积极作用。

长宁区人民检察院自 2012 年以来，在改善家庭教育环境、预防未成年人犯罪方面作了实践探索。近几年来，长宁区人民检察院结合区位特点，密切与社区党工委配合，探索建立来沪未成年人犯罪预防工作平台。主要是通过分析发现，办理的未成年人案件情况呈现两个 80% 的特点：一是涉案未成年人中有 80% 以上是来沪未成年人；二是涉案未成年人的居住地或作案地有 80% 以上集中在北新泾社区等长宁的西部地区。为了进一步贯彻落实《未成年人保护法》和《未成年人犯罪预防法》，有针对性地从源头上预防和控制违法犯罪，区院联合北新泾街道党工委共同搭建来沪未成年人犯罪预防工作平台，建立联席会议机制，整合工作资源。通过实有人口和实有就业人口登记等途径，借助居委会等群众组织，对居住在辖区内的 246 户来沪未成年人的家庭、就学、务工等基本情况进行调查摸底，了解来沪未成年人家庭教育现状和亟须解决的问题,建立常态化的跟踪服务机制,从生活上、学习上和工作上给予关心和帮助。在此基础上建立了“蒲公英阳光教育基地”,对外来未成年人家长进行培训辅导。在硬件上分别设置授课场地、活动场地和窗口接待;在课程安排上针对来沪家庭的特别需求和突出问题进行“融入教育”“自护教育”“防范教育”“亲子关系教育”和“传统文化教育”;考虑到外来人口家庭主要以个体商贩和保洁、环卫等工作为生,白天没有时间,故把授课时间安排在晚间,基地成立4个月以来已对160户家庭进行了授课。由副检察长、未检科科长、社区党工委副书记、司法所所长四人组成授课团队,从四个不同的角度与来沪未成年人的家长对话沟通。一是结合所办理的未成年人案件,谈当前未成年人犯罪的特点和规律。二是结合未成年人家庭教育过程中方法简单粗暴,谈对未成年人造成的消极负面作用。三是结合流动家庭的一些父母言行不规,甚至违法等情况,谈对未成年人健康成长的影响。四是结合社区的发展和愿景,谈怎样成为讲文明有道德的新上海人,融入社区。该院在对来沪家庭授课过程中还特别向家长们发放了《弟子规》读本,每次上课过程中腾出时间在课堂上朗读。先后围绕我国传统教育中的一些警句名言进行讲解和举例。当授课结束后,都有家长留下来与授课者作进一步交流。反馈的调查问卷也显示,许多家长表示在孩子教育上确实存在许多困惑,一直期盼有这种形式的学习机会。有的家长表示,学习了《弟子规》以后特别有感触,自己在成长过程中也没有机会学到这些做人的基本道理,以至于为人处世,包括教育子女处处碰壁,今后要和孩子一起学习,一起成长,通过自己的言行规范来影响孩子,教育孩子成才。

(三)推进未成年人犯罪记录封存工作

未成年人犯罪记录封存等特殊化保护问题,需要职能部门和有关单位共同参与和配合。随着修改后的刑事诉讼法的实施,必将推动建立起未成年人犯罪记录封存制度的落实和相关配套工作措施的完善,弱化未成年人的犯罪标签心理,以体现社会人文关怀,彰显现代法治文明,让人们以更宽容的心对待那些曾经迷失的孩子,使他们修复家庭关系,顺利回归社会,降低重新犯罪率。

修改后的《刑事诉讼法》第275条规定:“犯罪的时候不满十八周岁,被判处五年有期徒刑以下刑罚的,应当对相关犯罪记录予以封存。犯罪记录被封存的,不得向任何单位和个人提供,但司法机关为办案需要或者有关单位根据国家规定进行查询的除外。依法进行查询的单位,应当对被封存的犯罪记录的情况予以保密。”这被称为“未成年人轻罪犯罪记录封存制度”。该制度强调对未成年人权益保障的国家责任,对未成年犯的复学、就业以及回归社会具有重要意义,是未成年犯及其法定代理人最为关心的未成年人刑事司法制度之一,有利于未成年罪犯今后健康成长。

根据《刑事诉讼法》规定应当予以封存的范围是“被判处五年有期徒刑以下刑罚”的“犯罪记录”。而《刑事诉讼法》总则规定:“未经人民法院依法判决,对任何人都不得确定有罪。”因此,从这个层面上理解,该制度的适用对象仅为被法院判决有罪并适用刑罚的未成年人。但现实的情况是,具有罪犯标签作用的不仅是有罪判决,一切涉及罪错未成年人的刑事立案、刑事强制措施、不起诉等刑事记录以及行政处罚决定等,都足以产生和刑罚判决一样的罪犯标签效应,必然会让罪错未成年人被降低社会评价,对就业、就学资格以及人格产生消极影响,且会受到一些学校、单位和社会的排斥。为什么会出现这种排斥,其中有深刻的经济社会原因和复杂的文化道德背景,在此不作详细分析。因此,笔者认为有必要对“犯罪记录”作扩张解释,除了法院的轻罪判决之外,还应包括刑事立案、刑事强制措施、不起诉以及行政处罚等记录。修改后的《刑事诉讼法》对此制度仅以一个条文共计两款予以规范,笔者认为过于原则、影响可操作性。同时,我国公众对于“儿童利益最大化”、未成年人犯罪与成年人犯罪有本质区别等理念还缺乏深入人心的认识。在现代法治中,一项法律规范必须与相关立法体系保持有效的衔接,而且为特定的社会文化所认可,才能真正有效实施。因此,正确理解和适用未成年人轻罪记录封存制度,并保证其得到有效的实施,迫切需要通过司法部门统一思想,加强协调。

一是公安机关电子档案的封存问题。犯罪记录包括纸质档案和电子档案,纸质档案通过设置查询程序和权限可以予以封存,电子档案的封存则面临一些难题。例如,公安机关的户籍及前科记录管理涉及违法犯罪人员查询系统、网上办案系统、档案查询系统等,可能存在技术障碍,实现封存必须对上述系统一并作程序修改。

二是涉罪未成年人刑事记录封存的程序选择。目前是以依申请人的申请启动模式为主,鉴于修改后的《刑事诉讼法》已经明确是"应当"而非"可以"封存,因此必须统一采取有权机关依职权自动封存的模式。但新《刑事诉讼法》没有明确规定应当在什么时候作出封存决定。据了解一些未成年人在被检察机关作出不起诉决定前,或缓刑考验期间,或非监禁刑刑罚执行期间,已面临续学、就业和回归社会问题。如果在不起诉后再设置考验期或刑罚执行完毕后才予以封存,那么为时过晚。因此,笔者认为司法机关在作出终结诉讼的处理决定时,就应同时作出封存犯罪记录的决定,并通知相关部门。

三是封存的义务主体。笔者认为,所有知晓未成年人犯罪记录的机关、单位以及个人都应是未成年人轻罪犯罪记录封存的义务主体,具体包括作出处理决定或执行刑罚的国家专门机关如公安、检察、法院、行政司法部门等部门和单位,知晓未成年人犯罪记录的所在学校等单位和有关个人,涉及档案管理主体等部门和岗位,以及因法定事由查询后产生附随保密义务的单位。

四是法定事由查询条件的把握。未成年人的犯罪记录封存后,不得向任何单位和个人提供,但是有以下两个例外:首先,"司法机关为办案需要"进行查询的。笔者认为,司法机关只有为办案需要时方能查询被封存的未成年人犯罪记录,如果不是办案需要,即便是司法机关也无权查询。对于"司法机关"的范围,应包括公安机关、人民检察院、人民法院和司法行政机关。其次,"有关单位根据国家规定"进行查询的。对于"国家规定"的范围,修改后的刑事诉讼法未作明确规定,但是,《刑法》对"国家规定"的范围作了规定。《刑法》第 96 条规定:"本法所称违反国家规定,是指违反全国人民代表大会及其常务委员会制定的法律和决定,国务院制定的行政法规、规定的行政措施、发布的决定和命令。”因此,应当按照此规定来确定“国家规定”的范围。

(四)在刑事诉讼期间推行国家监护制度

父母是未成年人的法定监护人,但是司法实践中,监护人缺位、监护人没有尽到监护职责及监护人严重侵害未成年人合法权益的情况比比皆是。以长宁区人民检察院为例,仅 2010 年至 2012 年年初,就遇到九起因犯罪嫌疑人的未成年子女缺乏监护,而难以对犯罪嫌疑人适用羁押性强制措施或监禁刑的案件。与此同时,该院办理的未成年人涉嫌犯罪案件中因法定监护人不能或未完全尽到监护职责导致其走上违法犯罪道路的约占 70% 。

2012 年 3 月 14 日,第十一届全国人大第五次会议修改通过的《刑事诉讼法》第 5 编第 1 章规定了未成年人刑事案件诉讼程序,明确规定对犯罪的未成年人要“实行教育、感化、挽救的方针,坚持教育为主、惩罚为辅的原则”,要坚持少捕、慎诉的政策。然而,新刑事诉讼法实施后,司法机关按照上述法律精神对涉罪未成年人少捕慎诉,尽量不适用监禁刑后,其监护人履行监护职责的情况将令人担忧。

笔者认为,未成年人国家监护制度作为家庭个体监护制度的有力督促和补救,在国外不仅早已成为立法例,而且已经在实践中得到普遍运用。“国家是少年儿童的最高监护人”,政府有必要、有责任对未成年人的成长予以监督和保护,并提供必需的物质和制度保障,这是保护未成年人合法权益、顺应未成年人监护公法化发展的客观要求。

我国对未成年人实行国家监护的问题散见于有关法律,但具体落实困难较多,尤其对涉及刑事诉讼期间的未成年人国家监护的问题基本无法解决,不利于未成年人成长和涉罪未成年人的教育、感化和挽救。根据《立法法》第 63 条的规定,省、自治区、直辖市的人民代表大会及其常务委员会根据本行政区域的具体情况和实际需要,在不同宪法、法律、行政法规相抵触的前提下,可以制定地方性法规。

笔者建议,上海作为中国经济较为发达、社会组织较为健全、流动人口比例较大的现代化国际大都市，有能力、有必要通过地方立法的形式对刑事诉讼期间（包括涉罪未成年人的刑事诉讼期间和未成年人的涉罪监护人的刑事诉讼期间）未成年人由地方政府代为监护等予以明确。可以借鉴国外经验，结合上海地方实际，规定由有刑事案件管辖权的公安和检察机关启动剥夺未成年人法定监护人监护权的程序，法院作出裁定，然后由青保、民政和司法行政等相关职能部门代为行使具体的国家监护职责。

青浦地区随迁子女犯罪调查及预防机制研究*

在当今社会，“二代”一词已经成为网络热门关键词，如“富二代”“官二代”，引起了社会广泛的关注。但是，在人们热烈声讨“富二代”为富不仁、“官二代”气焰嚣张的同时，却忽略了另一个特殊的阶层，他们就是“随迁子女”，也就是我们通常意义上的“农民工二代”。“随迁子女”这一概念，在当前学界并没有一个清晰的界定，也没有形成统一的规范用语。一般而言，是特指跟随农民工父母在城市工作、学习和居住，但未取得城市户口的农民工未成年子女，即父母双方或一方为外来务工人员（另一方留在原籍）的未成年人。

本文中所称的随迁子女，其内涵与外延接近于“第二代移民”（相对于“第一代移民”而言），主要包括两类主体：第一，父母来自外地，但长期在本地区务工、组成家庭生活并有相对固定的居所的外来人员家庭所出生的未成年人。这类孩子虽然户籍仍在外地，可是他们出生在本地区，在这里生活和成长，并在心理上与户籍地的观念、人事等均相脱离，成为本地区的一分子（非户籍意义上的）。第二，指出生在外地原籍，后随父母一起进入本地区，父母在本地务工，他们在这里生活和接受教育的未成年人。他们是一群被边缘化的人，他们的户籍在农村，却在城市长大；他们是一个身份认同存在尴尬的人群，接受了城市文明的熏陶，生活方式因此而改变；现在的

* 施红、刘根娣、林丽娟，上海市青浦区人民检察院。

他们,无法真正融入城市,却又回不去农村的家乡。他们因此也被称为“无根”的一代,他们是为数众多的“80 后”“90 后”二代农民工,人们所说的随迁子女。近年来,随迁子女未成年人犯罪案件逐年上升,犯罪率相较于城市同龄人以及老一代农民工都高出许多。本文要关注的就是这一特殊群体。

一、加强对民工随迁子女违法犯罪现状研究的现实意义

(一)民工随迁子女犯罪现状

未成年人是国家和民族的未来和希望,未成年人的健康成长关系着国家和民族的前途与命运,关系着千万家庭幸福和社会和谐稳定。未成年人犯罪是影响社会和谐稳定的源头性、基础性问题之一,越来越受到社会的关注。未成年人处在人生起步阶段,心智发育尚未成熟,认识能力和控制能力尚不全面,可塑性强,容易受到家庭、社会等客观环境中不良因素的影响、诱惑而走上违法犯罪道路,同时也易于接受教育感化,重归正途。单纯的严厉打击和从重处罚会给未成年人贴上犯罪的标签,容易造成交叉感染,进而导致重新犯罪。而依法原谅他们的冲动,保护他们的权益,感化他们的心灵,则有利于对他们的教育挽救,防止他们在犯罪的道路上越走越远。

近年来,在全社会的共同努力下,防治未成年人犯罪工作取得了明显成绩,未成年人犯罪总量呈现出下降态势,但形势仍不容乐观。犯罪总量仍在高位徘徊,并且随着经济社会的发展出现了一些新情况、新特点,恶性极端案件时有发生,教育、挽救涉罪未成年人的难度越来越大,给千万家庭幸福和社会和谐稳定带来了严重影响。因此,党和国家对未成年人犯罪实行“教育、感化、挽救”方针、“教育为主,惩罚为辅”原则和“两扩大、两减少”政策,并以此为指导制定、修改了一系列法律。在法律规定上,全国人大常委会先后颁布实施《未成年人保护法》《预防未成年人犯罪法》等法律,《刑法修正案(八)》从立法上明确了免除未成年人前科报告义务,特别是 2012 年修改的《刑事诉讼法》更是将“未成年人刑事案件诉讼程序”作为

特别程序设专章进行了规定，在吸收以往相关法律规定和总结实践试点经验的基础上，对办理未成年人犯罪案件的一系列特殊方针、原则、制度和程序作出了明确规定。在未成年人犯罪工作中，除了注重对未成年人特殊司法权益的优先保护，强调涉罪未成年人的教育挽救和权益维护外，随着来沪务工人员随迁子女中未成年人犯罪比重上升，重视涉罪未成年人平等保护，为来沪未成年人平等适用非羁押措施和非监禁刑提供机制保障也是工作之重。

近年来，青浦地区未成年人犯罪案件逐年上升，一个显著的变化即民工随迁子女成为犯罪的主要组成部分，具有侵财性犯罪占多数、暴力犯罪占相当比例、结伙犯罪突出、犯罪随意性较大、自身文化低、来自问题家庭多等明显特点。出现的原因主要有无法获得“文化认同”的社会隔离、受教育程度低、法制观念淡薄、生存技能差、监护人疏于管教、社会不良环境影响、沉溺网吧等。近年来青浦区积极开展未成年人犯罪预防工作，取得了一定成绩，但仍然存在思想认识不到位、工作开展不平衡、帮教预防社会化程度不高等问题和困难，尤其表现在对随迁子女犯罪预防工作开展的社会重视程度不够，工作方式落后等几个主要方面。

（二）现实意义

随着青浦区城市化进程的不断加快，大量外来人口涌入，本区的外来人口已经远远超过本地人口，随之带来了民工随迁子女的数量和比重也不断在上升。而这一特殊群体普遍存在社会群体隔离、文化素质不高、谋生技能缺乏、归属感不足等特殊情况，很容易受外界不良环境影响而导致违法犯罪，因此仍将可能是今后本区未成年人犯罪的主要群体。一个国家的司法体制是否健康取决于司法是否公正，刑罚是否起到惩治、教化、挽救的作用。特别是对于民工随迁子女，长期处于相对不平等的环境，当他们触犯法律的时候，需要社会的教育与挽救，有专家认为，“当通过更温和的手段——指导、示范、请求、缓刑、褒奖可以获得同样效果时，使用刑罚就是过分的”。从司法实践的角度看，应该构建涉罪民工随迁子女的特殊保护工作机制，落实宽严相济刑事政策，对民工随迁子女涉罪案件做到不偏不倚。

为此,通过对这一特殊群体进行详细的调查,寻找既存的共性问题,进一步加强青浦区民工随迁未成年子女犯罪预防的工作,最大限度地保护未成年人合法权益,最大限度地挽救涉罪未成年人,最大限度地预防未成年人犯罪,这既是维护社会和谐稳定的需要,也是贯彻落实党和国家有关方针、原则和法律、政策的需要,更是青浦地区今后社会长治久安的根本需要。通过本课题的研究可以进一步完善相关工作机制,更好地预防民工随迁子女的犯罪。

二、青浦地区民工随迁子女犯罪情况调查分析

2009 年至 2012 年间,青浦区人民检察院未检科共计受理未成年人犯罪案件 331 件,涉罪未成年犯罪嫌疑人 446 人,其中非本地户籍 386 人,非本地户籍中 260 人系随迁子女,占涉罪未成年犯罪嫌疑人总数的 67% 。

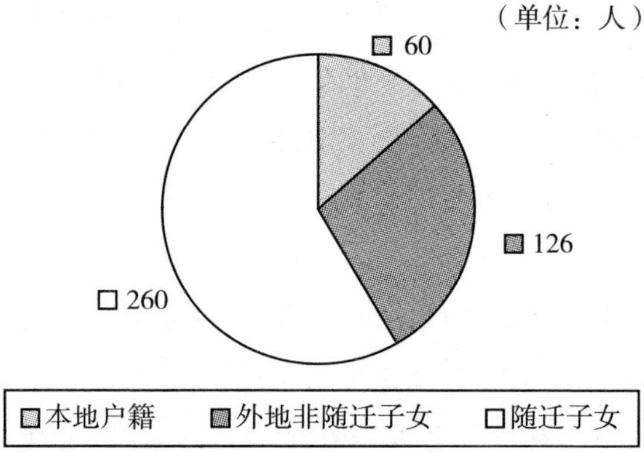

图 1　近 4 年涉罪未成年人中随迁子女比例

一是涉罪的随迁子女中以男性占绝大多数,文化程度以初中、小学为主。

在近 4 年来涉罪随迁子女的 260 人中,从性别分布来看,男性 256 人,女性 4 人;从文化程度来看,小学文化 76 人,初中文化 172 人,中专文化 7 人,高中文化 5 人。

（单位：人）

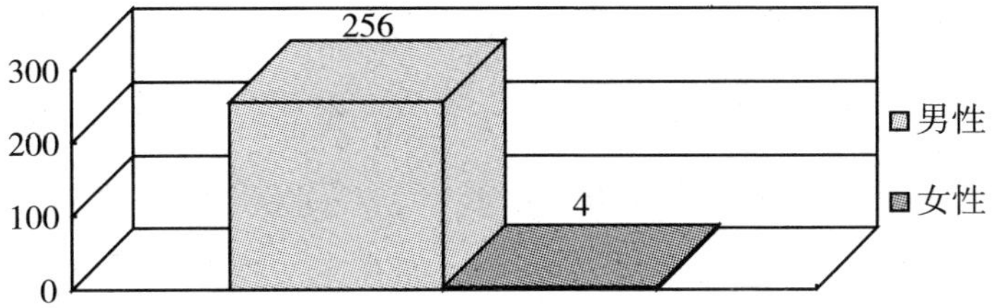

图 2　近 4 年涉罪随迁子女性别分布

（单位：人）

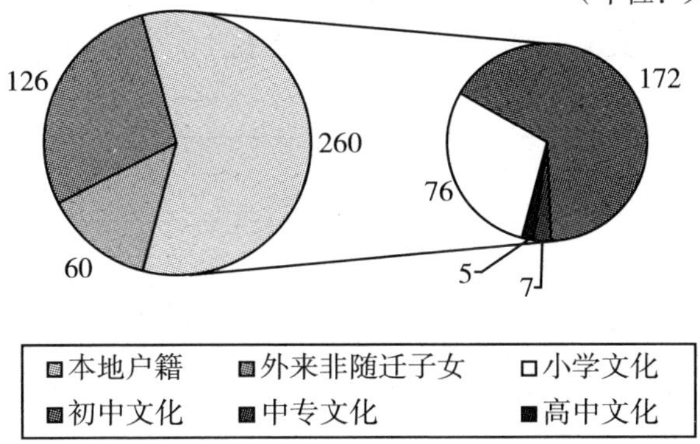

图 3　近 4 年涉罪随迁子女文化程度分布

二是涉罪的案件类型以侵财类为主，暴力性犯罪其次，其他如合同诈骗，非法拘禁，制作、复制、出版、贩卖、传播淫秽物品牟利等罪名也时有出现。在近 4 年来涉罪随迁子女的 260 人中，盗窃 100 人，抢劫 62 人，寻衅滋事 30 人，聚众斗殴 22 人，故意伤害 10 人、强奸 10 人，其他罪名 26 人。

（单位：人）

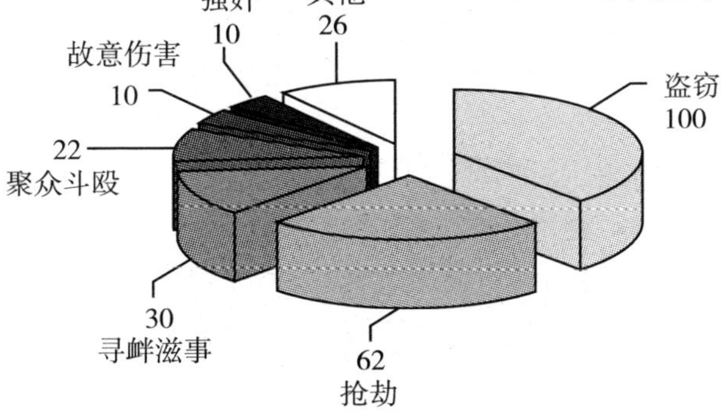

图 4　近 3 年涉罪随迁子女涉嫌罪名分布

三是涉罪人员非羁押强制措施的比例仍较低,但观护帮教率有所提高,达到中等水平,已经接近本地户籍的比例,而高于外地非随迁子女的比例。在近4年来涉罪的随迁子女260人中,根据各自的涉案情况和观护帮教条件,有203人被逮捕、57人被取保候审,取保候审率为21.9%,其中39人开展观护帮教,观护帮教率为68.4%。而在本地户籍涉罪和外地非随迁子女中,分别有16人、107人被逮捕,44人、19人被取保候审,30人、7人开展了观护帮教;本地户籍的取保候审率为73.3%、观护帮教率为68.1%,外地非随迁子女的取保候审率为15.1%、观护帮教率为36.8%。

(单位:人)

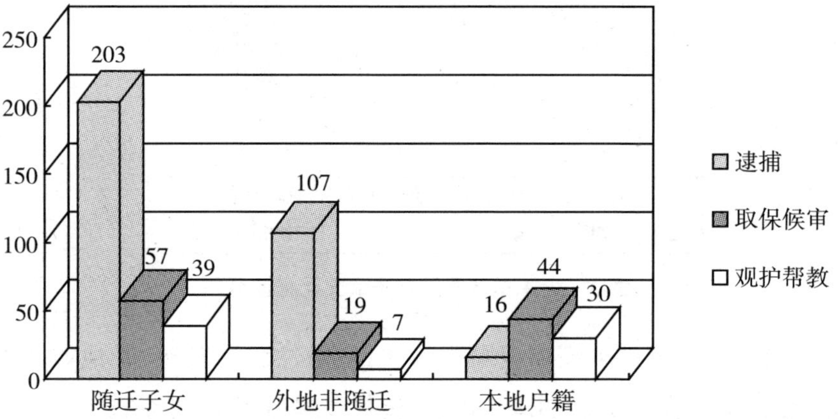

图5 近3年涉罪随迁子女取保候审及观护帮教情况比较

四是团伙作案形式居多,共同犯罪比例较高,特别是与成年人共同实施犯罪案件较多,犯罪动机明显,预谋性强,社会危害严重。近4年来涉罪的随迁子女260人中,其中有167人系共同犯罪,占全部随迁子女犯罪的64.2%。

(单位:人)

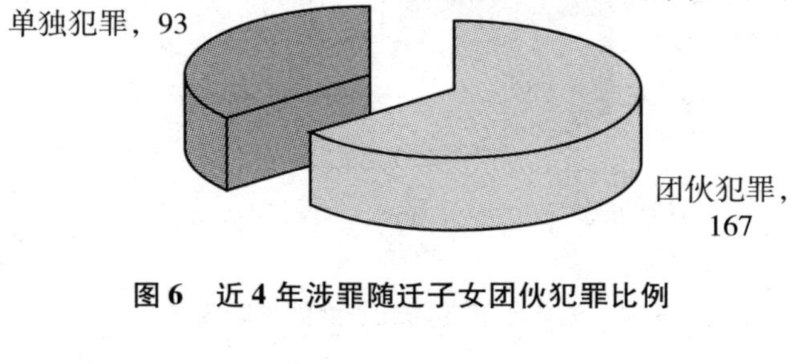

图6 近4年涉罪随迁子女团伙犯罪比例

五是在校生违法犯罪情况严重。涉罪随迁子女就读学校相对比较集中。近4年来涉罪随迁子女260人中,有记录可查的就读于本地学校的有71人,其中民办学校30人、公办职技校28人、公办初高中13人。根据走访教育部门得到的信息,青浦地区共有民办学校23所、公办职技校3所(其他为非本区院校)、公办初高中学校26所。涉罪的随迁子女中,分别就读的民办以及公办学校的情况详见表1。

表1　涉罪随迁子女就读民办学校人数分布　　　(单位:人)

民办学校人数分布						
学校名称	胜利学校	蓝天学校/新华进修	曙光学校	联合学校	华益学校	其他
人数	8	3	2	2	2	13

表2　涉罪随迁子女就读公办学校人数分布　　　(单位:人)

公办学校人数分布				
公办职技校	上海工商信息学校	青浦职业学校	青浦新闻出版学校	其他(非本区院校)
	10	8	3	7
公办初高中	东湖中学	豫英学校	金泽中学	其他
	2	2	2	7

三、青浦地区民工随迁子女犯罪原因分析

(一)缺乏良好学校教育,自身素质比较低

毋庸讳言,随着城市化进程的不断推进,农民工随迁子女就读难问题逐步凸显,已成为我国义务教育新的难点和薄弱环节。据统计,全国14周岁及以下流动儿童规模已达1834万人,全国进城务工农民随迁子女数量达到1400多万人。

近年来,国家政策大力引导,不少公办学校开始招收随迁子女,甚至有些公办学校有95%以上的学生系随迁子女。部分进入公办学校的外来随迁子女,难以融入本地学生的群体,他们感到被老师、同学歧视,心理上压抑,有很强的自卑心理,性格大多内向,不容易与同学和老师沟通。与此同

时，民工随迁子女绝大多数学习成绩处于“弱势”地位，也使他们在公立学校处境尴尬，部分人不得不选择“高兴进入，无奈退出”，相当一部分民工随迁子女与公立学校渐行渐远。

与此同时，还有相当一大部分的随迁子女因为种种原因无法或者没有选择公办学校，而是进入民办学校就读。相比公办学校，民办学校普遍办学层次较低，教学条件简陋，达到正规办学标准的较少；师资力量也参差不齐，有的是有几十年教龄的退休教师，也有从未有任何教学经验的地方师范学校毕业的应届生，还有一些是曾经的代课教师，民工随迁子女的受教育问题仍令人担忧。教育资源的不平等势必会造成教育质量的不平等，教育质量的好坏则很大程度上决定着教育者的犯罪率高低。

由于现行的高考体制，农民工随迁子女完成义务教育后必须回到家乡参加升学考试。有的学生就此辍学，继承父业，成为世袭农民工，他们的受教育权利就此丧失。还有一部分人无法找到合适满意的工作，又不愿意回到家乡继续学习，如果父母又疏于管教，便会成为“失学、失业、失教”的三失人员，他们的存在极易导致社会问题。

相对本地户籍的未成年人来说，随迁子女的失学率较高，受教育程度低，过早脱离了有效的学校教育管理，为走上歧途也埋下了隐患。不少人终日游手好闲，为满足自己上网、吸烟、喝酒等消费需求，不惜以通过非法手段获得财物供自己随意挥霍，导致侵财性犯罪所占的比例居高不下。也有不少人没有归属感，逐渐成为游离于农村与城市社会体系外的“社会游民”，很容易受自由主义、拜金主义、享乐主义等的影响而犯罪。

由于受教育程度较低，随迁子女犯罪方法一般比较简单，很少有高智商、高技术的犯罪，且犯罪多为临时起意，往往带有突发性和情绪宣泄性的特点，初犯、偶犯较多，有很大的随意性。很多人都缺乏基本的法律知识，不知道自己的行为已经构成犯罪。

（二）父母教育缺失及方法不当，缺少家庭关爱

家庭是青少年社会化的最初场所，家庭环境的好坏直接影响着随迁子女的身心发育，父母对子女的淡漠容易造成他们心灵心理的空虚。家庭的

经济社会地位较低,容易导致随迁子女在家庭外部寻求物质上的支持和保障,容易接触到不良同伴。家庭成员关系紧张容易导致削弱家庭对随迁子女的教育、降低父母对随迁子女的影响。不适当的家庭教育方式会增加他们的抗拒和逆反心理,让随迁子女较早脱离家庭的庇护,进而导致犯罪的可能性提高。

随迁子女的父母多为农民工,因工作时间长、劳动强度大,大多数随迁子女的父母无暇顾及子女,使子女接受良好的家庭教育。青浦区教育局对区内公办中小学进行"来沪务工人员随迁子女"现状的调查显示,4160 位来沪务工人员随迁子女的家长在上海从事的工作遍布各行各业,总体两类人员居多:一类是个体经营,如卖菜、卖水果、维修服务;另一类是以体力劳动为主的务工者,如企业职工、建筑工人、驾驶员、保安、饭店服务员,另外还有近 6.1% 的无业、失业人员。家长的文化程度普遍偏低。另据统计,61.9% 和 69.8% 的母亲文化程度在初中及以下,大专及以上的仅为 11% 和 9.6%。由于文化水平低、生活无规律、重男轻女等因素,大多数来沪务工人员缺乏正确的家庭教育理念和必要的家庭教育知识、方法,没有时间也没有能力帮助孩子学习,教育孩子方法简单,亲子互动缺失。

以青浦区毓华学校为例,该校小学部外来民工随迁子女已占全校学生数的 95% 以上。这些学生的家庭居住社区多数地处城乡接合部,环境脏、乱、差;住房拥挤、杂乱,他们普遍缺乏安静、独立、采光较好的学习环境,更谈不上良好的学习氛围。这些家庭的共同之处还包括子女普遍生长发育不达标,父母对子女的营养问题颇为忧心,但又无可奈何;父母一般都认可子女在生活中的乖巧、懂事,如承担部分家务,但对子女的学习成绩和前途表现出较为强烈的焦虑情绪;由于父母的文化程度不高及工作时间较长,对子女的学习缺乏指导能力,普遍感觉"心有余而力不足"。

与此同时,受家庭经济条件限制和父母要求"只要读书就好"的观念影响,外来民工随迁子女的兴趣爱好得不到父母支持,很少能报名参加兴趣班,更缺乏交谈、出游等更为积极丰富的互动形式;父母的教育方式以说教和打骂为主，奖惩子女一般只善于运用物质层面的，如“吃东西”“买衣服”“给现金”，缺乏科学的方法。外来农民工家庭民主氛围相对淡薄，子女往往不能在父母面前自由发言，加上父母平时的教育方式不当，子女在家庭中的情绪表现出不同程度的沉重和压抑；子女产生消极情绪之后，一般采用压抑和发脾气两种方式，缺乏积极有效的情绪自我调控技巧；多子女家庭还普遍表现出对某个子女特别偏爱的现象，容易造成其他子女的失落、沮丧情绪。

家庭教育的缺失导致的逆反、偏激心理，再加上文化程度较低，使得不少随迁子女容易冲动，遇到问题不能正确解决，动辄施之暴力，为一些口角之争或者小摩擦就采取暴力手段大打出手，所以随迁子女所涉及的罪名，除了侵财类犯罪外，大都集中在暴力性犯罪，如聚众斗殴罪、寻衅滋事罪、故意伤害罪，给社会造成严重危害。

（三）社会保障不得力，管理措施不到位

在工业化过程中，劳动力从农村流向城市，从落后地区流向发达地区，是经济社会发展的必然现象和客观规律。我国经济目前正处于这样一种迅速发展的背景下，城市外来人口尤其是随迁子女的生活和发展都离不开政府所提供的社会保障和相应的管理措施。

随迁子女作为我国公民，本应享受到和本地子女相同或相似的社会保障，但在现实中，却屡屡遭遇不平等的对待。国际社会的成功经验表明，社会保障替代土地保障，是农民实现从农村迁移到城市、从农业转向非农业的一个不可或缺的基本条件。对于随迁子女而言，要想实现在务工地城市长期稳定就业、生活的目标，必须至少享有三个层次的社会保障：其一为解决年老和疾病时后顾之忧的养老保险和医疗保险；其二为解决失业后暂时生活困难的失业保险；其三为防范沦入贫困境地的最后一张保障网——最低生活保障。然而，据调查，目前随迁子女中，享有养老、医疗、失业保险的比例分别为21.3%、34.8%和8.5%，且不说企业的缴费标准大多以各地的缴费下线为准，而城市最低生活保障的保障对象为当地城市户籍人口，随迁子女基本上没有享受该项保障的权利。显然，目前随迁子女实际享有的

社会保障水平,与他们企盼在务工地城市稳定就业和生活的诉求之间距离还相当悬殊。大部分地区主要存在以下问题:

1. 工作环境差,缺乏社会保障服务

农民工参与城市建设,但其来城市时间长短、个人能力与机会有区别,工作单位性质当然也会有很大的差异,反映在社会保障上,就产生出明显差距。农民工和他们的子女往往都是在企业中从事职位较低的工作,这并非完全由于其能力与才华的缺欠,许多时候只是资源享有的不对称,却成为社保权利未平等对待的最大理由。随迁子女和他们的父母为城市现代化进程几乎贡献自己全部,并且在城市中从事最累、最苦、最脏的工作,其每天工作时间之长令我们很难想象。根据问卷面访谈方式,75%的农民工存在超时工作即每天8小时以上的,每天工作时间在10个小时以上的占60%。每天工作12小时以上的占27%。我国长期实行城乡二元体制,农民工与城镇职工在住房条件或补贴、在职培训或进修、工资福利等方面存在明显差异。已基本实现"应保尽保"的城镇"低保"网并没有向农民工张开。只有部分农民工享有单位提供的一点医疗等救助,一旦离开单位,救助则随之解除。一些企业片面追求效益指标,忽视安全管理,存在大量事故隐患和不安全因素,加之农民工自身安全保护意识薄弱,导致工伤事故屡屡发生。

2. 不完善的医疗收费制度使随迁子女游离于城市医疗卫生保障体系之外

尽管随迁子女是以青少年为主的群体,但在疾病侵扰时,由于缺乏医疗保障,不能及时就医,病情被拖延。由于受地域、城乡差别等原因的影响,医疗保险关系以及统筹基金很难在不同省份之间随同转移,所以外来随迁子女很难享受到他们应有的医疗保险。他们因收入不高、工作不稳定、在城市中缺乏医疗保障,看病贵、看病难的问题在随迁子女人群中表现极为突出。目前,新医保政策虽然使城市外来人口看病问题得到了一些解决,但现行的报销范围仅限于住院病人,普通患病的问题仍未能妥善解决。农民工医疗保险权益的缺失,往往导致他们有病不能及时就医,甚至丧失劳动能力，导致刚脱贫或已走上小康之路的农户“因病返贫”“因病致贫”。因此，农民工应有与经济收入相适应的医疗卫生保障，这是不断改善就业状态、增加收益、保障健康的重要保证。

3. 不完善的养老保险运行制度使得随迁子女无法参与

我国现行保险制度主要以交费形式参保，这对于工作稳定、收入较高的城镇职工很合理，然而对于随迁子女就不合适了。一部分农民工的失业相当严重，在有失业经历的农民工中，将近30%曾遇到过长达半年和半年以上的失业，并且工种变换频繁，没有长期固定工作。由于随迁子女职业不固定，失业率高，缺乏必要的生活保障，还何谈保险费呢？当前的城镇社会养老保险费用较高，如果要参保，随迁子女却要交相同的费用，但是随迁子女交不起费用。

4. 受户籍制度制约，以随迁子女教育和社会保障为主的基本公共需求难以满足

农民工基于自身阅历和切身体验，对其子女受教育的期望都非常高。他们中越来越多的人正是为了让子女能够在城市接受更好的教育而选择在务工地就业和定居。据中国流动人口监测报告，2009年农村流动人口子女中，70.2%随同父母流动，只有29.8%留守农村。然而，农民工随迁子女入学难问题仍相当突出，据教育部2008年发布的一项研究报告：农民工随迁子女在公办小学就读的比例，北京为63%，上海为49%，广州仅为34.6%。学龄儿童中未上学的比例，北京为3.81%，上海为3.56%，广州高达7.19%。民工随迁子女半数以上都有转学经历，在转学3次及以上的比例中，大城市最高，中等城市最少。一些城市公办学校还存在收取借读费和赞助费等行为，而大城市最突出。随着随迁子女年龄的增长，他们中越来越多的人将步入育龄阶段，与此相伴，随迁子女教育问题也必将越来越成为他们在务工地稳定就业、生活不得不面对的现实性、紧迫性问题。

此外，工资收入水平较低、务工地房价居高不下，是阻碍其在务工地城市长期稳定就业、生活的一大障碍，劳动合同签订率低、欠薪时有发生、工伤事故和职业病发生率高等劳动权益受损问题，也是其亟须解决的突出问

题。因此必须努力改进当前的社会保障制度,将外出的随迁子女纳入社会保障体系中,必将有利于建立完善的社会保障体系,有利于农村剩余劳动力更为有效地转移。如此还将对我国“三农”问题的有效解决、农村社会的现代化变迁、城乡统一的社会保障体系的建立有着深刻影响。

5. 社会观念陈旧,主流文化排挤,未能有效管理

由于生长环境的影响,随迁子女一般对本地区有较高的认同感,然而相对于本地户籍人员而言,本地区却不能为他们提供均等的学习环境和工作机会。就业歧视比较普遍,医疗卫生保健难以解决,工伤、职业病问题突出,业余文化生活枯燥,受到城市主流文化与价值观念的排挤等,被歧视感和心理落差成为潜在违法犯罪的动因。一旦自身权益受到侵害但无法得到有效保障时,心理就会失衡,导致对城市的反感甚至仇视,从而走上犯罪道路。这也导致了他们中间的有些人,虽然明知自己的行为是犯罪,会被判处刑罚,但没有丝毫的罪恶感。

再者,现阶段缺乏管理随迁子女的专门组织机构,大多数随迁子女的户籍、就学、就业等相关资料缺失,使得这个群体在社会综合治理的角度没有得到有效的控制,处于“学校不管了、家庭管不了、社会没人管”的状态,对一些有劣迹者无法及时地纳入工作视线,很难实施有针对性的教育和管理。

(四)心理问题严重,法制意识淡漠,“亚犯罪”情况浮现

目前,中国农村大多还是比较穷困的,到处是破旧的房屋,泥泞的道路,简陋的校舍,数量有限的商品。城里的热闹、繁华,直插云霄的高楼,琳琅满目的商品,令来到这里的随迁子女感到新鲜、惊奇和兴奋,他们渴望融入这个不一样的世界。然而,现实是残酷的。城市的种种美好常常可望而不可即,他们幼小的心灵在到处碰壁中遭到创伤,处处遭受的冷遇、歧视使他们迷惑、彷徨,若得不到及时引导就会造成自卑、自闭甚至仇视和报复社会的心理,导致青少年犯罪。随迁子女通常因父母无暇管教,大部分都懂事早,自理能力强,很小就能帮助家里料理一些家务,性格也开朗,有着城里孩子缺少的独立坚强的品质。来到城市后,由于外乡人的身份、黝黑的

皮肤、夹杂口音的普通话、卫生习惯的差异、学习的适应慢等诸多问题，而受到身边人的奚落、孤立和排斥。没能迅速改变和适应的他们容易感到自卑，在无人关爱、缺少朋友、处处遭受冷遇的情况下，这些孩子很容易形成内向、自卑、孤僻的性格，时间久了便成为问题少年。农民工的善良、朴实、真诚，潜移默化在子女身上，使他们从小就养成勤劳勇敢、诚实守信、敢做敢当、乐于助人的性格。与同龄的城市孩子相比，他们少了许多娇气，在生活上能吃苦，动手能力强，热爱劳动。但在城市学校，这些优点有时候却成了随迁子女被歧视的理由，“憨”“傻”“笨”“脏”是城市孩子对大多数农村孩子的评价。许多随父母来到大城市的随迁子女们，会产生对人生观、价值观、世界观的极大质疑，若不能及时引导，容易成为社会大染缸的牺牲品。

因为外来务工人员流动性大、背景复杂、居住分散、难以集中，给法制宣传教育工作带来了一定难度，教育对象文化程度的参差不齐，也在一定程度上影响了宣传效果。部分企业只注重抓生产和经济效益，忽视对员工进行法制教育；部分学校只注重抓升学率，忽视对学生进行法制教育，造成随迁子女的法律意识淡薄。

在青浦区人民检察院未检部门办理的许多案件中，都存在一些随迁子女的危害行为已经触犯法律，但由于未满 14 ~ 16 周岁，未达刑事责任年龄，而不认为是犯罪，只能教育放行的情况。但是，随着这类人群年龄的增长，他们极有可能再次实施违法行为，成为罪犯。有的随迁子女在成年人的带领或者教唆下，实施了严重违反治安管理的行为，如小偷小摸、倒卖假发票、贩卖淫秽光碟，发展下去就是犯罪，是处在犯罪边缘的“高危人群”。从目前的状况看来，这类随迁子女的数量也非常大，据不完全统计，已经远远超过已构成犯罪的随迁子女人数，隐患巨大。

专家认为，大部分未成年人的不良行为并不属于犯罪范畴，即使是严重的不良行为，多数也只是处于犯罪边缘或是具有犯罪倾向的现象，也就是所谓的“亚犯罪”。而据相关司法机构的调查发现，农民工随迁子女即所谓“农二代”中，亚犯罪存在高发现象。司法专家认为，如果对进入“亚犯罪”状态的少年进行有效的教育和疏导,就会遏制大量少年犯罪现象的产生。然而现实情况是,仍有很大一部分犯错的未成年人并没有受到有效的教育或者根本不愿意改正。

四、民工随迁子女犯罪防控的机制研究

民工随迁子女是一个特殊的群体,他们的违法犯罪问题是城市化进程中典型的社会问题之一。因此,正确认识民工随迁子女的违法犯罪现象,深入分析其违法犯罪的原因,有针对性地制定预防对策尤为重要。然而,预防和减少民工随迁子女涉罪,减少违法犯罪率,必须坚持综合治理的原则,它是一项系统的工程,不仅需要检察机关与家庭、学校、社区及其他社会组织、职能部门的共同参与,更需要全社会的关注和支持。

(一)完善社会保障机制,维护民工随迁子女的基本权利

建立健全社会保障法制体系,维护外来务工人员的社会保障权,不仅是世界各国的共识和普遍做法,更是我国国情的实际需要和未来发展的必由之路。除了社会保障本身所具有的人权保护因素,给予随迁子女合理的社会保障权更是目前我国迫切而又重要的现实选择。社会保障的目的在于集群体力量抵制个人风险,社会性、公益性、福利性等特点彰显出其保障风险能力较差的社会群体的普世功能。相对于现实社会中拥有权力和财富依靠自身力量即可以规避风险的群体,社会保障更应该在保障基本生存条件和进行社会再分配方面特别关注社会弱者。随迁子女作为城市边缘人,资源匮乏却容易受到伤害,完全可以将其获得社会保障的满足度作为衡量社会保障法制健全的评价指标。目前,我国社会保障体系还是属于城乡分割的二元化体系,城镇居民保障的社会化为主和农民的家庭化为主有明显区别。随迁子女在工作性质与生活环境方面已发生变化,其个人需要和风险结构已不同于传统农民。在健全社会保障法制方面,还要防止社会保障的过度“碎片化”,考虑城乡社会保障的顺利对接。

随着城镇化进程的推进,到2020年时,将有36,000万农村人口转移进城镇。这些人工伤、疾病需要保障;到2030年之后,3亿农民工都将陆续进

入退休年龄,这批农民工逐步进入老年阶段。如果现在不做好相应的制度安排,一二十年后,这个群体进入老年阶段却没有任何养老保障。因此,尽早建立完善的农民工社会保障制度,解决随迁子女社会保障问题具有重要的意义。要真正解决随迁子女的社会保障问题,必须创新理念,更新发展思路。解决随迁子女的社会保障问题的根本点就在于,促进中国社会的一体化进程,使社会更加和谐。为此,笔者认为可以从以下方面建立和完善社会保障体系:

1. 建立相对独立的农民工社会保障制度

所谓相对独立,是指农民工社会保障制度的独立性只相对于城镇和农村社会保障,而且这种独立性只是阶段性的。我国的城镇化将是一个长期的过程,农民工现象将长期存在,城乡社会保障的差距也不可能在短期内消除。因此,农民工是长期的历史现象,农民工的社会保障制度既要着眼于长远,又要立足于难以城市化的现实,在城乡之间实现对接与转移。立法落后于现实或超越现实都可能丧失法律的工具性价值,法律对农民工社会保障的保护应是渐进的一个过程。因此,我国现阶段应当建立以现有社会保障制度框架为基础,城乡有别、相互衔接、以农民工为中心的相对独立的社会保障体系,为实现社会保障体系的城乡整合做好准备,待各方面条件具备再实行城乡统一的社会保障标准,这样可能更契合现实国情。

2. 建立不同层次的多样化社会保障制度

目前,随迁子女所面临的社会保障需求是多样的。这些社会保障需求不可能放在同一个制度模式内加以解决。因此,必须将随迁子女的社会保障需求分为不同层次,针对不同层次的社会保障性质和特点,实施不同的社会保障制度,分类分层建立新生代农民工社会保障体系。在安排社会保障制度的建立顺序时,要适当考虑农民工的不同类型,分类型按照需要和可行性程度分步推进。在社会保障范围的先后顺序安排上,应当以随迁子女的市民化程度为依据,市民化程度越高的随迁子女,越应当尽早纳入社会保障范围,对随父母迁居多年的随迁子女应将他们纳入城市的社会保障范畴,享有同城镇职工相同的待遇。对在不同城市间打工、流动性较强的随迁子女,由于他们流动性强、就业不稳定、收入水平低,必须有符合其特点、相对独立的过渡性农民工社会保障模式。养老保险应该低门槛、低待遇、广覆盖、允许中断并累计计算缴费年限且易转移接续。加快社会保险系统的信息化建设,实行全国范围内的单一个人账户积累模式。对在异乡打工、还有可能回到家乡的随迁子女,应当将他们纳入正在筹建的新型农村合作医疗制度之中,这样既可以使他们通过外出打工增加收入,又可以得到医疗保障,免除其后顾之忧。

3. 重点推进户籍制度改革

户籍制度是影响农民工问题解决的制度性障碍,我国特有的建立在户籍制度基础上的“城乡分割,一国两策”的治理体制,在一定程度上束缚了农民工的发展,农民虽然进了城,却不能直接转化为市民,虽然做了工,但并不能享有和拥有城市户籍人口的福利待遇,而是成为非城非乡,亦城亦乡,非工非农,亦工亦农的农民工。有个形象的比喻,将农民工比喻为在城乡之间进行“候鸟式”流动的“边缘人”。因此,要有重点、有试点地推进户籍制度改革,建立递进式户籍制度,即“暂住证 - 常住居民证 - 户籍居民”制度,以纳税额度、固定住址、无犯罪记录等条件,制定不同城市的入户标准。

4. 强化用人单位的法律责任

规范用人用工制度,政府有关部门及组织应相互配合,加大劳动监察力度,帮助农民工与用人单位签订劳动合同,落实好《劳动法》赋予劳动者的各项权利。加强对用工单位支付农民工工资情况的监督,制定最低工资标准,建立企业欠薪公告制度,督促企业按时足额支付农民工工资报酬,确保农民工家庭经济功能正常发挥。一些企业为降低成本,依赖廉价劳动力谋求竞争优势,以逃避缴纳社会保险费的义务,导致随迁子女参保率不高。为使企业自觉为农民工缴纳社会保险费,应明确用人单位在社会保险方面的法律责任。制定有关随迁子女社会保障方面的法律法规,为农民工享有社会保障权提供切实的法律保证。

据统计数据显示,本地区随迁子女的月工资近年来由 1200 元左右跃升至约 2500 元。据了解,我国政府将把随迁子女工作列入未来五年国民经济和社会发展总体规划中，进一步在劳动报酬、户籍、培训、教育、精神生活等各方面保障随迁子女权益。将放宽中小城市、小城镇落户条件，促进符合条件的随迁子女在城镇落户并享有与当地城镇居民同等权益。同时，有关部门将加强企业随迁子女工资支付监控，积极建立欠薪应急周转金制度，实行高危行业随迁子女经过培训持证上岗制度。

同时，随着社会的发展，让随迁子女共享城市繁荣和社会进步的成果。应当逐步消除户籍歧视，不断提高保障水平，促进社会融合；不仅从物质上帮助面临困难的城市外来人口，还注重从多方面维护他们的社会自尊，鼓励他们自强自立。最重要的一点就是在保障城市外来失业人口在失业期间的基本生活前提下，重点帮助他们重返劳动力市场，促进失业者在就业中自我保障能力的提高。促进就业是城市外来人口社会保障最核心的问题。

应始终把社会帮助作为政府构建社会保险体系的重要辅助力量，本着能让社会做的事情，尽量由社会来做的方针，积极发挥社会各界力量尤其是城市社工和志愿者的力量，共同做好民工随迁子女的社会保险工作。

（二）完善家庭教育机制，营造健康和睦的家庭氛围

家庭是未成年人的第一所学校，是其社会化的起点，而目前民工家庭结构的缺失、家庭教育方式不当、父母行为不良、家庭气氛不和睦、家庭过于贫困等，往往对随迁未成年人子女的品德形成、性格特点等产生深刻的负面影响，对随迁子女不健全人格的形成具有原发性的影响，有的甚至导致一些未成年人走上犯罪的道路。实践经验证明，家庭教育是促使青少年健康成长的重要一环。在家庭教育中，凡是家长对孩子的人格和品德教育抓得好、抓得及时的，孩子就能健康成长；反之，孩子就可能出问题。农民工随迁子女的成长本来就面临着教育、健康、贫穷、社会边缘化等诸多挑战，家庭如果起不到缓冲子女压力的作用，反而增加子女的心理负担，久而久之，容易引发子女自卑、退缩、攻击性等诸多心理问题。多方合作共同帮助农民工提升家庭教育水平，提升民工随迁子女家庭教育水平，是一个需要全社会共同关心、关注的问题。

1. 政府重视，社会协助

外来民工随迁子女的家庭教育亟须政府和社会的高度重视。如何让孩子快乐学习、如何与孩子沟通等教育方法，需要政府和社会的高度重视，办好“亲子共同成长”课堂，各级教育行政部门、中小学校以及工青妇组织应协调配合，担负起指导家庭教育的责任，以开办家长学校、家庭教育指导中心、定期家长会等形式，帮助和引导家长树立正确的家庭教育观念，掌握科学的家庭教育方法，为外来农民工解答家庭教育的各种难题。

提升农民工随迁子女家庭教育水平，离不开良好的外界环境配合，特别需要流入地政府的大力支持。要制定民办民工随迁子女学校审批标准、规范审批条件和办学行为，对未经批准的民办民工随迁子女学校采取分流与取缔等措施，规范其办学；要消除学校安全隐患，提高教育质量，整体推进流入地城市教育事业发展；要逐步放开地域限制，实施农民工随迁子女异地中考和高考，为农民工随迁子女在城市接受义务教育以后的教育扫清政策障碍，采取切实措施保证他们在教育领域享受同城待遇。

2. 增进沟通，加强普法

在有条件的社区中，应当组织活动，促进农民工家庭与当地市民家庭间的沟通交流，增进彼此了解，为随迁子女健康成长营造良好社区环境。加强对农民工家庭教育的辅导，扩大各项社区活动对农民工家庭的覆盖面。同时，考虑到农民工白天一般都很忙碌，应更多利用晚上或周末等便于他们参与的时间来安排活动；在内容上，应结合实际需求，侧重文明礼貌、生活习惯、环境卫生等方面；在形式上，考虑到农民工文化素质水平，应尽量简单易行，如改变那种让他们流于形式的检查子女作业完成情况，而让他们多和子女做口头交流。

在进行普法过程中，有意识地提高外来务工人员（即随迁子女父母）的参与度，培养他们遵纪守法的自觉性和依法维权的能力。要通过家长学校聘请法院、检察院的法律工作者对广大家长进行《婚姻法》《教育法》《未成年人保护法》《预防未成年人犯罪法》等法律法规的学习和培训，进一步强化父母或其他监护人的家庭责任感。开办针对外来务工人员的家长学法课堂,利用节假日、休息日或者广播、电视等媒体渠道为他们讲解未成年人保护的相关法律规定,使家长尽心尽责地履行监护人的责任和义务。通过宣讲法律知识、设置法制宣传栏、印发法制宣传资料、解答法律咨询、开展"法制宣传周"等活动,培养外来务工人员的法制意识,通过父母一辈健康的思想、正确的品行,潜移默化地引导随迁子女树立起坚守道德法律底线的理念。

与此同时,根据外来务工人员自身的特点,汇集社会各方力量,采取行之有效的方法和措施,依托大众传媒(电视、广播、报纸、宣传栏、橱窗)等,多渠道、全方位普及家庭教育知识,推广好经验和方法,提高随迁子女家长的素质,帮助他们掌握科学的教育方法,使他们的子女能够在一个温馨良好的家庭氛围中健康成长,更好地实现自身的价值。

3. 加强教育学习,共同成长

以外来民工随迁子女就读学校为实验点,以"亲子共同成长"课堂为载体,通过亲子参与式活动、讲座和讨论等形式,开展农民工家庭教育的指导性系统培训和家庭教育系列活动。在农民工家庭开展创建学习型家庭活动,作为社会的细胞,学习型家庭的创建是建立学习型社会的重要组成部分,也是强化家庭功能、从根本上发挥家庭在预防随迁子女犯罪中的作用的有效措施。以创建学习型家庭为载体,教育和引导农民工家长掌握科学教子知识,实现教育角色和教育方式的转变,从单纯教育者转变为共同学习者,由单向灌输转变为双向互动,增强家庭教育工作的针对性、科学性和有效性。进一步营造优质的氛围,努力提升家庭教育质量。父母与孩子之间共同学习、相互学习、相互沟通、相互分享、相互承诺是学习型家庭的基本内涵。在学习中做到常与孩子交流沟通,这样不仅能随时掌握其思想脉搏和规范其行为,而且能缩小与孩子的代沟;还要不断进行思想品德教育,提高自身道德水准,为孩子做好榜样,达到言传身教的良好效应;同时,更要不断地学习、探讨、实践和改进教育方式、方法,使之更趋科学化,更易使孩子接受,达到事半功倍的效果。这样也能促进与带动孩子共同学习求知的主观能动性,变被动为主动,化消极为积极,从而促进家庭成员共同提高道德水平,提高心理素质,扩大知识面,养成适当的技能及解决问题的能力,充分发挥个人潜能,进而有效地应对与解决家庭生活的各类问题及社会变迁的挑战,达到预防犯罪之目的。

4. 注重言传身教,提高自身素质

首先,尽量减少子女劳务负担,多给子女让出学习时间,为其创造更好的学习条件。同时,应力所能及地为子女配备齐全的学习书籍、文具等,为子女挤出一块少被打扰的学习空间,让他们能够有时间、有场地完成作业,进行预习、复习。其次,努力提高自身素质,掌握科学教育方式。对农民工来说,注重自身素质提高,与孩子共同学习、共同成长,是取得子女家庭教育成功的明智选择。作为父母的农民工,应当努力了解一些生理学、心理学、教育学、人才学等方面的知识,增强对孩子的了解,提升语言表达、分析和处理问题等方面的能力,通过提升自身素质来提升家庭教育质量。例如,采用温柔和善的态度与子女平等沟通,站在引导和帮助的立场,结合子女自身特点,为其设定合理的奋斗目标;加强监督,确保子女朝着既定目标努力的同时,尊重子女的独立性、自主性,鼓励子女发挥创造性;主动与老师沟通,积极与学校互动,共同商讨教育子女的方式、办法,为子女快乐生活、主动学习营造良好的外部环境,使家庭教育达到最佳效果。

同时,坚持全面教育,言传与身教相统一。德、智、体、美、劳协调发展是儿童全面健康成长的标志。为此,农民工应尽可能多地与子女交流、谈心,了解他们的生活、学习、人际交往等情况,关心他们在生理、心理、情绪、情感上的变化,对子女遇到的困惑给予恰当的关心和引导。同时,农民工应努力营造良好的家庭文化氛围,注意自己的言行举止,做到言传身教相统一。

(三)完善学校教育机制,提供良好的学校教育资源

自2003年以来,国家确立农民工随迁子女接受义务教育"以流入地为主,以公办学校为主"的政策,农民工随迁子女受教育环境不断改善。但由于各流入地政府财政预算难以保障,公办学校接纳能力有限,该政策在执行中存在困难。如何科学合理地解决农民工随迁子女教育问题,我们提出

如下对策。

1. 建构一套与城镇化相匹配的农民工随迁子女流入地升学制度

制度和机制,既是对教育改革创新成果的固化,更是对教育者行为的引导和规范,制度建构是解决农民工随迁子女流入地升学问题的根本保障。

第一,教育管理制度改革,这里涉及高等教育、中等教育、义务教育、学前教育体制的改革和完善问题,特别是巩固完善农村义务教育管理体制和理顺学前教育的管理体制,是一个亟待解决的重大课题。

第二,教育监督管理体制的建立与完善问题。

第三,教育投资体制改革,重要的是尽快建立完善的教育公共财政保障体制,关键在于地方财政与中央财政比例制度、透明的可监测的教育经费转移支付制度、教育经费单独预算制度。

第四,建立科学化与民主化的教育决策机制,包括教育决策民主参与机制、教育决策执行机制、教育决策执行效益的评估机制、教育决策执行的监督管理机制。针对现行多元入学制度,提出改进建议及配套措施,建立多元适应性教育机制,民工随迁子女才有可能适应教育改革的发展。

2. 形成一个与城镇化相匹配的农民工随迁子女流入地升学模式

这些年来,农民工随迁子女教育在各大中型城市都在尝试,形成了一些模式,有些比较成功。农民工随迁子女流入地升学问题的解决,有必要建构一个与城镇化相匹配的教育模式,包括:(1)公有公办模式;(2)民有民办模式;(3)民有公助模式;(4)公立学校整体转制模式;(5)公立学校部分转制模式;(6)企业订单式培养模式;(7)政企合作办学模式;(8)社会团体办学模式。公办教育的不足要求民办教育弥补,就目前而言,我国解决农民工随迁子女义务教育的基本政策是"以流入地政府管理为主,以全日制公办中小学为主",但农民工随迁子女进入公办学校依然困难重重。首先,公立学校的学校布点、作息时间等无法与民工随迁子女入学需求"接轨";其次,城市流动人口往往聚集在城乡结合部,在"就近入学"原则下,生源的"贫富不均"往往让部分公办学校"人满为患",几近超载,难以解决民工随迁子女入学问题。

3. 构建一个与城镇化相匹配的农民工随迁子女流入地升学体系和机制

《国家中长期教育改革和发展规划纲要(2010－2020年)》提出制定农民工随迁子女义务教育后在流入地参加升学考试的办法,建立健全政府主导、社会共同参与的农民工随迁子女教育和服务体系,即坚持“国家教育部指导,地方政府(农民输出地与输入地分别管理)负责,各有关职能部门组织协调,教育机构分类办学”的原则,根据农民工输出地与劳务输入地的情况与条件,统筹安排农民工随迁子女升学问题。农民工随迁子女流入地升学教育是一项宏大工程,可以采取政府建立专项经费、企业资助、个人分担、社会捐赠的方式解决经费问题。同时,充分考虑农民工的实际承受能力,可以通过设立助学金或减免收费等形式予以资助以及整合各种有效社会教育资源,健全社会系统化的教育经费保障机制。从而建立一个以政府为主导、以教育部门为基础、以乡镇和社区为纽带、民工随迁子女积极参与的社会支持系统。

(1)建立和完善农民工随迁子女教育运行机制。采取有效措施,建立和完善民工随迁子女教育的运行机制。具体为:①明确规定中央、地方各级政府对民工随迁子女义务教育的责任,尤其要建立民工随迁子女义务教育经费的分担机制;②实行“义务教育登记卡”制度,由流出地政府及相关部门给每个流出的学生在户籍所在地注册学籍,为所有适龄儿童少年建立义务教育登记卡,当农民工流动时,这种卡也连同流动人口“五证”(身份证、暂住证、务工证、健康证、计划生育证)一起经有关部门检查登记,作为农民工随迁子女随时入学的依据,保障农民工随迁子女的受教育权利,同时也对农民工随迁子女就读、转学情况实施监控;③明确农民工输出地与输入地子女教育责任上的区别,酌情考虑地方政府在财政上的承受能力;④有计划地接收农民工随迁子女入学,做好教育学位需求预测,避免教育资源不足或闲置;⑤规定将民工随迁子女学校建设列入城乡建设规划,根据实际需要留足教育发展用地,并按照公办学校实际接收民工随迁子女的数额划拨相应的教育经费、公用经费,保证这类学校的办学条件;⑥对接收农民工随迁子女的公、民办学校按生均经费予以补助,提高其接收农民工随迁子女的积极性和承受力;⑦将公办中小学接收的民工随迁子女计入学校在校学生数,核定学校的教职工编制,保障教师的合理负担;⑧合法、合情、合理地规定民工随迁子女入学条件,可与其父母在流入地就业年限挂钩,实行就业年限准入制度,让其随迁子女在流入地享受升学权利。

(2)建立和完善农民工随迁子女教育发展机制。《国家中长期教育改革和发展规划纲要(2010－2020年)》指出,制定进城务工人员随迁子女义务教育后在当地参加升学考试的办法。为此,要把农民工随迁子女升学纳入全国教育总体发展规划之中,让所有孩子享受教育是《国家中长期教育改革和发展规划纲要(2010－2020年)》规定各级政府应履行的神圣责任;流入地政府要切实将保障民工随迁子女教育纳入地方国民经济和社会发展规划之中,教育行政部门要切实将农民工子女教育发展纳入当地教育发展总体规划之中;要制定农民工随迁子女教育近期和中期发展的目标和措施,把农民工随迁子女教育从自发发展纳入有序发展的轨道。流入地政府要根据本地区农民工的分布情况,进行统筹规划、总体布局,市区和各镇中心地区的农民工随迁子女教育以公办学校接纳为主,中心地区以外各镇根据实际情况集中办一至数所民工随迁子女学校或几个镇合办一所民工随迁子女学校。

(3)建立和健全农民工随迁子女教育管理机制。在相当长的一段时期内,农民工随迁子女学校仍然是本地区解决农民工随迁子女义务教育问题的主力军。为此,我们必须采取有效措施,加强对农民工随迁子女学校的管理,采取有效措施,促进农民工随迁子女学校的健康发展。第一,理顺政府相关部门在农民工随迁子女学校管理上的关系,以"政治平等、政策公平、法律保障、有利发展"为总要求,统一政府相关部门的思想认识,理顺政府相关部门在农民工随迁子女学校管理上的关系;第二,加强和规范对农民工随迁子女学校的管理,帮助其努力提高办学水平;第三,制定和落实农民工随迁子女学校的扶持与奖励措施,促进其健康发展。要以强有力的政府行为促进农民工随迁子女学校的发展，促进办学主体和投资主体多元化，营造一个依法办学、依法管理的环境。

(4)建立和完善农民工随迁子女教育保障机制。首先，保障农民工随迁子女教育合法权益。其次，保障农民工随迁子女教育经费。美国学者约翰斯通的成本分担理论认为，教育成本应由纳税人、学生、家长及社会捐助共同分担。我国对农民工随迁子女较多的地区可实行财政转移支付制度，划拨相应的教育经费，减轻流入地过重的财政负担。中央应设立农民工随迁子女教育专项资金，以流入地农民工随迁子女的规模为依据，逐年核拨，分担流入地政府财政压力。美国学者米尔顿·费利德曼于1955年在《政府在教育中的作用》一文中提出了教育券理论。我国实施“钱随人走”的“教育券”制度，可以缓解农民工随迁子女学籍管理和财政拨付中的困难，“教育券”的经费来源可采用“三个一点”(中央财政拨一点、流出地政府出一点、流入地政府补一点)的办法解决。对在农民工输入地就读民办学校的农民工随迁子女，国家也要实行“两免一补”，国家不仅应该补学生，而且应该对专门服务于农民工随迁子女的民办学校进行支持和补贴。

(5)建立和完善农民工随迁子女教育服务机制。流入地区政府要严格执行“一费制”标准，禁止对民工随迁子女乱收费。采取“减、免、捐”等措施，通过多种方式、多种渠道筹措资金，支持和帮助贫困民工随迁子女完成学业。为让每一位农民工随迁子女有书读、读好书，有关教育部门必须提高服务意识，以增强统筹城乡教育发展能力为重点，优化农民工随迁子女教育服务工作。

(6)建立和完善农民工随迁子女教育法律机制。美国国会于1982年出台了《移民教育紧急法案》，其实质是一项教育资助法案，目的是帮助大量移民子女的学区应对经济上的挑战。通过此法案联邦政府分担了这些学区由于移民子女所造成的额外开支。这在很大程度上推动了美国教育公平与均衡化发展。我国农民工随迁子女不能公平公正地享受教育机会在很大程度上源于目前我国在法律制度上的脱节和缺失，各级政府在设定法律法规的同时，也往往在无意中侵害了农民工的基本权益，导致了对农民工的制度性歧视。2003年9月,国务院办公厅转发了教育部《关于进一步做好进城务工就业农民子女义务教育工作的意见》,表明中央对于农民工随迁子女受教育问题的重视,然而,由于缺乏可操作性和较好的实施力度,且各地的法规不统一、内容极其散乱、彼此不协调,形成不了完整的体系且缺乏执行力,无法保障农民工随迁子女的受教育权利的实现。

(四)建立心理教育辅助机制,培养随迁子女健康心理

农民工已成为我国经济社会发展的重要支撑力量,是城市化建设的主力军。没有他们的辛苦劳作,就没有改革开放后我国城市化建设的高速发展,就没有城里人的便利生活。他们为城市作出的巨大贡献,理应享受相应的市民权利。所以农民工及其子女没有任何理由被歧视、被排挤,学校、老师、城市孩子及其家长都应该抛开对农民工随迁子女的偏见、排斥和歧视,给予他们以平等人的尊严。如何使农民工随迁子女真正享受到温家宝总理提出的"同在蓝天下,共同成长进步"的基本权利,如何使在城市中的民工随迁子女也能健康成长,还需要从思想和心理上予以重视。

1. 进行心理健康教育

培养随迁子女坚韧不拔的意志、艰苦奋斗的精神,增强随迁子女适应社会生活的能力,维护和增进随迁子女的心理健康水平,提高随迁子女的心理素质。学校努力营造有利于随迁子女健康成长的良好心理环境,培养随迁子女优良的心理品质,全面提高随迁子女的生存、抗挫、适应能力和自我心理调节及行为矫正能力。学校要建立心理辅导室,引入具有心理咨询资质的心理老师,常与存在心理问题的随迁子女进行谈心交流、正面引导,培养随迁子女自信、乐观的性格,做到尊重、理解和关爱,以缓解他们的心理压力,帮助他们克服心理障碍。

2. 积极引导正确心态

在教学实践中,不仅要注重存在的问题,同时用发展的眼光看待随迁子女。针对他们的心理状况,在学校课堂上,向他们讲述英雄、伟人的成长历程,也讲述父母长辈劳动的艰辛。引导随迁子女热爱祖国、尊敬父母,和同学和睦相处。从而使随迁子女找到自己成长道路上的前进动力。适时

召开家长会，主动和随迁子女的家长们交流座谈，使学校、家长和老师共同配合，及时了解随迁子女的思想动态，注意和掌握随迁子女的心理变化。随时与孩子沟通，理解他们、尊重他们、宽容他们、平等对待他们，经常开展丰富多彩的活动。启发和教育他们自觉矫正自己的不良行为。例如，在升国旗、唱国歌仪式中，对每周涌现出的好人好事进行表扬，对爱劳动、学习上进、拾金不昧的随迁子女进行鼓励。持之以恒地开展各项公益活动，鼓励随迁子女们积极参与劳动和学习，启发他们切身感悟父辈的辛劳，感悟到各行各业都有职业道德规范，都需要有健康的心理和身体，以及丰富的知识、综合的能力，使孝敬父母、尊敬师长、文明礼貌的优良传统在他们身上得以发扬光大。

3. 合理发掘上进心理

大部分的随迁子女有一个共同的心理倾向，他们在学业上充满焦虑、畏难心理的同时仍然渴望上进，并且这种“上进心理”在小学阶段占着主导地位，也就是说，如果这种上进心理能得到外界因素的有效诱发，那么这份上进的潜意识则会成为他们进步的最强动力；反之，则会随着时间的递增而逐渐丧失殆尽。这种心理根源是实现自我价值与渴望成功，人总是在一项工作上失败，就会在做这个工作时不再努力，出现“习得无助”、破罐子破摔现象。如认为学习成绩差是因为自己智力不好，交不到朋友是因为自己本身就令人讨厌。所以在教育教学过程中，尽量找到他们的闪光点，发掘他们的潜能，让他们在成功中获得新的、更高的精神满足。

4. 有效摒除不良行为

在实践中，不仅要重视行为矫正，让随迁子女摒弃不良行为习惯，还始终坚持矫正心理问题，以德育为先导，帮助随迁子女树立正确的人生观、世界观和价值观。既教书也要育人，在传授知识的同时还教育和引导随迁子女如何学习、如何生活、如何做人、如何生存。通过长期不懈努力，使一些有不良行为的随迁子女，能够自觉矫正自己的不良行为，并且主动帮助身边的朋友、伙伴改正缺点，努力学习，团结友善，积极参加组织的各种课内外活动，使学习气氛越来越好。在随迁子女中间营造一种积极向上的良好氛围,教育他们改正打架骂人、损坏公物、乱丢纸屑等不良行为。

一个人的成功与否取决于自己的观念。首先,农民工随迁子女应树立正确的人生观、价值观和世界观,坚信只有自尊、自立、自强的人才能最终取得人生和事业的成功。其次,坚信"自古英才出寒门",正视贫困的现实,不与人攀比,化外界的压力为自己奋斗的动力,通过自身的努力改变自己的命运。最后,发扬自己的优点,如勤奋、俭朴、诚实、乐于助人,用自己的人格魅力来弘扬农村孩子的存在价值,来赢得城里人的尊重和友谊。进城农民工随迁就学子女队伍逐年壮大,就学中的心理问题日益得到社会的重视,党和各级政府也在综合各界智慧想办法动脑筋制定政策使民工随迁子女能容易入学、快乐上学、健康成才,为农民工随迁子女茁壮成长提供一个良好的社会环境。有了政府的努力,学校、教师、家长的配合,相信农民工随迁子女心理问题一定能够得以解决。

(五)完善以司法职能部门为主体的预防随迁子女犯罪工作机制,营造良好的法制环境

预防随迁子女犯罪,一般包括三个层次:一是"一般预防",也称"超前预防";二是"临界预防";三是"再犯预防"。三个层次的预防所针对的人群、采取的措施、执行的主体各有不同,需要建立不同工作机制加以实施。

1."一般预防"

针对普通青少年人群,以教育为重点,增强青少年的法律意识,促进形成正确的价值观、人生观、法制观。一是要将青少年法制教育落到实处,在初高中阶段,明确各学年学生当年所必须接受的法制教育课时,内容包括青少年自我保护及普法教育,由学校组织学生、当地派出所派警员入校宣讲。宣讲内容及时间安排应由区公安部门、教育部门共同制订计划,并监督实施。二是要为青少年提供便捷、有益的闲暇活动,在图书馆、社区文化活动中心、社区活动室等公共场所为青少年提供免费上网的设施,积极引导青少年正确利用网络;依托社区团组织推广公益性学生课余兴趣项目,吸引青少年投入健康的闲暇活动。三是要加强对家长开展家庭教育辅导,由群团组织设计,由学校或社区组织青少年家长,通过讲座、论坛等形式共

同学习和探讨如何做好对青少年的家庭教育。

2."临界预防"

针对已经出现行为偏差的青少年群体,以行为矫正为重点,全力避免当事人落入犯罪深渊。一是要建立预警机制,公安、学校、家长、社工应建立及时联系的机制,学校方面一旦出现青少年旷课逃学情况应及时通知家长,屡次出现这种情况应通知当地社工介入;公安机关对违法行为未构成刑事犯罪的青少年应通知家长、学校及当地社工;家长在发现子女有不当行却无力督促其改正的,可申请当地社工介入。二是进一步规范青少年事务社工的工作,对公安机关、学校及家长交与的青少年对象,社工必须为其开展个案工作,并对工作进展进行记录,个案工作的结案率作为工作考核的重要依据。有关部门根据个案数、结案率,通过政府购买服务的形式向社工站支付费用。三是完善救济救助机制,加大对民政救助站的宣传,确保外来青少年不会因为生存需要铤而走险,走上犯罪道路;实现救助站与职介所的衔接,为困难人员及时就业打开方便之门。

3."再犯预防"

针对已经被采取过强制措施的青少年群体,以监督改造为重点,积极引导其重新融入社会。一是要确立社区矫正的必要地位,在刑教青少年正式释放前必须经历一段时间的社区矫正过程,指定学校继续学习或指定岗位参加工作,由矫正社工监督这一过程,并作出鉴定,决定该青年是否可以提前结束监管,正式释放。二是建立过渡性救助机制,对于刚刚重返社会的青少年应注重心理疏导,同时为其提供必要的住房、工作及过渡性救济金,使其生活得到基本保障,为其重新融入社会创造条件。三是要建立跟踪反馈机制,通过青少年事务社工定期沟通联系,及时掌握这类青少年的社区表现和阶段动向,如果发现不良趋势可以做到及时提醒,预防再犯。

同时,要充分发挥检察院、综治办、教育局、公安、法院等职能部门的作用,把随迁子女的法制宣传教育作为青少年学法的重要内容,列入年度普法工作计划,不断加强对学校、企业和社区(村)建立健全随迁子女法制教育制度、开展法制教育活动等各项工作的指导,将随迁子女法制教育工作纳入对学校、企业和社区(村)的考核范围,推动随迁子女法制教育工作的规范化、多样化和经常化。以青浦区青少年社会观护基地的成立为契机,实行“政府主导、社会机构广泛参与”模式,整合诉讼内外的资源,促进涉罪随迁子女取保候审的扩大适用,建立帮教小组(可由公安、检察、司法、青少年社工、志愿者、党、团组织成员组成帮教小组)和他们结对谈心帮教,以此减少人身受羁押对随迁子女造成的伤害,实现涉罪随迁子女在适用取保候审上的平等性。积极筹划建设法制教育巡讲队,由公、检、法、司的干警组成巡讲队,将青少年社会观护基地作为随迁子女普法教育的有力载体,提高法治意识,敲响思想警钟,让每一个外来务工人员的孩子都能沐浴“法律阳光”。

(六)整合社会资源,齐抓共管有效促进

首先,政府财政、医疗等部门要把随迁子女纳入救助保障范围,切实执行临时生活困难救助、医疗救助等政策,为随迁子女及其家庭提供有针对性的指导和服务,确保随迁子女获得应有的社会救助。在年度预算中安排随迁子女专项工作经费,并随着地方财政收入增长逐年增加,主要用于支持重点关爱活动的开展以及“留守学生之家”等活动阵地的建设。健全随迁子女医疗保健制度。要加强随迁子女医疗保健工作,定期、分批对辖区内随迁子女开展免费体检。每年提供营养指导、生长发育监测、计划免疫、儿童常见病诊疗等基本卫生保健服务,为其提供专业的健康教育和健康咨询,提供必要的卫生保健和疾病防治条件,加强食品安全综合协调工作,确保随迁子女身体健康。

其次,教育部门要将随迁子女关爱工作纳入素质教育和义务教育均衡发展总体规划。要进一步采取措施,切实保障进城务工人员随迁子女接受义务教育的权益。大力加强农村学校体育设施建设。要完善进城务工人员随迁子女电子学籍档案,加强对进城务工人员随迁子女的教育管理工作,在安排、指导、检查、考评学校工作时,将其作为重要内容统一部署,不断完善进城务工人员随迁子女接受义务教育的政策和工作机制,加大寄宿制学校建设和加大对进城务工人员随迁子女关爱力度。深入开展社会治安重点地区排查整治和学校、幼儿园及周边治安综合治理工作，及时整治农村学校、幼儿园及周边治安乱点和突出治安问题，净化平安和谐发展环境。

再次，群团组织要充分发挥他们的组织、人才、信息、网络等优势，积极动员社会力量关心随迁子女，广泛开展各类关爱活动，帮助解决他们最直接、最关心、最现实的问题，有针对性地开展关爱工作。由政府牵头成立民工随迁子女教育管理协调办公室，负责区内农民工随迁子女教育管理的日常组织协调工作，配合各成员单位完成相关任务，组织志愿者开展形式多样的关爱活动。积极配合有关部门开展贫困随迁子女的救助工作；创新家长学校办学模式，强化家庭教育指导中心有关工作，通过“家长学校”的组织和教学工作不断提高家长的思想道德素质，增强他们对未成年子女的监护责任意识和教育监护能力。区人社局对既不能升学又不能就业的随迁子女，可以组织他们进行专业技能培训，提高其劳动技能水平，增强其务工择业能力，本区的各类职业技术学校也可以向他们开放，为他们劳动就业创造条件，防止他们流散社会，无事生非。在全区广泛深入开展志愿者关爱随迁子女活动，通过各级关心下一代组织动员志愿者，采取进村、进校、进社区和结对的方式关爱随迁子女，教育引导帮助随迁子女健康成长。结合特殊青少年群体帮扶活动，广泛开展随迁人员子女关爱工作。

最后，宣传、文化部门要负责协调相关新闻媒体加强对随迁子女关爱工作的宣传力度，强化舆论引导；适时制作、播出专题宣传片；支持举办各类关爱公益演出和其他文化活动，扩大社会影响力，增强社会各界的参与意识，营造对农民工及子女的无歧视、无排斥的良好氛围。区文体广电局要加强对文化市场的监督和管理，减少色情、暴力等不良因素对民工随迁子女身心健康的影响，完善校园及其周边文化环境综合治理机制，要切实加强对校园周边网吧、游戏室、歌舞厅、台球室、卡拉 OK 厅等娱乐场所及图书报纸杂志摊点的清理、整治和监管，为青少年健康成长营造良好的文化环境。要加强校园文化建设，积极创造条件，为学生提供整洁、美化、绿化、文明的校园环境。结合“阳光体育”活动等，积极组织开展各类进城务工人员随迁子女关爱活动。大力整合社会资源,支持关爱阵地建设。着力加强随迁子女课余文化娱乐设施的建设,进一步动员社会各界志愿者力量,参与关爱志愿服务活动。要着力加强未成年人思想道德建设工作,加大对随迁子女关爱工作力度,营造良好的社会氛围。新闻媒体要注重对农民工随迁子女生活、学习情况和思想道德方面的闪光点进行正面宣传报道,对他们进行法制和道德方面的教育引导,使他们真正感受到社会对他们的关爱、支持和期望,让他们认可城市,融入城市,在城市中能产生归属感,加强他们与城市的人情联系,激励他们好学上进,遵纪守法,预防和减少违法犯罪情况的发生。

结论

预防农民工随迁子女犯罪关乎青少年的健康成长,关乎农民工家庭的和谐幸福,关乎社会的和谐稳定,关乎国家和民族的未来,这是一项紧迫而艰巨的任务。其中家庭预防是基础,学校预防是关键,社会预防是保障,个体预防是根本,四者具有目标一致性、内容相融性、资源整合性、预防途径多样性等特征,相互关联,相互制约,相互作用,是一个有机整体,缺一不可。只有构建家庭、学校、社会、个体四位一体的、富有成效地预防犯罪工作网络,实现农民工随迁子女犯罪预防机制在时空上的紧密衔接,发挥四者在预防犯罪的内容、方法、途径上的各自优势和不同特色,充分调动各政府职能部门、学校、社区、家庭各方的力量,形成机制,协同推进,发掘和利用一切有形无形、有声无声的资源,形成一支多功能、全方位、网络化、社会化的预防犯罪队伍,创设一个有利于民工随迁子女身心健康发展的良好社会环境,才能真正达到保护民工随迁子女健康成长、预防犯罪的最终目的。

综 述 篇

未成年人检察制度改革与发展研讨会综述[*]

为顺应司法改革的要求，助力未成年人检察制度的发展与完善，上海市人民检察院、北京师范大学少年司法与法治教育研究中心、上海市法学会未成年人法研究会于2015年5月9日，共同举办了“未成年人检察制度改革与发展研讨会”。中央司法改革领导小组办公室副主任、中央政法委政法研究所所长黄太云，全国人大内务司法委员会工青妇室主任秦剑，最高人民检察院公诉厅副厅长张相军、上海市人民检察院副检察长陈辐宽，上海市人民检察院副检察长周永年等领导及中国政法大学诉讼法研究院院长卞建林教授、北京师范大学刑事法律科学研究院副院长宋英辉教授、复旦大学司法与诉讼制度研究中心主任谢佑平教授、中国社会科学院法学研究所研究员王敏远教授、中国社会科学院法学研究所诉讼法室主任熊秋红教授、上海政法学院刑事司法学院院长姚建龙教授等专家出席了本次研讨会，来自上海市高级人民法院、上海市公安局、上海市司法局、上海市教育委员会以及共青团上海市委员会等机关、团体相关部门的负责同志，京、沪、苏、浙、川、甘、粤等十余个省市检察机关的相关负责人以及从事未检工作的检察官代表参加了本次研讨会。

与会代表集中围绕“未成年人检察制度改革与发展”这一主题，分别就“司法改革背景下的未成年人检察机构”“司法改革背景下的未检办案组织及模式”“未成年人检察职能之探索”及“未成年人检察社会支持体系之完

---

* 上海市人民检察院。

善”四个议题进行了全面分析与深入探讨。

一、司法改革背景下的未成年人检察机构

上海市人民检察院未检处副处长吴燕认为：首先，在大部制改革背景下，独立设置未检机构有必要性和可行性。一是未检工作的特殊性决定了未检工作必须走专业化发展的道路。二是上海及全国未检工作经验充分证明，机构独立化水平是衡量未检工作发展程度的一个重要指标。三是有利于完善我国未成年人司法保护制度，是建立健全办理未成年人刑事案件配套工作体系的基础，也可以为未检制度乃至检察制度的改革完善提供重要的平台。其次，“大部制”改革不能理解为完全按照业务种类搞“一刀切”，未检工作涵盖侦监、公诉、监所、社区检察甚至民检、控申等业务，无论将其归并到哪一个“大部”，都将削弱甚至抹杀未检工作的完整性和专业性，并造成其中某部分业务工作的弱化，最终导致未检工作的倒退。因此，在大部制改革背景下，保持未检机构的独立设置，有三种设想：一是考虑设置独立的“未成年人检察部”，与公诉部、监督部等“大部”并列。二是设置独立的“特殊检察部”，与其他“大部”并列，将所有适用“捕诉监防一体化”工作模式的特殊案件检察官专办组划入该部。三是在其他“大部”之外，设立独立的未检主任检察官办案组，直接受检察长领导。最后，她提出第三种模式率先探索检察长直接领导检察官办案的“扁平化”模式，是未检工作在司法改革中探路者作用的集中体现。

北京市人民检察院未检处处长岳慧青首先探讨了司法改革背景下的改革思维的问题：一是检察机关应将改革的重点放在法律监督的薄弱部门以及新兴的业务领域，如民行，未检、知识产权、金融检察。二是少年司法同仁应当树立少年司法共同体的意识。三是少年司法的同仁应齐心形成合力。其次，就改革模式而言，她主张在“大部制”的前提下，自下而上设立专门的未成年人检察部，履行捕诉监防四项职能，并重点强调“监督”的职能，将与未成年人案件相关的各种监督职能纳入职能范围。

四川省人民检察院未检处处长罗江结合四川省院自2014年单独设立

未检处以来的全省未检工作开展情况重点阐述了设置了独立未检机构地区的实际效果:一是未成年人案件办案质量较好。二是能够对涉案未成年人开展有效帮教。三是能够有效加强未检问题的研究,且创新工作开展情况较好。四是对于少年司法的理念贯彻落实程度更高。五是能够撬动其他单位、团体,更容易整合其他资源参与未成年人保护工作,并形成保护合力。

上海市徐汇区人民检察院未检科科长季冬梅在对未检机构定位、未检工作理念等问题正本清源的基础上,提出司法改革背景下未检机构职权不仅应当巩固"未检一体化"建设前期成果,将审查逮捕权、审查起诉权、法律监督权、帮教回访、法治教育、综合治理、总结调研、未成年人权利维护等内容纳入职权范围,还应当积极探索将未成年民行检察职权、未成年人监所检察职权、未成年人公益诉讼职权等未检新职权纳入考虑范围。最后,她指出,未检机构与职权配置改革中应注意防止两个错误倾向:一是未检一体化办案模式带来的监督缺位问题。二是未检一体化模式带来的对未成年人的保护过度问题。

中国政法大学诉讼法学研究院院长卞建林教授结合发言人的主题发言,评论指出:第一,未成年人案件的特殊性决定了需要专业的未检队伍,未检队伍的专业化需要独立的未检机构来保障。第二,司法体制改革下的未成年人检察工作,应当注意:一是要在厘清检察职能的基础上,整合资源、调整机构。二是要注意到检察改革的延续性。三是要注意改革项目的协调性,防止冲突。四是要注意改革方案设计的可行性和可选择性。

北京师范大学刑事法律科学研究院副院长宋英辉教授认为:第一,实践证明,没有专门的未检机构就没有专门的未检办案人员。第二,当前特别强调检察机关未检机构的独立性是基于我国国情而言的:一是我国没有专门保护未成年人权益的机构。二是公安机关对未成年人保护还没有完全进入状态。三是检察机关是法律监督机关,处于公安机关和审判机关的中间环节,除了司法职能之外,还承载着类似国外儿童保护局的政府职能。第三,司法改革提出去行政化、去地方化和"大部制"的改革方案,但并不意味着把所有的内设机构并到越少越好。第四,司法改革的总体目标是使每个案件当事人都能感受到公平正义,使每个案件都能有好的社会效果。如果这轮司法改革弱化了未成年人检察机构,则背离了司法改革的总体目标。

中国社会科学院法学研究所诉讼法室主任熊秋红认为,从建立以审判为中心的诉讼制度的改革来看,检察机关内部的职能分工会弱化,对于案件类型的特殊性会加强,那么未成年人案件捕诉监防一体化的模式就是合理的,未检机构也有存在的合理性。

复旦大学司法与诉讼制度研究中心主任谢佑平教授秉持学术讨论的精神,主要从反思的角度为未检工作未来的发展提出了疑问。他指出,现在检察机关未检机构就像一个"保姆"式的机构,他认为保留这样一个机构的必要性值得考虑。第一,从宏观上讲,少年司法的中心应该是在法院,而不是在检察机关。第二,从微观上讲,捕诉监防一体化模式不太符合诉讼规则、诉讼科学和诉讼规律,不太符合分工和制衡的原则。第三,在国外司法中,检察机关没有设置单独的未检机构。在我国要求精简和效率的情况下,单独在检察机关设立一个未检机构,是否有必要。第四,未成年人的问题不等于未成年人的犯罪问题。检察机关应该注意的是犯罪问题,而涉及未成年人的问题,只能靠政府来解决。

上海市人民检察院未检处处长樊荣庆认为,"审判中心主义下的少年司法工作的中心在法院"的观点值得怀疑,原因有二:第一,检察机关对案件进行分流后,到法院的刑事案件就少了。第二,检察机关的刑事案件比法院更多,因为检察机关的工作要涉及审查逮捕、审查起诉和刑罚执行监督等诸多内容。

上海政法学院刑事司法学院院长姚建龙教授指出,如果用国外成人司法体系来评价中国少年司法改革的方向的确会觉得存在很多问题,但其实如果我们用国外的成人司法体系去看国外少年司法制度也会觉得有很多不同,因为少年司法制度本身就具有自己的特点:第一,国外的少年司法的案件范围很广泛,主要包括刑事案件、一般的身份罪错案件(指酗酒、逃课逃学等)、保护类案件(包括性侵害未成年人、困境儿童的保护),因此有个说法叫"超级父母"。第二,从国外的少年司法制度设计来看,少年法院享有先议权。第三,在国外,少年司法体系属于福利体系,连司法机构都不像。第四,国外少年司法体系,从用语到程序、立法、人员、机构在设计时都极为警惕和成年人一样。第五,国外少年司法的设计,把中心放在法院有一定道理。但在中国的语境下,检察机关对公安机关有监督权,对法院也有监督权,建议把先议权交给检察机关。

广东省佛山市人民检察院未检科科长潘媚提到,有未检机构确实是办好未检案件的保障,但是在去年司法改革开始的时候,佛山市人民检察院未检科被并入公诉局下面,在公诉局下设了若干个未检组。她希望未来能够保存这些未检组,并积极推动未检事业的发展。

山西省太原市人民检察院未检处处长苏彩英提出:第一,鉴于目前未成年人工作的情况比较严峻,且少年法院没有把社会调查、保护、就业等问题解决,所以由检察机关来做这些工作是难能可贵的。第二,在我国现阶段,法院现在仅负责检察机关提起公诉的案子,公安机关目前缺乏专门办理未成年人案件的人员,检察机关可能负责这些工作更为合适。

四川省人民检察院未检处副处长陈王莉结合办案的实际情况,指出专门机构的专门办案人员对于未成年人理念、特别程序、社会帮教和教育感化工作等内容非常熟悉,能把未成年人特别程序落实到位。

甘肃省白银市人民检察院未检处处长高佑政通过白银市的办案数据分析,指出未检专门机构有利于落实未成年人特别程序。上海市教育委员会青少年保护工作处处长朱坚认为,目前未成年人保护法里确定有社会保护、学校保护、司法保护、家庭保护几种,但是做得最好的是司法保护,尤其是检察机关的司法保护。从发展方向看,短期内检察机关的工作可能还要继续往前发展。

上海市高级人民法院未成年人案件综合审判庭庭长朱妙基于司法改革是个不断深化的过程的认识,提出希望未来的未检机构能够成为一个专门的、独立的组织,她希望未来有一个专门的少年检察院。

中央司法体制改革领导小组办公室副主任、中央政法委政法研究所所长黄太云教授指出,不能把未检事业、未检机构遇到的问题完全归结为司法改革,因为司法改革的任务里没有涉及未成年人的内容、未检机构改革完全是检察机关内设机构的事情。

二、司法改革背景下的未检办案组织及模式

北京市人民检察院未检处处长岳慧青认为,“大部制”背景下应设立未成年人检察部,下设部长办公室、刑检、民事、行政、控申、刑事执行五个检察官办案组织。另外,她指出建立少年检察院是中国特色司法制度的未来发展方向,除了设立未检部之外,少年检察院内还将设立儿童福利保障部、社会调查部、心理辅导和戒瘾部、教育矫治部、协调安置部五个部门。

上海市高级人民法院未成年人案件综合审判庭庭长朱妙认为:首先,根据我国参与、签署的《联合国儿童权利公约》,以维护未成年人的生存权、健康权和发展权来增进未成年人的福祉,是少年司法改革的终极性目标。其次,基于未检工作和少年司法的共通性,她介绍了在我国台湾地区高雄考察少年家事法庭的情形供大家参考。一是高雄少年家事法院中审理少年和家事事件的法庭是审判组织的核心,调查保护室是审判工作的配套机构。二是把审判业务与调查保护业务组合为法官和辅助人员的分组配股制,即由法官和少年调查官、少年保护官、心理测验员、心理辅导员组成不同的工作团队,调查官跟随法官从审前调查、出庭陈述阶段一直到协商执行阶段,并共同制定各种方案来统筹社会资源。三是法官必须具有少年家事法官专业证明书,同时应具备处理少年或者家事业务的学识经验及热忱。最后,从未成年人利益最大化的理念出发,应当借鉴我国台湾地区少年司法的组织架构和人员配备来对未检机构进行改革:一是未检机构应当不断强化而不能弱化。二是基于未检工作的特殊性,未检机构应当配备专业的检察官和辅助人员。

上海市闵行区人民检察院未检科干部毕明茜详细阐述了闵行区人民检察院未检办案组织形式具体改革方案主要有四个方面:一是严格准入机

制，实现人员分类管理。二是明确职权分工，实现权责统一。三是强化制度建设，注重程序规范。四是深化配套机制，保证案件质量。一方面发挥检察官联席会议的作用，另一方面建立案件评查制度。最后，她结合办案的具体情况和数据重点论述了未检组织改革后取得的实际成效：一是办案期限的缩短。二是审批程序的简化。三是人才培养效果显著。

上海市宝山区人民检察院未检科科长范娟红首先结合未检工作的特点和规律，从公共素能标准和专业素能标准两方面论述了未检岗位素能。其次，她也提到，在制定岗位素能标准的过程中应当注意三个方面：一是厘清不同岗位之间的内容和要求。二是明确检察官和检察官助理的职权范围与分工。三是细化科长兼任主任检察官的情形下，科内的案件办理规则等。

三、未成年人检察职能之探索

甘肃省人民检察院未检处处长齐世萍首先结合我国未成年人刑事检察职能的发展过程，提出应区分未成年人刑事检察职能与未成年人检察职能。其次，就未检职能专业化与社会化而言，在加强未检专业化建设的同时，也要在社会化方面下工夫。最后，拓展未检职能要从三个方面来保障：一是完善的法律制度。二是完善的组织体系。公、检、法、司都需要在加强专门机构建设、完善职能、延伸工作等方面进行积极探索实践，形成真正意义上的少年司法一条龙。三是充足的物质条件和人员作保障。

陕西省西安市未央区人民检察院检察长助理、西北政法大学刑事法学院副教授宋志军提出未检除了捕诉监防的职能外，还有实体分流和社会资源整合的职能。第一，实体分流的职能。目前未检的独特功能在于可以通过批捕和起诉方面，实现未成年人非犯罪化处理的功能，实现案件分流。第二，社会资源整合职能。检察机关在社会资源整合方面应当要有转介的职能，即把未检办案过程中需要社会组织、社会力量承担的那一部分工作转介到社会组织中去，实现未检办案的专业化和观护帮教等工作的社会化。例如，在西安有两种模式，一种是未央区人民检察院的未成年人案件由区关工委全盘负责所有合适成年人在场、观护帮教等工作的模式。另一种是在雁塔区人民检察院,由雁塔区人民检察院和西安指南针司法社工服务中心合作,部分社会化职能由西安指南针司法服务中心来承担。

上海市闸北区人民检察院未检科科长陈宇认为,第一,诉讼中未达刑事责任年龄的未成年人脱离诉讼程序后的失管状态普遍发生的主要原因有:一是司法机关以追诉犯罪为重心,忽略了对涉案未成年人的帮教矫治,同时缺乏相应制度指引操作。二是司法机关与政府有关部门、青少年保护团体缺乏衔接机制,相关部门无法及时掌握未成年人涉案情况。三是涉案未成年人因未受到教训,对自身过错认识不足,家庭亦缺乏重视。第二,就检察阶段而言,她提出了如下建议:一是前期准备阶段:其一,成立联动机制,使预防矫治工作运转高效。其二,组建防治队伍,使防治队伍专业化。其三,创新防治机制,使防治工作发挥良好效果。二是审查案件过程中全面展开工作:其一,一般预防,即针对不特定的多数未成年人开展犯罪预防工作。其二,特殊预防和矫治,即针对已经实施了危害行为但未达到刑事责任的未成年人的矫治及再犯罪的预防工作。及时转介青少年社工,采取个性化帮教措施助未达刑事责任年龄未成年人尽早回归社会。

上海市黄浦区人民检察院未检科科长谷莺首先指出,审判中心主义强调对刑事案件的审理过程和裁判结果应当以庭审为中心是对庭审结构的重塑,必然会对当下以卷宗或以侦查为中心的诉讼模式带来冲击。其次,性侵未成年人案件查办现状和审判中心主义之间的冲突主要有:一是直接言词原则与现行司法实践之间的冲突,表现为:其一,司法人员亲历性不足。其二,证人出庭率低。其三,被告人对质权和未成年被害人的保护。二是对犯罪嫌疑人(被告人)权益的关注和被害人权利保障缺失之间的冲突。司法机关应积极发挥刑事职能,依法从严惩治性侵未成年人的犯罪人:一是建立未成年被害人影响陈述制度。二是建立未成年人性侵案件特殊办理程序。三是完善性侵未成年人案件证人、被害人出庭作证制度。四是构建综合保护体系。

上海市奉贤区人民检察院未检干部戴丽首先对未成年人社区矫正工

作面临的困境作了具体分析:一是法律法规不健全,分类矫正操作难。二是专业矫正人员匮乏,教育帮教作用有限。三是分类矫正意识不足,矫正方案针对性不强。其次,她指出,发挥检察职能、完善未成年人社区矫正制度的路径的主要方式有:一是健全法律法规,丰富检察监督着力点。二是成立专门机构,提高未成年人社区矫正专业性,加强检察监督对口性。三是创设适用于未成年犯的社区矫正特色项目。

四川省人民检察院未检处处长罗江认为,未成年人检察工作应向综合检察工作方面发展,要涉及刑事、民事和儿童福利等各方面,不仅要有刑事案件,还要有民事行政案件。

最高人民检察院公诉厅未检处处长张寒玉点评时认为,第一,要想做好未成年人保护工作,未成年人检察的职能要先梳理清楚,接着才是机构、人员的问题。第二,检察机关要建立联动机制。除了未成年人案件的捕诉监防职能和被害人是未成年人的案件外,其他案件如反贪案件,也需要我们建立联动机制。第三,应注意探索新形式。例如,山西省太原市考虑到从纯数量来看案件少,且未成年人案件专业性强,探索了集中管辖的方式,将太原市所有未成年人案件都由太原市人民检察院来管。虽然现在跟刑事诉讼法规定的级别管辖相冲突,但是这种探索也可以,因为有些国家的未成年人案件就是直接上提一级来处理的。中国社会科学院法学研究所王敏远教授认为,从未成年人工作的发展历程可以看到,未成年人工作可能更多强调实践的主动性。就未检工作专门化而言,应在内部凝聚相关力量,在外部整合相关资源。

四、未成年人检察社会支持体系之完善

浙江省人民检察院未检处处长糜方强认为,未成年人犯罪预防要坚持系统治理、社会治理的原则。一是就未检工作而言,社会化工作的重要性不亚于专业化工作。二是未成年人犯罪问题是个社会问题。三是从未检办案环节看,合适成年人参与刑事诉讼、社会调查、附条件不起诉、监督考察帮教等刑事诉讼法明文规定的制度本身就涉及社会化工作。四是未成

年人的人格甄别、观护帮教等职能延伸工作尤其需要社会力量的支持。

重庆市人民检察院公诉一处副处长曾庆云认为，第一，在应然状态下，未检工作社会支持体系与司法体系应当是无缝对接的。第二，从实然的角度来看，未检工作的社会支持尚未形成体系，主要表现在以下几个方面：一是规范、制度支持不足。二是全国各地社会支持体系的发展水平参差不齐。三是主体缺位后导致主体责任缺失。四是社会资源的多元化和碎片化现象并存。第三，检察机关在实践中发挥主导作用，导致出现一些问题：一是容易出现干预不当、干预过度的问题。二是容易淡化检察职能，甚至脱离检察职能。第四，他也谈了几点建议：一是通过立法推动顶层制度设计，从国家层面加强少年司法的社会支持体系建设。二是坚持政府主导和支持来加强社会支持体系建设。三是注意全局性、系统性，避免造成资源浪费。四是既要兼顾现实，又要着眼长远。五是注意专业化和社会化相结合。六是注意处理好未检机构内部自我的强身健体和社会支持体系的关系。

云南省人民检察院公诉办公室未检办干部饶巾艺首先结合云南省未检工作的社会支持体系建设情况，指出了工作中面临的困境：一是未检的专业化程度不高。二是社会资源的缺乏导致利用社会力量受限。三是借助社会力量不充分。其次，在未检专业化程度不高以及专业力量、资源比较缺乏的情况下，可以从以下几个方面考虑依托社会力量开展未检工作：一是保持未检机构的独立性和未检干警的专业性。二是明确未成年人权益保护、犯罪预防以及社会化帮教工作的领导机构及各部门的职责，健全完善对各部门职责的落实监督和惩处制度。三是完善公检法司等机关以及关工委、共青团、民政、妇联等相关方面的协作配合机制。

江阴市人民检察院副检察长朱彩娟主要从以下三个方面介绍了江阴市依托青少年保护协会积极构建未成年人检察社会支持体系的具体情况：第一，突出队伍建设，有效破解未检社会化难题。第二，突出制度建设，有效落实未检特别程序。第三，突出平台建设，有效维护未成年人的合法权益。

上海市浦东新区人民检察院未检处副处长潘震颖以浦东新区的实践探索为例,阐述了合适保证人制度方面的一些研究成果:第一,合适保证人的职责和条件。合适保证人除了援引刑事诉讼法关于取保候审保证人的相关规定外,还需要具备一些特殊的条件。第二,合适保证人的适用范围为犯罪情节较轻,无羁押必要、犯罪嫌疑人认罪悔罪、无法交付保证金或者提供适格保证人的情形。第三,合适保证人适用的情形为依托区级、市级观护基地进行考察帮教或积极寻找其他适当的保证人。第四,合适保证人适用的方法是必须开展社会调查、严格羁押必要性审查并选择合适的保证人,由青少年社工等社会力量及时跟进帮教,最后进行考核评定。第五,遇到的难点和困惑:一是合适保证人制度队伍的来源和经费保证问题。二是合适保证人的权利和义务如何界定的问题。三是如何将合适保证人的理论上升到立法层面的问题。

中国社会科学院法学研究所诉讼法室主任熊秋红首先从未成年人制度和成年人制度相比较的角度指出了未成年人检察工作的特殊性。一是二者的理论基础不同。成年人刑事诉讼采取的是对抗模式,而未成年人刑事诉讼采取的是家庭模式。二是立法原则不同。成年人刑事案件在实体法上强调罪刑法定原则和罪责刑相适应原则,在程序法上强调无罪推定原则。但是,在未成年人案件方面,更多的是强调起诉便宜主义,强调教育感化挽救的方针政策,弱化了无罪推定的色彩。三是程序和制度设计有差异。刑事诉讼法有未成年人特别诉讼程序。四是实践样态上有差异。从实践样态上来看,未检部门比较关心职能分工与一体化的问题。但是,成年人案件在公诉等部门是以案件类型来划分。五是社会支持体系上的差异。未成年人案件社会力量参与的重要性大于成年人案件。六是功能上的差异。成年人案件中的社会力量主要是发挥监督功能、协助司法的功能,未成年案件中的社会力量主要是发挥帮教功能。其次,她指出,从特别程序来看,未成年人案件与成年人案件不仅有差异,而且差异的样态不一样。一是有的是本质差异。例如,未成年人诉讼程序中合适成年人到场制度与成年人诉讼程序中的制度设计上有本质差异。二是有的是程度上的差异。例如,犯罪记录封存制度,未成年人的隐私更需要保护,保护程度要强于成年人。三是有的是阶段性差异。由于我国在法治发展中的阶段不同而导致的差异。例如,附条件不起诉制度,刑事诉讼法规定仅在未成年人犯罪案件中适用,但很多人建议在部分轻微成年人案件中也用。

上海政法学院刑事司法学院院长姚建龙教授在点评时指出:第一,应在中国检察制度改革背景下讨论未成年人检察制度改革。第二,所有问题的讨论都应该建立在未成年人司法工作包括未成年人检察工作特殊性的基础上。第三,少年司法是行为人中心主义,成人刑事司法是行为中心主义。第四,少年司法与成人司法的区别。同样是审查起诉案件,成人司法审查的是事实证据,少年司法追求的重心是教育和扶助,是寓教于审、寓助于审。第五,少年司法是功夫在案外,所以少年司法费心、费钱。第六,在中国的语境下,要把先议权赋予检察机关。第七,中国的少年刑事司法是一元体系,是在刑事司法体系下来考量少年司法的问题,而中国儿童福利体系又极度不健全,所以有必要组建社会支持体系。第八,改革一定要循序渐进,不要一谈到改革就否定前面的改革。

全国人大内司委工青妇室主任秦剑谈到了几点感受:一是意识。未成年人的事是天大的事,今天的孩子就是明天社会的主力。所以,要把未成年人保护的问题纳入所有的国家机关的范围和所有人的意识中。二是责任。责任不单单是国家机关的问题,也是每一个人的问题,每个成年人都有保护孩子的义务,即使是日常的言行也要保护孩子。三是法治。需要把制定的法律具体实施落实下去,承担起保护孩子的责任。今天给孩子法治的观念、法治的形象,明天孩子一定会还给我们法治的意识、法治的环境。四是感动。感动有这么多人在为孩子做事。

中国政法大学诉讼法学研究院院长卞建林教授认为,这个会议凝聚了几点共识:第一,未检工作非常重要。第二,未成年人司法工作有特殊性。第三,未检工作具有很强的专业性。第四,未检机构有独立的必要。

合适保证人制度的探索与研究研讨会议综述*

为进一步贯彻落实刑事诉讼法的要求，厘清合适保证人实践探索中的相关问题，上海市人民检察院、上海市法学会未成年人法研究会、上海市徐汇区人民检察院，于2015年8月8日联合举办了“合适保证人制度的探索与研究研讨会”。团中央中国预防青少年犯罪研究会秘书长路琦，最高人民检察院公诉厅副厅长史卫忠，上海市法学会党组副书记、常务副会长林国平，上海市人民检察院副检察长周永年，上海市徐汇区人民检察院检察长杨慧亮等领导及华东政法大学校长叶青教授、北京师范大学刑事法律科学研究院副院长宋英辉教授、复旦大学司法与诉讼制度研究中心主任谢佑平教授、中国社会科学院法学研究所诉讼法室主任熊秋红教授、西南政法大学高维俭教授及上海政法学院刑事司法学院院长姚建龙教授等专家出席了本次会议，来自上海市公检法系统、江苏省检察系统、山东省检察系统、四川省检察系统、甘肃省检察系统的多名业界人士参加了本次会议。

与会代表集中围绕“合适保证人制度的探索与研究”这一主题，分别就合适保证人制度的“价值探寻”“实践探索”“问题探析”“前景探究”四个议题进行了卓有成效的探讨。现将研讨会主要内容综述如下。

一、合适保证人制度的价值基础

最高人民检察院公诉厅未检处处长张寒玉认为，建立合适保证人制

* 上海市人民检察院、上海市徐汇区人民检察院。

度，有利于落实未成年人刑事案件的特别诉讼程序，有利于贯彻落实“教育、感化、挽救”的方针和“教育为主、惩罚为辅”的原则，有利于对未成年人的平等司法保护。

上海市人民检察院第三分院检委会专职委员、全国检察业务专家樊荣庆认为，合适保证人制度的价值主要有：一是“国家亲权”与“儿童最佳利益”理念的体现；二是对公民人身自由权利予以尊重的具体体现；三是对公权力进行制约的重要举措；四是昭示诉讼经济，提高诉讼效率的重要彰显；五是对于刑事诉讼本身具有重要价值。如能够推动刑事诉讼法目的的实现、完善刑事诉讼法的要求、保障当事人合法权益的需要、司法实践的客观需求等。

山东省人民检察院未检处处长栾驭认为，合适保证人制度有利于对涉罪未成年人平等适用取保候审，是法治文明的重要体现，也是一个国家法治治理能力、综合国力的重要体现。

甘肃省兰州市人民检察院未检处处长孟春指出，探索合适保证人制度，弥补了犯罪情节较轻的外来未成年犯罪嫌疑人因不能提供保证人而被迫批准逮捕保证诉讼的现实困境，进一步充实了对涉罪未成年人权益的全方位保护，能够更好地落实“少捕、慎诉、少监禁”的刑事检察政策。

上海市徐汇区人民检察院未检科科长季冬梅指出，合适保证人制度的引入具有重要的现实意义。办案数据显示，外来未成年人犯罪占上海未成年人犯罪案件的绝大多数，而已经构建的未成年人观护体系不能破除刑事诉讼法关于取保候审的规定，不能将本可以取保候审的外来涉罪未成年人纳入该体系内，不能有效保护外来未成年人的合法权益。

上海市高级人民法院未成年人案件综合审判庭庭长朱妙通过数据分析的方式指出，司法实践中存在一个怪圈，非羁押的比例太低，而公、检、法又很难突破刑事诉讼法关于取保候审的相关规定通过采取非羁押措施来提高非羁押率。合适保证人制度的探索实际上有利于解决这个问题。

上海市公安局徐汇分局副局长商勇认为，合适保证人制度的探索有利于在实践中对在沪无监护人、无法提供其他保证人又无法交纳保证金的未成年犯罪嫌疑人贯彻慎用羁押性强制措施理念的问题。

北京师范大学刑事法律科学研究院副院长宋英辉教授指出，合适保证人制度的探索对推动我国少年司法理论的进一步深入有非常积极的意义，对于推动我国整个司法制度的完善也有非常重大的意义。此外，该探索对于解决我们司法实践中实际遇到的问题非常有意义，不仅有利于解决留守或是流动状态的涉罪未成年人的非羁押问题，也有利于解决有监护人但是监护能力欠缺或是监护资格不具备的涉罪未成年人的非羁押问题。

二、合适保证人制度的主要依据

上海市静安区人民检察院董利副检察长认为：首先，国家亲权理论是合适保证人制度的理论的支撑；其次，该制度符合我国《预防未成年人犯罪法》《未成年人保护法》等确立的“教育、感化、挽救”的方针和“教育为主，惩罚为辅”的原则；最后，《刑事诉讼法》规定对涉罪未成年人应当严格限制适用逮捕措施，从正面鼓励了合适保证人的做法。此外，《刑事诉讼法》并未对保证人与犯罪嫌疑人之间的亲疏关系作出限制性规定，因此，由无利害关系的第三方充当保证人并不违反法律的规定。

上海市高级人民法院未成年人案件综合审判庭庭长朱妙指出，合适保证人制度符合我们国家加入的《北京规则》的精神。

中国社会科学院法学研究所诉讼法室主任熊秋红通过介绍我国台湾地区及日本、韩国刑事诉讼法的相关规定，从比较法层面为合适保证人制度的探索和建立提供了依据。例如，台湾地区规定的羁押的替代措施主要有三种，即具保、责付和限制居住，而其中可以担任责付者的“管辖区域内的适当之人”与合适保证人最为类似。同时，在日本和韩国也有相关法律规定，即法院有充分理由或者认为合适时，可以决定将被羁押的被告人托付给家属、保护团体或其他适当的人，从而停止羁押。

三、合适保证人的主体范围、选任及管理

(一)合适保证人的主体范围

上海市静安区人民检察院董利副检察长认为:合适保证人适宜广泛吸纳热心于公益事业、有良好道德文化修养、知法懂法的教师、干部、大学生等人员,特别是具有丰富教育经验和社会工作经历的司法系统离退休老干部加入到合适保证人队伍当中。

甘肃省兰州市人民检察院未检处处长孟春认为,合适保证人可以是热心未成年人及公益事业的志愿者,有社会责任的企业经营者或者社会团体工作人员、各类学校老师、辅导员等。

上海市徐汇区人民检察院未检科科长季冬梅提到,徐汇区院根据《刑事诉讼法》关于保证人的相关规定,结合其本人意愿、工作经历及单位、同事的意见,从该区青少年事务社工站社工、未保办老师、上海师范大学社工系教师、观护基地志愿者中选择了八名富有爱心、勇于担责的人员组成了徐汇区第一支"合适保证人"队伍。

上海市长宁区人民法院副院长秦明华认为,目前徐汇区合适保证人的范畴是相对合理的,将来可以进一步扩大,将共青团、妇联、关工委的人员陆续加入到合适保证人的队伍中来以扩大受益涉罪未成年人的范围。

上海市高级人民法院未成年人案件综合审判庭庭长朱妙认为,组织作为合适保证人比个人更能解决法律上的问题,可以考虑将团组织、妇联作为合适保证人。

华东政法大学校长叶青、上海市静安区人民检察院副检察长董利均认为,外来涉罪未成年人多为"三无"人员,取保候审期间要解决其食宿、技能培训等问题,因此合适保证人制度的落实应与企事业单位、公益组织机构合作较为适宜。

中国社会科学院法学研究所诉讼法室主任熊秋红从比较法层面指出,单位可以担任合适保证人。

（二）合适保证人的选任

四川省泸州市合江县人民检察院副检察长郭庆认为，合适保证人应该是身心健康、耐心细致、公道正派、具有良好的政治素质和道德品质、热心于未成年人保护工作、熟悉未成年人身心特点，具有法律、教育、心理学专业知识、技能或工作经验等素质的人。另外，在充分尊重合适保证人和被保证人意愿的前提下，可以对合适保证人进行变更，但应对变更的次数有所限制，以确保保证活动的有序进行。值得注意的是，合适保证人与合适成年人、帮教人员和观护人员宜由不同的人员担任，各司其职，不宜出现一人身兼数职的情形。理由是专业化、体系化的社会支持系统带有非人格化的特点，而一人身兼数职强化了涉罪未成年人对帮教、保证、观护人员的人身依附性，不符合社会支持专业化的需求。

上海市徐汇区未成年人保护办公室副主任王朝宗用自己担任合适保证人的亲身经历总结出合适保证人的必备素质：一是以高度的使命感投入工作；二是要有爱心；三是要有高度的责任心。

上海市公安局徐汇分局副局长商勇指出，从司法实践来看，未成年犯罪嫌疑人主要有三类，即在校学生、外来务工青少年和社会闲散青少年。从取保候审的执行情况来看，上述三类人员违反取保候审规定的风险呈递进趋势，即社会闲散青少年最有可能会违反取保候审的规定。因此，合适成年人作为经验丰富的处理未成年人事务的人，他们应当作为社会闲散青少年的首选保证人；对于在校学生，可以将在校老师，特别是与涉罪未成年人有经常接触的班主任作为合适保证人的优先人选；对于外来务工青少年，可以探索由其工作单位出面委托与其有经常接触的本单位管理人员作为其合适保证人。

北京师范大学刑事法律科学研究院副院长宋英辉教授提出，在合适保证人的选任上要注意听取律师的意见，尤其是法律援助律师的意见。

（三）合适保证人的管理

四川省泸州市合江县人民检察院副检察长郭庆、山东省人民检察院未检处处长栾驭均认为，有必要设置相应的奖励机制，提高合适保证人的工作热情和效率。同时,应加强对合适保证人的管理,包括培训、指导、考评等,以保证该项制度的顺利运行。

四、合适保证人的权利、义务和责任

四川省泸州市合江县人民检察院副检察长郭庆认为,合适保证人除了应当履行《刑事诉讼法》第68条所规定的义务外,还应当根据未成年人刑事检察工作的特殊性,与检察机关签订保证书、保密协议,在履行保证、监管责任的同时对涉罪未成年人进行帮助教育。合适保证人在保证期间违反保证责任及保密协议等规定时,应有相应的责任追究机制,对情节严重、触犯法律的,应依法追究保证人的刑事责任。

甘肃省兰州市人民检察院未检处处长孟春认为,可考虑给予合适保证人和观护基地一定的经济补助,同时明确他们应当承担的义务。如果合适保证人在涉罪未成年人取保候审期间消极履行保证职责的,检察机关可责令检讨或具结悔过,发生被取保候审人脱逃、再次犯罪等严重情形的,应当撤销其合适保证人资格,处以罚款并对观护基地负责人进行追责。

上海市高级人民法院未成年人案件综合审判庭朱妙庭长认为,合适保证人应有知情权、监督权。

上海市公安局徐汇分局副局长商勇副局长认为,合适保证人应当包括四项职责,即履行对被保证人的日常监管、联系、行踪报告和监护职责。

上海市静安区人民检察院董利副检察长认为,合适保证人还应当负有保密义务。

但上海市徐汇区人民检察院未检科科长季冬梅指出,在合适保证人义务的承担上,不能要求过严,否则会打消其积极性。

五、合适保证人制度与其他相关制度的衔接

上海政法学院刑事司法学院院长姚建龙教授认为,合适保证人制度的发展前景非常光明,但要理顺与合适成年人到场制度、社会调查制度、观护制度的关系。

上海市静安区人民检察院董利副检察长认为，合适保证人制度要与非羁押措施可行性评估、逮捕工作全面听取意见制度、社会调查制度合适成年人到场参与诉讼制度做好衔接。

上海市高级人民法院未成年人案件综合审判庭庭长朱妙认为，合适保证人不应该是法定代理人的替代，和合适成年人应该是有区别的。在进行法律制度的设计的时候应该综合考虑合适保证人制度在公安侦查阶段、法院审判阶段和社区矫正阶段的延续和衔接。

上海市公安局徐汇分局副局长商勇从办案的角度提出，合适保证人可以作为合适成年人的身份，参与未成年犯罪嫌疑人的讯问，这可以在一定程度上节省公安机关为寻找合适成年人所耗费的时间，从而提高办案效率。

山东省人民检察院未检处处长栾驭、甘肃省兰州市人民检察院未检处处长孟春均认为，合适保证人制度应与涉罪未成年人观护基地结合，形成对外来涉罪未成年人权益保护的系统化机制。

徐汇区人民检察院未检科科长季冬梅认为，可以将合适保证人工作与观护帮教工作合理结合，一方面可以通过合适保证人制度扩大非羁押措施的适用范围，利用观护基地的有利平台；另一方面，可以依托合适保证人队伍的资源优势，充实涉罪未成年人观护帮教力量。

北京师范大学刑事法律科学研究院副院长宋英辉教授和西南政法大学法学院高维俭教授提出，在理论上还要进一步探讨合适保证人制度同监护制度的关系。

六、合适保证人制度的未来发展

北京师范大学刑事法律科学研究院副院长宋英辉教授认为，目前各地可以因地制宜地积极探索合适保证人制度，但是应注重专业化和社会化。

上海政法学院刑事司法学院院长姚建龙教授认为，合适保证人制度未来的发展应当实现从探索到法定、从公益到公职、从个人到组织三个转变。合适保证人应当成为第三种保证方式，由公益组织代表国家履行监管义务。

上海市长宁区人民法院副院长秦明华认为,合适保证人是未成年人刑事诉讼审前服务的一种形式,在将来条件具备的情况下,可以考虑建立统一的未成年人案件审前服务机构,将社会调查、合适保证人、合适成年人、社会观护、心理干预等一并纳入,从而实现审前服务机构的统一化、专业化、中立化。

复旦大学司法与诉讼制度研究中心主任谢佑平教授认为,良好的大司法环境很重要,因此,首先,要通过各种途径提高未成年人的非羁押率;其次,要提高未成年人犯罪的入罪标准。

华东政法大学校长叶青教授认为,目前阶段可以考虑立法先行,做好顶层设计。

涉罪未成年人异地社会调查相关问题研讨会综述[*]

2013年1月1日正式施行的新《刑事诉讼法》正式确立了我国未成年人刑事案件社会调查制度,体现了国家监护和未成年人特别保护的特殊理念。实践中,各省市地方检察院也对涉罪未成年人社会调查的内容、程序以及配套制度等方面进行了积极的探索,积累了诸多经验,但各地的探索也因途径、方法等不同而使得实践结果呈多样性和复杂性。为了进一步贯彻新《刑事诉讼法》对涉罪未成年人的保护制度,明确和规范涉罪未成年人异地社会调查的内容、程序,主体等配套措施,2014年6月14日,由上海市人民检察院、上海市徐汇区人民检察院联合上海市法学会未成年人法研究会举办的"涉罪未成年人异地社会调查相关问题研讨会"在上海市徐汇区人民检察院成功召开。

本次研讨会围绕"涉罪未成年人异地社会调查联动机制可行性研究""涉罪未成年人如何落实异地社区矫正单位及监管主体""涉罪未成年人异地监督考察制度及向第三方购买服务的可行性"等三个主题,与会代表针对未成年人刑事诉讼中社会调查的主体、程序、调查报告性质、内容等理论和实务问题进行了卓有成效的探讨。来自全国人大、团中央青少年犯罪研究会、最高检、上海市检法系统、江苏省检察系统、安徽省检察系统、贵州省检察系统的实务界人士与来自中国社会科学院、北京师范大学、西南政法

---

* 上海市人民检察院、上海市徐汇区人民检察院。

大学、上海政法学院、华东政法大学等高校的专家学者60余人出席了本次会议。全国人大内司委工青妇主任秦剑、团中央中国预防青少年犯罪研究会秘书长路琦、最高人民检察院公诉厅副厅长史卫忠、上海市人民检察院副检察长余啸波、最高人民检察院公诉厅未检处处长张寒玉、上海市徐汇区人民检察院党组书记储国樑等领导及北京师范大学刑事法律科学研究院副院长宋英辉教授、上海政法学院刑事司法学院院长姚建龙教授、中国社科院法学所熊秋红教授、西南政法大学博导高维俭教授等专家出席了本次盛会。

社会调查制度是未成年人司法制度的重要组成部分。目前,许多国家都有对涉罪未成年人进行人格调查的法律规定。在英美法系国家,既有法院的专职人员负责对未成年犯进行人格调查,也有缓刑机构和社会组织承担调查责任并制作量刑前调查报告。就大陆法系国家而言,罪犯的人身危险性也一直是法院在量刑时需要考虑的重要因素。[①] 在法国,少年司法官必须留意案件真相,了解未成年人人格的一切调查,人口调查包括社会调查和医学调查。在日本,对未成年人社会调查也是必须开展的,并且对此进行评估和甄别,包括社会调查和心理调查。而在我国,各地司法机关在进行未成年人社会调查的实践中产生了不少经验,比如,“4 + 1 + N”的“北京模式”,“政府主导推动、团队自主运作、社会多方参与”的“上海模式”及“未成年人司法试点项目”引进英国“合适成年人”对涉罪未成年人进行社会调查的“昆明盘龙模式”。

一、未成年人社会调查制度的基本价值

新《刑事诉讼法》设立了未成年人刑事诉讼程序专章,对涉罪未成年人特殊权益的保障有了法律后盾,必然有力推动未成年人刑事检察工作的发展。最高人民检察院在上海召开了全国首次未成年人刑事检察工作会议,

---

① 如1975年《德国刑法》第46条、《法国刑事诉讼法》第81条、《日本刑事诉讼法》第248条及《日本少年法》第9条规定等对社会调查报告制度作了规定。

制发了《关于进一步加强未成年人刑事检察工作的决定》，从理念更新、机构确立到制度建设、办案模式和工作方法等方面，对加强未检工作提出了全面、具体的要求。各省市司法机关蓄势待发，对社会调查进行了积极有效的探索和实践。然而我们仍清楚地认识到，我国的未成年人社会调查等极富特色的少年司法制度无论在理论研究领域还是实践领域，都存在一系列不足之处。由于处在起步探索阶段，社会调查制度在我国也暴露出很多问题。各地由于司法实践环境和具体情况的不同，造成了社会调查制度乱象丛生的局面。

与会代表认为，社会调查是少年司法基础性制度，社会调查是少年司法区别于成人司法很重要的一个标志。少年司法基本理念关注行为人，而不是行为；关注的是未来，而不是过去的事实。整个少年司法不是关注有违法犯罪行为的人，而是少年如何回归社会。整个少年司法的目标决定了一定要对涉罪未成年人进行社会调查。作为少年司法程序中极富特色的制度，未成年人社会调查等相关制度的价值既在于贯彻宽严相济刑事司法政策的要求，又表现为实现刑罚个别预防功能的需要，并以此体现在刑事诉讼进行过程中针对不同特点的未成年人给予不同处理措施。通过社会调查报告，办案机关可以对未成年犯罪嫌疑人、被告人的人身危险性和再犯可能性进行系统评估，从而为办案机关处理刑事案件和教育、感化、挽救未成年犯罪嫌疑人、被告人提供重要参考依据。

二、未成年人社会调查制度的调查主体

当前，各地司法机关关于社会调查制度的调查主体不一，有的地方由检察官、法官开展调查并制作报告，有的地方由共青团组织承担，有的地方由专门的社工、合适成年人承担，等等；同时，社会调查主体的人员素质也参差不齐，在一定程度上也影响了社会调查报告的效力。

（一）社会调查的主体是司法机关

了解立法的背景，可以帮助我们了解法律制度设置的初衷及立法者的意图。《刑事诉讼法》第 268 条规定：“公安机关、人民检察院、人民法院办

理未成年人刑事案件,根据情况可以对未成年犯罪嫌疑人、被告人的成长经历、犯罪原因、监护教育等情况进行调查。”根据全程参与本次《刑事诉讼法》立法修订的北京师范大学刑事法律科学研究院副院长宋英辉教授的介绍,针对本条规定的未成年人社会调查的主体,立法机关当时的一个基本考虑是,公检法机关要查明案件真相,对案件公正处理的所有信息都要去整理,所以立法机关规定公检法机关是社会调查的主体;但是公、检、法是社会调查的主体,并不意味着他不可以委托有关机构。比如,最高人民检察院、最高人民法院的司法解释都规定了司法机关可以委托相关机构进行社会调查。① 至于辩方能不能做社会调查,立法机关认为辩方同样可以做类似调查,但是从法律上讲,辩方通过社会调查形成的案卷材料,不应该称为社会调查报告(因为法律规定的社会调查报告就是公检法机关以及委托机构、组织做的书面调查材料)。我们看最高人民法院的解释中,他涉及辩方家属,只是说辩方可以提供相关的材料,这也可以是形式上的,可以提交法院。

同时,也有代表认为,由于司法机关之间职能与诉讼地位的差异性导致了社会调查报告不可避免地产生不同的价值倾向,从而在一定程度上影响了社会调查报告的客观公正性。比如,侦查机关和公诉机关可能考虑更多的是指控犯罪(当然也符合教育感化挽救的方针)而开展社会调查;审判机关如果开展社会调查,可能产生先入为主的问题;而律师开展的社会调查倾向于维护被告、犯罪嫌疑人的权益。也有代表从司法机关就社会调查职能具体权限划分的角度进行分析,如西南政法大学高维俭教授认为,从

---

① 2013年1月1日实施的《刑诉法解释》第476条规定:“对人民检察院移送的关于未成年被告人性格特点、家庭情况、社会交往、成长经历、犯罪原因、犯罪前后的表现、监护教育等情况的调查报告,以及辩护人提交的反映未成年被告人上述情况的书面材料,法庭应当接受;必要时,人民法院可以委托未成年被告人居住地的县级司法行政机关、共青团组织以及其他社会团体组织对未成年被告人的上述情况进行调查,或者自行调查。”

2013年1月1日实施的《刑事诉讼规则》第486条规定:“人民检察院根据情况可以对未成年犯罪嫌疑人的成长经历、犯罪原因、监护教育等情况进行调查,并制作社会调查报告,作为办案和教育的参考;人民检察院开展社会调查,可以委托有关组织和机构进行;人民检察院应当对公安机关移送的社会调查报告进行审查,必要时可以进行补充调查;人民检察院制作的社会调查报告应当随案移送人民法院。”

当前刑事司法体制的职能现状与司法经济性的角度考虑认为，当前最适合进行社会调查的主体应该是公安机关。

（二）社会调查的主体应该是矫正部门

有代表基于未成年人刑事案件社会调查主体的身份需要具有独立性和专业性两点要求认为，较为合理的调查主体应当是具有专业精神和素养的相关社会团体，他们在社会调查过程中有着司法机关不具备的诸多优势。如徐汇区人民检察院未检部门在审查案件时，针对户籍在本区或在本区实际居住、就业、就学并满六个月以上的非上海籍未成年人，由检察机关委托司法局社区矫正部门工作人员开展相关调查，其就涉罪未成年人的个人生活环境、学习经历、成长历程等进行查访，容易与其父母、街坊邻里、学校老师及时沟通，容易获得调查对象的信赖和合作，并从专业的角度，如心理学、教育学、社会学的专业知识出发，对违法犯罪未成年人进行全面评估，最后制作相关调查报告提交给司法机关，而这也代表了上海司法机关开展社会调查的基本模式。同时，为不断提高社会调查主体的专业素质，徐汇区人民检察院对上述调查人员定期开展必要的业务培训和业绩考核工作，以实现社会调查主体资源配置的最优化。这样既保证了调查人员的中立性，也保证了社会调查报告的客观性与专业性。而对于“三无”来沪未成年人，则由未检部门案件承办检察官承担社会调查工作，通过访谈、电话沟通、联系原籍相关部门获取信息反馈等形式形成规范性报告，防止社会调查出现“真空地带”。目前，徐汇区人民检察院未检部门审查起诉的未成年人社会调查率达100%。

（三）社会调查主体的多元化

目前，《刑事诉讼法》第268条的规定导致社会调查主体多元化，公安机关、检察机关、法院都可以做社会调查。为了保证社会调查制度本身的完善发展，社会调查专业化、规范化应当是未来社会调查的目标。如上海政法学院刑事司法学院院长姚建龙教授认为，社会调查的主体并非是社会调查的关键问题，但无论哪个部门负责社会调查，都应该具有从事社会调查的资质。社会调查的三点核心资质不能缺：一是专业，负责社会调查报告的主体应该具有基本的社会学、心理学、教育学、犯罪学等专业知识，没有基本的专业知识和专业操守就不能够保证社会调查的科学性；二是要有激情，不仅仅司法工作者和志愿者；三是敬业，无论社会调查报告的主体是谁，都必须具有基本的敬业态度和敬业精神，都不可以草率对待社会调查报告。

三、未成年人社会调查的内容

19 世纪后半期，伴随着刑罚个别化思潮的发展，教育刑逐渐替代了以惩罚和威慑为主的报应刑，西方社会逐渐接受了教育刑的思想。教育刑所主张的“因材施教”的刑罚个别化思想也顺势登上历史舞台，人们逐渐认识到，要真正矫正好每个犯罪人，帮助他们重新再社会化，必须认清每个犯罪人的具体情况。这些个人情况包括犯罪人的性格特征、生活环境、平时表现、犯罪原因、悔改表现等因素，只有查明这些与犯罪人息息相关的因素，才能更有效地采取合理的处遇措施，帮助犯罪人顺利再社会化。

由此，涉罪未成年人的社会调查报告的内容，对办案机关判断涉罪未成年人的人身危险性和再犯可能性有着重要影响，上海市徐汇区人民检察院制作的社会调查报告主要有以下八方面内容：未成年犯罪嫌疑人的家庭情况、成长经历、性格特点、社会交往表现、犯罪原因、犯罪前后表现、监护帮教条件、与案件有关的其他事项，制作书面社会报告并以调查笔录附卷。这也基本代表了当前各地司法机关开展社会调查报告的主要内容。但是，当前的社会调查报告内容也存在一定的问题。例如，司法实践中发现，多数未成年人刑事案件社会调查报告采用日常公文写作要求的报告样式，少数也会采用调查表格或调查笔录等形式。调查报告的内容一般是围绕涉罪未成年人的性格特点、文化程度、家庭环境、成长经历、社会交往及实施被指控的犯罪前后表现等情况展开，有的还将非羁押措施风险评估等情况纳入报告内容，还有的就如何量刑、如何进行帮教提出了具体建议。

对此，与会代表认为，应该对社会调查报告的内容进行整合。西南政法大学高维俭教授认为，未成年人的刑事检察应该建立“两卷三书”制度，[①]其中包括未成年人的社会调查卷和社会调查报告书。社会调查卷通常包括如下几方面的材料：其一，反映少年犯罪嫌疑人或被告人家庭环境及成长情况的材料，如法定代理人、亲属和少年本人的相关陈述以及户籍档案材料等；其二，反映少年犯罪嫌疑人或被告人学校表现情况的材料，如教师、同学的相关陈述，该少年的学校档案；其三，反映少年犯罪嫌疑人或被告人社区表现情况的材料，如邻居、伙伴的相关陈述；其四，反映少年犯罪嫌疑人或被告人个性心理状况和违法犯罪原因的材料，如心理评测报告、相关人员的分析评估。社会调查卷中的相关材料是制作社会调查报告的基本素材。上述材料非常丰富，其相关法律文书的数量完全可以与普通刑事卷的法律文书数量相匹敌，且能够突出地彰显未成年人刑事司法的特殊性，故而应将其独立成卷。概言之，社会调查报告书是以社会调查卷为基础材料而得出的关于未成年犯罪嫌疑人或被告人的人身危险性和矫治可能性等人格状况的分析评估结论的法律文书。该法律文书为未成年人刑事司法所特有，集中体现着其特殊性。社会调查报告书的全称可以表述为“未成年犯罪嫌疑人或被告人的社会人格状况调查评估报告书”。申言之，社会调查报告书通过对侦查机关所收集的关于未成年犯罪嫌疑人或被告人的家庭、学校和社区等方面的社会调查材料的全面分析，在系统阐述其违法犯罪原因及其性格特点、心理特征等人格状况的基础上，提出未成年犯罪嫌疑人的人身危险性和矫治可能性的评估意见，从而为制定合理、有针对性、个别化的帮教、矫治方案提供指引。

北京师范大学刑事法律科学研究院副院长宋英辉教授认为，应该避免社会调查报告雷同化的趋势。当前的社会调查报告基本上是家庭背景、犯罪原因、监护情况等情况的罗列，其实社会调查报告更多的应该是反映未成年人个性化的东西（如他经常出入的场所、接触的人群），只有如此，才可

① 本部分参见高维俭：《论未成年人刑事检察工作的“两卷三书”制》，载《人民检察》2012 年第 18 期。

以对其针对性地开展教育矫治(如对其实施禁止令)等措施。上海政法学院姚建龙认为,社会调查报告应该包含未成年人的犯罪原因、病情判断(人身危险性判断)、治疗方案(如何量刑,矫治方案建议)等内容,并应该写成综合性社会调查报告。

四、未成年人社会调查报告的属性

社会调查的属性即社会调查的性质。调查报告的性质即社会调查报告对涉罪未成年人的功效或者社会调查报告在少年刑事司法中的地位。简言之,即社会调查报告是否属于刑事诉讼法中的证据问题、属于何种证据问题。由于各国司法理念及实践的不同,社会调查报告在少年司法中的地位和价值不一。修订后的《刑事诉讼法》将未成年人的社会调查制度上升为未成年人刑事案件诉讼程序的一项正式的法律制度。而《刑诉法解释》第484条明确规定:"对未成年被告人情况的调查报告,以及辩护人提交的有关未成年被告人情况的书面材料,法庭应当审查并听取控辩双方意见。上述报告和材料可以作为法庭教育和量刑的参考。"《刑事诉讼规则》第486条规定:"人民检察院根据情况可以对未成年犯罪嫌疑人的成长经历、犯罪原因、监护教育等情况进行调查,并制作调查报告,作为办案和教育的参考。"可见,刑事诉讼法及"两高"司法解释均未明确社会调查报告的性质,由此引发了学术界和实务部门对于社会调查报告性质的争论。对于社会调查的属性问题,与会代表也展开了热烈的讨论,形成了几种鲜明的观点。

(一)社会调查报告具有证据的属性

部分与会代表认为社会调查报告属于证据。西南政法大学高维俭教授认为,社会调查报告的内容符合证据的基本属性和内涵,即具有证据的客观性、关联性与合法性等特征。虽然不符合证据外延中七种分类下的某个具体科目,但从学理进行分析,学术研究应该尊重法律又不拘泥于现行法律规定,由此社会调查报告可以作为证据的"第八种"分类。首先,高维俭教授认为,社会调查报告属于证据。"证明案件真实情况的一切事实,都是证据。"其中的"案件事实"既包括案件的行为事实又包括行为人的事实。

前者以犯罪构成要件为核心的，反映行为的刑法意义上的性质的事实情况；后者反映行为人人格状况的事实情况，是对犯罪嫌疑人或被告人人格状况的反映。社会调查报告所反映的案件事实即属于后者。由此，社会调查报告属于刑事证据的范畴。其次，社会调查报告的刑事证据类别问题。高维俭教授认为，社会调查报告与我国当前《刑事诉讼法》的七种证据是根据不同标准所作的分类。反映在案行为事实的刑事证据和反映行为人人格事实的刑事证据是按照证明内容而对刑事证据进行的基本分类，而七种法定刑事证据是按照证据形式而进行的分类。由此，这七种法定刑事证据中的任何一种都可能包含反映在案行为事实的刑事证据，也可能包含反映行为人人格事实的刑事证据。最后，只有证据才需要在法庭庭审程序中质证，而从社会调查报告需要法庭质证程序来反面证明，社会调查报告具有证据属性。

（二）社会调查报告是非证据但可做酌定量刑的参考

中国社会科学研究院熊秋红教授认为，应该在现行法律框架下考察社会调查报告的性质，即在尊重法律的现行规定下探讨法律的精神和规定。由此，从当前《刑事诉讼法》关于证据的基本属性来看，社会调查报告具有证据的相关特征，但是社会调查报告又不属于证据七种分类的具体某类，由此社会调查报告不具有证据的属性。部分与会代表认为，在现行法律规定的证据体系当中，法律并未明确社会调查报告的证据属性。由于证据属性的欠缺，社会调查报告在定罪量刑方面很难起到作用，在现在法律没有明确规定的情况下，实务部门可以通过社会调查报告中关于未成年人的品格证据（包括家长、学校老师开展的调查可以作为言辞“证据”，通过言辞“证据”），从而对涉罪未成年人的品质、犯罪原因、家庭背景、监护条件等基本情况和社会背景进行一定程度的把握，社会调查报告通过“证据转换”，在法庭质证后起到对未成年人酌定量刑情节的作用。

（三）社会调查报告具有证据属性但非证据的双重属性

根据《刑事诉讼法》的相关规定，证据的属性是指证据的内涵，即符合证据的客观性、关联性、合法性等特征；证据的外延包括物证书证、被害人陈述、证人证言、鉴定结论七种证据分类。对于社会调查报告的属性，上海政法学院刑事司法学院院长姚建龙教授认为，社会调查报告虽然不是证据类型，但是有证据属性。即社会调查报告并非属于证据外延中七种证据分类的某种类型，但社会调查报告符合证据的三个本质特征，即符合证据的客观性、关联性、合法性。同时，从少年司法与成人刑事司法的区分角度看，少年司法研究中不宜把社会调查往刑事诉讼程序上某一个制度上靠，社会调查报告就是少年司法制度中的一个特殊性制度。姚建龙教授认为，首先，社会调查报告就是一个诊断报告，类似于医生对于病人病症的描述，从而让审判机关和矫正部门详细了解和把握“病人”的“病情”。其次，社会调查报告还是治疗方案，是针对涉罪未成年人的“病症”而对症下药的一个“药方”，而不能把社会调查报告看成简单的量刑参考，它有独特的少年司法属性。北京师范大学刑事法律科学研究院副院长宋英辉教授也同意社会调查报告的“双重属性”。全国人大在修订本条时，最基本的一个考虑即立法时各地对于社会调查的司法实践并未成熟且各地差异较大，将社会调查报告认定为证据的条件和时机并未成熟。宋英辉教授认为，根据《刑事诉讼法》的规定及少年司法的特殊性，社会调查报告由于包括心理测评报告等内容，由此首先可以具有品格证据的特性，作为对涉罪未成年人的量刑参考；另外，社会调查报告可以作为程序法的“证据”，非定罪量刑的证据，对定罪量刑影响不大，而是对涉罪未成年人进行法制教育等的参考和依据，即社会调查报告是对涉罪未成年人是否进行逮捕、起诉等强制措施及针对性的矫治教育密切相关的案件证据。

五、关于社会调查的司法协作问题

由于开展社会调查需要花费大量时间精力和有关社会组织配合，目前仍不能对未成年人刑事案件做到普遍开展社会调查，尤其对于城市中外来流动人口的未成年人犯罪案件，由于目前实施调查的主体大多数是当地的司法机关及社会组织，且没有建立社会调查报告的异地协作机制，故就涉及外来未成年刑事案件的社会调查内容相对难以取得，涉及调查对象难以查访,导致对该类案件社会调查的比例相对较低,造成未成年人刑事案件整体进行社会调查的不平衡性。应该看到,社会调查报告工作是一个需要多部门分工合作、协调配合的系统工程,仅仅依靠某一家力量孤军奋战是不可能达到该项工作的最佳预期效果。

上海政法学院刑事司法学院院长姚建龙教授认为,应该从以下几个角度进行司法协作的开展。第一,建立全国性的少年司法协作。现在虽有针对个案的少年司法协作,但从规范角度更希望有全国性的少年司法协作。这种少年司法协作网不仅是程序,还包括我们一些矫正、司法程序、核心一些问题,包括社会调查、考察帮教、附条件不起诉、异地矫正等这些问题。这种少年司法协作,可以通过两种路径进行拓展:一种是自下而上的协作网络,如通过中立的学术机构建立少年司法协作中心,然后相关需求部门自愿加入这个协作网,参与到本协作网的机构之间互相承担彼此委托的社会调查;另一种是全国未检实行少年司法协作,就是不同地区检察院共同协作,不仅做高检交办的工作,全国检察还可在社会调查、帮教、社区矫正上来提供相应的支持。这是各地未检之间的协作,逐步把少年法庭、少年警察、司法行政部门全部拉进这个网络,包括律师。相对而言,建立全国性少年司法网还有更大的意义即符合当前司法改革的主旨。第二,立法中应该对少年司法协作进行规定或完善。当前,未成年人社会调查等的少年司法协作的开展多建立在个人感情之上,多属于自发的、不规范的,法律应该对此进行完善。比如,在《未成年人保护法》中,应当就异地少年司法协作进行规定。对于请求异地少年司法协作的机关和被请求的机关进行支持。在立法中设置这种条款,把异地司法协作视为部门责任。通过立法的规定,从而为工作的开展提供法律后盾,保证有法可依。第三,就本地社会调查等少年司法协作而言,职能部门不能等立法的出台,也不能等全国司法机构完善后再落实具体工作。就某个行政区域、地域而言,应当更加重视社会一条龙建设,即重视社会支持体系建设,并且针对被害人和涉罪未成年人两个思路,一个是补充性支持体系,另一个是替代性支持体系(从儿童福利中引入的体系观念)。第四,接受异地少年司法保护,异地服务中可以尝试市场化机制。例如，北京社工做每一个社会调查，政府付出的费用为3000元。这都可以从司法办案中支出。还可以用政府购买服务形式支付，我们一方面要承担社会责任，但是不是每个地方都很有钱。未尝不可以用市场化机制。第五，政府应筹建少年司法基金会。比如，上海心理测试报告，都是爱心帮教基金会来支出费用，这些费用却可以帮助我们司法机构解决很多难题，尤其是经济滞后的地区。

上海市徐汇区人民检察院认为，首先，应该建立本区司法一条龙的体系。例如，本区的公检法司、综治委、未保办、团区委等有关部门应当联合推出有关未成年人社会调查的指导意见或实施细则，将这些已有的呈“条块状”分布的经验有机串联起来，进一步加以科学整合，共同研究制定全区、全市统一的未成年人刑事案件社会调查报告工作指导意见或实施细则。其次，应该探索异地委托调查，主要是为了解决外地户籍未成年人的社会调查问题。可以对近年来受理的外地涉罪未成年人的户籍分布状况做进一步统计，进而根据统计结果，如有针对性地选择若干外地省市的司法行政机关，与之合作试点建立异地委托社会调查协作机制，从而使社会调查制度的有益价值惠及更多的外地户籍未成年被告人，进一步彰显少年司法的公平。

江苏省人民检察院未检办认为，社会调查应当建立全国性的协作网络，实行异地委托调查。我国的社区矫正2003年开始在北京、上海、江苏等六省市试点，2005年进一步扩大试点省份，2009年在全国试行，目前已在全国范围内开展。一个全国性的社区矫正网络已基本形成。根据2014年5月全国社区矫正工作会议精神，决定在全国推开社区矫正，进一步完善社区矫正制度。因此，在全国社区矫正不断发展完善的今天，在当前部分地区开展司法矫正人员进行未成年人刑事案件社会调查试点的基础上，利用现有全国性的社区矫正工作网络，建立起未成年人刑事案件异地社会调查的协作机制，具有可行性和现实意义。以江苏为例，2006年江苏省公、检、法司共同会签的《刑事案件未成年被告人审前调查实施办法（试行）》近8年来运行平稳，效果良好，提供了良好的实践样本。

性侵害未成年人犯罪理论与实务研讨会综述*

近年来，被曝光的性侵害未成年人案件骤增，一些案件经新媒体曝光后迅速发酵，牵动着公众敏感的神经，在社会上造成了恶劣的影响。为了及时准确惩治性侵害未成年人犯罪，切实解决在司法实践中遇到的法律适用、刑事证据把握等问题，充分发挥社会各界在综合保护性侵害未成年人的作用，2015 年 10 月 16 日，由上海市检察院、上海市法学会、上海市教委、上海市妇联主办，上海市浦东新区检察院、上海法学会教育法研究会承办的"性侵害未成年人犯罪理论与实务研讨会"在上海浦东召开，与会的专家学者及实务界的嘉宾从性侵害未成年人案件的刑法规制、证据的收集、审查与运用、性侵害未成年被害人的综合保护等方面建言献策，以构建立体化打击、防控性侵未成年人犯罪。

一、性侵害未成年人犯罪的刑法规制

随着性侵未成年案件社会关注度提高，相关刑法规范及司法解释变更较多。2015 年《刑法修正案（九）》第 43 条废除了嫖宿幼女罪，第 42 条修改了组织卖淫罪、强迫卖淫罪，将组织、强迫未成年人卖淫作为从重处罚情节；第 13 条修改了强制猥亵罪，加强了对猥亵已满 14 周岁不满 18 周岁的未成年男性的行为刑法规制。比较重要的司法政策文件包括 2013 年 10 月

---

* 上海市人民检察院、上海市浦东区人民检察院。

最高人民法院、最高人民检察院、公安部、司法部颁布的《关于依法惩治性侵害未成年人犯罪的意见》，此外，最高人民法院还发布了一系列性侵害未成年人的典型案例，相关解释和规范性文件的出台顺应了民意，关注了社会效果，但仍有一些司法实践中遇到的具体问题需进一步明确。

（一）定罪方面

1. 关于性侵未成年人身份“明知”的认定

《关于依法惩治性侵害未成年人犯罪的意见》第 19 条第 2 款规定对于不满 12 周岁的幼女发生性关系，采取直接认定明知的方式，免除公诉机关的举证责任；对与已满 12 周岁不满 14 周岁的幼女发生性关系，则需根据被害人身体发育情况、言谈举止、生活作息规律等综合表现，以一般人结合以上内容对被害人年龄作出的判断作为推定的基础事实。上海交通大学林喜芬教授认为，在认定行为人是否明知对方是 14 周岁的幼女问题上，要严格坚持主客观一致的原则，除了对被害人体貌特征、言行举止等方面进行考察外，还应注重对被告人主观事实的认定。对“确实不知”的行为人，并非都作无罪处理，只在满足“有证据证明”和“未造成严重后果”的两个前提下才作无罪处理。同时，他指出，“有证据证明”并非是举证责任倒置，如果被告人提出具体反驳理由，公诉机关则需要提供对反驳理由的查证情况，以判定反驳是否足以推翻基础事实和推定事实间的盖然性联系。上海市浦东新区人民法院凌鸿法官认为，在判断已满 14 周岁不满 16 周岁未成年人年龄时，要设立“一般人”的认识能力标准，这个一般人的认识能力只能低于被告人，不能高于被告人。华东政法大学李翔教授统计称超过 180 个国家和地区采用另外一种模式，即只要行为人实施了奸淫行为，被侵害对象客观上不满 14 周岁，即使行为人出现了错误认识，也不影响定罪。故他建议在幼女年龄问题上采用严格责任原则作为主客观统一原则的例外。华东政法大学沈亮副教授点评时也表明倾向于采取严格责任的立法模式，以便对未成年女性的特殊保护，同时他指出《关于依法惩治性侵害未成年人犯罪的意见》是司法意见，与司法解释地位有所不同，其对司法实践的指导价值亦有不同，在遇到《关于依法惩治性侵害未成年人犯罪的意见》与有关司法解释和刑法规定不一致时,要严格坚持刑法至上原则。

2. 猥亵儿童行为的出入罪把握

猥亵儿童罪是行为犯,尽管刑法规定猥亵儿童的应当从重处罚,但并非只要存在猥亵儿童行为就必然构成猥亵儿童罪。猥亵儿童行为形式、内容及程度的不明,易导致对猥亵儿童的治安处罚和刑法规制界限不明。上海市浦东新区人民检察院未检处处长张宇认为猥亵儿童的犯罪行为和违法行为区分能否从以下两方面来考察:从主观方面来看行为人应具有刺激、满足性欲的动机;从客观方面来看应当判断行为所侵害的身体部位是否具有性象征意义,如男女下体隐私处、臀部、大腿处以及女性胸部;行为侵害具有性象征意义以外的身体部位,如脸部、背部、胳臂,认定构成猥亵犯罪时应当慎重。江苏省泰州市人民检察院未检处副处长王晓伟认为,随着人们性观念的变化,应当增加猥亵儿童罪的行为方式,如"对儿童实施""使儿童对自己实施""促使儿童对第三者实施""促使第三者对儿童实施"不仅仅局限于直接肢体接触的方式亦可称为猥亵儿童罪的行为方式。又如以同步视频诱使儿童自摸及观看本人自摸行为的网上裸聊行为,应当定猥亵儿童罪。

3. 明确强奸与猥亵的行为方式

王晓伟副处长认为,由于我国对性交定义没有与时俱进,无法很好地保护性侵儿童的合法利益,如加害人用性器官以外的身体部分对儿童进行"插入式侵害"的,与儿童肛交、口交的,尽管对被害人心灵和身体的伤害程度与生殖器性交相当,但依照我国司法实践对"性交"的传统界定依然只能认定为猥亵。她建议在性侵幼童的案件中,为体现对幼童的最高限度的保护宗旨,可以参考我国台湾地区、香港地区拓展"性交"的立法定义,包括两层面:凡是以性器进入他人性器、肛门或口腔,或使之结合的行为;以性器之外的其他身体部分或器物进入他人的性器、肛门,或使之结合的行为,应认定为强奸而非猥亵。林喜芬教授认为在刑法没有对其他不正当性交行为作出特别规定的情况下,其他不正当性交行为宜包括在猥亵概念中,维护刑法适用的协调。如以性交方式强制猥亵已满14周岁不满18周岁的未成年男性,也应构成强制猥亵他人罪,否则以性交以外的方式猥亵已满14周岁不满18周岁的未成年男性都成立强制猥亵他人罪,但以性交的方式却不够罪,将导致刑法适用的不协调。

4. 侮辱妇女罪中的"妇女"是否包括未满14周岁的女性

行为人以暴力、胁迫或者其他方法侮辱未满14周岁的女性时,是否适用《刑法》第237条侮辱妇女罪。上海市青浦区人民检察院未检科高冰检察官认为,《关于打击拐卖妇女儿童问题犯罪有关问题的通知》中关于妇女和儿童的界分不具有普适性。在该条款中"妇女"应包括未满14周岁的女性,排除逞强斗狠的辱骂他人造成严重后果的寻衅滋事行为,对未满14周岁的女性采取暴力胁迫手段进行侮辱的,存在成立侮辱妇女罪、侮辱罪的争议,侮辱妇女罪在五年以下定罪量刑,而侮辱罪在三年以下定罪量刑,如果侮辱妇女罪中不包括未满14周岁的幼女,对于那些强制侮辱幼女而又不属于猥亵幼女的行为适用强制侮辱妇女罪,则出现刑法适用的不平衡。

(二)量刑方面

1. 依法把握未成年人的双向保护要求

对性侵害未成年人犯罪坚持依法从严惩治的同时,对未成年人实施的性侵害未成年人犯罪,应当坚持双向保护原则。对于已满14周岁不满16周岁的人偶尔与幼女发生性关系的,情节轻微、未造成严重后果的,不认为是犯罪。张宇处长认为,从双向保护的原则出发,应严格遵守被告人未满16周岁,与幼女偶尔发生性关系且未造成严重后果的设定条件。对已满16周岁的未成年与幼女发生性关系的行为,应严格按照强奸罪定罪处罚。上海交通大学张绍谦教授点评时提出,双向保护必须首先处理好保护和公正的关系,在坚持刑法公正的前提下讨论保护问题,即在严格遵守实体法和程序法的前提下,再考虑对未成年人的其他相关诉讼措施、保护措施的特殊性。

2. 对“当众”的认定

《关于依法惩治性侵害未成年人犯罪的意见》第23条规定，在校园、游泳馆、儿童游乐场等公共场所对未成年人实施强奸、猥亵犯罪，只要其他多人在场，不论在场人员是否实际看到，均可以认定为在公共场所“当众”性侵被害人。在把握“当众”时，张宇处长认为一方面要满足“公共场所”的要求，另一方面要满足“当众”的要求，此处的“当众”要求“公共场所”的人能够随时可能看到。高冰检察官在办理案件中发现，实践中认定“当众”的可能性较小，公共场所人员混杂，流动性较大，采集在场证人的直接证言难度极大。

3. “依照前款规定从重处罚”还需要进一步解释

《刑法修正案（九）》中废除了组织卖淫罪和强迫卖淫罪的死刑，将在组织卖淫和强迫卖淫的过程中有杀害、伤害、强奸、绑架等犯罪行为采取数罪并罚的立法模式，同时将对象为未成年人的“依照前款规定从重处罚”，但组织卖淫罪和强迫卖淫罪有两个法定量刑幅度，李翔教授认为“依照前款规定从重处罚”可能导致被组织对象为不满14周岁的，由原来明确为10年起刑点的刑罚降为5到10年的基准刑，需要未来司法解释予以明确。

（三）完善性侵害未成年人犯罪立法体系

性侵害的范围是什么，直接导致了性侵害未成年人立法体系的完善。《关于依法惩治性侵害未成年人犯罪的意见》第1条罗列了性侵害未成年人犯罪的八个罪名，该八个罪名都是直接性侵害的行为。与会代表认为，性侵害未成年人，除了采取强奸、猥亵等直接性侵未成年人行为外，针对未成年人实施的引诱未成年人聚众淫乱罪、组织淫秽表演罪、传播淫秽物品罪等性侵未成年人的周边违法行为，可能直接助长误导未成年人性观念，是性侵害未成年的方式之一。林喜芬教授介绍日本的性侵未成年人犯罪的范围，不仅包括刑法上的强奸罪、强制猥亵罪、公然猥亵罪、散布猥亵物等罪、劝诱淫行罪，还比较重视一些间接性侵未成年人和性侵未成年人的周边违法行为，如跟踪犯罪、骚扰犯罪、买春儿童罪、买春儿童斡旋罪、劝诱买春儿童罪、提供儿童色情物罪，规制的范围比我国要大，全面有效地惩治性侵害未成年人的行为。王晓伟副处长建议我国在未来应该考虑参照日本的做法，通过立法加强处罚直接性侵未成年人的行为，以及性侵未成年人的关联性犯罪、周边违法行为，完整建立性侵未成年人的犯罪体系。

二、审判中心视野下的性侵案件的证据收集、审查和运用

性侵案件较一般案件存在发现难、取证难、保护难、救济难等问题，该类案件证据呈现出明显的“三多三少”的特征，即主观证据多、客观证据少，言词证据多、物证书证少，间接证据多、直接证据少。与会代表针对性侵案件证据收集的特殊性及证据收集、审查、运用中存在的问题，提出了以下对策和建议。

（一）在公正中立理念下，全面收集证据

《关于依法惩治性侵害未成年人犯罪的意见》的出台进一步明确了惩治性侵害未成年人犯罪案件要以最低限度的容忍和最高限度的保护为主导思想，着重依法从严惩治性侵害未成年人，加大对未成年人犯罪的保护。上海市人民检察院第一分院未检处处长刘金泽指出检察人员在办理此类案件不应丢掉公正中立的立场，只是想方设法撬开嫌疑人的嘴，而应该通过取证和证据组合来判断嫌疑人和被害人证据的真实性，做到收集有罪证据与无罪证据并重，收集直接证据与间接证据并重，并强化固定保全证据，以形成牢固链条，防止嫌疑人翻供。华东政法大学杨兴培教授在点评中也指出，在事实调查阶段，办案人员应当把案情当作一个没有任何感情的物质产品，减少在事实调查阶段的感情倾斜，对此类证据相对单薄的案件，慎用强制措施。在性侵案件中，被害人陈述是收集其他证据的逻辑起点，被告人供述的主要功能就是检验围绕被害人供述建立起来的证据链的逻辑完整性。因此，被告人认罪与否，都应当围绕被害人的陈述收集相关佐证材料。与会代表指出性侵未成年人案件的证据收集主要包括以下几个方面：

1. 第一时间固定客观证据

上海市公安局浦东分局审理支队副队长孙伟认为，针对此类案件，应当及时侦查犯罪现场，对未成年被害人、犯罪嫌疑人进行人身检查，提取体液、毛发、被害人和犯罪嫌疑人指甲内的残留物等生物样本，指纹、足迹、鞋印等痕迹，衣物、纽扣等物品以及现场及周边监控录像等视听资料等，及时进行鉴定，通过及时勘查犯罪现场，寻找证据之间的印证关系，作为犯罪嫌疑人口供的突破口。

2. 重视被害人的第一份陈述笔录

由于我国尚有社会伦理及技术措施方面的问题，被害人出庭质证的情况较少，凌鸿法官指出法院审查言词证据时遵循言词证据接近事发时点规则，即对于多份被害人陈述和被告人供述，除了结合其他证据判断其证据能力的判断外，还应考虑接近事发时点规则，关注被害人陈述是否受“污染”。故制作笔录时重点记录侵害案件是在何种情形下被揭露出来的，是被害人主动述说还是被人察觉？最早发现者与被害人的关系，其听闻或察觉事件后的表现如何，其表现有无反过来影响到被害人？如果被害人主动述说，当时述说的具体内容，述说的现场情况、在场人的情况及反应、被害人的表现等均应成为查证的内容。如果是被察觉，察觉人就该过程的详细陈述，有无发现物证以及对物证的处置亦是需审查的重要内容，故就上述情况在被害人的第一份笔录中均应有所体现。

3. 及时收集其他补强证据

一是案件的背景情况。对案件背景的调查，主要是对被害人方与嫌疑人方的关系的调查可以帮助办案人员判断是否存在影响被害人如实陈述的因素，是否有诬告、陷害的动机和现实可能性，尤其是对于发生在家庭内部的成员之间的性侵案件，更应关注被害人有无受到背后势力的操纵或者影响，查清家庭内部存在的矛盾问题。二是品格证据及外围证据的收集。全面收集双方不良和良好品格证据，重点关注犯罪嫌疑人是否有前科劣迹以及其性攻击性或者欲望表现等；对被害人重点收集其品德以及能反映其诚信程度的证据。通过对双方品格证据的收集，进一步甄别行为人的人格特质，对其心理和行为进行评估、解释和预测，以强化办案人员的内心确认。三是加强传来证据和外围证据的取证。刘金泽处长指出审查被害人是否向无利害关系的第三人陈述过被侵害的情况，同时也要注意嫌疑人一方的传来证据。嫌疑人及其家属的反映等外围证据也应当收集，如嫌疑人方以及其家属是否有道歉等行为。从这些传来证据和外围证据入手寻找能与直接证据相印证的间接证据，在性侵案件中这类传来证据对案件认定的影响力较强。

（二）完善证据收集机制，保障“一站式询问”的有效性

为避免未成年被害人因多次询问造成“二次伤害”，同时更好地固定证据，与会代表建议进一步完善对性侵未成年人的“一站式询问”制度。凌鸿法官指出被害人陈述是否在合适的场所、时间，身边有无监护人或合适成年人，陈述过程中的言语表达、情绪状态是否自然、放松，有无耐人寻味的肢体语言，以及询问人的发问方式、语气、神态有无可能令被害人受到误导或感受压力等因素影响到法官对被害人陈述的可信度。因此打造适合未成年被害人身心的陈述环境，对于引导被害人真实陈述案发经过，确保案件质量至关重要。与会代表建议：

1. 在合适询问场所全面询问

上海市黄浦区人民检察院未检科科长谷莺建议借鉴香港“家居录像室”的方式，选用地址保密、具备家居氛围的民用住房，一般分为客厅、会谈室、监控室、检查室、洗手间五大部分，配有录音录像设备，让未成年被害人在法定代理人或合适成年人的陪同下一次性完成询问、检查、提取等工作。同时，为尽量避免被害未成年人在侦查、批捕、公诉、审判等独立的过程中被反复询问，造成未成年被害人的“二次伤害”，侦查人员在询问前应制定详尽的询问提纲，做到全面询问，询问的同时必须同步录音录像，从而增强其他部门办案人员对相关证据的自由心证和内心确信程度。

2. 合适询问原则

一是询问人合适。心理学研究发现，八九个月大的幼儿就具备察言观色的能力，询问人的发问方式、语气、神态，以及在场法定代理人或合适成

年人的态度可能影响被害人，导致其通过察言观色而隐瞒或夸大具体情节。孙伟副队长结合办案经验认为在对女性被害人询问过程中，可充分发挥女性侦查员“母性”气质的天然优势，着力营造宽松的谈话氛围，通过循循善诱引导被害人作出符合法律程序规定的、恰如其分的陈述。浙江省宁波市鄞州区人民检察院未检科科长陈聪聪建议建立引入专家证人辅助侦查制度，即在被害人报案时可及时吸纳心理学方面的专家介入，缓解被害人的不安，使其清晰描述事情经过；对被侵害的幼童，可及时引入了解儿童心理、语言、思维的专业人员，在安抚幼童的同时，解决侦查人员成人化询问方式的问题，搭起双方沟通的桥梁。

二是合适成年人在场。杨兴培教授指出对于一些在被害人父母在场，而未成年女性不愿讲出案发细节经过的情况，建议采取相对隔离的方式缓解被害人的压力，即将合适成年人放置在被害人询问室附近，并通过数据传输同步询问过程，既解决缓解了被害人的紧张，又让合适成年人在场监督，严格执法。三是合适询问的忠实记录。记录是“听故事”而非得结论，未成年人尤其是低幼儿童的表达具备典型的年龄特点，因此记录要忠实于被害人的原表达，如果换成侦查人员的表达，如“我被猥亵了”“下体”等表达，则严重影响了口供的真实性和可信性。

刘金泽处长认为一站式询问不是一次询问，但是可以尽量少地去打扰被害人，在提问之前要详细地设定询问提纲，需要再次询问时，必须突出重点和新的问题，尽量压缩时间，同时注意被害人被反复询问的情绪变化。他认为在顾忌被害人情绪的情况下，提问时可以对方律师的角度设计问题，不能完全顺着被害人，设置一些攻击性问题，观察被害人第一时间的辩解，以保障法庭上的效果。

3. 检察机关提前介入侦查

陈聪聪科长指出公安机关受理后，对重大、疑难、复杂的案件，检察机关应当提前介入案件侦查，指引侦查机关侦查取证的方向，共同对证据进行核查，排除合理怀疑，完善证据锁链。同时，检察机关通过提前介入侦查取证，对公安机关的侦查活动进行监督，如证据收集是否规范，是否有该提取的未提取、该鉴定的未鉴定、该询问的未询问等，及时对取证、补证、固证等问题提出意见，确保案件质量。杨兴培教授点评时建议为统一该类证据的有效性，公、检、法、司四家应一起沟通，通过专题讲座、发布案件通报等方式，加强性侵案件证据标准、证据认定及法律适用等方面的交流，减少分歧。

三、性侵害未成年人案件的综合保护

（一）专业化办案机制，确保未成年诉讼权益

1. 完善专业化办案机制

性侵未成年人案件由于被害人的特殊性，需要办案人员具有处理性犯罪案件的经验，了解和掌握未成年人的身心特点，有良好的沟通能力、人文素养和细致作风，建立性侵未成年人案件的专业化办案机制有着非常重要的现实意义。上海市检察院未检处综合科科长黄冬生介绍上海市未检部门自2010年开始探索把性侵未成年人案件纳入未检部门的受案范围，并从2014年起逐步建立起专门针对未成年人实施的犯罪案件专业化办案机制。上海市检察院副检察长周永年进一步强调要切实加强三级未检部门的上下联动衔接，主动加强与案管、公诉、控申等相关业务部门的沟通，积极推动公安机关全面落实由专办机构或专人归口办理成年人侵害未成年人人身权利犯罪案件，并建议审判机关将成年人侵害未成年人人身权利犯罪案件纳入少年庭受案范围。他同时指出要通过专题业务培训、开展岗位练兵、召开相关研讨会等方式，提高办理性侵害未成年人案件工作中指控犯罪和保护未成年被害人的能力。

2. 建立及时、完善的未成年人法律援助制度

一是及时援助。性侵案件一旦案发，被害人就急需法律援助，如如何保存证据、如何保护隐私防止二次伤害，需要法律专业人士给予指导。因此，与会代表建议在侦查阶段对性侵案件未成年人被害人提供法律援助。二是无门槛援助。实践中，未成年被害人要申请援助需要递交一些证明材料，如贫困证明，但是一些法定代理人迫于保护未成年人隐私考虑，不愿意

到社区街道开证明，部分外来务工人员子女不方便开证明，而往往此类被害人最需要获得法律援助。因此，破除对未成年人法律援助门槛，完善法律援助申请程序势在必行。

3. 探索建立未成年被害人隐蔽式作证的保护机制

在审判中心主义的背景下，要妥善地平衡查明犯罪事实和保护未成年被害人诉讼权利、保护隐私防止未成年被害人“二次侵害”之间的关系。与会代表建议探索性侵未成年人案件隐蔽作证制度，如采取在法庭上使用物理的遮蔽措施，或在特定案件中经法庭许可，通过电视网线或其他装置，并结合变像、变声技术，让未成年人隐蔽作证。黄冬生科长认可浦东新区人民检察院探索由心理学专家陪同未成年被害人，在法庭之外的其他房间作证，通过音频传输系统，把声音放大到法庭上来进行实时播放的做法，这样就兼顾了诉讼各方的权利以及事实查明，同时也保护了未成年被害人。

4. 建立性侵未成年人案件信息共享平台

涉案未成年人（含未成年被告人和被害人）应贯穿于整个诉讼过程，在专业化办案机制的基础上在公、检、法、司四部门之间加强案件信息通报和个案联动，以便于在各自阶段有针对性地制定未成年被害人保护措施或预案。

（二）构建全方位的综合保护援助体系

1. 完善未成年人心理援助制度

许多性侵未成年人案件，被害人遭受的生理伤害会导致被害人创伤性应急障碍，影响被害人较长时间，需要专业人员尽早介入。宝山区人民检察院聘请了复旦大学、华东师范大学、市精神卫生中心的 16 个心理学专家和心理医生，建立未检心理咨询专家库，为被害人及他的家长提供心理干预服务，取得了很好的效果。上海妇联权益保障部代表廖雅珍表示妇联下属白玉兰开心家园心理咨询工作室，在各区均有服务点，可为性侵儿童提供专业的心理咨询和帮助。东方医院社工部主任胡晓慧建议引入医务社工制度，通过专业的观察、交流、检测给被害人专业的干预。谷莺科长建议考虑到性侵害行为的潜在影响，除了在诉讼过程中聘请专业的心理、医疗专业人员开展辅导和治疗外，还应建立后续跟踪服务体系，可以由儿童保护组织或妇联等机关牵头成立此类综合服务团队，建立一整套介入、跟踪、评估、转介流程，持续关注和服务未成年被害人及受到严重影响的家庭成员，直至他们走出困境。

2. 多渠道探索建立性侵未成年人经济援助制度

一是探索建立性侵案件未成年被害人优先获得国家补偿的制度。在实践中由于种种原因，国家补助（救助）制度的运行效果欠佳。与会代表表示应将性犯罪中的未成年被害人纳入优先享受国家补偿的特定被害人范围，充分体现国家对受害儿童权益的特殊关爱。二是探索争取社会支持。廖雅珍表示妇联下属向阳花儿童保护公益项目，每年都有一定的资金支持相关儿童保护项目，同时她建议向社会招标，鼓励社会企业共同参与到支持性侵未成年被害人的保护中来。三是探索增加性侵未成年被害人精神损害赔偿。与会代表提出目前我国的法律规定不支持被害人提起精神损害赔偿，但在性侵害未成年人犯罪案件中，许多被害人受到的精神损害比人身伤害更严重，治疗时间长，费用高。陈聪聪科长建议指定专门的鉴定机构，对被害人精神心理状态作出鉴定，并作为犯罪后果予以考虑，同时扩大性侵害未成年人刑事附带民事诉讼的范围，对于尚未发生但必然发生的心理治理费用，在经鉴定后纳入该类案件刑事附带民事诉讼的诉讼范围。

3. 加强涉案未成年人隐私保护

未成年被害人信息保护虽在制度上、观念上倡导已久，但在实践中仍存在较多有意无意泄露未成年被害人隐私的情况，主要体现在两个方面：一方面是在司法办案的过程中，一些承办人员可能疏忽了被害人的隐私保护，穿着制服、驾驶警车深入被害人住处、学校调查取证，导致未成年被害人信息泄露；一些文书上虽然已经隐去未成年被害人的个人信息，但在一些文书上仍出现通过被害人法定代表人的详细信息能便捷地获知被害人信息，间接造成了信息泄露。这就需要办案人员从收案开始，从细节入手，时刻绷紧被性侵害未成年隐私保护的弦。另一方面是一些媒体出于经济效益和眼球经济的考虑,泄露了大量性侵害未成年人的身份信息,造成了对未成年被害人的二次伤害。上海电视台电视新闻中心新闻主编宣克炅认为,我国关于媒体报道未成年人案件方面的规定过于简单,不利于司法实践的操作:一是没有明确把隐私权确定为独立的具体人格权;二是对未成年的隐私权保护缺乏强有力的具体保护措施;三是没有明确监管和执行机构。"一个法要是没有以强制力为后盾,就只是道德规则。"

(三)构建立体预防性侵未成年人犯罪体系

1. 惩防并重,充分发挥检察预防职能

最高人民检察院公诉厅厅长陈国庆要求司法机关,一是在处理相关案件的同时要建立有效的风险评估体系,根据犯罪嫌疑人的现实危险性,进行必要的治疗和跟踪,防止再犯。二是深入学校、社区,关注留守儿童、特殊家庭等重点人员,发现苗头要及时采取措施制止。三是加大宣传力度,依托各类教育基地,利用微博、微信等新媒体手段,采取各种未成年人喜闻乐见的形式,加强未检宣传,切实提高未成年人的自我保护能力。四是对办案中发现的涉及未成年人管理服务方面的薄弱环节及时提出检察建议,堵塞社会管理漏洞。

2. 强化监护力度

上海市教育委员会青保处处长朱坚点评时指出家庭保护、学校保护、社会保护、司法保护形成合力,才能有效构建预防性侵害未成年人犯罪的保护网,家长、学校、社会平时加强监护力度,有效将性侵害未成年人案件消灭在萌芽状态。一是家庭在孩子的"性启蒙"教育中充当着不可或缺的角色,家长要肩负起保护未成年子女的责任,除日常生活中对其进行必要的性教育外,在发现子女受到侵害的第一时间应寻求正确有效的途径维护其合法权益。二是社区应营造安全祥和的生活环境,适当承担起对未成年人的保护工作,尤其在来沪务工人员忙于生计而无暇照顾未成年子女时,辅助提供托管场所照料未成年人。三是完善学校性教育,把未成年人的自我保护、青春期教育和性侵害的预防纳入教育大纲,能起到很好的教育作用。与会代表认为家庭教育、学校教育、社会教育多管齐下，并结合未成年人的身心特点，开展自我保护教育，帮助未成年人形成自我保护的概念，掌握基本的自我保护方法，是预防未成年人遭受性侵害的有效预防手段。

3. 加大对特定场合的监管力度

据浦东新区人民检察院统计在该院办理的性侵未成年人案件中，网吧、娱乐场所、中小旅馆的管理失当给性侵未成年人案件的发生提供了有利的条件，与会代表建议相关部门加强检查力度，严禁未成年人进入娱乐场所。旅馆负起应有的妥善管理的责任，严格入住登记，严控多人混住，减少违法犯罪的发生。

未成年人刑事诉讼特别程序专题研讨会综述*

一、会议概况

2012年9月3日，由上海社会科学院法学研究所、上海市闸北区人民检察院、华东政法大学诉讼法研究中心联合主办，上海政法学院刑事司法学院协办的“未成年人刑事诉讼特别程序”专题研讨会在闸北区人民检察院召开。中国刑事诉讼法学研究会副会长，上海社科院副院长、法学研究所所长、华东政法大学诉讼法研究中心主任叶青，上海海关学院院长肖建国，市检察院未检处处长樊荣庆，华东政法大学功勋教授徐建，市法学会副秘书长汤啸天，上海政法学院刑事司法学院院长姚建龙，上海市人民检察院研究室副主任张少林，华东政法大学诉讼法研究中心副主任张栋，上海社科院法学所办公室副主任安文录等领导应邀出席会议。来自本市各法学高等院校的专家学者以及公安、检察、法院、律协等司法实务部门代表共30余人参加了研讨。

会议由闸北区人民检察院副检察长杜文俊主持，与会人员分别围绕“未成年人附条件不起诉制度的理解与适用”“未成年人犯罪记录封存制度的构建与完善”“未成年人羁押审查制度的实践操作与运行”三个专题展开了交流和讨论，华东政法大学功勋教授徐建，上海海关学院院长肖建国及上海社科院副院长、法学研究所所长叶青等专家先后进行了精彩点评，市

* 上海市闸北区人民检察院。

检察院未检处处长樊荣庆作了总结讲话。现将此次会议情况综述如下。

二、研讨内容

(一)关于未成年人附条件不起诉制度的理解与适用问题

全国人民代表大会于2012年3月14日通过的《关于修改〈中华人民共和国刑事诉讼法〉的决定》专门增加了关于未成年人犯罪案件诉讼程序的章节,其中包含了对未成年人附条件不起诉的规定,这也是《刑事诉讼法》第一次将未成年人附条件不起诉制度明确列入法条,但法条规定还是比较原则性的,在具体适用中还需要进一步探讨。

1. 未成年人附条件不起诉制度的意义

未成年人附条件不起诉制度是新《刑事诉讼法》的亮点之一,充分体现了对未成年人犯罪"教育、感化、挽救"的方针,也兼顾惩治犯罪和矫正犯罪、诉讼效率与公平之间的关系,具有重要的社会意义和法律意义。与会代表认为,附条件不起诉在性质定位上,是与法定不起诉、酌定不起诉、存疑不起诉不同的第四种不起诉制度,未成年人附条件不起诉制度体现了刑法的谦抑精神、刑罚宽严相济的刑事政策,延伸了执法的社会效果。未成年人附条件不起诉制度将符合条件的案件,在起诉阶段就予以封留,避免大量轻罪案件进入审判程序,可以减轻法院的审判负担,节省司法资源,实现诉讼资源的优化配置,提高刑事诉讼的效率。

2. 未成年人附条件不起诉制度实践的若干问题

未成年人附条件不起诉制度的确立赋予了检察机关在处理未成年人案件上较大的自由裁量权,为保证案件处理上的公平性,应对附条件不起诉的适用范围、监督考察的形式和方法、附条件不起诉的程序等作相对细化的规定。

(1)未成年人附条件不起诉制度的适用范围。

与会代表认为,附条件不起诉是起诉性质的一种程序性措施,在适用的范围上,附条件不起诉适用案件的严重程度是要大于直接作出相对不起诉的案件。附条件不起诉的罪名被限制在《刑法》分则第4~6章内,除了对罪名的限定外,犯罪情节也是需要考量的因素。有代表提出除这三章罪名外可以适用附条件不起诉的情况有:过失犯罪的案件、有自首或立功情节的案件、正当防卫或紧急避险超过必要限度造成损害构成犯罪的情形、犯罪中止且能够有效防止犯罪结果发生的情形、被胁迫或诱骗实施犯罪的案件、被害人有重大过错导致未成年人在激愤情况下实施犯罪的案件、征得被害人谅解的案件。考虑到附条件不起诉的实际操作和社会效果,对于缺乏监管条件、有前科的未成年人、被害人明确反对附条件不起诉的案件不宜适用附条件不起诉。

悔罪表现是适用附条件不起诉的一个重要的条件,对悔罪表现的认定,与会代表认为:一是如实供述犯罪事实和犯罪过程;二是主动交代作案工具或相关的物证;三是主动交代与本案有牵连的人或者事件;四是积极退赔赃物、赃款;五是本身深刻认识犯罪的危害性。

(2)检察机关监督考察的形式和方法。

新《刑事诉讼法》规定附条件不起诉的考察期是一年以下、六个月以上,但是对如何考察、考察频率没有具体规定,是个案监督还是类案监督,是实体监督还是程序监督,是主动监督还是被动汇报监督等问题都有待于在实践中不断探索,明确监督考察的方法和形式是执行过程中的一个重要问题。

与会代表认为,检察院对附条件不起诉的未成年人犯罪嫌疑人的监督考察,一方面是针对犯罪嫌疑人本身的,其积极行为包括定期、主动地向检察院报告,消极行为包括不能做某些行为,如果做了就视为违反相关规定;另一方面是针对检察机关的考察,包括走访社区、学校、派出所,了解被监督考察人的思想动态和现实表现,定期约见未成年人犯罪嫌疑人并进行相关的心理疏导。与会代表也指出仅凭检察机关的一家之力所发挥的作用毕竟有限,如何有效地组织、动员社会力量共同参与到监督考察中去是确保附条件不起诉制度有效运行的重要因素。

(3)附条件不起诉的程序。

为了避免检察机关对于类似案件,有的作出附条件不起诉决定,有的进行起诉,需要规范相关程序。与会代表建议检察机关在作出附条件不起诉决定前，通过听证的方式听取各方面的意见，维护被害人的权益，避免今后被害人向法院提起自诉。在考验期满最终作出不起诉决定的时候，也通过听证程序了解犯罪嫌疑人在考察期内的行为，保证法律适用上的公正性。

附条件不起诉也存在当事人和解的可能，当未成年犯罪嫌疑人和被害人和解后，究竟是适用当事人和解的公诉程序对其直接作出相对不起诉决定还是按照未成年人犯罪案件诉讼程序对其宣布附条件不起诉呢？与会代表认为，附条件不起诉适用于确有考察帮教必要的未成年人犯罪嫌疑人，而对那些初犯、偶犯、犯罪情节轻微，没有长期帮教必要的，可以依法直接作出相对不起诉决定。最高人民检察院在相关规定中也明确了对于既符合相对不起诉又符合附条件不起诉的，要优先适用相对不起诉。

未成年人附条件不起诉适用宣告刑一年以下的刑罚，为预防滥用这个适用范围，与会代表指出要参照量刑机制和判例，根据法院的判例约有一半未成年人案件是判一年以下的，可以将这些案例汇编起来作为附条件不起诉的参考，同时也应该对法定刑作限定，建议法定刑 5 年以上的案件一般不能适用附条件不起诉，法定刑 3 年以上的案件适用附条件不起诉要经过检委会讨论决定。

（二）未成年人犯罪记录封存制度的构建与完善

未成年人犯罪记录封存制度对未成年犯的复学、就业以及回归社会具有重要现实意义，但由于新《刑事诉讼法》规定的未成年人犯罪记录封存制度过于原则。如何正确理解和适用并保证其得到有效实施，是摆在实务部门以及学术界面前的共同课题。

1. 未成年人犯罪记录封存适用主体

与会代表认为，根据该项制度的设立初衷，大致可以将犯罪记录封存义务主体分为四类：一是作出处理决定的主体，包括作出刑罚判决的人民法院、作出不起诉决定的检察机关；二是未成年人刑事案件诉讼程序中涉及的主体，侦查、检察、审判、执行等诉讼程序中了解到未成年人犯罪记录的，均应是犯罪记录封存的义务主体；三是延伸的犯罪记录档案管理主体，包括其学籍档案、户籍档案或人事档案等管理主体；四是因法定事由查询后产生附随保密义务的主体。与会代表同时指出，为更好地贯彻执行未成年人犯罪记录封存制度，有必要要进一步建立公、检、法、司部门之间的犯罪信息通报机制。

2. 犯罪记录封存的范围

新《刑事诉讼法》规定五年有期徒刑以下刑罚的判决应当属犯罪记录的范围，这是法条规定的最基本范围。与会代表认为，根据“举重以明轻”的原则，检察机关的不起诉记录，审查逮捕、审查起诉形成的记录，公安机关的相关刑事案件侦查记录也应当属犯罪记录封存范围。有与会代表指出，符合条件的未成年人刑事处罚记录可以封存，比犯罪更轻的行政处罚记录也应该封存，被处以行政处罚的未成年人的社会危害性和处罚必要性更小，现实中有很多的未成年人恰恰是因为曾经被劳动教养、被行政拘留或者刑事转行政处罚，而被学校勒令退学，被用人单位拒之门外，不能正常回归社会，将行政处罚记录也纳入封存范围，更利于对未成年人的保护。

3. 对“国家规定”的理解

新《刑事诉讼法》规定的“司法机关办案需要”“根据国家规定进行查询”这两个查询条件，前者可以理解为满足是司法机关且确因办案需要，而“国家规定”一词含义就比较模糊，既可以是法律法规，也可以是政策规章，倘若不加限制会使犯罪记录封存制度流于形式。与会代表认为，为了保证犯罪记录封存的实效，应当对“国家规定”作严格的限制解释，即法律和行政法规，规章和其他规范性文件不能包括在内，查询单位或人员在提出查询请求时应该明确说明哪部法律、哪条条文里明确地写了犯罪记录会影响其作出的决定。来自实务部门的与会代表指出，目前公安机关开具有无犯罪记录的证明中，涉及根据法律和行政法规开具的实际上只是少数，大量的是依据规章、或者是其他一些规范性文件，出台相关的司法解释明确“国家规定”的范围，确保公安机关在实际操作过程中有据可依。

（三）未成年人羁押审查制度的实践操作与运行

新《刑事诉讼法》第269条规定对未成年人犯罪嫌疑人、被告人，严格限制适用逮捕措施，要求人民检察院审查批准逮捕时，应当讯问未成年人犯罪嫌疑人、听取辩护律师的意见，且在第93条增加了对捕后羁押必要性审查的程序，构建起未成年人羁押审查制度的框架，但在具体操作和配套措施方面仍需细化和完善。

1. 羁押审查的特征和价值取向

与会代表指出，羁押不是独立的制度，在司法实践中，包括审前拘留和逮捕的强制措施，这里讨论是主要是审前逮捕的必要性。从2007年到2011年，上海市未成年犯罪嫌疑人的不捕率从8.4%提高到15%，直诉率从19.5%提高到33.9%，羁押率达到66%左右，一般大陆法系的未成年犯罪嫌疑人的羁押率是40%左右，英美法系更低，只有20%左右，比较之下，我国对未成年犯罪嫌疑人的羁押率相对偏高。我国逮捕的必要性审查比较特殊，国外大部分批准逮捕都是由法官来进行，而我国是由检察机关来进行，法官的裁判是中立的，而检察机关很难做到中立。这就需要检察机关坚持“非羁押为一般，羁押为例外”的价值取向，对涉罪未成年人尽可能采用取保候审等非羁押强制措施，避免被关押而导致的“交叉感染”和“标签效应”。

也有与会代表指出，对未成年人的羁押与对成年人的羁押性质不完全相同。对刑事诉讼中成年人的羁押，是为了保证诉讼制度的顺利进行，没有惩罚性。各国通说认为，未成年人案件当中的人身拘束，实际上不完全是为了诉讼顺利进行而为之。至少还有其他两个目的，一是有利于及时对其进行教育和辅导，二是人身拘束本身就是一个对其考察的过程。因此，一方面，不能一味强调降低羁押率，需要根据未成年人犯罪嫌疑人的犯罪行为、个人及家庭情况等，综合考察其所犯罪行的社会危害程度以及人身危险性，对是否有羁押必要进行科学评估。另一方面，就是羁押决定程序的司法化，建议在批捕时采用双向说理的方式，公安、律师、被害人、犯罪嫌疑人都到场听取意见。

2. 健全相关配套机制

与会代表指出，相关配套机制包括：一是健全逮捕措施变更制度，捕诉全程多次评估，在捕后侦查羁押阶段，依未成年人犯罪嫌疑人及其法定代理人、辩护律师的申请进行羁押必要性审查，在审查起诉阶段，依职权主动审查，全面听取双方当事人及律师的意见，根据涉罪未成年人非羁押风险度高低的变化，对强制措施及时作出动态调整；二是规范社会调查制度，委托公安机关在侦查阶段即开展社会调查，在提请批准逮捕时，将社会调查报告以及相关材料作为证明逮捕必要性的证据随案移送，对具备诉讼保障条件、有效监护条件或者社会帮教措施的，不具社会危险性或者社会危险性不大的，一般认为无逮捕必要；三是推进社会观护机构建设，优化观护基地资源，增加观护基地的接纳和帮教能力，构建“三无”涉罪未成年人实现非羁押、非监禁的执行机构体系，对于缺少监管条件、无法提供保证人或保证金难以适用取保候审的未成年人，援引欧美以及我国台湾地区志愿者工作理念，建立观护人制度，为落实非羁押措施和社会帮教矫正创造条件。

附条件不起诉研讨会综述*

2012年8月8日下午，由浦东区人民检察院未检处、研究室共同承办的"附条件不起诉适用问题"研讨会在该院召开。会议由浦东区人民检察院未检处处长张宇主持，该院副检察长潘柏生在会上致辞。出席会议并交流发言的有上海政法学院教授姚建龙，华东政法大学副教授沈亮、毛玲玲，市检察院未检处副处长吴燕、业务科科长钟颖，市检察院研究室专题调研科科长万海富，浦东公安分局法制办副主任郭春莲、审理支队副支队长孙伟，浦东区人民检察院未检处副处长叶青、主办检察官杨淑红，杨浦、闸北、奉贤、长宁、虹口、闵行区人民检察院的未检科科长等。浦东区人民检察院研究室主任何斐明、副主任潘仲华以及未检处部分检察官出席了会议。

与会各方围绕诉前考察制度与附条件不起诉的衔接、附条件不起诉的程序构建和司法监督等问题，从理论研究及法律实践层面展开探讨交流，积极建言献策。研讨会还就浦东区人民检察院起草的《上海市浦东新区人民检察院未成年人附条件不起诉制度实施细则》（讨论稿）（以下简称《实施细则》）进行了热烈讨论，对草案提出了意见和建议。

一、附条件不起诉制度的理论与实践

首先，浦东区人民检察院未检处叶青副处长作了主题发言。叶青介绍了附条件不起诉制度的基本内容，对附条件不起诉制度的适用条件、适用

---

* 上海市浦东新区人民检察院。

程序等作了简要说明。接着,叶青比照诉前考察教育制度,对附条件不起诉制度在运行中可能遇到的适用范围缩小、考察期限较长、考察帮教主体的确定等问题进行了分析,并提出相应对策。最后,叶青还就附条件不起诉制度中的证据开示、程序缺失等问题发表了意见,提出了建议。

其次,其他区院的与会人员进行了交流发言。杨浦区人民检察院未检科夏芳科长主要围绕附条件不起诉与相对不起诉的区别发表了意见。她指出从法律规定来看,附条件不起诉适用对象是应当判处刑罚的犯罪嫌疑人,相对不起诉的适用对象是依法不需要判处刑罚和免予刑事处罚的犯罪嫌疑人,因此,附条件不起诉适用的应该是较重的犯罪,而相对不起诉适用的犯罪相对较轻。但在司法实践中,相对不起诉适用于可能判处三年以下有期徒刑、拘役的犯罪嫌疑人,从适用的刑罚来看,重于附条件不起诉规定的一年有期徒刑以下刑罚。由此就会产生困惑:实践中对可能判处三年有期徒刑以下刑罚的成年犯罪嫌疑人适用相对不起诉,对可能判处一年有期徒刑以下刑罚的未成年犯罪嫌疑人却适用附条件不起诉。这样,法律如何体现对未成年犯罪嫌疑人的特殊保护? 因此,夏芳认为,应压缩相对不起诉的适用空间,可以考虑将适用对象限定为可能判处六个月拘役以下刑罚的犯罪嫌疑人,从而给附条件不起诉腾出足够的空间。另外还应修改诉前考察的规定,将诉前考察的内容纳入附条件不起诉之中,将其改造为附条件不起诉中监督考察的内容。

闸北区人民检察院未检科韩孔林科长也就附条件不起诉与相对不起诉之间的关系发表了自己的看法。韩科长认为,仅从法律规定看,二者的区别主要有三点:第一,附条件不起诉适用的案件社会危害性较重,为应当起诉的案件;相对不诉适用的案件较轻,为可以起诉,但因情节轻微,不需要判处刑罚或可以免除处罚的案件。第二,从适用程序上看,附条件不起诉附加有一定的条件,即有一定的考验期,在考验期内经考验符合不起诉的条件,才作不起诉处理;相对不起诉不附加任何条件,直接作出不起诉决定。第三,在适用选择上,有关相对不起诉的适用范围,应严格遵守法律规定。但在实践中,对法定适用范围是有一定突破的。为慎重起见,还创设了诉前考察制度。但在附条件不起诉建立后,相对不诉应回归法律规定,不得突破法律边界。在两者的关系上,韩孔林同意夏芳科长的观点,认为附条件不起诉的适用应比相对不起诉严格。因此,在实践中,能够选择相对不起诉的,应适用相对不起诉;在不符合相对不起诉的情况下,才考虑适用附条件不起诉。韩孔林同时表达了自己的困惑:对于未成年人犯罪而言,如果涉嫌《刑法》分则第 4 ~6 章所规定的犯罪,犯罪情节轻微,依法不需要判处刑罚或可以免除处罚,且处断刑为 1 年有期徒刑以下刑罚的,就会存在适用范围上的重合。这时是应当适用附条件不起诉还是相对不起诉?

奉贤区人民检察院未检科沈勇忠科长专门探讨了附条件不起诉的监督救济问题。他指出,为规范附条件不起诉的适用,应强化内外监督与救济。就内部监督救济而言,可区分为程序与实体两方面。在程序上,应加强本院内部的横向制约与上级的纵向制约,即在院内应由检委会作出附条件不起诉决定,不应由检察长决定;从上下级检察院来看,还应报上级检察院备案,上级院认为不应适用附条件不起诉的,应通知下级院撤销。在实体上,有关"悔罪表现"的裁量标准应明确、细化,如如实供述罪行、积极退赃、赔礼道歉及其他赔偿补救措施。在外部监督上,首先,公安机关可申请复议、复核;其次,法院可以通过审判实施事后监督;再次,犯罪嫌疑人可以提出异议或通过不履行考察内容的方式消极对抗;最后,被害人可以申诉或直接向法院起诉。同时,沈勇忠科长也提出自己的困惑:被害人直接向法院起诉,而案件还在考验期内,这时是终止附条件不起诉的考察还是继续?希望专家能给出指导。

长宁区人民检察院未检科张璟结合具体案件,对附条件不起诉的适用问题进行了分析。他认为,在附条件不起诉的四个适用条件中,前两个条件一般具有客观性、确定性、稳定性,根据案件客观事实进行判断即可。对"悔罪表现"和"征询公安机关、被害人意见"这两个条件,则需要通过工作,创造条件进行考察。对"悔罪表现"的考察,有些行为人缺乏确实的悔罪表现,内心深处缺乏真诚悔罪的信念。对此,应通过我们的工作使其认识罪错，矫正其思想和行为范式。对于第四个条件，检察机关应积极争取公安机关、被害人的同意。在实践中，阻力主要表现为被害人不同意或先同意后反悔。另外，对犯罪嫌疑人进行考察，评估的内容不应仅限于被考察人考察期内有无违反法律规定、有无撤销附条件不起诉决定情况发生，更应评估被考察人实际悔罪改过的表现，是否发自内心认识其错误，以对其进行思想矫治、品格修正。张璟介绍，长宁区人民检察院将附条件不起诉的适用分为三阶段：前期审查阶段，对未成年人是否符合适用条件进行审查；中期考察阶段，对行为人的表现进行全面跟踪，应尽量合理确定其考察期；后期评测阶段，对帮教效果进行评估。经过上述三阶段审查之后，根据行为人情况，提交检委会讨论。

虹口区人民检察院未检科王蔚副科长就附条件不起诉的具体操作程序和实施中的问题进行了交流。虹口区人民检察院在操作程序方面设计为六步走：第一步，审查五项内容：涉嫌罪名、事实证据是否符合起诉标准、悔罪表现、适用刑罚是否为一年有期徒刑以下刑罚、是否符合帮教条件。第二步，决定。决定适用时，应听取未成年人及其法定代理人意见。第三步，告知。将决定告知公安机关、被害人、未成年犯罪嫌疑人及其法定代理人。第四步，考察。考察主体应是检察机关，可由案件承办人担任考察官。第五步，处理。对重新犯罪、漏罪，或者违反治安管理规定或考察机关的监督管理规定的犯罪嫌疑人，应当撤销附条件不起诉决定，提起公诉。第六步，结案。王蔚指出，在实施过程中主要有三个方面的问题：第一，与相对不起诉的关系。她强调，检察机关在审查未成年人涉及《刑法》第4～6章罪名案件时，应根据案件情况首先考虑适用附条件不起诉，对于未成年人涉及的超出该范围罪名的，可以根据具体的案情考虑适用相对不起诉或提起公诉。第二，提交检委会讨论问题。她认为，作出附条件不起诉决定应提交检委会讨论。考验期满决定不起诉的，无须提交检委会，但如撤销附条件不起诉，则应提交检委会讨论。第三，考验期限和强制措施期限问题。她主张，应将考验期限设定在取保候审期限内，同时要为可能的提起公诉预留时间。

闵行区人民检察院未检科谭尘副科长就该院附条件不起诉配套机制方面的准备工作作了介绍。主要有三方面:(1)设置五道程序,构建附条件不起诉案件风险评估制度。第一,实体考察犯罪嫌疑人的悔罪表现;第二,推动社会调查,将调查的时间提前至侦查阶段;第三,多方听取意见;第四,全面进行风险评估;第五,严格决定程序,填写可行性评估表,层报分管检察长,提交检委会讨论。(2)完善三项机制,打造附条件不起诉对象考察评价体系。第一,"三必访,三必谈"机制;第二,完善帮教社工的观护考察机制,确保考察效果;第三,完善观护效果的评价打分机制。(3)抓住三个环节,严格附条件不起诉的宣告程序。第一,建立不起诉宣告室;第二,明确教育程序;第三,落实不起诉后的跟进帮教。

浦东新区公安分局法制办副主任郭春莲就附条件不起诉与相对不起诉的关系、浦东区人民检察院制定的《实施细则》问题发表了看法。她认为,应明确区分附条件不起诉与相对不起诉。如果对三年有期徒刑以下刑罚的行为人适用相对不诉,对一年有期徒刑以下刑罚的行为人适用附条件不起诉,就会出现对轻罪适用较严厉的附条件不起诉,对重罪适用较轻的相对不起诉的不合理现象。因此,严格区分并明确各自的适用条件是必需的。她认为,《实施细则》存在四个方面的问题:第一,如何监督考察?仅仅依靠检察机关恐怕难以胜任。将青保办纳入考察主体是否合适?第二,个性化考察问题,应针对每个个体进行个性化考察。第三,对外地犯罪嫌疑人的考察问题,如何对其进行考察、帮教,面临很多现实问题。第四,撤销附条件不起诉问题。按照《实施细则》,重新犯罪、多次违法治安管理规定、被治安处罚均可撤销。如考察期内,盗窃犯罪嫌疑人因盗窃应行政处罚时,是否先作出治安拘留决定?是否执行治安拘留?是在治安拘留执行期间报检察院,检察院再作出撤销附条件不起诉的决定吗?但同种违法行为也就是盗窃,其数额应合并计入犯罪数额,不应单独作出治安拘留的决定。这就在操作上出现了问题。还有多次违反治安管理规定的情况,对此应考虑劳动教养,这就涉及劳动教养与刑罚的衔接问题。这都是需要考虑的现实问题。

浦东新区公安分局审理支队副支队长孙伟就附条件不起诉适用中与公安机关有关的问题进行了探讨。(1)高危地区人员利用儿童作案问题,如果适用附条件不起诉,如何遏制犯罪?犯罪嫌疑人可能产生不会被刑事处罚的错误认识。(2)公安机关工作成果的认可问题。通过大量工作抓获犯罪嫌疑人,结果被适用附条件不起诉,工作成果如何体现?(3)利用技术手段作案。这类作案潜在的社会危害性很大,一旦传播出去,危害更大。如果对其适用附条件不起诉,不利于打击、预防犯罪。(4)消极达成协议问题。犯罪嫌疑人不愿意与被害人达成调解协议,但在被刑事拘留或逮捕后,或在被审查起诉后,才迫于形势达成调解协议。这种情况下,犯罪嫌疑人并非真诚悔罪,对其适用附条件不起诉不很严肃。(5)不积极退赔问题。犯罪嫌疑人一开始不接受公安机关建议进行退赔,特别是在未采取强制措施或在取保候审情况下拒不退赔,直到被刑事拘留、逮捕或移送起诉,才提出退赔。对这种退赔情况,适用附条件不起诉也不合适。(6)附条件不起诉的犯罪嫌疑人在考察期间逃跑,如何处理?是由检察机关出面抓人,还是检察机关要求公安机关抓人?公安机关抓捕的依据和理由是什么?这都是现实问题,需要进一步明确。

最后,华东政法大学沈亮、毛玲玲副教授和市检察院研究室万海富科长,分别从各自立场进行了点评。

华东政法大学刑法教研室沈亮副教授点评道,各位的交流发言给他很多启发。他感受最深的是两大关系问题。一是立法者与司法者之间的关系。立法者更多站在立法的层面,对各种问题进行考虑,例如,在实体法上的"有罪必罚",在程序法上的"区别对待",立法者考虑得较多;但对司法者而言,更多考虑的是如何将法律规定协调好、衔接好,注重实效。刑事诉讼法规定了犯罪记录封存问题,是为了保护未成年人。附条件不起诉的目的也是对未成年人予以特殊保护,其中规定了监督考察的内容。在六个月到一年的考察期内,考察的频率应该怎样?如果我们经常到犯罪嫌疑人那儿走走、看看,对其进行评价,这是让别人知道还是不让别人知道犯罪情况呢,是对其有利还是不利呢?这就存在立法者与司法者关系上的协调处理问题。二是法律人与社会人的关系。孙队长的发言中就涉及这一问题。对法律人而言，存在各种原则与价值追求，但对社会人而言，他们并不关心宽严相济等原则，相反可能认为宽严相济会留下很多漏洞，会被人利用；社会人更关心法律的公平公正，关注社会正义的实现。就附条件不起诉与相对不起诉之间的关系而言，附条件不起诉适用的是判处一年有期徒刑以下刑罚的案件，从刑罚条件来看，附条件不起诉案件应轻于相对不起诉案件；但从附条件不起诉所附加的条件来看，则这类案件应重于相对不起诉案件。所以，这两者之间的关系要处理好，确实是个难题。大家的意见基本认为附条件不起诉案件重于相对不起诉案件，但河北省几个同志写了一篇文章，他们认为附条件不起诉案件轻于相对不起诉案件，是对未成年犯罪嫌疑人的特殊保护。对这个问题，就涉及司法机关，尤其是最高司法机关对附条件不起诉的设计、定位问题。

华东政法大学刑法教研室毛玲玲副教授就附条件不起诉的制度定位与现实意义进行了评判。她指出，在附条件不起诉制度出台之前，司法机关已经进行了有益的探索，这种探索是在争议中前行的。可以说，现在的附条件不起诉制度是争议过程中相互妥协的产物。应该说，几种相关制度的理论基础与前提存在差异。相对不起诉主要考虑的是犯罪的社会危害性；刑事和解考虑的是罢诉息访、社会和谐；而未成年人相关制度其实是刑法的个性化问题，是对犯罪人格的考量，它们的立足点是不一样的。附条件不起诉制度似乎是要将这几个角度都要考虑到，一个制度承载的目标过多，要求过高，实际上会限制该制度的价值发挥。毛玲玲认为，附条件不起诉与相对不起诉的界限确实是个问题。如果让相对不起诉回归到法律的规定，限定为不需要判处刑罚或免除处罚的情形，是否会造成对检察裁量权的限制，不利于检察工作？在具体适用方面，在法律规定前，有关监督主体、帮教问题就有所探讨。例如，郭主任提出来的流动人口的未成年人犯罪，孙队长提出的高危地区人员犯罪、重复犯罪、利用技术手段作案，对这些犯罪嫌疑人如何进行帮教都是现实问题。这涉及附条件不起诉制度如何设计的问题。

二、有关《实施细则》的讨论

首先,《实施细则》的拟稿人浦东区人民检察院未检处杨淑红作了起草说明。杨淑红重点就《实施细则》的特点进行了介绍,同时回应了交流发言中人们提出的一些疑问,表示要进一步改进有关规定。

杨淑红指出,实施细则有五大特点:第一,细化了附条件不起诉的适用条件,并列举了排除性条件。第二,在启动程序上,设定了依申请启动和依职权启动两种方式。第三,在监督考察程序中,检察机关处于监督者的地位,青保办、社工等组织受检察机关委托开展监督考察活动。第四,简化了不起诉决定的程序。第五,文书设计有特色。附条件不起诉决定书、不起诉决定书两种文书的设计各有侧重。

杨淑红还提出了两个问题:(1)对附条件不起诉决定不服,被害人有申诉的权利,但对不起诉决定不服,被害人有无自诉的权利?(2)《实施细则》中"章"的体例应否保留?

其次,就浦东区人民检察院的《实施细则》,与会人员进行了交流发言。

杨浦区人民检察院夏芳科长提出三个问题。第一,《实施细则》第 4 条规定了不适用附条件不起诉的五种情形,其中包括犯罪集团的首要分子、惯犯、黑社会恶势力性质犯罪、暴力犯罪造成严重后果的等情形,但这些犯罪一般都不可能判处一年有期徒刑以下刑罚,对其加以排除是否必要?还有,故意伤害犯罪中的主犯也被排除,但由于故意伤害既可以是轻伤,也可以是重伤,造成轻伤后果的,即使是主犯,也有可能判处一年有期徒刑。因此,是否要在"故意伤害"后面用括号注明"重伤"呢?其中第 4 项将"曾经因故意犯罪被相对不起诉"的情形予以排除,夏芳认为这种情形确实不适合适用附条件不起诉,但该项同时规定了"被多次行政处罚"的情形,这是否合适?多次行政处罚也只是行政处罚,将其上升到与犯罪同等的"处遇",这是否存在轻重上的失衡?第二,《实施细则》第 5 条规定,犯罪嫌疑人及其法定代理人有权申请附条件不起诉,认为这是他们的一项权利,对此夏芳表示不敢苟同。《刑事诉讼法》只是在取保候审和抗诉中规定了犯罪嫌疑人及其法定代理人的申请权。她认为,附条件不起诉是检察机关的一项职权,不是个人权利。第三,在文书的设计上,建议加上一条:如果在考察期内未遵守相关规定,则应作出起诉决定。因为这是法律明确规定的,有必要写进去。

闸北区人民检察院韩孔林科长提出三点意见:第一,排除适用的规定是否必要?他认为,附条件不起诉的四个适用条件中,除了"悔罪表现",其他条件均无细化必要。倒是"悔罪表现"应从正面予以明确,从反面予以排除恐怕难以穷尽。适用附条件不起诉的关键与重点是判断犯罪嫌疑人是否有悔罪表现,因此在设置条件时也应以此为重点。第二,关于考察,《实施细则》规定由检察机关委托社工、观护组织牵头。他认为,这里的考察不仅仅是监督,还涉及实体内容,因此,还是应该由检察机关牵头负责。当然具体事务可以委托其他组织实施。只有这样,检察机关才能有效开展考察。第三,对于违反规定后的起诉问题,《实施细则》规定由分管检察长决定撤销附条件不起诉,提起公诉。但是,他认为这不只是决定提起公诉的问题,当中还涉及违反检委会确定的考察条件问题。因此,他认为这个决定应经检委会讨论。而且,这种情况在现实中并不太多,为保持严肃性,也有必要由检委会决定。

上海市人民检察院未检处业务科科长钟颖也提出了三点意见:第一,《实施细则》第3条将"被害人谅解"规定为适用条件之一,钟颖认为不适宜将被害人反对作为排除适用的刚性条件,虽然在现实中要考虑被害人是否谅解。第二,在程序设计方面,依申请启动附条件不起诉是否合理,值得商榷。从相关法律规定来看,其内在的逻辑是:由检察机关先决定再听取被害人意见,而不是先听取被害人意见再作出决定,听取意见不影响决定的作出。如果依申请而定是否适用附条件不起诉,是否存在适用上的不平等?如有些犯罪嫌疑人会因为对法律规定掌握得比较全面导致适用附条件不起诉的可能性比较大,有些人则会因不了解法律规定而失去适用附条件不起诉的机会。因此,不应肯定依申请而启动的情形。第三,从附条件不起诉所应附加的条件来看,首先,应区分所附加的条件和期限;其次,应区分附条件不起诉期限内应遵守的规定和附条件不起诉所附加的条件。其中,前者是规定性动作,后者是自选性动作,是个性化的考量;对于个性化的考量,应从犯罪嫌疑人的实际情况加以确定。增加了这些内容,附条件不起诉的考量才更加全面。

浦东新区公安分局法制办副主任郭春莲又补充了三个问题:(1)第19条第4项规定的向被害人赔礼道歉、赔偿损失应是适用附条件不起诉的前置条件,将其作为矫治教育措施是否妥当?(2)第20条中的"未履行考察期规定的义务达三项以上或者多次违反有关禁止性规定的",对此可否借鉴《社区矫正管理办法》有关书面警告的规定,达到三个书面警告即撤销附条件不起诉?(3)《实施细则》规定,违反治安管理规定情节严重的,也可撤销附条件不起诉。对此,如果公安机关作出的治安管理处罚是错误的,怎么办?如果处罚决定被复议、复核,或被提起行政诉讼,是否等到处理结果确定后再决定是否撤销附条件不起诉?

华东政法大学刑法教研室沈亮副教授提出了两点意见:(1)第20条有两个问题。第一,正如毛老师前面所说,附条件不起诉,前提是不起诉。附条件不起诉是由检委会决定的,其撤销也应是检委会。第二,正如郭主任所说,确实存在治安管理处罚问题,当中的程序很复杂。(2)还有一些用词用字问题。例如,第4条中的"犯罪集团的首要分子""惯犯"等提法,如果能规范一些会更好。还有第7条规定适用附条件不起诉应当听取公安机关意见,对公安机关的意见仅作"随案附卷"处理,这是否合适,检察机关是否应予回复或复核?

华东政法大学刑法教研室毛玲玲副教授指出,第8条对青保办、社工站的工作提出了要求。这是对别人工作作出了要求,放在这里是否合适,规定了"共同商议",如何进行商议?另外,附条件不起诉是给了检察机关一项权力,给了就要加以运用。附条件不起诉的倾向性结果应是不起诉,而不是撤销附条件不起诉,否则工作成效就不能体现,其作用就无法有效发挥。因此,撤销附条件不起诉的条件不应太宽泛,应尽可能避免撤销的情况出现。

最后，由上海市检察院未检处副处长吴燕、上海政法学院姚建龙教授进行点评。

吴燕在肯定了研讨会的积极成效后，提出了三个方面要求：一是要厘清诉前考察、附条件不起诉、相对不起诉三者间的关系。应严格限制相对不起诉的适用；诉前考察不再适用，应对其内容进行修改，将其纳入附条件不起诉的考察内容之中；帮教不同于"诉前考察"，在附条件不起诉和其他未成年人案件中仍可开展帮教。二是程序构建要严格依法，体现便宜和规范。排除性条件的设置要有必要性；作出附条件不起诉决定应上检委会，不起诉决定可由检察长作出，必要时才上检委会；在监督主体上要处理好监督考察主体与委托机关的关系，除了实施监督，检察机关还要担负起考察的责任；单独设置专门的监督考察官没有必要，承办人就可胜任。三是相关文书的制作要注重规范性和可操作性。文书数量要尽可能控制，内容应尽量简单；在不起诉决定书中增加"考察情况"的做法应予肯定；决定不起诉的，可考虑增加"教育训诫书"；不起诉决定书中可视情况增加"责令家长管教"等相关内容。

姚建龙教授首先谈到了附条件不起诉的立法背景。从立法背景来看，附条件不起诉赋予了检察机关一项新权力，具有"试水"性质，用得好则扩大适用；用得不好可能被取消。因此，既要审慎，也要用好。接下来，姚教授具体分析了六个问题：(1)附条件不起诉与相对不起诉的关系。两者的区别是明显的：①适用的案件不同，相对不起诉适用于无须判处刑罚的案件；附条件不起诉适用于应当判处刑罚的案件。②价值取向不同。相对不起诉看行为，是因为行为的社会危害性较轻而不起诉；附条件不起诉看主观，是因为行为人的主观恶性较小而不起诉。(2)对于适用条件的把握，不宜增加限制性条件，以免影响附条件不起诉作用的发挥。(3)在程序设计方面。对于提交检委会问题，主张"一上检委会"，但撤销附条件不起诉应"再上检委会"。在启动程序上，不主张依申请启动附条件不起诉。(4)关于救济问题，公安机关可以申请复议复核，但以一次为限。姚教授还提出了复议前置的设想。(5)关于犯罪嫌疑人的权利保障，实施细则规定的考察内容过于严格;对于撤销附条件不起诉的情形,应严格限制。(6)《实施细则》中还有一些小问题。例如,法定代理人参加社会公益性活动,是否有“株连”的嫌疑?第 15 条将承办人作为考察官,这不合适,考察时可能具有倾向性。第 20 条对“情节严重”的解释过宽,公安机关提出的问题很有道理。但第 25 条关于“跟踪、回访”的规定很好,应予肯定。

检察行为司法化研讨会会议综述*

新修改的《刑事诉讼法》赋予检察机关更多司法审查和司法决定方面的职权，为进一步厘清检察行为司法化的相关问题，2012 年 8 月 28 日，上海市嘉定区人民检察院专门召开了“检察行为司法化研讨会”。上海市嘉定区人民检察院阮祝军检察长、上海市社会科学院法学所所长叶青教授、上海市社会科学院法学所研究员柯葛壮教授、上海市嘉定区人民检察院方正杰副检察长等出席本次研讨会。上海市嘉定区人民检察院未检科、研究室等部门参与研讨。与会人员主要围绕“检察行为司法化”这一主题，具体针对新刑事诉讼法赋予哪些行为带有司法属性、未检办案如何体现司法化要求、当前探讨检察行为司法化是否有必要、检察机关如何应对检察行为司法化等问题展开探讨，现将研讨会主要内容综述如下。

一、新《刑事诉讼法》赋予或强化检察行为司法化属性的问题

上海市嘉定区人民检察院研究室副主任王春丽对新《刑事诉讼法》增加的有关司法化属性的检察行为进行梳理与归纳，指出主要体现在四方面：一是听取意见。新《刑事诉讼法》强化了听取辩护人或被害人及其诉讼代理人意见的规定，特别是听取辩护人意见，贯穿于整个刑事诉讼过程。二是决定的宣告。主要是不起诉的宣告问题。除了法定不起诉、酌定不起诉及存疑不起诉外，新《刑事诉讼法》还专门增加了未成年人附条件不起诉

---

* 上海市嘉定区人民检察院。

制度。这些不起诉决定都直接关系到当事人的切身利益,带有一定的准司法审查性质。三是刑事强制措施的宣布。主要是取保候审、监视居住措施的宣布,还包括对羁押必要性的审查。四是刑事和解的公诉案件诉讼程序。这是新刑事诉讼法规定的特别程序之一,其涉及公检法听取当事人和其他有关人员的意见,对和解的自愿性、合法性进行审查等行为,整个流程带有明显的司法化属性。

上海市嘉定区检察院未检科科长朱天晓介绍了未成年人刑事检察工作的特殊性,在办理未成年人案件时,应慎用逮捕、起诉措施,体现教育为主、惩罚为辅的原则。新《刑事诉讼法》加大了对未成年人的司法保护,专门规定了未成年人刑事案件诉讼程序,特别是附条件不起诉等制度,突出了未检检察工作的司法属性。

上海市嘉定区检察院阮祝军检察长提出,修改后的《刑事诉讼法》赋予检察机关带有司法属性的职权,检察机关应遵循司法的规律和特点,必须符合依法、公开、公正、规范的程序要求。

上海市社会科学院法学所所长叶青教授指出,嘉定区人民检察院提出了检察行为司法化的问题,有创新性和必要性。新《刑事诉讼法》的修改给检察权运行程序及模式带来挑战,如何实现检察制度程序化运作及检察职权的程序化运作,各检察机关可根据自身条件积极探索。

二、关于未检办案如何体现司法化要求问题

上海市嘉定区人民检察院未检科科长朱天晓提出未检办案应建立专门工作室的设想,例如,通过建设宣告或听证室,用于进行羁押动态审查评估、取保候审决定及宣布、听取各方意见、不起诉宣布、进行刑事和解工作等;通过建立未检工作室,主要用于对取保候审涉罪未成年人的讯问、心理测试、心理疏导、观护帮教等特殊检察工作。同时,未检专门工作室的环境应温馨、舒适,满足对未成年人进行感化、挽救的功能。

上海市嘉定区人民检察院研究室副主任王春丽认为,从未检工作的特殊性分析,确有建立未检专门办案场所的必要性。新《刑事诉讼法》赋予未

检一些带有司法属性的职能。例如,未成年人附条件不起诉制度的宣告过程,还涉及释法说理、训诫、教育等内容,对这些行为有必要给予相应的司法化保障。

上海市嘉定区人民检察院方正杰副检察长认为,新《刑事诉讼法》关于未成年人犯罪案件诉讼程序,涉及社会调查、法定代理人到场、合适成年人参与,附条件不起诉制度等,均需要有效应对。所以未检部门已在制定《未成年人附条件不起诉实施意见》,同时还探讨与研究设立未检工作室的设想。

上海市社会科学院法学所所长叶青教授认为,对未成年人批捕、附条件不起诉、刑事和解、法律援助这四类检察行为可以采取听证形式。关于听证问题,具体可包括以下内容:主持应该是检察人员;依职权启动;在当事人陈述、申辩等过程中运用;当事人、法定代理人、律师及合适成年人共同参与。

上海市嘉定区人民检察院阮祝军检察长提出了以本院搬迁新大楼及新《刑事诉讼法》实施为契机,将新《刑事诉讼法》规定的关于刑事和解、附条件不起诉、听取意见等检察工作提出规范化要求,通过程序正义体现实体公正,这迫切要求相关配套场所及硬件设施要跟上,同时还提出本院拟设立未检工作室的初步设想。

三、当前研究检察行为司法化问题的必要性

上海市嘉定区人民检察院阮祝军检察长认为,新《刑事诉讼法》的修改,除落实中央司法改革的具体内容,以及根据社会发展实际逐步完善法律规定等要求以外,更深深地体现了一种惩罚犯罪与保障人权的平衡。作为法律监督机关的检察机关,更应该通过其本身的检察行为来体现刑事诉讼法的这些价值取向,这也是检察机关重视检察行为司法化问题的重要原因。

上海市嘉定区人民检察院研究室副主任王春丽认为,既然新《刑事诉讼法》规定的这些行为带有司法化属性,那么,对这些检察行为应参照或设置类似司法审查的程序,包括充分听取意见,过程公开透明等。同时,认为检察行为司法化,不仅符合新《刑事诉讼法》的价值取向,体现了实体公正

与程序公正并重的原则,也符合程序正义的社会心理学理论。因为在刑事诉讼的过程中,诉讼结果并非对每个人都会有利。通过一个公正的程序来作出决定,更有可能获得人们的认可和接受,并能够保证人们自愿执行决定、遵守法律和树立法律权威。

上海市嘉定区人民检察院方正杰副检察长认为,根据新《刑事诉讼法》的相关规定,检察机关被赋予一些带有一定司法化或带有司法审查属性的行为,当前研究检察行为司法化有必要。同时,应建立专门的司法场所,并设立公开、透明的程序,来体现法律的严肃性,同时对树立司法的公信力也具有重要意义。

上海市社会科学院法学所所长叶青教授指出,司法化的要素应包括:完全独立中立的第三方、多方参与、程序具有公开性、决定可救济性。通过这样程序化的运作,进而保障人权,约束检察职权。

上海市社会科学院法学所研究员柯葛壮教授则认为,首先应明确检察行为司法化的目的、要求。检察行为的许多环节是行政行为,检察机关行使的是检察权,没有必要提司法化问题。

四、检察机关如何应对检察行为司法化问题

检察行为司法化问题的思考,属于对新《刑事诉讼法》提出新课题的预判,检察机关如何有效应对,需要加强研究与实践。

上海市嘉定区人民检察院阮祝军检察长认为,检察行为司法化的应对,首先在思想上要重视,随着法治的发展,程序公正已成为司法公正的重要方面,程序公正注重过程的公正,要在司法过程中体现对人权的尊重和保障。这些带有司法化的检察行为,看似行为小,但意义大。为此,我们党组非常重视,曾两次专门召开检委会听取各部门对新《刑事诉讼法》的学习和贯彻情况,都涉及检察行为司法化问题。我们希望通过多种途径,来转变干警思想观念,并探索有效应对检察行为司法化的具体对策。研讨会之后,我院将针对性地制定《司法化检察行为程序保障工作方案》,来规范相关检察行为。

上海市嘉定区检察院方正杰副检察长认为，应针对带有司法属性的检察行为，逐步完善相应的程序性规定，通过制度和流程的规范化，来保障程序公正和实体公正，并有效规范干警的执法行为。

上海市嘉定区检察院研究室副主任王春丽认为，对于带有司法化属性的检察行为，如放在审讯区或办公室，难以体现法律的严肃性和程序的公开性。从检察行为司法化的硬件保障方面，可探索建立专门场所，同时在这些专门场所配备相应的硬件设施。这些硬件设施不仅包括常规性配备，还包括视频对话、电子印章等特色设施，这样有利于被羁押的犯罪嫌疑人或者有必要但不方便到场的其他相关人员参与，同时提高司法效率、节省司法成本。

上海市社会科学院法学所研究员柯葛壮教授则认为，关于听取意见，原则上应该单方听取，所有人都到场的听证未必合适所有案件。关于附条件不起诉的证据要求，需要达到什么程度，需要进一步探讨。

酒吧综合治理与未成年人犯罪预防研讨会综述*

2012 年 10 月 9 日下午，“中心城区酒吧综合治理工作研讨会”在黄浦区人民检察院召开，会议由黄浦区人民检察院未检科科长赵从萍主持，上海市酒吧行业协会、区公安分局、工商、文化执法大队、青保办、闸北法院少年审判综合庭等相关职能部门以及徐汇、静安、长宁区人民检察院未检科负责人参加研讨，青少年司法专家、上海政法学院刑事司法学院院长姚建龙教授进行点评，黄浦区人民检察院党组成员、副检察长谈剑秋，市检察院未检处处长樊荣庆，区综治办副主任吴弥出席会议并讲话。

会议围绕当前黄浦、静安、徐汇等中心城区未成年人涉酒吧犯罪上升、酒吧接纳招揽未成年人出入、“充场”、吊模斩客、“酒托”、“援交”、向未成年人出售烟酒等违规违法行为以及立法、执法、管理上存在诸多监管盲区开展热烈深入的讨论，并就加强和参与社会管理创新，防范未成年人进入酒吧，探索预防及减少未成年人犯罪工作，为未成年人健康成长营造良好社会环境达成共识。现将此次研讨会的主要内容综述如下。

一、问题反映

研讨会上，黄浦区人民检察院未检科科长何萍首先介绍了黄浦区未成年人涉酒吧犯罪呈现上升趋势，从 2009 年的 1 件 1 人上升至 2012 年 1 ~ 6

---

* 上海市黄浦区人民检察院。

月的3件11人,案件呈现出以本市未成年人为主、结伙作案、家庭教育缺失的特点,反映出泡吧成为未成年群体的新动向、酒吧经营业主片面追求利益至上、相关部门监管难度大等问题。静安区人民检察院未检科科长顾文介绍静安区今年发生4起该类案件,酒吧招募未成年人"充场"问题突出,有专门人员招募未成年人担任充场人员,这些充场人员包括未成年犯罪嫌疑人、证人、被害人等。徐汇区人民检察院未检科科长季冬梅反映自2009年至2012年,该院共办理该类案件6件31人,未成年人涉酒吧犯罪呈上升趋势,酒吧以餐饮之名行娱乐之实,不仅未禁止未成年人入内,还招募未成年人工作,有的酒吧业主还利用未成年人在酒吧内吊模斩客,反映存在管理盲区。闸北区人民法院少年综合审判庭庭长杜鸣介绍闸北区人民法院受理的未成年人涉酒吧犯罪案件,2009年和2010年陆续不断上升,主要集中在财产犯罪和性犯罪,涉案未成年人年龄趋小,且女性犯罪比例上升,有的酒吧向客人介绍幼女组织卖淫。前述三个区检察院介绍的未成年人涉酒吧犯罪案件比例已经超过抢劫犯罪案件比例,这些案件触目惊心。以前的KTV犯罪没有引起及时重视牺牲了很多未成人,现在家长大声疾呼监管酒吧。黄浦区公安分局治安支队队长林毅介绍凌晨2点以后的"110",80%以上都是酒吧报警,黄浦区酒吧在上海市酒吧排行榜上名列前茅,容易引发治安问题,尤以占总酒吧12%左右的迪吧为主。与酒吧有关的打架殴斗、寻衅滋事、盗窃、酒驾等案件未成年人均占一定比例,尤其是"富二代"未成人在酒吧喝酒后酒驾引发的交通案件也比较突出,此外在酒吧吸毒虽然未成年人也有但尚不突出,但有的酒吧以毒品招揽客人,身处其间的未成人很容易被侵害。黄浦区青少年保护委员会负责人表示部分未成年人家庭教育缺失造成家庭监管缺失,有的学生走失、逃夜后,家长不管,学校老师只好去找,虽然学校作为教育者没有这样的立场,但为了保护学生,还是帮家长承担了部分监护责任。老师一般不去网吧而是直接去酒吧找学生,反映出管好酒吧对管好学生具有非常重要的作用。

通过上述单位的发言,中心城区未成年人涉酒吧违法犯罪,主要反映出如下问题:

1. 泡吧成为未成年人群体新动向，尤以本市未成年人、在校生为主。

2. 未成年人可随便进入酒吧“充场”、饮酒甚至吸毒，有的导致酒驾、毒驾，有的实施吊模斩客、盗窃诈骗、非法拘禁、寻衅滋事、打架斗殴以及性犯罪。

3. 家庭教育缺失、酒吧业主利益至上，酒吧入口关形同虚设，问题酒吧亟待治理。

二、执法困局

围绕研讨会主题，相关酒吧管理职能部门介绍了他们的工作举措和执法困惑。

黄浦区文化执法大队副队长徐美韵透露，文化部目前未将酒吧纳入文化行政部门执法范畴，但为了给未成年人成长营造良好的环境，区文化执法部门还是义不容辞地配合其他部门对酒吧联合执法，但存在执法困惑，没有发文化经营许可证的酒吧文化执法部门不能执法，发证的，依照执法权限，只能检查演出人员和演出内容等是否合法，是否有未成年人进入不在执法之列。黄浦区工商分局消保科科长李春燕介绍酒吧经营范围包含在餐饮和食品类当中，依照《未成年人保护法》《预防未成年人犯罪法》的规定，工商部门将酒吧放大到餐饮和食品类中管理，主要方式是对酒吧的工商注册登记事项进行监管。存在的监管难题是，酒吧多头管理，外资酒吧还涉及外管局，酒吧的管辖权也难以认定，缺乏牵头部门和沟通联动机制、履职效果不理想。黄浦区公安分局治安支队队长林毅表示，虽然关于酒吧是否属于娱乐场所有不同观点，但公安机关从社会治安和未成年人权益保护的角度将酒吧视作为娱乐场所对待，目前的主要措施是将酒吧经营业主集中进行法制教育、与工商协同执法、有时还邀请酒吧业主一同执法。

酒吧相关职能管理部门的执法困惑和执法难题主要集中在酒吧性质之争和监管难度大。

《未成年人保护法》《预防未成年人犯罪法》《上海市青少年保护条例》以及商务部发布的《酒类流通管理办法》等都对接纳未成年人进入娱乐场

所等未成年人不适宜进入的场所及向未成年出售烟酒作出了禁止性规定，同时《预防未成年人犯罪法》也明确规定接纳未成年人进入娱乐场所等的行为应当由文化行政部门给予处理，情节严重的由工商行政部门吊销营业执照，然而由于对酒吧的性质存在一定争议，给相关部门开展监管带来难度。

关于酒吧性质有三种观点：

第一种观点认为酒吧属于非娱乐场所。《娱乐场所管理条例》第2条规定：娱乐场所是指以营利为目的，并向公众开放、消费者自娱自乐的歌舞、游艺等场所。文化部文化市场司副司长张新建对条例进行解读时明确指出，酒吧不在《娱乐场所管理条例》管理的范围之内，一些在酒吧的演出活动应当按照《营业性演出管理条例》进行管理。国务院法制办教科文卫司有关负责同志对《条例》有关问题答中国政府网记者问时也特别强调，酒吧等场所不属于娱乐场所。持此观点的人认为，酒吧属于公众聚集场所。

第二种观点认为酒吧存在服务业酒吧与娱乐业酒吧之分，部分娱乐业酒吧属于娱乐场所，依据是文化部《关于贯彻〈娱乐场所管理条例〉的通知》（文市发〔2006〕7号）的规定，“文化行政部门受理申办娱乐场所的范围包括兼营娱乐项目的场所，如宾馆、饭店、酒吧兼营歌舞厅、卡拉OK等，其兼营部分适用《条例》规定”。

第三种观点认为酒吧属于娱乐场所。文化部《关于贯彻〈娱乐场所管理条例〉的通知》（文市发〔2006〕7号）下发后，酒吧至此和娱乐场所的范畴产生了交集，此后地方纷纷出台相关补充性政策，两者的交集逐渐扩大。如广州市制定下发的《关于加强我市娱乐场所管理工作的意见》明确提出，沐足、酒吧等原不归属于娱乐场所的单位将参照《娱乐场所管理条例》进行管理。武汉市出台的《武汉市未成年人保护实施办法》，专门对未成年人禁止进入酒吧作了具体规定。例如，酒吧应设置“禁止未成年人入内”的明显标志，工作人员对难以判定是否成年的人，有权要求其出示身份证，并明确由文化市场管理部门进行检查监督。

酒吧监管难度大主要体现在：（1）因酒吧性质界定不一，导致的执法困惑。有的职能部门积极执法,有的职能部门谨慎执法。(2)酒吧多头管理缺乏沟通联动机制,导致执法管理边缘化。(3)部分酒吧经营者自律不够、法制意识不强,唯利是图。

三、对策建议

针对上述问题和困难,与会人员纷纷提出各自的对策建议。黄浦区公安分局治安支队队长林毅表示下一阶段黄浦公安计划实施凌晨2点以后禁止酒吧营业的措施,同时实施酒吧开业前公安机关与幕后投资人约谈制度,向对方阐明经营酒吧应遵守的法律法规。闸北区人民法院少年综合审判庭,黄浦、静安、徐汇检察院未检科负责人均认为应高度重视未成年人涉酒吧犯罪,职能部门应加大对酒吧的监管力度,加强对未成年人和酒吧业主的法制教育。市检察院未检处钟颖科长、黄浦区文化执法大队副队长徐美韵呼吁从完善立法、联合执法、行业自律、社会监督四方面对酒吧进行监管。黄浦区工商分局消保科科长李春燕建议联合执法应明确主管部门和牵头单位,"未成年人不得入内"的警示牌应在娱乐场所醒目位置标示,警示牌上应标明主管单位信息,便于市民投诉和举报,发现未成年人涉酒吧问题,及时查处和披露,公、检、法及时通过媒体披露典型案例,对未成年人及其家长和酒吧经营者均起到法制宣传和教育作用。上海市酒吧行业协会副会长金德峰认为上海酒吧文化达百年历史,上海的发展离不开酒吧的配套和贡献。上海的酒吧分两类,第一类是普通酒吧问题,第二类是夜店和迪吧,问题大多出自第二类酒吧。他透露酒吧经营者往往并非实际投资人,建议对酒吧投资人和实际经营者均进行信息建档,相关执法机构对酒吧从业者进行岗位技能培训;同时希望行业协会参与行政机关对酒吧的联合执法活动。他建议通过树立行业标杆,加大对酒吧业主的普法教育、对违法酒吧的曝光力度等措施来加强对问题酒吧的治理。

上海政法学院刑事司法学院院长姚建龙教授从转变执法理念角度提出应以未成年人保护为执法宗旨而不应纠结于酒吧是否属于娱乐场所而产生执法顾虑。《未成年人保护法》《预防未成年人犯罪法》等法律法规均提供了很好的执法依据，法律条文明晰，虽然没有明确规定酒吧属于娱乐场所，但作为执法者可以积极执法，执法时符合未成年人保护的宗旨就不违背法条本意，无须拘泥于酒吧是否属于娱乐场所。他认为此次研讨会的视角已经看到未成年人保护的前沿问题，具有非常强的敏锐性和前瞻性，酒吧是典型的犯罪高危场所，也是未成年人被害的高危场所，酒吧问题如果不及时重视，难免重蹈以前网吧对未成年人危害的覆辙。他从三个方面提出管理建议：一是外部干预和内部自律结合，重在酒吧业主内部自律。二是要重点打击利用未成年人在酒吧“充场”，担任“酒托”“援交”的幕后黑手。三是联合执法要设立牵头部门。

黄浦区人民政法委综治办副主任吴弥提出酒吧问题要综合治理。黄浦区人民检察院副检察长谈剑秋针对当前酒吧行业管理边缘化，多头监管、职能不清等问题，就强化未成年人特殊保护，开展综合治理提出四点建议：一是完善立法，明确规范，地方性立法先行。二是关口前移，刚性隔离，重点打击幕后黑手。三是跨前一步，综治办牵头职能单位，开展联合执法。四是行业自律，更新观念，加强宣传教育。上海市检察院樊荣庆处长对黄浦区人民检察院结合办案及区位特点，紧扣社会热点问题，前瞻视角，触及未成年人保护前沿问题的做法予以充分肯定，并就下一步工作开展强调四点意见：一是要认清形势，进一步增强工作责任感。二是加强研究，进一步精准打击涉酒吧刑事犯罪。三是结合办案，进一步聚焦社会管理创新。四是强化职能，进一步加强联合执法力度。

与会人员一致达成如下共识：一是内外结合。通过外部执法机关的干预、社会的监督和内部酒吧经营者的自律两方面结合预防未成年人涉酒吧违法犯罪。酒吧内“未成年人不得入内”的警示牌应在醒目位置标示，警示牌上应标明主管单位信息，便于市民投诉和举报，实施社会监督。适时成立社会监督员队伍。二是联合执法。国内酒吧功能异化、经营种类繁杂、性质模糊，存在立法、执法、管理上的盲区，需要执法机关联合执法。联合执法时应设立主管单位和牵头部门。三是精准打击。重在打击放任、招募未成年人为酒吧“充场”，担任“酒托”“援交等违法犯罪的幕后黑手。五是宣传引导。公、检、法、文化、工商等机关应通过各种途径、各种形式向未成年人及其家长、酒吧经营者宣传未成年人不得进入酒吧有关的法律法规、典型案例。联手市酒吧行业协会树立行业标杆、制定行业内部自律规范，引导酒吧业主加强自律，规范经营，提醒家长防范未成年人子女进入酒吧，警示未成年人进入酒吧的危害。

图书在版编目（CIP）数据

未成年人检察理论研究／吴燕主编．—北京：法律出版社，2016．4
（上海检察文库）
ISBN 978－7－5118－9407－6

Ⅰ．①未…　Ⅱ．①吴…　Ⅲ．①青少年犯罪—研究—中国②检察机关—工作—研究—中国　Ⅳ．①D669．5 ②D926．3

中国版本图书馆 CIP 数据核字（2016）第 082392 号

上海检察文库
未成年人检察理论研究
吴　燕　主编

编辑统筹　政务出版分社
策划编辑　张瑞珍
责任编辑　周　洁
装帧设计　乔智炜

出版 法律出版社
总发行 中国法律图书有限公司
经销 新华书店
印刷 固安华明印业有限公司
责任印制 吕亚莉
开本 710 毫米×1000 毫米　1/16
印张 49．75
字数 680千
版本 2016 年 4 月第 1 版
印次 2016 年 4 月第 1 次印刷

法律出版社／北京市丰台区莲花池西里 7 号（100073）
网址／www．lawpress．com．cn
电子邮件／info@ lawpress．com．cn
销售热线／010－63939792/9779
咨询电话／010－63939796

中国法律图书有限公司／北京市丰台区莲花池西里 7 号（100073）
全国各地中法图分、子公司电话：
北京分公司／010－62534456
西安分公司／029－85388843
上海公司／021－62071010/1636
重庆公司／023－65382816/2908
深圳公司／0755－83072995
第一法律书店／010－63939781/9782

书号：ISBN 978－7－5118－9407－6　**平装定价：**138．00 元
（如有缺页或倒装，中国法律图书有限公司负责退换）